KB078077

통역의 바이블

Interpreters'
Bible

통역의 바이블

Interpreters' Bible

초판 1쇄 발행 · 2023년 4월 20일
초판 2쇄 발행 · 2023년 7월 30일

지은이 · 임종령
발행인 · 이종원
발행처 · (주)도서출판 길벗
브랜드 · 길벗이지톡
출판사 등록일 · 1990년 12월 24일
주소 · 서울시 마포구 월드컵로 10길 56(서교동)
대표 전화 · 02)332-0931 | **팩스** · 02)323-0586
홈페이지 · www.gilbut.co.kr | **이메일** · eztok@gilbut.co.kr

기획 및 책임편집 · 임명진(jinny4u@gilbut.co.kr) | **표지디자인** · 최주연 | **제작** · 이준호, 손일순, 이진혁
마케팅 · 이수미, 장봉석, 최소영 | **영업관리** · 김명자, 심선숙 | **독자지원** · 윤정아, 최희창

본문디자인 · 박수연 | **교정교열** · 강윤혜 | **전산편집** · 이현해
CTP 출력 및 인쇄 · 정민 | **제본** · 정민

ISBN 979-11-407-0383-8 03740 (길벗 도서번호 301142)

정가 38,000원

통역의 바이블

임종령 지음

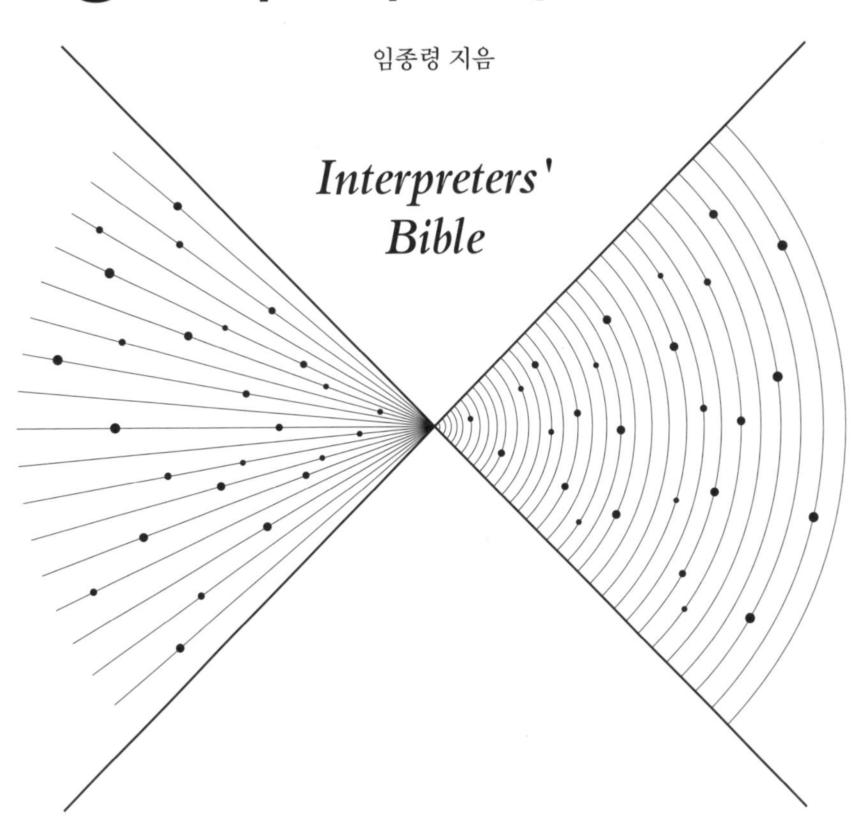

Interpreters' Bible

To the Readers

"다들 개천에서 용 났다고 생각하시겠지만, 앞으로 저는 분골쇄신해서 일하겠습니다." 91년 봄 당시 우리나라 여당 원내 총무였던 분이 세계스카우트의원연맹(WSPU: 스카우트 대원 출신의 세계국회의원모임) 총재로 선출되고 나서 하신 기자회견의 첫마디였습니다. 바로 이것이 제가 대학원 졸업 후 얼마 지나지 않아서 맡았던 제 생애 첫 번째 기자회견 통역의 첫 문장이었습니다. 이후 무수히 많은 국제회의 통역을 하면서 연설의 시작이나 뒷부분에는 항상 '개천에서 용 났다'와 같은 속담이나 '분골쇄신'과 같은 사자성어가 등장했습니다. **한 나라의 언어뿐 아니라 문화와 관습을 알아야 행간의 의미까지 놓치지 않고 전달하는 훌륭한 통역을 할 수 있습니다.** 우리말 속담과 사자성어는 물론, 다른 나라의 속담과 명언도 익혀야 하고, 문화와 관습에 대한 이해를 바탕으로 한국식 표현을 타 언어권에서도 이해할 수 있는 말로 표현해내야 합니다.

통역은 한 언어를 그저 다른 언어로 바꾸는 것이 아닙니다. 언어가 달라져도 말하는 사람의 의중과 의미도 그대로 전달할 수 있어야 합니다. **통역에서는 언어 실력도 물론 중요하지만, 못지않게 중요한 것은 다방면에 대한 지식과 관심입니다.** 해당 분야의 전문용어나 배경지식, 주제에 대한 이해가 없으면 연사의 발언을 제대로 이해하지 못하고 당연히 통역할 때 누구도 못 알아듣는 소위 '방언'을 하게 됩니다. 반대로 분야에 대한 배경지식이 있으면 모르는 단어가 있더라도 전체 문맥을 고려해서 내용을 추론할 수 있습니다.

"어떻게 하면 영어를 잘할 수 있나요?", "좀 더 유창하고 고급스러운 영어를 구사하고 싶은데 방법이 없을까요?" 이런 질문을 자주 받습니다. 특별한 방법은 없습니다. 그저 영어를 많이 접하고, 많이 외우고, 많이 써보는 것 외에는요. 여러분이 영어권 국가에 살지 않는 이상 생활 속에서 자연스럽게 영어를 습득할 수 있는 환경은 아닙니다. **그래서 성인으로 배우는 외국어는 무한의 노력만이 정도(正導)입니다.** 신문이나 뉴스, 잡지는 물론 미드와 영어 소설까지 보면서 폭넓은 정보와 다양한 표현을 습득해야 합니다. 반복적으로 외우고 직접 써보며 자신의 것으로 만들어야 합니다. 지루하고 뻔하게 느껴질 수 있겠지만, 결국은 가장 빠르고 효과적인 방법입니다.

여러분이 이미 하고 있거나 앞으로 하게 될 이 노력들이 실제 통역의 현장에서 얼마나 중요하고 가치 있는 것인지 지금부터 구체적인 사례와 함께 설명해보겠습니다. 협상 테이블에서 상대편이 한국 측에 "You are kicking the can down the road."라고 말합니다. 깡통을 길 아래로 차버린다니 그대로 직역해서는 무슨 말인지 도무지 알 수 없습니다. 이 말은 '문제가 골치 아프니 멀리 차버린다' 즉 '당장 해결하지 않고 뒤로 미룬다'라는 의미입니다.

호주 총리가 한호주 경제협력위원회 개회사에서 "punch above our weight"라고 하더니 갑자기 축하의 박수를 보내자고 말합니다. 직역하면 '권투에서 체급 이상의 펀치를 날린다'는 뜻인데 이 말만 들어서는 도대체 뭘 축하하자는 건지 이해가 안 될 수 있습니다. 이 표현은 "양국 관계가 비약적인 신장을 하며 기대 이상의 성과를 이루었다."는 뜻으로 두 나라가 눈부신 교역 성장을 이룬 것과 더불어 포괄적 동반자로의 관계 격상을 축하하자는 의미였습니다.

또 다른 예를 들면, 우리말에서는 검토하겠다는 의미로 말을 하면서도 '적극 검토하겠다', '긍정적인 검토를 하겠다', '검토를 고려해보겠다' 등 다양한 표현들이 가능합니다. 그런데 통역할 때 이런 표현들의 미묘한 뉘앙스 차이를 정확하게 표현해내지 못하면 긍정적인 의미가 부정적인 의미로 탈바꿈할 수도 있습니다. 만약 여러분이 기자회견장에서 표현의 어감을 제대로 전달하지 못하고 통역을 한다면 어떻게 될까요? 잘못된 통역을 받아적은 오보 기사가 나와서 여기저기 전달되는 아찔한 결과를 초래할 수 있습니다

우리말에서 사망과 관련된 단어가 무려 25가지가 넘는다는 사실을 아시나요? 존칭어로 표현할 때 '별세, 운명, 작고, 붕어, 타계', 종교에서는 '선종, 소천, 입적, 열반', 국가를 위한 죽음일 때는 '전사, 순교, 순국', 그 밖에 일반적인 표현으로 '횡사, 객사, 골로 가다' 등 사용처도 각기 다르고 뉘앙스가 다른 단어들이 존재합니다. 통역사는 이처럼 다양한 단어들을 최대한 많이 익혀서 그 단어가 들어간 문장을 제대로 이해하고 전달할 수 있어야 합니다.

"'공정거래위원회'를 영어로 말할 줄 모르는 통역사를 추천하면 어떡해요?", "지금 경제 이야기를 하는데 WTO를 관광기구라고 통역하네요. 교수님 믿고 추천 부탁했는데 어떻게 WTO도 모르는 그런 통역사를 추천합니까?" 통역사를 추천했다가 이런 원망과 불평을 들은 적도 있습니다. WTO 오역 사례는 통역사가 세계무역기구(World Trade Organization)를 세계관광기구(World Tourism Organization)로 이해하여 생긴 실수였습니다. WTO라는 같은 약자를 쓰는 두 개의 기구가 있다는 배경지식이 부족한 때문이었죠. 실수는 누구나 할 수 있습니다. 아무리 영어를 잘하더라도 정부 부처명이나 국제기관의 약어를 모를 수 있습니다. **하지만 여러분의 고객은 관대하지 않습니다. 제대로 모르면 정확하게 통역할 수 없고 용어 하나 틀리는 실수 때문에 무능한 통역사가 되어버리는 것이 통역사들의 현실입니다.**

통역에서 용어와 배경지식은 절대적으로 중요합니다. 이번엔 제가 경험한 사례입니다. **한미 FTA 협정 관련 좌담회에서 한국 연사가 "우리도 트립 가야 해."라고 말합니다.** 맥락을 모르면 자칫 '우리도 여행(trip) 가야 해'라고 통역할 수도 있습니다. 하지만 여기서 '트립'은 여행이 아니라 TRIPS(Agreement on Trade-Related Aspects of Intellectual Property Rights) 즉 '무역관련 지적재산권협정'을 말하며 통상 마찰과 분쟁 해소를 위해 TRIPS에 가입하자는 뜻이었습니다.

통역사에도 여러 분야가 있는데, 그중 가장 어렵고 높은 단계의 통역사는 국제회의를 동시통역하는 통역사입니다. **국제회의는 국제 정치, 금융, 경제, 교육, IT 기술, 과학, 환경 등 다양하고 깊이 있는 주제를 다루는 회의이므로 전문적인 지식이 필요하며 또한 말을 들으면서 동시에 다른 언어로 바꾸어 말을 해야 하는 즉 동시통역을 해야 하는 어려운 일입니다.** 예를 들어, 국제 정치와 같은 분야에서는 형용사 하나를 놓침으로써 말한 사람의 의도와 다른 의미로 전달되어 회의가 엉뚱한 방향으로 흘러갈 수도 있습니다.

때로는 용어를 몰라서 직역하는 오류를 범할 수도 있습니다. Cloud Computing을 구름 연산이라고 번역하거나 Big Data를 커다란 데이터라고 하면 안 되는 것처럼 전문가들이 쓰는 전문용어를 모르면 엉뚱한 용어로 통역을 하게 되어 청중이 이해하지 못할 때도 있습니다.

정치 관련 사례도 하나 들어보겠습니다. 중국 시진핑 주석이 3연임 확정 후 다시 한번 천명한 '중국몽'이란 표현을 영어로 옮긴다고 할 때 Chinese Dream이라고 통역하면 일반적인 중국인들이 꾸는 꿈으로 이해될 수 있습니다. 중국몽에 해당하는 **정확한 영어 표현이 존재하지 않는다면 그 뜻을 전달하기 위해 설명을 곁들여 통역해야 합니다.** 중국몽이 '중화민족의 부흥을 내세우며 공세적 대외정책'을 뜻하는 것임을 알고 통역한다면 "Chinese Dream which is the great rejuvenation of the Chinese nation"으로 풀어서 말할 수 있어야 합니다.

통역을 잘하려면 영어와 한국어를 잘하는 것만으로는 충분치 않습니다. 완벽한 준비가 있어야만 완벽한 통역을 할 수 있습니다. 통역할 분야의 배경지식을 철저히 공부하고 해당 분야의 용어를 빠짐없이 외워야 합니다. 지난 시간 수많은 세계 정상들을 통역하고 난이도 있고 중요한 회의들을 성공적으로 마칠 수 있었던 비결은 저의 한국어와 영어 실력이 남보다 탁월하게 뛰어나서가 아닙니다. 오로지 철저한 사전준비와 끊임없는 공부 덕분입니다.

전문 통역을 하면 할수록 내용과 배경지식이 중요함을 더 절실히 깨닫게 됩니다. 필요한 정보를 검색하고 용어를 찾고 정리하는 일련의 과정들은 힘들고 고단한 일입니다. 하지만 훌륭한 통역사가 되기 위해서 여러분이 결코 포기해서는 안 될 과정입니다. **32년의 짧지 않은 시간 통역사의 길을 걸어오면서 오류 없는 정확한 통역을 해내기 위해 끊임없이 공부했던 시간이 있었습니다. 그리고 그 과정에서 하나하나 모았던 용어와 표현, 배경정보들을 이 책에 차곡차곡 정리하여 담았습니다. 험난한 여정이 될 수 있는 통역사의 길을 함께 할 소중한 후배들에게 보잘것없는 저의 자산을 나누고자 합니다.**

임종령

Interpreters' Bible

Contents

부록
Appendix

정부기관

Government Administration

PART 01

* 20대 정부 기관 명칭(한영)은 부록(691쪽)에 정리되어 있습니다.

01

20대 정부 부처 명칭

Yoon Suk Yeol's Government Ministries and Agencies

19부 Ministries	
고용노동부	Ministry of Employment and Labor
교육부	Ministry of Education
국방부	Ministry of National Defense
국토교통부	Ministry of Land, Infrastructure and Transport
과학기술정보통신부	Ministry of Science and ICT
기획재정부	Ministry of Economy and Finance
농림축산식품부	Ministry of Agriculture, Food and Rural Affairs
문화체육관광부	Ministry of Culture, Sports and Tourism
법무부	Ministry of Justice
보건복지부	Ministry of Health and Welfare
산업통상자원부	Ministry of Trade, Industry and Energy
여성가족부	Ministry of Gender Equality and Family
외교부	Ministry of Foreign Affairs
중소벤처기업부	Ministry of SMEs and Startups
통일부	Ministry of Unification
환경부	Ministry of Environment
해양수산부	Ministry of Oceans and Fisheries
행정안전부	Ministry of the Interior and Safety
국가보훈부	Ministry of Patriots and Veterans Affairs

19청 Administrative Authorities	
검찰청	Prosecution Service
경찰청	Korean National Police Agency
국세청	National Tax Service
관세청	Korea Customs Service
기상청	Korea Meteorological Administration
농촌진흥청	Rural Development Administration

문화재청	Cultural Heritage Administration
방위사업청	Defense Acquisition Program Administration
병무청	Military Manpower Administration
산림청	Korea Forest Service
새만금개발청	Saemangeum Development and Investment Agency
소방청	National Fire Agency
조달청	Public Procurement Service
질병관리청	Korea Disease Control and Prevention Agency
통계청	Statistics Korea
특허청	Korean Intellectual Property Office
해양경찰청	Korea Coast Guard
행정중심복합도시건설청	National Agency for Administrative City Construction
재외동포청	Overseas Koreans Agency

3처 Ministries	
법제처	Ministry of Government Legislation
식품의약품안전처	Ministry of Food and Drug Safety
인사혁신처	Ministry of Personnel Management

2원 Boards	
국가정보원	National Intelligence Service
감사원	The Board of Audit and Inspection of Korea

4실 Offices	
국가안보실	Office of National Security
국무조정실	Office for Government Policy Coordination
국무총리비서실	Prime Minister's Secretariat
대통령실/대통령비서실	Office of the President

6위원회 Commissions	
개인정보보호위원회	Personal Information Protection Commission
국민권익위원회	Anti-Corruption & Civil Rights Commission
공정거래위원회	Fair Trade Commission
금융위원회	Financial Services Commission
방송통신위원회	Korea Communications Commission
원자력안전위원회	Nuclear Safety and Security Commission

02

20대 정부 120대 국정과제

120 Policy Tasks of the Yoon Suk Yeol Administration

윤석열 정부 120대 국정과제

120 Policy Tasks of the Yoon Suk Yeol Administration

"다시 도약하는 대한민국, 함께 잘 사는 국민의 나라"

A Resurgent Republic of Korea, a Country for the People Where Everyone Prospers Together

6대 국정목표 Administrative Goals

1. 상식이 회복된 반듯한 나라
Be an upright nation where common sense has been restored

2. 민간이 끌고 정부가 미는 역동적 경제
A dynamic economy led by the people and backed by the government

3. 따뜻한 동행, 모두가 행복한 사회
A society where everyone is happy, in warm company

4. 자율과 창의로 만드는 담대한 미래
Pave the way for a bold future made with autonomy and creativity

5. 자유, 평화, 번영에 기여하는 글로벌 중추국가
A global leading nation that contributes to freedom, peace and prosperity

6. 대한민국 어디서나 살기 좋은 지방시대
The Provincial Era: Making every part of Korea a fine place to live in

상식이 회복된 반듯한 나라 (15개)

Be an upright nation where common sense has been restored

*** 약속 01

상식과 공정의 원칙을 바로 세우겠습니다.

We shall properly establish the principles of common sense and fairness.

01 코로나19 피해 소상공인·자영업자의 완전한 회복과 새로운 도약

Enable microbusiness owners and the self-employed to fully recover from the COVID-19 damage and make a strong fresh start

02 감염병 대응체계 고도화

Upgrade the system for responding to infectious diseases

03 탈원전 정책 폐기 및 원자력산업 생태계 강화

Abolish the policy to phase out nuclear power and strengthen the nuclear power industry ecosystem

04 형사사법 개혁을 통한 공정한 법집행

Enforce the law fairly by reforming criminal justice

05 민간주도 성장을 뒷받침하는 재정 정상화 및 재정의 지속가능성 확보

Normalize fiscal policy and secure sustainability in support of private sector-led growth

06 미디어의 공정성·공공성 확립 및 국민 신뢰 회복

Establish fairness in the media, secure its public service role and restore public confidence in it

*** 약속 02

국민의 눈높이에서 부동산 정책을 바로잡겠습니다.

We shall remedy real estate policy in the public's interest.

07 주택공급 확대, 시장기능 회복을 통한 주거안정 실현

Stabilize housing accessibility by expanding housing supply and restoring the market function

08 안정적 주거를 위한 부동산세제 정상화

Rationalize the real estate taxation system for a stable housing supply

09 대출규제 정상화 등 주택금융제도 개선

Improve the housing finance system to include a rationalization of borrowing constraints

10 촘촘하고 든든한 주거복지 지원

Offer cohesive and robust support for low-income housing

*** 약속 03 소통하는 대통령, 일 잘하는 정부가 되겠습니다.

We shall become a communicative president and well-operating government.

11 모든 데이터가 연결되는 세계 최고의 디지털플랫폼정부 구현

Realize a world-class digital platform government that connects all forms of data

12 국정운영 방식의 대전환, 자율·책임·소통의 정부

Greatly transform the ways to run state affairs to create a government promoting autonomy, responsibility and communication

13 유연하고 효율적인 정부체계 구축

Build a flexible and efficient government system

14 공정과 책임에 기반한 역량 있는 공직사회 실현

Realize a competent civil service based on fairness and responsibility

15 공공기관 혁신을 통해 질 높은 대국민 서비스 제공

Provide high-quality public services by innovating public institutions

민간이 끌고 정부가 미는 역동적 경제 (26개)

A dynamic economy led by the people and backed by the government

*** 약속 04

경제체질을 선진화하여 혁신성장의 디딤돌을 놓겠습니다.

We shall lay the foundation for innovative growth through development of economic system.

16 규제시스템 혁신을 통한 경제활력 제고
Enhance economic vitality by innovating the regulatory system

17 성장지향형 산업전략 추진
Promote a growth-oriented industrial strategy

18 역동적 혁신성장을 위한 금융·세제 지원 강화
Strengthen financial and tax support for dynamic, innovative growth

19 거시경제 안정과 대내외 리스크 관리 강화
Bolster macroeconomic stability as well as internal and external risk management

20 산업경쟁력과 공급망을 강화하는 新산업통상전략
Establish new industrial trade strategies to boost industrial competitiveness and the supply chain

21 에너지안보 확립 및 에너지 新산업·新시장 창출
Ensure energy security and create new energy industries and markets

22 수요자 지향 산업기술 R&D 혁신 및 지식재산 보호 강화
Innovate R&D for consumer-oriented industrial technology and strengthen intellectual property protection

*** 약속 05

핵심전략산업 육성으로 경제 재도약을 견인하겠습니다.

We shall foster core strategic industries for a new economic growth surge.

23 제조업 등 주력산업 고도화로 일자리 창출 기반 마련
Lay the groundwork for job creation by upgrading key industries such as manufacturing

24 반도체·AI·배터리 등 미래전략산업 초격차 확보
Nurture super-gap technologies in future strategic industries such as semiconductors, AI, and batteries

25 바이오·디지털헬스 글로벌 중심국가 도약
Accelerate Korea's advance as a global hub for bio-digital healthcare

26 신성장동력 확보를 위한 서비스 경제 전환 촉진
Expedite the service economy transformation to secure new growth engines

27 글로벌 미디어 강국 실현
Make Korea a global media powerhouse

28 모빌리티 시대 본격 개막 및 국토교통산업의 미래 전략산업화
Fully launch the mobility era and formulate future strategies for land, infrastructure and the transport industry

*** 약속 06

중소·벤처기업이 경제의 중심에 서는 나라를 만들겠습니다.
We shall centre small and medium-sized venture companies in the heart of the economy.

29 공정한 경쟁을 통한 시장경제 활성화
Energize the market economy through fair competition

30 공정거래 법집행 개선을 통한 피해구제 강화
Strengthen damage relief by improving fair trade law enforcement

31 중소기업 정책을 민간주도 혁신성장 관점에서 재설계
Redesign SME policies from the perspective of private-led innovative growth

32 예비 창업부터 글로벌 유니콘까지 완결형 벤처생태계 구현
Realize a complete venture ecosystem, from pre-start-ups to global unicorns

33 불공정거래, 기술탈취 근절 및 대·중소기업 동반성장 확산

Eradicate unfair trade and technology theft and expand shared growth between large and small enterprises

*** 약속 07 디지털 변환기의 혁신금융시스템을 마련하겠습니다.

We shall create innovative financial system in the digital transition era.

34 미래금융을 위한 디지털 금융혁신

Realize digital finance innovation for the future of the financial industry

35 디지털 자산 인프라 및 규율체계 구축

Build digital asset infrastructure and the corresponding regulatory system

36 자본시장 혁신과 투자자 신뢰 제고로 모험자본 활성화

Revitalize venture capital through capital market innovation and investor confidence building

37 금융소비자 보호 및 권익향상

Protect and improve rights and interests of financial consumers

*** 약속 08 하늘·땅·바다를 잇는 성장 인프라를 구축하겠습니다.

We shall build national growth infrastructure connecting the sky, land, and ocean.

38 국토공간의 효율적 성장전략 지원

Support a strategy for the efficient development of the nation's land

39 빠르고 편리한 교통 혁신

Innovate transportation in the interest of speed and convenience

40 세계를 선도하는 해상교통물류체계 구축

Establish a world-leading maritime transport and logistics system

41 해양영토 수호 및 지속가능한 해양 관리

Protect Korea's marine territory and pursue sustainable ocean management

국정목표 3

따뜻한 동행, 모두가 행복한 사회 (32개)

A society where everyone is happy, in warm company

약속 09 필요한 국민께 더 두텁게 지원하겠습니다.

We shall provide more support to the people in need.

42 지속가능한 복지국가 개혁

Initiate reforms for a sustainable welfare state

43 국민 맞춤형 기초보장 강화

Fortify the national basic living security system tailored to the people's needs

44 사회서비스 혁신을 통한 복지·돌봄서비스 고도화

Upgrade welfare and care services by innovating social services

45 100세 시대 일자리·건강·돌봄체계 강화

Improved employment, healthcare and eldercare systems for the Centenarian Generation.

46 안전하고 질 높은 양육환경 조성

Create a safe and high-quality child-rearing environment

47 장애인 맞춤형 통합지원을 통한 차별없는 사회 실현

Realize a discrimination-free society by offering integrated support tailored to the needs of people with disabilities

48 누구 하나 소외되지 않는 가족, 모두가 함께하는 사회 구현

Realize an inclusive society where no family is marginalized

***** 약속 10** 노동의 가치가 존중받는 사회를 만들겠습니다.
We shall create a society where the value of labor is respected.

49 산업재해 예방 강화 및 기업 자율의 안전관리체계 구축 지원
Bolster industrial accident prevention and support companies that build their own safety management systems

50 공정한 노사관계 구축 및 양성평등 일자리 구현
Build fair labor-management relations and establish gender equality in the workplace

51 노사 협력을 통한 상생의 노동시장 구축
Establish a win-win labor market through labor-management cooperation

52 일자리 사업의 효과성 제고 및 고용서비스 고도화
Raise the effectiveness of job creation and upgrade employment services

53 고용안전망 강화 및 지속가능성 제고
Strengthen the employment safety net and enhance its sustainability

54 전 국민 생애단계별 직업능력개발과 일터학습 지원
Support vocational skills development and workplace learning for all people in every life stage

55 중소기업·자영업자 맞춤형 직업훈련 지원 강화
Strengthen customized training support for employees at SMEs and self-employed people

***** 약속 11** 국민과 함께하는 일류 문화매력국가를 만들겠습니다.
We shall work with the people to establish a country with first-rate cultural attractiveness.

56 일상이 풍요로워지는 보편적 문화복지 실현
Realize universal cultural welfare that enriches daily life

57 공정하고 사각지대 없는 예술인 지원체계 확립

Establish support system for artists that is fair and free of blind spots

58 K-콘텐츠의 매력을 전 세계로 확산

Propagate the allure of K-content to the world

59 국민과 동행하는 디지털·미디어 세상

Promote a digital and media world that advances along with the people

60 모두를 위한 스포츠, 촘촘한 스포츠 복지 실현

Realize sports for all, with cohesive sports welfare

61 여행으로 행복한 국민, 관광으로 발전하는 대한민국

Let the people enjoy travel fully, and advance Korea through tourism

62 전통문화유산을 미래 문화자산으로 보존 및 가치 제고

Preserve traditional cultural heritage sites and objects, and enhance their value as future cultural assets

*** 약속 12 국민의 안전과 건강, 최우선으로 챙기겠습니다.

We shall prioritize safety and health of the people.

63 범죄로부터 안전한 사회 구현

Ensure society is safe from crime

64 범죄피해자 보호지원 시스템 확립

Establish a system that supports and protects victims of crime

65 선진화된 재난안전 관리체계 구축

Build an advanced disaster safety management system

66 필수의료 기반 강화 및 의료비 부담 완화

Strengthen the essential medical care platform and mitigate the burden of medical expenses

67 예방적 건강관리 강화

Strengthen preventive health management

68 안심 먹거리, 건강한 생활환경

Ensure safe food, healthy living environments

69 국민이 안심하는 생활안전 확보

Ensure everyday safety that reassures the people

*** 약속 13

살고 싶은 농산어촌을 만들겠습니다.

We shall cultivate agricultural, mountain and fishing communities into places where people want to live.

70 농산촌 지원 강화 및 성장환경 조성

Reinforce support for farming and forestry communities and create a growth environment

71 농업의 미래 성장산업화

Industrialize the future growth of agriculture

72 식량주권 확보와 농가 경영안정 강화

Ensure food self-sufficiency and strengthen the operational security of farming households

73 풍요로운 어촌, 활기찬 해양

Make prosperous fishing communities and thriving coastal economies

자율과 창의로 만드는 담대한 미래 (19개)
Pave the way for a bold future made with autonomy and creativity

*** 약속 14

과학기술이 선도하는 도약의 발판을 놓겠습니다.
We shall set the stage for a leap forward led by science and technology

74 국가혁신을 위한 과학기술 시스템 재설계
Redesign the science and technology system for national innovation

75 초격차 전략기술 육성으로 과학기술 G5 도약
Nurture strategic super-gap technologies to make Korea one of the world's top five in science and technology

76 자율과 창의 중심의 기초연구 지원 및 인재양성
Support basic research centered on autonomy and creativity and cultivate relevant professionals

77 민·관 협력을 통한 디지털 경제 패권국가 실현
Step up as digital economic leader through public-private cooperation

78 세계 최고의 네트워크 구축 및 디지털 혁신 가속화
Accelerate digital transformation and build world-leading networks

79 우주강국 도약 및 대한민국 우주시대 개막
Make strides as an aerospace powerhouse and open up the Korean space age

80 지방 과학기술주권 확보로 지역 주도 혁신성장 실현
Realize regionally-led innovative growth by securing local science and technology self-sufficiency

*** 약속 15

창의적 교육으로 미래 인재를 키워내겠습니다.
We shall cultivate innovative talent through creative education.

81 100만 디지털인재 양성
Cultivate 1 million digital technology experts

82 모두를 인재로 양성하는 학습혁명
Revolutionize learning that can turn all people into valuable human resources

83 더 큰 대학 자율로 역동적 혁신 허브 구축
Build dynamic innovation hubs with greater university autonomy

84 국가교육책임제 강화로 교육격차 해소
Reduce the education gap by strengthening the national responsibility system for education

85 이제는 지방대학 시대
Usher in the time for local universities to shine

*** 약속 16

탄소중립 실현으로 지속가능한 미래를 만들겠습니다.
We shall create a sustainable future through carbon neutrality.

86 과학적인 탄소중립 이행방안 마련으로 녹색경제 전환
Transition to a green economy by enacting scientific carbon neutrality measures

87 기후위기에 강한 물 환경과 자연 생태계 조성
Create a water environment and natural ecosystem that is resilient to the climate crisis

88 미세먼지 걱정 없는 푸른 하늘
Ensure blue skies free from fine dust concerns

89 재활용을 통한 순환경제 완성
Achieve a circular economy through recycling

*** 약속 17 청년의 꿈을 응원하는 희망의 다리를 놓겠습니다.
We shall build a bridge of hope to support the youth.

90 청년에게 주거·일자리·교육 등 맞춤형 지원
Provide customized support for young people in terms of housing, jobs and education

91 청년에게 공정한 도약의 기회 보장
Guarantee fair opportunities for young people to advance

92 청년에게 참여의 장을 대폭 확대
Significantly expand the field of participation for young people

자유, 평화, 번영에 기여하는 글로벌 중추국가 (18개)
A global leading nation that contributes to freedom, peace and prosperity

*** 약속 18 남북관계를 정상화하고, 평화의 한반도를 만들겠습니다.
We shall normalize inter-Korean relations and create peace on the Korean Peninsula.

93 북한 비핵화 추진
Pursue the denuclearization of North Korea

94 남북관계 정상화, 국민과 함께하는 통일 준비
Normalize inter-Korean relations, working together with the people to prepare for unification

95 남북간 인도적 문제 해결 도모
Find ways to resolve inter-Korean humanitarian issues

약속 19 자유민주주의 가치를 지키고, 지구촌 번영에 기여하겠습니다.
We shall protect liberal democratic values and contribute to global prosperity.

96 자유민주주의 가치와 공동이익에 기반한 동아시아 외교 전개
Engage in diplomacy in East Asia based on liberal democratic values and common interests

97 함께 번영하는 지역별 협력 네트워크 구축
Establish regional cooperative networks that promote coprosperity

98 능동적 경제안보 외교 추진
Pursue active diplomacy for economic security

99 국격에 걸맞은 글로벌 중추국가 역할 강화
Reinforce Korea's role as a global player commensurate with its international status

100 지구촌 한민족 공동체 구축
Build a global community of ethnic Koreans

101 국가 사이버안보 대응역량 강화
Strengthen the capability to respond to national cybersecurity threats

102 2030 세계 박람회 유치 및 성공적 개최 추진
Win the bid for and successfully host the World Expo 2030 in Busan

*** 약속 20 과학기술 강군을 육성하고, 영웅을 영원히 기억하겠습니다.

We shall foster a military backed by science and technology and remember war heroes forever.

국정과제

103 제2창군 수준의 「국방혁신 4.0」 추진으로 AI 과학기술 강군 육성

Foster a mighty force armed with AI-based science and technology through "National Defense Innovation 4.0," equivalent to the rebirth of the military

104 북 핵·미사일 위협 대응 능력의 획기적 보강

Significantly reinforce the nation's capability to respond to North Korea's nuclear and missile threats

105 한·미 군사동맹 강화 및 국방과학기술 협력 확대

Strengthen the ROK-U.S. military alliance and expand cooperation in defense science and technology

106 첨단전력 건설과 방산수출 확대의 선순환 구조 마련

Establish a virtuous cycle by building state-of-art military strength and expanding defense industry exports

107 미래세대 병영환경 조성 및 장병 정신전력 강화

Create a barracks environment for future generations and strengthen the spirit of military personnel

108 군 복무가 자랑스러운 나라 실현

Realize a country in which people feel proud to serve in the military

109 국가가 끝까지 책임지는 일류보훈

Ensure the state takes responsibility for providing welfare support to patriots and veterans to the end of their days

110 국가와 국민을 위해 희생한 분을 존중하고 기억하는 나라

Be a nation that respects and remembers those who sacrificed for their country and its people

대한민국 어디서나 살기 좋은 지방시대 (10개)
The Provincial Era: Making every part of Korea a fine place to live in

*** 약속 21

진정한 지역주도 균형발전 시대를 열겠습니다.

We shall open an era of bona fide balanced national development led by local governments.

111 지방시대 실현을 위한 지방분권 강화

Decentralize further to usher in the Provincial Era

112 지방자치단체 재정력 강화

Reinforce the fiscal capacity of local governments

113 지역인재 육성을 위한 교육혁신

Deliver innovations in education to foster local talent

114 지방자치단체의 자치역량·소통·협력 강화

Boost the competencies of local governments in terms of their autonomy, communication and cooperation

*** 약속 22

혁신성장기반 강화 통해 지역의 좋은 일자리를 만들겠습니다.

We shall create decent local jobs by strengthening the foundation for innovative growth.

115 기업의 지방 이전 및 투자 촉진

Promote the relocation of enterprises and encourage local investment

116 공공기관 이전 등 지역 성장거점 육성

Promote regional growth bases by relocating additional public institutions and other entities

117 지역 맞춤형 창업·혁신 생태계 조성

Create a regionally-tailored ecosystem to promote startups and innovation

***** 약속 23** 지역 스스로 고유한 특성을 살릴 수 있도록 지원하겠습니다.
We shall support local communities to take advantage of their unique characteristics.

118 지역특화형 산업 육성으로 양질의 일자리 창출
Create quality jobs by fostering region-specific industries

119 지역사회의 자생적 창조역량 강화
Reinforce the self-sustaining creative capacity of local communities

120 지방소멸방지, 균형발전 추진체계 강화
Prevent the possibility of local areas dying out and strengthen the system for promoting balanced development

통역 필수 표현 및 상식

Essential Expressions and General Knowledge for Interpreters

PART 02

국제회의 필수 표현

Essential Expressions for International Conferences

국제회의 종류

- AGM(Annual General Meeting) 연례총회
  상장기업이 매년 정기적으로 개최하는 대규모 모임. 주주들이 이사회에서 회사의 경영 평가나 신임 이사 선출 등 주요사항을 의결하는 총회이다.

- Board Meeting 이사회(중역/임원 회의)
  회사나 조직의 이사회, 의사 결정권자들의 회의

- Conference 컨퍼런스
  컨벤션보다는 기간이 짧고 특정 목표(주제)에 대해 협의, 의논, 해결방안을 도출하는 회의

- Convention 컨벤션
  공공 관심사를 가진 사람들이 매년 특정 일정으로 만나는 대규모 모임. 일반적으로 기조연설자와 발표자가 발표하고 부대행사, 전시회가 같이 개최된다.

- Exhibition 전시회
  B2B 비즈니스에 중점을 두는 무역박람회

- Expo/Exposition 엑스포(박람회)
  국제 수준으로 진행되는 대규모 전시회 또는 박람회

- Forum 포럼
  공개회의 혹은 강연 뒤 청중들과 공개 토론을 하거나, 아이디어를 교환하고 이슈나 특히 중요한 공공 문제에 대해 토론하는 자리

- Gala 갈라
  시상식 및 엔터테인먼트가 있는 대규모 저녁 모임 또는 파티

- International Event 국제행사
  (회의 산업 표준정의에 따라) 참가자의 15% 이상이 행사 개최국가가 아닌 국가에서 참석하는 경우

- **Meeting** 회의(모든 종류의 모임을 총칭)
  공식적이거나 비즈니스 환경에서 2인 이상의 사람들이 하나 이상의 주제를 논의하기 위해 모이는 것

- **Meetup** 밋업
  유사한 관심사를 가진 사람들을 위해 조직하는 비공식 회의 또는 모임. 대부분 밋업은 밋업 리스트를 제공하는 웹사이트인 meetup.com과 연결된다.

- **Networking Event** 네트워킹 이벤트
  특정 커뮤니티 내에서 회사 또는 개인의 프로필을 소개하거나 잘 알릴 수 있는 좋은 방법

- **Plenary[General] Session** 본회의, 일반 세션
  이벤트에 온 모든 사람이 참석 가능한 대규모 회의로 본격적으로 시작되는 메인행사를 뜻한다.

- **Seminar** 세미나
  특정 주제에 대해 사람들에게 정보를 주거나 특정 스킬을 가르치기 위해 조직된 회의. 개인 금융, 투자, 부동산, 웹 마케팅 및 기타 여러 주제에 대해 강연할 수 있는 전문가를 초청한다.

- **Social Event** 소셜 이벤트
  주요 삶의 이벤트를 축하하고 종교의례를 위해 조직된 모임. 일반적인 소셜 이벤트에는 기념일, 결혼식, 생일 등이 포함된다.

- **Symposium** 심포지엄
  특정 분야의 전문가들이 만나 논문을 발표하고 이슈와 동향을 논의하거나 특정 행동방침에 대해 권고를 할 수 있도록 조직된 회의

- **Teleconference** 화상회의, 원격회의
  두 명 이상의 참가자가 있는 실시간 오디오 혹은 시청각 회의. 참가자끼리 통신 시스템으로 연결한다.

- **Trade Show** 무역박람회
  기업이 가장 최신 제품과 아직 출시되지 않은 시제품을 전시할 수 있는 기회

- **Workshop** 워크숍
  세미나와 같은 의미로 사용. 워크숍과 세미나 둘 다 교육에 중점을 둔 행사이지만 워크숍은 일반적으로 실습 및 그룹 활동이 더 많다. 상호작용과 개별적인 참여 방식이 학습을 위해 필요한 스킬을 가르치는 데 더 적합하다.

회의 순서

1. **Opening** 개회선언
   의사결정을 내려야 하는 안건이 있을 때 회의 효력을 위해 정족수(quorum) 충족 확인 필요

2. **Opening Remarks** 개회사
   환영사(Welcoming Remarks), 축사(Congratulatory Remarks)

3. **Call to Order** 개회선언

4. **Adoption of agenda** 의제 채택
   회의에서 다루게 될 안건(의제), 일정 등을 상정

5. **Review of Previous Minutes** 전 회의 회의록 검토
   이전 회의록의 낭독, 보고 및 승인
   직전에 개최되었던 회의록 수정, 추가 보완 및 채택 여부 결정

6. **Financial Reports** 재정보고
   재정상태에 관해 보고하고 승인을 받거나 감사에게 회부
   상임위원회(Standing Committees)나 특별위원회에 위임된 활동 및 사항 보고

7. **New Business** 신규사항

8. **Unfinished Business** 이월사항, 미결정된 사항

9. **Announcement** 공지사항
   회의 종료 후 일정, 차기 회의 장소, 일정, 남은 일정 관련 안내

10. **Closing Remarks** 폐회사

11. **Adjournment** 폐회

주요 회의 표현

◆ 회의 시 발언과 동의 (Motion)

발언권 신청	Mr. Chairman/Madam Chair/Mr. President/ I have a motion to make ~/I move that ~
발언권 부여	You have the floor ~/I recognize ~

Main motions(주동의): 특정안건을 상정해 참석자들이 내용을 검토하고 토론하도록 설명, 제안하는 동의
Subsidiary motions(보조동의): 주동의의 변경, 심의, 채결을 위한 동의

◆ 개회식에서 참석자를 칭하는 호칭

내외귀빈 여러분	honored guests/distinguished members of the ~/ distinguished guests and honorable delegates/ Excellencies/ladies and gentlemen

◆ 호칭

의장님(남성)	Mr. President/Mr. Chair(man)
의장님(여성)	Madam President/Madam Chair(person)
공동의장님	Mr. Co-Chairman
좌장, 사회자	moderator
대표단 여러분	representatives/delegates/participants 참석자 여러분/ colleagues 동료 여러분
국왕	Your majesty (황태자: Your Royal Highness)
대통령	His Excellency (name), the President of (country) (대화 시: Excellency, Mr. President 이름을 부르지 않음)
총리	His Excellency (name), the Prime Minister of (country) (대화 시: Mr. Prime Minister, Excellency)
장관	Honorable (name), the Minister (country) (대화 시: Mr. Minister)

국회의장	Honorable (name), the Speaker of the National Assembly(한국)[the House of Representative(미국)] (대화 시: Mr. Speaker)
의원 여러분	members of the National Assembly(한국)[Congress(미국)/Parliament(영국)/Senate(특히 상원)]

◆ 회의 관련 안내사항 공지 멘트

개회식이 곧 이 자리에서 시작될 것입니다. 참석자들께서는 그대로 앉아계시기 바랍니다.
The opening ceremony will soon begin. Please remain in your seats.

회의가 곧 시작되니 회의장으로 입장하시어 모두 착석해주십시오.
Please proceed to the hall and take your seats.

앞쪽의 빈자리부터 앉아주시기 바랍니다.
We would appreciate all guests to start sitting towards the front of the hall.
We cordially ask all guests to start sitting towards the front of the hall.

뒤에 서 계신 분들은 앞에 자리가 비어 있으니 앞으로 나오셔서 앉아주십시오.
For those of you standing in the rear kindly come forward to the seats in front and be seated.

안내 말씀드립니다. ~ 회의가 10시에서 11시까지 ○○에서 개최될 예정입니다.
I have an announcement to make. The ~ meeting will be held from 10 to 11 a.m. at ○○ hall.

개회식이 곧 시작되겠으니 착석하시는 대로 시작하겠습니다.
The opening ceremony will commence immediately, if you will take your seats, we can get started.

◆ 개회 표현

~ 회의를 공식적으로 개회합니다.
This is the official opening of ~ conference.

~ 회의 개회를 선언합니다.
I declare ~ meeting[conference/assembly] open.

개회식을 시작하겠습니다.
We will now commence the opening ceremony.

세션을 시작하겠습니다.
I would like to open[start/begin] our session.

◆ 국민의례

국민의례를 하겠습니다.
We will begin with the national ceremony.

국기에 대한 경의를 표하겠으니 모두 기립하여 국기에 경례하시기 바랍니다.
We will begin by paying tribute to our nation. Please rise and salute the national flag.

국기에 대한 경례. Salute the national flag.

경례. Salute.

나는 자랑스러운 태극기 앞에 자유롭고 정의로운 대한민국의 무궁한 영광을 위하여 충성을 다할 것을 굳게 다짐합니다.
I pledge, in front of the proud Taegeuk Flag, allegiance for the eternal glory of the country, liberty, and justice to the Republic of Korea.

이제 애국가를 제창하겠습니다. 1절만 부르겠습니다.
We will sing the national anthem, let us just sing the first verse.

순국선열 및 호국 영령에 대한 묵념이 있겠습니다, 일동 묵념!
We will pay a silent tribute to the patriotic martyrs. Silent Tribute!

이제 앉아주세요.
Please be seated.

◆ 개회사

~에서 개회사를 하게 되어 무한한 영광과 특권으로 생각합니다.
It is an honor and a privilege for me to be giving the opening address at the ~.

~ 개막식에 모인 귀빈 여러분 앞에서 연설하게 되어 영광입니다.
I am honored (to have been invited) to address this distinguished audience at the ~ opening ceremony.

◆ 축하

성공적으로 회의를 준비하느라 각별한 노력을 해주신 (주최 측)에게 축하드립니다.
I would like to congratulate (the organizer) for their extraordinary work in organizing the conference.

따뜻한 환대에 감사드립니다.
Thank you for your warm hospitality.

◆ 환영

세션에 오신 여러분 환영합니다.
Ladies and gentleme. I (would like to) welcome you all to session.

~를 대표하여[대신하여] 적시에 열리는 중요한 회의에 참석하신 여러분들을 환영합니다.
On behalf of ~, I welcome you all to what promises to be a timely and important conference.

~에 오신 여러분들을 환영하게 되어 영광입니다.
I am honored to welcome you all to ~.

오늘 아침 이 자리에 참석해주신 여러분께 감사드리며 환영합니다.
I would like to thank and welcome all of you for your presence this morning.

오늘 회의에 참석하기 위해 전 세계 곳곳에서 오신 여러분들을 환영합니다.
I would like to extend a warm welcome to all those who have come from all parts of the world to attend this conference.

회의에 참석하고자 먼 거리를 여행하신 분들께 특별히 감사드립니다.
My special gratitude goes to those who have traveled great distances to be here.

여러분을 진심으로 환영합니다.
It is a great pleasure to welcome you all.

◆ 참석자에게 감사

바쁘신 와중에 시간 내주신 귀빈들께 감사드립니다.
I would like to thank the VIP guests for taking the time out of their busy schedules to be here with us.

참석해 주셔서 감사합니다.
Thank you for your attendance[presence].

오늘 이 자리에서 이렇게 많은 분을 만나 뵙게 되어 기쁩니다.
I am delighted to see so many of you here today.

◆ 초청에 대한 감사

이 자리에 오게 되어 기쁩니다.
I am delighted to be here.

기조 연사로 회의에 오게 되어 매우 영광스럽고 기쁩니다.
It is a great honor and privilege for me to be here as a keynote speaker.

오늘 연설할 기회를 주신 (주최 측)에 감사드립니다.
I would like to thank (the organizer) for giving me the opportunity to speak today.

◆ 좌장[사회] 인사말

이번 세션에 좌장을[사회를] 맡게 되어 영광입니다.
It is a privilege for me to chair this session.

오전 회의 시작하겠습니다. 저는 ~이고 오전 회의의 사회를 맡았습니다.
Welcome to the morning session. I am ~, and I will be your moderator for this morning's session.

◆ 공동사회자를 소개할 때

저는 이 회의의 사회자입니다. 오전에 저와 함께 사회를 보실 분은 ~입니다.
I am going to be the Chair for this session. With me this morning is ~, Co-chairman.

◆ 회의 (개최) 목적

회의를 준비하는 차원에서 몇 말씀 드리자면, 오늘 회의의 목표는 중요한 이슈들을 다루고 그에 대한 미래를 전망하는 것입니다.
I'd like to say a couple of words to set the stage. The goal of this conference is to address important issues and look into the future.

오늘 회의를 개최하게 된 몇 가지 이유가 있습니다.
There are several reasons for organizing this meeting.

패널토론은 오전에 있었던 발표를 기초로 합니다.
The panel discussion builds upon the presentation that we had this morning.

오늘 회의는 그 문제들에 초점을 맞추고 가능한 해결 방안을 찾는 것을 목표로 합니다.
The meeting aims to bring into focus the problems and find possible solutions to such problems.

◆ 연사소개

~는 소개할 필요가 없을 정도로 잘 알려진 분입니다.
~ is well-known that little introduction is necessary.

우리 분야에서 가장 영향력 있는 분 중 한 분을 따뜻하게 환영해주세요.
Please join me in warmly welcoming one of the most influential persons in our profession.

~를 모시게 되어 참으로 기쁩니다. 요즘 초미의 관심사가 되고 있는 주제인 …에 대해 강연해주실 겁니다.
It is my great pleasure to introduce ~ who will speak to us on a subject of vital interest, ...

… 제목으로 강연해주실 ~를 모시겠습니다.
Let me introduce ~ who is going to deliver a lecture under the title ....

오늘 첫 번째 연사를 소개하게 된 것을 특별한 영광으로 생각합니다.
It is a distinct honor to present the first speaker for today.

이 분을 기조 연사로 맞이하게 되어 기쁘게 생각합니다.
I am delighted to welcome him as our keynote speaker.

◆ 연사가 발표 시작 시

따뜻한[친절한] 소개 감사드립니다.
Thank you for the warm[generous] introduction.

이렇게 훌륭한 청중 앞에서 연설하게 되어 무한한 영광으로 생각합니다.
It is indeed an immense pleasure to be here with you and address such an eminent audience.

~에 대해 간략하게 말씀드리고 몇 가지 제안 드리겠습니다.
I'd like to first sketch ~ and then make some recommendations for action.

~에 대해 간략하게 말씀드리고 나서 상세히 설명해드리겠습니다.
I will briefly touch upon ~ and then I will elaborate.

◆ 대독, 교체 연사

총리님의 축사를 대신 읽어달라는 부탁을 받았습니다. 대독하겠습니다.
I have been asked to read the congratulatory remarks by the Prime Minister. I will read the speech on his behalf.

~ 연사가 강연하기로 되어 있었으나 개인적인 이유로 이곳에 올 수 없게 되어 아쉬워하고 있습니다. 제가 대신 논문을 읽어 드리겠습니다.
~ was supposed to deliver a lecture. But he regrets that he could not be here for personal reasons. I will read his paper on his behalf.

오늘 함께하지 못한 ~를 대신하여 여러분께 인사드리게 되어 영광입니다.
On behalf of ~ who is unable to be with us today, I am honored to bring you greetings.

◆ 강연을 마칠 때

기조연설을 마무리하면서 몇 가지 견해를 여러분께 남기고 싶습니다.
In concluding my keynote address, I'd like to leave you with a few thoughts.

시간이 다 된 것 같으니 요약하겠습니다.
I think I am out of time, so I am going to summarize.

제 강연은 ~의 중요성을 언급하지 않고서는 마칠 수가 없습니다.
My talk would not be complete without mentioning the importance of ~.

여기까지가 오늘 강연에서 다루고자 하는 모든 것입니다.
That is all I would like to cover today.

회의에 참석할 수 있도록 초청해주신 ~에게 다시 한번 심심한 감사를 표합니다.
I wish to express my sincere appreciation once again to ~ for inviting me to participate in this conference.

끝으로, 이토록 훌륭한 청중들 앞에서 연설할 수 있도록 초청해주셔서 참으로 과분하고 영광입니다.
My last word is how honored and humbled I am to be invited to speak in front of this wonderful audience.

경청해 주셔서 감사합니다. 질문을 고대합니다.
Thank you for your attention and I look forward to your questions.

◆ 강연 후 코멘트

훌륭한 발표를 해주신 ~께 큰 박수를 보내주시겠습니까?
Please join me in giving ~ a warm round of applause for his[her] outstanding presentation.

매우 중요한 기여를 해주신 ~께 우리 모두 감사를 드립니다.
I would like to express our collective thanks to ~ for their very important contribution.

◆ 발표[토론] 시간 관련

토론 규칙을 상기시켜드립니다. 각 토론자는 10분간 발언하겠습니다.
I would like to remind you of the ground rules. The discussants are going to speak for 10 minutes.

제한시간 내에 발표를 끝내주셔서 감사합니다.
Thank you for finishing the presentation within the time limit.

시간이 늦어진 데 대해 사과드립니다. 시간 관계상 발표자들이 발언을 20분으로 제한해주실 것을 요청합니다.
We apologize for the delay. I'll ask each of the speakers to confine your remarks to 20 minutes.

◆ 연사발표에 대한 코멘트

~에 대한 의견을 주셔서 감사합니다.
Thank you for giving us your ideas on ~.

많은 시사점을 주는 발표를 해주셔서 감사합니다.
Thank you for your thought-provoking presentation.

훌륭한 발표 감사합니다. 토론하기에 앞서 한 가지 의견을 말씀드리고 싶습니다.
Thank you for your excellent presentation. Before opening for discussion, I would like to make a comment.

◆ **발언**(floor) **허락**

발언하세요.
You have the floor.

마지막 줄에 있는 여성분 말씀해주세요.
The lady in the last row, you have the floor.

◆ **질문**(question) **토론**(discussion)

토론을 촉진하고 시간을 가장 효율적으로 사용하기 위해 토론 규칙에 관해 다시 한번 알려드리겠습니다.
To facilitate our discussion, and to make the most efficient use of the time, let me remind you of the rules that the panel will follow.

청중 중에서 질문이나 의견 있으십니까?
Are there any questions or comments from the floor?

질문 있으십니까?
Does anyone have any questions?

본인 소개를 하시고(성함과 소속을 밝혀주시고) 누구에게 질문하실 것인지 말씀해주세요.
Please state your name and affiliation and identify to whom you would like to direct your question.

청중들 중 질문이나 의견 있으시면 해주세요.
The floor is open for questions or comments. Any questions or comments?

저도 잠시 말씀 좀 드려도 될까요?
May I interrupt you for a moment and comment on that?

성함과 소속을 밝혀주신 다음 질문이나 의견을 짧게 남겨주시기 바랍니다.
We would like to ask you to state your name and where you are from and then keep the questions or comments brief.

이 질문은 ~에게 드리는 겁니다. 하지만 다른 패널리스트들도 답해주실 수 있습니다.
I will direct my question to ~ but open it for the other panel members as well.

좀 더 상세하게 얘기해주실 수 있겠습니까?
Could you talk a little bit more in-depth?

◆ 질문이나 의견에 대한 답변 시

질문해주셔서 감사합니다.
I am glad you asked the question.

무슨 말씀을 하려는지 충분히 알겠습니다.
Your point is well taken.

질문에 답변을 드리자면 ~입니다.
The answer to your question is ~.

질문을 명확하게 듣지 못했습니다.
I am not sure I heard the question clearly.

질문을 다 기록했는데, 제가 모든 질문을 어떻게든 답변할 수 있게 되기를 희망합니다.
I have been making notes, and I hope I manage to answer all your questions.

질문에 대한 답이 되었습니까? 답변이 잘 되었기를 바랍니다.
Did your question get answered? I hope that answered your question.

◆ 의제 상정, 채택(adoption)

오늘 회의 안건입니다.
Here is the agenda for today's meeting.

반대가 없으면 의제가 채택된 것으로 간주하겠습니다.
Unless I hear any objections, I will take it that the agenda is adopted.

◆ 의제 토의(discussion of the agenda item)

두 번째 안건 의제는 위원회 보고서에 관한 토론입니다.
The second agenda item is a discussion on the report of the Committee.

세 번째 안건 심의를 종결하겠습니다.
We conclude our consideration of agenda item 3.

◆ 동의(motion) 재청(second)

의장님, 결의안을 채택할 것을 제안합니다.
Mr. Chairman, I move the adoption of the resolution.

~ 단어를 삽입하여 결의안을 수정할 것을 동의합니다.
I move to amend the resolution by inserting the word ~.

재청합니다.
I second.

발의된 동의에 재청이 있나요?
Is there a second to the motion?

동의가 가결되었습니다.
The motion is carried.

동의가 부결되었습니다.
The motion is lost.

◆ **표결/투표**(vote)

결의안에 대해 투표하겠습니다.
We shall vote on the resolution.

표결에 부치겠습니다.
Let's put it to the vote./Could we take a vote on it?

제의에 찬성하시는 분?
Those for the motion?

반대하시는 분은?
Those against?

기권하실 분 있으십니까?
Any abstentions?

거수투표하겠습니다. 찬성하시는 분은 손을 들어주십시오. 손을 내려주세요.
We will vote by show of hands. All those in favor of the motion, please raise your hand. Lower hands.

투표가 종료되었습니다. 검표원께서는 득표수를 세어주세요.
I declare the ballot closed. The tellers are requested to start counting the votes.

만장일치로 제의가 가결되었습니다.
The motion is carried unanimously.

대표단이 결의안 투표를 기권하였습니다. 관련해서 그 이유를 설명하겠습니다.
The delegation abstained, with that result, I wish to explain the reasons.

◆ 찬성(agree)

전적으로 찬성합니다.
I completely agree.

어느 정도 찬성합니다.
I agree with you to some extent.

그 점은 찬성합니다.
I agree with you on that point.

원칙적으로 동의합니다
I agree in principle.

◆ 반대(objection)

전혀 동의할 수 없습니다.
I totally disagree with you.

제안에 반대합니다.
I am against the suggestion.

동의하기 어렵습니다.
I find it difficult to agree with you.

◆ 주제 전환

다음 의제를 설명하겠습니다.
The next agenda will be explained.

다음 의제로 넘어가겠습니다.
Let's move on to another topic[agenda item].

◆ 의장의 회의 진행 관련 발언

(참석자들에게) 그 제안에 대해 의견 주시기 바랍니다.
I ask participants to comment on the proposal.

제의가 있습니다. 이 문제에 관해 선호하는 것이 있는지 대표자들은 뜻을 표명해주시길 요청드립니다.
There is the proposal. I would like to ask delegates to indicate if you have a preference regarding this issue.

이 같은 이슈에 대한 토론을 자제해주시기 바랍니다.
I wish to caution against getting into a debate on the issues.

◆ 휴회 선언

오전 회의를 마치겠습니다. 오찬 후 오후 1시 정각에 속개합니다.
We will adjourn the morning session until after luncheon and reconvene at 1 o'clock sharp.

◆ 회의 참석 감사 인사 및 종료 멘트

발표하신 분들 모두 수고하셨습니다. (발표하신 분들께 진심으로 감사드립니다.)
I would like to express my sincere gratitude to all the presenters[speakers].

참석(기여)해주셔서 감사합니다.
Thank you for your participation[contribution].

다루어야 할 내용을 다 다룬 것 같은데, 마치기 전에 더하실 말씀 있나요?
We have covered everything. Are there any last points anyone would like to raise before we finish?

◆ 폐회

이로써 회의를 마칩니다.
This concludes the meeting.

회의 종료를 선언합니다.
I declare this conference closed.

이 정도면 마무리해도 될 것 같습니다.
I believe that will be all for today.

정말 훌륭한 세션이었습니다. 연사분들과 패널리스트들에게 큰 박수 부탁드립니다.
It's been an excellent session. How about a round of applause for the speakers and panelists?

높은 수준의 깊이 있는 토의를 해주신 참석자 여러분께 축하의 말씀을 드립니다.
I congratulate all the participants for your high-quality and in-depth discussions on all the agenda items of the conference.

참석해 주셔서 감사합니다.
Thank you all for attending[coming].

실로 다양하고 유익한 아이디어와 의견에 감명받지 않을 수 없습니다. 그리고 회의를 준비해준 주최 측의 노고에 깊이 감사드립니다.
I never cease to be impressed by so many varied and informative ideas and views and I offer my appreciation and admiration for the preparation by the organizer.

회의를 종료합니다.
The meeting is adjourned[finished].

이로써 회의가 끝났음을 선언합니다.
I now declare this meeting closed.

총회가 공식적으로 끝났음을 선언하게 되어 영광입니다. 여러분을 다시 뵙기를 간절히 고대합니다.
I now have the honor to declare that congress has officially closed and I look forward with great anticipation to seeing you again.

◆ 건배 제의

오늘 저녁 건배를 제의하게 되어 매우 기쁘게 생각합니다.
It is with great pleasure that I have the duty of proposing a toast tonight.

성공을 위해 건배합니다. 건배!
My best wishes for your success, cheers!

번영을 위해 건배를 제의합니다.
I ask you to drink to prosperity.

건강과 행복을 위해 건배를 제의합니다.
I would like to propose a toast to health and happiness.

화상회의 시 필요한 표현

◆ 인터넷 연결

본격적인 회의를 시작하기에 앞서, 연결상태를 확인하고자 합니다.
Before we start the meeting, I would like to check the connection status.

인터넷 상태가 안 좋아요. (자꾸 끊어질 경우)
You've got a bad connection.

접속에 문제가 있어서 죄송합니다.
I am sorry, I had connection issues.

조금만 기다려 주세요. 문제를 해결 중입니다.
Please be patient, we are working on fixing.

다시 인터넷에 접속해보시면 어떨지요?
Why don't you try reconnecting to the Internet?

로그아웃했다가 다시 로그인해보세요.
Please log off and log in again.

◆ 참석 감사 인사

오늘 화상회의에 참석해 주셔서 감사합니다.
I appreciate you coming to the meeting virtually.

갑작스러운 요청에도 참석해 주셔서 감사합니다.
Thank you all for joining us at such short notice.

온라인으로라도 만날 수 있어서 다행입니다.
It is great to finally meet you, albeit virtually.

◆ 화면 공유

제가 화면에 공유해 놓은 발표자료 잘 보이시나요?
Can you see the presentation deck I have shared[shown] on the screen?

화면이 안 보여요. 화면이 정지되어서 다음 PPT로 넘어가지 않아요.
I cannot see the screen. The screen has frozen.

◆ 음량 관련 문제

마이크를 켜주세요.
Please unmute yourself.
Could you please turn on the microphone?
Can you unmute your microphone, please?

지금 마이크가 꺼져 있습니다.
I think you are on mute.

소리가 잘 끊겨요.
Your voice is breaking up.

다시 한번 말씀해주시겠어요? 잠시 인터넷 연결이 끊어졌습니다.
Can you repeat what you said? You were disconnected for a second.

무슨 말을 하고 계신지 거의 안 들립니다.
It is hard to hear what you are saying.
I am having trouble hearing you.

잡음이 심하네요.
There is too much static.

주변 소음이 들립니다.
I can hear background noises.

이제 잘 들리나요?
Can you hear me ok?

잘 들립니다.
I can hear you just fine.

한 분씩 말씀해주세요.
Let one person speak at a time.
Please, wait for your turn to speak.

공동성명서의 동사 의미 정리

감사를 표명하다 express appreciation

결정하다 decide

선언하다 declare

상기하다	recall (결의문과 관련하여 과거의 결의문 또는 결정을 상기한다)
~에 주목하다	take note of
실망하다	alarm/dismay/disturb
유감을 표하다	express regret/note with concerns
규탄하다	deplore
재확인하다	reaffirm
촉구하다	call upon/request/urge/demand
승인하다	endorse/approve/recognize
지원을 호소하다	appeal for support
필요성을 재확인하다	reaffirm the need[necessity]
협력 조치를 환영하다	welcome cooperative measures

주요 회의 용어 개념 정리

- **Abstain** 기권
  특정 의제에 대한 의사결정을 내리는 투표 시 찬반 어느 편에도 참여하지 않고 중립을 지키겠다는 표현

- **Adjourn** 산회
  회의 도중 별도의 협상 또는 휴식을 위해 회의를 잠시 중단하는 표현
  예 The meeting is adjourned. (산회되었습니다. 회의가 잠시 중단되었습니다.)
  * 휴식하는 경우는 recess 또는 take a break

- **Agenda** 의제
  회의에서 다루고자 하는 세부안건 또는 순서
  * provisional agenda: 정식 의제가 채택되기 전의 임시 잠정 의제

- **Adoption of Agenda** 의제채택
  회의가 개시되면 의장은 의제채택을 선언

- **Amend** 수정
  제안의 내용에 대해 단어를 추가하거나 삭제나 대체를 함으로써 변화를 가하는 표현

- **Call to Order** 개회
  회의의 공식개시. 예컨대 회의 시작 시 의장이 The meeting is called to order. 또는 I now call the meeting to order.라고 선언하는 것

- **Chair** 의장
  회의 진행을 총괄하는 책임자로서, 흔히 President라고도 표현

- **Consensus** 전원합의
  특정제안에 대해 반대가 없고 참석자 전원이 찬성하는 합의. 침묵할 때도 전원합의가 이루어진 것으로 간주하며, 반대 의사 표명이 없는 가운데 투표행위 없이 문안을 채택함을 의미. 회원국들의 전체적 합의이지만, 모든 회원국의 적극적인 지지를 받는 결정은 아님

- **Floor** 발언권
  의장의 허가를 받아 발언할 수 있는 권리. 발언권 획득은 obtain the floor 또는 take the floor라고 표현

- **Majority** 과반수
  회의 참석자 총수의 절반이 넘는 숫자로서 회의 의사결정은 과반수투표(majority vote)가 기본원칙

- **Minutes** 의사록
  회의에서 토의한 내용이나 결정사항을 기록한 문서

- **Motion** 동의
  회의 시 특정 의제에 관한 결정을 내리기 위해 참석자들로부터 제기되는 문안(proposal) 또는 언급을 의미. 동의(motion)는 어떤 조치를 하도록 회원이 행사하는 공식적인 제의로, 회의에 상정될 때는 동의의 발의(make the motion), 동의의 재청(second the motion), 동의의 선언(state the question on the motion)의 3단계 과정을 거친다.

- **Put the Vote** 투표회부
  특정 의제에 대한 토의 후 결정을 내리기 위해 투표의 개시를 알리는 선언. take the vote, call for the vote라고도 표현

- **Quorum** 정족수
  회의의 성립 또는 의결 조건을 충족시키는 참석자 수

- **Rules of Order** 의사 진행규칙
  국제회의 진행에 필요한 규칙, 의장선출방식, 제안제출 방법, 투표절차 등의 규정

회의 빈출 표현	
absentee	불참자
absentee voting	부재자 표결
abstain	기권하다
abstract	초록
accompanying persons program	동반자 프로그램
acting	권한 대행(acting chairman 의장 대행)
ad hoc committee	특별 전문 위원회
adjourn	폐회하다, 휴회하다
adopt agenda	의제 채택
agenda	의안(의제)
amend	수정하다
amendment	수정안
announcement	안내, 공지사항
annual assembly	연례 회의, 연차 대회
annual report	연차 보고서, 연례 보고서
appendix	부록
approved agenda	확정 의제
attendee	참가자
ballot box	투표함
ballot vote	투표표결(무기명 투표)
black tie	정장
board	이사회
board of directors	이사회 이사
break-out session	(동시에 개최되는) 소규모 분과회의
bylaws	세칙, 부칙, 정관
call to order	개회선언
casting vote	캐스팅 보트
chairman	의장
chairperson	의장, 사회자(남녀 구분 없이 성 중립적 표현)
closed meeting	비공개 회의
closing remarks[address]	폐회사
co-chairman	공동 의장(회장)

commission/committee	위원회
conference/convention	회의
conflict of interest	이해상충
congratulatory remarks	축사
consensus	컨센서스, 의견 일치
constitution	정관, 헌법, 구성
debate	토론하다
delegate	대표(대표단)
dignitaries[distinguished guests]	귀빈
discussant	토론자
draft	초안
draft resolution	결의안 초안
eligibility to attend a meeting	회의 참가 자격
ex officio	당연직(當然職, 기관이나 단체에서 어떤 자리에 있게 됨으로써 자동적으로 맡게 되는 직책[직무])
executive committee	집행위원회
executive summary	요약보고서
exhibition	전시회
filibuster	필리버스터(의사 진행 방해)
final draft	최종 보고서
floor	발언권, 토론권, 발언하다, 토론하다
formal invitation	공식 초청
gavel	의사봉
general assembly	총회
general consent	전원 동의
general order	일반 심의사항
ground rules	토론 규칙
guest speaker	초청 연사
head of delegation	대표단장, 수석 대표
head table	주빈석, 테이블의 상석
honored guest	귀빈
honorary president	명예 의장
host committee	회의 주최 측
inaugural address	취임사

incidental motions	부수동의
informal vote	가표결(완전한 형식을 갖추지 않고 임의로 다수의 의견을 모아 결정함)
information desk	안내소, 접수처
internal regulation	내규
interim committee	임시 위원회
interim chairman	임시의장
item on the agenda	의제조항
joint committee	공동 위원회
joint resolution	공동 결의안
keynote speech	기조연설
lapel microphone	소형 마이크
legal votes cast	유효 투표
lost and found	분실물 보관소
madame Chairperson	의장(여성)
majority requirement	의사결정 정족수
majority vote	다수결
maker of a motion	동의 제출자
mandatory documents	필수 조항
meeting bell	회의용 벨
meeting in camera	비공개회의
memorandum	각서, 메모, 비망록
minutes	의사록, 회의록
motion	(심의할 의안) 발의, 동의
motion of privilege	특권 동의
multilateral agreement	다자협약
name card	명패
negative vote	반대투표
new business	신규 심의사항
news bulletin	회보
notice	통지
objection	반대
objection to consideration	심의 반대

observer	옵서버, 참관인(비회원국 대표, 여타 국제기구 대표, 기타 민간단체 대표 자격으로 참관)
off-site event	회의장 밖의 행사
operative part	본문
opening ceremony	개회식
opening remarks[address]	개회사
opening session	개회세션
oral vote	구두 표결
order of business	회의 심의 일정
order of precedence	우선순위
order of the day	회의 일정
panel discussion	패널 토론
panel presentation	토론 주제 발표
parliamentarian	의사 진행인
parliamentary procedure	의사 진행 절차
plenary session	본회의
podium	연단
preamble	서문
preface	서문
press release	보도자료
preliminary draft	예비초안
postal ballot	우편 투표
preparatory meeting	준비 회의
press room	기자실
proceedings	회의록
professional convention organizer	국제회의 전문 용역 업체
proposal	제안서
proposed resolution	결의안
proposition	제의
protocol	의전
provisional agenda	임시의제
proxy second	회의참가 대리인의 재청
proxy voting	대리투표
Q & A Session	질의응답 세션

question card	회의 중 질문 사항을 적는 카드
quorum	정족수
reception	환영연회, 리셉션
recognition	발언 허가
reconsider and enter	재심의 회의록 등재
records of the meeting	의사록
red carpet	VIP용 안내 카펫
registration desk	등록대
registration list	등록명단
representative	대표
request for permission to ask a question	발언 허가 요청
requisite majority	필요 과반수
resolution	결의안
roll-call vote	호명 투표(의장이 각 대표를 호명하고 찬성, 반대, 기권 등의 대답을 요구하는 투표방법)
rules of procedures	회의절차에 관한 규칙
rules	규칙
seating arrangement	좌석 배치도
second	재청
separate vote	분리 투표(결의안에 paragraph별로 투표)
session	세션, 회기
show of hands	거수
simple majority	단순 과반수 (출석하여 투표한 대표 과반수 찬성 의사결정)
simultaneous interpretation	동시통역
sightseeing program	관광 프로그램
speaker	연사, 발표자
standing committee	상임위원회
standing orders	규칙
standing rules	의사규칙
status report	진척 보고서
steering committee	운영 위원회
straw vote	가표결

summary report	요약보고서
teleconference	원격회의
term of office	임기
terms of reference	위임사항
unanimous consent	만장일치, 전원 동의
unfinished business	미완료 심의사항
unofficial social functions	비공식행사
unparliamentary	회의법 위반
venue	회의장소(회의시기)
vote by show of hands	거수 투표
veto power	거부권
vote by proxy	대리 표결
vote by roll call	호명 투표
vote by "yes" and "no"	찬반 투표
votes casts	투표수
voting slip	투표용지
welcoming remarks[address]	환영사
withdraw a motion	동의를 철회하다
working language	회의 공용어

02

의전의례 기본원칙

Basic Protocol Rules

국가 정상 방문

출처: 외교부 홈페이지 참조

◆ 국가 정상 방문의 정의

국가 정상이 해외 순방을 한다는 것은 나라를 차례로 돌아가며 방문하는 것을 뜻하며, 보통 한 번에 여러 나라를 방문한다. 정상 방문에는 국빈 방문(state visit), 공식 방문(official visit), 실무 방문(working visit), 공식 실무 방문(official working visit), 사적 방문(private visit, unofficial visit) 등이 있다.

◆ 국가 정상 방문의 종류

1. 국빈 방문(State Visit)

대통령의 공식 초청에 의한 외국 국가 원수의 방한으로, 국빈 방문 기간 동안 초청국가의 원수가 공식 호스트 역할을 한다.

A state visit is a formal visit by a head of state to a foreign country, at the invitation of that country's head of state, with the latter also acting as the official host for the duration of the state visit.

국빈 방문은 두 주권 국가 간의 우호적인 양국 관계의 가장 높은 표현으로 간주하며, 보통 공식적인 공적 행사에 중점을 두는 것이 특징이다.

State visits are considered to be the highest expression of friendly bilateral relations between two sovereign states, and are in general characterized by an emphasis on official public ceremonies.

국빈 방문 시 대개 외무부 장관을 포함한 장관급 고위 정부 관료들이 동행한다.

The visiting head of state is usually accompanied by a senior government minister; usually by a foreign minister.

무역단체들로 구성된 사절단도 동반, 방문 국가의 산업 지도자들과 네트워크를 형성, 경제적, 문화적, 사회적 관계 발전 기회를 제공한다.

Delegation made up from trade organizations also accompanies the visiting head of state, offers an opportunity to network and develops economic, cultural, and social links with industry leaders in the nation being visited.

국빈 방문 비용은 일반적으로 초청국가의 정부가 부담, 대부분 국가에서는 연간 10회 미만의 국빈 방문을 진행하며, 때에 따라서는 2회의 방문도 주최한다. 대통령 재임 기간 중 국가별로 1회로 제한한다.

The costs of a state visit are usually borne by state funds of the host country; most nations host fewer than ten state visits per year; with some as few as two. During the term of the President, each country shall host one state visit per country.

영접 시 상대 국가의 원수가 도착할 때 초청국가의 원수가 직접 나가 영접하거나 (양국의 원수가 다른 장소에서 곧 회동 예정일 경우는) 대사나 외교장관급 이상이 마중한다.

The visiting head of state is immediately greeted upon arrival by the Host Country President (or by a lesser official representative, if the two heads of state are to meet later at another location) or by his or her ambassador or Host Country Foreign Minister.

국빈 방문의 경우 의장대가 축하의 의미로 예포 21발을 발사한다.

A 21-gun salute is fired in honor of the visiting head of state.

국빈 방문은 말 그대로 내용이나 형식에 있어 초청국가가 상대 국가 지도자를 최고 손님으로 대접한다.

A state visit entails a first-rate reception for the visiting head of state as a guest, both in form and substance.

정상 간 만남 외에 각종 오락 및 문화행사가 부수적으로 마련되고, 비용도 대부분 초청국가에서 부담한다.

The summit meeting is just part of the itinerary that also includes entertainment and cultural events, and most expenses are borne by the host country.

2. 공식 방문(Official Visit)

국가 정상이나 고위 공무원〔정부 수반의 장〕이 다른 나라를 방문하도록 초청받는 경우를 말한다.

This is when high-ranking officials[cabinet level to head of state] are invited to visit another country.

초청대상 정부 관리가 정부 수반이라면 예우를 갖춘 영접을 하지만, 내각 관료들에게는 공식 영접이 없다. 점심이나 저녁 식사 대접은 불필요하다.

Honors are given if the foreign official is the head of government but not so for cabinet-rank officials. No luncheon or dinner is required.

초청국은 공식방문 대표단이 무엇이 필요하다고 요청하지 않는 한 공식 대표단의 방문 비용을 지불한다.

The host country pays for the visit's cost for the official delegation unless the delegation opts to provide for its own needs.

3. 실무방문(Working Visit)

방문을 위한 초대는 불필요. 정부 관료가 양국에 관한 사안을 논의하기 위해 외교 상대와 회동하는 것이다.

No invitation is necessary for a working visit. An official meet with his counterpart to discuss issues concerning both countries.

주최국은 방문국 공식 대표단의 방문 기간 동안 숙박비 또는 기타 경비를 지급하지 않는다.

The host country does not pay for the accommodations or other expenses of the official delegation during working visits.

4. 사적 방문(Unofficial Visit or Private Visit)

휴양 등 개인적 목적의 방문이다.

It is a visit for personal purpose such as a holiday.

◆ 대통령 순방 절차

1. 해외 순방 기본계획 수립 및 방문 일자 교섭

- 검토 초기 단계부터 주요 외교 일정 및 주기적인 다자정상회의 개최 시기를 고려하여 특정 시기에 집중되지 않도록 함

2. 방문 대상국 확정 및 구체적인 방문일정 수립

- 주요 방문국 결정, 연계하여 인근국 방문 추진
- 초청 여부, 방문 필요성, 기대성과 등 제반사항 검토
- 해외 순방 시 1개국 통상 2박 3일로 추진

3. 정부 합동답사단 및 지원 요원 파견

4. 수행원 결정 주요 방문 일정 수립 및 협의

- 우리 측 일정은 공관 건의, 지역국 의견 등 종합적으로 고려하여 수립. 방문 성과 극대화 일정 포함

5. 대통령 해외 순방 행사 시행

◆ 외빈 방한 영접

1. 공항 영접 및 환영식

- 방한의 첫인상이 결정되기에 공항 영접 및 환영식이 가장 중요
- 외빈 사용 항공기가 전용기일 때는 군기지인 서울 공항 이용, 일반 민항기일 때는 인천 공항 이용
- 지방 행사의 경우, 지역에서 사용 가능한 지방 공항 활용

2. 영접의 격

1) 외빈의 격
 - 국가원수, 행정 수반인 총리, 행정 수반이 아닌 총리(또는 부통령, 왕세자), 외교부 장관으로 구분

2) 접수의 격
 - 국빈 방문, 공식 방문, 실무 방문, 사적 방문으로 구분하여 시행

사교의례

◆ 소개

1. 소개하는 방법

먼저 연로자나 상위자에 대해 그의 이름을 부른 후 연소자나 하위자 소개

예 Your Excellency, Minister ○○, May I introduce Mr. ○○?

2. 소개의 순서

연소자나 하위자를 연로자나 상위자에게, 남자를 여자에게 소개

◆ 악수

1. 악수하는 방법

- 아랫사람이 먼저 악수를 청해서는 안 되며 윗사람이 먼저 손을 내밀었을 때만 악수를 함
- 남자가 여자에게 소개되었을 때는 여자가 먼저 악수를 청하지 않는 한 악수를 안 하는 것이 보통
- 악수는 바로 서양식 인사이므로 악수를 하면서 우리식으로 절까지 할 필요는 없음 (두 손으로 하는 것도 아름답지 못함)

2. 손에 입 맞추기 및 포옹

- 신사가 숙녀의 손에 입술을 가볍게 대는 것을 Kissing hand라 하며, 이 경우 여자는 손가락을 밑으로 향하도록 손을 내밀 것
- 유럽의 프랑스, 이탈리아 등 라틴계나 중동아 지역 사람들의 친밀한 인사표시로 포옹을 하는 경우는 자연스럽게 응함

◆ 명함

1. 체제

- 명함용지는 순백색이 일반 관례, 너무 얇거나 두꺼운 것은 피하는 것이 좋음
- 인쇄방법은 양각이 원칙

2. 사용방법

- 명함은 원래 남의 집을 방문하였다가 주인을 만나지 못하였을 때 자신이 다녀갔다는 증거로 남기고 오는 쪽지에서 유래
- 선물이나 꽃을 보낼 때, 소개장, 조의나 축의 또는 사의를 표하는 메시지 카드로 널리 사용되고 있음
- 한국에서는 상대방과 인사하면서 직접 명함을 내미는 관습, 상대방이 명함을 내밀 때는 같이 교환하는 것이 예의

연회

◆ 연회

1. 초청객 선정

- 주빈(Guest of Honor)보다 직위가 높거나 너무 낮은 인사는 피하되 좌석 배치의 편의상 상하 계급을 적절히 배합할 수 있도록 선정

2. 초청장

- 초청장은 통상 행사 2-3주 전에 발송하는 것이 관례
- 참석 여부를 통지하는 RSVP(초대에 대한 응답 요청)는 초청장 좌측 하단에 표시하며, 그 아래에 초청자의 연락처(주소, 전화번호)를 기입

  * RSVP: (초대장에서) 회답 주시기 바랍니다. 프랑스어 repondez s'il vous plait(please reply)를 줄인 것
- RSVP가 있어야 하는 경우, 참석 여부를 꼭 사전에 통지할 것 (연회준비를 하는 주최자에 대한 예의)
- 규모가 큰 리셉션처럼 모든 손님의 참석 여부를 정확하게 알 필요가 없을 때는 RSVP 대신에 "Regret Only"(초청을 수락하지 못할 때만 회답 바랍니다)라고 표시
- 초청장은 각료급 이상의 인사에 대해서는 직책만 표기하고 기타 인사는 성명과 직책을 적절히 쓰되 부인 동반의 경우는 "동영부인"을 함께 표기함
- 단독으로 초청되었을 경우

  예 국내 인사: 외교부장관, 전경련 회장 귀하
  외국 인사: The Minister for Foreign Affairs of (Country), Chairman (full name)
- 내외로 초청되었을 경우

  예 국내 인사: 국무총리 귀하, 감사원장 귀하 동영부인
  외국 인사: The Minister for Foreign Affairs of (Country) and Mrs. (남편의 성/full name),
  Mr. and Mrs. (남편의 full name)

◆ **복장**

초청장 우측 하단에 복장(dress)의 종류가 표기되어 있음

1. 야회복(White Tie)

- 국빈만찬이나, 정식 만찬, 저녁 파티, 무도회/연회 등에 사용
- 상의의 옷자락이 제비 꼬리 모양을 하고 있어 '연미복(tail coat)'이라고도 함
- 남성은 카라에 풀 먹힌 셔츠(starched color shirt)를 착용
- 여성은 연회복(ball gown), 이브닝드레스(Evening dress, 발끝까지 오는 긴 치마 드레스) 혹은 전통의상을 착용

2. 약식 야회복(Black-Tie)

- 파티, 만찬 등 야간행사에 착용하는 약식 예복으로 tuxedo라는 이름으로 널리 알려짐
- 조끼(상의와 동일한 옷감), 셔츠(흰색 윙칼라), 검정색 bow tie, 검정색 에나멜 구두로 구성
- 여성은 cocktail dress(길이가 무릎 아래 또는 위로 약 2인치가 되는 실크, 새틴, 쉬폰, 벨벳 드레스를 일컬으며 이때 구두는 검정색 또는 갈색을 코디)를 입을 것

3. 비즈니스 수트(Business Suit, informal)

- 캐주얼하게 입으라는 뜻이 아니라, 스마트 캐주얼보다 좀 더 차려입을 것
- 남성의 경우 간단한 수트(넥타이와 캐주얼한 재킷, 넥타이는 꼭 할 것)
- 여성의 경우 비즈니스 수트나 비즈니스 스타일 드레스와 함께 구두 착용
- 비즈니스 컬러 의상이란 블랙, 네이비, 그레이, 브라운 등 뉴트럴(neutral) 컬러 의상

4. 비즈니스 캐주얼(Business Casual)/스마트 캐주얼(Smart Casual)

- 격식 없는 친밀감을 위해 딱딱한 복장 대신 간편복, 직장갈 때 입는 스타일의 의상
- 콤비라고도 불리는 색상과 감이 다른 상하의에 타이를 착용하지 않는 간편복 포함
- 남성의 경우 셔츠와 정장 바지(재킷 걸쳐도 됨), 편한 구두
- 여성의 경우 심플한 슬랙스나 스커트에 블라우스 착용

5. 캐주얼(Casual)

- 일상에서 평소에 입는 편한 복장
- 야외 행사의 경우, 여성은 하이힐보다는 플랫 슈즈 스니커즈나 단화 등 캐주얼 슈즈 착용

◆ 메뉴 준비

1. 메뉴안내판

- 대규모의 공식 연회 시에는 메뉴를 인쇄하여야 함
- 누구를 위한 연회라는 것과 그 밑에 주최자, 일시, 장소를 기재하고 그 아래에 요리명을 기재

2. 음식선정 시 주의사항

외국인을 초청할 때나 종교 등의 이유로 특정 음식을 꺼리는 사람이 손님 중에 포함되어 있을 때는 별도의 메뉴를 준비하여야 함. 채식가나 특정 음식에 알레르기를 보이는 손님이 있는지 확인

*** 종교별 기피 음식**

- **회교(Islamism):** 돼지고기와 그 제품(햄, 베이컨, 소시지 등)을 넣은 음식은 회교도에게 서브하지 않음. 알코올 성분 음료, 즉 술도 법률에 금지되어 있음
- **힌두교(Hinduism):** 힌두교도들은 쇠고기, 돼지고기와 그 제품을 먹지 않음. 양고기, 생선 등은 금하고 있지 않으나 채식만 하는 힌두교도들도 많음
- **불교(Buddhism):** 불교는 동물의 살생을 금하기 때문에 고기를 먹지 않음. 술도 마시지 않음
- **유대교(Judaism):** 정통적인 유대교인들은 돼지고기, 조개류, 쇠고기의 특정 부분은 먹지 않음
- **모르몬교(Mormons):** 모르몬교도들은 커피, 홍차 또는 술을 마시지 않으며, 담백한 음식만을 먹음

◆ 좌석

1. 좌석배치판

- 좌석 순위에 따라 좌석 배치판(Seating Chart)을 만들고 좌석 명패(Place Card)를 각자의 식탁 위에 비치함
- 좌석 명패를 두는 이유는 주위 사람에게 소개한다는 의미도 있지만 자기 자리를 쉽게 찾게 한다는 목적
- 좌석배치판은 내빈이 식탁에 앉기 전 자기 좌석을 알 수 있도록 식당 입구 적당한 곳에 놓아둠

2. 좌석 배열(Seating Arrangement)

- 좌석 배열은 연회 준비사항 중 가장 세심한 주의를 기울여야 하는 문제
- 참석자의 인원, 부부 동반 여부, 주빈 유무, 장소의 규모 등 여러 요소를 고려하여 결정
- 주빈(Guest of Honor)은 입구에서 먼 쪽에 앉도록 하고, 연회장에 좋은 전망(창문)이 있으면 전망이 바로 보이는 좌석에 주빈이 앉도록 배치
- 여성이 테이블 끝에 앉지 않도록 배치(단, 직책을 가지고 참석하는 여성 제외)
- 외교단은 반드시 신임장 제정일자순으로 서열을 맞추어 좌석 배치
- 국내 각료급은 정부조직법상의 직제순으로 서열을 맞추어 좌석 배치
- 주빈이 Host보다 상위일 때 주빈과 주빈 부인을 상석에 마주 보게 앉도록 하고 행사를 초대한 host/hostess를 각각 그 옆자리에 배치

식탁예절(Table Manner)

◆ 착석 및 태도

1. 착석

- 남자 손님들은 자기 좌석의 의자 뒤에 서 있다가 자기 오른쪽 좌석에 부인이 앉도록 의자를 뒤로 빼내어서 도와주고, 모든 여자 손님이 다 앉은 다음에 착석함
- 양다리는 되도록 붙이고 의자의 뒤로 깊숙이 앉는 것이 바른 자세

2. 태도

- 손목을 식탁에 가볍게 놓는 것은 상관이 없으나, 팔꿈치를 식탁 위에 올려놓아서는 안 됨
- 팔짱을 끼거나 머리털을 만지는 것은 금기
- 식탁 밑에서 다리를 앞으로 뻗거나 흔드는 것은 예의에 어긋나며, 특히 신발을 벗어 책상다리하고 앉는 것은 금기
- 식탁에서 사람을 가리키면서 손가락질을 하거나 나이프나 포크를 들고 물건을 가리키는 것 금물. 포크나 나이프를 들고 흔들며 대화하는 것도 금물
- 이쑤시개가 준비된 경우에도 식탁에 앉아서는 쓰지 않는 것이 예의
- 식탁에서 지루하다고 몸을 틀거나 자주 시계를 들여다보는 것도 실례
- 식탁에서 큰소리를 내거나 웃는 것은 금물
- 실수해서 재채기나 하품을 했을 경우, 옆 사람에게 "Excuse me." 하고 사과(코를 푸는 것은 사과할 필요 없음)
- 식탁에서의 트림은 금기

3. 대화

- 옆 사람과 자연스럽게 대화
- 옆 사람 너머로 멀리 있는 사람과 큰 소리로 이야기하는 것은 금물
- 너무 혼자서만 대화를 독점하는 것도 안 좋지만, 또 반대로 침묵만을 지키는 것도 실례

4. 핸드백과 화장

- 식사 도중 핸드백은 자신의 등 뒤에 놓는 것이 좋고 식탁 위에 놓지 않음
- 식후에 식탁에서 화장을 고치는 것은 교양이 없어 보이므로 화장실에 가서 하는 것이 좋음

◆ 식기 사용법

1. 냅킨 사용법

- 냅킨은 반을 접은 쪽이 자기 앞으로 오게 무릎 위에 반듯이 놓음
- 단춧구멍이나 목에 끼는 것은 하지 않는 것이 바람직함
- 식사 중 이석은 분위기를 해치므로 지양해야 함. 부득이 자리를 잠시 비워야 할 때는 냅킨을 의자 위에 놓아두어야 함 (식탁 위에 놓아두면 손님이 식사를 마치고 나가버린 것으로 오해받을 수 있음)

- 냅킨은 입술을 가볍게 닦는 데 쓰며, 식기를 닦거나 타올처럼 땀을 닦는 것은 예의에 어긋남
- 식탁에 물 같은 것을 엎질렀을 경우, 냅킨을 쓰지 않고 Waiter를 불러 처리토록 함

2. 포크와 나이프 사용법

- 준비된 포크와 나이프는 주요리 접시를 중심으로 가장 바깥쪽부터 안쪽으로 하나씩 사용해 가는 것이 일반적
- 포크는 왼손으로 잡는데, 근래 미국에서처럼 음식을 자른 뒤 나이프는 접시 위에 놓고 왼손에 든 포크를 오른손으로 옮겨 잡고 음식을 먹을 수도 있음
- 포크와 나이프를 접시 위에 여덟 팔자(포크는 엎어놓고 나이프는 칼날이 안쪽으로)로 놓으면 식사 중임을 의미
- 포크와 나이프 둘을 가지런히 접시 위 오른쪽에 엎어 놓으면 식사가 끝났음을 의미

◆ 식사 방법

1. 빵 먹는 법

- 좌빵우물(빵은 좌측, 물은 우측). 빵 접시는 본인의 왼쪽, 물컵은 오른쪽에 놓임
- 빵은 나이프를 쓰지 않고 한입에 먹을 만큼 손으로 떼어 먹으며, 빵을 입으로 베어 먹어서는 안 됨
- 빵은 수프가 나온 후에 먹기 시작하고, 디저트가 나오기 전에 마쳐야 함

2. 수프 먹는 법

- 왼손으로 국그릇(soup plate)을 잡고 바깥쪽으로 약간 숙인 다음에 오른손의 스푼으로 바깥쪽으로 떠서 먹는 것이 옛날 예법
- 요즈음은 그릇을 그대로 두고 먹어도 됨
- 소리를 내고 먹어서는 안 됨

3. 손으로 먹는 경우

- 서양에서는 식탁에서 반드시 나이프와 포크를 사용해서 음식을 먹는 것이 원칙임 (손으로 먹는 것은 엄하게 금지되어 있음)
- 새우나 게의 껍데기를 벗길 때 손은 쓰나 이 경우 finger bowl이 나오므로 손가락을 반드시 씻어야 함
- 생선의 작은 뼈를 입속에서 꺼낼 때는 포크로 받아서 접시 위에 놓는 것이 좋음

4. 핑거볼(finger bowl)

식사의 마지막 코스인 디저트를 마친 후 손가락을 씻도록 내오는 물로 손가락만 한 손씩 씻는 것이지 손 전체를 집어넣거나 두 손을 넣는 것은 금기

5. 식사량과 속도

- 먹고 마시는 것은 절도 있게 적당한 양으로 제한
- 뷔페의 경우 너무 많이 먹는 것도 보기 안 좋음
- 식사 중 속도는 좌우의 손님들과 보조를 맞추도록 함

◆ 주류

1. 식사 중에 마시는 술

- **백포도주(White):** 보통 생선 음식(white meat)의 반주로 7-10℃ 정도 차게 마심
- **적포도주(Red):** 육류 음식(red meat)의 반주로서 실온, 즉 17-19℃로 마심
- **로제(Rose):** 육류와 생선요리 공통으로 반주가 되며, 차게 해서 마심
- **샴페인(Champagne):** 포도주의 일종으로 축하의 술이며, 차게 해서 마심

2. 식후주

- **브랜디:** 일종의 포도주로서 알콜이 40-42°가 되는 강한 술. 특히 프랑스 꼬냑 지방에서 생산되는 브랜디를 꼬냑이라고 함
- **리퀘르:** 사과, 오렌지 등 과일로 만든 술. Cointreau, Calvados, Drambuie 등이 있음

자동차 의전

1. 운전기사가 있는 경우

- 내리기 가장 편한 조수석 뒷자리가 최상석
- 그 왼편에 운전석 뒷자리가 2석
- 운전기사 옆자리(조수석)가 3석
- 가장 불편하고 옹색한 뒷좌석 가운데 자리가 4석

2. 차주가 직접 운전할 경우

- 차주와 대등한 위치에서 대화를 나눌 수 있는 보조석이 최상석
- 뒷자리 탑승은 운전하는 차주를 기사 취급하는 듯한 인상을 주게 되므로 주의

운전기사가 있는 경우

차주가 직접 운전한 경우

3. 운전기사가 존재하고, 여성 부하와 남성 상사가 동승할 경우

- 남성의 서열이 월등하게 높거나 공식 계획일 때 상사가 상석을 차지
- 직급이 크게 차이나지 않거나 비공식적인 일정일 때 여성에 대한 배려로 상석 양보

4. 운전기사가 존재하고, 부부 중 1인만 공식직함이 있는 상황에서 동승할 경우

- 공식직함을 가진 사람이 상석에 탑승
- 공식직함을 가진 사람이 먼저 하차하는 것이 원칙. 단, 부부동반인 경우 왼쪽에 부인이 앉게 되면 하차해서 오른쪽 남편 있는 곳까지 걸어와야 한다. 이 경우 먼저 하차한 남편은 부인이 걸어올 때까지 기다려야 하니, 가급적이면 왼쪽에 앉은 부인이 먼저 하차한 뒤 우측으로 걸어오면 그때 상석에 있는 남편이 하차
- 의전은 상식과 배려이기에 규칙이 있다 해도 편안함을 느끼게 하는 것이 가장 중요함
- 남성이 먼저 탑승 후 여성이 보조석 뒷자리 탑승하도록 배려해주는 것도 좋음 (여성이 몸을 숙여 이동할 필요 없음)

03

기자회견 필수 표현

Essential Expressions for Press Conferences

◆ 검토

긍정적으로 검토하겠습니다.
We'll consider it in a positive light.
We'll consider it positively.

~을 면밀히 검토하겠습니다
I will carefully scrutinize ~

(~에 대해) 적극 검토하겠습니다
I will give positive consideration (to) ~

현재 ~을 검토 중입니다
We are now considering ~

◆ 관건이다

~이 관건입니다
It is critical[the key/all that matters] ~

어떻게 헤쳐나가느냐가 관건입니다.
How we resolve it is crucial.
The key is now we resolve it.

◆ 노코멘트

~한 보도 내용에 대해서는 코멘트 하지 않겠습니다
I would not comment on what has been reported ~

노코멘트 하겠습니다.
No comment for this question.

◆ 논의

논의 중입니다.
We are continuing this discussion.

~에 대해 폭넓게 논의할 예정입니다
We will engage in extensive discussions on ~

◆ 느끼다

~라고 느낍니다
I feel like ~/I have sense of ~

~인 것처럼 느낍니다
It seems like ~

◆ 답변불가

저는 그 질문에 대해 답변할 적임자가 아니라고 생각됩니다.
I don't think I'm the right person to answer the question.
Perhaps I'm not the right person to answer that question.

질문하신 내용에 답변이 불가한 점 양해 바랍니다.
Please understand that the question is unanswerable.
I am sorry to inform you that the question raised cannot be answered.

~ 구체적인 내용을 밝히기 어려운 점 양해 바랍니다
Please understand (that) it is inappropriate to disclose specifics details ~

◆ 동의

같은 생각입니다.
We are all of one mind.

~에 동의한다는 뜻을 밝혔습니다
I express my concurrence with ~

전적으로 동의합니다
I totally agree with your opinion ~

◆ 말씀

단지 ~라고만 말씀드리겠습니다
I will just say it is ~

말씀드리는 바로 이 순간에도
As we speak ~

별로 말씀드리고 싶지 않습니다
I'd rather not say ~
I prefer not to say ~

지금 말씀드릴 만한 그런 정보를 가지고 있지 않습니다.
I have no information that I can share with you.

하여튼 ~라는 말씀을 드립니다
Let me just tell you that we are ~

◆ 문제[사안]

다른 문제인데~
Moving on to another topic ~

문제 삼지 않습니다. 심각하게 받아들이지 않습니다.
We do not take it seriously./I will not make an issue out of this./
We will let it go.

그에 대해 이견이 없습니다.
We have no opinion of it.

민감한 사안인데요
It is a sensitive issue ~

◆ 덧붙여 말하면

덧붙여 말하면
in this connection/in addition

이러한 노력에 덧붙여 말하면
on top of this effort/let me add

◆ 벗어나다

그 사안에서 벗어나다
diverge from the issue

내 권한을 벗어나는 것이다.
It is beyond my control.

요점에서 벗어나는 것이다
be off[beside] the point

◆ 보도

보도가 나오고 있는데
According to a news report

보도 확인을 거부하다
refuse to confirm the report

보도를 확인해주시겠어요?
Could you please confirm the report?

확인되지 않은 보도입니다.
It is not a confirmed report.
The report has not yet been verified.

◆ 분명하게

분명히 설명해주세요.
Please explain clearly./Please articulate./Please explain a little more.

상황을 분명하게 설명하겠습니다.
I will clarify the situation.

추구하는 것은 분명합니다.
What we are pursuing is unequivocal.

◆ 브리핑

~에 대해 간략하게 브리핑을 하겠습니다
I would like to give[present/deliver] you a short briefing on ~

~에 대해 브리핑 해주세요
Please fill me in on ~

브리핑을 열 예정입니다.
We will hold[host/organize] a briefing.

◆ 시기상조

결과를 기대하기엔 시기상조입니다.
It is premature to expect an outcome.

상황이 정확히 파악되지 않은 상황에서 논평하는 것은 시기상조입니다.
Accurate information has not been gathered yet, so it is too early to comment on that.

이러한 조치는 시기상조라는 주장도 있습니다.
Some claim such a move is premature.

◆ 시의적절하다

매우 시의적절하고 의미 깊다고 생각합니다.
I think it is timely and meaningful.

시의적절한 개입이라 생각하나요?
Do you think it is a well-timed intervention?

시의적절한 발언이 아닙니다.
It is not well-timed remark.

전에 말했듯이, 그것은 시의적절합니다.
As has been said before, it is opportune.

◆ 알다, 알기로는

제가 알기로는
as far as I can tell/as far as I know/for all I know/
to (the best of) my knowledge

아닌 거로 알고 있다
not that I know of/not that I am aware of

현재까지 특별한 진전 사항이 있는 건 아닌 것으로 알고 있습니다.
As far as I know, no particular progress has been made so far.

◆ 양해

양해를 구합니다.
I seek your understanding./I ask for your understanding.

양해를 구해야 하지 않을까요?
Shouldn't you ask to be excused?

~에 대해 양해 바랍니다
Please understand that ~

◆ 예의주시

관련 동향을 예의주시 중이다
be closely monitoring relevant developments

예의주시 중이다
pay keen attention

◆ 우려

~에 대해 깊은 우려를 표명합니다
I express deep concern over ~

◆ 유감스럽게도

유감스럽게도
to my regret/regretfully/unfortunately/much to my regret

유감스럽지만 ~에 대한 당신의 의견에 동의할 수 없습니다
I'm afraid I can't agree with your opinion about ~

안타깝게도 저에게는 현재 그 정보가 없습니다.
Unfortunately, I don't currently have that information.

안타깝게도 ~에 대해서는 알지 못합니다
I regret that I have no knowledge of ~

◆ 유력

~이 유력합니다.
It is highly likely ~

유력한 소식통에 의하면
according to a reliable source

유력한 증거가 있습니다.
There is compelling[convincing] evidence.
There is reliable[substantial] proof.

◆ 의견

동의할 수 없는 의견입니다.
I disagree with that opinion.
I beg to disagree.

그 주제에 감히 반대의견을 개진합니다.
I dare to play devil's advocate on such a topic.

사람마다 어느 정도 의견 차이는 있게 마련입니다.
It's normal for each person to think somewhat differently.

~에 대해 예단하는 것은 적절하지 않다고 생각합니다
I deem it inappropriate to make predictions about ~

저도 ~에 대해 의견을 같이합니다
I agree with ~/I share the view of ~/I concur with ~

저도 같은 의견입니다.
I have the same opinion./I feel the same way./I'm of the same opinion.

의견을 개진해주세요.
Please state your views./Please express[state/set forth] your view.
Please voice your view./What is your take on this?

의견 차이는 있게 마련입니다.
Differences are bound to occur.

◆ 이견

가장 큰 이견은 무엇이죠?
Over what issue do you have the biggest disagreement?

이견이 있나요?
Do you have different view?

A와 B 사이에 이견이 많다고 들었습니다.
I heard that there are a lot of differences in opinion between A and B

이견을 제기하다
raise an objection/make a protest

◆ 의미

심오한 의미가 있습니다.
It has deep and multiplied meaning.

어떤 의미가 있나요?
What significance does it carry?

~하는 것은 의미심장합니다
It is significant that ~/It is full of significance that ~/
It is so meaningful that ~

◆ 질문

솔직한 질문이네요.
It is a straightforward question.

이 질문에 답변하실 분 계십니까?
Who wants to take this question?
Can anyone answer my question?

정말 좋은 질문이네요.
That's a fantastic question.

와, 진짜 그 질문은 생각하지 못했어요.
I've genuinely never thought about it.

그 질문에 답하기 위해서 시간이 좀 필요할 것 같습니다.
I think I need a minute to consider your question.

제 질문에 답변하지 않았습니다.
You didn't answer my question./You refused to answer my questions.

조금 앞서 나가는 질문입니다.
You are getting somewhat ahead of yourself with that question.

좀 지엽적일 수 있는 질문입니다.
This could be a somewhat minor question.

죄송해요. 무슨 뜻인지 모르겠어요. 다시 한번 더 질문해주시겠어요?
I'm sorry I'm not too sure what you meant by that.
Can you repeat your question, please?

질문 공세를 퍼붓네요.
You are showering[bombarding] me with questions.

질문에 대한 답을 피하는 건 아닙니다.
I am not evading your question.
I'm not trying to avoid answering your question.

집요한 질문이네요.
It is a persistent question./They are tenacious questions.

◆ 추측

~이라고 추측됩니다
I guess ~/My speculation is that ~/It is thought to be ~

제 추측입니다.
It is my wild guess.

다양한 추측을 담은 보도가 나오고 있습니다.
There have been reports containing various speculations.

당신의 추측이 맞았습니다.
Your estimation was right.

◆ **평가**

과대평가하다 overestimate

과소평가하다 underestimate

어떤 내용인지 평가 바랍니다. (어떻게 생각하세요?)
What you make of it?/What is your take on this?

왜 무시하고 평가절하하는 거죠?
Why are you ignoring and devaluating?

어떻게 평가했나요?
Did you evaluate what has happened?

◆ **필요**

좀 더 분석이 필요할 것으로 생각합니다.
I think a further analysis is called for.

필요성을 느끼다
see[feel] the necessity[need]

(~에 대한) 필요성을 역설하다
emphasize the need (for)

◆ **확인**

그 부분에 대해서는 추가로 확인하고 설명드리겠습니다.
On that, I will check further, and let you know.

현재로서는 확인해드릴 내용이 없습니다.
There is nothing we can confirm right now.
There is nothing I can tell you at this point.

확인해 주시겠습니까?
Is this true?

확정되면, 그 내용에 대해서 말씀드리겠습니다.
When a decision is made, we will let you know.

확인되지 않은 정보입니다.
It is unconfirmed information./It is unchecked fact.

◆ 회자되다

~로 회자되고 있습니다
It is being referred to as ~.

회자되고 있습니다. (장안의 화제입니다.)
It is on everyone's lips./It is the talk of the town.

영어식 표현 ❶ 네이티브 관용구

English Expressions ❶
Phrases that Native Speakers Use

◆ 가능성

가능성이 요원해 보입니다.
The possibility looks distant.

상황이 바뀌면 가능성이 있습니다.
That may happen when the circumstances change.

◆ 가로막다

신산업의 진입과 성장을 가로막는 규제들
regulations which hinder the entry and growth of new technology

◆ 각오

~에 대한 각오를 새롭게 해주시기를 당부드립니다
I urge you to renew your commitment with a sense of ~

◆ 감동

진정성 있는 그의 모습에 감동했습니다.
I am impressed with sincerity he conveys.

◆ 감사/존경

다시 한번 그분들께 깊은 존경과 감사의 마음을 보냅니다.
Once more, I extend my profound respect and gratitude to them.

우정과 따뜻한 환대에 깊이 감사드립니다.
I appreciate the friendship and warm hospitality extended.

지원에 사의를 표합니다.
I express my gratitude for your support.

◆ 강경한 태도

~에 대해 강한 태도를 유지해 나가야 한다
must maintain a strong stance toward

◆ 개선

실질적으로 개선하기 위해
in order to bring meaningful improvement

~에서 의미 있는 개선을 추구해 나가고 있다
be making more meaningful improvements in ~

◆ 검증

철저한 검증 하에 핵시설의 폐기
dismantlement of nuclear facilities subject to rigorous inspection

전문가를 무기 폐기 검증에 참여시킬 수 있습니다.
Experts could participate in the verification process of disarmament (weapons destruction).

◆ 검토

충분히 검토하겠습니다.
I will give full consideration.

◆ 과감하게

과감하게 대항하다
stand up bravely

과감한 조치가 필요하다
call for drastic measures

더욱 과감하게 혁신하다
reform more drastically

과감하게[단호하게] 문제를 해결해야 합니다.
We must settle the matter once and for all.

◆ 견고[건전성]

경제의 기반이 매우 견고합니다.
Economic fundamentals remain very solid.

재정 건전성이 양호합니다.
It has good fiscal soundness.

◆ 견디다, 이겨내다

국민께서 불편을 견뎌주신 것에 가장 감사합니다.
I am most grateful to the people for having endured inconveniences.

우리는 갖가지 어려움을 겪어왔습니다.
We have gone through various ordeals.

우리는 어려움에 당당히 맞서왔습니다.
We have faced hardships resolutely.

◆ 견인

대화를 견인하기 위한 노력
efforts to help dialogue gain traction

◆ 견제

북한의 중러 밀착을 견제하는 데 유용하다
be useful for keeping in check Chinese & Russian overtures to North Korea

적대적인 세력을 견제하려는 전략입니다.
It is a strategy aimed at keeping hostile forces at bay.

◆ 견지

긍정적인 자세를 견지하다
maintain a positive stance

◆ 결과

상호 호혜적인 결과가 도출되는
towards an outcome that is mutually beneficial

◆ 결단

단호한 결단력을 가지고
with a decisive determination

통 큰 결단과 지도력
bold decision and leadership

귀하의 큰 결단에 지지와 존경을 표하다
come to express support and respect for your bold decision

◆ 결실

결실이 나타나고 있다
be started to show results

~가 결실을 볼[열매를 맺을] 마지막 단계에 도달했다
have reached the final phase in which ~ can come to fruition

◆ 경기 하강[저성장]

저성장과 세계경기 하강 속에서
in the midst of low growth and a global economic downturn

◆ 경로

길을 걷다
proceed down a path

올바른 경로에 서있다
be on the correct path

◆ 경색

경색국면을 그대로 방치하다
let current impasses endure

남북관계가 경색국면이 되는 것을 방치하다
let the current impasse in inter-Korean relations endure

◆ **경의**

위업을 이뤄낸 ~에게 경의를 표합니다
I pay my respect to ~ who achieved a feat

◆ **개선**

크게 개선되다
be significantly rectified

◆ **계기**

~하는 계기가 되기를 희망하다
increase the momentum towards ~

~하는 중요한 계기가 될 것으로 기대하다
be expected to serve as a significant opportunity to ~

역지사지하는 계기로 삼다
take it as an opportunity to put yourself in someone's shoes

◆ **과거**

과거는 바꿀 수 없지만, 미래는 바꿀 수 있습니다.
We cannot change the past but can transform the future.

◆ **과제**

관계는 다양한 과제를 안고 있습니다.
Relationship is defined by diverse challenges.

새로운 과제를 던지다
laid out new tasks for completion

우리 앞에 여전히 많은 과제가 놓여 있다
remain a great deal of challenges ahead of us

한미동맹의 최대 당면 과제가 되었습니다.
It has become the biggest challenge for the ROK-US alliance.

◆ 관계

관계가 경색되었습니다.
Relations have been rigid.

역사가 이들의 관계에 긴 그림자를 드리웠습니다.
History has cast a long shadow over these relations.

관계가 급격히 악화되었습니다.
Relations have soured dramatically.

관계가 극도로 악화되었습니다.
The relationship went into a tailspin[nosedive].

A와 B의 관계가 틀어지다
drive a wedge between A and B

주변 4대 강대국과의 외교 관계를 격상 심화시키는 것입니다.
It is to upgrade and deepen our diplomatic relationships with the four neighboring regional powers.

상호 호혜적 관계를 만듭니다.
We establish mutually beneficial relations.

◆ 관심

상호 관심사항에 대해 의견을 교류하다
exchange views on matters of mutual concern

양쪽 모두 관심이 있어 보입니다.
There is keenness from both sides.

◆ 관행

관행에서 벗어나다
take a step further to

◆ 고군분투

매서운 추위 속에서 의료진들이 고군분투하고 계십니다.
Medical professionals are struggling in freezing temperatures.

◆ 고비

중요한 고비를 앞두고 있다는 각오
sense of facing a critical juncture

◆ 고수

대북제재 체제를 고수하고 존중하고 있다
be adhering to and respecting the global sanctions against North Korea

◆ 공감

공감합니다.
I sympathize with you.

공감과 참여를 확대해 나가다
be committed to public support and participation

◆ 공식화

아직 공식화를 기다리고 있습니다.
It still await officialization.

◆ 공조

긴밀한 공조가 가장 중요하다
close cooperation is of utmost importance

A와 B간의 긴밀한 공조 차원에서
in the spirit of closer coordination between A and B

빛 샐 틈 없는 공조
air-tight coordination

공조는 그 어느 때보다 체계적이고 통합적이다
engage in the highest level of systematic & integrated cooperation

◆ 공포

저는 공포로 떨고 있었습니다.
I was trembling with fear.

만연했던 전쟁의 공포에서 이제 벗어났습니다.
Fear of war which pervaded is now removed.

◆ 국면

국면전환을 추진하다
turn the table/tip the scales in my favor/push for a turnaround

◆ 국정

더욱 겸손한 자세로 국정에 임하다
work on state affairs with a more humble attitude

◆ 규탄

강력히 규탄하다
strongly condemn

규탄 내용이 없습니다.
It does not include any mention of condemnation.

그런 행동을 개탄하고 규탄합니다.
I deplore and condemn such action.

◆ 군사력[군사 자산]

첨단 군사 자산의 개발 및 획득
development and acquisition of advanced military assets

압도적인 군사력 우위를 유지, 확대하다
maintain and expand the preponderance of power

최첨단 군사 자산을 확보하다
secure the advanced military assets

지상 감시 정찰자산
ground surveillance reconnaissance asset

◆ 권한

헌법에 따라 권한을 다할 것이다
will fully exercise authority in accordance with the Constitution

◆ 궤도

주요 관계를 정상 궤도에 되돌리다
restore relations back on normal track

◆ 기반

한반도의 평화 기반을 다지다
solidify the foundation for peace on the Korean peninsula

함께 잘사는 나라의 기반을 세우다
lay the foundation for a country where all thrive together

◆ 끊다

잘못된 협상 패턴을 단번에 끊어버리고 있다
be instantly breaking the flawed negotiation pattern

◆ 기대

기대에 부응하다
be fully responsive to their aspiration

~에서 무엇을 기대할 수 있을까요?
What do we need to see from ~?

◆ **기반**

~에 대한 탄탄한 기반을 제공하다
provide a solid foundation for ~

◆ **기약**

우리는 올해보다 더 나은 내년을 기약합니다.
We can promise that next year will be better than this one.

◆ **기회**

황금 같은 기회(참으로 어렵게 얻은 절호의 기회)
indeed a hard-earned golden opportunity

◆ **긴밀한 공조**

긴밀한 공조가 긴요하다
close coordination is much desired

긴밀한 공조 하에 ~을 이행하다
implement ~ based on close coordination

◆ **긴장**

우리는 긴장을 늦추지 않을 것입니다.
We will not loosen our guard.

◆ **길**

한국이 지금까지 걸어온 길
the path that Korea has taken so far

~로 향하는 길을 찾아내고 만들어가다
will find and make a way toward ~

~을 향해 나아가다
be moving towards ~

매우 힘든 일이지만 반드시 가야 할 길입니다.
It is a very arduous task, but it is the path that we must take.

반드시 가야 할 길입니다.
It is the path that we must take.

새로운 길을 갈 것입니다.
We will take a new path going forward.

새로운 길을 모색하다
seek a new path to solve

선택한 길의 실질적인 성과를 확인하다
see tangible results from the path we chose

아는 길도 물어가라.
Second thoughts are best.

아직 갈 길이 멀다
still have a long way to go

함께 가는 것이 더 빠른 길임을 확인한다
confirm that proceeding together is faster

함께 잘 사는 길을 선택한다
choose to thrive together

◆ 낙수

극심한 부정적인 낙수효과가 있습니다.
There is a major negative trickle-down effect.

낙수효과는 오래 전에 끝났다
trickle-down effect has long ended

◆ 난제

고통스러운 난제입니다.(직역: 이를 뽑는 것과 같아서 깨기가 어렵다.)
It is like pulling teeth, it is a hard nut to crack.

난제가 있습니다.
There is a sticking point.

성 평등은 커다란 사회적 난제입니다.
Gender equality is a big social conundrum.

◆ 냉전

냉전의 벽을 허물다
tear down the walls of the Cold War

지구상 마지막 냉전 해체의 역사적 사건
historic event that helped break down the last remaining Cold War legacy

◆ 노력

외교적 노력의 근간
bedrock of diplomatic endeavors

노력이 지속되고 있다
efforts are ongoing

다각적인 노력을 기울이다
make an all-out effort/make multi-faceted efforts

적극적으로 노력하고 있다
be gearing up to be more active

일관된 노력을 지속하다
continue in our consistent efforts

일관성을 지키며 꾸준히 노력하다
steady efforts while maintaining consistency

~를 촉진하기 위해 차근차근 노력하다
make steady efforts to promote

◆ 논의

논의를 딱 잘라 거절했다
flatly refused to discuss the issue

주요 현안을 폭넓게 논의하다
engage in extensive discussions on key pending issues

◆ 높아지다

~에 관심과 호응이 높아지다
show increasing interest in and support for ~

◆ 눈높이

국민 눈높이에 맞는 개혁
reforms that live up to the expectations of the people

젊은 세대들의 눈높이에 맞추다
angle toward young generation

◆ 느끼다

국민의 높은 요구를 뼈저리게 느끼다(절감하다)
acutely realize the high demands of the people

절실히 필요로 하는/~을 절실하게 느끼다
in desperate need of/feel keen on

◆ 다가가다

대단원에 다가가다
draw to a grand finale

~를 향해 성큼 다가가다
take large strides toward ~

◆ 다양한

~을 비롯하여 다양한 현안에 대하여
on a variety of pending issues not limited to

◆ 다변화

외교 다변화에 기여하다
contribute to diversify diplomacy

외교 다변화
diplomatic diversification

◆ 단계

3년 연속 두 단계씩 상승했다
rose by two notches for 3rd consecutive year

◆ 단합

진심으로 단합하다, 같은 생각을 가지고 있다, 한마음이다 (아무도 우리 사이를 갈라놓을 수 없다)
be on the same page (no one can drive a wedge between us)

~와 하나가 되어/~와의 결속을 재확인하다
at one with/reaffirm such unity with

◆ 담대한

담대한 비전과 강한 의지를 감지하다
sense bold vision and strong commitment

◆ 당부

앞으로 계속해서 긴밀히 공조 협의해주길 당부하다
ask to continue close cooperation and consultation going forward

◆ 땀(흘리다)

우리는 경제활력을 되살리기 위해 땀을 흘립니다.
We sweat for working hard to revitalize the economy.

◆ 대립

대립과 갈등을 끝내다
end confrontations and conflicts

◆ 대응

기존의 방식으로는 새로운 시대에 대응 못 한다
be impossible to respond to the new era through existing methods

선제적으로 대응하다, 선제 대응 조치를 취하다
employ preemptive measures

◆ 대화

대화로 견인하기 위한 전략
strategy for bringing back to the path of dialogue

~와 솔직하고 유익한 대화를 많이 나누었다
had a lot of candid and informative conversations with ~

◆ 도발

북한의 도발과 위협에 대한 대응은 ~
Responding to the DPRK's provocations and threats ~

6차 핵실험과 연이은 미사일 도발 등을 감행하며
through the sixth nuclear test and successive missile launches provocation

한미동맹과 협력은 북한의 도발을 억제할 것이다
the US-ROK alliance and cooperation will keep provocations at bay

◆ 도약

한국은 ~를 꿈꾸며 새로운 도약을 준비한다
Korea prepares for a new growth surge, while envisioning ~

놀라운 도약
astounding leaps

새롭게 도약하다
It make a fresh leap

자리를 잡고, 글로벌 사회를 향해 도약하고 있다
be[have] established itself and is now venturing out toward global society

◆ 도전

낯선 길을 향해 도전해야 했다
had to embark on a challenging journey along an unfamiliar path

우리의 도전을 면밀히 지켜보고 있다
be closely watching how we take on the challenge

◆ 동력

관계 정상화를 위한 중요한 동력을 마련하다
find the momentum to normalize the relations

대화의 동력 확보가 시급합니다.
Securing the momentum of dialogue is an urgent matter.

대화 동력 유지에 활용 가능한
utilized for maintaining the momentum of dialogue

대화 동력 유지에 활용 가능하다
can be utilized for maintaining the momentum of dialogue

새로운 성장동력도 창출해야 한다
need to find new drivers of growth

◆ 동맹

~ 사이의 굳건한 동맹이 그 근간이다
the bedrock is the unwavering alliance between ~

동맹은 외교 안보 정책의 근간이다
alliance is the foundation of the diplomatic and security policy

더욱 견고해진 동맹
alliance to become more steadfast

양국 동맹은 ~의 핵심축이다
bilateral alliance is the linchpin of ~

상당한 기여를 하는 모범적인 동맹국으로 자리매김하다
establish itself as an exemplar ally that makes a significant contribution

협력으로 한미동맹을 더욱 굳건하게 지속합니다.
The cooperation continues to enrich the US-Korea alliance.

◆ 두려움

두려움이 커지다
fear has swelled

변화는 분명 두려울 수 있다
shift[change] can be truly frightening

◆ 되돌아갈 수 없는

되돌아갈 수 없는 지점
point of no return

되돌아갈 수 없다
there is no going back

되돌아갈 수 없는 분기점을 지나다
pass through a milestone of no return

최상의 상태로 되돌아갈 수 없다
cannot bring back to top shape

◆ 뜻

국민의 뜻을 무겁게 받아들이고 있다
be taking to heart the will of the people

변함없이 뜻을 모아준 국민의 힘
strength of the people who invariably put their hearts and minds together

◆ 로드맵

체재 보장 로드맵
security guarantee roadmap

최종 상태에 도달하는 로드맵에 합의해야 가능해진다
become reality when agreeing on the end state and roadmap that leads to this goal

포괄적 로드맵에 합의하다
reach an agreement on a comprehensive roadmap

◆ 마중물

~를 위한 마중물이 되다
pave the way for ~

◆ 명분

명분이 서지 않는다.
There is no justification.

명분을 찾을 수 없다.
We cannot find a reason.

큰 명분이다.
It is a big boost.

◆ 모범

~의 예는 본받을 만한 모범이 된다
~'s example is worth being emulated

~의 본보기로 삼다
make an example of

타의 귀감이 되다
become an example (to)

◆ 목소리

다양한 목소리를 분출하다
speak out in diverse voices

~에 반대하는 일치된 목소리를 이끌어내다
marshal the unified voice against

◆ 목표

진전 없이는 목표를 달성할 수 없다
cannot be attained without progress

◆ 무기

미사일 탄두 중량 제한 해제
lift the warhead weight limit

확산방지 구상
PSI(Proliferation Security Initiative)

대량살상무기 확산방지 구상
Proliferation Security Initiative(PSI) of Weapons of Mass Destruction

다국적간 해상차단훈련
multinational maritime interception exercise

대잠수함전훈련
Anti-Submarine Warfare Training

미사일 엔진 시험장
missile engine testing site

생화학무기는 심각한 위협을 가한다
biochemical weapons pose a serious threat to us

미사일방어체계
MD(missile defense system)

모든 대량살상무기 및 운반수단의 제거
removal of all WMDs and delivery vehicles

장거리 탄도 미사일
long-range ballistic missiles

대륙간 탄도미사일 발사능력을 사실상 불능화
virtually neutralizing its capabilities of launching an ICBM

◆ 문서

문서로 확약하다
guarantee it in a written form

확실하게 문서로 약속을 받아두다
receive a pledge in a written form

◆ 문제

~에 대한 문제를 제기하다
raise the issue to ~

◆ 묻어두다

적대감을 과거로 묻어두다
leave behind hostilities

◆ 미래

공영의 미래를 열어나갈 열쇠가 될 것이다
will be the keys to opening a future of common prosperity

미래를 향해 밀어주다
propel us from behind into the future

밝은 미래를 가시적으로 시현하다
present a vivid blueprint of a bright future

밝은 미래의 예고편이다, 밝은 미래를 일별하다
provide a glimpse of the bright future

밝은 미래를 보장하다
promise to provide a bright future

올바른 선택 시 밝은 미래가 열린다
offer a brighter future if it chooses the right path

지향하는 미래입니다.
It is the future direction it pursues.

~와 함께 성장하는 포용의 미래를 보여주다
show the future of inclusion in which grows along with

◆ 믿다

우리 눈앞에 벌어지는 사실조차 믿기 어렵게 만든다
make it difficult to believe what is actually taking place before our eyes

상반되는 증거가 있기 전까지 믿다
take at their word until we have evidence to the contrary

◆ 밑거름

비핵화 프로세스 촉진의 밑거름이 되다
serve as a foundation to facilitate the denuclearization process

◆ **반응**

상반된[엇갈린] 반응을 이끌어내다
draw mixed reactions

◆ **반드시**

한결같은 의지로 반드시 이루다
achieve without fail on the basis of unwavering will

◆ **발을 맞추어**

~와 발을 맞추어서 움직이다
keep pace[step] with/move in sync with

우리 계획에 발을 맞추다
keep in line with our plan

한쪽을 두고 다른 방향으로 갈 수 없습니다.
We can't move in one direction and leave the other side.

◆ **발전**

~의 공동[상호] 발전에 기여하고자 추진하는 정책
policy to contribute to promoting mutual growth in ~

~을 극복하고 굉장한 발전을 이루다
achieve tremendous development, rising above ~

전면적이고 획기적인 개선과 발전
comprehensive and groundbreaking advancement

◆ **방안**

상호 만족할 만한 방안이 도출되길 간절히 희망하다
sincerely hope that a mutually satisfactory conclusion will be drawn

◆ **방위[방위력]**

연합방위태세
combined defense posture

연합방위능력을 계속해서 보여주다
continue demonstration of our combined defense capabilities

자체 방위력과 억제력
self-defense and deterrence capabilities

정부의 독자적인 방위력을 강화하다
strengthen government's independent defense capabilities

자체 방위력 개선을 위한 예산을 꾸준히 증액하다
steadily increase the budget to improve our own defense capability

철통같은 대한방위공약
ironclad[rock-solid] commitment to Korea's defense

◆ 방위비[국방비]

동맹의 '공정한 비용분담' 기조
position of "fair burden-sharing" with allies

동맹국 중 최고 수준 국방비를 지출하다
have the highest level of defense spending among allies

◆ 방향

기본방향에서는 큰 차이가 없다
don't see a big difference in the basic direction

원칙과 기본방향에서도
in the principles and basic directions

사람들에게 우리가 옳은 방향으로 가고 있다는 믿음을 주다
make people confident that we are proceeding in the right direction

◆ 변화

근본적인 변화가 필요하다
demand a drastic change

혁신하고자 하는 기업 스스로의 노력이 없었더라면 의미 있는 변화를 만들어내는 것은 불가능하다
be impossible to make meaningful changes had businesses themselves not strived to innovate

보다 확실한 변화를 만들다
make changes that are more tangible

◆ 보완

~의 단점을 보완하다
supplement[remedy] one's shortcomings

부족한 부분을 충분히 보완하다
sufficiently make up for any shortcomings

약점을 보완하다
make up for the weak points

◆ 보조

국제사회와 보조를 맞추다
keep pace with the international community

시대와 보조를 맞추다
keep abreast with the times

정책과 보조를 맞추다
align with policy

◆ 본격화

논의가 본격화되었다
discussion started in earnest

본격화되다
warm up/become more regularized/be in full swing

본격화하는 계기가 되다 (직역: 본격화할 수 있는 기회로 작용하다)
serve as an opportunity to put into full gear

◆ 부담

~에 대한 경제적·정치적 부담을 감수하고 있는
taking on economic and political burdens for

아이 낳아 기르는 부담을 줄이는 (육아의 부담을 덜어주는)
easing the burden of raising children

의료비 부담이 대폭 줄다
burden of medical expenses has been greatly reduced

◆ 분기점

되돌아갈 수 없는 분기점
milestone of no return

역사의 분기점에 서다
stand at the turning point of history

◆ 분명하게/뚜렷하게/확실하게

뚜렷이 개선되다
attest to marked improvements

분명하게 제시하다
expressly set forth

한국의 비전이 더욱 뚜렷해질 것이다
Korea's vision will become more palpable

우리가 추구하는 것은 분명합니다.
What we are pursuing is unequivocal.

위대하고 비장하고 동시에 명료한
magnificent, heroic, and at the same time articulate

◆ 분위기

화해와 협력의 분위기
atmosphere of amity and cooperation

민족적 화해와 단합의 분위기를 고조하다[되살리다]
enhance[rejuvenate] the sense of national reconciliation and unity

◆ 불확실/불안

불안과 불확실의 시간
period of anxiety and uncertainty

불확실성이 상황을 더 악화시켰습니다.
The uncertainty has exacerbated the situation.

현재의 불확실성이 뜻밖의 좋은 결과를 가져다줄 것이다
the ongoing turmoil will prove to be a blessing in disguise

◆ 뿌리내리다/안착

공정이 사회에 확실히 뿌리내리도록 노력하다
strive to ensure that fairness takes root

깊게 뿌리내린 우호관계
deeply-rooted friendship[friendly ties]

문화에 깊게 뿌리내리다
deeply embedded in the culture

◆ 비핵화

되돌아갈 수 없는 실질적이고 불가역적인 비핵화 조치
substantive & irreversible denuclearization measures to the point of no return

비핵화 과정은 불안과 불확실의 시간이다
the denuclearization process is a period of anxiety & uncertainty

비핵과 과정을 속도감 있고 안정감 있게 돌파하다
proceed with the denuclearization process in a fast but stable manner

비핵화에 대한 의사를 밝히다
express commitment[willingness] toward denuclearization

비핵화 최종상태에 대한 정의
definition of the end state of denuclearization

실질적이고 의미 있는 비핵화 조치를 취하다
take substantive and meaningful denuclearization measures

우리가 원하는 비핵화 최종 상태
the end state that we are shooting for

완전한 비핵화 목표에 도달하다
reach our goal of complete denuclearization

완전한 비핵화를 통한 핵 없는 한반도 실현을 공식적으로 약속했다
officially committed himself to realizing a nuclear-free Korean Peninsula through complete denuclearization

북한으로부터 포괄적인 비핵화 조치를 끌어냈다
extracted comprehensive denuclearization measures from NK

◆ 빌미 삼아

빌미 삼다
be on the pretext of/be an excuse

빌미 삼아 협상을 지연하다
use it as an excuse to delay talks

◆ 사회

개천에서 용 나오는 사회
a society where dragons rise from a creek

미래 희망을 보장하는 사회
a society delivering a promising future

◆ 싹(틔우다)

희망의 싹을 틔우다
nurture the seeds of hope

◆ 살피다

민생을 살피다
see how the people live

~을 세심하게 살피다
take a close look at ~

의향(뜻)을 살피다
try to find out someone's intention

◆ 삶의 질

삶의 질이 극적으로 개선되다
quality of life has improved drastically

지역 주민의 삶의 질을 높이다
improve the quality of life of local residents

◆ 상생

상생 관계를 만들어낸 것은 매우 고무적이다
very encourage to see mutually supportive relations forming

이뤄내야 할 새로운 도약은 '상생 도약'이다
next leap forward we must achieve is one that is mutually beneficial

중소기업과 대기업의 상생 노력
mutually-supportive efforts between small and medium-sized companies and large conglomerates

지역 상생형 일자리가 탄생했다
mutually beneficial local jobs were created

◆ 상생 도약

공정사회 없이는 상생 도약 없다
no mutually beneficial leap forward can happen in the absence of a fair society

상생 도약을 위해 우리는 ~에 더욱 힘을 쏟을 것이다
in order to achieve a mutually beneficial leap forward, we will focus more on ~

◆ 상응조치

상응조치
corresponding measures

상응조치의 일환으로 UN 안보리 제재 완화
exemption of UNSC sanctions as part of corresponding measures

◆ 상처

과거의 상처를 헤집어 분열을 일으키다
instigate divisiveness by reopening old wounds

마음에 상처를 받다
it hurt my feelings

위로의 말로 상처를 어루만져줬다
comforting words soothed wounded heart

◆ 상태

외교채널이 좋지 않은 상태가 되다
diplomatic channels have gone cold

최적의 상태로 복원됩니다.
It is restored to the optimum state.

◆ 생각

귀하의 생각과 다를 바 없습니다.
I am on the same page with you.

제 생각과 다르지 않습니다.
It is never far from my thoughts.

◆ 성공

반드시 성공해야 하고 또 성공할 수 있다
we must be successful and we can succeed

성공가도를 달리다
be on the track to the top/be on the fast track/career took off

성공을 갈망하는/성공에 목마른
eager for success/hungry for success

성공을 위해 발버둥 치다
struggle to succeed/struggle to keep afloat

◆ 성과[성취]

국민의 성취가 정부의 성취가 되다
the people's achievements lead to the Government's accomplishment

참으로 뜻깊은 성과
truly meaningful achievement

본격적으로 성과를 거두다
earnestly reap tangible results

선택한 길의 성과를 확인하다
see tangible results from the path we chose for ourselves

성과를 낼 분야가 무엇인지 다시 살펴보다
look again for areas where achievements can be made

실질적이고 구체적인 성과를 거두며 발전하다
develop more practical and concrete achievements

성과는 지금까지 상호 양보하며 만들어낸 결과였다
achievements made so far were the results of mutual concessions

역사적인 대업을 함께 이룩하다
achieve together the historic task

의미 있는 성과(가 나타나다)
(we've seen) significant results

◆ 성원

뜨거운 성원을 보내다
cheer enthusiastically

성원할게!
I am rooting for you!

열화와 같은 성원을 보내다
give ardent[fervent] support

전폭적인 지지와 성원에 힘입어
thanks to full support and backing

◆ 성의

성의를 보여주다
showing its sincerity

성의 없이 행동하다
act insincerely/be insincere/act without much enthusiasm

◆ 성큼

가을이 성큼 다가오다
fall has already approached

성큼성큼 나서다
stride ahead/step forward

평화의 시대가 성큼 우리 곁에 다가오다
The era of peace will approach our side with large strides

◆ 소명의식

~에 있는 것은 소명의식 때문이다
were in ~ because of a sense of calling

오늘 우리가 남긴 이 발자국이 역사가 된다는 소명의식으로 최선을 다하다
do our best with a sense of duty that the footsteps that we leave behind today will become a part of history

소명의식
sense of calling

◆ 소통

~와 긴밀한 소통과 협의를 지속하다
maintain close communication and consultation with

긴밀히 소통하고 협력하여 타결하다
closely communicate, cooperate so as to reach a complete settlement

다양한 소통과 협력을 통해
through wide-ranging conversations and collaboration efforts

소통과 교류를 더욱 긴밀히 하다
further step up communication and exchanges

소통하려고 노력하다
strive to communicate

◆ 손

손 놓고 있는 거 아니냐고 지적하고 있는 거야?
Are you asking if we are sitting on our hands?

정부가 그냥 손 놓고 앉아있었습니다.
The government sat on its hands./The government stood aside.

◆ 수준

기대에 부응하고자 수준을 높이다
raise the standards to meet expectations

가장 높은 수준을 유지하다
continue to stay at the highest level

~에서 고도의 수준에 달하다
attain a high level of/be up to par/arrive at a point

수준 이하다
be below average/do not reach the standard

최고 수준을 갖다
have the highest level

최고 수준을 자랑하다
boast to be the best in the world

◆ 승자독식

승자독식제
winner takes all

승자독식 경제
winner-take-all economy

◆ 시간

~에 소요되는 시간은?
How long does it take to ~?

시간이 다 되다
time has run out/run out of time

전쟁과 갈등의 어두운 시간을 뒤로하고
leaving dark days of war and conflict behind

◆ 시기[시대]

공존과 번영의 새 시대를 열다
usher in a new era of co-existence and prosperity

새 시대를 열다
usher in a new era

~ 시기를 명시하다
specify the timeline for ~

역사적인 전환이 일어나고 있는 뜻깊은 시기
momentous period of historical transformation

지금 시기가 가장 중요한 시기이다
the period assumes paramount importance

◆ 시작

과정을 다시 시작하다
reignite the process

시발점[시작]이 되다
trigger/set off

이게 시발점이 될 것입니다.
This will be the starting point.

◆ 시치미

시치미를 뗄 수 있다
could pretend

북한이 무기가 없다고 시치미를 뗄 수 있다
North Korea could pretend that it doesn't possess any weapon

시치미를 떼다
feign[pretend] ignorance/play dumb

나한테 시치미 떼지 마.
Do not play dumb with me.

◆ 시한

사안이 해결될 때까지 시한폭탄 위에 앉아있습니다.
We are sitting on a time bomb until the issue is resolved.

어느 정도 걸릴 것으로 예상하는가?
What timetable do you envision?

최종시한을 넘기다
pass the final deadline

◆ 신뢰[믿음]

국민의 신뢰를 받을 수 있을 때까지 개혁을 절대 멈추지 않다
never stop making reforms until we win public trust

두터운 신뢰를 상징적으로 보여주다
symbolize the high level of trust

사회적 신뢰가 형성될 수 있다
social trust can be formed

상호 신뢰 구축은 한반도 비핵화를 촉진할 수 있다
mutual confidence building can promote the denuclearization of the Korean Peninsular

신뢰는 상생과 국민통합의 기반이다
trust constitutes the basis for mutual benefit and national unity

~ 사이의 신뢰를 회복하기 위해 많은 노력을 기울였다
worked assiduously to recover the trust between ~

◆ **신중**

신중을 기하다
use discretion/take the utmost care/do something with caution

말을 신중하게 하다
pick words carefully

전반적 여건을 종합 고려하여 신중하게 계획하고 추진했다
carefully planned & pursued, considering the overall conditions

◆ **실질적인**

구체적이고 실질적인 방안
concrete and substantive ways

실질 협력 사안
substantive cooperation

◆ **실패**

실패로 끝나다
result in failure/end in failure

실패를 성공의 디딤돌로 삼다
make failure a stepping stone to success

실패할 가능성이 거의 없다/실패할 가능성이 거의 없는
failure is off the cards/with little chance of failure

한국은 제재에 실패했나요?
Has Korea slipped on sanctions?

◆ **안도**

안도감을 주다
provide a certain sense of relief

안도의 미소를 짓다
smile with relief

안도의 한숨을 내쉬다
give a sigh of relief

◆ 안보이익

자국의 안보이익을 침해하지 않는다
do not infringe upon its security interests

◆ 안타깝다

우리가 제때 지원할 수 없다는 것이 안타깝다
be regretful that we cannot provide assistance in a timely manner

◆ 압력

~에 상당한 압력으로 작용하다
work to exert significant pressure on

더욱 단합하여 전방위로 압박하다
will grow stronger to amplify pressure from all sides

◆ 압박

제재와 압박이 실질적으로 ~에 엄청난 영향을 미쳤다
sanctions and pressures have had a substantive impact on ~

제재와 압박을 한층 보강하는 차원에서
in order to further reinforce sanctions and pressures

최대압박 정책
policy of maximum pressure

◆ 알려주다

가급적 신속히 결과를 알려줄 것이다
will inform the outcome as soon as possible

당위성을 알려주다
make known the appropriateness

존재감을 알리다
make presence felt

◆ 앞장서서

~가 자발적으로 개혁에 앞장서주길 기대합니다
I look forward to ~ voluntarily taking the initiative to reform

~의 각오로 여러분이 앞장서주기 바랍니다
I urge you all to take the lead with a determination ~

◆ 약속

약속을 문서로 받아두다
receive such a pledge in a written form

약속을 받다
receive a pledge

나에게 직접 약속했다
personally promised to me

약속을 어기다
go back on its promise

~의 약속을 지키다
follow through on the commitment of ~

포기하겠다는 북한의 약속을 받아내다
secure what NK has vowed to give up

확고하고 흔들림 없는 약속
firm and unwavering commitment

~에 대해 확실하게 약속 받다
be secured the commitment on ~

◆ 애도

세상을 떠난 분들께 깊은 애도의 마음을 전합니다.
I convey my sincere sorrow for those who passed away.

유족에게 애도의 뜻을 표하다
express[sincere] condolences[sympathy] to the bereaved

◆ 어려움

안팎의 여러 가지 어려움을 극복
overcome a variety of difficulties inside and outside the country

안팎의 어려움 속에서 잘사는 길을 택하다
in the midst of the internal and external hardship, chose to thrive

예상치 못한 어려움에 처하다[난관에 부딪치다]
be in[faced with] an unexpected difficulty/be in unexpected hardship

어려움을 극복하는 데 대단히 성공하다
be extraordinarily successful in overcoming the difficulties

◆ 엄중히

엄중히 경고하다
give someone a strict warning

엄중히 다스리겠다
exercise rigorous[strict] control over

대중이 지켜보고 있다는 사실은 엄중히 여겨야 한다
should be mindful of the fact that the public is watching

◆ 업적

그 누구도 이룩하지 못한 위대한 업적
great achievement to the level that no other can attain

~ 업적을 과소평가하지 않는다
do not underestimate ~ achievement

업적을 높이 평가하다
have great regard for achievement

◆ 얽매이다

과거에 얽매이지 않다
do not dwell on the past

고정관념에 얽매이지 않는 상상력이 필요
free ourselves from the shackles of bias, in order to imagine

규칙에 얽매여 있는
bound by rules

◆ 여건

개선할 수 있는 여건을 만들다
shape the conditions for making progress

기업들이 번창할 수 있는 여건을 조성하다
create a climate in which business can flourish

정부는 혁신을 위한 여건을 조성해야 한다
the government must foster conditions for innovation

◆ 여정

담대한 여정을 결코 포기하지 않을 것이다
will never give up the bold journey

여정의 일부
part of the process

~로 향하는 위대한 여정을 시작하다
great journey toward ~ begin

◆ 역대[사상최대]

사상 최대를 기록하다
reach a record high

역대급
the first and the best

역대 최고 기록을 세우다
set a record high

역대 최고 실적
best ever results

◆ 역사

과감하게 오랜 잘못을 바로잡다
boldly right old wrongs

~ 역사를 바로 세우는 일은 후손들이 떳떳이 서도록(자긍심을 가지도록) 돕는다
the task of setting history right ~ help future generations stand tall

역사를 직시하고 역지사지할 필요가 있다
need to face history squarely and be in other's shoes

역사는 행동하고 도전하는 사람들의 기록이다
history is a record of people who takes action & rise to challenges

평화의 새 역사를 써가다
write a new chapter of history

◆ 연대

공동체를 위해 참여하고 연대하다
participate and come together for the sake of the community

~와 연대하면서 책임을 다하다
fulfill its responsibility while standing together with ~

◆ 열기

뜨거운 열기가 회의장을 감쌌다.
The conference room was engulfed by enthusiasm[excitement].

최고의 연사들로 행사의 열기가 더해졌다.
The line-up of speakers has heated up the excitement of the event.

◆ 열망

국민의 열망으로 이뤄내다
achieve the people's aspiration

변화에 대한 대중들의 커지는 열망
a growing desire among the public for change

◆ 염려하다

염려를 끼쳐 죄송합니다.
I apologize for any concern I have caused.

이 문제에 대해서는 염려하실 필요가 없습니다.
There is no need to worry about this issue.

◆ 영유권

고유의 영토인 독도에 대한 부당한 영유권 주장
unjust sovereignty claims over Dokdo, an integral part of the territory

독도 영유권 주장은 부당한 주장이다
Dokdo territorial claim is an unreasonable claim

영유권 주장
a claim of sovereignty

◆ 예의주시

~에 대한 관련 동향을 면밀히 모니터링하고 예의주시 중이다
be closely monitoring relevant developments, paying keen attention to ~

상황이 어떻게 전개되는지 예의주시 중이다
be keeping a close watch on how the situation unfolds

움직임을 계속 예의주시하다
keep tabs on the movements

◆ **완화**

국가 간의 긴장완화 정책을 추구하다
pursue a policy of detente between countries
pursue a policy of easing tensions between countries

남북한 간 지금의 긴장완화에 기여한 공로를 인정하다
accredit with spearheading the current detente between the two Korea

첨예한 군사적 긴장상태를 완화하다
alleviate the acute military tension

◆ **운명**

한국의 운명은 한국인 스스로가 결정한다
determine the destiny of the Korean nation on their own accord

운명을 감수하고 받아들이다
meet one's fate with resignation

운명에 맞서 싸우다
fight against fate/strive against fate

◆ **운신의 폭**

별다른 운신의 폭이 없다
have a little room for maneuver

새로운 정책은 운신의 폭이 크지 않습니다.
The new policy doesn't give much latitude.

운신의 폭을 넓혀 노력해 나가다
make efforts by further expanding our room to maneuver

새로운 법으로 인해 정부의 운신 폭이 훨씬 더 커졌습니다.
The government now has greater leeway[wiggle room] thanks to the new law.

◆ **원동력**

강한 의지가 성과를 내게 한 원동력이다
strong will to resolve is a driving force that produced success

'혁신'의 원동력은 공정에 대한 믿음이다.
The driving force behind the innovation is confidence in fairness.

돈을 버는것이 그의 성공의 원동력이다.
Making money is the driving force behind his success.

국민의 절절한 요구가 원동력이 되다
people's desperate demands have served as a driving force

◆ 옳다

결단이 옳았음을 보여주기 위해 ~를 지원하다
help ~ to demonstrate that his decision is the right one

그의 결정이 옳았음을 입증할 사람
person who could prove that his decision was the right one

◆ 유례없이[전례 없이]

당초 우려와 달리 유례없이 성황리에
achieved unprecedented success contrary to the initial concerns

전례 없이 긴밀히 공조하고 협력하다
coordinate and cooperate more closely than ever before

◆ 유해

본격적인 발굴 작업이 시작되다
excavation work begins in earnest

유해를 발굴하다
recover the remains

~ 전사자 유해 공동 조사
joint searches for war remains on ~

전쟁포로/실종자 유해를 수습하고 즉시 송환했다
recovered POW (prisoner of war)/MIA (missing in action) remains and immediately repatriated

◆ 요구(요청)

간곡히 요청하다
plead earnestly

구체적인 결과를 요구하다
demand concrete results

국민과 시대의 요구에 부응하다
live up to the needs of the people and the times

~에게 자비를 베풀어 달라고 부탁하다
ask to be merciful to ~

◆ 외교

외교 다변화를 실행하다
implement diplomacy diversification

모든 외교적 수단을 활용하여
through all diplomatic means

전방위적인 외교활동
omnidirectional diplomacy

◆ 외면

목소리를 외면하다(귀 기울이지 않다)
be unwilling to listen

항상 외면당해오다
have always been ostracized

진실을 외면하다
disregard the truth/turn away from the truth

◆ 위로[격려]

(~에게) 깊은 위로의 뜻을 전한다
extend its deepest sympathy to ~

~에 대해 매우 안타깝게 생각하다
express deep regret over ~

어려움을 겪고 있는 국민 여러분께 위로와 격려의 말씀을 드립니다.
I'd like to offer words of sympathy and encouragement to all of the people who have long been suffering.

위로 서한을 보내다
send a letter of sympathy

◆ **위상**

국가의 위상을 높이다
enhance[raise/upgrade] the nations' status

그 역할을 확대하고 위상을 한층 강화하다
expand its role and enhance its international standing

◆ **위업**

누구도 해내지 못한 위업을 이루다
achieve a feat that no one else has ever delivered

~의 위업을 달성하려고 한다
intend to perform a feat in ~

탁월한 위업을 달성하다
accomplish a monumental work

◆ **위축되다**

북한 지도부가 ~로 인해 많이 위축되었다
North Korean leadership was considerably taken aback by ~

증시가 위축되고 있다
the stock market is deflating[shrinking]

◆ **위협**

당면한 시급한 위협에 대응하다
to counter the imminent threat

~에 의해 위협을 가장 직접적으로 받는 나라들
countries that are most directly threatened by ~

위협을 사실상 제거하다
virtually remove threats

한반도와 동북아에 국한된 위협이 아니라
threat imperils not only the Korean peninsula and northeast Asia

◆ 의견

심도 있고 진심이 담긴 의견 교환을 실시하다
conducted an in-depth and sincere exchange of opinions

의견 차이를 극복하다
overcome the differences/weather disagreements

의견 차이를 좁혀 나가는 노력이 필요하다
require efforts to narrow the differences

~에 대한 협력방안에 대해 의견을 교환하다
exchange views on ways to work together on ~

◆ 의미

의미심장합니다.
It is full of significance.

중요한 의미를 갖다
hold significance

◆ 의지

대화에 대한 그들의 의지도 지속되다
continue to maintain their commitment to dialogue

변함없는 의지를 보여주다
demonstrate unwavering commitment

상생의 의지를 모아주시기 바랍니다.
I ask you summon the will to achieve mutual prosperity.

의미를 되살려 의지를 다져주세요.
Please summon the resolve by renewing the significance.

국민의 의지를 가다듬는 계기가 되다
served as a chance to look to the will of the public

◆ 의혹

의혹을 불식시키다
eliminate all suspicions

의혹의 눈으로 보다
look dubiously[suspiciously] at/look upon with deep suspicion

의혹이 일파만파다
suspicions are deepening

◆ 이견

이견을 가진 사람들
people with dissenting views

이견이 많다
there are a lot of differences in opinion

가장 큰 이견
the biggest disagreement

◆ 이산가족

단순한 상봉을 넘어 고향을 방문하다
visit hometowns going beyond mere reunions

한국전쟁으로 헤어진 이산가족 상봉
reunion of families separated by the Korean war

이산가족의 자유로운 서신왕래
free correspondence between separated families

◆ 이정표

~ 사이의 신뢰 회복을 향한 중요한 이정표가 되다
lay an important milestone to restore the trust between ~

역사적인 이정표로 기록될 것이다
will be remembered as a historic milestone

◆ 이행

북한이 ~에 대한 약속을 성실하게 이행할 수 있도록 하다
induce NK to faithfully implement its commitment to ~

~의 약속을 확실하게 이행하도록 하다
make good on one's promise in an unmistakable way

비핵화 과정을 역행(위반)하거나 준수하지 않다
renege on the denuclearization process or don't comply

완전하고 신속하게 이행하다
implement fully and expeditiously

이행시기를 명시하다
specify the timeline for compliance

제재가 충실하게 이행될 수 있도록 하다
ensure that the sanctions are faithfully implemented

◆ 인권

열악한 인권상황을 실질적으로 개선하다
bring meaningful improvements to the appalling human rights conditions

인권침해가 자행되다
human rights violations are committed

인권을 무시하다
ignore human rights

◆ 인내심

인내심을 가지고 결실을 본다(열매를 맺는다)는 자세가 필요하다
we need to show patience until these efforts bear fruits

◆ 인센티브 (유인책, 우대책, 동기부여)

어느 정도의 인센티브가 필요하다
need a certain kind of incentives

금전적 인센티브가 성과를 크게 향상시키는 것으로 나타났다
the monetary incentives have shown to significantly increase performance

이는 기업들이 신약개발에 투자하도록 하는 인센티브이다.
This is an incentive for companies to invest in new drug development.

북한에 대한 큰 인센티브가 되다
turn into big incentives for NK

인센티브(유인책)는 효과가 있을 것이다.
The incentives will work.

◆ 인식

의의 있고 중대한 조치라는 데 인식을 같이하다
share the view that measures are meaningful and crucial

◆ 인정

차이를 인정하고 마음을 통합하다
acknowledge differences and achieve unity of mind

◆ 입법

입법이 완료되지 않았다
the legislation hasn't been fully completed

그 법안은 아직 초안 단계이다
the legislation is still in draft form

법안이 상정되었지만 입법이 지연되고 있다
acts were submitted but legislation is being delayed

◆ 입장[입지]

입장과 원하는 바를 상호 명확히 파악했다
clearly identified respective positions and demands

입장에는 변화가 없다
position remains unchanged

그의 입지를 살려준다는 차원에서 ~을 활용하다
utilize ~ to boost his standing

◆ 입회

입회를 요청하다
request[ask for] presence

전문가 입회하에 핵 시설을 폐기하다
dismantle nuclear facilities in the presence of experts

◆ 잃다

공신력을 잃다
lose public confidence

설 자리를 잃다
lose ground/lose one's footing

◆ 자신감

이러한 추세가 앞으로도 계속될 것이라 자신합니다.
I am confident that these trends will continue going forward.

자신감을 가지다
come to gain self-confidence

◆ 작용하다

긍정적 요인으로 작용하다
work as a positive factor

불리하게 작용하다
weigh heavily against

~에 힘을 작용하다[행사하다, 가하다]
exert a force on ~

◆ 잘 살다

사람들은 상생을 통해 함께 잘 사는 길을 선택했다
people have chosen to thrive together through mutual benefit

함께 잘 살아야 한다
have to prosper together

함께 잘 사는 경제를 만들다
create an economy in which all prosper together

◆ 장애

~가 극복해야 할 장애물을 최소화하다
minimize the huddle that ~ have to overcome

장애를 뛰어넘는다
hop over[overcome] obstacle

중대한 장애를 입히다
seriously cripple

심각하게 장애(방해)가 되다
seriously impede

극복해야 할 장애물
obstacles to be overcome

직원을 더 채용하면 이러한 장애는 해결할 수 있다.
Those impediments can be resolved by hiring new employees.

◆ 적대적

일체의 적대행위를 전면 중지하다
completely cease all hostile acts against each other

환경이 긴장되어 있고 적대적이다
the environment is tense and hostile

◆ 절감하다

다시 한 번 ~을 절감하다
have once again become keenly aware that ~

절감하다
feel acute ~/become keenly aware of ~

◆ 전략자산

미국 전략자산 순환배치
Deployment of US Strategic Assets on a Rotational Basis

미국의 전략자산을 한반도와 인근 수역에 확대 순환배치하다
enhance deployment of the US strategic assets in and around Korea on a rotational basis

첨단군사자산의 획득과 개발
acquisition and development of state-of-the-art military assets

◆ 전작권

조건에 기초한 전작권(전시작전통제권) 전환이 조기에 이루어질 것이다
conditions-based transfer of wartime OPCON will be realized at an early date

전작권 전환 이후 더 굳건한 연합방위태세의 발전
further enhancement of the combined defense posture of the post-OPCON transition

◆ 전쟁

전쟁의 억지력을 증강하다
build up[improve] war deterrent force

전쟁의 참화를 직접 겪어본
experienced the ravages of war first-hand

◆ 전진

우리는 어려움을 겪고 있지만, 꾸준히 전진하고 있습니다.
Although we are undergoing difficulties, we are making steady progress.

이보 전진을 위해 일보 후퇴하다
take a step back in order to take two steps forward

◆ 전환점

인류 역사의 전환점
a turning point in human history

~의 전환점을 마련하다
provide a turning point for ~

◆ 점검

성과를 돌아보고 도전을 점검하다
look back on achievement and project challenges

점검하다
cross-check/overhaul/double check

◆ 접근

~에 대한 근본적이고 기본적인 접근
fundamental and basic approach to ~

접근하기 어려운
difficult to access/inaccessible/unapproachable

◆ 정의

정의가 구현되지 않는다
there is a lack of justice

정의사회를 구현하다
realize a just society

◆ 정책

정책을 수립하다
formulate[establish] a policy

정책 입안자
policy maker

큰 틀의 정책, 넓은 의미의 정책
policy in a broad sense

◆ 제재

~에 대한 가장 강력한 수준의 제재와 압박 조치를 써서
using maximum sanctions and pressures upon

기존의 제재 틀 안에서
within the framework of the existing sanctions

독자제재 대상으로 지정하다
name to our unilateral sanctions list

동시적, 병행적 방식으로 제재를 완화하다
lift sanctions in a simultaneous and parallel

선택적 제재가 유예되다
selective sanctions are suspended[exempted]

우리가 쉽게 되돌릴 수 있는 안전장치〔안전조치〕
safeguard measures that we can easily switch back on

제재 면제나 유예 등 실질적인 조치
substantive action such as exempting or suspending sanctions

제제를 유지하는 원칙에 동의하다
agree with the principle of maintaining sanctions

~에 대한 제재도 명확히 보여주다
propose a clear disincentive for ~/clearly show the sanctions against ~

◆ 조율

섬세하게 조율하다
tune it up delicately

정책 조율 가능성에 대해서도 협의하다
discuss the possibility of coordination

◆ 조치

어떤 실질적인 조치가 충분할까요?
What sort of substantial steps will be enough?

어떤 조치가 될 수 있는지 알아보고 있다
see what these steps could be

실질적이고 의미있는 조치를 취하다
take a substantive and meaningful action

우리가 원하는 조치를 취하다
take the action we ask for

◆ 주도

우리의 운명을 개척하는 것을 주도하다
take the lead in forging our destiny

운명을 주도하다
take the lead in destiny

◆ 주역

과감하게 첫발을 내디딘 역사적인 순간의 주역
leader who made a historic moment by taking the first bold steps

주역이 되다
become a main player

◆ 주저함

조금의 주저함도 없다, 조금도 주저하지 않다
never show any hesitance

◆ 주춧돌

흔들리지 않는 튼튼한 주춧돌을 놓을(토대를 마련할) 기회
opportunity to lay a strong foundation that cannot be shaken

◆ 존재

어떠한 법 집행기관도 국민 위에 존재할 수 없다
No law enforcement authorities can reign over the people

◆ 준비

~을 위해 면밀히 준비하다
make meticulous preparation for ~

◆ 중단[중지]

영구적으로 중지하겠다고 확약하다
vow to permanently suspend

◆ 중요하다

가장 중요시하다
assume paramount importance

◆ 지원

식량지원과 의약품 지원
assistance regarding food and medicine

재정지원
financial aid[assistance/backing]

◆ 지지

적극적으로 뒷받침하다
actively support

전폭적인 지지를 표하다
show full support

지속적인 지지와 협력
ceaseless support and cooperation

~의 지지를 얻기 위해 적극 노력하다
actively seek the support of ~

◆ 지키다

자유공정무역의 가치를 굳게 지키다
safeguard the values of free and fair trade

◆ 진전

급진전되다
progress has been made at a rapid pace

남북관계를 반보 진전시켜 나가다
move inter-Korean relations just a half step forward

조금 더 진전시키다
go a little bit further down the road

겨우 반보 진전시키다
move just a half-step forward

조금씩 ~을 향해 나아가다
move forward little by little toward ~

전례 없는 큰 진전(이 되다)
(constitute) an unprecedented quantum leap

평화를 염원하는 이들에게 다가가다
step forward to people who long for peace

◆ 진지하게

진지하게 고려하다
be taken under serious consideration

◆ 진정성(진지한)

과거에 대한 진지한 성찰 위에
upon the foundation of an earnest self-reflection on past history

실행하고자 진정성을 가지고 노력을 기울이다
make sincere efforts to implement

◆ 집중

당면한 이슈에 집중하다
concentrate on the issue at hand

자본집약적인
capital-intensive/concentration of capital

~에 주로 집중하다
mainly concentrates in/on ~

혜택이 소수에게 집중되다
benefits are concentrated in the few

◆ 차지하다

우위를 차지하다
have a dominant position/gain the upper hand

~의 중요한 부분을 차지하다
be a critical part of~/occupy an important part of ~

◆ 착잡하다

국민들이 국회를 바라보는 마음이 착잡기만 하다
people feel unease when looking at the national assembly

~에 대한 마음이 착잡하다
I have mixed feelings about ~

미래가 착잡하다〔앞날이 캄캄하다〕
the future is bleak[complicated]

착잡한 심정으로 그를 만날 것이다
I will meet him with mixed feelings

◆ 찬사

세계가 기적처럼 여기는〔칭송하는〕
hailed by the world as a miracle

용기와 결단에 높은 찬사를 보내다〔경의를 표하다〕
pay my high compliments for the courage and determination

최고의 찬사
the top accolades/the highest accolade

◆ 책임의식

이룩한 진전에[거둔 성과에] 상응하는 만큼 책임의식을 갖고
carrying a sense of responsibility commensurate with the progress it has made

정부는 ~에 대한 책임의식을 가져야 한다
the government needs to have a great deal to answer for ~

책임의식이 강한 사람
a person with much sense of responsibility

책임의식이 없는 사람
a person without sense of responsibility

◆ 천명

평화의 시대가 열렸음을[밝아 왔다고] 전 세계에 선언했다
proclaimed to the whole world that the era of peace has dawned

자신의 입장을 천명하다
enunciated[clarify/define/state clearly] one's position

진실을 천명하다
spell out truth

◆ 첩보

입수한 최근 첩보에 의하면
according to our latest intelligence

첩보를 입수하다
acquire[obtain/get] intelligence

충분한 첩보를 입수했으나 방지하지 못했다
had sufficient intelligence but failed to prevent

◆ 체감

국민이 성과를 더욱 확실하게 체감하도록 만들다
ensure that the people can sense the outcome more clearly

그들이 따뜻한 경제를 체감할 수 있도록 보장하다
ensure that they can experience a more compassionate economy

◆ **체재 보장**

체제의 생존을 실질적으로 보장해주다
provide a guarantee of the survival of its regime

북한에 체제보장을 해줄 의지
willingness to provide security guarantees to DPRK

◆ **체질**

우리 경제의 체질을 근본적으로 바꾸다
transform the underlying fundamentals of our economy

기업의 체질 개선을 꾀하다
seek[revamp/overhaul] corporate structure

◆ **촉구**

개선을 위해 정책과 제도의 변화를 촉구하다
urge to change its policies and systems to improve

한 목소리로 촉구하다
speak in one voice to urge

◆ **총력**

문제 해결을 위해 총력을 기울이다
make all-out efforts to resolve the issue

~에 외교적 총력을 기울이다
focus all our diplomatic energy into ~

총력을 다하는[전면적인] 헌신
full-scale[all-out/total] commitment

◆ 치우치다

감정에 치우지면 안 된다
should not be carried away by one's feelings/should not be biased one-sided

감정에 치우치다
be carried away by one's feelings/be emotional

비관론이나 낙관론에 치우치지 않아야 한다
must refrain from being overly optimistic or pessimistic

◆ 치유

마음의 상처를 치유하는 데는 오랜 시간이 걸린다
it takes a long time for the wounded heart to be healed

힘을 모아 고통을 실질적으로 치유하다
pain is substantively healed through concerted efforts

◆ 친구

마음이 통하는 진정한 친구가 되다
become genuine friends with heart-to-heart understanding

이 봐 친구
Hey, bud[fella/fellow/dude/pal/bro]

친구들의 호의
goodwill of friends

◆ 추진

강력한 추진으로 ~이 크게 감소했다
vigorous implementation has helped greatly reduce ~

강한 추진력을 제공하다
provide strong momentum

추진력이 강하다
have a powerful driving force

강력하게 추진하다
provide a strong impetus

◆ 타격

명성이 타격을 입다
the reputation was tarnished

코로나로 큰 타격을 받다
the pandemic hit so hard

치명적인 타격
a detrimental blow/a fatal strike

큰 타격을 주었습니다.
It gives a major blow[heavy blow/great setback/enormous hit].

◆ 토대

건설적인 토대가 마련되다
a constructive platform has been established

소통은 모든 문제의 해결책이고 자기개발을 위한 토대다
communication is the solvent of all problems and the foundation for personal development

토대를 마련하다
build a foundation

◆ 톱 다운 방식

원하는 결과를 얻기 위해 톱 다운 방식으로 성과를 확보하는 것이 필요합니다.
It is necessary to secure progress in a top-down approach to achieve the desired outcome.

◆ 통합

이념의 대립을 넘어 통합을 이루다
unity is achieved by moving beyond ideological confrontations

사회 대통합
social grand integration

통합을 위한 호소
a plea for the unity[union]

◆ 평등

법 앞에서 모두가 평등하고 공정하다
everyone is equal and treated fairly in front of the law

성 평등
gender equality

정부가 개인의 평등권을 침해하면 안 된다
the government should not infringe on individual rights to equality

평등권을 침해하다
violate one's right to equality

활기차고 평등한 사회
a vibrant and equitable society

◆ 파악

방법을 파악하지 못한
unable to grasp how to do it

상황 파악이 빠르다
quick to realize[assess] the situation/quick to catch on to things

양측의 입장과 원하는 바를 명확히 파악하다
clearly identify respective positions and demands

(~의) 핵심[요점]을 파악하다
get the gist[heart/core] (of)

◆ 폐기

(원료를 가공하는) 정련 전환 공장을 폐기하다
dismantle refining & conversion facilities (where raw materials are processed)

(원천적으로) 폐기하다
(fundamentally) shutting down[dismantle/dispose of]

관용구

◆ 평가

공헌을 평가하다
note contribution

~라는 사실을 높게 평가하다
assess highly[highly regard/have high regard for/highly appreciate] the fact that ~

노고와 기여를 높이 평가하다
express high regard for hard work and contribution

~에 대해 어떻게 평가하세요?
How do you make of ~?/What is your take on ~?

◆ 평화

중대한 고비를 넘겨야 평화가 확고히 정착될 것이다
peace will be firmly settled only after surmounting critical junctures

기회가 올 때 뛰어가 평화를 붙잡았다
when an opportunity arose, we stepped forward & took hold of peace

번영이 평화를 더욱 굳건하게 할 것이다
prosperity will further solidify peace

선의를 가지고 항구적인 평화를 이루다
build lasting peace with goodwill

지속적이고 안정적인 평화체제를 구축하다
build a lasting and stable peace regime

진정한 평화가 싹트고 확고히 뿌리내리길 희망하며
with high hopes for peace sprouting to take firm roots

평화의 봄은 ~의 힘으로 이룬 결과이다
the spring of peace is an outcome accomplished by the power of ~

평화는 행동 없이 오지 않는다
peace does not come without action

한반도의 평화를 수호하다
peace is protected on the Korean peninsula

한반도에 항구적이며 공고한 평화체제를 구축하다
establish a permanent & solid peace regime on the KP (Korean Peninsula)

힘을 통한 평화
peace through strength

항구적인 평화체제를 구축하기 위한 토대를 마련하다
lay the foundation for building lasting peace on the Korean peninsula

항구적인 평화 정착
settlement of permanent peace

◆ 피해

법안이 통과되지 못하면, 국민들에게 직접적인 피해를 줄 수 있습니다.
If bills have failed to pass, it can directly harm the public.

영세업자들이 코로나의 피해자가 됐습니다.
Small business owners have been a casualty of the Covid 19 Pandemic.

피해의식에 사로잡히다
be stricken with a victim mentality

(~에 대한) 피해의식이 심한
extremely sensitive about ~/having strong feelings of being victimized

◆ 포용

더 포용적인 국가를 만들어가다
we are building more inclusive country

변화를 포용하다
embrace change

소외된 계층을 적극적으로 포용하는
actively reaching out to all the people marginalized

정치적 안정성과 사회적 포용성은 민주주의의 상징이다
political stability and social inclusion are hallmarks of democracy

포용력이[통이 큰] 사람
a tolerant[broad-minded] person

◆ 한단계 높이다

공정의 가치를 한 단계 높이다
elevate and advance the value of fairness

우리는 한 단계 더 나아갔습니다.
We have gone a step further.

이 모든 것이 너를 한 단계 더 성장시킨다.
All of these make you grow up one step further.

한 단계 더 비상하자.
Let's take one step further.

◆ 한미연합군

굳건한 한미 연합방위태세
solid ROK-US combined defense posture

폭격기를 괌에서 발진시키다
fly in bombers from Guam

한미연합군사훈련을 중단하다
suspend the US-ROK joint military exercises

◆ 합의

이는 더 높은 합의로 가는 과정의 일부입니다.
This is part of a process to reach a higher level of agreement.

큰(폭넓은) 합의가 있습니다.
There is a broad agreement.

힘든 협상 끝에 대합의에 도달했습니다.
After a tough negotiation, we reached a grand bargaining.

◆ 해

뜻깊은 해를 맞이하다
enter a significant year

보람 있는 한 해였다
has been a rewarding year

대한민국의 새로운 100년의 시작을 알리다
herald the beginning of another 100 years for the Republic of Korea

새해까지 기다릴 필요가 없습니다.
You don't have to wait until the new year.

◆ 해결[해소]

개별 국가의 역량만으로는 해결할 수 없다
cannot be tackled by any single country alone

근본적인 해결책
fundamental resolution

근본적으로 해결하다
resolve fundamentally

~을 근원적으로 풀어주다 (~에 대한 근본적인 해결책을 가져오다)
bring a fundamental solution to ~

대부분 해소되다
nearly resolve

문제를 시급히 해결(하기 위해 노력)하기로 합의하다
agree (to endeavor) to swiftly resolve

전쟁위험을 실질적으로 해소하다
practically eliminate the danger of war

해결 방안에 관한 의견 교환 형식의 접촉부터 시작하다
begin with a contact in the form an exchange of opinions on a solution

◆ 핵

과거 핵 활동을 규명하다
conduct nuclear forensics investigation

근본적으로 핵능력은 고갈되다
nuclear capabilities be completely removed from the source

핵 능력을 불능화하다/핵 시설을 불능화하다
neutralize nuclear capabilities/disablement of nuclear facilities

핵 능력을 억제하다
put a cap on current nuclear capabilities

북한의 핵 능력을 크게 제약하는 효과가 있다
have the effect of severely crippling NK's nuclear capabilities

북한의 핵 능력이 증강되는 것을 방치하다
end up seeing a further buildup of NK's nuclear capabilities

핵무기 업그레이드용 물질의 생산을 차단하다
block the production of material necessary for upgrading nuclear weapons

북한의 핵 주기를 무력화하다
neutralize NK's nuclear cycle

핵 능력을 퇴행시키다
retard nuclear capacity

핵 시설을 폐기시키다
dismantle nuclear facilities

핵 물질 폐기
disposal of nuclear materials

핵 물질 양산에 계속해서 시간을 벌다
buy more time to produce more nuclear material

◆ 핵보유국

국가 핵 무력 완성을 선언하다
claim to have reached the completion of its nuclear capabilities

북한의 핵보유국 지위를 용납하지도, 인정하지도 않는다
neither accept nor acknowledge North Korea's status as a nuclear power

◆ 허용하다

어떤 상황에서도 허용할 수 없다
not allow, under any circumstances

제한적으로 허용하다
restrictively allow[permit]

손실을 허용할 수 있는 최대 기간은 ~이다
Maximum period during which loss can be tolerated is ~

허용치
tolerance level

◆ 현실

있는 그대로 현실을 이야기하고 있는 것뿐입니다.
I am only talking about the reality as it is.

현실에 굳건히 발을 딛고 있다
take stock of reality

현실을 직시해라.
Face the reality (facts)./Get real.

◆ 혈맥

민족의 혈맥이 이어지다
constitute national arteries

◆ 협력

국제무대에서 협력방안
ways to work together on the global stage

공동번영을 위해 협력하는 것
working together for co-prosperity

긴밀한 협력 관계를 구축하다
forge close cooperative relations

긴밀한 협조 체계를 구축하다
establish a system for close cooperation

~에 미래지향적인 협력을 더욱 진전시키다
seek future-oriented collaboration in ~

손잡고 함께 만들다
join in efforts to build

~에 대한 실질적인 협력을 가속화하는 방안을 협의하다
discuss ways to accelerate[step-up] substantive cooperation on ~

심도 있는 협력을 달성하다
achieve profound cooperation

우호와 신뢰를 바탕으로 한 실질적 협력
substantive cooperation on the basis of friendship & trust

우호협력관계를 증진하다
promote friendship and cooperation

협력과 지지를 확보하다
win continued cooperation and support

◆ 협상론자

북한 내 협상론자 입지를 강화하다
empower those who support dialogue within the NK regime

◆ 협의

공개 협의
public consultation

긴 협의과정
lengthy consultation process

다양한 분야에서 실질적인 협력 강화를 협의하다
discuss ways to step up substantive cooperation in a range of areas

모든 문제는 협의될 수 있다
any problems can be negotiated

사전 협의 후 조정 가능하다
we can adjust it after discussing it in advance

충분히 협의하다
discuss in a sufficient manner

협의 없이 이행되었다고 주장하다
argue that it was implemented without consultation

◆ 확인

우리 눈앞에서 확인하다
confirm before our own eyes

사실을 확인하다
confirm the truth

확인할 길이 없다
there is no way of verifying it

◆ 활로

새로운 활로가 되다
find new breakthroughs for ~

해외 시장 활로를 개척하다
develop inroads into overseas markets/explore ways to advance into foreign markets

~을 위한 활로를 열다
clear the way for ~/find a way out of ~

◆ 후속조치

정상회담의 후속조치의 이행사항을 점검하다
review the progress in implementing measures to follow up on the summit

합의내용에 대한 후속조치의 이행사항을 검토하다
review the progress in the follow-up on what was agreed

후속조치가 없어?
No follow-up?

후속조치를 할 때 견고한 기반을 제공해 줄 것입니다.
It will give a solid foundation for subsequent actions.

◆ 효과

비용 효과적이고 친환경적인 대안들
cost effective and environmentally friendly alternatives

신약의 효과 좋다
new drug works fine

잘못된 패턴을 단번에 끊어버리는 효과가 있다
have the effect of instantly breaking the flawed pattern of the past

효과가 나타나는 데 시간이 필요하다
it takes time to generate effects

◆ 희망

끝없는 희망을 결코 잃지 않다
never lose infinite hope

아무리 현실이 어려워도 희망을 포기하지 않는다
do not lose hope no matter how difficult present reality is

한국기업들은 큰 희망을 갖고 있다
there is a great desire on the part of Korean businesses

풍요와 희망을 이루다
accomplish abundance and realize hope

(미래)에 대한 희망을 더 크게 키우다
further expand hope for (the future)

◆ 희생양

국민들만 희생양이 되다
the only one falling victim to all of this is the general public

이는 나에게 큰 힘이 되어주고 있습니다.
It gives me great strength.

민생을 희생시키는 일은 없어야 한다
refrain from sacrificing the people's livelihood

◆ 힘

고통이 힘이 될 수 있다
pain can become strength

그의 말이 큰 힘이 되었다
his words were very supportive

서로에게 힘이 되도록
lend strength to each other

압도적인 힘의 우위를 유지하다
maintain dominant and superior power

◆ 힘입어

원조에 힘입어 경제가 발전하다
economic development was fueled by aid[assistance]

~간의 돈독한 우의와 신뢰 관계에 힘입어
anchored around the friendship and trust between ~

~에 힘입어
inspired[aided/animated] by ~

영어식 표현 ❷ 속담

English Expressions ❷
Proverbs

◆ 가능성

김칫국부터 마시지 마라.
Don't count your chickens before they hatch.

기회는 왔을 때 잡아라.
Opportunity seldom knocks twice.

서울에서 김 서방 찾기 (건초더미에서 바늘 찾기, 사실상 거의 불가능한 일)
Like looking for a needle in a haystack.

쥐구멍에도 볕들 날이 있다.
Every dog has his day.

하늘이 무너져도 솟아날 구멍이 있다.
Every cloud has a silver lining.

황금알을 낳는 거위를 죽이지 말라.
Do not kill the goose that lays the golden eggs.

◆ 가족

자식은 부모를 닮는다. (그 부모에 그 자식이다.)
The apple doesn't fall far from the tree.

부전자전
Like father, like son.

피는 못 속인다.
Blood will tell.

피는 물보다 진하다.
Blood is thicker than water.

피는 못 속인다. (집안 내력이다.)
It runs in the family./It's in the blood.

◆ 건강

건강은 행복의 어머니
Health is the mother of happiness.

건강이 보배다.
Good health is a great asset.

◆ 거짓말

거짓말도 한 방편
Necessary lies are harmless.

바늘 도둑이 소도둑 된다.
One lie makes many./He that will steal a pin will steal an ox.

◆ 결과

끝이 좋으면 모든 것이 좋다.
All's well that ends well.

뿌린 대로 거둔다.
You reap what you sow.

쓰라린 경험을 통해 현명해진다.
Experience keeps a dear school.

로마는 하루아침에 이루어지지 않았다.
Rome was not built in a day.

재주는 곰이 넘고 돈은 되놈이 받는다.
One man sow and another reaps.

◆ 게으름

게으른 인간들은 평생을 죽어서 사는 셈이다.
Idle men are dead all their life long.

엎질러진 물이다. 소 잃고 외양간 고친다.
It's no use crying over spilled milk.

일찍 일어나는 새가 벌레를 잡는다.
The early bird catches the worm.

◆ 결점

결점이 없는 사람은 사람이 아니다.
He is lifeless that is faultless.

내로남불(내 잘못은 모르고 남만 탓하다)
The pot calls the kettle black.

너무 가까워지면 경멸하게 된다.
Familiarity brings contempt.

미꾸라지 한 마리가 온 웅덩이를 흐린다.
One rotten apple spoils the barrel.

우물 안 개구리
A big fish in a little pond.

◆ 고난[역경]

고난과 손실은 사람을 현명하게 만든다.
Adversity and loss make a man wise.

고통 없이 얻는 것은 없다.
No pain, no gain.

내일은 내일의 태양이 떠오른다.
Tomorrow is another day.

비 온 후에 땅이 굳는다.
After the storm comes the calm.

불 난 집에 부채질한다.
To add fuel to the fire.

진퇴양난
Between a rock and a hard place.

◆ 기대[희망]

계획 없는 목표란 그저 소망에 불과하다.
A goal without a plan is just a wish.

떡 줄 사람은 꿈도 안 꾸는데 김칫국부터 마신다.
Do not count your chickens before they hatch.

마른하늘에 날벼락
The unexpected always happens./Out of the blue.

물에 빠진 사람은 지푸라기라도 잡는다.
A drowning man will catch at a straw.

최고를 기대하되 최악을 준비해라.
Prepare for the worst, hope for the best.

큰 희망이 큰 사람을 만든다.
Great hopes make great men.

하늘이 무너져도 솟아 날 구멍은 있다.
Every cloud has a silver lining.

◆ 남 탓

똥 묻은 개가 겨 묻은 개 나무란다.
The pot calls the kettle black.

서투른 목수가 장비 탓한다.
A bad workman blames his tools.

유리 집에 살고 있는 사람은 돌을 던지면 안 된다.
People who live in glass houses should not throw stones.

◆ 노력

고생 끝에 낙이 온다.
There is nothing sweet without sweat.

구르는 돌에 이끼가 끼지 않는다.
A rolling stone gathers no moss.

노력 없이는 성취도 없다.
No pain, no gain.

뜻이 있는 곳에 길이 있다.
Where there is a will, there is a way.

모든 것은 시작이 있기 마련이다.
Everything has a beginning.

뿌린 대로 거둔다.
As you sow, so shall you reap.

오르막이 있으면 내리막이 있는 법
What goes up must come down.

첫술에 배부르랴?
Rome was not built in a day.

칠전팔기
If at first you don't succeed, try, try again.

훈련함으로 완전해진다.
Practice makes perfect.

◆ 단결[협력]

뭉치면 살고 흩어지면 죽는다.
United we stand, divided we fall.

백지장도 맞들면 낫다.
Many hands make light work.

손뼉도 마주쳐야 소리가 난다.
It takes two to tango.

한 사람의 꾀보다 두 사람의 꾀가 낫다.
Two heads are better than one.

◆ 돈[재산]

공수래공수거(빈손으로 와서 빈손으로 간다)
Come empty, return empty.

다다익선
The more the better.

돈이 돈을 낳는다.
Money begets money.

돈이 최고다.
Money talks.

시간은 돈이다.
Time is money.

티끌 모아 태산.
Little and often fills the purse./Small drops make a shower.

◆ 리더십

사공이 많으면 배가 산으로 간다.
Too many cooks spoil the broth.

용의 꼬리보다는 뱀의 머리가 낫다.
Better be the head of a dog than the tail of a lion.

호랑이 없는 골에는 토끼가 스승이다.
When the cat is away, the mice will play.

◆ 리스크[위험]

긁어 부스럼 만들지 마라. (잠자는 개를 내버려둬라.)
Let sleeping dogs lie.

병 주고 약 준다.
Give the disease and offer the remedy.

용기 있는 자만이 미인을 얻을 수 있다.
Faint heart never won fair lady.

위험을 분산하라. (계란을 한 바구니에 담지 마라.)
Do not put all your eggs in one basket.

하룻강아지 범 무서운 줄 모른다.
Nothing so bold as a blind mare.

◆ 말

가는 말이 고와야 오는 말이 곱다.
Do unto others as you would have them do unto you.

감언이설
Sweet talk.

고운 말에 밑천 들지 않는다.
Good words cost nothing.

낮말은 새가 듣고 밤말은 쥐가 듣는다.
Walls have ears.

말은 마음의 목소리
Words are the voice of the heart.

쇠귀에 경 읽기
Talking to the wall.

쓴소리가 약이 된다.
A good medicine tastes bitter.

아니 땐 굴뚝에 연기 날까?
No smoke without fire.

호랑이도 제 말하면 온다.
Talk of the devil and he will appear./Speak of the devil.

◆ 명예

내용만 좋으면 선전이 필요 없다.
Good words are worth much, and cost little.

명성은 평소 명성에 무관심한 사람에게 찾아오는 법이다.
Fame usually comes to those who are thinking about something else.

좋은 포도주는 간판을 필요로 하지 않는다.
Good wine needs no bush.

◆ 무지

구관이 명관이다.
You don't know what you've got until you've lost.

등잔 밑이 어둡다.
A beacon does not shine on its base.

모르는 것이 복이다. 모르는 게 약이다.
Ignorance is bliss.

빈 수레가 요란하다.
Big talk means little knowledge./A barking dog never bites.

◆ 문제(상황 악화)

긁어 부스럼 만들지 마라.
Let sleeping dog lie.

설상가상이다.
It never rains but it pours.

모르는 게 약이다.
Innocence is bliss.

빙산의 일각
It's the tip of the iceberg.

◆ 믿음[신뢰]

돌다리도 두들겨 보고 건너라.
Look before you leap.

콩으로 메주를 쑨다고 해도 안 믿는다.
You've cried wolf too many times. (양치기 소년)
You could sell him the Brooklyn bridge.

◆ 보복(보답, 앙갚음)

눈에는 눈, 이에는 이
An eye for an eye.

누워서 침 뱉기 (뿌린 대로 거둔다.)
Curse, like chickens, come home to roost.

이열치열
Fight fire with fire.

인과응보
What goes around comes around.

종로에서 뺨 맞고 한강에 가서 눈 흘긴다.
Go home and kick the dog.

◆ 부(재산)

구슬이 서 말이라도 꿰어야 보배다.
A bird in the hand is worth two in the bush.

사흘 굶어 도둑질 안 할 사람 없다. (궁핍은 법을 망각한다.)
Necessity known no law.

쉽게 얻은 것은 쉽게 잃는다.
Easy come, easy go.

악화는 양화를 구축한다. (그레샴의 법칙)
Bad money drives out good. (Gresham's Law)

티끌 모아 태산
A penny saved is a penny earned.

◆ 분별력

등잔 밑이 어둡다. (등하불명)
A beacon does not shine on its base.

속단은 금물
One swallow does not make a summer.

◆ 부탁

세상에 공짜는 없다.
There is no such thing as a free lunch.

우는 애 젖 준다.
A squeaky wheel gets the grease.

◆ 불행

갈수록 태산
Jump[Leap] out of the frying pan into the fire.

마른하늘에 날벼락이다.
The unexpected always happens.

물에 빠진 사람은 지푸라기라도 붙잡는 법이다.
A drowning man catches[clutches] at a straw.

불행은 겹친다. (화불단행, 禍不單行)
It never rains but it pours.

엎친 데 덮친다./동병상련
Misery loves company.

◆ 사랑

눈에 콩깍지가 씐다.
One cannot love and be wise.

눈에서 멀어지면, 마음도 멀어진다.
Out of sight, out of mind./Seldom seen, soon forgotten.

사랑은 눈을 멀게 한다. 증오가 그렇듯이.
Love is blind; so is hatred.

사랑의 적은 무관심이다.
The opposite of love is indifference.

사랑하면 바보가 된다.
Lovers are fools.

안 보면 보고 싶어진다.
Absence makes the heart grow fonder.

원수를 사랑하라.
Love your enemies.

◆ 생각

두 번째로 떠오르는 생각이 제일 좋다.
Second thoughts are best.

조용한 물이 깊이 흐른다. (생각이 깊은 사람은 말이 없다.)
Still waters run deep.

◆ 성공

개천에서 용 났다.
A rag to riches story.

성공의 비결은 초지일관에 있다.
The secret of success is constancy to purpose.

지는 것이 이기는 것이다.
To lose is to win.

필요는 발명의 어머니
Necessity is the mother of invention.

◆ 성실함[부지런함]

공부만 하고 놀지 않으면 바보가 된다.
All work and no play makes Jack a dull boy.

구르는 돌에는 이끼가 끼지 않는다.
A rolling stone gathers no moss.

일찍 일어나는 새가 벌레를 잡는다.
The early bird catches the worm.

지성이면 감천이다.
Sincerity is the way of heaven.

짚 없이는 벽돌을 만들 수 없다.
You cannot make bricks without straw.

천리길도 한 걸음부터.
A journey of a thousand miles begins with a single step.
Step by step one goes a long way.

천천히 그리고 꾸준히 하면 이긴다.
Slow and steady wins the game.

하늘은 스스로 돕는 자를 돕는다.
Heaven helps those who help themselves.

◆ 소문

낮말은 새가 듣고 밤말은 쥐가 듣는다.
Walls have ears.

발 없는 말이 천 리 간다.
News travels fast.

소문도 잠시.
A wonder lasts but nine days.

아니 땐 굴뚝에 연기 날까? (어떤 결과에나 반드시 원인이 있다.)
Where there is smoke, there is fire.

어떤 악인도 사실은 소문만큼 나쁘지 않다.
The devil is not so black as he is painted.

◆ 소식

나쁜 소식은 빨리 퍼진다.
Bad news travels fast.

무소식이 희소식이다.
No news is good news.

◆ 습관

로마에 가면 로마 법을 따르라.
Do in Rome as Romans do.

사람은 본성을 바꿀 순 없다.
A tiger can't change its stripes.

세 살 버릇 여든까지 간다.
Old habits die hard./A leopard cannot change his spots.

습관은 제2의 천성
Habit is second nature.

제 버릇 개 못 준다.
A leopard cannot change his spots.
A crow is never whiter for washing herself often. (미국 속담)

◆ 시간

때는 사람을 기다리지 않는다.
Time waits for no man.

모든 일에 때가 있는 법
There is time for everything.

세월이 빠르다.
Time flies.

세월은 사람을 기다리지 않는다.
Time and tide wait(s) for no man.

세월이 약이다.
Time is a great healer./Time heals all wounds.

세월은 유수와 같다. (세월이 화살같이 흐른다.)
Time flies like an arrow.

시간이 돈이다.
Time is money.

예술은 길고 인생은 짧다
Art is long, life is short.

지난 일은 지난 일이다.
Forgive and forget.

◆ 시장함(식사)

금강산도 식후경
A loaf of bread is better than the song of many birds.

시장이 반찬
Hunger is the best sauce./A hungry ass eats any straw.

◆ 신중함[조심]

급할수록 천천히.
More haste, less speed.

돌다리도 두들겨 보고 건너라.
Look before you leap.

◆ 실패

서투른 일꾼이 항상 연장을 탓한다.
A bad workman always blames his tools.

성공으로 가는 길은 항상 실패를 지나게 된다.
You always pass failure on the way to success.

이미 엎질러진 물이다.
Don't cry over spilt milk.

◆ 용기[모험]

대담함은 절반의 성공이다.
A bold attempt is a half success.

모험 없이는 가지는 것도 없다.
Nothing venture, nothing has.

용감한 자가 미인을 얻는다.
The brave gets the beauty.

하늘은 용기 있는 자의 편
Fortune favors the brave.

하룻강아지 범 무서운 줄 모른다. (무식하면 용감하다.)
Fools rush in where angels fear to tread.

◆ 욕심

과욕은 금물
One cannot eat one's cake and have it.

과유불급
When the well is full, it will run over.

과한 욕심을 부리지 마라.
Don't bite off more than you can chew.

그림의 떡
Pie in the sky.

남의 떡이 더 커 보인다.
The grass is always greener on the other side of the fence.

많을수록 좋다.
The more the better.

벼는 익을수록 고개를 숙인다.
Still waters run deep.

탐욕은 끝이 없다.
Greed has no limits.

◆ 운명

각자의 운명은 자신에게 달려 있다.
Every man is the architect of his own fortune.

호기심 때문에 신세를 망친다.
Curiosity killed the cat.

◆ 외관

겉만 보고 판단하지 마라.
All is not gold that glitters.

고슴도치도 제 새끼는 예쁜 법
A monkey never thinks her baby is ugly.

돼지 목에 진주목걸이
Casting pearls before swine.

빛 좋은 개살구
A tree with beautiful blossoms does not always yield the best fruit.

아름다움은 피상적인 것 (외모보다 성격이 더 중요하다)
Beauty is only skin deep.

옷이 날개다.
Fine feathers make fine birds.

제 눈에 안경
Beauty is in the eye of the beholder.

◆ 위험

구더기 무서워 장 못 담글까.
If you don't make mistakes you don't make anything.

위험을 예견했다면 이미 반쯤은 피한 것이다.
Danger foreseen is half avoided.

조그만 예방이 큰 치료만큼 중요하다. 호미로 막을 것을 가래로 막는다.
A stitch in time saves nine.

◆ 인내

지속은 힘이다.
Continuity is power.

마지막에 웃는 자가 진짜 웃는다.
He laughs last laughs best.

마지막에 웃는 사람이 승리한다. (첫 웃음보다 마지막 미소가 낫다.)
Better the last smile than the first laughter.

인내는 쓰지만 그 열매는 달다.
Patience is bitter, but its fruit is sweet.

참는 자에게 복이 있다.
Patience is a virtue.

◆ 일

시작이 반이다.
Well begun is half done.

늦었다고 생각할 때가 가장 빠른 것이다.
Better late than never.

누워서 떡 먹기
(It is) A piece of cake.

많은 것을 시작한 자는 거의 아무것도 끝내지 못한다.
He who begins many things, finishes but few.

역사는 반복된다.
History repeats itself.

잘못될 가능성이 있는 일은 늘 그릇된다. (머피의 법칙)
If anything can go wrong, it will. (Murphy's Law)

본말을 전도하지 마라. 순서가 뒤바뀌지 않게끔 해라. (주객전도)
Don't put the cart before the horse.

◆ 입장

입장 바꿔 생각해보라. (역지사지)
Put yourself in someone's shoes.

◆ 은혜

세상에 공짜는 없다.
There's no such thing as a free lunch.

은혜를 원수로 갚지 마라.
Don't bite the hand that feeds you.

◆ 의지

뜻이 있는 곳에 길이 있다.
Where there is a will, there is a way.

절이 싫으면 중이 떠나야 한다.
If you can't stand the heat, get out of the kitchen.

◆ 정의

눈에는 눈, 이에는 이
An eye for an eye and a tooth for a tooth.

매를 아끼면 아이를 망친다.
Spare the rod, and spoil the child.

모든 물은 바다로 흐른다.
All water runs to the sea.

믿는 도끼에 발등 찍힌다./뒤통수를 맞다.
Bite the hand that feeds you./Stabbed in the back.

◆ 조심[신중함]

낮말은 새가 듣고 밤말은 쥐가 듣는다.
Walls have ears.

도둑맞고 사립문 고친다.
Fix the hedge gate after you've been robbed.

돌다리도 두들겨 보고 건너라. 아는 길도 물어가라.
Look before you leap.

아는 길도 물어간다. 돌다리도 두들겨 보고 간다.
Better be safe than sorry.

자라 보고 놀란 가슴 솥뚜껑 보고도 놀란다.
Once bitten, twice shy.
A burnt child dreads the fire. (미국 속담)

◆ 지식

공자 앞에서 문자 쓰는 격. 번데기 앞에서 주름잡는다.
Teaching a fish how to swim.

모르는 게 약이다.
Ignorance is bliss.

백지장도 맞들면 낫다.
Two heads[hands] are better than one.

빈 수레가 요란하다.
Empty vessels make the most sound.

서당 개 삼 년이면 풍월을 읊는다.
The sparrow near a school sings the primer.

선무당이 사람 잡는다.
A little knowledge is a dangerous thing.

아는 것이 힘이다.
Knowledge is power.

우문우답
Ask a silly question and you'll get a silly answer.

우물 안 개구리
A big fish in a small pond.

◆ 진실

진실은 밝혀지는 법
Truth will out./Truth will become public.

정직이 최선의 방책이다.
Honesty is the best policy.

하나를 듣고 열을 안다.
From one learn all./See one and know ten.

◆ 집

내 집보다 더 좋은 곳은 없다.
There is no place like home.

◆ 친구

곤경에 빠졌을 때의 친구야말로 참다운 친구이다.
A friend in need is a friend indeed.

돈 잃고 친구 잃는다.
Lend your money and lose your friend.

모든 사람의 친구는 누구의 친구도 아니다.
Friend to all is a friend to none.

역경에 있을 때 친구를 안다.
A friend is best found in adversity.

죽마고우, 오래 된 고향 친구
A buddy from my old stomping grounds. (미국 속담)

짚신도 짝이 있다.
Every Jack has his Jill.

◆ 친절

가는 정이 있어야 오는 정이 있다.
Do unto others as you would have them do unto you.

대접받고 싶으면 먼저 대접해라.
Do to others as you would be done to by others.

친절로써 사람을 죽인다. (지나친 친절은 받는 사람을 불편하게 만들 수 있지만 베푼 사람에게도 '배은망덕'이 되어 돌아올 수 있다.)
Kill one with kindness.

◆ 학문[학습]

가지게 되면 베풀고, 배우게 되면 가르쳐주라.
When you get, give. When you learn, teach.

배움에는 절대 늦음이 없다.
It's never too late to learn.

펜은 칼보다 강하다.
The pen is mightier than the sword.

학문에는 왕도는 없다.
There is no royal road to learning.

◆ 행동

가장 많이 말하는 자가 가장 적게 행동한다.
The greatest talkers are always the least doers.

찬밥 더운밥 가릴 때가 아니다. (거지에겐 선택권이 없다.)
Beggars can't be a choosers.

말보다 행동이다.
Actions speak louder than words./Deeds, not words, are needed.

말을 행동으로 옮겨라.
Practice what you preach.

말하기는 행하기보다 쉽다.
It's easier said than done.

백문이 불여일견
Seeing is believing./A picture is worth a thousand words.

병 주고 약 주다.
Give the disease and offer the remedy.

사공이 많으면 배가 산으로 간다.
Too many cooks spoil the broth.

선착순
First come, first served.

서두르면 일을 망친다.
Haste makes waste.

쇠뿔도 단김에 빼랬다.
Strike while the iron is hot.

윗물이 맑아야 아랫물이 맑다.
A fish rots from the head down.

◆ 협력[협동]

고통은 나누면 반으로 줄어든다.
Trouble shared is trouble split in half.

공존공영합시다. 상부상조합시다.
Live and Let live.

두 사람은 잘 어울려도 세 사람은 너무 많은 군중이다.
Two is company, three is a crowd.

두 사람은 한 편이지만, 세 사람은 오합지졸이다.
Two is company, three is none.

뭉치면 살고 흩어지면 죽는다.
In unity there is strength.

손바닥도 마주쳐야 소리가 난다.
It takes two to tango.

백지장도 맞들면 낫다.
Two heads are better than one./Many hands make work light.

오는 정이 있어야 가는 정이 있다. (상부상조)
You scratch my back and I'll scratch yours.

혼자 살 수 있는 사람은 없다.
No man is an island.

◆ 행복

웃으면 복이 와요. (소문만복래)
Laugh and grow fat.

◆ 행운

금상첨화
Icing on the cake.

줍는 사람이 임자
Finders, keepers.

행운은 용감한 자의 것이다.
Fortune favors the bold.

기회는 왔을 때 잡아라.
Opportunity seldom knocks twice.

◆ 효과

일석이조 (두 마리 토끼를 한꺼번에 잡다)
Kill two birds with one stone.

◆ 힘

약육강식
Big fish eats little fish.

06

영어식 표현 ❸ 사자성어

English Expressions ❸
Classic 4-character Idiomatic Expressions

감언이설 (甘言利說)	sweet talk (달콤한 말로 남의 비위를 맞추거나 이득이 될 만한 말로 속인다.)
권선징악 (勸善懲惡)	Good triumphs over evil. (착한 일을 권장하고 악한 짓을 징계한다.)
과유불급 (過猶不及)	Too much is as bad as too little. (지나치게 욕심을 부리면 가지고 있던 것을 한 번에 잃을 수도 있으니 정도를 지나친 것은 부족한 것과 같다.)
견물생심 (見物生心)	Opportunity makes the thief./Seeing is wanting. (물건을 보면 그것을 가지고 싶은 욕심이 생긴다.)
고진감래 (苦盡甘來)	After a storm comes calm./The calm after the storm. (고생 끝에 낙이 찾아온다. 어렵고 힘든 일이 지나면 즐겁고 좋은 일이 오기 마련이다.)
공중누각 (空中樓閣)	castle in the air (허황된 생각, 진실성이나 현실성이 없는 일, 허무하게 사라지는 근거 없는 일)
구우일모 (九牛一毛)	a drop in the ocean (아홉 마리 소 중에서 뽑은 한 개의 털, 아무것도 아닌, 하찮은, 미미한 일)
군계일학 (群鷄一鶴)	the sun among inferior lights/stand out in the crowd ('닭의 무리 가운데 있는 한 마리 학'이란 뜻으로, 많은 사람 가운데 가장 뛰어난 사람을 나타냄)
금상첨화 (錦上添花)	icing on the cake (좋은 일에 더 좋은 일이 더하여짐. 비단 위의 꽃무늬처럼 더할 나위 없이 좋은 것을 두고 하는 말)
기사회생 (起死回生)	the kiss of life (죽을 고비에서 벗어나 다시 살아남. 죽거나 졌다고 생각하는 순간 다시 힘을 내 새롭게 일어섬)
다다익선 (多多益善)	The more the better. (많으면 많을수록 더욱 좋다. 많을수록 더 능력을 발휘할 수 있다.)
단도직입 (單刀直入)	Don't beat around the bush./put it bluntly/get straight to the point (여러 말을 늘어놓지 않고 바로 요점이나 본 문제를 중심적으로 말한다.)
대기만성 (大器晩成)	late bloomer (큰 사람이 되기 위해서는 많은 노력과 시간이 필요하고 공적을 쌓아 늦게 이뤄진다.)

마이동풍 (馬耳東風)	Go in one ear and out the other. (남의 의견이나 비평을 전혀 귀담아듣지 아니하고 지나쳐 흘려 버림을 일컫는 말)
백문불여일견 (百聞不如一見)	Seeing is believing./One picture is worth a thousand words. (백 번 듣는 것보다 한 번 보는 것이 훨씬 좋다는 뜻. 남의 말을 듣고 짐작하여 알기보다는 직접 보아서 아는 것이 더 확실하다는 뜻)
부전자전 (父傳子傳)	Like father, like son. (아들의 성격이나 생활 습관 등이 아버지로부터 대물림된 것처럼 같거나 비슷하다.)
분골쇄신 (粉骨碎身)	work one's fingers to the bone (죽을 수 있을 만큼 온 힘을 다해 노력하고 수고를 마다하지 않는 것. 뼈가 가루가 되고 몸이 으스러질 만큼 온 힘을 다하는 모습을 나타냄)
사필귀정 (事必歸正)	Justice will prevail./Right will prevail in the end. (무슨 일이든지 그릇되더라도 결국은 모든 일이 옳은 방향으로 돌아간다.)
새옹지마 (塞翁之馬)	a blessing in disguise (행복과 불행은 변수가 많으므로 예측, 단정하기가 어렵고, 문제인 줄 알았던 것이 뜻밖에 좋은 결과를 가져올 수도 있음을 나타냄)
설상가상 (雪上加霜)	add insult to injury (엎친 데 덮친 격. 안 좋은 일이나 불행이 잇달아 일어나고 계속해서 나쁜 일이 일어남을 뜻함)
소탐대실 (小貪大失)	Penny wise and pound foolish./Kill the goose that lays the golden egg. (작은 이익에 정신이 팔려 적은 것을 탐하다 오히려 큰 것을 잃는 어리석음을 나타내는 말)
승승장구 (乘勝長驅)	Everything is going his[her] way to be on a winning streak. (싸움에서 이긴 기세를 타고, 승리의 여세를 몰아 앞으로 계속 몰고 나아가다.)
식자우환 (識字憂患)	Ignorance is bliss. (너무 많이 알면 쓸데없는 걱정도 그만큼 많이 하게 되고, 학식이 있는 것이 오히려 근심이 될 수 있음을 뜻함)
양두구육 (羊頭狗肉)	a wolf in lamb's skin (양의 머리를 내걸고 개고기를 판매하거나, 좋은 물건을 간판으로 내세우고 저질품을 파는 등 겉보기만 그럴 듯하고 속은 변변하지 못함)
유비무환 (有備無患)	Prevention is better than cure. (준비를 미리 해두면 근심, 걱정이 없다.)
유유상종 (類類相從)	Like attracts like./Birds of a feather flock together. (비슷한 것들끼리 무리를 이룸. 인재의 모임, 배타적인 모임, 겉모습이나 문화적 배경 등 서로 비슷한 사람들이 서로 찾아 모이는 것을 말함)
약육강식 (弱肉强食)	The law of the jungle. (약한 자의 고기는 강한 자가 먹는다. 강자가 약자를 지배하고 다스리는 세상 이치)
어부지리 (漁父之利)	Fish in troubled water, play both ends against the middle. (두 사람이 맞붙어 싸우는 바람에 엉뚱한 제3자가 이익과 덕을 본다는 뜻)
언감생심 (焉敢生心)	To dare to do something. (어찌 감히 그런 마음을 품을 것인가. 감히 그런 마음을 품을 수도 없다는 뜻을 강조한 표현)

역지사지 (易地思之)	If I were in your shoes./put oneself in someone's shoes (상대편과 처지를 바꾸어 생각하다, 다른 사람의 입장과 처지에서 생각하라는 뜻)
오리무중 (伍里霧中)	completely lost/have no idea/be in the fog (짙은 안개가 5리나 끼어 있는 속에 있어서 방향을 찾지 못하는 것처럼 무슨 일에 대하여 갈피를 못 잡고 예측할 수 없음을 뜻함)
이열치열 (以熱治熱)	Fight fire with fire. (한여름 더위에 뜨거운 차를 마셔서 더위를 물리친다는 말로, 힘은 힘으로써 물리친다는 의미)
일석이조 (一石二鳥)	To kill two birds with one stone. (한 개의 돌을 던져 두 마리의 새를 맞추어 떨어뜨린다는 뜻으로 한 가지 일을 하여 두 가지 이득을 얻는 것을 뜻한다.)
일어탁수 (一魚濁水)	One rotten apple spoils the barrel. (한 마리 물고기가 물을 흐린다는 뜻으로, 한 사람의 잘못으로 여러 사람이나 집단이 피해를 보는 것을 말함)
자업자득 (自業自得)	You had it coming./You asked for it./What goes around, comes around. (자신이 저지른 일의 결과를 스스로 돌려받는다는 뜻)
작심삼일 (作心三日)	short-lived resolution (결심이 굳지 못하여 하고자 하는 마음이 사흘을 가지 못하고 곧 느슨하게 풀어지고 흐지부지되는 형태를 말함)
적반하장 (賊反荷杖)	The thief turns on the master with a club. (도둑이 도리어 몽둥이를 든다는 뜻으로, 잘못한 사람이 도리어 잘한 사람을 나무라는 경우)
진퇴양난 (進退兩難)	Between a rock and hard place, to be in a dilemma. (한쪽 길은 바위, 또 다른 쪽 길은 험한 길로 이러지도 저러지도 못하는 난감한 처지를 의미)
주경야독 (晝耕夜讀)	Farming by day and studying by night. (낮에는 농사짓고 밤에는 공부한다는 뜻으로, 바쁜 틈을 타서 어려운 여건에서도 열심히 공부하는 것을 나타내는 말)
초지일관 (初志一貫)	accomplish one's original goals (처음에 세운 뜻을 이루려고 한결같이 끝까지 밀고 나감)
칠전팔기 (七顚八起)	If at first you don't succeed, try, try again. (만약 처음에 성공하지 못하더라도 다시 해보고 또 해보아야 한다.)
침소봉대 (針小棒大)	Making a mountain out of a molehill. (바늘처럼 작은 일을 몽둥이처럼 크게 부풀려 허풍을 떠는 모습)
타산지석 (他山之石)	You learn a lesson from others' failure. (다른 산에 있는 돌이라 해도 나의 옥을 가는 데 큰 도움이 된다는 말로, 다른 이의 하찮은 언행이나 자신과 상관없는 것이라도 배움이 될 수 있음을 뜻함)
표리부동 (表裏不同)	What you are saying is different to what you have in mind. (겉과 속이 같지 않다는 뜻으로 속마음과 다르게 말하거나 행동하는 것)
풍전등화 (風前燈火)	Being on the brink of collapse. (바람 앞의 등불처럼 바람에 의해 언제 꺼질지 모르는 촛불같이 위태로운 상황을 뜻함)

팔방미인 (八方美人)	He is a man of many talents. (모든 분야에서 어느 모로 봐도 뛰어난 사람, 여러 방면에서 뛰어난 재주를 갖춘 사람)
호구지책 (糊口之策)	Means to survive harsh conditions. (입에 풀칠할 정도로 겨우 먹고사는, 생계수단이 없어 닥치는 대로 이것저것 일해 근근이 살아가는 경우를 뜻함)
호사다마 (好事多魔)	Fortune never comes alone. (좋은 일에는 탈이 많고 방해가 많이 따르거나 좋은 일이 실현되기 위해서는 많은 풍파를 겪어야 한다는 것을 뜻함)
호시탐탐 (虎視眈眈)	Keeping a low profile to get the upper hand. (호랑이가 눈을 부릅뜨고 먹이를 노려본다는 뜻으로, 공격이나 침략의 기회를 노리는 모양, 또는 어떤 일에 대비하여 방심하지 않고 가만히 정세를 관망함을 비유한다.)
횡설수설 (橫說竪說)	You don't know what you are talking about. (이랬다저랬다 말을 두서없이 아무렇게나 떠드는 것을 말함)
화룡점정 (畵龍點睛)	finishing touch/making a final touch/cherry on top (용을 그린 다음 마지막으로 눈동자를 그린다는 말로, 무슨 일을 하는 데 가장 중요한 부분을 완성하여 일을 끝냈음을 뜻함)
화불단행 (禍不單行)	Misfortune never comes singly. (재앙은 항상 겹쳐서 오게 된다는 말)

사자성어

07 영어식 표현 ❹ 고급 실생활영어, 이디엄

English Expressions ❹
Advanced English Phrases/Idioms for Everyday Use

감정

◆ 고생

ask for trouble	사서 고생하다
bring[get] out the violins	바보 같은 일로 또 낑낑댄다
die a thousand deaths	죽을 고생을 하다
eye-watering	(고통으로) 눈물이 찔끔 나게 하는
fall over oneself	기를 쓰다, 안간힘을 쓰다
wild goose chase	헛고생하다, 괜한 수고를 하다

◆ 기대

burst one's bubble	기대나 희망을 깨다
cut the mustard	기대에 부응하다
false dawn	헛된 기대
from your lips to God's ears	신이 그 말을 꼭 들어주시기를, 그대로 이루어지길 간절히 바란다
on a wing and a prayer	실낱과 같은 희망으로

◆ 기분

bushed	몹시 지친(very tired, exhausted)
buzz kill	기분 잡치게 하는 것
feel like a million	기분 짱이다
get on[pluck] one's nerve	심기를 건드리다
get up on the wrong side of the bed	아침부터 짜증 나다, 아침부터 못 볼 꼴을 봐서 기분이 나쁘다

get up one's nose	비위를 건드리다, 신경을 거슬리게 하다
humor someone	기분을 맞춰주다
Humor me.	내 기분 좀 맞춰줘.
It is a hassle.	귀찮아.
I'm beat.	나 너무 지쳤어.
I'm under the weather.	몸이[기분이] 안 좋아.
This is so humiliating.	정말 쪽팔려. 너무 창피해. 굴욕적이야.

◆ 긴장

feel butterflies in one's stomach	가슴이 두근거리다, 너무 긴장되다
My heart is pounding.	심장이 두근거려.
I'm a bit jumpy.	지금 조마조마해. 좀 긴장돼.
with bated breath	숨을 죽이며, 긴장한

◆ 노골적/뻔뻔/오만

act tough	폼(을) 잡다, 무게(를) 잡다
close to the bone	너무 노골적인, 뼈 때리는
have a thick skin	뻔뻔하다, 철면피이다
pumped-up	거만한, 우쭐한
You've got some nerve.	너 진짜 뻔뻔하네.
wear one's heart on one's sleeve	감정을 노골적으로 드러내다

◆ 만족/흡족

grinning from ear to ear	좋아 죽는(입이 귀에 걸릴 정도로 웃는)
feel like a million bucks	기분이 매우 좋다(백만 달러처럼 느껴진다)
to one's heart's desire[content]	흡족하도록, 마음껏, 실컷

◆ 무시하다

be short with someone	~를 무시하다
give short shrift to	~을 대수롭지 않게 여기다, 무시하다
give someone the brush-off	(~를) 싹 무시하다, (~에게) 딱 잘라 거절하다

no skin off one's nose	알 바 아니다, 전혀 상관없다
Do not patronize me.	나를 얕보지 마. * patronize 아랫사람으로 얕보다
sell something/someone short	~을/를 경시하다
shine someone on	~를 잘라내다, 무시하다
throw someone off the scent	(뒤따르는) ~를 따돌리다

◆ 배신

sell someone down the river	변절하다, 배신하다
stitch someone up	속이고 누명을 씌우다

◆ 분노/화

as mad as hatter	몹시 화가 난 * hatter 『이상한 나라의 앨리스』에 나오는 모자 장수
be bent out of shape	화가 나다, 술에 취하다, 고주망태가 되다
blow a fuse	분노가 폭발하다
flip one's lid	뚜껑 열리게 화나다, 발끈하다
blow one's top	(화가 나서) 뚜껑이 열리다
blow up at someone	누구에게 화를 내다
chip on your shoulder	(과거 일)에 대해 불만을 가지다, 화가 나 있다
chew someone out	혼내다
cut (someone) off at the knees	크게 망신을 주다, 찍소리 못하게 하다
dress someone down	~를 나무라다, 질책하다
fly off the handle	버럭 화내다
get one's panties[shorts] in a bunch	사소한 일에 예민하게 굴다, 화내다
go off the deep end	격하게 화내다
on the warpath	화가 나서 싸우려고 드는, 화가 많이 난
have a cow	화내다
hulk out	분노를 표출하다
It is killing me.	죽을 것 같아. 너무 힘들어.
put one's nose out of joint	기분 나쁘게 하다, 심기를 건드리다, 기를 꺾다

read someone the riot act	~를 심하게 꾸짖다
ream someone out	호되게 혼내다
show one's teeth	성내다, 이를 드러내다
spit tacks	화내다, 격노하다
tick someone off	~를 꾸짖다, 나무라다, 화나게 하다

◆ 불편/불쾌/당황

do one's head in	~를 혼란 시키다
grind one's gear	짜증나게 하다
have an ax to grind	불만이 있다
It really got to me.	진짜 짜증나.
make one's toes curl	불쾌하게 하다, 당혹스럽게 만들다, 흥분시키다
nonplussed	아연실색한, 몹시 놀라서 어쩔 줄 모르는
out of mind	제정신이 아닌
put someone on the spot	~를 곤란하게 하다
put someone out	~를 불편하게 하다, 폐를 끼치다
throw someone off (balance)	헷갈리게 하다, 당황스럽게 하다
Why are you being so extra?	왜 오버하니?

◆ 사랑

carry a torch for someone	~에 대해 짝사랑의 연정을 불태우다
have a huge crush on someone	~에게 홀딱 반하다
have a mixed feelings for	~에게 미운 정 고운 정 다 들다
head over heels	깊은 사랑에 빠지다
I am into him[her].	그(그녀)에게 푹 빠졌어.
I love you to death.	죽도록 사랑해.
lovey-dovey	(애정 표현이) 달콤한
love has died	사랑이 식었다
loved-up	사랑에 빠진, 황홀해 하는
We are made for each other.	우리 너무 잘 맞아. 천생연분이야. (서로를 위해 태어났다)

◆ 실망/슬픔

bummed	낙담한, 상심한,
burst one's bubble	맥 빠지다
eat one's heart out	비탄에 잠기다
get carried away	도가 지나치다
knock[suck] the wind out of one's sails	김새게 하다
knock something on the head	그만두다, 좌절시키다
I am doomed.	나 망했어.
Woe is me.	슬프도다. 오호애재라.

◆ 의심/증오/미움

I am in the doghouse.	나 찍혔어. 미움 받아 찬밥 신세야.
no love lost	미워함, 증오, 적의
There is no love lost between us.	우리는 서로를 증오하고 있어.

◆ 지루한

It bores me to death.	따분해 죽겠어.
I was bored to tears.	지루해서 눈물 나올 뻔.
sick and tired	너무너무 지겨운 (지겨워 죽겠는)
staid	고루한, 지루한, 재미없는

◆ 참다

at the end of one's tether[rope]	더는 참을 수 없는 막다른 지경에 이르러
Chill out.	침착해. 흥분하지 마.
dig one's heels in	완강히 버티다, 입장을 고수하다
get the bit between one's teeth	이를 악물었다
hold one's nose	싫은 것을 억지로 참다
Keep your pants[shirt] on.	침착해.
Quit busting my chops.	잔소리 좀 그만해.
wear thin	참기 어렵게 되다

◆ 충격을 주다

blow up in one's face	(계획 등이) 황당하게 되어 버리다
do a double take	멍하다 갑자기 놀라다
flabbergasting	경악스러운, 매우 놀라운
harrowing	끔찍한, 참혹한
knock someone for six	~에게 큰 충격[타격]을 주다
throw someone for a loop	충격, 혼란을 주다
turn a hair	흥분하다, 놀라다

◆ 화해하다

baked in the cake	엎질러진 물, 피할 수 없는 결과
bury the hatchet	감정을 풀고 화해하다
Let's bury the hatchet.	이제 그만 싸우자. 이제 기분 풀고 화해하자.
patch up	화해하다

결과

chickens come home to roost	인과응보, 자업자득, 누워서 침뱉기, 잘못하면 반드시 댓가를 치르게 되어 있다
deliver the goods	기대에 부응하다, 약속을 지키다
hammer out something	~에 대해 타결을 보다
It never fails.	그럴 줄 알았어. 그러면 그렇지.
It was a close call.	아슬아슬했어. 큰일 날 뻔했어.
mop something up	소탕하다, 마무리 짓다
pull someone through	(중병, 어려운 상황)을 회복하다, ~을 해내도록 하다
Sorry for lousing your day up.	(네 기분을 상하게 해서) 너의 하루를 망쳐서 미안해.
work like clockwork	순조롭게 진행되다

◆ 성공

nail it	확실하게 성공하다, 대박이다

rest[sit] on your laurels	이미 성취한 것에 안주하다
pan out	잘 풀리다, 성공적으로 끝나다
pull something off	(힘든 일, 예상치 못한 일을) 해내다 * pull that off 형태로 많이 쓰임
punch above one's weight	기대 이상의 성과를 내다
shoot the lights out	훌륭하게 해내다

◆ 실패

bite the dust	실패하다, 사라지다
cut no ice	아무런 소용이 없다
come unstuck	완전히 망하다
fall flat	완전히 실패하다
go to hell in a hand basket	급속히 타락하다, 자포자기한 생활을 하다
out of question	불가능하다

말(하다)

a word to the wise	현명한 조언
bite one's tongue	(하고 싶은 말을) 이를 악물고 참다
call a spade a spade	사실대로 말하다(삽을 삽이라고 하다)
crack wise	재치 있는 말을 하다
Do you have a minute[second]?	잠깐 이야기 좀 할까?
Don't get me wrong.	오해하지 마.
Don't go there.	그 말 꺼내지 마.
eat one's word	실언을 인정하다, 했던 말을 취소하다
eat out of a person's hand	남의 말대로 하다
for God's Sake	제발
give props to	~를 칭찬하다, ~에게 찬사를 보내다
go off into the weeds	말이 엉뚱한 방향으로 가다
go over someone's head	너무 어렵게 얘기해서 이해하지 못하다
harp on something	~에 대해 지겹도록 계속 지껄이다
have a good word for	~를 칭찬하다
have a gift of gab	말을 잘하다

hear through[on] the grapevine	소문으로 듣다
Here is the deal.	이렇게 하자.
I mean it.	진짜야. 진심이야.
in all fairness	말은 바르게 하자면, 공평하게 말하자면
Just say, do not argue.	따지지 말고 그냥 말해.
keep mum	침묵(비밀)을 지키다 * mum 침묵, 무언
let on to (someone)	~에게 비밀을 말하다
Let's circle back on this later.	나중에 다시 말하자.
mince one's words	말을 완곡하게 하다, 말을 삼가다
No offense.	기분 나쁘게 듣지 마.
not give someone the time of day	~와 말도 하지 않으려 하다
piss and wind	하찮은 이야기, 실없는 이야기를 하다
put words in one's mouth	~가 하지도 않은 말을 했다고 하다, 남의 말을 왜곡해서 해석하다
run one's mouth off	떠벌이다, 함부로 입을 놀리다
Search me.	난들 아냐. 난 모르겠는데.
shoot from the hip	성급하게 대응하다, 솔직하게 말하다
slag someone off	~를 씹다, 헐뜯다
someone's bark is worse than someone's bite	~가 말은 거칠게 해도 실제로는 그렇지 않다
stick to one's guns	억지를 부리다
talk down to a person	남을 얕보듯이 말하다
talk out of turn	주제넘게 말하다, 상황에 안 맞게 말하다
talk someone down	말을 못하게 하다
talk through one's hat	말도 안 되는 소리를 지껄이다, 엉뚱한 소리를 늘어놓다
talk with a lisp	혀 짧은 소리를 하다
Tell me about it.	내 말이.
Tell me blow by blow.	상세하게 말해줘.
Quit busting my chops.	잔소리 좀 그만해라.
You can't unring the bell.	뱉은 말은 주워담을 수 없다
You don't need to blow smoke up my ass.	입에 발린 소리는 집어치워.
What are you talking about?	뭔 소리야?

사람

acolyte	시종, 조수
all hat and no cattle	말만 요란한 사람(all talk, no action)
bitch on wheels	독단적인 사람, 독재자
bottom feeder	밑바닥 인생 사는 사람(타인의 불행이나 버린 물건을 이용해 돈 버는 사람)
bozo	멍청이
carpet baggar	선거구 연고 없이 출마하는 사람 * bagger 이루타
charlatan	사기꾼, 돌팔이
dead ringer	똑같이 닮은 사람
ditz	바보, 천치
dog in the manger	심술쟁이
Don't be a doormat.	호구 되지 마라. * doormat 몸종, 시키면 다하는 사람/sucker 잘 속는 사람
dregs of society	사회의 쓰레기 * dregs 찌꺼기, 쓰레기
gimp	불구자, 절름발이
grifter	사기꾼, 협잡꾼
glutton for punishment	고생을 사서하는 사람
gunrunner	총기밀매업자
harlot	매춘부
hick	촌놈 * hillbillies 산골 촌뜨기
hipster	최신 정보통, 박식한 사람
holdout	끝까지 고집 피우는 사람
knock out	끝내주는 사람
knuckle dragger	얼간이 같은 남자
kook	괴짜
hoot	대박 웃긴 사람
lackey	하인, 종
misanthrope	사람을 싫어하는 사람
moonshiner	밤에 위법하는 사람, 주류 밀수업자
nosy parker	캐묻기 좋아하는 사람, 오지랖이 넓은 사람

pervert	변태
prude	내숭 떠는 사람
pull oneself up by one's bootstraps	자수성가하다
punter	고객
rake	건달, 난봉꾼
rube	풋내기
runt	왜소한 사람
scaremonger	유언비어를 퍼뜨리는 사람 (대중의 불안감을 조성하기 위해)
shoo-in	쉽게 우승하는 사람
slacker	게으름뱅이
straggler	낙오자
stool pigeon	경찰의 끄나풀
third wheel	쓸모없는[불필요한] 사람, 개밥에 도토리, 꼽사리
tightwad	구두쇠
turncoat	변절자
vagrant	부랑자
windbag	떠버리, 수다쟁이

상황

◆ 긴장/정신차리다

Get a grip!	정신차려!
Hold it together!	정신줄 잡아!
in one's pocket	꼼짝없이 종속된, 시키는 대로 해야 되는
Wake up and smell the coffee!	냉수 먹고 속 차려! 정신차려!

◆ 덮어두다/묻어두다

Cat is out of the bag.	비밀이 샜어.
Keep a lid on it.	비밀로 하자. 감춰두자.
store up	~을 묻어두다(나중에 문제가 됨을 나타냄)

sweep under the rug | 감추다, 숨기다 (카페트 밑으로 숨겨두다)

◆ 무리하는/불리한/불편한 상황

on the back foot | 밀리는, 불리한 상황에 있는
on the front foot | 밀어붙이는 기세인
overstep one's bounds | 주제넘은 짓을 하다, 도를 넘다
(take turns) in the barrel | 불편한 상황에 (교대로, 순차적으로 처하다)

◆ 심각/악화된 상황

balloon go up | 상황이 악화되거나 심각해지다
be stuck in second gear | 속력을 내지 못하는, 저속력에 갇혀 있는
go scorched earth | 초토화시키다
go off the rails[tracks] | 탈선하다, 정도를 벗어나다
in the lurch | 곤경에 빠진
the last straw that breaks the camel's back | 더는 참을 수 없는 마지막 한계에서 지푸라기 하나라도
The wolf is at the door | 매우 굶주리다

◆ 어려운/위험한 상황

at one's peril | 위험을 감수하고, 책임을 지고
be down a stew | 매우 걱정스럽고 불안한 상태이다
on the chopping block | 큰 위기에 처한
out of one's element | 어려운 상황에 처한, 자연스러운 상태가 아닌

◆ 현상유지

keep something on an even keel | (힘든 시기를 넘긴 뒤에) 안정된 상태를 유지하다, 침착하다
hold the line | 현 상태를 유지하다
tick over | (일이) 실적 없이 천천히 진행되다, 현상유지만 하다
tread water | 현상유지하다

◆ 혼란스러운 상황

hell froze over	해가 서쪽에서 뜨다, 절대 일어나지 않을 일
I am a little thrown.	혼란스러워.
out of joint	엉망진창
perturbation	동요, 작은 변화, 혼란, 충격

◆ 힘든 상황

come to a head	정점에 이르다, 위기에 이르다
hang by a thread	위태위태하다
in a tight spot	진퇴양난인, 아주 어려운 상황인
sink or swim	죽기 아니면 살기

생각

cannot see the wood for the trees	나무를 보고 숲을 보지 못하다, 부분에 사로잡혀 대국을 보지 못하다
far be it from me to V	~할 생각〔마음〕이 전혀 없다
Get real!	정신차려! 꿈 깨!
lose something/someone in the shuffle	혼란스러운 상황에서 ~을 못보다
paint someone with a broad brush	고정관념으로 사람을 바라보다
penny dropped	사실을 깨닫다, 이제 알아들었다
read the room	(방안의) 분위기를 파악하다
When you hear hoofbeats, think of horses, not zebras	헛다리 짚지 마라. * hoofbeats 말발굽 소리

설명

give a rundown on	~의 상황을 보고하다, 요약해주다
have the last word	결론을 내리다
pan	혹평하다
peroration	장황한 연설
Roger that.	알았다 오버. 알겠습니다.
undown	묘사, 설명

사람 성격

◆ 긍정적 성격 묘사

affability	붙임성, 상냥함
amenable	잘 받아들이는, 말을 잘 듣는
archly	능글맞게, 장난스럽게
cerebral	지적인, 이지적인
devil-may-care	명랑 쾌활한
fresh as a daisy	쌩쌩한, 기운이 넘치는
gamine	소년 같은 매력이 있는, 말괄량이 같은, 깜찍한
genial	다정한, 상냥한(affable)
gregarious	사교적인
intrepid	두려움을 모르는, 대담한
patrician	귀족적인
personable	매력적인
pliable	고분고분한, 순종적인
sit pretty	의기양양하다
straight-up	정직한
vainglory	자만심, 허영심

◆ 부정적 성격 묘사

as pure as driven snow	순결한, 깨끗한
basket case	머리가 이상한 사람
boorish	상스러운, 천박한
cantankerous	고약한, 불평이 심한
caustic	신랄한, 비꼬는
crafty	교활한
crass	무신경한
cunning	교활한, 앙큼한
dowdy	촌스러운, 볼품없는
flinty	무표정한, 아무 감정이 없는
fractious	성을 잘 내는, 괴팍한

frumpy	유행에 뒤진
ingrate	배은망덕한, 은혜를 모르는(ungrateful)
insolent	무례한, 건방진
indolent	게으른, 나태한
irascible	화를 잘 내는
lascivious	음탕한
listless	무기력한, 힘이 없는
naive	천진난만한, 순진무구한, (모자랄 정도로) 순진한
pellucid	티 없이 깨끗한, 투명한
presumptuous	주제넘은, 건방진
puerile	유치한, 바보 같은
run-of-the-mill	평범한
sassy	발칙한, 건방진, 대담한
self-deprecating	자기 비하적인
skim the cream off (the top)	알짜배기만 빼서 좋은 것만 가져가다, 혼자 실속을 차리다
stroppy	짜증 잘 내는, 까다로운
tarty	창녀 같은
tripping	(마약에) 취한, 환각에 빠져있는
unctuous	(말과 행동이) 번지르르한, 간드러지는
unprepossessing	매력 없는, 호감을 주지 못하는
wide-eyed	(경험이 없어서) 순진한, 잘 속는
wily	교활한, 약삭빠른

시간, 시점

◆ 기다리다/끝나다

draw to a close	거의 끝나가다
kick one's heels	오래 기다리다
hold off on	미루다, 연기하다
in the wings	대기 중인
take a beat	숨을 돌리다, 잠시 시간을 갖다

◆ 낭비하다

Don't let the grass grow (under your feet).	어물어물하다 기회를 놓치지 마라.
rundown the clock	시간 낭비하다
waste time reinventing the wheel	이미 있는 것을 다시 만드느라 시간 낭비하다

◆ 미루다

kick the can down the road	해결을 미루고 질질 시간을 끌다
hold off on	미루다, 연기하다
take one's sweet time	늑장을 부리다

◆ 당장/바로/지금

at the drop of a hat	지체없이 즉시, 아무 계획 없이
be on a clock	시간이 없다
high tail	급히 달아나다
hightail it	꽁지가 빠지게 서둘러 떠나다
in two shakes of a lamb's tail	순식간에, 눈 깜짝할 사이에
like a shot	쏜살같이, 주저 없이 * in a heartbeat 즉시, 당장
offhandedly	즉석에서
off the top of your head	즉석에서, 바로,
off-hand/off the cuff	당장 떠오르는
presently	곧, 머지않아
right off the bat	즉시

◆ 서두르지 마

Don't jump the gun.	섣불리 행동하지 마.
Pump the brakes.	천천히 해. 그만해.

◆ 순간 (때)

at the top/bottom of the hour	매 정시에/매시 30분에
just in time	(시간) 딱 맞춰

on the double	지금 당장, 즉각적으로
till the cows come home	영원히, 끝없이

행동

a bitter pill to swallow	하기 싫지만 해야 하는 일, 지금은 힘들어도 나중에 도움 되는 일
be hoisted by your own petard	자기가 판 함정에 빠지다, 자기 무덤을 파다 * petard 폭파용 화구
come through with something	(약속대로 무엇을) 해내다, 완수하다
dish with me	나랑 같이 흉보다
do right by someone	~를 공정하게 대하다
double down	(압력에 굴하지 않고 정책 등을) 계속 밀고 나가다
keep one's wits about one	정신 똑바로 차리고 있다
get hold of the wrong end of the stick	잘못 이해하다, 착각하다
get a hold of yourself	정신 차려, 힘내라
get on one's high horse	잘난 척하다
go back on one's word	약속을 어기다, 한입으로 두말하다
lay waste to	~을 파괴하다, 황폐하게 하다
make a beeline for something	~로 향해 급히 가다
Make it a double.	곱빼기로 주세요.
punch the clock	출퇴근 도장을 찍다
put a damper on	찬물을 끼얹다
put one's best foot forward	좋은 인상을 주려고 노력하다
put someone on the back foot	(위협을 받아) 방어적 자세를 취하다, 남의 약점을 찌르다
run a tight ship	빈틈없이 철저히 운영하다
string someone along	~를 희망 고문하다, 어장 관리를 하다, 여지를 주다
take someone down a peg	코를 납작하게 하다
take the rough with the smooth	인생의 고난도 기쁨과 마찬가지로 받아들이다
throw (one) out on one's ear	억지로 끌어내다
throw caution to the wind(s)	대담한 행동을 하다
turn one's hand to	~에 착수하다, ~으로 여념이 없다

twiddle your thumbs	아무것도 안 하고 빈둥대다(두 손을 깍지 낀 채 엄지손가락을 마주 대고 빙빙 돌리는 행동)
walk the walk	실제로 행동으로 보여주다

◆ 고생/노력

beat someone to the punch	선수를 치다
been through the mill	시련을 겪다, 혹사 당하다
break balls	불알이 빠지도록 힘쓰다
fall on one's feet	운이 좋다, 난관을 뚫고 나갔다
get one's head down	주어진 일에 최선을 다하다
go all out	전력을 다하다
muddle through[rub along] with	~와 갈등을 극복하고 잘 지내다, ~을 어떻게든 해내다
off one's own bat	자기 스스로의 노력으로
play[work] the angles	온갖 수단을 다 쓰다
plug away at something	~을 꾸준히 하다
pull teeth	너무 힘들다
put your back into it	전력투구하다
pull one's weight	자기 역할을 다하다
pull out all the stops	모든 수단을 동원하다
put oneself out	(남에게 도움을 주기 위해) 무리를 하다, 특별히 애쓰다
raise one's game	상황을 개선시키기 위해 노력하다
sweat bullets	진땀을 흘리다
tease (something) out	알아내려고 힘쓰다
to save one's life	아무리 해도 안 되는, 전혀 못하는
work one's tail off	뼈빠지게 일하다

◆ 싸우다

brave the elements	비바람과 싸우다
fight tooth and nail	치열하게 싸우다
knock oneself out	전력을 다하다

into the fray	싸움에 뛰어들어
square the circle	불가능한 일을 시도하다
tangle with	~와 싸우다
wouldn't be caught dead	절대 하지 않겠다, 죽어도 싫다

◆ 생각하다/바라보다

sit on one's hands	수수방관하다, 소극적이다

◆ 속이다 /유혹하다

bait and switch	미끼 상술을 쓰다(소비자를 값싼 상품으로 유인한 후 비싼 상품을 사게 하는 상술)
bait the hook	미끼로 사람을 유혹하다
pull a fast one on	~를 속여먹다
pull the wool over someone's eyes	사실이 아닌 것을 믿게 하다, 눈을 속이다
take someone for a ride	속이다, 사기치다

◆ 숨기다

be coy with	~에게 내숭 떨다
bury the lede	중요한 사실을 숨기다
hold out on someone	~에게 어떤 사실을 숨기다, 알려주지 않다
salt something away	~을 감춰두다
You can't polish a turd.	호박에 줄 긋는다고 수박 되는 거 아니다. 아무리 노력해도 소용 없다. * turd 똥, 더러운 놈

◆ 시늉(~ 척하다)

sheep-dip	(스파이로 보내기 위해 민간인으로) 위장시키다
throw someone a bone	~를 돕는 시늉만 하다

◆ 앞서다

be head and shoulders above	~보다 단연 빼어나다, ~보다 월등하다
leave someone in the dust	~을 크게 앞지르다

◆ 영향력

I won't cramp your style any more.	네가 하려는 일을 막지 않을게.
play hardball	강경 자세를 취하다, 부정 수단을 쓰다
rule the roost	가장 큰 영향력을 행사하다, 좌지우지하다
run point on	진두지휘하다

◆ 예의주시

dot the I's and cross the t's	꼼꼼히 살피다, 철두철미하게 조사하다
keep one's ear to the ground	상황을 예의 주시하다
keep tabs on	~을 예의 주시하다

◆ 욕하다

flip off	가운데 손가락으로 욕하다

◆ 이기다

eat someone's lunch	~를 이기다, 격파하다
out of woods	위기를 넘기다

◆ 지시하다

lay down the law	독단적인 말을 하다, 명령하다

◆ 지키다

a hill to die on	목숨 걸고 지켜야 하는 것, 사생결단하고 지켜야 하는 중대 사안
It is not the hill I am going to die on.	내가 목숨 걸 일은 아니다.

◆ 참가하다

get it on	(조직, 활동 등)에 참가하다

◆ **하락/추락하다**

bottom fell out of	끝없이 추락하다

◆ **해내다**

bat a thousand	대성공을 거두다, 아주 잘해내다
come through with something	(약속대로 무엇을) 해내다, 완수하다
More power to you.	잘 했어. 힘내. 건투를 빌어.
take something in one's stride	쉽게 뛰어넘다, 순조롭게 넘기다
You are milking it.	쥐어짜고 있네. * milk 부정한 방법으로 쥐어짜다, 우려먹다

비유(사물, 동물 등에 비유한 표현들)

all hands on deck	모두 손을 모아 돕다
an ass in a lion's skin	겁쟁이, 강한 체하는 비겁자
at a snail's pace	매우 느리게
beat the bushes	여기저기 찾다
bet the ranch on something	~에 전재산을 걸다
bigger fish to fry	더 중요한 일
bottom feeder	밑바닥 인생
break the bank	파산시키다, 무일푼이 되게 하다
by the skin of one's teeth	간신히,가까스로
cat got your tongue	꿀 먹은 벙어리
cloud nine	행복의 절정
cunning[sly] as a fox	약아빠진 (여우처럼 교활한)
dog eat dog	치열한
Don't rock the boat.	풍파[문제]를 일으키지 마. (잠잠히 있는 배를 흔들지 마.)
Don't throw gas on it.	열받게 하지 마. 불 난 데 부채질하지 마.
drop the ball	실수하다
easy as rolling off a log	아주 쉬운(통나무를 굴려서 강에 띄워보내기 쉬운 것처럼)
eat like a horse	아주 많이 먹다, 과식하다

fire on all cylinders	전력 가동하다
fish out of water	어색한[멋쩍은, 가시방석같은] 상황이나 상태에 있는 사람
get blood from a stone	벼룩의 간을 빼 먹다
get one's sea legs	새로운 환경에 익숙해지다(흔들리는 갑판에서 걸을 수 있다)
get one's ducks in a row	체계를 잡다, 만반의 준비를 하다
One's goose is cooked.	~가 망했어. 곤경에 빠졌어.
have a frog in one's throat	목이 잠기다, 목이 쉬다
have one's finger on the pulse of	~에 정통하다, 빠삭하다
hand in glove with	~와 한통속이다
healthy as a horse	매우 건강한
Hold your horse.	서두르지 마. 재촉하지 마. 흥분하지 말고 진정해.
I have a bone to pick with you.	너에게 따질 일이 있어.
keep on one's toes	긴장감을 늦추지 않다
kiss and tell	비밀을 누설하다, 유명인과의 성[연애]관계를 폭로하다
like a dog with a bone	집요한, 끈질긴(뼈다기를 문 강아지처럼)
like a fish in water	잘 나가는(물 만난 고기처럼)
like night and day	정반대인, 하늘과 땅 차이인(like chalk and cheese)
like shooting fish in a barrel	식은 죽 먹기인, 아주 쉬운
live under a rock	세상과 담쌓고 살다
look for guinea pig	실험대상을 찾다
make a meal out of something	필요이상으로 문제를 크게 만들다, 오버하다
open a can of worms	문제를 쓸데없이 복잡하게 만들다(벌집을 건드리다)
pain in the ass	골칫거리
pick of the litter	가장 좋은 것을 고르다 * litter 강아지나 고양이 새끼
pick one's brain	머리를 빌리다
pig in a poke	덮어놓고 산 물건, 미리 잘 살펴보지 않고 산 물건

play chicken with someone	~와 담력 겨루기를 하다
put one's foot in one's mouth	말실수를 하다, (본의 아니게) 실언하다
put pedal to the metal	전속력으로 달리다
Put your money where your mouth is.	말만 하지 말고 행동으로 보여줘. 네가 한 말에 책임을 져.
ships that pass in the night	스치고 지나는 사람들
shoot oneself in the foot	자기 무덤을 파다, 제 발등을 찍다
shoot fish in a barrel	식은 죽 먹기다
sick as a dog	매우 아프다, 아주 컨디션이 안 좋다
Something is[smells] fishy.	뭔가 수상해.
swim like a rock	수영을 못 하다, 맥주병이다
take a bath	큰 돈을 잃다, 목욕을 하다
The dog won't hunt./ The cock won't fight.	그런 수는 통하지 않아.
The shoe is on the other foot.	입장이 바뀌다. 상황이 역전되다.
The world is at your feet.	성공하다. 유명해지다.
The world is at your door's step.	세상을 다 가졌어. 아쉬울 게 없어.
The world is your oyster.	세상에 못할 것이 없어. 뭐든 할 수 있어.
three sheets in the wind	곤드레만드레 취하다
throw caution to the wind(s)	대담한 행동을 하다
throw out the baby with the bathwater	작은 것을 버리려다 소중한 것을 잃는다, 빈대 잡다 초가삼간 태운다
twiddle your thumbs	아무것도 안 하고 빈둥대다
You cannot have your cake and eat it too.	둘 다 가질 수는 없어. 두 마리의 토끼를 다 잡을 수 없어.
You jackpotted me.	네가 나를 막판에 엿먹였어.
You need to march to the beat of your own drum.	너의 뜻대로 나아가야 해.
watch like a hawk	엄중히 감시 감독하다[지켜보다]
waiting for the other shoe to drop	나쁜 일이 일어날까 불안해함
when the rubber meets the road	운명의 순간, 시험의 순간, 시험대에 오르는 순간, 진가를 발휘하는 순간
worth one's weight in gold	아주 값있는, 같은 무게의 금만큼 가치 있는

연결어

apart from	~은 별도로 하고
as long as	~하는 한
at the end of the day	결론은
at the same time	그와 동시에, 또한,
few and far between	아주 드물게
for this reason	이런 이유 때문에
for what it's worth	그냥 내 생각일 뿐이지만, 그것은 그렇다 치고
in any event	여하튼
in an effort to	~하려고, ~할 노력으로
incidentally/by the way	그건 그렇고
in my opinion/from my viewpoint	내 생각으로는, 내 견해는, 내 관점은
in the meantime	한편
in this manner	이런 식으로
needless to say	말할 필요도 없이
No kidding.	진짜야. 농담 아니야.
not to mention	말할 필요도 없이
on the one hand	한편으로
part and parcel of	~의 본질, 요점
That being said	그렇다 하더라도, 그럼에도 불구하고, 말 나온 김에
That is to say	즉, 다시 말해
to boot	그것도, 게다가
to this end	이 목적으로
You don't say!	설마 그럴리가! 내 그럴 줄 알았다.
vis a vis[vì:zəví:]	~ 와 관련하여

기타

against one's better judgement	어쩔 수 없이, 본의 아니게
all thumbs	서툴고 어색한 것
at the top of the game	최상의 컨디션으로
bread and butter	기본적인

cut and dried	이미 확정된, 변경 불가능한
dime a dozen	흔해 빠진, 평범한
good and proper	철저하게, 완전히
in the dog house	면목이 없는, 난처한, 미움을 받는
out of this world	너무나 훌륭한, 아름다운
six of one and half a dozen of the other	오십 보 백 보, 비슷비슷함
superfluous	더 이상 불필요한
to the nines	아주 훌륭하게
top of the line	무리 중 최고
unceremoniously	인정사정없이

08

동사 위주 유의어 및 표현 ❶ 경제·금융·비즈니스

Synonyms & Expressions ❶
Economics, Finance, and Business

◆ 가시화되다

become visible, come into view, come on the scene, come to light, be more apparent, be conspicuous, be detectable, be in sight, be visible(보이다), materialize(실현되다)

경제회복의 조짐들이 **점차 가시화되고 있다.**
The signs of economic recovery **are becoming more apparent**.

이렇게 하고 나면, 여러 대안이 **보이게 될** 것이다.
Once you do this, several options will **become visible[apparent]**.

약속받은 보상은 **실현되지** 않았다
The promised compensation has not **materialized**.

◆ 가중되다

burden, press down, overload, weigh down

높은 실업률이 각국 경제에 **부담을 가중하고 있다.**
The high unemployment **is weighing down** the economies of each nation.

공무원들의 업무 **가중으로** 인해 허가과정이 더디다.
The public servants **are** so **overloaded** with work that the approval process is slowing down.

죄책감이 내 가슴을 **짓누른다.**
Feelings of guilt **are pressing down** on my chest.

◆ 간소화하다

streamline, compact, rationalize, systemize

업무 프로세스를 **간소화할** 방법이 있습니까?
Is there any way to **streamline** the work process?

절차를 **간소화했습니다.**

We **simplified** procedures.

◆ 감소하다(줄이다)

abate, cutback, contract, decline, decrease, fall, dwindle, shrink, go into a freefall, plunge, plummet(급락하다) ease(고통, 불편이 덜어지다)

인플레이션이 **하락할** 것으로 예상된다.

Inflation has been projected to **fall**.

약을 먹으면 두통이 **가라앉을** 것이다.

Medicine will **ease** the headache.

K팝 팬이 **줄어들면** 한류도 줄어들 것이다.

If K-pop fans **dwindle**, so will the K-wave.

연준위의 추가 금리 인상 발표 후 주가가 **급락했다.**

The stock price **plummeted** after the FRB announced an additional interest rate hike.

◆ 갇혀 있다

be stuck in, be mired in

교통사고로 내 차가 꼼짝달싹 못 하게 **갇혔을** 때 미칠 뻔했다.

I went nuts when I **was stuck** in a traffic jam caused by car accident.

재작년부터 올해까지 3년 연속 2% 중반대 저성장 터널에 **갇혀 있다.**

Economic growth has **been mired in** the mid-2 percent range for the third consecutive year.

강구하다(둘러보다, 파헤치다)

explore, delve, dig for, inquire, go after, look around, quest, seek, search for[out], track down

모든 가능성을 다 **모색해보자.**

Let us **explore** all kinds of possibilities.

더는 내 과거를 **캐지** 마라.

Do not **delve[dig] into** my past.

캠퍼스를 **둘러볼래?**

Do you want to **look around** the campus?

해결책을 **강구해보자.**

Let's **seek** solutions.

환율을 **안정시킬** 방법을 모색해야 한다.

We have to **search for** ways to stabilize the foreign exchange rates.

◆ 강화하다

bolster(지지하다), boost(신장하다), buttress(뒷받침하다, 보강하다), firm up, fortify, reinforce, strength, uphold, prop up(지탱하다)

한국 정부가 중소기업을 **강화했다[지원했다].**

The Korean government **bolstered** the SME sector.

이제는 경제회복이 더 **강화될** 때다.

It is time for the economic recovery to **firm up**[grow stronger].

공급망을 **강화할** 방법을 찾아봐야 한다.

We need to explore ways to **reinforce** the supply chain.

금융기관들이 위험 관리를 **강화했다.**

The banking institutions **strengthened** risk management.

한국전쟁 후 몇 년간, 미국의 원조는 한국 경제를 **보강해주었다.**

For few years following the Korean War, the US aid **buttressed** the Korean economy.

◆ 개선하다(향상하다, 제고하다)

advance, augment, be[get] better, boost, develop, enhance, gain ground, improve, upgrade, sharpen, skyrocket(폭등하다), cultivate(배양[함양]하다), expand(확대하다), increase(증가하다), develop(개발하다)

법의 투명성이 **강화되었다.**

The transparency of the law was **enhanced**.

그 기업은 기업 지배구조를 **개선한다.**

The enterprise **improves** corporate governance.

정부는 규제환경을 **개선했다.**

The government **has improved** regulations[the regulatory] environment.

치솟는 물가가 우리 삶의 질을 악화시켰다.

Skyrocketing prices have worsened[lowered] our quality of life.

◆ 개입하다

interfere in, butt in(참견하다), come between, interfere in, meddle in, get involved in(~에 간섭하다), intervene, step in(끼어들다)

남의 인생**에 간섭하는** 것은 좋지 않다는 게 내 의견이야.
In my opinion, it's a bad idea to **interfere in** other people's lives.

엄마는 내 사생활**에 참견한다**.
My mother always **interferes in** my private life.

정부는 필요하다고 생각하면 **개입한다**.
The government **steps in** when it is deemed necessary.

◆ 개척하다

capture, seize(포착하다)

우리는 새로운 시장을 **개척했다**.
We **captured** a new market.

투자가는 새로운 투자 대상을 **개척하기** 위해 나섰다.
The investor is out to **seize** new investment targets.

사람들은 고금리라는 기회를 **포착했다**.
People **seized** on[took advantage of] the high interest rates.

기회의 순간을 **포착해야 한다**.
You must **seize** the opportune moment[the moment of opportunity].

◆ 거의 끝나다

be near the end of, be nearing its end

경기침체가 **끝나간다**.
The economic downturn **is nearing its[the] end**.

코로나 팬데믹이 **거의 끝나간다**.
The COVID 19 pandemic **is near the end of** the road[is about to run out].

◆ 격변을 겪다

be rapidly changing, experience[undergo] turbulent change

공급망 와해로 산업은 **격변을 겪고 있다.**

The industry **is rapidly changing** due to supply chain disruptions[disruptions in the supply chain].

금융위기 동안에 한국은 **격변을 겪었다.**

Korea **experienced[underwent] turbulent change** during the financial crisis

◆ 견인하다

serve as an engine[a driver]

포스코가 한국경제 성장을 **견인하고 있다.**

POSCO **serves as an engine[a driver]** of Korean economic growth.

◆ 경쟁우위를 갖다

have a competitive edge, enjoy a competitive advantage, have a leg up on the competition, outsmart, outfox(한 수 앞서다)

삼성과 애플은 서로 **경쟁우위를 가지려고** 경쟁한다.

Samsung and Apple are always trying to **outsmart**[outdo] each other.

한미 FTA 체결로 한국산 자동차가 **경쟁우위**를 갖게 된다.

The Korea-US FTA gives Korean-made automobiles **a competitive advantage**.

◆ 꺾이다

brake(제동을 걸다), be a brake on(~에 제동을 걸다), curtail(삭감하다), deter(억제하다)

긴 근무시간이 **줄어들었다.**

Long working hours **were curtailed**[cut back].

높은 세금이 부동산 투기**에 제동을 건다.**

High taxes **are a brake on** real estate speculation.

그 제재는 이란이 불법 제품을 수출하는 것을 **막지** 못했다.

The sanctions did not **deter** Iran from exporting illegal products.

◆ 고갈되다(수그러들다, 줄어들다, 약해지다)

die down(잦아들다, 약해지다), diminish(줄어들다), dry up, run out, run low(고갈되다, 소모되다), wane(시들다, 점점 줄어들다), be on the wane, weaken(약해지다)

고금리 기세가 **수그러들지** 않을 것 같다.
High interest rates are unlikely to **die down**.

너에 대한 내 믿음이 **사라지고 있어**.
My faith in you **is diminishing**. (= I'm losing my faith in you.)

내수가 **고갈되고 있다**.
Demand **has been drying up** at home.
Domestic demand **has been running out**.

무대 공포증이 **점점 줄어들었다**.
Stage fright **has waned[been on the wane]**.

외환보유고가 **고갈되고 있다**.
The foreign exchange(FX) reserve is **running low**.

◆ 고도화되다

upgrade, advance, be in[at] the forefront(최전선에 있다, 가장 앞장서다)

꾸준한 연구개발로 기술이 **고도화된다**.
Technology **is advanced** through steady R&D.

기술 혁신을 통한 산업 **고도화를 이뤄냈다**.
Technological innovation **has advanced** industries[have taken industries] to the next level.

미국은 코로나 백신 개발을 **이끌었다**.
The US **has been at the forefront of** the COVID vaccine development effort.

◆ 고민하다(면밀히 고려하다, 전념하다)

consider closely(면밀히 고려하다), be engrossed[absorbed] in(~에 몰두하다), focus attention on, give attention to, occupy (one's) thoughts(전념하다), ponder, put one's mind to(~에 전심전력을 다 하다), rack one's brains(머리를 쥐어짜다), sweat (over)(식은땀을 흘리다), think up(생각해내다), think hard (about)(골똘히 고민하다)

그는 대안이 있는지 **면밀히 고려했다**.
He **considered** the options **closely**.

그는 기술개발**에 열중하고 있다.**

He **is engrossed in** technology development[the development of technology].

즐겁고 행복한 순간**만 생각하세요.**

Please **occupy your thoughts** with joyful and happy moments.

그는 일단 하겠다고 결심하면 맡은 일**에 전심전력을 다한다.**

Once he decides, he **puts his mind to** the work he is tasked with[responsible for].

장관은 답변하려고 **머리를 쥐어짰다.**

The minister **racked his brains** to find an answer[response].

그는 적당한 답변을 찾느라 **식은땀을 흘리며** 중얼거렸다.

Sweating in search of[Struggling to find] a proper response, he mumbled.

해법을 **찾기 위해 고민하는** 게 어렵지 않잖아요

It is not too hard to **think up** a solution.

◆ 고비를 넘기다

overcome the crisis, turn the corner, see a light at the end of the tunnel, rebound, bounce back(반등하다), pull around(끌어내다), give a bounce, bring back around

경제의 **고비를 넘겼다.**

The economy has **turned the corner**.

경기부양책을 정부가 실행하자 **경기가 반등했다.**

The economy **rebounded** after the government implemented a stimulus package.

양적완화로 **경제가 반등했다.** (양적완화는 경제에 활력을 불어넣는다.)

Quantitative easing **gives** the economy **a bounce**[**brings** the economy **back around**].

◆ 고조되다

amplify, raise(증폭하다), build up(쌓아 나가다, 구축하다), elevate(승격시키다), heighten(고취시키다)

명성을 **쌓아가려면** 시간이 걸린다.

It takes time to **build up** the reputation.

부정 사례가 **증가했다.**

Irregularities have **heightened**[grown].

지재권 위반이 증가하자 정부가 경계를 **강화했다**.

Due to the increase in IPR infringement, the government **heightened**[stepped] up its vigilance.

스트레스가 뇌졸증 가능성을 **증폭한다[높일** 수 있다].

Stress can **elevate** the possibility of a stroke.

◆ 고통받다

be plagued by, suffer from

금융위기 당시 한국의 가계는 눈덩이처럼 불어나는 부채에 **시달렸다**.

During the financial crisis, households in Korea **were** all **plagued by** snowballing debt.

그는 평생을 가난으로 **고통받았다**.

He **suffered from** poverty all his life.

◆ 고착화되다

be stuck in, be entrenched in, be mired in(~에 깊이 자리 잡다), enter an extended period of, be fixed(고정되다, 정해지다), be deep-rooted(뿌리 깊다), be firmly established(확고하게 정립되다)

저성장 기조가 **고착화되고 있다**.

The low growth trend **becomes entrenched**.

경제의 저성장이 **고착화되다**

enter an extended period of mediocre growth

깊게 뿌리내린 반일 감정이 일본 제품에 대한 불매운동을 야기했다.

Deep-rooted anti-Japanese sentiments cause[trigger] boycotts of Japanese products.

편견이 **고착화되었다**.

The prejudice **has been firmly established**.

고착화된 부패가 수년간 정부를 괴롭혀왔다.

Deep-rooted corruption has plagued the government for years.

◆ 공개하다, 밝히다

bring to light(드러내다), disclose, divulge(누설하다), give away(알려주다), reveal(드러내다, 밝히다), unveil(공개하다, 밝히다), made public(공개하다, 발표하다)

그는 기밀을 **누설하기를** 거부했다.

He refused to **divulge** the secrets.

국방부가 국방예산 증액안을 대중에게 **공개했다**.

The Defense Ministry has **unveiled** public a plan to increase the national defense budget.

백만장자가 성공비결을 **공개했다**.

The millionaire **revealed[unveiled/made public]** his secrets to success.

◆ 구제하다, 구조하다, 구출하다,

aid, bail out(구제하다), relieve(덜어주다, 줄이다), rescue

제도를 **구제해줄** 수 있을까요?

Do you think you can **bail out** the system?

금융기관을 **구제하기** 위해 정부는 세수를 활용했습니다.

The government used the taxpayers' money to **bail out** the financial institution.

그는 부채를 **덜기[줄이기]** 위해 노력했습니다.

He strove to **relieve**[reduce/lower] the debt.

◆ 구체적으로 논의하다

discuss at length(상세하게 논의하다), discuss concretely(구체적으로 논의하다), discuss in concrete terms, discuss in-depth(심도 있게 논의하다), discuss point-by-point(하나씩 논의하다), have in-depth discussion(심도 있는 논의를 하다)

변호사와 **상세하게 논의하는** 것을 권장합니다.

I recommend (that) you **discuss** it **at length** with a lawyer.

심도 있는 논의 끝에 구체적인 성과물을 도출했습니다.

After **having in-depth discussion**, we produced concrete outcomes.

그 사안들을 **하나씩 논의하는** 자리는 아닙니다.

This is not the place to **discuss** such things **point by point**.

◆ 규제완화를 하다

relax regulations, deregulate, decontrol, liberate(자유화하다), reduce, cut, loosen up the red tape(관료주의 절차를 완화하다), take market liberalization steps[measures](시장 자유화 조치를 취하다)

정부는 산업에 대한 **규제를 완화했다**.

The government **deregulated** the industry.

재계 지도자들은 온갖 과다한 정부규제절차 **완화**를 요구했다.
The business leaders demanded all kinds of red tape to **be reduced[cut]**.

정부가 **시장 자유화 조치를 취하고 있다**.
The government **is deregulating the market**.
The government **is taking market liberalization steps[measures]**.

◆ 궤도에 올려놓다

put back on track, be on track, be on target(목표대로 가다), go[proceed] according to target(목표대로 진행되다)

국가 경제를 다시 **궤도에 올려놓다**
put the national economy **back on track**

인수합병이 **목표대로 진행되고 있습니다**.
Mergers and acquisitions **are going[proceeding] according to target**.

◆ 과도하다

be excessive, be exorbitant(엄청나다), be superabundant(아주 풍부하다), be superfluous(남아돈다, 너무 많다)

완화 정도가 **과도하다**.
The degree of easing **is excessive**[has gone too far].

빌 게이츠의 자금력은 **엄청나다**.
The financial power (that) Bill Gates has **is exorbitant**.

캐나다에는 천연가스가 **아주 풍부하다**.
Natural gas in Canada **is superabundant**.

◆ 과열되다

overheat

경기가 **과열되다**.
The economy **overheats**.

◆ 관리하다

manage, control, oversee, supervise, handle(감당하다, 다루다), operate(운영하다)

제가 **감당할** 수 있는 일입니다.
I can **handle[manage]** the task.

그 기업이 부채 수준을 **관리한다**.
The company **manages** the debt level.

운영하려면 면허가 있어야 합니다.
You need to hold a license to **operate**.

◆ 관심을 끌다

get a lot of attention, garner much attention(많은 관심을 끌다[주목을 받다])

실리콘밸리는 투자가들의 많은 **관심을 받는다**.
Silicon Valley **gets a lot of attention** from investors.

프로젝트를 진행하면서 **많은 주목을 받았습니다**.
We **have garnered much attention** working on projects.

◆ 관통하다, 침투하다

penetrate, pierce[run] through(꿰뚫는다)

21세기를 **관통하는** 화두
the main issue that **penetrates** the 21st century

타인의 컴퓨터에 **침투하는** 것은 형법에 따라 처벌될 수 있다.
To **penetrate** other's computer is punishable by criminal law.

합작기업은 미국 시장에 **진출하기** 위해 안간힘을 써왔다.
Joint ventures have struggled to **penetrate**[advance into] the U. S. Market.

◆ 극복하다, 이겨내다

come out of(~에서 빠져나오다), exit(벗어나다), shrug off(떨쳐버리다, 버리다, 털어내다)

걱정을 **떨쳐버린다**.
I **shrug off** my worries.

주식 시장이 상대적으로 잘 버텼으며 주식 시장에 닥친 대부분의 충격을 **털어냈습니다**.
The stock market has held up relatively well, **shrugging off** most of the shocks thrown its way.

◆ 근절하다

eradicate, wipe out, abolish(폐지하다), eliminate(제거하다), exterminate(멸종, 박멸하다), uproot(뿌리 뽑다)

정부는 시장 독점 관행을 **근절하기** 위해 노력한다.
The government tries to **eradicate** market monopoly practices.

새로운 법을 제정해야 사기행각이 **뿌리 뽑힌다**.
A new law must be enacted to **wipe out[eliminate]** fraud.

최저임금제를 **폐지하자**는 움직임이 일고 있다.
There is a movement to **abolish** the minimum wage system.

부정부패를 **근절해야** 국가가 발전한다.
A nation develops only when corruption **is exterminated[uprooted]**.

◆ 급감하다

dive(급락하다), drop, nosedive(급락하다, 급격히 악화하다), plummet, plunge(급락하다, 곤두박질하다)

주가가 **급락했다**.
The stock price **plunged**[crashed].

스캔들이 터지자 그 회사의 명성이 **급격히 악화되었다**.
When the scandal broke out, its reputation **nosedived**.

우크라이나 전쟁으로 유가가 **급락했다**.
Oil prices **plummet** because of the Ukraine war.

◆ 급등하다

rise rapidly, go through the roof(천정부지로 오르다), peak(정점을 찍다), shoot up(솟아오르다), skyrocket(고공행진하다, 급상승하다), soar, surge, take off(이륙하다, 급상승하다)

달러가 **천정부지로 오를** 것이다.
The US dollar would **go through the roof**.

고공행진을 하는 인플레가 이미 **정점을 찍었다**.
The **soaring** inflation **has** already **peaked**.

투자 인센티브로 인해 해외투자 유치가 갑자기 **상승했다**.
The investment incentives have caused the attraction of foreign investment to suddenly **take off**.

◆ 급락하다, 급추락하다

plunge, crash, skid(미끄러져 제어할 수 없다), tumble(급격히 폭락하다)

세계경제성장률이 ~로 **급락[추락]하다**

The global economic growth has **tumbled[crashed]** to ~

인수합병발표가 있자 회사 주가가 **폭락했다.**

The share price **tumbled** on the news of an M&A.

◆ 긍정적이다, 낙관적이다

be optimistic[upbeat] about, be bullish(강세이다), be upbeat(낙관적이다)

내년 사업환경을 **낙관적으로 생각한다.**

I **am optimistic about[bullish on]** next year's business environment.

주식시장이 **강세이다**

The stock market **is bullish**.

◆ 기로에 있다

be[stand] at a critical juncture[at the crossroads], reach critical stage

지금 우리는 중대한 **기로에 서 있습니다.**

We **are** now **standing at a critical juncture**.

미중 통상마찰이 **중대한 시점[단계]에 있다.**

The US-China trade dispute **is at a critical juncture[has reached the critical stage]**.

◆ 기반이다

be the cornerstone of(~의 초석이다), lay the groundwork for(~를 위한 토대를 놓다), underpin(뒷받침하다)

ESG는 회사 성공**의 초석이었다.**

ESG **has been a cornerstone of** the company's success.

신뢰가 양 기업 간의 파트너십을 **뒷받침한다.**

Trust **underpins** the partnership between the two companies.

우리는 협상을 **위한 토대를 놓았다.**

We **have laid the groundwork for** the negotiation.

◆ 기여하다

contribute to, devote (oneself) to(~에 바치다, 헌신하다)

주주가치 환원**에 기여하는** 것이 우리 경영진의 목표입니다.

Contributing to the return of shareholder value is our top management's goal.

아버지는 회사**에 뼈를 묻을** 각오로 일하셨습니다.

My father worked with determination to **devote** his life **to** the company.

◆ 기초하다

be anchored in, be grounded in, be based on(~에 기반을 두다)

한국의 정책은 무역 투자 자유화**에 기초하고 있다**.

The Korean policy **is anchored in** the liberalization of trade and investment.

◆ 낙관적으로 평가하다

paint a rosy picture(장밋빛 그림을 그리다)

한국의 경제를 **낙관적으로 보는** 건가요?

Are you **painting a rosy picture** about Korea's economy[the Korean economy]?

◆ 낙후하다

fall behind, become obsolete, be out of date(시대에 뒤떨어지다), be old, be useless (쓸모없다), be outdated(시대에 뒤처지다)

기술이 **무용지물이 되는** 속도는 계속해서 극적으로 증가하고 있다.

The rate at which technology **becomes obsolete** continues to increase dramatically.

이 정책은 **시대에** 아주 많이 **뒤떨어져 있다**.

The policy **is** very **out of date**.
This is an **out-of-date** policy.

경제가 활력을 잃었고 기업은 **시대에 뒤처진** 규제의 덫에 갇혀서 부진해졌다.

The economy has lost steam and companies have become sluggish under the weight of **outdated** regulations.

경제 · 금융

◆ 난항을 겪다

experience a rough time, go through tough times(힘든 시기를 겪다)

협상 타결까지 **난항을 겪었다.**

We **experienced a rough time** until we reached a deal.

회사가 정말 **힘든 시기를 겪고 있다.**

The company **is going through a** really **tough time**.

◆ 낮추다

lessen(줄여주다), lower(낮추다), reduce(줄이다), scale down(규모를 축소하다)

나는 부담을 **덜기** 위해 노력했다.

I tried my best to **lessen** the burden.

대외교역에 대한 과도한 의존도를 **낮추다**

reduce our economy's heavy dependence on foreign trade

정부는 국내 농가 지원 **규모를 낮추었다.**

The government **has scaled down** support for domestic farms.

◆ 노력하다

endeavor, work to, make efforts, strive, try hard, go all out(전력을 다하다), redouble efforts(노력을 배가하다), step up effort

납기를 맞추려면 **전력을 다해야** 한다.

We must **go all out** to meet the deadline.

무역자유화를 위한 **노력을 배가해야** 한다.

We must **redouble** our **efforts** to further liberalize trade.

한국은행은 원화 가치를 유지하기 위한 **노력에 박차를 가하고 있다.**

The Bank of Korea **steps up** its **effort** to maintain the Won's value.

◆ 늘리다

expand, widen(넓어지다)

투자 유치를 했고, 노동수요를 **확대했습니다.**

We have attracted investment and **expanded** the demand for labor.

늘어나는 소득 격차

widening the income gap

디지털 격차가 **늘어나고[더 벌어지고] 있다**.

The digital divide **is widening**.

◆ 다루다

cope with, handle, deal with, take care of(처리하다), handle(감당하다), tackle(씨름하다)

중앙은행은 두 가지 상충하는 긴급한 문제들을 **고민[감당]해야** 한다.

The central bank has to **handle** conflicting imperatives.

사장은 이 문제를 **해결하려고** 노력했다.

The president tried[attempted] to **tackle** the problem.

◆ 단속하다

clamp[crack] down on(단속하다), nail down(꼭 이뤄내다)

국세청이 탈세와 조세기피를 **단속한다**.

The Tax Office **clamps down on** tax evasion and avoidance.

여당과 야당 모두 타협을 **꼭 이뤄내고** 싶어 한다.

Both the ruling and opposition parties want to **nail down** a compromise.

◆ 담당하다

be in charge of(담당하다), be responsible for(책임지다)

CMO는 기업의 마케팅 전략을 **책임진다**.

The CMO **is responsible for** the company's marketing strategy.

◆ 대응하다

respond (to), act in response to, counter, react to(~에 반응하다)

국제사회는 단호하게 **대응해야** 합니다.

The international community must **respond** firmly.

우리는 불안정성 증대**에 대응했다**.

We have **responded to** mounting uncertainties.

나는 너무 충격을 받아서 그의 말**에** 아무런 **대응을 할** 수 없었다.

I was so shocked that I was completely unable to **respond to** his comment.

제가 **반박해도** 될까요?

May I **counter** argue?

변화하는 시장 상황**에** 너무 느리게 **반응하면** 실수를 범할 수 있습니다.

If you **react** too slowly **to** changing market conditions, you will make an error.

◆ 덜어주다

reduce, lessen, unburden, lift the burden of, alleviate(완화하다), diminish(약화하다), ease, mitigate(완화하다)

너의 역할을 **줄일** 생각은 없어.

I don't want to **diminish** your role.

묵은 규제**의 부담을 덜어주다**

lift the burden of long-standing regulations

온실가스 배출량을 줄이기 위해서는 기후변화를 **완화하기** 위한 정책이 있어야 합니다.

In order to decrease GHG[greenhouse gas] emissions, we need policies to **mitigate** climate change.

그는 통증을 **덜어** 달라고 애걸하고 있다.

He is begging for something to **alleviate**[relieve] the pain.

◆ 도약(하다)

take off, surge, rise rapidly, ascend(올라가다), soar(급등하다, 급상승하다)

수소 자동차와 트럭, 버스는 적어도 플러그인 차량에 비해 **발진** 속도가 느렸다[**가속되는** 시간이 많이 걸렸다].

Hydrogen-powered cars, trucks, and buses have been slow to **take off** at least compared to plug-in vehicles.

미 달러가 원화에 대해 약 20% **급등했다**.

The US dollars **soared** approximately 20% against Korean won.

한국은 또 다른 성장의 **도약**을 준비한다.

Korea prepares for another **take off** in growth (**surge**).

◆ 도출하다

produce an outcome(결과를 도출하다)

우리는 구체적인 **성과물을 도출했다**.

We **have produced** concrete **outcomes**.

핵안보정상회의는 구체적인 **결과를 도출할** 것으로 기대했다.
Nuclear Security Summit expected to **produce** concrete **outcomes**.

◆ 동등하다

be equivalent to, be on par with(~와 동등하다), be on an equal footing with(~와 동등한 입지이다)

유로화 가치가 미국 달러**와 동등할 것이다**.
The value of the Euro will **be on par with** the US Dollar.

협상은 **동등한 입지에**서만 재개한다[재개될 것이다].
Negotiations will only resume if they **are on an equal footing**.

◆ 동시에 발생하다(일어나다)

happen at the same time, occur simultaneously(동시에 일어나다)

기후변화가 전 세계적으로 **동시에 발생했다**.
The climate change **occurred** across the world **simultaneously**.

눈 깜짝할 사이에 **동시에 발생했다**.
It **happened at the same time** in the blink of an eye.

◆ 뒷받침하다

support, become the cornerstone of(~의 초석이 되다), foothold(발판이 되다)

반도체 산업이 실물경제를 **뒷받침한다**.
The semiconductor industry **supports** the real economy.

◆ 마련하다

draw up(만들다, 작성하다), formulate(형성하다), prepare(준비하다), write(작성하다)

사업계획을 **마련했다**.
The plan **was drawn up** for business.

그 문제에 대처하기 위한 계획을 **세웠다**.
We **formulate** a plan to address the issue.

그 점은 일반 규칙의 예외로 **작성돼야** 합니다.
This point should **be written** as an exception to the general rule.

◆ 마중물이 되다

act as a primer for, be catalyst for(~의 촉매제가 되다)

한국 부모들의 교육열은 한국 경제 성장의 **마중물[촉매제]이다.**

Korean parents' enthusiasm for education **is the catalyst for** economic growth in Korea.

◆ 맞춤식이다, 맞추다

be tailor-made(맞춤화하다), customized, tailor(주문 제작하다), personaliz(개인화하다)

이 교육은 고용주들을 위해 **맞춤 제작되었다.**

The training **is tailor-made** for employers.

각각의[당신의] 상황에 맞는 방법을 **(맞춰) 마련하세요.**

Please **tailor** ways suitable to your circumstances.

우리는 프로그램을 모두 **개인 맞춤식으로 만들었습니다.**

We **have personalized** all the programs.

구매하는 사람들이 자신을 위해 특별히 제작된 것처럼 느낄 수 있도록 **맞춤 제작할[커스터마이즈할]** 수 있습니다.

We can **customize** it so that the people buying it feel like it was made specially for them.

◆ 목도하다

witness, watch

우리는 전례 없는 경제 호황을 **목도했다.**

We **have witnessed** an unprecedented economic boom.

◆ 목표를 세우다

set a goal[target]

그는 업계 시장 점유율의 약 절반을 차지한다는 **목표를 세우고 있다.**

He **sets a target** of capturing about half of the industry market share.

◆ 못 미치다

fall short of, does not live up to

이번 회계연도 매출이 기대에 **미치지 못하고 있다.**
This fiscal year revenue **falls short of** our expectations.

그는 자신의 잠재력**에 못 미치고 있다.**
He **does not live up to** his potential.

◆ 무궁무진하다

be immeasurable(헤아릴 수 없다, 무궁무진하다), be immense(막대하다), be incalculable (헤아릴 수 없다), be infinite(무한이다), be never-ending(끝이 없다), be without limit (한계가 없다), be limitless, be unlimited, be enormous(어마어마하다, 막대하다)

경제가치가 **무궁무진하다**
The economic value **is incalculable**.

브라질은 **무궁한** 잠재력을 지닌 땅이다.
Brazil is a land of **infinite** potential.

부모의 자녀 사랑은 **헤아릴 수 없다**
A parent's love to a child **is immeasurable**.

태양에너지는 **무한하다.**
Solar power **is unlimited**.

한미동맹이 경제에 주는 혜택은 **막대하다.**
The economic benefits of the ROK-U.S. alliance **are enormous**.

◆ 물꼬를 트다

open the floodgates to, open the door to(~에 길을 열어주다), set in motion(시동을 걸다), usher in, lead in(열다, 맞아주다)

고르바초프 전 소련 대통령이 국가 개혁과 변화의 **물꼬를 텄다.**
Former Soviet President Gorbachev **opened the door to** national reform and change.

새로운 시대를 **여는** 획기적인 순간이다.
This is a landmark moment for **ushering in** a new era.

일본은 문호를 일찍 **개방했다.**
Japan **opened the door to** foreign countries early.

◆ 빠져나오다

escape, get out of, come out of(~에서 나오다), break free from(~에서 벗어나다)

IMF 구제금융은 한국경제가 긴 침체**에서 빠져나오는** 데 도움이 되었다.

The IMF bailout fund helped the Korean economy **come out of** a long economic slump.

◆ 빠지다

fall into, collapse into(~에 빠져들다), slip back into(~로 되돌아가다), sink into(~로 빠지다, 가라앉다), plunge into(~에 뛰어들다, 돌입하다)

그 회사는 예전 상태**로 돌아가고 있다.**

The company **slips back into** its original status.

경기침체**에 빠지다**

sink into a recession

그는 아내가 죽자 우울증**에 빠졌다.**

He **sank into** depression when his wife died.

러시아와 우크라이나 전쟁은 세계 경제를 장기적 침체**로 빠지게 했다.**

The Russia's war against Ukraine **plunged** the global economy **into** a prolonged economic stagnation.

◆ 박차를 가하다

spur, step up, accelerate(가속화하다), expedite(촉진하다), give impetus(힘을 실어주다)

그 회사는 상용화에 **박차를 가하기**로 약속했다.

The company promised to **expedite** commercialization.

첨단기술의 개발에 **박차를 가하다**

step up the development of state-of-art[cutting-edge] technology

한미 FTA가 미국산 쇠고기 수입을 **가속화한다.**

Korea-US FTA **accelerates** U.S. beef imports.

◆ 발굴하다

uncover, identify, discover, grasp(파악하다), find(발견하다)

정부는 신성장동력을 **발굴한다.**

The government **identifies** new sources of growth (drivers).

정부는 재난 규모를 **파악하지** 못했다.

The government failed to **grasp** the magnitude of the disaster.

검사로 질병을 조기에 **발견했다**.

The test **uncovered** the disease early.

◆ 발표하다

announce(명사형은 announcement), issue(공표하다, 발행하다), disclose(공개하다), give out, make known(알리다), make public(공개하다), proclaim(선포하다. 명사형은 proclamationt), publish(게재하다), reveal(밝히다)

사장은 기자회견을 열어서 결심을 **발표했다**.

The president held[called] a press conference to **announce** the decision.

미국의 **발표**는 우리의 우려를 불식시키지 못했다.

The US **announcement[proclamation]** did not allay our concerns.

정부가 왜 보도자료를 **공개하지** 않았죠?

Why didn't the government **disclose** the press release?

이 사실을 **공개하면** 혼란이 초래될 것입니다.

Making this fact **public** could cause confusion.

◆ 발효되다(효력을 발휘하다)

take effect, come[go] into effect(효력을 발휘하다)

합의문이 조기에 **발효되었다**.

The agreement **came into effect** at an early date.

◆ 방지하다

block(막다, 차단하다), guard against(막다), forbid, ban, prohibit(금지하다), prevent(예방하다), ward off, stave off(물리치다, 막다)

도발적 행동을 **막았다**.

The provocative action **was blocked**.

과도한 규제나 정부 개입을 **막아야** 합니다.

We must **guard against** over-regulation or government intervention.

도덕적 해이를 **방지하다**

prevent moral hazard

인플레이션을 **방지하다**
stave off inflation

◆ 방해하다

hamper, obstruct, hinder(방해하다, 저해하다), impede, sabotage(방해하다)

보호무역주의는 소비자의 선택권을 **방해한다**.
Protectionism **hampers** consumer choice.

시민들이 시위를 벌여서 회담을 **방해했다**.
Protest by the citizens **sabotaged** the meetings.

회복을 **방해하다**
sabotage the recovery

◆ 배격하다(부인하다, 반대하다, 거부하다)

reject, cast aside, throw out(버리다, 없애다), deny(부인하다), give the thumbs down to (~에 반대하다, 거절하다), rebuff(퇴짜를 놓다), reject(거절하다), veto(거부되다)

WTO는 보호무역주의를 **배격한다**.
The WTO **rejects** protectionism.

자식이 부모를 **버리는** 것은 범죄이다.
It is a crime for children to **cast** their parents **aside**.

국민들은 정부의 경제 정책을 **반대했다**.
The people **gave** the government's economic policy **the thumbs down**.

그의 제안에 **퇴짜를 놓다**.
His proposal **was rebuffed**.

◆ 벗어나다

emerge from, escape, break free from

한국경제는 저성장 기조**에서**[만성 저성장**에서**] **벗어났다**.
The Korean economy **emerged from** the low growth trend[chronic low growth].

◆ 보류하다

put on hold, shelve, defer(보류하다), put off, postpone(연기되다)

준비 부족으로 회의가 **보류되었다.**

The meeting **has been put on hold** due to the lack of preparation.

당초 계획은 당분간 **연기되었다.**

The original plan **was shelved** for the time being.

국회는 가을에 다음 예산안이 통과될 때까지 **보류할** 용의가 있다.

The National Assembly is willing to **defer** until the next budget passes in the fall.

◆ 보완하다

complement(보완하다), supplement(추가하다, 보충하다)

양국의 관계는 상호 **보완된다.**

Relations between the two countries **complement** each other.

◆ 보장하다

ensure, assure(확언하다), make certain(확실하게 하다), secure, retain(확보하다)

국무총리가 경제 성장세 회복을 **보장한다.**

The Prime Minister **ensures** the recovery of economic growth.

내가 ~을 **장담한다**

I can **assure** you that ~

우리는 매출목표를 **확실하게** 달성**하**도록 예산을 **확보했다.**

We **have secured** a budget to **ensure** that sales targets are met.

◆ 뜻밖의 복병을 만나다(예기치 못한 난관에 봉착하다)

encounter unseen difficulties, put in(to) unexpected difficulties, run into an unexpected snag(예상치 못한 암초를 만나다)

계획을 추진하다가 **뜻밖의 복병을 만났다.**

I **encountered unseen difficulties** while carrying out the plan.

공장 화재로 회사가 **뜻밖의 난관에 봉착했다.**

The factory fire has **put** the company **in unexpected difficulties**.

예기치 않은 사안에 부딪혔어요.

I **ran into** some **unexpected snag**.

◆ 부양하다

support, buttress(지지하다), shore up, assist(지원하다), sustain(유지하다), uphold(지키다, 옹호하다)

수요를 **지탱해주기** 위해서는 정부의 지원금이 필요하다.
Government subsidies are needed to **shore up** demand.

양국 간 합의를 **이행해야** 할 의무가 있다.
The two countries have an obligation to **uphold** the agreements.

◆ 부응하다

meet, live up to(~에 부응하다)

나는 부모님의 기대**에 부응하기** 위해 노력한다.
I try to **live up to** my parent's expectations.

◆ 부정적인 영향을 주다

affect negatively, has adverse effects, be counter-productive, backfires(역효과, 부작용), produce adverse effect(역효과를 낳다)

이 정보를 아는 것은 실제로 **부정적인 영향을 끼칠** 수 있다.
Knowing this information can actually **affect negatively**.

고금리가 소비 및 투자 심리에 **부정적 영향을 미친다**.
High interest rates **have adverse effects** on consumption and investment sentiment.

cf. 인플레 감축법(IRA)은 매우 **부정적인 비판을 받아왔다**.
The IRA **has received** strong **adverse criticism**.

◆ 부진하다

be lackluster, drag out[on](질질 끌다), be sluggish(더디다), be stagnant(침체되다)

경제가 **침체되어 있다**.
The economy **is stagnant[sluggish/lackluster]**.

왜 이렇게 허가과정을[승인절차를] **질질 끄는** 거죠?
Why **are** you **dragging out** the approval process?

협상이 **지지부진하다**.(협상이 **지연되고 있다**.)
The negotiations **are dragging on**.

◆ 부추기다

drive, promote(추진하다), push(밀어붙이다), nudge(쿡 찔러 밀고 가다), shove(힘껏 떠밀다)

정부 정책은 정치적 논의를 **촉진하는** 데 도움이 될 수 있다.
The government policy may help **drive** political discussions.

우리의 목표는 뒤로 물러서는 것이 아니라 앞으로 **나아가는** 것이다.
Our goals are to **push** forward, not pull back.

그의 말은 다른 관점을 이해하도록 우리를 **유도했다**.
His comment **nudges** us to understand different perspectives.

◆ 부합하지 않다

do not fit in with(~에 맞지 않다)

새로 부임한 상사는 회사 조직 문화**에 잘 적응하지 못한다**.
New boss **doesn't fit in with** the corporate culture.

◆ 분배되다

distribute, share(공유하다)

부가 **분배된다**.
Prosperity **is shared**.

형편이 어려운 가족들에게 음식을 **배분했고**, 올해는 더 많이 **배분하기** 위해 순조롭게 진행 중입니다.
We **distributed** food to needy families and we are on track this year to **distribute** more.

◆ 붐을 일으키다

trigger a boom, cause a boom

억눌린 수요가 소비 **붐을 일으켰다**.
The pent-up demand **triggered a boom** in consumer spending.

한류가 **붐을 일으켰다**.
The Korean wave **caused[triggered] a boom**.

◆ 불리다(이름 붙이다)

be called(일컫다), be named, be named as(~라고 명명되다), be referred to as(~로 간주되다)

그는 최근 올해의 선수**로 선정되었다.**

He **was** recently **named** the player of the year.

한강의 기적**이라 불린다.**

It **is referred to as** the Miracle on the Han River.

◆ 불확실하다

be uncertain[unsure], be ambiguous(애매모호하다), feel ambivalent(감정이 엇갈리다, 감정이 오락가락하다), be questionable(의구심이 들다), be unclear, be on thin ice(살얼음판이다, 위태위태하다), tread on thin ice(살얼음판을 걷다), be hanging by a thread(위기일발이다)

그는 **감정이 오락가락 불확실하다.**

He **feels ambivalent**.

그의 의도가 상당히 **의문스럽다.**

His intention **is** very **questionable**.

살얼음판을 걷는 기분이다.

I feel like I **am treading on thin ice**.

회사의 미래가 **위태롭다.**

The future of the company **is hanging by a thread**.

◆ 비축하다

stock up(꽉 채우게 비축하다), stock on(~ 위에 비축해두다), store up, stockpile, accumulate(축적하다), amass(모으다, 축적하다)

그는 부를 **축적했다.**

He **accumulated** wealth.

그는 제품 가격이 급등함에 따라 생필품을 **비축했다.**

He **stocked up** daily necessities as prices of as product.

그는 비상상황에 대비하여 생필품을 **비축했다.**

He **stocked up** daily necessities in case of emergencies.

◆ 사상 최고치이다

reach an all-time high, reach a record high, rise to an unprecedented level, be at an all-time high

경제성장률이 **사상 최고치를 기록할** 것이다.
The economic growth rate will **reach an all-time high**.

매출이 **사상 최고치에 달했다**.
Sales **have reached a record high**.
Revenue[Sales revenue] **is at an all-time high**.

◆ 사양길에 접어들다

go into decline, decline, deteriorate, decay(쇠퇴하다), be on the wane(줄어들다)

회사가 **사양길에 접어들었다**.
The company **went into decline**.

스캔들 이후 그 제품의 인기가 **수그러들었다**.
After the scandal, the popularity of the product **has been on the wane**.

◆ 사용하다

put to use, apply(응용하다, 적용하다), use, utilize, take advantage of(~을 활용하다)

그 회사는 기술을 전략적 도구로 **사용해야** 한다.
The company should **utilize** the technology as a strategic tool.

◆ 삭감하다

curtail, cut, abate, weaken(약화시키다, 누그러뜨리다), diminish, reduce, shrink(절감하다, 축소하다)

인건비 **절감**이 가장 시급하다.
Curtailing labor cost is the most urgent concern.

폭우가 곧 **가라앉을** 것이다.
The heavy downpour will **abate** soon.

경제·금융

◆ 상승하다

rise, increase(증가하다), nudge higher(소폭 상승하다), nudge up, tick up(주가 등이 상승하다), surge(급상승하다)

경기가 침체되기 시작하면서 실업률이 **상승했다**.
As economic recession started, the unemployment rate **increased**.

연준위가 금리 **소폭 인상을** 반복적으로 **하고 있다**.
The Fed **has** repeatedly **been nudging** interest rates **higher**.

주식시장은 안정화되기 시작했고 심지어 **소폭 상승했다**.
The stock market has begun to stabilize and even **ticked up**.

수익이 작년에 **급상승했다**.
Our profit **surged** last year.

◆ 상황이 좋다

be in good shape

경제**상황이**[경기가] **좋다**.
The economy **is in good shape**.

◆ 성급하다(섣부르다)

hasty(성급한, 서두르는), impulsive(충동적인, 성급한, 즉흥적인), rash(경솔한, 성급한), reckless(무모한, 성급한), be half-baked(섣부르다, 어설프다), be ill-conceived(잘못 고안되다)

계획이 **어설프다**.
The plan **is half-baked**.

그는 계획 **구상을 잘못해서** 실패했다.
He failed because his plan **was ill-conceived**

◆ 쏟다

pour into, channel into, deliver(전달하다)

~에 자금을 더 **쏟을 것이다**
More funds will be **channeled into**[devoted to] ~

◆ 쉽지 않은 과제이다

be no trivial task, be no easy task

쉽지 않은 일이어서 오랜 시간을 보냈다.
I spent hours and hours because it **was no trivial task**.

◆ 시간이 걸리다

take time

사과하기까지 **시간이** 오래 **걸린다**.
It **takes** a long **time** to apologize.

외국어를 배우는 것은 **시간이 걸린다**.
Learning a foreign language **takes time**.

◆ 신중하다

be careful, be cautious, be discreet(조심하다), play it safe(안전하고 조심스럽게 하다), be prudent(신중을 기하다), think twice

민감한 사안이니 **신중하세요**.
Be careful as it is a sensitive issue.

안전을 생각해서 위해 천천히 운전할 거야.
I will drive slowly just to **play (it) safe**.

파산신고를 하는 데 있어서 **신중을 기해라**.
Be prudent when filing for bankruptcy.

◆ 실시하다, 행하다

carry out(수행하다, 실행하다), execute(집행하다)

그 외국인 투자자는 출구전략을 **실시한다**.
The foreign investor **executes** an exit strategy.

그는 그 전략을 **실행하기**로 했다.
He is determined to **carry out** the strategy.

◆ 심화시키다

intensify, widen, add fuel to(부채질하다), deepen, worsen(깊게 하다, 악화시키다), escalate, exacerbate(악화시키다), heighten(고조시키다), amplify(증폭시키다)

미-중 통상마찰이 경쟁을 **심화시킨다**.
The US-China trade friction **intensifies** competition.

그는 그녀의 화를 **부추겼다**.
He **added fuel to** her fury.

소득격차[빈부격차]가 **심화되었다**.
The income gap **has widened**.

빈부격차가 **악화되고 있다**.
The gap between rich and poor **is worsening**[growing] wider.

◆ 악재요소

negative factors(부정적인 요소), unfavorable factors(악요인)

악재요소가 많다.
There are many **negative factors**.
The **negative factors** abound.

코로나가 경제에 **악재**로 작용하고 있다.
The COVID-19 pandemic is an **unfavorable factor** that is affecting the economy.

◆ 악화하다

exacerbate, worsen, weaken, fall apart(무너져 내리다), deteriorate(악화되다), go downhill(내리막길로 접어들다), be[put] on the road to ruin(멸망의 길로 가다)

성장을 위한 전략이 **수포로 돌아가고** 있다.
The growth strategy began to **fall apart**.

신흥시장 경제의 성장 모멘텀 **약화**
The **weakening** growth momentum of emerging-market economies

공급망 와해가 생산 능력을 **악화시켰다**.
The disruption in the supply chain **has deteriorated** production capacity.

나는 주가 폭락으로 **내리막길을 걷고 있다**.
I **am going downhill** because of the stock price crash.
The stock price collapse **is putting** me **on the road to ruin**.

◆ 안정시키다

stabilize(안정화하다), calm, firm up(확고히 하다, 강화하다), shore up(지탱하다, 강화하다)

인플레와 환율이 먼저 **안정돼야** 한다.

Inflation and exchange rates need to **be stabilized** first.

또 다른 팬데믹에 대비해 경제를 **안정화할** 필요가 있다.

The economy needs to **be firmed up** in advance of another pandemic.
We must **shore up** the economy in preparation for the next pandemic.

◆ 약속하다

promise to, be committed to(약속하다, 전념하다), pledge to(공약하다)

정부는 주택가격 안정을 **약속한다**.

The government **is committed to** stabilizing housing prices.

기업이 탄소배출 저감을 **약속한다**.

The company **pledges to** reduce carbon emissions.

◆ 양상이 다양하다

have different aspects(다른 면을 갖고 있다), have diverse aspects, aspects are varied

그 정책은 **아주 다양한 면들이 있다**.

The policy **has** many **different aspects**.

디지털화에는 **다양한 양상이 있다**.

Digitalization **has diverse aspects**.

◆ 어려움을 야기하다

cause difficulties[hardship](곤경을 초래하다), bring about problems(문제들을 초래하다)

예기치 못한 충격이 잇따라 발생하여 우리 경제에 큰 **어려움을 주었다**.

A series of unexpected shocks **caused** our economy great **difficulties**.

코로나는 많은 **문제를 초래했다**.

The COVID 19 **brough about** many **problems**.

◆ 억제하다

curb, curtail, suppress(억제하다), limit(제한하다, 한정하다), restrain(규제하다, 통제하다), restrict(제약하다, 제한하다, 규제하다)

가계부채의 증가를 **억제하다**
curb the growth in household debt

피해를 최대한 **억제해야** 합니다.
We have to **suppress** the damage as much as possible.

탄소세는 탄소배출을 **억제할** 것이다.
The carbon tax will **limit** carbon emissions.

진정하고 화를 **참으세요**.
Calm down, **restrain** your anger.

음식쓰레기를 **제한해야[줄여야]** 합니다.
We have to **restrict** the production of food waste.

◆ 역동적이다

be lively(활기에 차다, 활황세이다), be dynamic, energetic(활기 넘치는)

전자상거래는 **활기차고** 오프라인 시장보다 더 많은 소비자를 끌어들인다.
Ecommerce **is lively** and attracts more consumers than the offline market.

한국경제는 혁신적이고 **역동적이다**.
Korea's[The Korean] economy **is** innovative and **dynamic**.

그는 **활기 넘치고** 열심히 일하는 직원입니다.
He is an **energetic** and hard-working employee.

◆ 역사적 수준이다

be at a historical level(역사적 수준이다), be at a historically ~ level(역사적 가장 ~한 수준이다), view historically[by historical standards](역사적 기준으로 보다)

법인세를 감세하여 **역사적으로** 가장 낮은 **수준이다**.
Corporate tax cuts **are** now **at a historically** low **level**.

과거[역사적] 기준으로 봤을 때, 이번에 부과된 관세는 불합리하다.
Viewed by historical standards, the tariffs imposed this time are unreasonable.

◆ 연결되다, 연결하다, 이어지다

connect(연결[접속]하다, 이어지다), closely connected(긴밀히 연결된), interconnect(상호 연결되다), connect the dots(점들[단편적인 사실들]을 연결하다, 종합적으로 생각해서 판단하다)

요점을 연결해 전체 맥락을 이해하고 결론을 도출하다

connect the dots to grasp the overall context and draw a conclusion

단편적 사실을 연결해서 결론을 도출해줄 필요는 없어.

You don't need to **connect the dots** for me.

같은 생각을 하는 국가들끼리 서로 **연결되어 있다**.

Like-minded countries **are connected**.

◆ 열다

open, unleash(불러일으키다, 개시[촉발]하다)

그의 발언이 일대 파문을 **촉발했다**.

His remarks **unleashed** a wave of protests.

무궁무진한 가능성을 **열어준다**.

It **unleashes** vast potential.

It **opens up** unlimited possibilities.

◆ 열등감을 느끼다

feel inferior(열등감을 느끼다), make someone feel inferior(~에게 열등감을 느끼게 하다)

부유한 부모가 있는 그녀에게 나는 **열등감을 느낀다**.

I **feel inferior** to her as she has wealthy parents.

◆ 없어지다, 여지가 없다

run out of(다 쓰다, 떨어지다, 유효하지 않다), little room for(거의 없는, 여지가 없는)

시장조작행위를 했다는 주장에는 의심의 **여지가 없다**.

There is **little room for** doubt about the allegations of market manipulation.

차에 기름이 **떨어지고 있다**.

My car **is running out of** gas[running low on fuel].

◆ 영향을 주다

affect, have an effect on, influence, take effect(영향이[효과가] 나타나다), cause, influence(영향을 끼치다), impact, have an impact on(~에 충격[영향]을 주다), exercise influence on(~에 영향을 미치다)

친구가 **그에게** 나쁜 **영향을 끼쳤다**.
His friend **had a** bad **impact on** him.

약이 곧 **효과를 나타낼** 것이다.
The drug will **take** immediate **effect**.

여론은 국가정책**에 영향을 미친다**.
Public opinion **exercises influence on** the national policy.

◆ 예상하다, 예상치(어림잡은 수치)

estimate, guess, project, give[provide] a ballpark figure(예상치[추정치]를 주다), conjecture(추측하다)

그는 경제적 영향 보고서에 **예상치를 제공했다**.
He **provided a ballpark figure** on the economic impact report.

경기 반등은 **추측**만 **할** 수 있습니다.
We can only **conjecture** the economic rebound.

◆ 완화하다

alleviate, ease(덜어주다, 덜해지다), mitigate(경감하다, 완화하다), relax(풀어주다), take the edge off(완화하다, 약화시키다), tone down(누그러뜨리다)

경기변동이 **완화되었다**.
The economic volatility **was alleviated**.

빈곤을 **완화했다**.
The poverty **was alleviated**.

진통제가 고통을 **덜어줬다**.
The painkiller **eased** the pain.

유엔이 ~를 통해 국제긴장 **완화**에 기여하고 있다
UN is helping to **ease** international tensions by ~

정부가 규제를 **완화했다**.
The government **relaxed** regulations.

너의 사과가 그녀의 분노를 **누그러뜨릴** 수 있어.
Your apology can **take the edge off** her anger.

그는 비판을 **누그러뜨렸다.**

He **toned down** his criticisms.

◆ 원동력을 잃다, 추진력을 상실하다

lose steam, lose momentum(활력[탄력]을 잃다)

모든 성장동력이 **활력을 잃고 있다.**

All growth engines **are losing steam**.

기업이 **활력을 잃고** 파산 직전이다[부도 위기에 처했다].

The company **is losing momentum** and about to go bankrupt.

◆ 우려(하다)

be worried over, feel anxious about, be concerned about, have concerns about, have apprehension[anxiety](근심[걱정]하다), feel a sense of unease[worry/concern](불안[걱정]을 느끼다)

새로운 일을 시작하는 것**에 대해 불안을 느끼는** 것은 자연스러운 일이다

It is natural to **feel anxious about** starting a new job.

경제 침체**에 대해 우려하고 있다.**

We **are concerned about** an economic slump.

계약**에 대한 불안감을 느낀다.**

I **feel a sense of unease** regarding the contract.

여전히 **우려**가 지속되고 있다.

The **concerns** persist.

◆ 요구(하다)

ask for(청하다, 구하다), call for(요구하다), demand(강력히 요청하다), inquire about, look into(묻다, 문의하다), request(요청하다), a wakeup call for(~에 대한 경고 메시지, ~에게 경종을 울리는[주의를 촉구하는] 상황)

대출을 어떻게 신청하는지 **문의하고** 싶어요.

I would like to **inquire about** the loan process.

용서를 **구합니다.**

I **ask for** your forgiveness.

이태원 압사 사고는 정부**의 주의를 촉구하는** 사건이다.

The Itaewon stampede incident is **a wakeup call for** the government.

◆ 유발하다, 작동하다

spark, activate(작동시키다), bring out, elicit(끌어내다, 밝히다), give rise to(생기게 하다, 낳다), set off(시작하다 터트리다), trigger(도화선이 되어서 촉발하다)

거짓 루머가 회사 주가를 하락**시켰다**.
False rumors **have sparked** the company's stock price to plummet.

나는 그의 숨겨진 잠재성을 **끌어냈다**.
I **brought out** his hidden potential.

팀을 어떻게 **작동하죠**?
How do you **activate** the team?

한국은행의 발표가 자본유출과 통화가치 절하를 **촉발했다**.
The announcement by the Bank of Korea **triggered** capital outflows and currency depreciation.

◆ 유지하다, 지속하다

continue(지속시키다), keep on hold of(~를 유지하다), sustain(지속되다), maintain

미 연준위가 금리를 5%로 **유지하고 있다**.
The Federal Reserve **is keeping on hold of** interest rates at 5%.

부동산 투기를 억제하기 위한 고율의 부동산세 부과가 **유지되어 왔다**.
High real estate taxes **have been sustained** to deter real estate speculation.

정부가 물가 안정을 **유지했다**.
The government **has maintained** price stability.

◆ 위기에 처하다

be in danger of, be on the brink of(~할 지경이다, 위기다), be on the verge of(~하기 직전이다)

혼란 끝에 국가 부도 사태가 **발발하기 직전이다**.
After the chaos, the country **is in danger of** default.

가게들이 문 닫을 **위기에 처해 있는 상황이다**.
The shops **are on the verge of** closure.

◆ 위축하다

contract(수축하다, 줄어들다, 수축시키다), constrict(위축시키다, 제약하다), deflate(수축시키다, 끌어내리다), shrink (away)(줄어들다, 움츠리다)

그의 발언이 우리의 기대를 **꺾었다**.
His remark **deflated** our hopes.

회사매출이 달러 강세로 **줄어들었다**.
Company sales **contracted** on[due to] the strong Dollar.

그녀는 몸을 **움츠리고** 숨고 싶었다.
She wanted to **shrink away** and hide.

◆ 의제로 삼다(택하다)

put on the table, choose the agenda item(의제안건[주제]으로 택하다)

의제로 택한 주제에 대해 보고드립니다.
I will report on **the agenda** items I have **chosen**.

◆ 의지하다

lean on(~에 기대다), rely on(~에 의지하다)

그 회사는 정부 보조금**에** 크게 **의존하고 있다**.
The company **leans** heavily **on** the government subsidy.

한국은 IMF의 구제금융**에 의존했다**.
Korea **relied on** the bailout fund by the IMF.

◆ 이끌다

lead(이끌다), drive(추진하다)

사각지대가 우리 모두를 더 큰 위험에 빠뜨릴 수[위험으로 **이끌 수**] 있다는 것을 배웠다.
We have learned that blind spots can **lead** all of us at greater risk.

~이 장기적 경제성장을 **이끌다**
~ **drive** long-run economic growth

한국은 수출 **주도** 경제성장을 구가했다.
Korea enjoyed export-**driven** economic growth.

◆ 자유화하다

deregulate, decontrol(규제를 풀다), liberalize(자유화하다)

임금인상을 **자유화하자**.

Let us **deregulate** wage hikes.

자본시장을 **자유화해야** 한다.

We must **liberalize** capital market.

◆ 잣대로 보다

view with (as) a barometer[benchmark/yardstick/standard]

이 **잣대로 보면** 진전이 더디다.

Viewed by this yardstick, progress has been slow.
According to this measure[gauge], progress has been slow.

이중 **잣대로** 사람을 **보고** 말하면 안 된다.

You should not **view** people **with** double **standards** when you talk.

◆ 재연하다

recur, happen again, be repeated(반복되다), reappear(다시 나타나다)

금융 및 경제 불안이 **재연되고 있다**.

Financial and economic unrest **is recurring**.

두 번 다시 **재발하지** 않도록 막아야 한다.

We must prevent this mistake from **happening again**.
We must not allow this mistake to **be repeated**.

◆ 재협상하다

renegotiate

한미 자유무역협정을 **재협상했다**.

The KOR-US Free Trade Agreement **was renegotiated**.

◆ 제고하다(쳐들어 높이다)

elevate, raise, boost, increase(증가하다, 신장하다), foster, strengthen(강화하다), improve(개선하다), promote(추진하다, 제고하다), push for, pursue(촉구하다)

금융이해를 **제고하기** 위해 금융기관이 노력하고 있다.
The banks are working to **promote** financial literacy.

◆ 좌초되다, 무산되다

fail, run aground, be stranded, fall through(무산되다, 실현되지 못하다)

그 계획은 **실현되지 못할** 것이다.
The plan will **fall through**.

신축 사무실 재원 조달이 **무산되었다**.
Funding for our new office building **has fallen through**.

경제 침체 동안 **좌초된** 연기금을 구제해야 한다.
We must salvage the pension fund that **was stranded** during the economic recession.

◆ 저점을 찍다

hit the low point[level], bottom out, be at a low point, be at an all-time low(저점을 찍다, 최악의 상태다)

남북관계가 사상 **최악의 상태이다**.
Inter-Korean relations **hit the lowest point** ever.

그 회사에 대한 신뢰도가 **저점을 찍었다**.
Confidence in the company **is at a low point**.

◆ 저해하다

disrupt, hinder, sink(가라앉다, 침몰하다), take down(끌어내려지다, 분해되다), cripple(심각한 손상을 주다)

우리는 경쟁자를 **끌어내리려고** 계획한다.
We plan to **take down** our competitor.

추가 재원 확보를 하지 않으면 공장 운영이 **마비될** 수 있다.
If additional funding is not secured, factory operations may **be crippled**.

◆ 전망하다

give[make] outlook, estimate(추정하다), forecast(예측하다), make forecasts, predict(예상하다)

IMF는 내년도 세계 경제에 대해 긍정적으로 **전망했다**.

The IMF **gave** positive global economic **outlook** for next year.

그 기업은 손실이 미미했던 것으로 **추정했다**.

The company **estimated** the loss to have been minimal.

경제학자들이 경제 상황에 대해 보다 정확히 **전망하고 있다**.

Economists **are making** more accurate **forecasts** on economic conditions.

◆ 절상하다

rise (in value), appreciate(화폐 가치가 상승하다)

미 달러가 원화 대비 **절상하였다**.

The US Dollar **has appreciated** against the Korean Won.

한국 원화 **가치 상승**[원화 **절상**]은 수출 시장에서 한국 제품 가격을 높이게 된다.

The **rise in the value** of Korean won make Korean products more expensive in export markets.

◆ 절하하다

depreciate(명사형 depreciation), devalue(화폐가치가 떨어지다)

더이상 원화 **절하**를 그냥 놔두면 안 됩니다.

We should not let Korean Won **depreciate** any further.

이것은 자본유출과 통화가치 **절하**를 유발한다.

This triggers capital outflows and currency **depreciation**.

◆ 정리하다

settle, clear, liquidate, cash out(현금화하다), sell off, clear out(팔아치우다, 매각하다)

정부가 부실기업을 **정리했다**.

The government **liquidated** an insolvent enterprise.

외국인 투자자들이 한국에서 투자를 **회수했다**.

Foreign investors **have cashed out** their investments in Korea.

◆ 정점에 있다

at the height[peak] of(~의 정점에서), be at its very best, reach a peak, be at the pinnacle of, culmination[zenith/apex](정점, 최고조)

부채 위기**가 정점일[한창일]** 때 국민들은 ~을 선호한다고 여론조사가 밝혔다

At the height of the debt crisis, the poll showed that people preferred ~

성공**의 절정에서** 오히려 겸허해야 한다

At the peak of success, you should rather be humble.

우리 관계가 **최고의 상태에 있다.**

Our relationship **is at its very best**.
Our relationship **has never been better**.

◆ 제안하다

propose, present, put forward, put on the table, come up with, move for(제출하다), offer(제공하다)

그는 건설적인 의견을 **제시했다.**

He **put forward[offered/presented]** a constructive opinion.

문제를 해결하기 위해 우리는 방안을 **제안했다.**

To resolve the problem, we **came up with** solution.

◆ 제외하다, 배제하다

exclude, eliminate, get rid of(제거하다), keep out, leave out(무시하다), ostracize(배척하다), shut the door on(~에 대한 문을 닫다, 가능성을 없애다), shut out(가로막다)

오만함부터 **버리고** 같이 일하자.

Let us **get rid of** arrogance and work together.

소외시키지 말고 포용하는 것이 바람직하다.

It is better to be inclusive than to **ostracize**.

◆ 조작하다

manipulate, rig

그린워싱은 환경 관련 활동을 **조작하는 것이다.**

Greenwashing **is manipulating** environmental activities.

◆ 조정하다

adjust, modify, revise, calibrate(눈금을 매기다, 보정하다) make adjustments(조정하다)

전망을 상향 **조정하다**
adjust expectations upward
revise estimates up

채무탕감은 그 목표에 따라 **조정된다**.
Debt relief **is calibrated** on the basis of that target.

자율주행차를 완성하려면 모든 것을 **보정하고** 세세한 **조정**이 필요하다.
To be complete, self-driving cars need to **calibrate** everything and **make** fine-tuned **adjustments**.

◆ 주도적인 역할을 하다, 리더십을 보이다

play a leadership role in, leading(선도하는)

한국은 지속가능한 발전을 위한 2030년 의제에 대해 후속 조치를 함**에 있어 주도적인 역할을 수행할** 것을 약속했다.
Korea is committed to **playing a leadership role in** taking follow-up measures for the 2030 Agenda for Sustainable Development.

◆ 주력하다

focus on, devote oneself to, concentrate on(~에 집중하다), throw oneself into(~에 몸을 던져 전력투구하다)

정부가 물가 안정에 **주력하고 있다**.
The government **is focusing on** price stability.

제 발표에서는 4차 산업혁명을 **집중적으로 다루겠습니다**.
My lecture will **concentrate on** the 4th Industrial Revolution.

◆ 주목받다

attract[gain/garner] attention(주의를 끌다)

북한의 핵실험은 세계의 **관심을 끌었다**.
North Korean nuclear tests **have attracted** the world's **attention**.

◆ 중요한 역할을 하다

play an important role, play an essential role(필수적인 역할을 하다), play a key[critical] role(핵심적인 역할을 하다), have critical roles to play(해야 할 필수적인 역할들이 있다)

물과 공기는 인간의 삶에 **필수적인 역할을 한다**.

Water and air **play essential roles** in human life.
Water and air **have critical roles to play** in human life.

◆ 줄이다

reduce, lessen, cut(끊다), bring down(낮추다), lower

우리의 목표는 소득 격차를 **줄이는 것이다**.

Our goal **is reducing** the income gap.

저소득 가계의 부담을 **줄이려면** 무엇을 해야 하나?

What should be done to **lessen** the burden of low-income households?

결손과 빚을 줄이고 있다.(적자를 **줄이고** 부채를 낮추고 있다.)

We are **bringing** the deficit **down** and getting[allowing] our debt to fall.

관세장벽을 **낮춰야** 시장접근이 수월해진다.

Lowering tariff barriers makes market access easier.
Lowering tariff barriers facilitates market access.

◆ 중심에 있다

be at the center of, be at the heart of(~의 심장부에 있다, 핵심에 있다)

삼성은 반도체 공급망**의 중심에 있다**.

Samsung **is at the heart of** the semiconductor supply chain.

◆ 증가하다, 증대하다

increase, jump, mount, increase rapidly, balloon, surge(급증하다), rise rapidly, climb sharply, skyrocket(급등하다)

우리는 불안정성 **증대**에 대응했다.

We responded to **mounting** uncertainties.

수입이 큰 폭으로 **증가했다**.

Imports **have increased** by a large margin.

압력이 계속 **커지고[팽창하고] 있다.**

The pressure **is ballooning**

정부의 발표가 외국 자본 유입을 **급증시켰다.**

The government announcement **skyrocketed** an influx of foreign capital.

◆ 증거가 되다

be testament[testimony] to, provide evidence[proof](증거를 제시하다)

그는 자신의 무죄를 증명할 **증거를 제시했다.**

He **provided evidence** to prove his innocence.

◆ 증세하다

raise[increase] taxes

정부가 부가가치**세를 인상했다.**

The government **raised** the VAT(Value Added **Tax**).

그는 **증세하지** 않겠다고 약속했다.

He promised not to **raise taxes**.

◆ 지원하다

support, provide assistance[aid] to, assist, aid(원조, 돕다), give a helping hand(도움의 손길을 주다)

제 역할은 고객이 복잡한 환경을 탐색하는 데 **도움을 주는** 것이다.

My role is to **assist** customers navigate their way through a complex environment.

우리는 제3세계에 **도움의 손길을 내밀었다.**

We **gave a helping hand** to the Third World.

◆ 지점에 있다

be at a point where ~(~한 지점에 있다)

우리는 미래가 너무 암울해 보이**는 지점에 있다.**

We **are at a point where** the future is[looks] very bleak.

◆ 지지부진하다

be slow, be stalled, be dull(둔하다, 부진하다, 따분하다), be tepid, be lackluster(태도, 관심 열정 등이 미온적이다), be anemic

발표내용이 너무 **단조로워[따분해]** 집중할 수가 없다.
The presentation **is** too **dull** for me to pay attention.

수요가 **미온적이다**.
Demand **is tepid[slow/lackluster]**.

지지부진한 회복세
anemic[tepid] recovery

◆ 진원지이다

be at the heart of(~의 핵심[본질]이다), be the epicenter of, be ground zero(진앙지이다), where ~ started(~가 시작된 곳이다)

진실성[청렴성]은 우리의 정체성과 업무수행**의 핵심이다**.
Integrity **is at the heart of** who we are and how we work.

중국이 코로나**의 진앙지일** 수 있다는 소문이 있다.
There is a rumor that China could **be the epicenter of** the pandemic.

선진국 경제는 전 세계 금융위기**의 진원지이다**.
Advanced countries are **where** the global financial crisis **started**.

◆ 진작시키다

boost, arouse, stimulate(활성화하다, 자극주다, 신장시키다), revive(부활시키다), reinvigorate(활력을 넣어주다)

내수를 **진작시키다**
boost domestic demand

소비자 신뢰를 **진작시키는** 것이 필요하다.
It is necessary to **boost** consumer confidence.

경제적 번영으로 해외 관광이 **활성화됐다**.
Economic prosperity **stimulated** tourism to foreign countries.

지방자치제로 인해 지방 경제가 **활성화되고 있다**.
Local autonomy **is reinvigorating** the local economy.

◆ 진출하다

advance into, enter, break into(~로 진입하다), make inroads into(~로 들어가다)

그 회사는 해외시장**으로 진출했다**.

The company **has advanced into[entered]** overseas markets.

그 회사는 해외시장**에 진출하기** 위해 분사를 했다.

The company was spun off so that it could **advance into** foreign market.

한류가 주류 영화계**로 진입했다**.

The Korean Wave **broke into** mainstream movies.

그 회사는 국내시장 **판로를 만들** 계획이다.

The company plans to **make inroads into** the domestic market.

◆ 진행되다

set in motion(촉발하다), advance, move forward(전진하다), go ahead of(~을 앞서가다), progress(진행하다)

대변혁이 일련의 사건들을 **촉발시켰다**.

Great transformation **set in motion** a train of events.

만약 열심히 노력하면 **전진할 것이다**.

If you try hard, you will **move forward**.

그 일은 빠른 속도로 **진행되었다**.

The work **proceeded** at a rapid pace.

◆ 짚어보다

touch on(~에 대해 언급하다, 짚어보다)

그 주제**에 대해 언급하겠습니다**.

I will **touch on** the topic.

◆ 창출하다

create, bring into being(생기게 하다), forge(형성하다), produce(생성하다)

투자 확대가 더 많은 일자리를 **창출할** 것이다

More investment will **create** more jobs.

◆ 철폐하다

abolish, eliminate, remove(없애다, 제거하다), exterminate(박멸시키다), wipe out(말살하다, 전멸하다)

부정부패를 **완전히 뿌리 뽑아야** 한다.
We must **wipe out** corruption and illegalities.

눈속임식 관행을 **철폐하다**
eliminate the practice of "window-dressing"

◆ 최고 상태이다

be in top form, be at its best(최상의 상태이다)

양국 관계가 **최상의 상태다.**
Our relationship **is at its** very **best**.

◆ 역사적으로 최저치를[낮은 수준을] 기록하다

hit a historic low, plunge to a record low, be historically low(역사적으로 최저 수준이다)

수익성이 **사상 최저치를 기록했다.**
Profitability **hit a historic low**.
Profitability **has plunged to a record low**.

◆ 추진하다

carry out, pursue, conduct(실행하다)

경제 개혁을 **추진하다**
carry out economic reforms

정부는 ~을 새 국가 비전으로 **추진하고 있다.**
The government **is pursuing** a new national vision of ~

◆ 충격에서 벗어나다

get over the shock of

그는 한동안 회사 부도 **충격에서 벗어나지** 못했다.
He couldn't **get over the shock of** bankruptcy for a long time.

◆ 촉매제 역할을 하다

play a catalytic role in, act as a catalyst in

미국은 3국 관계**에서 촉매제 역할을 했다**.

The US **played a catalytic role in** the trilateral relations.

◆ 충격을 흡수하다

absorb shock, cushion impacts[shocks], reduce[soften] the shock(충격을 줄이다)
withstand shock(충격을 견디다)

외환 보유고가 많으면 대외 **충격을 줄여준다**.

Large foreign exchange reserves **cushion** external **shocks**.

회사는 **충격 흡수** 능력을 개선했다.

The company has improved its capability to **withstand shock**.

◆ 취하다

come up with(제시하다, 내놓다), implement(실행하다)

기업이 장기전략을 **취했다**.

The company **came up with** a long-term strategy.

제로 배출을 위한 전략적 조치를 **취해야 한다**.

We need to **implement** strategic measures to achieve net zero.

◆ 치명타를 입히다

give a deadly blow(치명적인 타격을 주다), strike a fatal blow to(~에 치명타를 가하다),
strike ~ with a fatal blow

그 조치가 양국 관계에 **치명타를 입혔다**.

That measure **gave a deadly blow** to the bilateral relations.
Those measures **struck** the bilateral relations **with a fatal blow**[killed the bilateral relations].

◆ (경기) 침체에서 빠져나오다

extricate from the economic malaise, break free from a stagnant economy, get out of the economic slowdown

한국은 **불황에서 빠져나오기** 위해 출구전략을 마련했다.

South Korea devised an exit strategy to **get out of the economic slowdown**.

◆ 쾌거를 이루다

accomplish a magnificent achievement, achieve a splendid feat

한국은 사회적으로 수많은 **쾌거를 달성했다**.

Korea **accomplished** a set of social **achievements**.

◆ 큰 비중을 차지하다

play a big part in, be a big part of(~의 큰 부분을 차지하다)

어머니는 내 삶**에서 큰 비중을 차지한다**.

My mother will always **be a big part of[play a big part in]** my life.

◆ 타격을 입다

be hard hit by, be slammed by(~에 의해 타격을 크게 입다), give a heavy blow to(~에 큰 타격을 주다)

미중 통상마찰이 한국**에 큰 파장을 몰고 왔다**.

The US-China trade dispute **gave a heavy blow to** Korea[hit Korea hard].

한국은 아시아 금융위기로 **타격을 입었다**.

Korea **was slammed[hit] by** the Asian financial crisis.

◆ 타개하다

struggle through, break through, break out of, break free from(~에서 벗어나다), cope with(~을 극복하다), grapple with(~을 해결하려고 노력하다)

우리는 경기 부진**을 타개하려고** 노력하고 있다.

We are trying hard to **break free from** the sluggish economy.

정부는 환경 오염 문제**와 씨름하고 있다**.

The government **is grappling with** the environment pollution issue.

◆ 탈바꿈하다

be transformed, shift gears(방향을 바꾸다), switch over to(~로 전환하다), transform(변혁하다)

한국은 지난 반세기 만에 가난에 시달리던 국가에서 선진국으로 **탈바꿈하였다**.

Korea **has transformed** itself from a poverty-stricken country to an advanced country within half a century.

◆ 토대가 되다

become a cornerstone for, serve as the cornerstone for(~을 위한 바탕이 되다, 초석[동력]이 되다)

국제협력이 **토대가 되어** 백신을 개발했다.

International cooperation **has become a cornerstone for** vaccine development[in the effort to develop vaccines].

◆ 편성하다

organize, put together, compose(작성하다), devise(고안하다), formulate(작성하다, 만들다)

국회가 추가경정예산을 **편성했다**.

The National Assembly **formulated** a supplementary budget.

◆ 폐기하다

scrap, abolish, cast off(버리다, 폐기하다), discard(버리다)

국회가 세제 혜택안을 **폐기했다**.

The National Assembly **scrapped** the tax break scheme.

승진에 대한 꿈을 **버렸어**.

I **discarded** all thoughts of promotion.

◆ 평가하다

evaluate, assess, measure(측정하다)

회사가 직원들의 성과를 **평가했다**.

The company **evaluated** the performance of employees.
The company **assessed** employ performance.

◆ 피해가다

avert(방지하다, 외면하다), avoid(피하다), bypass(우회하다), dodge(기피하다), steer clear of(멀찌감치 피하다)

우리는 실패를 **방지했다**.

We **averted** failures.

호주 경제는 경제 전문가들이 4분기 성장을 기대하면서 경기침체를 **피할** 듯싶다.

Australia's economy is set to **dodge** recession with economists expecting growth in the fourth quarter.

민감한 발언은 최대한 **피하고** 홍보 담당자에게 맡기세요.

Please **steer clear of[avoid]** making sensitive remarks as much as possible and leave it to the PR person.

◆ 하락하다

decline, fall, decrease(줄어들다), drop, fall(떨어지다)

실업률이 **하락할** 것으로 전망된다.

We predict that the unemployment will **fall**.

◆ 하회하다

be below, fail to reach(못 미치다), fall short of(~이 부족하다), fall from(~에서 떨어지다), be lower than(~보다 낮다)

곡물 수확이 평년 **이하이다**.

The crop yield **is below** the average.

주가가 전날 시세를 **하회했다**.

The stock price **was lower than** the previous day.
The stock price **fell from** the previous day.

◆ 한계에 이르다

be at the breaking point, reach its limit(한계에 도달하다)

인내심이 **한계에 이르렀다**.

Patience **has reached its limit**.
Patience has worn thin.

◆ 합심하다

unite, come together in solidarity to, mobilize(동원하다), pull together(결속하다)

우리 모두 **합심하여** 위기를 기회로 바꿔야 합니다.

We must **pull together** and transform challenges into opportunities.

우리의 지혜를 **모아** 난국을 타결해야 합니다.

Let us **mobilize** our wisdom to solve the difficulties.

◆ 향상하다

enhance, improve, reinforce, raise, upgrade

유동성과 재정 건전성을 **향상시키다**

enhance liquidity and financial health

◆ 해소하다

resolve, ease, figure out(생각해내다), iron out, solve, settle(해결하다)

의견 차이를 **해소하였다.**

The opinion differences **were ironed out**.

정부가 시장의 불확실성을 **해소했다.**

The government **eased** market uncertainty.

◆ 해치다, 갉아먹다

harm, damage, do damage to, impair(손상하다), hinder, undermine(기반을 약화시키다)

인간의 존엄성을 **해치고 있군요.**

You **are harming** human dignity.

기업의 투자를 **저해하다**

hinder corporate investment

당신이 상황을 **악화시킨다**는 사실을 알고 있나요?

Do you know that you **are undermining** the situation?

재정 건정성[안정성]과 성장동력을 **갉아먹다**

undermine fiscal integrity and future growth

◆ 행동하다

take action(행동을 취하다), translate into action(실행에 옮기다)

대통령이 북한과 관련하여 담대한 **행동을 취한다**고 밝혔다.
With respect to North Korea, the president disclosed that he will **take** audacious **action**[bold steps].

그는 계획을 과감하게 **실행에 옮겼다**.
He **translated** the plan **into** bold **action**.

◆ 헤어나오다

get out of, extricate (someone/something) from, lift (someone) out of(누군가를 ~에서 구하다)

정부가 지원을 해줘서 국민들이 빈곤**에서 헤어나오게 되었다**.
By providing assistance, the government **lifted** people **out of** poverty.

그는 가까스로 우울증**에서 벗어났다**.
He barely managed to **get out of** depression.

◆ 확장하다, 확대하다

expand, extend, invigorate(활성화하다)

완만한 속도로 **확장하다**
expand at a moderate pace

글로벌화는 세계 경제의 성장 잠재력을 **확장시켰다**.
Globalization **extended** the world's economic growth potential.

◆ 확보하다

secure, obtain, replenish(보충하다, 원래대로 가득 채우다), be armed with(~을 갖추다, 무장하다)

미국은 외환시장에서 안정성을 **확보했다**.
The US **secured** stability in foreign exchange markets.

정부가 재원을 **확충했다**.
The government **replenished** resources.

◆ 활력을 불어넣다

bring vitality, bring life, stimulate, invigorate, vitalize, give ~ a shot in the arm

경제에 **활력을 불어넣다**

bring vitality to the economy
vitalize the economy
gave the economy **a shot in the arm**

팀에 **활력을 불어넣다**

invigorate the team

◆ 활성화하다

stimulate, revitalize, invigorate(활기를 불어넣는다), boost(북돋다, 부양하다), promote(촉진하다, 추진하다), spur(박차를 가하다)

정부가 수출과 투자를 **활성화하기** 위한 법안을 마련했다.

The government has prepared legislation to **stimulate** exports and **promote** investment.

우리는 소비를 **활성화하는** 방안을 마련했다.

We arranged consumption **boosting** measures.

세제 혜택은 기업 투자를 **활성화한다.**

Tax incentives **spur[stimulate/encourage]** corporate investment.

◆ 효과를 가져오다

effect, bring[give/have] effect(영향을[효과를] 주다)

~에 도미노 **효과를 주다**

It **gives[has]** a knock-on-**effect** on ~

그것은 역**효과를 가져온다.**

It **brings** the opposite **effect**[backfires].

경제에 낙수**효과를 준다.**

It **has** a trickle-down **effect** on the economy.

◆ 회복하다

recover, restore(복원하다), return

백신 접종 후 국민들의 삶이 안전성을 **회복했다.**

Safety **has returned** to the people's lives after vaccination became available.

09

동사 위주 유의어 및 표현 ❷ 정치·외교

Synonyms & Expressions ❷
Politics and Diplomacy

◆ 가교역할, 가교역할을 하다

bridge role(가교역할), mediator(중재자), matchmaker(중매인), serve[play a role] as a bridge(가교역할을 하다)

한국은 A와 B 사이에서 **가교역할**을 지속적으로 수행할 것이다
Korea will continue playing a **bridge role** between A and B

중재자 자격으로
in my capacity as a **mediator**

중개자는 생산자와 소비자를 연결하고 비즈니스를 촉진합니다.
The **matchmaker** fosters the business by making connections between producers and consumers.

도움이 필요한 사람들과 도움을 줄 수 있는 사람들 사이에서 **가교역할을 하려고** 노력합니다.
I try to **serve[play a role] as a bridge** between the people who need help and the people who can provide it.

◆ 가능성

possibility, probability(개연성), likelihood(가능성), chance, potential(잠재적인)

긍정적인 방향으로 발전시켜 나갈 **가능성**을 열다
open **possibilities** for positive developments

성공할 **개연성**이 아주 높다.
The **probability** of success is very high.

문제는 사람들이 그들의 성공 **가능성**을 정확하게 예측하는 능력을 과대평가한다는 것이다.
The problem is that people overestimate its ability to accurately predict the **likelihood** of their success.

의견 교환은 유용했고 **잠재적인** 진전을 볼 수 있는 분야를 강조했다.
The exchange of views was useful and highlighted areas of **potential** progress.

◆ 가속하다

accelerate, expedite, speed up, step up(증가하다, 강화하다), spur(박차를 가하다, 자극하다), stimulate, quicken

군비경쟁을 **가속화하다**

accelerate the arms race

회사가 수익성을 누리려면 생산을 **증가[강화]시켜야** 한다.

The company needs to **step up** production if it is going to enjoy profitability.

양적 완화는 소비자 지출을 **촉진하기** 위한 것이다.

QE(Quantitative Easing) is intended to **spur** consumer spending.

◆ 각축전, 각축을 벌이다

neck-and-neck race(각축전), heated competition(열띤 경쟁, 각축전), be in close competition(각축을 벌이다), vie for

한국 대통령 선거는 두 후보 간의 **각축전**인 듯싶어 보인다.

The Korean presidential election looks to be a **neck-and-neck race** between the two candidates.

우리는 **각축전**을 벌였다.

We have been engaged in a **heated competition**.

큰 영향력을 행사하기 위해 **각축을 벌였다**.

We **are vying for** greater influence.

◆ 감사하다

offer appreciation, express gratitude[thanks]

~에게 진심 어린 **감사를 드립니다**

I **offer** my heartfelt **appreciation** to ~

Let me sincerely **express gratitude** ~

◆ 강구하다

seek for, pursue, quest(탐구, 탐구하다), come up with, search for(검색하다), look around(둘러보다)

협의하여 공동의 대응 방안을 **강구하다**

consult and **seek for** joint measures

대책을 **강구하다**

come up with measures/devise countermeasures

학생들이 다양한 학위를 **검색하기** 위해 포털에 접속한다.

Students get access to the portal to **search for** different degrees.

우리는 금광을 **찾기** 위해 최선을 다했습니다.

We did our best in **quest** of gold mine.

◆ 강경한 입장〔노선〕

hardline position, firm stand on

미국의회는 이전 입장을 바꿔서 특히 **강경한 입장**을 채택했다.

The US congress has adopted an especially **hardline position**, shifting its previous stance.

유엔은 국제사회가 젠더기반 폭력**에 확고한[강경한] 입장**을 취할 것을 강력히 촉구한다.

The UN strongly urges the international community take a **firm stand on** gender-based violence.

◆ 강화하다

bolster(보강하다), boost, reinforce(증강[증원/강화]하다), strengthen, elevate(격상하다, 승격하다), enhance

대한민국 해군은 잠수함, 공중 작전 능력을 **강화하고 있다**.

The ROK Navy **is bolstering** its submarine and aerial operational capabilities.

막기 위해 규제를 **강화하다**

strengthen restrictions to prevent

러시아는 군을 **증강하기** 위해 보충 부대가 필요하다.

Russia needs more troops to **reinforce** the army.

양측은 원자력의 평화적 이용을 위한 4대 핵심분야에서 전략적 협력을 **강화하기**로 합의했다.

The two sides agreed to **bolster** strategic cooperation in the four core sectors of the peaceful use of nuclear energy.

한국과 아랍에미리트(UAE) 정상은 정상회담에서 양국 관계를 특별 전략적 동반자 관계로 **격상시키기**로 합의했다.

Leaders of Korea and the United Arab Emirates(UAE) agreed to **elevate** their bilateral relations to a special strategic partnership during a summit.

◆ 개념화하다

conceptualize, form a concept(개념화하다), develop an idea(아이디어를 개발하다), visualize mentally

계획을 **개념화하는** 일을 돕다
assist in **conceptualizing** plans/help **conceptualize** plans

로드맵을 **개념화하는** 것을 이야기하다
talk of **conceptualizing** a roadmap

우리는 처음부터 끝까지 전체 프로젝트를 **개념화하고** 세심한 안목으로[세부적인 것을 살피면서] 구현합니다.
We **conceptualize** entire project from start to end and implement it with an eye for detail.

◆ 격변

upheaval, turbulence(형용사형은 turbulent), sudden change, convulsion, disruption, be convulsed[disrupted](격변하다)

격변기
period of **upheaval**[tumultuous] time

격변하는 사회[정치] 정세
a **turbulent** social[political] situation

그 어느 때보다 **격변하고 있다**
be more **convulsed[disrupted]** than ever since

막대한 **격변**을 일으킬 것이다
will cause a tremendous **upheaval**

◆ 격상하다

upgrade(업그레이드하다), elevate, promote, take to the next level(격상하다)

난제를 제발 해결하고 우리 관계를 **격상시켜라**.
Please untangle this issue and **take** our relations **to the next level**.

전략적 동반자 관계**로 격상되다**
be elevated[upgraded] to a strategic partnership

휴대폰 **업그레이드**를 고려할 때 소비자는 가격 대비 가치를 생각한다.
When considering **upgrading** a phone, the consumer think about value for money.

◆ 격차

gap, disparity, division, difference, crack, divide, rift

디지털[정보] **격차**를 해소하다[좁히다]
bridge[narrow] the digital **divide**

불평등 **격차**를 좁힐 필요가 있다.
We need to narrow the inequality **gap**.
The inequality **gap** needs to be reduced.

어느 때보다 늘어난 가진 자와 가지지 못한 자 간의 **격차**
ever-increasing **gap** between the haves and have-nots

지난 수십 년간 부의 **격차**는 극적으로 증가했다.
Over the last few decades, wealth **disparity** has increased dramatically.

우리는 여전히 상당한 **격차**를 목격하고 있습니다.
We still witness significant **gaps**[major **disparities**].

◆ 견고한

sound, strong, solid, rock-solid, sturdy, concrete, firm, consolidated, robust, unshakable(확고부동한), secure(안전한, 확실한)

견고하고 효과적인 파트너십
robust, effective partnerships

수십 년 만에 관계가 가장 **견고한** 단계에 이르렀다.
Relations have reached their most **robust** state in decades.

한미동맹은 **견고하게[굳건히]** 유지되고 있다.
The ROK-US alliance remains **rock-solid**.

◆ 결속

unity, solidarity, alliance, bond, cohesion

강력한 국제적 **결속**과 **연대**를 보다 더 공고히 만들다
make the strong international **unity** and **solidarity** even more solid

양국의 확고부동한 **결속**을 보장하다
assure our unbreakable **bond**

한국인들은 **결속력**이 강하다.
Koreans share a strong **bond**[have strong **cohesion**].

◆ 결의

determination(결의), resolve(결심), resolution, will, willpower(의지력), resoluteness, decidedness, fixed purpose(확고한 목적)

결의를 굳건하게 다시 다지다 / **결의**를 굳게 하다
reaffirm our strong **willpower** / stiffen our **resolve**

그 누구도 그녀의 **결심**을 약화시키지 못했다.
No one could weaken her **resolve**.

나는 굳은 **결의**로 그 호된 시련을 헤쳐나갔다.
My **determination** carried me through the ordeal.

대단한 용기와 **결의**를 보이다
show great courage and **will**

확고한 목적이 없는 삶은 삶이 아니다.
Life without **fixed purpose** isn't life.

◆ 결집하다, 집중[전념]하다

concentrate(전념하다), focus on(~에 집중하다), fixate on(~에 집중하다, 집착하다), center on

보고서는 북한의 안보 청사진이 어떤 모습일지 분석하는 데 **초점을 맞출** 예정이다.
The report will **focus on** analyzing what Pyeongyang's blueprint for the national security will look like.

아마도 우리는 외부위협에 너무 **집착해서** 국내상황을 소홀히 했을 것이다.
Perhaps we've **been** so **fixated on** an outside threat that we've neglected domestic situation.

한국 정부는 핵 위기 해결에 **총력을 기울이고** 있다.
The Korean government **is concentrating** its efforts on resolving the nuclear crisis.

◆ 경쟁

fight, competition, struggle, rivalry(경쟁), race, contest, vie with

극렬한 **경쟁**
cutthroat **competition** / severe **competition**

미국과 중국 사이에는 치열한 주도권(헤게모니) **경쟁**이 있다.
There is a fierce **rivalry** for global hegemony between the US and China.

세계에 새로운 군비 확장 **경쟁**을 부추기다
unleash a new arms **race** on the world

◆ 경종

alarm bell, alert(경보), forewarning(사전 경고), note of caution(경고문), warning bell, warning, wake up call

~의 심각성과 시급성에 대해 **경종**을 울리다
rekindle **warning** on the gravity and urgency of ~

그 사건은 정말로 **경종을 울리는 사건**이었다.
The event was a real **wake up call**.

우리는 **사전 경고**를 받아서 이제 미리 무장했다.
We did receive **forewarning**, so now we are forearmed.

조심하라는 경종을 울리고 싶다.
I should like to strike a **note of caution**.

확신하기 전까지는 **경종**을 울리고 싶지 않아.
I don't want to ring any **alarm bells** until I am sure.

◆ 고무적인

encouraging, heartening(희망을 북돋우는), hopeful, promising, reassuring(안심되는, 고무적인)

전망은 매우 **고무적**이다.
Prospects are **encouraging**.

전반적인 상황이 **고무적**이다.
The overall landscape is **encouraging**.

그가 실패를 매우 가볍게 받아들이는 것을 보니 **고무적**이다.
It is **heartening** to see that he took his failure very light.

미래가 매우 **안심된**다.
The future is very **reassuring**.

◆ 고비

crisis, crucial moment, decisive moment(결정적인 순간), critical moment(중대한 순간), pivotal point[moment](관건, 중추 지점), turn the corner(고비를 넘기다)

짧은 기간에 **고비**를 순탄하게 넘기다
overcome a **crisis** smoothly[easily] in short order

우리는 **고비**를 넘겼다.
The **critical moment** has passed./We're out of the woods.

이는 외교정책 목표를 달성하는 데 **결정적인 순간**이다.
This is a **crucial moment** to achieve our foreign policy aims.

미국과 북한의 정상회담은 세계사에서 **중요한 순간**을 기록했다.
The summit between the US and North Korea marked a **pivotal moment** in the world history.

우리는 이제 막 **고비를 넘겨서** 희망에 차 있다.
We're hopeful that we**'ve turned the corner** now.

◆ 과제

assignment, duty(의무, 직무), task(과업, 과제)

가장 어려운 **과제**
the most difficult **task**

우리 앞에 많은 **과제**가 놓여 있다.
The **tasks** for us are multiple./We face numerous **tasks**.

◆ 교착상태

deadlock, impasse, stalemate, standoff, deadlocked(교착상태에 빠진)

교착상태에 빠진 협상을 부활시키려는 시도들
attempts to revive the **deadlocked** negotiations

교착상태를 타개하다
break the **deadlock[stalemate]**/bring the **deadlock** to an end/find a way out of the **impasse**

깊이 경색된 **교착상태**를 벗어나 전진하는 길을 찾는 것은 결코 쉽지 않다.
Finding a way forward out of a deeply entrenched **stalemate** is never easy.

외교적 **교착상태**를 타개하다
break a diplomatic **deadlock**

◆ 공감하다

agree, feel compassion, relate to, share the view, sympathize, empathize(감정 이입하다)

공감되는 생각입니다.
I can[could] **relate to** that thought.

공감을 얻은 의견이다.
The view earned **sympathy**.

공감을 얻다
gain[win] **sympathy**

~에 **공감을 하다**
share the view on ~

전적으로 **공감합니다**.
I couldn't **agree** more.

◆ 공격(하다)

attack(공격, 공격하다), invade(침공, 침공하다), insult(모욕, 모욕하다), offend(공격하다, 범죄를 저지르다), commit criticize(비난[비판]하다)

~에 선제**공격**을 하다
launch a preemptive **attack** on ~

신랄하게 **공격**하다
make pointed[sharp/acute] **insult**

◆ 공공연하게

in full view(다 보는 데서, 앞에서), in the open(공공연하게), without pretense(가식 없이), publicly, it is no secret that ~(~하는 것은 비밀이 아니다), publicize(공공연하게 드러내다), reveal(밝히다, 드러내다)

이 보고서가 **공공연하게 알려지는 것을** 원치 않습니다.
I don't want these reports **in the open**.

공공연하게 말하다
express it **publicly**

그는 **공공연하게** 반대한다.
It is no secret that he opposes.

~하겠다는 의지를 **공공연하게 드러내다**
publicize[reveal] its intention to ~

◆ 공고히

firmly(확고하게), soundly(완전히), securely(안전하게), make secure(공고히 하다)

결속과 연대를 **공고하게** 하다
establish **firmly** our solidarity and unity

인과관계를 **확고하게** 정립할 수 없었다.
The causation relationship cannot be **firmly** established.

러시아는 우크라이나를 침공했지만, **완전히** 패배했다.
Russia invaded Ukraine only to be **soundly** defeated.

안전벨트를 **단단히** 매고 좌석에 앉아 있어라.
Please remain in your seat with your seat belt **securely** fastened.

자리 **잘 잡아**.
Make your position **secure**.

◆ 공약

commitment, pledge, promise

~ **공약**을 강조하다
reiterate the **commitment** of ~

공약이 벌써 구체적인 행동으로 나타나고 있다.
Commitments are already being translated into concrete actions.

변함없는 **공약**
immutable **commitment**

한미동맹에 대한 상호 **공약**을 재천명[재확인]하다
reaffirm the mutual **commitment** to the US-ROK Alliance

~을 위한 우리의 **공약**을 뒷받침하다
reinforce our **commitment** for ~

철통같은 **공약**
ironclad **commitment**

◆ 공유하다

share

널리 **공유되는** 견해
a view that is widely **shared**
a commonly **shared** view

우려를 **공유하다**
share concern

테러리즘 퇴치 경험을 **공유해야** 한다.
We need to **share** experiences in combating terrorism.

◆ 공조

collaboration, cooperation, mutual assistance(상호지원), combined effort(결합된[공동의] 노력), partnership, teamwork(팀워크, 협동작업)

관계 부처들 간의 **공조**가 필요하다.
Cooperation between the related ministries is necessary.

물 샐 틈 없는 **공조**
watertight **collaboration**

빈틈없는 **공조**는 이러한 난제 해결의 핵심이다.
Air-tight **teamwork** will continue to be vital in solving this conundrum.

또 다른 팬데믹 예방을 위해 국제적인 정책 **공조**가 절실하다.
International policy **cooperation** is urgently needed to prevent another pandemic.

지속적인 평화와 안보를 위해서 **공조**가[**공동의 노력**이] 필요할 것이다.
Sustained peace and security will require **combined efforts**.

◆ 구축[형성]하다

build(구축하다, 만들다), carve(새기다, 만들다), construct(건설하다, 구성하다), cultivate(일구다, 구축하다), forge(형성되다)

~에서 입지를 **구축하는** 데 성공했다
have carved a place successfully in ~

~와 전략적 제휴가 **구축되고** 있다
Strategic alliances **are being forged** with ~

언론과 좋은 관계를 **구축하다**
cultivate[build] a good relationship with the media

한미동맹은 공동의 희생을 바탕으로 **형성됐다**.
The US-Korea alliance **was forged** in shared sacrifice.

◆ 국면

condition, circumstances, phase, situation, state

국면 타개
a change in the **situation**

새로운 **국면**이 전개되다
A new **phase** unfolds/create a fresh development

심각성이 새로운 **국면**에 도달했다.
Seriousness reached a new **phase**.

하노이 정상회의 실패는 양국 관계에서 새로운 **국면**의 시작이 되었다.
The failed Hanoi summit marked the beginning of a new **phase** in the bilateral relations.

◆ 규범

norms(규범), criterion(기준. 복수형은 criteria), code(코드), rules(규칙), standard(표준)

규범 결정자
norm setter/setter of **standards**[the **standard**]

규범 파괴자
norm breaker/violator of the **standards**

러시아의 행실은 **규범**에서 어긋난 것이었다.
Russia's behavior was out of the **norm**.

이전에 받아들여지던 **규범**으로부터의 일탈
deviation from the previously accepted **norms**

◆ 규탄하다

chide(꾸짖다, 책망하다), condemn(규탄하다), criticize(비난하다), denounce(맹렬히 비난하다), disapprove of(~을 못마땅해하다, 탐탁지 않아 하다)

국제사회는 북한의 핵실험에 대해 한목소리로 **규탄했다**.
The international community **condemned** North Korea's nuclear test in one voice.

우리는 모든 형태의 테러를 **규탄한다**.
We **condemn** terrorism in all its forms.
We **denounce** all forms of terrorism.

유엔은 ~을 **규탄하는** 성명을 발표했다
The UN issued a statement **condemning** ~

◆ 관건

critical point(중요지점), key(핵심), main[key] point, essence(필수), crucial(핵심인, 관건인)

위기라고 부를 수 있는 **중요한 지점**에 도달했다.
We have reached a **critical point** which we could call crisis.

감정은 공감의 **핵심**이다.
Emotion is the **key** to empathy.

~에 있어 시간이 **관건**이다
time is of the **essence** in ~

이 위기를 어떻게 헤쳐나가느냐가 **관건**이다.
How we resolve this crisis is **crucial**.

이것이 **관건**이다.
This is **the key point**[issue/problem/task].
This is the most difficult part.

◆ 관계

connection(연관성), relations, relationship

관계가 굳건하게 유지되고 있다.
The **relations** continue to remain rock-solid.

~와의 **관계**를 공고히 하다
consolidate the **relations** with ~

당신과 이런 **관계**를 맺을 수 있다는 것은 ~이다
To be able to have this kind of **connection** with you is ~

◆ 관심사, 관심을 갖다

concern, attention(관심, 관심사), be interest in(~에 관심을 갖다)

~는 모든 이해 당사자의 지대한 **관심사**이다
~ is a matter of great **concern** to all stakeholders

전 세계적인 **관심**을 끌어모으다
attract worldwide **attention**

취약계층에 더 많은 **관심**을 가질 필요가 있다.
The most vulnerable group deserves greater[more dedicated] **attention**

◆ 국한하다

confine, limit(제한하다)

검색을 ~에만 **제한할** 수 있다
You can **confine** the search only to ~

국내에 **국한되지** 않는
not **confined** within the country

저는 그 점에 **국한해서** 말하겠습니다.
I shall **confine** myself to the point.

◆ 군사행동

military action[operation]

군사행동을 감행하다
carry out **military operations**

군사행동을 개시하다
take **military action**

군사행동을 자제하다
refrain from taking **military action**

◆ 극복하다

conquer, deal successfully with(~을 성공적으로 해내다), get over(극복하다, 회복하다), overcome, prevail, rise above, tide over, triumph, weather(버티다)

시련을 **극복하다**
overcome trials[tribulations/hardships/an ordeal]
get over a difficult situation/**rise above** hardships

진실과 정의는 꼭 **승리한다**.
Truth and justice will **prevail**.

도전[난관]을 **극복하기**[헤쳐나가기] 위해서 올바른 지식을 공유해야 한다.
In order to **tide over** challenges, we need to share proper knowledge.

◆ 근본적인

basic(기본적인), fundamental(근본적인, 본질적인), fundamentally(근본적으로)

근본적인 해결이 되지 못하다
cannot solve the **fundamental** problems

근본적으로 변화하다
fundamentally change

접근 방식이 **근본적으로** 다르다.
The approaches are **fundamentally** different.

◆ 기반

base, basis, footing(거점), foothold(발판), groundwork(토대), platform, roots

폭넓은 정서적 지지 **기반**
broad **base** of emotional support

~을 **기반**으로 하다
stand on the **basis**/have its **roots** in

중국은 동남아시아에서 강력한 **발판**을 얻으려 한다.
China is trying to gain a strong **foothold** in Southeast Asia.

더 큰 성장을 위한 **기반**
a **platform** for further growth

실무진들이 두 정상의 양자 회담을 위한 **토대**를 마련했다.
Working-level officials have laid the **groundwork** for the bilateral summit between the two leaders.

◆ 기록적

record-breaking(기록을 깨는, 기록적인), record-setting(기록을 세우는)

사망자 수는 계속 증가하고 있고 **기록적**이다[**기록을 갱신하고** 있다].
Death toll continues to rise and is **record-breaking**.

전례가 없긴 하지만, **기록적인** 기상이변이 완전히 예상치 못한 것은 아니다.
While unprecedented, this **record-setting** extreme weather is not wholly unexpected

◆ 기념비적(인)

landmark, monumental, memorable

이 **기념비적인** 문제에 대해 우리 모두 무력감을 느낀다.

We all feel helpless regarding these **monumental** issues.

전시 강제징용을 당한 한국인 피해자들이 일본기업 두 곳을 상대로 낸 손해배상 청구에 대해 대법원이 **기념비적인** 판결을 내렸다.

The Supreme Court handed down a **landmark** decision on damages claims filed by Korean laborer victims against two Japanese firms over wartime forced labor.

◆ 기여하다

contribute(명사형은 contribution), devote(쏟다, 바치다, 기여하다)

발전에 **기여하고자** 한다

is set to **contribute** to the development

안보 불안 해소에 **기여하다**

contribute to the alleviation of security anxiety

이 컨퍼런스는 ~에 **기여해야** 한다

This conference needs to **contribute** to ~

◆ 기회

chance, opportunity

절호의 **기회**

a golden **opportunity**/the best **chance**
an excellent **opportunity**/a **chance** not to be missed

우리에게 무한한 **기회**의 새로운 영역을 제시하다

present us with[offer us] a new domain of boundless **opportunities**

오늘날 우리가 처한 엄중한 상황은 위기가 아니라 오히려 **기회**가 될 수 있다.

The grave situation we find ourselves in today could well become an **opportunity**, rather than a crisis.

◆ 긴장을 고조시키다

escalate[heighten/raise] tension

국가 간 **긴장을 고조시키다**
escalate tension between States[nations]

새 법은 양국 간 **긴장을 고조시킬** 것이다.
The new law is likely to **heighten tensions** between the two countries.

◆ 넘어서다(초월하다)

beat(이기다, 억제하다), be superior to(~보다 더 뛰어나다), go beyond, surpass(능가하다), outdo(물리치다, 더 잘하다), transcend(초월하다), outmaneuver(허를 찌르다)

AI가 인간의 두뇌를 **능가할 수** 있다
AI can **outdo** the human brain

국경을 **뛰어넘다**
transcend barriers

네가 날 **능가하려고 하는** 줄 알았어.
I thought you were trying to **outmaneuver** me.

새로운 도전국이 곧 미국을 **능가하고** 주도권을 잡는 것은 불가능하지 않습니다.
It is not impossible that a new challenger **surpasses** the US soon and takes the wheel.

◆ 노력

effort, endeavor

노력들이 진행중이다
efforts are underway

~에 많은 **노력**을 기울이다
put great **efforts** to V[on N]

노력을 배가해 나가다
redouble our **efforts**

공동의 **노력**을 통해
through the joint **endeavors**[the concerted **efforts**]

국제사회는 다양한 **노력**을 기울여 왔다.
The international community has made diverse **efforts**.

이러한 위기를[도전을] 기회로 만들기 위해 모든 **노력**을 기울이다
continue all-out **efforts** to turn these challenges into opportunities

~하기 위해 집중적인 **노력**을 기울이고 있다
be exerting intensive **efforts** to ~

◆ 논의

argument(주장), discussion(토의, 토론), debate(논쟁,논란), statement(진술, 성명)

~에 관한 글로벌 **논의**를 촉진하다
facilitate the global **debate** on ~

심도 있는 **논의**를 하다
have an in-depth **discussion**

~에 대해 집중적으로 **논의**하다
focus a **discussion[debate]** on ~/concentrate on ~ in a **discussion**

~에 대해 폭넓게 **논의**할 예정이다
will engage in extensive **discussions** on ~

앞으로도 이 문제에 대한 추가 **논의**에 참여할 것을 약속합니다.
We are committed to taking part in further **discussions** on this issue.

◆ 높이 사다[치하하다]

appreciate(진가를 인정하다, 알아보다), compliment(칭찬하다), commend(칭찬하다), praise, recognize, have a high opinion of(높이[호의적으로] 평가하다), have a high regard for, think highly of(좋게 생각하다, 높게 평가하다)

교만한 자는 스스로를 **높게 평가한다**.
A proud person **has a high opinion of** himself.

~의 노고를 **치하하다**
appreciate someone's service

우리는 군인들을 **높이 평가한다**.
We **have a high regard for** the soldiers.

저는 대한민국 국민의 민주주의에 대한 헌신을 **높이 사고** 싶습니다.
I want to **commend** the South Korean people for their commitment to democracy.

◆ 늘리다

add to(~에 더하다, 증가시키다), augment(보강[증강]하다), extend, enlarge(확대하다), expand(확대[확장/팽창]되다), increase(증가하다), lengthen(길어지게 하다)

정서적 지원이 자존심을 **높일** 수 있다.
Emotional support can **augment** the self-esteem.

그 프로젝트의 의도는 ~의 개념을 활성화하고 **확장시키려는** 것이다.
The intention of the project is to revitalize and **enlarge** the concept of ~

정부 개입으로 인해 분쟁해결 과정이 **길어졌다**.
The government involvement **had lengthened** the dispute settlement process.

◆ 그다음, 뒤이어, 따르는

subsequent(그다음의, 뒤에), sequent, consequent upon(~에 따른 결과로 일어나는), following, ensuing(이어지는, 뒤이은), succeeding

정상회의 **뒤이어[이후]** 추가로 다른 진전이 없다.
There were no further developments **subsequent** to the summit.

러시아 전쟁**에 따른** 유가상승
the oil price hike **consequent upon** the Russian war

미사일 발사와 **뒤이은** 발포로 인하여 ~가 사망했다
The missile launch and **ensuing** gunfire resulted in the deaths of ~

◆ 당부하다

ask, entreat(간청하다, 구하다), call for(촉구하다, 요청하다), request(요청하다, 요청)

가능한 한 솔직하게 대답해주길 **간곡히 부탁합니다**.
I **entreat** you to answer me as candidly as possible.

귀하는 2차 소견을 **요청할** 권리가 있습니다.
You are entitled to **request** second opinion.

도움을 **요청하다**
request of help

유엔총회는 러시아가 우크라이나에 전쟁 배상금을 지급하도록 **요구하는** 결의안을 채택했다.
The UN General Assembly adopted a resolution that **calls for** Russia to pay war reparations to Ukraine.

이해 **당부**
request for understanding

~를 잘 봐 달라고 **당부하다**
ask to take care of ~

◆ 대비[준비] 태세

preparedness(준비성, 대비태세), readiness posture(준비태세)

또 다른 팬데믹에 **대비태세**를 갖춰야 합니다.
We must maintain our **preparedness** toward[remain prepared for] another pandemic.

실제 전투에 대비한 **준비태세**를 유지하는 것이 미군이 한반도에 주둔하는 이유이다.
Maintaining **readiness posture** to prepare for actual battles is the reason for America's military presence in the Korean peninsula.

주한미군은 **준비(대비태세)**가 되어 있는 상태이다.
The United States Forces Korea(USFK) is in a state of **preparedness**.

◆ 대응하다

cope with, deal with(~을 다루다, 처리하다), handle, manage, react (to), respond (to), treat, take action (against)(~대해 조치[행동]를 취하다), in response to(~에 대응해)

~에 대한 근본적 변화에 **대응해**
in response to fundamental changes in ~

제가 **처리할게요**.
Let me **deal with** it.

단호하게 **대응할** 것이다
will **respond** firmly

당당히 **대응하다**
respond with resolve/resolutely **respond**

이는 미국이 중국**에 대한 행동을 취하는** 데 주저하지 않겠다는 것을 의미합니다.
That means the US will not hesitate to **take action against** China.

어떤 상황이 발생하든 완벽하게 **대처할** 수 있는
perfectly capable of **managing** any situation that comes up

위기에 **대처하다**
handle[deal with/react to] the crisis

◆ 대화하다, 소통하다

communicate, talk (about), dialogue (between/with), have a conversation (about/with)(대화를 나누다), exchange views on(~에 대한 의견을 나누다), understand each other(소통하다, 마음이 통하다), interact(소통하다, 교류하다)

그는 화가 나서 발을 구르면서 **의사소통했다**.
He stamped his foot with vexation and **communicated**.

그와 일방적인 **대화를 나누었다**.
I **had a** one-sided **conversation with** him.

오늘 회의는 모여서 서로 **소통하는** 자리입니다.
Today's meeting serves as a platform where people will come together to **interact**.

◆ 도발

challenge, provocation, provocative(도발적인)

군사 **도발**
military **provocation**

무력 **도발**
armed **provocation**

무모한 **도발**
reckless **provocation**

도발적인 발언을 하다
make a **provocative** comment

◆ 도입하다

adopt, introduce, phase in(단계적으로 도입하다)

외국자본을 **도입하다**
introduce foreign capital

제도를 순차적으로 **도입하다**
introduce the system step by step

혁신적인 비즈니스 모델을 **도입하다**
introduce an innovative business model

그 회사는 자동화를 강화하기 위해 새 기계를 **도입할** 계획이다.
The company intends to **phase in** new machinery for increased automation.

◆ 도전과제

challenge

오늘날의 **도전과제들**은 매우 복잡하고 다층적이다.
Today's **challenges** are complex and multi-layered.

◆ 도출하다

deduce(추론하다, 추정하다), derive from(~에서 나오다, 얻다, 유래하다), draw, generate(발생시키다, 만들다)

건설적인 대안을 **도출하다**
draw constructive solutions

전제에서 시작하면, 특정 결론을 **추론할 수 있습니다**.
If we start with premises, we can **deduce** certain conclusions.

아이디어 **도출** 과정
idea **generating** process

우리가 **얻을** 수 있는 혜택은 무한하다.
The benefit which we can **derive from** is immeasurable.

◆ 동맹

alliance (with/between), partnership

전략**동맹**
strategic **alliance**

확고부동한 **동맹**
unbreakable **alliance**

미래지향적 **동맹관계**
future-oriented **alliance**

동맹의 굳건함을 재확인하다
reaffirm the strength of the **alliance**

동맹이 어느 때보다 견고하다.
The **alliance** has never been stronger.

한미**동맹**이 가장 굳건한 상태에 있다.
Korea-U.S. **alliance** is the most robust ever.

지난 70년간 지속된 **동맹**의 깊은 연륜과 공고함
the depth and sturdiness of an **alliance** that has lasted over 70 years

양국 **간의** 진정한 우의와 지속적인 **동맹**

the true friendship and the enduring **alliance between** our two countries

항구적인 **동맹[파트너십]**

longstanding **alliance** / enduring **partnership**

◆ 동참하다

join, participate in, take part in, participation(참석)

~의 노력에 적극적**으로** 동참할 것이다.

will actively **join** the endeavor of ~

◆ 만연하다

be rampant, be prevalent, be overflow(넘치다, 넘쳐흐르다)

경영자로 남자를 선호하는 사상이 아직 **만연하다**[여전히 **팽배하다**].

The preference for male CEOs **is** still **prevalent**.

우리 사회에 부패가 **만연해 있다**.

Corruption **is rampant** in our society.

우리 사회에 개인주의가 **만연해 있다**.

Our society **is overflowing** with individualism.

◆ 맞닥뜨리다

come[run] into, encounter, face, meet with, run into[across](우연히 마주치다, 발견하다)

우리가 **맞닥뜨릴** 수 있는 모든 장벽을 고려해야 한다.

Any barriers that we might **encounter** should be considered.

성공[실패]에 **맞닥뜨리다**

meet with success[failure]

아무도 진실과 **맞닥뜨리길** 원하지 않는다.

No one wants to **face** the truth.

혹시 해결할 수 없는 문제를 **발견**할 경우 연중무휴 지원해드립니다.

24/7 assistance is available if you **run into** any issues you cannot solve.

◆ 맞이하다

be up to(감당하다), experience(맞이하다, 겪다), greet, receive, welcome

우리는 그 상황을 **감당할** 준비가 되어 있지 않다[감당할 수 없다].

We **were** not **up to** the situation.

유례없는 고난을 **맞이하다**

experience unprecedented hardship[suffering]

기꺼이 대표단을 **맞이하다**[대표단을 기쁘게 **환영합니다**]

welcome the delegation with joy

우리는 ~ 기념일을[주년 기념을] **맞이했습니다**

We **welcome** ~ anniversary

◆ 맺어지다

be bound(매이다, 얽매이다) be linked(직결되다, 연계가 있다), be related to(~와 관련이 있다)

세계 안보와 무역은 밀접하게 **직결되어 있다**.

Global security and trade **are** closely **linked**.

우리는 공동의 가치뿐 아니라 공동의 희생을 바탕으로 한데 **맺어져[뭉쳐] 있다**.

We **are bound** together by our shared values, but also by our shared sacrifice.

일부에서는 이것이 **~와 관련이 있을** 수 있다고 추측했다

Some have speculated that it may **be related to** ~

◆ 명심하다

be impressed on one's mind(마음에 강하게 새겨지다(남다)), bear[keep] in mind(명심하다), be engraved on one's mind(마음에 각인하다), take note of, take to heart(마음에 새기다)

그 사람의 충고를 **명심하세요**.

Please **keep** that person's advice **in mind**.

그의 영감을 주는 연설이 **내 마음에 각인되어 있다**.

His inspirational speech **is engraved on my mind**.

그 점을 **명심하세요**.

Please **bear** that **in mind**.

제 충고를 **명심하세요**.

Please **take note of** my advice.

항상 **명심해야** 합니다.
You should always **bear in mind**.

◆ 모멘텀

momentum

~ 얻기[싸우기] 위해 군대가 **모멘텀**을 얻었다
The forces gained **momentum** to fight for ~

~의 **모멘텀**이[**계기**가] 되다
serve as **momentum** for ~

~에 새로운 **모멘텀**이 생기다
add new **momentum** to ~

모멘텀을 이어가다[추진하다]
carry the **momentum**

◆ 모색(강구)하다

explore(모색하다), seek[look] for, search (for)

온갖 방안을 **모색하다**
explore every avenue

타협점을 **모색하다**
seek[look] for compromise

저는 ~하면서 어려움을 최대한 덜어줄 방법을 **모색하고** 있어요
I **have been searching** ways to relieve their difficulties as much as possible by ~

중국은 평화를 **추구하고** 주변국들에 존경심을 표해야 한다.
China should **seek** peace and display respect for its neighbors

◆ 모호(애매)한

ambiguous, vague, equivocal(불분명한), imprecise(부정확한, 애매모호한), obscure(모호한, 모호하게 하다), uncertain, blur(흐릿하게 하다, 희미하게 하다)

~ 사이의 경계가 **모호해지다**
blur the lines between ~

계획이 좀 **모호**하다.
The plan is a little **vague**.

새로 도입된 이 법 조항은 다소 **애매모호**하다.

This provision of newly legislated law is somewhat **vague**.

아무런 의미도 없는 **모호한** 발언 중 하나이다.

It is one of those **equivocal** statements that are true without meaning.

지침은 복잡하거나 **모호할** 필요가 없다.

Directives need not to be complex or **obscure**.

◆ 목격(목도)하다

catch sight of(찾아내다,보다), observe, see, spot(발견하다, 찾아내다) witness(목격하다)

교묘히 도망치던 적들이 그들의 **시야에 포착되었다**.

They **caught sight of** their elusive enemy.

우리는 러시아의 대 우크라이나 침공의 잔학성을 **목격한다**.

We **witness** a horrible atrocity committed by Russia's invasion of Ukraine.

지속적이고도 중요한 성과를 **목격했다**

witnessed steady yet significant achievements

◆ 무력도발

military provocation, armed provocation

무력도발을 통해서

through **military provocations**

무력도발을 기도하다

attempt an **armed provocation**

중국이 대만에 두 차례의 **무력도발**을 일으켰다.

China initiated two **armed provocations** against Taiwan.

◆ 문제

challenge(도전과제), issue(문제, 이슈), problem, trouble, question(질문)

다차원적 **문제**

multifaceted **issue**

반드시 이 **문제**를 해결해야 한다.

You have to sort out the **problem**.

주된 **문제점**은 비용이다.

The main **issue** is the cost.

◆ 뭉치다

unite, get together(합쳐지다, 모이다), stand together, stick together(단결하다), hold together(단결하다, 뭉치다), bound together(협력하다, 단결하다)

그들은 공동의 적에 대항해 **뭉친다**.

They **are united** against a common enemy.

어떤 고난이 있어도 **뭉치면** 된다.

As long as we **stick together** through thick and thin, we are okay.

미국을 특출한 나라로 만드는 것은 전 세계에서 가장 다양한 요소가 뒤섞인 나라를 **한데 묶어주는** 힘이 미국에 있다는 것이다.

What makes America exceptional are the bonds that **hold together** the most diverse nation in the world.

우리는 공동의 가치뿐만 아니라 공동의 희생을 바탕으로 **한데 뭉쳐 있다**.

We **are bound together** by our shared values, but also by our shared sacrifice.

◆ 박차를 가하다

give impetus to(~에 자극을 주다, 박차를 가하다), kick into gear(본격적으로 시작되다), step up, spur up

북한은 ICBM 개발에 **박차를 가하고** 있다.

The North **is spurring[stepping] up** ICBM development.

그는 북한 핵문제 논쟁**에** 새로운 **자극을 줄** 수 있는 완벽한 위치에 있다.

He is perfectly positioned to **give** fresh **impetus to** the debate on the North Korean nuclear issue.

정책 이니셔티브[주도권]에 **박차를 가하다**

kick the policy initiative **into high gear**

◆ 반대하다

disagree, disapprove(반대하다), discord, dissent(반대, 반대하다), disagree, go against, object to, oppose, opposition, voice disapproval(반대의 목소리를 내다)

결정에 대해 **반대의 뜻을 전하다**

voice disapproval of decision

단호히 **반대하다**
flatly **oppose**

반대는 나쁜 것이 아니다.
Dissent is not a bad thing.

◆ 반영하다

mirror, reflect

~가 균형 있게 **반영되어야** 할 것이나
should **be reflected** in a balanced manner

조사 결과가 정확하게 현실을 **반영해준다**.
The result of the survey accurately **reflects** reality.

◆ 발전하다

advance, develop, grow, make great strides(큰 발전을[커다란 진보를] 이루다)

미래지향적인 방식으로 관계를 **발전시키는** 것이 중요하다.
It is important to **advance** relations in a future-oriented way.

발전할 수 있도록 놔두어야 한다
should be allowed to **develop**

~을 넘어[~로] **발전해왔다**
have grown into more than ~

아시아에서 민주주의가 **커다란 진보를 이룩했다**.
Democracy **has made great strides** in Asia.

◆ 발판

foothold, steppingstone, springboard, lay the groundwork for(~을 위한 발판[초석]을 놓다)

발판을 다지기를 열망하다
eager to gain a **foothold**

저는 이 회의가 ~을 위한 중요한 **초석**이 될 것이라 확신합니다
I am certain that this conference will serve as an important **steppingstone** for ~

이는 한국의 미래 경쟁력**을 위한 발판을 마련합니다**.
This **lays the groundwork for** future competitiveness in Korea.

◆ 발효되다

become operative, come[put] into effect(시행되다, 발효되다), come into operation(실시되다), take effect

그 조치들의 **발효**는 규제 당국에 달려 있다.
It is up to the regulating authority to **put** the measures **into effect**.

새 법률이 **발효되다**.
The new law **goes[comes] into force**./The new law **takes effect**.

◆ 방심하다

be careless(부주의하다), be complacent(현실에 안주하다), be overconfident(과신하다), be sloppy(허접하다, 어설프다), drop one's guard(경계를 풀다, 방심하다), unguard(무방비상태이다)

그는 **부주의했고** 올바른 결정을 내리지 못했다.
He **was careless** and unable to make a right decision.

무방비한 순간을 이용하다
take advantage of an **unguarded** moment

방심하면 치명적으로 위험할 것이다.
If you **drop your guard down**, it will be deadly dangerous.

우리에게 절대 현실에 **안주해서는** 안 된다는 사실을 일깨워 주었다
remind us that we should never **be complacent**

◆ 변함없는

always the same, constant, everlasting, unchanged

그는 결심을 **변함없이** 굽히지 않았다.
He remained **unchanged** in his determination.

당신의 **변함없는** 헌신이 우리를 겸허[숙연]하게 합니다.
Your **everlasting** dedication humbles all of us.

우리 입장은 **변함없다**.
Our position is **constant**.

◆ 변화(변혁)

sea change(아주 큰 변화), transformation(탈바꿈, 변혁), transition(전환, 이행), transformational(변혁적인), unchanged(변함없는)

세계에 **거대한 변화**가 있다.
There has been a **sea change** in the world.

엄청난 변화를 가져오다
trigger a **sea change**

정세가 **격변**하다, **대변혁**을 겪다
undergo a **significant transformation**

변혁적 리더십 이론
transformational leadership theory

인수합병 이후 **전환**은 두 달 이상 걸리지 않을 것이다.
After M&A, the **transition** should not take more than two months.

한국의 안보에 대한 미국의 공약에는 조금도 **변함이 없을** 것이다.
The commitment of the United States to South Korea's security will remain **unchanged**.

◆ 병행되다

go abreast, go side by side, carry out (two things) side by side(두 가지 일을 동시에 수행하다), juggle A and B(A와 B를 병행하다), run in parallel(동시에 일어나다, 병행하다), work on A in parallel with B(B와 동시에 A를 하다)

두 개의 제도를 **병행하려는** 의도가 아닙니다.
We do not intend the two systems to **run in parallel**.

우리는 일과 **병행해서** 육아를 해야 한다.
We need to **work on** parenting **in parallel with** working.

그녀는 일과 학업을 **병행하는** 것이 쉽지 않았다.
It's been tough on her trying to **juggle** both job **and** studies.

◆ 보강하다

fortify(요새화하다, 강화하다), reinforce, strengthen

내부의 취약한 고리를 **보강해야** 합니다.
We need to **reinforce** the weak links within.

한국은 북한의 공격으로부터 자국을 **요새화하려** 노력하고 있다.
ROK is attempting to **fortify** itself against attack from DPRK.

◆ 보여주다

demonstrate, display, expose, reveal, show

가능성[잠재력]을 **보여주다**/성공 가능성을 **보여주다**

show potential/**show** promise of success

본심을 **드러내다**

disclose one's real intention/**reveal** one's real motive/ **show** one's true colors

역사가 **보여주듯이**, 한국은 자국의 운명을 책임져야 한다.

As history **has demonstrated**, Korea must take charge of its own destiny.

◆ 부각시키다

magnify, bring in[into] the limelight(각광을 받게 하다, 이목을 끌게 하다), shine, stand out(두드러지다)

그의 공헌은 훨씬 더 일찍 **각광을 받았어야** 했다.

His contribution should have **been brought to the limelight** much earlier.

그의 리더십이 **두드러진다**.

His leadership **stands out**.

여러 사람 가운데 존재가 **부각되다[빛나다]**

stand out[shine] from the large crowd

◆ 부족하다

be beyond one's capacity[ability/capability](~의 역량 밖이다, 역부족이다), fail to reach(미달하다, 도달하지 못하다), fall short of(미흡하다, 부족하다), lack

만약 국가들이 합의에 **도달하지 못할 경우** ~

If the countries **fail to reach** an agreement ~

부족한 게 하나도 없어.

I **lack** for nothing./I don't miss a thing./I have everything I want[need].

혼자 그 일을 감당하기에는 **역부족이다**.

Doing the project by myself **is beyond my capacity[ability/capability]**.

◆ 뿌리내리다

embed(박혀 있다, 내재되다), root(뿌리내리다), be rooted in(~에 뿌리내려 있다), settle down(정착하다), take root(뿌리내리다)

문제 원인이 더 깊이 **뿌리내릴**지도 모른다.
The cause of the problem may **be** more deeply **embedded**.

반중 감정이 한국인들 사이에서 **뿌리내리고 있다**.
Anti-Chinese sentiment **is taking root** among Korean people.

~에는 남아선호사상이 깊게 **뿌리내려 있다**
Preference for sons **is** deeply **rooted in** ~

◆ 불확실성

uncertainty, unsureness(불안정함, 확신하지 못함)

미국과 중국 간의 무역 분쟁이 세계 경제의 **불확실성**을 증가시켜, 시장에 위기가 다가오고 있다.
A crisis has been looming in the market as trade conflicts between the United States and China has raised **uncertainty** in the global economy.

불확실성을 키우다
increase **uncertainty**

불확실성으로부터 보호하고자 노력하다
try to buffer[hedge] against **uncertainties**

◆ 비난하다

attack(공격하다), blame(탓하다), criticize(비난하다), denounce(규탄하다), reproach(책망하다, 나무라다), be accused of(~ 혐의로 기소되다, 비난받다)

군사 독재를 **규탄하다**
denounce military dictatorship

그는 돈세탁을 했다는 **비난을 받았다**[돈세탁 **혐의로 기소되었다**].
He **was accused of** money laundering.

아무도 감히 미국 대통령을 **책망하지** 않았다.
No one dared to **reproach** the US president.

◆ 비중

proportion

~의 **비중**을 늘리다
increase the **proportion** of

◆ 비추어서

all things considering(모든 것을 고려[감안]하면), in consideration of, in view of, in light of, insomuch as(~할 정도까지)

목적**에 비추어서** 계획해주세요.
Please plan **in light of** our object and purpose.

엄중한 안보 상황**에 비추어**
in the view of the grim security situation

◆ 빈틈없는

on the alert(빈틈없이 경계하는), on guard, everything in perfect order(한 치의 빈틈도 없이 완벽한), not a hair out of place(한 치의 빈틈도 없는), seamless(이음매 없는, 아주 매끄러운)

이태원 압사 사고 이후 경찰은 **경계태세에** 있다.
Police are **on the alert** after Itaewon stampede.

한 치의 **빈틈도 없는** 긴밀한 협의와 조율
totally **seamless** cooperation and coordination

◆ 사례

best practice(모범 사례), case(사례), example, precedent, proof(증거, 실증, 입증), sample

도발 **사례**
case of provocation

우리는 ~ **사례**를 목격해 왔습니다
We have witnessed **cases** where ~

~의 전형적인[최적의] **사례**이다
It is a prime **example**[the epitome] of ~

~ 성공 사례의 **산증인**
the living **proof** of the success of ~

◆ 상쇄(하다)

balance, set off, cancel each other, cancel out, counterbalance(균형을 잡다), offset

장점과 단점이 **서로 상쇄되다**
The advantages and disadvantages **balance**

손실을 **상쇄하기** 위해
to **offset** the loss

한국은 한반도에 주둔하는 미군 주둔 비용을 **상쇄하기** 위해 분담금을 늘릴 것이다.
Korea will increase its contributions to help **offset** the cost of stationing of U.S. troops on the Korean Peninsula.

◆ 상호 연계되다, 상호작용하다

be interactive, connect, interconnect(상호 연계되다), interact(상호작용을 하다), interlink(연결되다)

그 어느 때보다 **상호 연계된**
more **interlinked** than ever (before)
the most **interconnected** ever

세계가 점점 더 **상호 연결되고** 세계화되고 있다.
The world is getting more **interconnected** and globalized.

오늘 회의가 **상호작용하는** 방식으로 진행되길 바란다.
I hope today's meeting would **be interactive**.

◆ 선도적인

at the helm of(~을 책임지고 있는, ~의 키를 잡은), at the forefront of(~의 선두에 있는), groundbreaking(신기원을 이룬, 획기적인), leading, pacesetting, pioneering, trendsetting(유행을 선도하는)

선도적 역할을 담당하다
play a **pioneering** role

선도적인 리더를 절대로 감동시킬 수 없다.
You can never impress a **pacesetting** leader.

전 세계적인 노력**을 지휘하는**[노력**의 주도권을 쥐고 있는**]
at the helm of global efforts

우리는 이러한 노력**에 있어 선도적인 역할**을 해왔다.
We have been **at the forefront of** these efforts.

한국은 원조수혜국에서 공여국으로 발돋움한 **신기원을 이룬** 개도국가이다.

Korea is a **groundbreaking** nation among developing nations, emerging from an aid recipient country to a donor country.

◆ 선례

exemplar(모범), premises(전제), precedent(선례, 전례)

그 발전 속도는 역사적 **전례**가 없다. (역사상 전례 없이 발전 속도가 빠르다는 의미)

The speed of development has no historic **precedent**.

이와 같은 결과가 오기 위해서는 몇 가지 **전제조건**이 충족돼야 한다.

There are a couple of **premises** to seeing the prediction come true.

질서 있는 정책 공조가 **선행**되어야 한다.

Developing an orderly policy coordination should take **precedent**.

◆ 성공하다

be[put] on the fast track(빠른 길로 가다, 성공가도를 달리다), be on one's way up(출세가도를 달리다), climb the ladder, make something successful(~를 성공시키다), hit, succeed

TV 인터뷰 이후 그 국회의원은 **출세가도를 달리게 되었다**.

After the TV interview, the lawmaker **was on the way up**.

그가 **성공하기**를 얼마나 갈망하는지

how hungry[eager] he is to **be successful**

이로 인해 너는 대단한 **성공가도를 달리게 될** 것이다.

This will **put** you **on the fast tract** to a great success.

이것들을 **성공적으로 추진하기** 위해서는

to **make** these **successful**

◆ 성과

achievement, consequence(결과), outcome(성과물, 결과), result

우리는 이미 구체적인 **성과**를 보고 있다.

We are already seeing concrete **results**.

기념비적 **성과**

landmark **achievement**

성과가 순식간에 사라질 수 있다
achievement can easily disappear

성과는 예상을 초월했다[기대 이상의 성과를 거두다]
achievements have exceeded expectation

◆ 수립하다

build(구축하다, 만들다, 짓다), construct(건설, 구성하다), establish(수립하다, 설립하다. 명사형은 establishment), found(세우다, 설립하다), set (up), frame, formulate, shape

대화 관계를 **수립하다**
establish relations for dialogue

외교 관계를 **수립하다**
set up diplomatic ties

정부가 **수립**된 지 71년이 되었다.
It's been 71 years since the **establishment** of the government.

정책을 **수립하다**
frame[formulate/shape] a policy

◆ 수호하다

defend, guard, care for, look after, shield(가리다, 보호하다), protect

검찰은 법과 질서를 **수호한다**.
The prosecutors **guard** law and order.

우리의 자유와 민주주의를 **수호하다**
defend our freedom and democracy

◆ 시급한, 절박한

exigent, pressing, urgent

이러한 **절박한** 상황에 따라 전례 없는 압력을 가할 수 있다.
The **exigent** situation allowed us to apply unprecedented pressure.

가장 **시급한** 대북 문제는 ~이다
The most **pressing** problem with North Korea is ~

대화 채널을 확보하는 것이 **시급**하다.
It is **urgent** to secure a dialogue channel.
Securing a dialogue channel is **urgent**.

◆ 시기, 시점

juncture(시점), moment(순간), time, timing

이 중요한 **시점**에
at this critical **juncture**

적기를 기다리다
wait for the right **moment**

시기가 안 좋다.
The **timing** is bad./This is not the right **time**.

시기를 엿보아야 한다
watch for the right **time[timing]**

이제 우리가 ~해야 할 **시기**이다
It is high **time** for us to ~

◆ 시대

age, epoch, era, period, time(s)

시대정신을 반영하다[포착하다]
reflect[capture] the spirit of the **age[time]**

새로운 **시대**를 열어나가는 데 또한 힘을 모을 것이다
will also work together to usher in a new **era**

◆ 시사점

connotation, implication(함의), ramification(파문, 영향), significance, suggestion

북한의 핵·미사일 실험 **파급영향**이 ~보다 더 심각하다
The **ramifications** of North Korea's nuclear and missile tests have been more serious than ~

시사점을 도출하다
draw **implication**

~에 **시사점**을 제공하다
provide **suggestions** for ~

정책 **시사점**
policy **implication**

~의 주요 **시사점**을 논하다
discuss the main **implications** of ~

◆ 시의적절하다

come at a better moment(딱 알맞은 시기[적기]에 일어나다), could not come at a better moment(이보다 더 시기적절할 수는 없다, 매우 시기적절하다), timely(시의적절한), be timely and pertinent(시기적절하고 타당하다)

이번 회의는 **매우 시기적절하게 개최되었다.**

This conference **could not have come at a better moment**.

시의적절하고 의미가 깊다.

It **is timely** and meaningful.

시의적절한 말씀

a **timely** remark

합의에 도달하는 것이 **타당하다.**

It **is pertinent** to reach an agreement.

◆ 신뢰

confidence (in), conviction, faith (in), trust (in),

가장 중요한 것은 **신뢰** 회복이다.

It is paramount that we restore **trust**.

한국은 ~와 깊은 **신뢰** 관계를 맺어 왔습니다

Korea has built a relationship of deep **trust** with ~

신뢰 구축조치를 마련하다

develop **confidence** building measures

우방국과 동맹국 간에는 **신뢰**가 가장 중요하다.

Trust is the most important thing among friends and allies.

한미관계는 **신뢰**를 바탕으로 하고 있다.

The US-ROK relationship is based on **trust**.

◆ 신호를 보내다

hint(신호를 보내다, 눈치를 주다), send a beacon[signal/sign], signal

경계 **신호를 보내다**

send a warning **signal**

~에 잘못된 **신호를 주다**

send a mixed **signal** to ~

나는 그에게 그만하라고 **신호를 보냈다.**

I **signaled** him that he needs to stop.

◆ 실행(시행)하다

carry out (action), enforce(집행하다, 실시하다), fulfill(실현하다, 성취하다, 충족하다), implement, put into practice(실행에 옮기다), execute(실행하다, 수행하다. 명사형은 execution)

난 평생 야망을 **성취하기** 위해 열심히 일할 것이다.

I will work hard to **fulfill** my lifelong ambition.

멋진 아이디어는 **실행에 옮겨야** 해.

Wonderful ideas should **be put into practice**.

법을 **집행하는** 것이 경찰이 할 일이다.

The job of the police is to **enforce** the law.

실제적인 **시행**

actual **execution**

◆ 악화시키다

aggravate, degenerate, deteriorate, exacerbate, go downhill, worsen

남북관계는 **악화일로를 걷고 있다.**

Inter-Korean relations **are going** steadily **downhill**[are steadily getting worse].

악화일로로 치닫는 미-중 갈등

the **deteriorating** conflict between the US and China

◆ 안도감

comfort, relief, feeling of abatement[appeasement/consolation], feel relieved(안도감을 느끼다, 안심하다), feel at ease(안도하다, 마음이 편해지다)

깊은 **안도감**을 느끼다

feel profound **relief**

우리는 아직 **안도**하기에 이릅니다[아직 **안도**할 수 없습니다].

We cannot afford to breathe a sigh of **relief**.

안도의 숨을 내쉬다

give a sigh of **relief**

◆ 안부를 전하다

bring greetings from, give one's regards to, send one's love

브라질**에서 인사드립니다.**
I **bring greetings from** Brazil.

장관님**께 제 안부 전해주세요.**
Please **give my regards to** your Minister.

◆ 안심하다

be assured, feel[be] relieved, feel safe, relieve anxiety, relax

대한민국 국민 여러분은 **안심하셔도** 좋습니다.
The people of South Korea may **be assured**.

우리는 최악의 상황이 끝났다고 **안심한다.**
We **feel relieved** that the worst is over.

혼자서는 **안심**이 안 돼요.
I don't **feel safe** on my own.

여러분의 **불안을 해소하기** 위해 제 경험을 여러분에게 공유하겠습니다.
To help you **relieve anxiety**, I will share with you my experiences.

◆ 압도당하다

feel daunted(주눅 들다, 압도되다), inundate(삼키다, 허우적거리게 하다), overrun(짓밟다), overpower, overwhelm(압도하다, 제압하다), overwhelming(압도적인), overwhelmingly(압도적으로)

압도당하는 느낌을 받았다[기가 꺾인다].
I **feel daunted**.

러시아는 우크라이나를 **삼켜버릴** 권리가 없다.
Russia does not have the right to **inundate** Ukraine.

압도적이고 효과적인 대응[조치]
overwhelming and effective measure

반대자가 **압도적으로** 많다.
The opponents **overwhelmingly** outnumber.

미국의 **압도적인** 리드[우위]는 미국의 힘을 여실히 보여준다.
The **overwhelming** lead of the United States is a visible expression of the power of the United States.

◆ 약속을 어기다

breach one's pledge, break one's promise, fail to implement one's promises, fudge on one's promises

상황에 관계없이 당신은 의도적으로 **약속을 위반했습니다**.

Regardless of the circumstances, you purposely **breached your pledge**.

약속을 하면, 절대 그 **약속을 어겨서는** 안 돼.

When you promise something, you should never **break that promise**.

핵실험을 하지 않겠다는 **약속을 어기다**

break a promise not to conduct a nuclear test

◆ 약속을 지키다

act on promises, be a person of one's word(약속을 지키는 사람이다), honor[keep] pledges, fulfill one's pledges

난 **약속을 지키는 사람이야**.

I **am a person[man/woman] of my word**.

정부는 **~에 대한** 지원 **약속을 지켰다**.

The government **honored its pledge** to support for ~

대통령 후보는 선거운동 기간에 했던 **약속을 실행에 옮기지** 못했다[**약속을 지키지** 못했다].

The presidential candidate is unable to **act on promises** he made during his campaign.

◆ 어깨를 나란히 하고, 동일선상에서

shoulder to shoulder with, side by side, in alignment with(~와 동일선상에서)

~와 어깨를 나란히 하다

stand **shoulder to shoulder with** ~

미국은 한국**과 어깨를 나란히** 하고 있다.

The United States of America stands **shoulder-to-shoulder with** the Republic of Korea.

한국은 선진국**과 동일선상에서** 국제무대에서 활동한다.

Korea is active on the international stage **in alignment with** developed countries.

◆ 억압하다

conquer(정복하다, 이기다), crush(격파하다, 부수다), dominate(지배하다, 정복하다), hold back(저지하다, 제지하다), oppress(탄압하다), overpower(제압하다), overwhelm(압도하다), repress(탄압하다, 진압하다), quell(진압하다), subdue(억누르다), suppress(진압하다)

미국은 핵전력을 사용해서 일본을 **정복했다**.

The US used nuclear forces to **conquer** Japan.

여성의 승진을 **저지하는** 유리천장에 맞서다

confront the glass ceiling that **hold back** women's advancement

그의 편의를 위해 너의 감정을 **억누를 수** 없다.

You cannot **subdue** your emotion for his convenience.

◆ 억제하다

control(통제하다), check, curb, hold[keep] down, refrain from(자제하다, 삼가다), rein in(고삐를 죄다, 억제하다), smother(억누르다, 억제하다)

결국, **억제할** 수 없는 지경에 이르렀다.

Eventually, it got to the point where I couldn't **control** it.

그 의사가 모르핀으로 내 통증을 **조절했다**.

The doctor **controlled** my pain with morphine.

반대 목소리를 **억제했다**.

The voices of the opposition **were smothered**.

팀 외부의 누구와도 그 사안에 대해 논의하는 것을 **자제해[삼가]주세요**.

Please **refrain from** discussing the issue with anyone outside the team.

◆ 엄중한

grave, grim(암울한, 단호한), harsh, strict(엄격한), rigid(경직된, 완고한)

국제안보환경은 냉전 이후 그 어느 때보다 **엄중**하다.

The international security environment is **grimmer** than ever since the end of Cold War.

많은 사람들은 유교가 **경직된** 사회질서를 강조한다고 했다.

Many people found that Confucianism stressed a **rigid** social order.

북한의 핵·미사일 위협은 **엄중**하다.

The North Korea's nuclear and missile threat is **grave**.

~에 대해 **엄중한** 제제조치를 취하다
take **strict** sanctions against ~

◆ 역할을 하다

act as(~ 역할을 하다), play a role in, serve as, role(역할)

~은 국제평화와 안보 증진**에 있어** 선도적인 **역할을 수행하고 있다**
~ **is playing a** leading **role in** advancing global security and peace

대리[대행] **역할을 하다**
act as a proxy

~**에서** 두드러진[중요한] **역할을 수행하다**
play a prominent **role in** ~

~의 중심 **역할**이 중요하다
~'s central **role** is crucial

◆ 연계

connection, link(연결 관계), liaison, ties(유대관계), be linked(연계[연관]되어 있다)

~와 긴밀히 **연계되어 있다**[불가분의 관계에 있다]
be inextricably **linked** to ~

A와 B의 **연결 관계**는 부인할 수 없다
The **link** between A and B is undeniable

중국이 ~와 모든 **유대관계**를 끊었다
China has cut all **ties** with ~

◆ 염두에 두다

bear[keep] in mind, give heed to(~에 주의하다, 유념하다), think hard about(~에 대해 곰곰이 생각하다)

그들은 그의 존재**에 주의를 기울이지 않고** 큰 소리로 그에 대해 이야기했다.
They seemed to **give no heed to** his presence and talked of him aloud.

어떻게 하고 싶은지 **곰곰이 생각해봐**.
Think hard about how you want to play it.

이 네 가지 핵심 요소를 **염두에 두면서**
bearing in mind these four key elements

◆ 영향(력)

effect (of/on), impact (on), influence (on/over), leverage

(~에) **영향**평가를 실시하다
assess[evaluate] the **effects (on/of)**

(~에) 강력한 **영향력**을 행사하다
exercise[wield] strong **influence (on/over)**

더 큰 **영향력**을 행사하길 원하는 주요 국가들[강대국들]
major powers vying for greater **influence**

정치적 **영향력**을 행사하다
exercise political **leverage**

◆ 예의주시하다

keep a close eye on, monitor, observe(관찰하다, 관측하다), pay sharp attention to

중국의 해군 활동을 **예의주시하다**
keep a close eye on China's naval activities

우리는 신중하게 **예의주시하고 있다**.
We are **monitoring** carefully.

유권자들은 정치를 **예의주시해야** 한다.
Voters should **pay sharp attention to** politics.

◆ 예측하다

foresee, forecast(예보하다, 전망하다), foretell(예언하다), predict(예측하다, 예견하다)

~의 행보를[향방을] **예측하다**
predict where ~ is headed

그것은 **예측[예언]하기** 힘들다.
That's tough[hard/difficult] to **foretell**.

정확하게 **전망하기** 힘들다.
It is difficult to **forecast** accurately.

◆ 요구하다

call for(필요로 하다, 재촉하다), demand(요구하다, 요구), request(요청하다, 요청), require(요청하다)

특단의 대응을 **요구하다**
require an extraordinary response

너무 많은 것을 **요청하는** 것이 부당하지는 않다[무리는 아니다].
It is not unreasonable to **request** too much.

~에 대한 **요구**를 물리치다[거절하다]
reject a **demand** for ~/turn down[refuse] a **request** for ~

◆ 우려

concern(염려, 걱정, 배려), fear(공포, 두려움), worry(걱정, 불안)

심각한 **우려**를 표명하다
express grave **concern** about

우려를[**두려움**을] 가라앉히다
soothe **concerns**[**fears**]

우려가 커지고 있다
concerns are growing

우려의 목소리를 내다
voice **concerns**

우려를 불식시키다
dispel **worries**

◆ 우뚝 서다

hold a dominant position(우위를 차지하다), stand tall(자신만만해[당당해] 보이다), hold a lofty position(높은 지위를 얻다)

왕은 **지배적인 위치를 차지하는** 데 익숙하다.
The King is accustomed to **hold a dominant position**.

한국은 선진화로 세계에 **우뚝 서는** 나라가 되기를 희망합니다.
Korea wishes to **stand tall** in the world through advancement.

◆ 유례없는

unique(유일무이한, 비류가 없는), unexampled, unmatched, unparalleled(비할 데 없는, 유례없는), unprecedented

만고에 **유례없다**
be **unique** for all generation

역사상 **유례가 없는**
unmatched in the entire history

유례를 찾아볼 수 없는 성과[결과가 **예사롭지 않다**]
the outcome is **unexampled**

시진핑 주석은 **견줄 데 없는** 권력을 지녔다.
President Xi Jinping is a man of **unparalleled** power.

남북 간 긴장이 사상 **유례없이** 고조되어 있다.
Tensions between the North and South have reached **unprecedented** levels.

◆ 유지하다

keep, maintain, retain, sustain, uphold

모든 국가와 우호 관계를 **유지하다**
maintain friendly relations with all countries

지속적인 지원을 **유지하다[확보하다]**
maintain[ensure] the continuity of support

익명을 **유지하고** 싶다.
I prefer to **maintain** anonymity.

◆ 육성하다

bring up(기르다, 양육하다), cultivate, foster(조성하다, 양육하다), nurture(양성하다, 육성하다)

창업 생태계를 **육성하다**
nurture[foster/cultivate] a startup ecosystem

◆ 외면하다

avoid, dismiss(일축하다, 기각하다, 묵살하다), disregard(도외시하다, 소홀히 하다, 무시하다), look away from(눈을 돌리다), turn away from, turn a blind eye (to)(보고도 못 본 체하다, 눈감아주다), turn one's back on, turn the cold shoulder to(냉대하다), overlook(간과하다), ignore

저개발 국가는[후진국은] 공평한 백신 분배에서 **외면당해왔다.**

Underdeveloped countries **have been disregarded** with respect to equitable vaccine distribution.

~의 곤경을 **외면하다**

turn a blind eye to the plight of ~

만일 지금 **눈감아주면** 나중에 대가를 치르게 될 것이다.

If you **turn a blind eye** now, you will pay the price later.

아무리 고통스럽다 해도 그의 가혹한 현실**에서** 우리는 **눈을 돌리면** 안 된다.

We should not **look away from** his harsh realities no matter how painful it is.

불평등을 보여주는 **외면할[간과할]** 수 없는 사실들

the brutal facts of inequality that cannot **be overlooked**

제안이 ~에서 **외면받았다**

The suggestion **was ignored** by ~

◆ 위상

position(자리, 입지), prestige(위신, 명망) standing(지위, 평판), stature(지명도, 수준, 위상), status(위신)

우리나라의 **위상**을 제고하다[높이다]

improve the **standing** of our nation/elevate our national **standing**

OECD 가입은 한국의 국가 **위상**을 드높였다.

Joining the OECD prompted Korea's national **prestige** to soar.

◆ 위험

danger, hazard, liability(골칫거리, 부채, 책임) peril, threat(위협), risk, jeopardy

반드시 그 **위험**을 제거해야 한다

must defuse that **danger**

눈앞에 닥친 **위험**

imminent **danger**/an urgent **threat**

감염 **위험**이 취약계층 사이에서 눈에 띄게 더 높다.
The **risk** of infection is appreciably higher among the vulnerable.

핵무기에 관한 남북 대화가 **위험**에 빠졌다.
The inter-Korean talks on nuclear weapons were in **jeopardy**.

◆ 위협하다

bulldoze(강요하다, 밀어붙이다), destabilize(불안정하게 하다), intimidate(위협하다, 겁을 주다), menace(협박하다, 위협하다), pose a threat(위협이 되다), scare, threaten, terrorize (공포에 사로잡히게 하다)

당신은 회사 전체가[전 직원이] 당신과 같은 생각을 하도록 **밀어붙입니다**.
You **bulldoze** the whole company into thinking the same thing as you.

북한의 핵실험은 동아시아에 직접적인 **위협을 가한다**.
The DPRK's nuclear test **poses a** direct **threat** to East Asia

한국의 국가 안보를 노골적으로 **위협하다**
blatantly **threaten** Korean national security

히틀러가 유럽 전체를 **공포에 떨게 했다**.
Hitler **terrorized** the whole Europe.

◆ 의지

will, determination(결의, 투지), resolution, resolute will(단호한[불굴의] 의지), unwavering will(흔들림 없는 의지, 확고한 의지), upright will(굳은 의지), resolute stance(굽히지 않는 자세), strong mind(강인한 정신, 불굴의 정신), strong stance(강경한 태도), strong resolve, volition

강력한 대북억지의 **의지**를 재확인하다
reconfirm our strong **will** to deter North Korea

우리의 확고한 **의지**를 다시 한번 확인하다.
We reconfirm our **unwavering will**.

우리는 사실을 있는 그대로 받아들일 준비를 갖춘 **강인한 정신**을 반드시 가져야 합니다.
We must have **strong minds**, ready to accept facts as they are.

윤 대통령은 북한을 향해 **강경한 태도**를 취하고 있다.
President Yoon is showing a **strong stance** towards the North.

한반도 평화 유지를 위한 강력한 **의지**를 재확인하다
reaffirm our **strong resolve** to maintain peace on the Korean Peninsula

◆ 이끌어내다

derive(추출하다, 얻다, 파생되다), draw (up)(끌어내다, 유추하다, 작성하다)

결론을 **이끌어내다**
derive[**draw**] a conclusion

계획서를 **작성하는** 것도 나쁘지 않다.
It wouldn't hurt to **draw up** a plan.

우리는 이 문서에서 새로운 결론을 **도출할** 수 있다.
We can **derive** a new conclusion from this document.

◆ 이정표

landmark(획기적 사건, 주요 조형물), milestone, turning point(전환점, 전기)

남북 공동선언은 남북관계에 새로운 **이정표**를 마련했다.
The North-South joint declaration provided a new **milestone** to their relationship.

~에 중요한 **이정표**가 될 것이다
will be a major **milestone** in ~

우리는 몇 가지 중요한 **이정표**들을 축하하게 되었다.
We are also celebrating some important **milestones**.

삶의 **이정표**를 제시하다
present[give] a **milestone** in life

북-미 정상은 비무장지대(DMZ)에서 **역사적인** 회담을 개최한다[갖는다].
The US and North Korean leaders hold **landmark** talks at the DMZ(demilitarized Zone).

◆ 이행하다

carry out(수행하다, 완수하다), execute(실행하다, 수행하다), fulfill, implement, perform(행하다, 실시하다)

지체없이 임무를 **수행하세요**.
Execute your duties without delay.

그것이 **이행되길** 희망합시다[바랍시다].
Let us hope that they **are fulfilled**.

그 계획이 아직 **이행되지** 않았다.
The plan has not yet **been implemented**.

유엔안전보장이사회 결의를 완전하게 **이행하다**
fully **implement** UN Security Council resolutions

그는 한꺼번에 많은 업무를 **수행할** 수 있다.
He can **perform** many tasks at once.

◆ 인식

awareness(인식), cognition(인지), realization(깨달음, 자각), understanding

역사 **인식**이 부족하다
lack historical **awareness**

깨달음은 자연스러운 현상이다.
Realization is a natural occurrence.

이해를 같이하다
share the **understanding**

그 조사는 한국인이 ~를 절실히 **인지**하고 있다는 것을 보여준다
The survey shows that Koreans have acute **cognition** of ~

◆ 일어서다

build up(창조하다, 개발하다, 보강하다), rise (from/against/up)(딛고 일어서다, 헤어나다), rise to one's feet(일어서다), stand up(나서다, 맞서다, 견디다)

빈털터리로[맨주먹으로] 사업을 **일구다**
build up one's business from nothing

빈곤과 전쟁의 폐허를 **딛고 일어서다**
rise from the ashes of war and poverty

◆ 자리매김하다

be poised to be(~할 위치에 놓이다, 태세를 취하다), establish itself(입지를 차지하다[굳히다], 자리매김하다), settle oneself in(~에 정주[정착]하다)

선진국으로 **자리매김하다**
establish itself as the advanced country

미국은 한국이 개도국으로 **자리매김하는** 데 도움을 주었다.
The US has helped Korea **establish itself** as a developing nation.

중국이 차기 초강대국이 **될 태세이다**.
China **is poised to be** the next superpower.

◆ 자명한, 분명한

apparent(분명한), certain(확실한, 틀림없는), clear(보기 쉬운, 확실한), evident(눈에 띄는, 분명한), obvious(명백한, 뻔한, 자명한), unquestionable(의심할 여지가 없는), self-evident(증명할 필요가 없는, 자명한), self-explanatory(설명할 필요가 없는), undeniable(부인할 수 없는, 명백한)

~한 이유는 **자명**하다
It is **clear** why ~

테러의 위험은 **자명**하다.
The danger of terrorism is **evident**.

왜 우리는 **분명한** 이유 없이 고통을 겪는가?
Why do we suffer for no **apparent** reason?

그렇게 될 것이 **자명**하다.
It is **obvious** that it will turn out that way.

자명한 이치
a **self-evident** truth

◆ 장

chapter, phase, stage

관계의 새로운 **장**을 열어간다.
We are opening a new **chapter** in our ties.

새로운 **장**을 열다
start a new **chapter**

◆ 재천명하다

reaffirm[restate/declare] (once more), reassert

~에 대한 공약을 **재천명하다**
reaffirm one's commitment toward ~

견해들이 강력하게 **재천명되어야** 한다
views must **be reasserted** strongly

◆ 재확인하다

reaffirm(재차 확인하다, 확언하다), reconfirm

그 데이터는 셀 수 없이 많은 전문가들이 확인하고 **재확인했다**.
The data **was** confirmed and **reconfirmed** by countless experts.

~에 대한 의지를 **재확인하다**
reaffirm their commitment to ~

◆ 제도화하다

institutionalize(제도화하다), systematize(조직화하다, 체계화하다)

법을 **제도화하려는** 초당적인 노력
bipartisan efforts to **institutionalize** a law

양자 협력을 **제도화하다**
institutionalize bilateral cooperation

그는 신속한 대응을 위해 프로세스를 **체계화하는 것**이 중요하다고 강조한다.
He emphasizes the importance of **systematizing** the process to responds quickly.

◆ 제시하다

map out(계획하다, 준비하다, 입안하다), offer(제의하다, 제안하다), present(주다, 제시하다), produce(결과를 생성하다), show, suggest

미래 방향을 **구체적으로 제시하다**
map out the future direction

(~에 대한) 해법을 **제시하다**
suggest a solution (to)

혜택들을 **제시하고 있다**
be offering benefits

◆ 전성기

apex(정상, 꼭대기), culmination(최고조, 정점), heyday, glory days, best days, golden age(황금기, 전성기), peak time, pinnacle(정점), at the peak of(~의 절정에, 정상에), in one's prime(전성기에 있는)

최고 전성기를 과시하다
boast **a golden age**

전성기를 누리다
enjoy its **best days**

그는 인생의 최**정점**에 있다.
He is at the topmost **pinnacle** of his life.

10년간의 연구 개발의 **정점**
the **culmination** of a decade of research and planning

전성기를 보여주는 훌륭한 사례
a fine example from the **peak time**

대통령은 인기의 **절정에** 있다.
The president is **at the peak of** his popularity.

◆ 전례 없는

unparalleled, unprecedented, unmatched in history(역사상 유례가 없는, 역사적으로 타의 추종을 불허하는)

전례 없는 대재앙
unparalleled catastrophe

전례 없는 상황
unprecedented situation

성능은 **역사상 타의 추종을 불허**한다.
The performance is **unmatched in its history**.

◆ 전망

outlook(관점, 시각, 견해, 전망), prospect

우리는 ~의 암울한 **전망**에 직면해 있다
We face the grim **prospect** of[**prospects** for] ~

전망이 훨씬 더 긍정적이다.
The **outlook** is much more positive.

◆ 전조

harbinger(조짐), indicator(지시, 지표), omen(징조, 조짐), prelude (to), sign

남북정상회담은 오랜 갈등의 종식을 알리고 밝은 미래의 **전조**가 되었다.
The Inter-Korean summit heralded an end to a long era of conflict and became the **harbinger** of a promising future.

무지개는 좋은 **징조**이지, 그렇지?
Rainbow is a good **omen**, isn't it?

~의 **전조**가 되다
be a **harbinger** of/be a **prelude to**/be a **sign** of

◆ 전환

change, changeover(전환), switch, transition, turning point(전환점, 전기)

민주주의 체제로의 **전환**
transition to democratic governance

인류 역사에 있어서 하나의 **전환점**
a **turning point** in human history

전환하는 동안 지속적인 모니터링이 필요합니다.
It requires constant monitoring during the **changeover**.

◆ 접근(하다)

access (to/for)(접근하다, 접속, 접근), approach(접근하다, 다가오다, 접근)

물에 **접근하다**
access to water

~**에** 아무런 제약 없이 **접근**할 수 있다
have unhindered[unfettered] **access to**

여성은 교육과 취업에 **접근**할 수 있어야 한다.
Women need to have **access to** education and employment.

우리 건물에는 휠체어가 쉽게 **접근**할 수 있다.
Our building allows easy **access for** wheelchairs.

~을 포괄하는 총체적인 **접근**을 취하다
take a holistic **approach** encompassing ~

접근 방식을 바꾸다
change the **approach**

◆ 정립하다

arrange(마련하다, 배치[배열]하다), define(규정하다), formulate(공식화하다, 만들다)

제가 교통편을 **마련해드릴** 수 있습니다.
I can **arrange** transportation for you.

~에서 독자적인 입지를 **정립하다**

formulate an original position in ~

우리는 ~이 의미하는 바가 무엇인지를 **정립할** 필요가 있다

We need to **define** what we mean by ~

유럽연합은 구체적인 지침을 **공식화했다**.

The EU **formulated** specific guidelines.

◆ 조율하다

arbitrate(중재하다), mediate(조정하다, 중재하다), tune(조율되다, 조정되다)

양국 간의 이견을 **조율하다**

mediate between two countries

교황이 영토분쟁을 **중재했다**.

The territory dispute **was arbitrated** by the Pope.

한 치의 빈틈도 없는 긴밀한 협의 하에 모든 주장이 반드시 **조율돼야 한다**.

Under seamless cooperation, all claims must **be tuned**.

◆ 조직적으로

methodically(계통적으로, 체계적으로), systematically(체계적으로, 조직적으로)

대부분 시설들이 **조직적으로** 파괴되었다.

Most of the facilities were destroyed **systematically**.

조직적으로 일하다

work **systematically**

그것은 **체계적으로** 매우 철저하게 테스트되었다.

It has been tested **methodically** and very thoroughly.

◆ 조촐한

low-key(남의 이목을 끌지 않도록, 절제된, 억제된), modest(수수한, 보통의), plain(간소한, 꾸밈없는), simple, quiet,

조촐한 모임을 갖다

have a **low-key** meeting

그 집은 (특별할 것 없이) 거의 **꾸밈없다**.[그 집은 꽤 평범하다.]

The house is pretty much **plain**.

첫 만찬은 **조촐한** 행사였다.

The first dinner was a rather **modest** event.

◆ 조치를 취하다

carry out measures(조치를 취하다, 실시하다), take[adopt/use] a measure(수단을 취하다), take a step(조치를 취하다), carry out measures

실질적 **조치를 취하다**

take practical **steps**

우리는 조국을 지키기 위한 **조치를 취했다**.

We **have carried out measures** to defend our nation.

우리는 특단의 **조치를 취하는 것**을 고려하고 있다.

We are considering **taking** extraordinary **measures**.

◆ 주목[주의]하다

heed(주의를 기울이다), pay heed to(~에 주의하다), pay attention to, focus on, take note of(주의하다, 주목하다)

다른 많은 사람들에게 효과가 있었던 주요 교훈을 **주목하라**.

Take note of key lessons learned that have worked for many others.

(너희가) 듣는 것에 **주의하라**.

Heed what you hear.

그 제안은 **주목받지** 못했다.

The proposal has not **been taken note of**.

◆ 주의하다, 조심하다

beware (of)(주의하다), be cautious(자중하다, 주의하다), be careful

적은 비용**에 주의를 기울이는** 것이 중요하다.

It is important for us to **beware of** little expenses.

말**조심 하세요**.

Be careful what you say.

너는 반드시 **신중하게 행동해야** 한다.

You have every reason to **be cautious**.

◆ 준비태세

preparedness(각오〔준비〕된 상태), readiness(준비되어 있는 상태)

준비태세를 유지하다
maintain the **readiness**

어떤 도발에도 대응할 수 있는 **준비태세**
their **readiness** to counter any and all provocations

◆ 줄이다

curtail(축소하다, 삭감하다, 단축하다), cut back on(줄이다), decrease, deplete(고갈시키다, 격감시키다, 대폭 감소시키다), lessen(덜다, 줄이다), reduce

코로나로 인적교류가 **축소되었다**.
The coronavirus pandemic **curtailed** people to people exchange.

자원을 **고갈시키는** 데는 수년이 걸릴 것이다.
It would take years to **deplete** the resources.

우리는 위험을 우리가 **경감할** 수 있다고 생각했다.
We thought we could **lessen** the danger.

위험을 **감소시키는** 데 주력하다
focus on **reducing** danger

감염 리스크를 **줄이다**
reduce the risk of infection

◆ 중요〔중시〕하다

attach importance to, emphasize, place value on(가치를 두다, 중시하다), put emphasis on(역점을 두다), stress(강조하다), view seriously(중시하다, 중대시하다)

우리는 지역 및 국제협력을 **중시해야** 합니다.
We should **attach importance to** the regional and international cooperation.

입장을 **중시하다**
place value on the position

이것이 바로 우리가 평화의 지속화를 **중시하는** 이유입니다.
This is why we **place** so much **value on** sustaining peace.

그의 말은 **진지하게 받아들여야** 한다.
His statement needs to **be viewed seriously**.

◆ 중심으로 하다

bring into the limelight(중심으로 가져오다), center around(~을 중심으로 하다), give prior (to)(우선권을 주다, 우선하다), priority is given to ~(우선권이 ~에 주어지다), as the central figure(중심인물로서)

그에게는, 모든 것이 자신을 **중심으로 한다**.
To him, everything **centers around** himself.

우선순위가 ~에 더 **주어진다**
More **priority is given** to ~

이슈를 **중심으로 가져오다**
bring the issue **into the limelight**

◆ 중추(적인), 중대(한)

backbone(근간, 중추), pillar(대들보, 지주, 주축), critical(대단히 중요한, 중대한), crucial(결정적인, 중대한), pivotal(중심(축)이 되는, 중추적인)

반도체는 한국 경제의 **중추** 산업으로 자리잡아 왔다.
Semiconductors have been the **backbone** of the Korean economy.

중추적인 역할을 하다
play a **pivotal** role

한국은 **중추적** 중견국가이다.
Korea is a **pivotal** middle power.

◆ 증강하다

build up(강력하게 만들다, 증강하다), reinforce(강화하다, 보강하다), strengthen(튼튼하게 하다)

군사력을 **증강하다**
build up[increase] military strength

동맹을 **강화하기** 위해
to **reinforce** its ally

북한은 계속해서 핵무기를 **증강할** 것이다.
The North will keep **building up** its nuclear arsenal.

◆ 증거

evidence, proof, testimony(증거, 증언)

충분한 **증거**로 주장을 뒷받침하다
support claim with sufficient **evidence**

한국은 ~의 산 **증거**이다
Korea is living **proof** of ~

◆ 지원/지지

aid(원조, 지원), assistance, backing(지원, 지지), back up, support

정부의 **지원**이[**원조**가] 중요하지만 충분하지 않다.
Government **aid** is important but it is not enough.

그들은 ~의 **후원[지원]**을 반영하기 위해 그 이름을 사용했다
They took the name to reflect the **backing** of ~

지원을 요청하다
ask for **support**

~에 대한 **지원**을[**지지**를] 강화하다
prop up its **support** for ~

~의 전폭적인 **지원**을 기대하다
look forward to the full **support** of ~

정부는 ~에 대한 **지원**을 약속했다
The government pledged their **support** for ~

오랜 동맹국인 한국에 대해 미국의 흔들리지 않는 **지지**를 표명하다
express the unwavering **support** of the United States for our longstanding alliance with South Korea

◆ 지키다

adhere(고수하다, 준수하다), defend(방어하다, 수비하다), guard(지키다, 보호하다), stand, obey(따르다, 섬기다, 복종하다), protect, take care of(돌보다, 소중히 하다), uphold(지키다, 옹호하다, 유지하다)

국제사회는 그 조약을 **준수하는** 데 동의했다.
The international community agreed to **adhere** to the Treaty.

서로의 곁을 **지켰다**
have stood side-by-side

규칙을 **지키다**

obey the rules

터키는 유럽의 원칙을 **지키기** 위해 EU법의 틀 내에서 일해야 합니다

Turkey must work within the framework of the EU law to **uphold** Europe's principle.

◆ 지평

frontier(경계점, 지평), horizon(지평선, 수평선), vista(시야)

새 **지평**을 열다

open up new **vistas[horizon]**

~에 대한 새로운 협력의 **지평**을 열다

open new **frontiers** of cooperation on ~

우리는 좁은 **시야**를 통해서만 사물[상황]을 봐서는 안 된다.

We should not see things only through our narrow **vista**.

◆ 직면하다

be confronted by(~에 직면하다), encounter(맞닥뜨리다, 부딪히다), come face to face with, face (with)

파국에 **직면하다**

be confronted by catastrophe

~의 암울한 전망에 **직면하다**

face the grim prospect of ~

한국 사회는 고령화 같은 다양한 문제들에 **직면해 있다**.

Korean Society **faces** manifold problems such as aging.

◆ 진전을 거두다

advance, develop, progress(진전, 진전을 거두다), evolve(진전을 거두다, 진화하다), make headway(나아가다, 진전하다), keep pace with the development(발전에 보조[속도]를 맞추다)

경제사회 모든 영역에서 **진전을** 거두다.

Progress has been made on all economic and social fronts.

우리의 긴밀한 협력은 글로벌 파트너십으로 **발전했다**.

Our close cooperation **has evolved** into a global partnership.

독재 국가들은 **발전의 보조를 맞추지** 못하고 있다.
Autocratic states are failing to **keep pace with the development**.

◆ 진지하게

earnestly(진심 어린, 성실한), in earnest(본격적으로, 진지하게), sincerely, seriously, thoughtfully

진지하게 말하다
speak **in earnest**

전심전력을 다 할 테니 **본격적으로** 논의를 시작합시다.
I will give you my undivided attention, so let's begin the discussion **in earnest**.

문제의 심각성을 **진지하게** 받아들이다
recognize the gravity of the problem **seriously**

◆ 참가(참여)하다

participate in, take part in

토론**에** 활발하게 **참여해** 주셔서 감사합니다.
Thank you for your actively **participating in** the discussion.

한국은 적극적으로 **참여해왔다**.
Korea **has** actively **taken part in**.

◆ 천명하다

clarify(명확하게 말하다), declare(선언하다, 공표하다, 언명하다), elucidate(자세하게 설명하다), make clear, explicate(명백하게 하다), explain(설명하다), state crystal clearly(분명하게 말하다)

다시 한번 분명하게 **천명해**주시겠어요?
Could you **clarify** one more time?

~의 입장을 **천명하다**
state one's standpoint **crystal clearly**

핵·미사일 능력을 지속 강화해 나갈 것임을 **천명했다**
have made clear that it will continue to strengthen its nuclear and missile capabilities

이 나라는 최초로 헌법에서 스스로 '핵보유국'임을 공식적으로 **선언한** 나라이다.
It is the first country which **has** officially **declared** itself as a "nuclear-armed state" in its constitution.

◆ 청사진

blueprint

새로운 **청사진**을 내놓다
map out[present/provide] a new **blueprint**

◆ 체결하다

conclude(맺다, 체결하다), sign(서명하다, 계약하다), make a contract(계약을 맺다)

계약을 **체결하다**
sign[conclude] the contract

협약을 **체결하다**
sign an agreement

민법에서 **계약을 맺는다는 것**은 계약서에 **서명하는 것**을 의미합니다.
In civil law, **making a contract** means **signing** an agreement.

◆ 초석

basis(기반, 기초), cornerstone(초석, 주춧돌), foundation, groundwork(기틀, 기초작업), steppingstone(발판, 디딤돌)

초석을 다지다
strengthen the **basis**/fortify the **foundation**

국가 번영을 위한 **초석**을 다지다
lay the **groundwork** for the country's prosperity

이 컨퍼런스는 ~을 위한 중요한 **초석**이 될 것이다
This conference will serve as a **steppingstone** for ~

저는 이 회의가 ~의 중요한 **초석[디딤돌]**이 될 것이라고 확신합니다
I am certain that this conference will serve as an important **cornerstone** for ~

◆ 촉구하다

call on(요청하다, 촉구하다), demand(요구하다, 필요로 하다), urge(권고하다, 촉구하다), press

~에 대한 지속적인 관심과 지원 확대를 **촉구합니다**
I would like to **call on** your continued interest and increased support to ~

북한에게 비핵화 이행을 **촉구하다**
urge the DPRK to abandon its nuclear program

◆ 추진하다

carry forward(진척시키다), drive(밀고 나가다), go ahead, push ahead with, proceed, propel, promote, push ahead with(밀어붙이다, 추진하다)

내년에 **추진될** 것이다.
We will **go ahead** next year.

예정대로 순조롭게[원활하게] **추진될** 예정이다
will **proceed** smoothly on schedule

◆ 충돌하다

be in discord with(~와 불화가[다툼이] 있다), clash with(~와 충돌하다), collide(충돌하다), conflict(상충하다, 갈등하다), come into conflict, be in (a) collision

그는 너의 경쟁자로 너와 **충돌할 것이다**.
He will **clash with** you as your rivals.

이해 **충돌**
conflict of interest

정면**충돌하다**
be in a head-on **collision**

미국과 중국이 **충돌했다**.
The US **came into conflict** with China.

◆ 최우선사항

come first(최우선 고려사항이다), the top of the list(최우선 과제), high on agenda(최우선 업무), top[first] priority(최우선 순위), matter of the highest priority(최우선 사항)

개혁이 정부 **최우선** 과제이다.
Reform is a **top priority** for the government.

최우선 과제
a task **high on agenda**/a **priority** task

해야 할 일이 많지만, 개인정보보호가 **최우선**입니다.
We have a lot of things to do, but privacy protection is at **the top of the list**.

◆ 침해하다

encroach on[upon](침탈하다, 침략하다), infringe on(침해하다), intrude(방해하다, 침범하다), invade(침략하다, 침입하다), encroach into our territory(우리 영역을 침범하다), violate(훼손하다, 위반하다, 침해하다)

권리를 **침해하다**

infringe on[violate] rights

법을 **위반하**는 사람을 용서할 수 없다.

I cannot forgive those who **violate** the law.

이 장치는 우리 영역을 **침범하는** 물체나 사람을 감지한다.

The device detects objects or persons that **encroach into our territory**.

◆ 큰 차이로 이기다

crush(눌러서 뭉개다, 격파하다), win by a wide margin(큰 차이로 이기다), win a landslide victory(압도적인 승리를 하다), win ~ in a landslide victory(~를 압승으로 이기다)

날 **뭉개 버릴** 수 있을 줄 알았어?

You thought you could **crush** me?

대통령은 **압승으로** 선거에서 **승리했다**.

The president **won** the election **in a landslide victory**.

◆ 파트너

partner, partnership(파트너십, 협력관계)

견고하고 효과적인 **파트너십**을 구축해야 한다

need to establish strong and effective **partnership**

상호 호혜적이며 미래지향적인 경제 **파트너십**

mutually beneficial and future-oriented economic **partnership**

새로운 영역을 구축하는 데 있어 **파트너**가 됩시다.

Let us be **partners** in charting new territories.

변함없는 믿음직한 **파트너**가 되어 왔다.

It has been a steadfast and reliable **partner**.

인류의 이익을 위해 지속가능한 **파트너십**을 구축하다

forge a sustainable **partnership** for the good of humankind

◆ 평화

peace, peaceful(평화적인)

완전한 의미의 **평화**는 ~할 때만 이룰 수 있다
Peace in the fullest sense can be achieved only when ~

평화에 심각한 위협을 초래하다
pose a serious threat to **peace**

평화적 수단을 통해
through **peaceful** means

한반도 **평화**와 번영을 위한 불가결의 핵심축
an indispensable linchpin for **peace** and security on the Korean Peninsula

◆ 피를 흘리다

bleed, lose blood, shed blood

피눈물을 **흘리다**
shed blood and tears

우리는 한국 전쟁에서 **피를 흘리며** 싸웠다.
We fought in the Korean war, **shedding blood**.

우리는 함께 **피를 흘렸다**.
We **have bled** together.

◆ 함께

alongside, along with(~와 함께), together (with), in company with(formal한 표현), side by side(나란히, 함께), stand together with(결속하다, 단결하다, 한데 뭉치다)

~와 **함께** 싸우다
fight **alongside ~**

우리는 **단결하겠다**.
We **stand together**.

이런 어려운 시기에도 우리는 자유롭고 안전한 미래를 위해 여러분과 **함께할** 것입니다.
Even in these troubled times, we will **stand together with** you for a free and secure future.

◆ 해결하다

solve, get solved(해결되다), resolve(해결하다), settle(결정하다, 정리하다)

문제를 **해결하기** 위한 실마리
a clue to **solve** the problem

사이버 위협은 한나라의 노력으로 **해결될** 수 없다.
Cyber threats cannot **be resolved** single-handedly.

우리는 원만한 **해결**을 희망합니다.
We hope to **settle** thc problem amicably.

◆ 해치다

damage(훼손하다, 피해를 입히다), harm(손상시키다, 해치다), impair, ravage(황폐화하다, 파괴하다), ruin(망치다, 몰락시키다, 파멸[파산]시키다), sabotage(방해하다, 파괴하다)

국익을 **해치다**
damage national interest

그것은 가장 중요한 문제를 다루는 UN의 능력을 **훼손했다**.
It **impaired** the UN's ability to deal with the most important problems.

10년간 내전이 그 나라를 **황폐화시켰다**
The 10-year civil war **has ravaged** that country.

◆ 핵

nuclear(핵), nuke(핵무기), nuclear weapon(핵무기), nuclear arsenals(핵무기)

북한 **핵** 프로그램을 해체하다
dismantle North Korea's **nuclear** program

핵 고도화
advancing the **nuclear** capability

핵 타격 역량
nuclear strike capability

◆ 핵심축

linchpin(=lynchpin)

불가결의 **핵심축**
an indispensable **linchpin**

한미동맹은 앞으로도 한반도 평화와 안보의 **핵심축**이 될 것이다.
The U.S.-South Korean alliance will continue to serve as a **lynchpin** of peace and security on the Korean Peninsula.

◆ 확고한, 확고부동한

firm, solid, adamant, unwavering, resolute, unbreakable(부서뜨릴[깨부술] 수 없는), unyielding(타협[양보]하지 않는)

~에 대한 **확고한** 입지를 다지다
establish a **solid** foothold in ~

확고한 의지
unwavering will

확고부동한 결속
unbreakable bond

◆ 확언하다

affirm(단언하다), assert(확고히 말하다), assure(확언하다, 장담하다, 확약하다), tell for certain, say[state] definitely, reassure(확신시키다, (~라고 말해서) 안심시키다)

공약을 **확언하다**
assert commitment

우리는 동북아의 평화와 안정, 경제적 번영만을 추구한다는 것을 북한 지도자들에게 반복적으로 **확약했**다.
We have repeatedly **reassured** North Korea's leaders that we seek only peace, stability, and economic prosperity for Northeast Asia.

◆ 활성화하다

energize(기운을 북돋우다), revive(회복시키다,부활시키다), invigorate, energize, vitalize(활력을 부여하다, 활성화하다)

지역 경제를 **활성화시키다**
revive the local[regional] economy

우리는 다양한 분야에서 한국과의 양국 관계를 더욱 **활성화하기**를 열망하고 있습니다.
We are keen to further **invigorate** the bilateral engagement with Korea in a wide number of areas.

◆ 활용하다

leverage(지렛대로 활용하다), make use of(이용하다, 활용하다), take advantage of(이용하다, 편승하다)

시너지 효과와 상호 보완성을 적극적으로 파악하고 **활용하고자** 하는 것이 중요하다.
It is crucial that we seek to actively identify and **leverage** the synergies and complementarities.

그것은 당신이 **활용할** 수 있는 유용한 대안입니다.
It is a useful alternative you can **take advantage of**.

◆ 험난한

dangerous, hazardous(위험한), perilous(험준한, 위태로운, 위험한), rough(거친, 험난한), troubled(문제가 많은, 힘든)

미국과 중국이 **힘든** 시기를 겪고 있는 것으로 알고 있습니다.
I understand the U.S. and China are going through some **rough** times.

험난한 시기
troubled time

◆ 헤쳐나가다

navigate(힘들거나 복잡한 상황을 다루다, 처리하다, 항해하다), get through(빠져나가다, 벗어나다), pass through, pull through(힘든 일을 잘 해내다), tide over(헤쳐나가다)

거친 파도를[격랑의 물결을] **헤쳐나갈** 수 있도록 도와줄 나침반
the compass that will help us **navigate** these turbulent waters

난국을 **헤쳐나가다**
tide over[pass through] the difficulties

◆ 현실

actuality(실제, 현실), reality(사실)

가상**현실**
virtual **reality**

냉엄한 **현실**을 알려주다
be a stark call to **reality**

이것이 우리가 현재 처한 **현실**이다.

This is the **reality** we are in.

◆ 협력하다

collaborate with(~와 협동하다, 협력하다), cooperate, join[combine] forces with(~와 힘을 모으다), work with

~와 긴밀히 **협력해나갈** 것을 기대하다

look forward to **working** closely **with**

이 프로젝트를 통해 거의 모든 곳에 있는 다른 사람들과 계획하고 **공동 작업할** 수 있다.

The project helps you plan and **collaborate with** others from virtually anywhere.

◆ 협의하다

confer with(~와 협의하다, 의논하다), consult with(~와 상의하다, 협의하다), discuss (something) with(~와 상의하다)

~와 긴밀한 **협의**를 지속해 나가다

continue to closely **consult with**

자세한 사양을 결정하려면 우리**와 상의하십시오**.

Please **confer with** us to determine the detailed specifications.

◆ 형성하다

form(구성하다, 형성하다), scheme(꾸미다), shape(큰 영향을 미쳐 형성하다[만들다]), structure(조직하다, 구조화하다)

미래를 어떻게 최고로 잘 **형성해** 나갈지

how best we can **shape**

사회적 공감대[합의]를 **형성하다**

form a social consensus

여론을 **형성하다**

form public opinion

◆ 획득하다, 달성하다

acquire(획득하다, 취득하다), gain(얻다), obtain(구하다, 얻다, 입수하다), secure(획득하다, 확보하다), win(얻다)

법에 따라 우리는 토지와 광물권리를 **취득할** 것이다.

According to the law, we will **acquire** the land and mineral rights.

필요한 자금을 **확보하는** 대로 공장이 다시 가동될 것이다.

The factory will be operated as soon as I **secure** the necessary finances.

◆ 힘

energy, force(물리력, 힘), strength(힘, 기운, 내구력, 견고성)

힘을 가하다

apply **force**

힘을 합쳐 이 대륙이 더 나은 미래를 만들 수 있도록 하자.

Let us join **forces** to enable this continent to create a better future.

분야별 배경 정보 및 용어

Background Information and Terminology by Sector

PART 03

01

경제 배경 및 용어

The Economy:
Background and Terminology

◆ 경제 지역주의(Economic Regionalism)·블록화(Bloc Formation) ◆

Information 알아두면 좋을 정보

◆ 개요

1. 지역주의

지리적으로 인접해 있으며, 경제적으로 상호 의존도가 높은 국가들이 공통의 이해 증진을 위해 경제 블록을 형성하는 것. 지역주의는 경제 블록화, 지역 경제 협력 등의 다양한 의미가 있는데 좁은 의미로는 '특정 지역 내의 경제권'을 의미

2. 경제 블록화

- 세계 각국의 자연적 조건, 자원 및 인구 등 지리적 조건, 경제발전 단계, 기술발달 정도 등이 달라서 국가별 상호 협력(mutual cooperation)을 통해 경제적 이익을 얻거나, 이해관계가 일치하는 지역별 협력기구(regional cooperation body)를 만들어 공동보조를 취하고 있는 현상
- 금융위기와 기후변화협약의 영향으로 제조업체들이 공급망을 가까운 곳으로 이동시키면서 세계 경제의 블록화가 가속화되고 있음
- 남동유럽의 12개국이 남동유럽 지역협력회 의회(RCC: Regional Cooperation Council) 출범

3. 경제 블록화의 대표적인 예

EU(유럽연합), NAFTA(북미자유무역협정), APEC(아시아태평양 경제협력단체), ASEAN(동남아시아국가연합), BRICs(신흥 경제 4국인 브라질, 러시아, 인도, 중국) 등

◆ 목적

- 회원국 간의 관세인하 등 무역 제한을 철폐하여 자유무역을 활성화
- 국가의 이익을 증대하며, 국민의 복지를 증진
- 경제통합을 통해 무역 창출, 투자 유인 등의 실질적인 이익을 기대
- 정치적 측면에서 지역 안보 문제 즉, 국가 간의 유대감이 형성되어 평화 실현 가능

◆ 경제 블록의 형태

1. 자유무역협정 FTA(Free Trade Agreement)

가맹국 간의 무역에 대해서는 관세 및 기타 규제를 철폐(scrap[eliminate] regulations and tariff)

2. 관세동맹(Customs Union)

가맹국 간의 관세 철폐뿐 아니라 비가맹국에 대한 공동관세 부과까지 이루어지는 경제통합

예 EU(유럽연합)

3. 공동시장(Common Market)

재화의 이동에 대한 규제 철폐는 물론 생산요소(factors of production)의 자유로운 이동을 보장하는 경제통합

예 COMESA(동남아프리카 공동시장), ASEAN(동남아시아국가연합), NAFTA(북미자유무역협정), MERCOSUR(남미공동시장), GCC(걸프협력회의), EAC(동아프리카공동체), SADC(남아프리카 개발 공동체)

4. 경제동맹(Economic Union)

관세 철폐와 생산요소의 자유로운 이동을 넘어서 가맹국들이 초국가적 기구를 설치하여 공동으로 경제정책 수행

5. 완전경제통합(Complete Economic Union)

회원국들이 독립된 경제정책을 철회하고, 단일경제체제 하에서 모든 경제정책을 통합 운영, 회원국 간에 단일 의회 설치와 같은 초국가적 기구 설치

Terminology 경제 지역주의/블록 용어	
무한한 가능성을 열다	unleash the vast potential
개방적이며 자유롭고 규범에 기초한 다자 무역 체제	the open, free, and rules-based multilateral trading system
경제발전을 강화하다	strengthen economic growth
경제 블록화	economic blocking[bloc formation]
경제동맹(완전경제통합)	economic union
경제 연결성	connected economy
경제 자유화	economic liberalization
경제 회복력	resilient economy
경제 협력을 증진하다	advance economic cooperation
관세동맹	customs union
관세양허	tariff concession
공동시장	common market

공정경제	Fair Economy
국제경제 질서의 근간이 흔들리다	undermine the foundation of the international economic order
규칙에 기반한 다자주의	rule-based multilateralism
내국민대우	national treatment
다자제도	multilateral institution
다자주의	multilateralism
맞춤식 다자주의	a la carte multilateralism
무역자유화를 위한 우리의 노력을 강화하다(배가하다)	redouble our efforts to further liberalize trade
무역을 중점 의제로 설정하다	choose trade as the main item on the agenda
무역투자 자유화에 기초한	anchored in the liberalization of trade and investment
무역 및 투자를 촉진시키다	facilitate trade and investment
보호무역주의를 배격하다	reject protectionism
상호 유익한 규칙 정립을 촉구	seeking to establish mutually advantageous rules
상호 의존적, 상호 강화적	interdependent and mutually reinforcing
수입량 제한	Absolute Quotas
세제 혜택	tax credit
실용적이며 기능적인 협력	pragmatic & functional cooperation
역내 경제통합을 확대 심화시키다	broaden and deepen economic integration in the region
역내 무역 협정 및 약정	regional trade agreements and arrangements
열린 지역주의	open regionalism
원칙적 다자주의	principled multilateralism
일방적이고 자의적인	unilateral and arbitrary
(미국 입장에서) 자국 산업육성에 집중하다	focus on developing U.S. industries
자유무역으로 이룬 성장의 과실을 누리지 못하는 사람들의 수	the number of people who don't benefit from growth achieved through free trade
자유무역체제를 강화하다	strengthen the free trade regime
자유무역협정	FTA(Free Trade Agreement)
자유주의적 국제주의	Liberal Internationalism
조기에 발효시키다	come into effect at an early date
지속 가능하고 균형 잡힌 세계 경제의 성장	sustainable and balanced economic growth

지역별 협력기구	regional cooperation body
최신의, 포괄적이며, 양질의, 상호 이익이 되는	modern, comprehensive, high quality, and mutually beneficial
포용적인 무역 정책	inclusive trade policies
세계화의 혜택을 받다	reap the benefits of globalization
협정상 의무를 효과적으로 이행하다	more effectively implement obligations under the Agreement
협정이 연내에 비준될 수 있다	agreement can be ratified within this year
포용적인 무역 정책을 통해 세계화의 혜택을 받지 못하는 사람들을 더 잘 돌볼 수 있어야 할 것이다.	Those unable to reap the benefits of globalization should be better looked after, through inclusive trade policies.

경제기구

동아시아정상회의
EAS(East Asia Summit)

Information 알아두면 좋을 정보

◆ 개요

- 총 18개 국가가 참가해 매년 개최되는 정상회의로 2005년 쿠알라룸푸르에서 개최
- 세계 인구의 54%, 세계 GDP의 62%를 차지
- 'ASEAN+3'의 최종 목표점인 '동아시아 공동체'를 둘러싼 주도권 경쟁과 직결되는 회의체

◆ 활동 현황

- ASEAN의 전면 대화 상대국으로 '동아시아 우호 협력조약(TAC)' 가입, ASEAN과의 실질적 협력관계 유지
- **ARF(아세안지역안보포럼)**: 재난구호, 대테러 · 초국가 범죄, 군축비 확산, 해양안보, ICT 안보를 중심으로 신뢰 구축 및 예방외교 활동
- 환경 및 기후변화 대응, 지속 가능한 개발, 에너지협력, 교육협력, 금융협력, 조류인플루엔자 예방 및 확산방지, 재난 대응 관리, 연계성, 경제 및 금융 분야 연구 활동(경제 회복, 무역자유화)

Terminology 동아시아정상회의(EAS) 용어	
CoC 단일협상 초안의 1회독 완료	first reading of the Single Draft CoC Negotiating Text
국제상설중재재판소	PCA(Permanent Court of Arbitration)
기정사실화	Fait Accompli
남중국해 당사국 행동 공동선언	DOC(Declaration of the Conduct of Parties in the South China Sea)
남중국해 행동규범[준칙]	COC(Code of Conduct for the South China Sea)
동남아시아 비핵지대	SEANWFZ(Southeast Asia Nuclear Weapon Free Zone)
동아시아 공동체	EAC(East Asian Community)
동아시아 개발 이니셔티브	EAS Development Initiative(2018-2022)
동아시아 기업인협의회	EABC(East Asia Business Council)
동아시아 연구그룹	EASG(East Asia Study Group)
미얀마 라카인 사태	Northern Rakhine State
비군사화(반군사화) 공약	demilitarization(non-militarization) commitment
비규제 어업	Unregulated Fishing
비동맹운동	NAM(Non-Aligned Movement)
상공비행의 자유	freedom of overflight above
상호 연계성과 연대감	connectedness & belonging
솔선수범(하다)	lead by example
유엔 해양법	UNCLOS(UN Convention on the Law of the Sea)
동아시아 인프라 개발 협력 증진을 위한 선언	Declaration On Promoting Infrastructure Development Cooperation in East Asia
자유, 평화, 중립지대	ZOPFAN(Zone of Peace, Freedom and Neutrality)
정당한 권리	legitimate right
정상 주도 전략 포럼	leaders-led premier forum
지역 통합	regional integration
폭력적 극단주의	violent extremism
항행의 자유	freedom of navigation
화학무기 금지협약	CWC(Chemical Weapons Convention)
호혜적 관계원칙에 관한 EAS 선언	Declaration of the East Asia Summit on the Principles for Mutually Beneficial Relations

동남아시아국가연합(아세안)
ASEAN(Association of Southeast Asian Nations)

Information 알아두면 좋을 정보

◆ 개요

- 1967년에 설립된 아세안 정치·안보 공동체(APSC), 아세안 경제 공동체(AEC), 아세안 사회문화 공동체(ASCC)
- **아세안 회원국(10개국):** 태국, 브루나이, 캄보디아, 인도네시아, 라오스, 말레이시아, 미얀마, 필리핀, 싱가포르, 베트남

◆ 목표와 구상

- **전반적인 목표:** 단일 시장과 생산기지, 경쟁력 있는 경제 지역, 공평한 경제발전 지역, 세계 경제 통합
- 정치·경제 통합체를 지향하며 사회 문화적 진화 회원국이 평화적으로 차이를 해결하기 위해 지역의 평화와 안정의 보호 및 기회를 제공
- 아세안을 독립체로 볼 때 미국, 중국, 일본, 독일, 프랑스, 영국에 이어 세계에서 7번째로 큰 경제로 평가
- 불확실한 세계 경제에 성장동력으로서 역할
- 아세안은 교역·투자·건설 분야에서 한국의 2위 교역 대상 지역, 국민이 제일 많이 찾는 실질적 파트너

◆ 아세안 방식(ASEAN Way)

- 정치안보, 경제, 사회문화 등 3개 공동체 형성을 목표
- 대화, 교류협력을 통해 평화와 안정을 추구
- 내정불간섭, 주권 존중, 컨센서스에 의한 의사결정 등이 핵심
- '모두와 친구가 되고 적은 만들지 않는다'는 외교 철학
- **5대 축:** 부가성(additionality), 너비(breadth), 협력(coordination), 깊이(depth), 강조(emphasis)

* 컨센서스: 별도 투표절차 없이 반대 의사를 표명하는 나라가 없는 경우 합의된 것으로 간주하는 의사결정 방식

◆ ASEAN+3

- 아세안 10개국과 한국, 중국, 일본
- ASEAN과 긴밀한 정치-경제 관계를 유지하고 있는 한-중-일과의 긴밀한 협력 필요성 인식에 따른 별도의 ASEAN+3 체제 출범
- ASEAN+3는 처음과 기존의 관계를 개선하기 위해 생성된 중국, 일본, 그리고 한국으로 구성

Terminology 동남아시아국가연합(ASEAN) 용어	
AEC 2025년	AEC Blueprint 2025
고위급초안작성위원회	HLTF(High-Level Task Force)
국제범죄 조직 집단	transnational criminal organizations
규칙기반 해양질서	rules-based maritime order
내정불간섭원칙	principle of non-intervention
동남아우호협력조약	Treaty of Amity & Cooperation in Southeast Asia
마닐라 행동계획	Manila Plan of Action
마약 및 향정신성 물질의 불법거래 방지에 관한 유엔 협약	UN Convention Against Illicit Traffic in Narcotic Drugs & Psychotropic Substances
만장일치제	unanimity
메콩 하류 유역 계획	LMI(Lower Mekong Initiative)
분야별 장관급 회의	Sectoral Ministerial Bodies
부처별 협력	cross-sectoral cooperation
불법 약물 대응	Combating the Spread of Illicit Drugs
비규제 어업	Unregulated Fishing
쌀 비축제도	APTERR(APT Emergency Rice Reserve)
아세안+3 정상회의	ASEAN+3(Plus Three) Summit
아세안 경제 공동체	AEC(ASEAN Economic Community)
아세안 문화원	ASEAN Culture House
아세안 방식	ASEAN Way
아세안 연계성 기본계획 2025	MPAC(Master Plan on ASEAN Connectivity) 2025
아세안 연계성 조정위원회	ACCC(ASEAN Connectivity Coordinating Committee)
아세안 원자력 에너지 규제기관 네트워크	ASEANTOM(Network of Regulatory Bodies on Atomic Energy)
아세안 자기인증제도	ASEAN-wide Self-Certification regime
아세안 자유무역협정	AFTA(ASEAN Free Trade Area)
아세안 재난관리위원회	ACDM(ASEAN Committee on Disaster Management)
아세안 정부 간 인권위원회	AICHR(ASEAN Intergovernmental Commission on Human Rights)
아세안 중심주의	ASEAN Centrality
아세안 초국가적 범죄에 대한 장관회의	AMMTC(ASEAN Ministerial Meeting on Transnational Crime)
아세안 통합 이니셔티브	IAI(Initiative for ASEAN Integration)

아세안 해양쓰레기 이행 프레임 워크	ASEAN Framework of Action on Marine Debris
야생동물 불법거래	illegal Wildlife Trafficking
양자·지역 및 복수국간 무역협정	bilateral, regional and plurilateral trade agreements
양질의 인프라 투자	Quality Infrastructure Investment
인신매매 금지를 위한 아세안 협정비준서	ACTIP(ASEAN Convention against Trafficking in Persons)
자금세탁방지 및 테러자금 조달 방지	AML/CFT(Anti-Money Laundering & Countering Financing of Terrorism)
조약 체결국	High Contracting Parties
조정위원회	Coordinating Council
주권 존중	respect for sovereignty
지속가능성을 위한 파트너십	Partnership for Sustainability
채무의 덫 외교	debt-trap diplomacy
초국가 범죄대응 협력	Cooperation to Combat Transnational Crime
치앙마이 이니셔티브 다자화	CMIM(Chiang Mai Initiative Multilateralization)
태평양 동맹	Pacific Alliance
테러 전투원 귀환	Terrorist Fighters returnees
평의회	Community Councils
하나의 아세안, 하나의 대응(선언)	OAOR(One ASEAN, One Response)
향정신성 물질에 관한 협약	Convention on Psychotropic Substances
해양 플라스틱 쓰레기대응을 위한 선언	Declaration on Combating Marine Debris in ASEAN Region
협의와 합의	consultation and consensus

디지털경제동반자협정
DEPA(Digital Economy Partnership Agreement)

Information 알아두면 좋을 정보

◆ 개요

- 2020년 6월 싱가포르, 뉴질랜드, 칠레 3개국이 디지털 통상 주요 규범 정립과 협력 강화를 위해 체결한 최초의 복수국 간 디지털 무역협정
- 캐나다, 중국 등도 가입에 관심을 보이는 등 가입국이 점차 확대됨에 따라 향후 디지털 통상의

중요한 플랫폼으로의 발전 가능성 기대
- 한국은 DEPA 가입 의사를 공식 표명하고 가입절차를 진행 중인 첫 번째 국가

◆ **내용**

- 전자상거래 원활화, 데이터 이전, 개인정보보호 등 디지털 통상규범뿐만 아니라 인공지능(AI), 핀테크 등 신기술 분야에 대한 협력을 포괄적으로 규정
- 공공도메인, 개방정부데이터, 사이버보안, 전자결제 등 디지털 경제에서의 다양한 협력
- DEPA 회원국 간에 구체적인 디지털 협력사업에 대한 논의 진행 예상

Terminology 디지털경제동반자협정(DEPA) 용어	
개방형 복수국간 협정	Open Plurilateralism
단위	module
대화 플랫폼	a kind of platform for conversation
레그테크(규제+기술)	Regtech(Regulation+Technology)
유사 입장국	like-minded countries
종이 없는 무역	paperless trading
한-싱가포르 디지털동반자협정	KSDPA(Korea-Singapore Digital Partnership Agreement)

아시아태평양경제협력체
APEC(Asia Pacific Economic Cooperation)

Information 알아두면 좋을 정보

◆ **개요**

- 환태평양 국가들의 경제적·정치적 결합을 돈독하게 하고자 만든 국제기구
- 아시아태평양 공동체의 달성을 장기 비전으로 하며 아태지역의 경제 성장과 번영이 목표
- 1989년 11월 5일~11월 7일 오스트레일리아의 캔버라에서 12개국이 모여 결성, 현재는 21개국 참여

Terminology 아시아태평양경제협력체(APEC) 용어	
APEC 기업인 자문위원회	ABAC(APEC Business Advisory Council)
APEC 비전그룹	APEC Vision Group
APEC 서비스경쟁력 로드맵	ASCR(APEC Services Competitiveness Roadmap)

APEC 연계성 청사진	APEC Connectivity Blueprint
APEC 정상회의	APEC Economic Leaders' Meeting
개도국 협상역량강화사업	CBNI(Capacity Building Needs Initiative)
고위급 정책대화	APEC High-Level Policy Dialogue
공급망 연계	Supply-Chain Connectivity
공동실행계획	CAP(Collective Action Plan)
구조개혁을 통한 포용적 성장 강화	Strengthening Inclusive Growth Through Structural Reform
국경간 프라이버시(보호)규칙	CBPR(Cross Border Privacy Rules)
단일 통관창구	Single Window
리마선언	Lima Declaration
마닐라 실행계획(IAP, CAP 포함)	MAPA(Manila Action Plan for APEC)
무역투자위원회	CTI(Committee on Trade and Investment)
시장 접근그룹	MAG(Market Access Group)
보호무역조치 동결·철회 약속	Standstill and roll back
인터넷 및 디지털 경제 로드맵	AIDER(APEC Internet and Digital Economy Roadmap)
인프라 투자의 시급성	imperatives of investment in infrastructures
전자상거래 운영그룹	ECSG(Electronic Commerce Steering Group)
지식 재산권 전문가 그룹	IPEG(Intellectual Property Rights Experts Group)
지역경제통합 심화	Deepening Regional Economic Integration
통관절차 소위원회	SCCP(Sub-Committee on Customs Procedures)
투자 전문가 그룹	IEG(Investment Experts Group)
포용적 무역 이니셔티브	Initiative for Inclusive Trade
표준 및 적합 소위원회	SCSC(Sub-Committee on Standards & Conformance)
해양수산 실무그룹	OFWG(Ocean and Fisheries Working Group)
APEC의 오늘 이러한 성취는 기업 공동체와의 긴밀한 협력이 있었기에 가능했다.	APEC would not be where it is today were it not for the close partnership of the business community.
세계에서 가장 역동적이고 상호 긴밀히 연계된 경제권으로 발전하다	stand out as one of the world's most dynamic and inter-connected economic regions

역내포괄적경제동반자협정 RCEP(Regional Comprehensive Economic Partnership)

Information 알아두면 좋을 정보

◆ 개요

- 아세안 10개국과 한·중·일 3개국, 호주·뉴질랜드 등 15개국이 맺은 세계 최대 규모 자유무역협정(FTA)
- **참가국**: 라오스, 캄보디아, 인도네시아, 베트남, 말레이시아, 미얀마, 태국, 필리핀, 싱가포르, 브루나이, 호주, 뉴질랜드, 한국, 일본, 중국
- 한국에서는 2022년 2월 1일 발효된 중국 중심의 메가 FTA 발효
- **RCEP의 특징**: 현대적(Modern), 포괄적(Comprehensive), 쌍방 간 혜택 공유(Mutually Beneficial), 고품격(High Quality)

◆ 활동 현황

- 역내 원산지 결정기준 통합, 회원국 전역에서 조달한 재료 누적 인정, 원산지 자율증명 도입
- 관세 철폐 비율을 정하는 물품무역, 지적재산, 전자상거래 등 총 18개 분야가 협상 대상
- 세계적으로 확산되는 보호무역주의에 공동 대응하면서 양국 간 상호호혜적 무역 증진에도 기여
- 역내 경제통합 가속화, 교역·투자 다변화, 통일된 통상규범 구축
- 상품·서비스 분야 양허 협상, 지재권·전자상거래·통관 작업반을 병행, 규범 분야 협상

Terminology 역내포괄적경제동반자협정(RCEP) 용어	
고품격	High Quality
국제 관습법	Customary International Law
관세 양허표	Schedules of Tariff Commitments
기술지원 요청 목록	List of Technical Assistance Requests
당사자별 경과 기간	Party-Specific Transition Periods
반경쟁적 행위에 대한 적절한 조치	Appropriate Measures against Anti-Competitive Activities
반덤핑 및 상계관세 절차 관련 관행	Practices Relating to Anti-Dumping and Countervailing Duty Proceedings
분쟁 해결	dispute settlement
상품 무역	trade in goods * International Trade in Goods 무역수지
수용	expropriation

쌍방 간 혜택 공유	mutually beneficial
약속이행 기간	Period of Time to Implement the Commitments
원산지 규정	Rules of Origin
위생 및 식물위생조치	Sanitary and Phytosanitary Measures
자연인의 일시 이동	Temporary Movement of Natural Persons
전자상거래	Electronic Commerce
통관절차 및 무역원활화	Customs Procedures and Trade Facilitation
투명성 정보 공표	Publication of Transparency Information
포괄적	comprehensive
표준, 기술규정 및 적합성 평가 절차	Standards, Technical Regulations, and Conformity Assessment Procedures
품목별 원산지 규정	Product-Specific Rules of Origin
최소 정보 요건	Minimum Information Requirements
현대적	modern

인도-태평양 경제 프레임워크
IPEF(Indo-Pacific Economic Framework)

Information 알아두면 좋을 정보

◆ 개요

- 글로벌 공급망과 인프라, 디지털 경제, 신재생에너지 등의 분야를 중심으로 참여국 협력 모색을 위한 포괄적 경제협의체
- **참가국**: 21개 APEC 협력국과 12개 회원국, 인도
- 세계 GDP의 40%, 세계 인구의 60%를 차지하며, 앞으로 30년간 글로벌 성장의 가장 큰 동력원이 될 것으로 예상함
- **협정 분야**: 무역 촉진, 디지털 경제와 기술 표준 정립, 공급망 회복력 달성, 탈탄소화 및 청정에너지, 인프라 구축 및 노동 표준화

◆ 목적

- 인도·태평양 지역에서 높은 무역 표준을 수립하고, 디지털 경제를 규율하며, 공급망의 안정성을 향상하고, 투명하고 높은 표준의 인프라 투자를 촉진하는 것
- 인도·태평양 지역에 존재하는 역동적 기회를 광범위하게 향유할 수 있게 하는 규칙을 수립하는 것

◆ 특징

- 대표적인 시장접근(market access) 조치인 관세인하 협상 포함하지 않음. 전통적인 의미의 자유무역협정(FTA) 협상이 아님
- 관세인하를 협상하지 않는 대신에 국내 조치, 즉 규제 분야에 협상이 집중되어 있음
- 최종 결과물은 단일협정으로서 참여국 전체에 적용되는 경제규칙이 아닐 수 있음
- 최종 결과물은 국제협정으로서 구속력과 지속성을 확보하지 못할 수도 있음

◆ IPEF 구성: 4개 필라(Pillar)

1. **경제 연결성(Connected Economy)**: 7개 모듈(의제 그룹으로 구성)
   ▲디지털 경제와 신흥기술(초국경 데이터 이동, 데이터 현지화, 개인정보보호, 인공지능(AI)의 윤리적 활용) ▲노동 ▲환경 표준 ▲농업 ▲투명성과 규제 모범 ▲WTO 무역원활화 협정 이행 ▲기업의 책임성
2. **경제 회복력(Resilient Economy)**
3. **청정 경제(Clean Economy)**
4. **공정 경제(Fair Economy)**(2~4는 10개 모듈)
   ▲공급망 중단 조기경보체제 수립 ▲중요 광물자원 공급망 지도 작성 ▲주요 섹터별 추적능력(traceability) 향상 ▲공급망 다변화 ▲재생 에너지 ▲탈 탄소화 ▲에너지 효율성 표준 ▲메탄가스 배출 통제 ▲조세 정보 교환 ▲UN 반부패 표준 및 수익소유권(beneficial ownership) 권고 이행

Terminology 인도-태평양 경제 프레임워크(IPEF) 용어	
구속력 / 이행 메커니즘	enforcement mechanism
무역전환	trade diversion
아시아태평양	Asia Pacific
의제그룹(모듈)	Module
인도-태평양	Indo-Pacific
인도-태평양 쿼드 정상회의	Quad Leaders' Summit
자유롭고 개방적이며, 연결되고, 번영하며, 안전하고, 회복력이 있는	free and open, connected, prosperous, secure, and resilient
중간소득	middle income
즉시 발효	early harvest
행정부 단독협정	SEA(Sole Executive Agreement)
행정협정	executive agreement
회복력	resilience

포괄적·점진적 환태평양경제동반자협정 CPTPP(Comprehensive and Progressive Agreement for Trans-Pacific Partnership)

Information 알아두면 좋을 정보

◆ 개요

- 아시아·태평양 11개국 간에 상품 및 서비스 교역 자유화와 비관세 분야 등을 대상으로 하는 광범위한 다자간 자유무역협정(FTA)
- **가입국**: TPP(환태평양경제동반자협정)로 출발했다가 2017년 미국의 탈퇴로 아시아 태평양 지역 11개국가(일본, 호주, 캐나다, 싱가포르, 멕시코, 브루나이, 베트남, 뉴질랜드, 칠레, 페루, 말레이시아)가 2018년 3월 CPTPP로 출범, 2018년 12월 30일 발효

◆ CPTPP 특징

- 세계 최대 규모의 FTA로 RCEP에 견줘 시장개방 자유화 수준이 훨씬 높음
- 글로벌 통상 불확실성을 완화, 자유무역 확산 도모, 다자체제의 약화, GVC의 블록화 · 지역화 경향에도 효과적으로 대응

◆ CPTPP 관련 쟁점

- **협정내용**: 농수산물과 공산품 역내 관세 철폐, 외국인 금융 투자규제완화, 데이터 거래 활성화, 이동 자유화, 국유기업에 대한 보조금 지원 금지
- 트럼프 전 대통령이 초기 미국이 주도했던 환태평양경제동반자협정(TPP)을 탈퇴하면서 일본 중심으로 전환
- 현재 바이든 대통령은 중국 중심의 RCEP 견제를 위해 CPTPP 가입을 고려 중이며, 한국도 가입 검토 중
- 미국의 복귀를 기대하던 상황에 중국이 CPTPP에 가입을 신청, 이에 미국은 CPTPP 복귀 대신 IPEF를 추진하기로 함
- 한국이 CPTPP에 가입하게 된다면 농산물 수입 의존도가 높아져 농축산업에 큰 타격이 있을 것으로 예상, 농업계 반발
- 한국은 11개 CPTPP 회원국 중 일본과 멕시코를 제외한 9개국과 FTA를 체결한 상황

환태평양경제동반자협정
TPP(Trans-Pacific Partnership)

Information 알아두면 좋을 정보

◆ 개요

- 아시아 · 태평양 지역 총 12개국이 참여한 초대형 다자간 자유무역협정(FTA)
- 아시아 · 태평양 지역 경제의 통합 → 공산품, 농업 제품을 포함한 모든 품목의 관세 철폐
- 정부 조달, 지적 재산권, 노동 규제, 금융, 의료 서비스 등의 모든 비관세 장벽 철폐와 자유화
- 투자자 국가 분쟁 해결 방법 만들고, 관세 같은 무역장벽을 낮춤
- 2005년 뉴질랜드, 싱가포르, 칠레, 브루나이 4개국 체제로 출범
- 2010년부터 5개국(미국, 오스트레일리아, 페루, 베트남, 말레이시아)이 추가로 참여
- 2013년 일본 가입/2015년 미국, 일본, 오스트레일리아, 캐나다, 페루, 베트남, 말레이시아, 뉴질랜드, 브루나이, 싱가포르, 멕시코, 칠레가 TPP 협정 타결
- 2017년 미국 탈퇴

◆ 한국의 TPP 가입 입장

- 한일 간 개방도가 높아지고, FTA 체결이 안 된 멕시코와는 FTA를 체결하는 효과를 얻을 수 있음
- 가입국들과 연대와 협력을 제고할 수 있다는 측면에서도 긍정적

Terminology 환태평양경제동반자협정(TPP) 용어	
강제된 지역화	forced localization
관세전략	Tariff Strategy
관세인하	reduce the tariff
노동착취로부터 자유로운	sweat-free
노동협약	labor commitment
바이 아메리카(미국산 우대)	Buy America
역진적 재분배	regressive redistribution
전적인 강제력을 가진	fully-enforceable
무역관련 지식재산권협정	TRIPS(Agreement on Trade-Related Aspects of Intellectual Property Rights)
타협점	landing zone
포괄적 · 점진적	Comprehensive and Progressive
히든 챔피언 유망 품목	items as potential hidden champion

◆ 경쟁법(Competition Act) / 독점금지법(Antitrust Law) ◆

Information 알아두면 좋을 정보

◆ 개요

- 자본주의 시장경제에서 기업 간의 건전하고 공정한 경쟁상태의 유지를 위해 기업의 사적 독점이나 부당거래, 불공정한 경쟁 방법(반경쟁 행위)을 규제하기 위해 마련한 법령의 총칭 내지는 법 분야
- 가장 크고 영향력이 있는 2대 경쟁법 체계는 미국의 독점금지법과 유럽연합의 경쟁법
- 시장지배력 남용행위를 판단하는 OECD 회원국들의 접근방법
  1) form-based apprach: 시장 지배력 남용행위의 유형을 미리 정해 놓고 그 유형에 해당하는 행위를 법 위반으로 판단하는 방식(독일, 일본, 한국 등)
  2) effects-based approach: 행위의 경제적 효과 분석을 통해 남용행위 여부를 판단하는 방식(미국, 영국, 캐나다 등)

Terminology 경쟁법/독점금지법 관련 용어	
거래가액	transaction value
경계융화가 일어나는 현상	Big Blur
경쟁당국	competition authorities
경쟁정책	competition policy
경쟁 제한 관행	RBP(Restrictive Business Practices)
경쟁 중립성	Competitive Neutrality
공개시장조작정책	Open Market Operation
과점	oligopoly
규모의 경제	economies of scale
기업결합심사	merger review
내부시장에 영향을 미치는 규모	a size that impacts the internal market
독립기업 원칙 테스트(거래 당사자들이 동등한 관계라는 조건하에서 행해지는 거래)	Arm's Length Test
독점과 과점	monopoly and oligopoly
독점 구조	monopolistic structure
독점금지/반독점	antimonopoly
단합(부당공동행위)	cartel
문지기	Gatekeeper

반독점법/독점금지법	antitrust laws
부정경쟁방지 및 영업비밀보호에 관한 법률	Unfair Competition Prevention and Trade Secret Protection Act
불공정 거래	unfair business practices
불공정 무역	unfair trade
사업자단체	business entities' organization
사후 규제	ex-post regulation
소비자기본법	Framework Act on Consumers
'시장에서 당해 지위가 확고하거나 지속적인지'의 여부	an (expected) entrenched and durable position
시장 지배력	market dominance
시장지배적 사업자	market-dominating enterpriser
시장지배적 지위 남용	abuse of dominance
이중유통(상품 공급자가 도소매업을 겸업)	dual distribution
이행 강제금	penalty payment
자연독점	natural monopoly
전자상거래 등에서의 소비자보호에 관한 법률	Consumer Protection in Electronic Commerce Act
지배	dominance
집중률(기업[산업]의 집중도)	CR(Concentration Ratio)
킬러 합병	killer Acquisitions
타 서비스로 갈아타다	switch
패리티 의무(유통업자 갑질 방지)	parity obligation
표시 광고의 공정화에 관한 법률 (표시광고법)	Fair Labeling and Advertising Act
핵심 플랫폼 서비스	core platform services
행태적 시정조치	behavioral remedies

경제

글로벌 공급망 GVC(Global Value Chain) 역내가치사슬 RVC(Regional Value Chain)

Information 알아두면 좋을 정보

◆ 글로벌 공급망 문제 발달 원인

- 미-중 갈등 및 디커플링, 코로나19, 원자재 가격 급등, 양국 간 주도권 경쟁 심화로 보호무역주의가 강화되면서 공급난
- 러시아의 우크라이나 침공, 코로나, 수요예측 실패 등의 요인이 영향을 미쳐 지금까지 물류대란이 이어짐

◆ 각국 대응

1. 중국
   - 미국의 무역 압박 대응, 역내 홍색공급망 강화
   - 코로나 19로 일시적 공급망 마비 경험 → 각국 역내 주요 제품 생산시설 확보 촉진
   - **중국제조 2025**: 로봇, 통신장비, 반도체, 의료·바이오 등 첨단 제조업 육성을 통한 산업 고도화 전략

2. 미국
   - 중국에 대한 GVC(Global Value Chain) 의존도를 줄이고 독자적인 생태계를 구축해 나갈 전략
   - 본국으로 회귀하는 리쇼어링뿐만 아니라 인접 국가로 선회해 생산설비를 분산하는 니어쇼어링(Near-shoring) 유도

3. 유럽
   - 해외 현지법인을 자국으로 유도하고 있음
   - 세금감면 등의 지원책

◆ 한미 공동대응

- 안전하고 지속 가능하며 회복력 있는 글로벌 공급망 회복력을 위해 정례적인 한미 장관급 공급망·산업 대화(한국 산업부 장관-미국 상무장관, 연 1회 개최) 설치
- 반도체, 배터리, 핵심광물 등 주요 품목의 회복력 있는 공급망을 위해 경제 에너지 안보협력 심화하기로 함
- 선진기술의 사용이 국가안보와 경제안보를 침해하는 것을 예방하기 위해 필요한 핵심기술 관련 해외투자 심사 및 수출통제 당국 간 협력을 제고하기로 합의
- 잠재적 공급망 교란의 탐지와 대응을 위한 조기 경보시스템 관련 협력+핵심광물 공급 및 제련에 관한 협력

◆ **공급망 GVC 종류**

1. 니어쇼어링(Near-shoring)
- 본국으로의 이전 대신 인접 국가로 옮기는 것
- 최근 탈중국 경향이 늘어나면서 동남아로 니어쇼어링하는 사례가 늘고 있음

2. 리쇼어링(Re-shoring)
- 해외로 진출했던 기업이 자국으로 회귀하는 것
- 인건비가 비교적 저렴한 국가로 생산시설을 옮겼다가 임금상승, 무역 분쟁 등의 문제로 다시 자국으로 이전
- 쇠퇴한 제조업 경쟁력을 회복하기 위해 선진국들은 본국으로 회귀하는 기업에 인센티브를 주며 리쇼어링에 힘 쏟음

3. 오프쇼어링(Off-shoring)
- 아웃소싱의 한 형태로, 기업이 경비 절감을 위해 생산, 용역 등 업무의 일부를 해외기업에 맡기는 것
- 국내 기업에 맡기던 일을 해외로 보냈다는 차이가 있음

4. 프렌드쇼어링(Friend-shoring)
- 동맹이나 우방국끼리 똘똘 뭉쳐 공급망 혼란과 인플레이션 등 산적한 경제 현안을 돌파하려는 의도

Terminology 글로벌 공급망(GVC) 용어	
3국 공급망 복원 구상	SCRI(Trilateral Supply Chain Resilience Initiative)
공급난	supply shortage
공급망 차질	supply chain disruptions
공급 병목현상	supply chain bottlenecks
공급망에 대한 행정명령	executive order on supply chain
공급망 회복력	supply chain resiliency
국산화	localization
국제분업화	international Division of Labor
글로벌 공급망 회복	global supply chain resilience
동맹 쇼어링	ally shoring
리쇼어링	reshoring
무역 촉진	trade facilitation
본국으로 이전	return to home country
생산 공정	manufacturing process

생산기지	production base
생산시설 자국화	onshoring
시장 확대	market extension
오프쇼어링	offshoring
지적재산권	IP(intellectual property)
탈세계화	de-globalization
프랜드쇼어링	friend-shoring
핵심원사재 수입원 다변화	diversify their import sources of key materials
희소자원	critical materials

국내/국제경제(Domestic/International Economy)

Information 알아두면 좋을 정보

개요

- 국제수지(BOP: Balance Of Payments)는 일정 기간 수출입 거래에 의해 발생한 해당국과 타국 간의 대금 수불액을 지칭. 경상수지, 자본수지, 금융계정 등의 계정으로 구성
- 무역수지는 수출과 수입을 비교하는 개념이기 때문에 교역 조건이 중요

국제수지 구성

1. 경상수지 Current Account

1) 상품 수출입의 결과인 상품수지
2) 운송, 여행, 건설 등 서비스 거래의 결과인 서비스 수지
3) 급료 및 임금수지, 투자소득수지 등 본원소득수지
4) 무상원조, 증여성 송금 등의 결과인 이전 소득수지

2. 자본수지 Capital Account

자산소유권의 무상이전, 채권자에 의한 채무 면제, 양도 가능한 무형자산의 취득과 처분

3. 금융계정 Financial Account

정부, 중앙은행, 금융기관, 민간기업들, 모든 거주자의 대외 금융자산 및 부채 거래변동

1) **직접투자(Direct Investment)**: 투자자와 투자기업 사이 주식, 수익 재투자, 채무상품(대출, 차입) 등 거래

2) **증권투자(Portfolio Investment):** 거주자와 비거주자 간에 일어나는 주식 및 부채성 증권(채권) 거래를 계상

3) **파생금융상품(Financial Derivatives):** 파생금융상품 거래로 실현된 손익 및 옵션 프리미엄의 지급과 수치

4) **기타 투자(Other Investment):** 대외무역 거래(대출이나 차입, 무역신용, 현금 및 예금, 자산 및 부채, 지분, 특별인출권)

5) **준비자산(Reserve Assets):** 통화 당국이 외환시장 안정 등을 위해 언제든 사용 가능, 통제 가능한 외화표시 대외자산

Terminology 국내/국제경제 용어	
GDP 대비 부채비율	debt-to-GDP ratio
가계부채 급증세를 안정화하다	ease the trend of sharply rising household debt
가계부채가 소비위축으로 이어지다	the household debt is causing a contraction in consumption
가계 빚 증가폭을 둔화시키다	curb the growth in household debt
가계소득 증대	raise household incomes
가계수지	household's total income and expenditure
가야 할 길이 가장 힘든 고개가 될 것이다	the road ahead will be the toughest stretch
경상수지 적자	current account deficit
경기변동	economic fluctuation
경제 상황이 매우 열악하다	the economic conditions are very poor
경기가 좋다	the economy is in good shape
경기부양책	government stimulus
경기침체	economic recession[stagnation]
경제 체질	economic climate
가계부채 부담 가중	growing household debt pressure
경기침체 시기에	even in tight times
경기침체가 끝나가고 있다〔경제침체가 종점에 다다랐다〕	the economic downturn is nearing its end
경제가 양적으로는 물론 기술적인 정교화 면에서도 지속적으로 성장하다.	The economy continues to advance in both size and technological sophistication.
경제가 완만한 성장세를 이어가다	maintain modest growth of economy
경제 및 사회적으로 수많은 쾌거를 달성하다	set many records for economic and social achievements

경제질서 재편	realignment of international order
경제침체 반영	reflection of economic downturn
경제구조	economic structure
경제는 성장할 때 스스로 자신의 성장을 제어할 브레이크를 만들어낸다	the economy creates its own brakes as it grows
경제를 강화하는 데 중요한 역할을 하다	play an important role in strengthening the economy
경제 성장세 회복을 보장하다	ensure the recovery of economic growth
경제를 원활하게 돌리다	grease the wheel of the economy
경제 체질	economic fundamentals
경제 상황	economic climate
경제에 활력을 불어넣다	bring vitality[life] to the economy/make an economy more dynamic
경제를 활성화하다	stimulate the economy
경기가 과열되다	the economy overheats
경기저점을 찍다	be at a trough
경기침체를 빠져나오다	exit recession
경상수지 흑자국과 적자국	countries running current account surpluses and those running current account deficits
고용의 질	quality of employment
구매력	purchasing power
구조적 실업	structural unemployment
국가, 산업, 영역 간의 경계가 허물어지고 있다	boundaries among nations, industries and sectors are blurring
국가 경제가 성장동력을 잃고 기업은 시대에 뒤떨어진 규제의 덫에 갇혔다.	The economy has lost steam and companies became sluggish under the weight of outdated regulations.
국가 신용도	sovereign rating
국가신용등급	sovereign credit rating
국내외에서 예기치 못한 충격이 잇따라 발생하여 우리 경제에 큰 어려움을 주었다.	A series of unexpected shocks at home and abroad caused our economy great difficulties.
사각지대 없는 노후 소득을 보장하다	ensure social welfare without overlooking senior citizens
꾸준한 증가	a steady rise
기간산업	key industry

긴축	austerity/tapering
긴축발작	taper tantrum
긴축정책	austerity measures
난제	conundrum/dilemma
내국세	domestic tax
내수를 진작하다	boost domestic demand
노동력 활용	labor utilization
누적투자	accumulative investment
수출 의존도가 높은 한국 경제	export-dependent Korean economy
대외 불균형	the external imbalances
대외채무/외부부채	external liability
마이너스 성장으로 고통받다	be plagued by negative growth
마이너스 통장	credit line/overdraft
망해가는 산업을 먹여 살리다	prop up failing industries
모두 합심하여 위기를 기회로 바꾸다	pull together and transform challenges into opportunities
무역흑자	trade surplus
묵은 규제의 부담을 덜어주다	lift the burden of long-standing regulations
물가안정	price stability
물물 교환무역	barter trade
분기별 경제 성장률	economic growth quarter to quarter
불균형의 정도가 심각할수록 성장이 저해된다	the more unbalanced an economy is, the lower its level of growth
상품 가격	commodity price
새로운 시장을 개척	capturing new markets
생계비	living expenses/the cost of living
세계 경제 성장률이 0%로 추락하다	global economic growth crashed to 0%
세계적으로 저성장이 지속되는 가운데	in the midst of a persistent worldwide economic slump
소강은 소비가 줄었기 때문에 발생했다	a lull can also be attributed to weaker consumer spending
소득 불균형	income inequality
소득주도성장	income-driven growth
소비자들이 소비를 대폭 줄이다	consumers pull back sharply on spending

소비자 물가지수	Consumer Price Index(CPI)
소비를 촉진하다	encourage spending
소비 활성화 방안	consumption boosting measure
수요 부진	the sluggishness of demand
수출기반을 강화하다	improve their bases for exporting
수출주도형	export-oriented[driven] (type)
순환적 경기 둔화	cyclical economic slowdown
(한국 경제) 숨어있는 국가 경쟁력	hidden potential in the Korean economy
시장 중심 경제	market-driven economy
시장접근	MA(Market Access)
신산업	a new industry
신산업을 육성하다	foster new industries
신성장 동력을 발굴하다	develop new growth engines
신용경색	credit crunch
신용평가사	Credit Rating Agency
신흥국	emerging nation
실물 경제	real economy
실업자가 100만 명을 돌파했다	the number of unemployed exceeded 1 million
외부충격	extraneous impact
오일쇼크로 인한 경기 불황	the recession prompted by the oil shock
요인	factor, cause
시장 점유율	market share
원조 수혜국에서 원조 공여국으로 발전하다	go from an aid recipient to an aid donor
위축되다	shrink/wither/contract
일자리 창출과 인플레이션 부진	job growth and inflation remain weak
잠재 GDP	potential GDP
저성장이 고착화되다	enter an extended period of low growth
전례 없는 경기 호황기를 목도하다	experience an unprecedented economic boom
제조업-서비스업 간 괴리 확대	widening gaps between the service and the manufacturing sectors
지속가능한 성장동력을 확보하다	secure the impetus for sustainable growth

지지부진한 회복세	tepid recovery
재정부양책	fiscal stimulus
청년 고용을 증대하다	increase youth employment
추가경정예산을 편성해 경기 부양에 나서다	create a supplementary budget to stimulate the economy
축소균형에 빠지는 것을 막다	prevent falling into a low-level equilibrium
출구전략	exit strategy
충격	impact/shock/trauma
최저임금층	the lowest income brackets
위험에 취약한/위험에 노출되다	fragile to risk/expose to risk
탈세와 조세기피를 단속하다	clamp down on tax evasion and avoidance
하방 위험	downward pressure
하방 위험이 확대되다	downside risks are rising
한강의 기적이라 불리는	referred to as the miracle of the River Han
한국의 주요 수출 분야가 중국에 덜미를 잡혔다.	Korea's mainstream exports have been outstripped by Chinese counterparts.
한국의 기업들은 글로벌 선도업체의 입지를 확보했다.	Korean corporations have become global leaders.
한국의 긍정적인 소비자의 신뢰	positive consumer confidence in Korea
한국 경제의 견고한 대외 건전성과 금융부문의 복원력	the Korean economy's robust external soundness and financial resilience
한국의 신성장 동력 확보	securing Korea's new growth engine
한국은 이제 전 세계 150여 개발도상국에 희망의 아이콘이다.	Korea is now an icon of hope for over 150 developing countries around the globe.
한국은 놀랍도록 짧은 기간에 국내총생산(GDP) 세계 11위의 경제 대국이 되었다.	Korea has become the world's 11th largest economy in terms of gross domestic product over a stunningly short period of time.
한국은 재작년부터 올해까지 3년 연속 2% 중반대 저성장 터널에 갇혀 있다.	Korea's economic growth was stuck in the mid-2 percent range for the third consecutive year.
한국은 지난 반세기 만에 가난에 시달리던 원조 수혜국에서 성숙한 원조 공여국으로 탈바꿈하였다.	Korea has transformed itself from a poverty-stricken aid recipient to a full-fledged donor country within half a century.
한국은 추가적인 국가 과제를 해결하기 위해 그 기술을 전략적 도구로 사용해야 한다.	Korea should utilize the technology as a strategic tool to addressing additional national challenges.

해외이탈	relocation
해외직접투자	FDI(Foreign Direct Investment)
GDP 대비 부채비율	debt to GDP ratio

관세(Tariff) / 수출입 통관

Information 알아두면 좋을 정보

개요

- **관세:** 관세 영역을 통과하는 물품에 대하여 부과하는 세금
- 모든 물품에 일률적으로 부과하는 게 아니라 물품마다 다르게 부과됨. 동일한 물품이라도 용도에 따라 각각 다른 세율의 관세가 부과되므로 교역 물품의 가격과 수량에 따라 상대적으로 변화함
- **관세의 종류**

  종량세(unit tariff/specific tariff): 총 수입하는 제품의 양에 따라 단위당 부과되는 세금

  종가세(ad valorem tariff): 수입품의 가격에 따라 부과되는 세금

지역별 관세 정책

1. 미국의 관세정책

- 미국은 WTO의 저 관세 정책에 따라 평균 약 4.2%의 낮은 관세율을 유지
- 전통적인 산업 취약부분인 섬유 · 의류 · 가죽제품 등에 대하여는 비교적 높은 관세율을 적용
- 약 20여 국가 및 경제구역과 FTA를 체결하였으며, GSP를 통하여 개발도상국에 관세 특혜를 부여

2. EU의 관세정책

- 27개 유럽 국가로 구성된 단일 시장(single Market) 내에서 단일 통화 · 경제정책으로 재화와 인력이 자유로이 이동하는 경제통화동맹(Economic and Monetary Union)
- EU는 27개국 역내 국가 간의 관세를 철폐함. 이외의 역외 국가에서 수입되는 물품에는 공동 관세를 부과함

3. 아세안의 관세정책

- 관세동맹(customs union) 단계에 도달하지 않아 ASEAN 국가 내 관세가 완전히 철폐되지 않았음

- WTO의 저 관세 정책에 따라 기본관세를 점차적으로 인하하고 있으며, 자국 산업 보호 등의 이유로 자동차 · 주류 · 담배 등에 대하여는 비교적 높은 관세를 부과함

◆ 미국 관세 정책 관련

1. CBP(미국 관세국경보호청)

- 미국 국토안보부 산하의 정부 기관. 미국 시민권자나 영주권자, 미국을 방문하는 외국인에 대한 출입국 관리 및 세관에 대한 업무를 수행함
- 국제무역과 통관에서 발생하는 세금, 수수료 주세 등 미 중앙 · 지방 정부 수입 보호, 관세법 집행
- 국토 안보법에 의거, 국토안보부 산하기관으로 확대 개편하여 수입품의 감시와 검출, 조사 업무 담당
- 국경을 넘나드는 물품 외 사람의 움직임, 즉 불법 입국자를 통제, 감시, 감독하는 기능
- 독성 물질, 유해 물질 등의 반입을 차단하고 소비자, 환경을 보호하며, 불법 약물, 밀수 등의 반입금지 및 불법 노동자 유입 방지 담당

2. C-TPAT(대테러 방지 민관협력 프로그램)

- Customs Trade Partnership Against Terrorism의 약자로, 미국 관세국경보호청(CBP)과 민간무역업체 간 협력 프로그램
- 체계 구축을 통해 미국으로 수입되는 화물의 보안 상태 확인 및 유지를 위하여 도입

Terminology 관세(Tariff) 용어	
개도국 긴급수입관세	SSM(Special Safeguard Mechanism)
개도국에 대한 특별 및 차등대우/개도국 우대	S&D(special and differential treatment)
거래가격	transaction value
경사관세	tariff escalation
계절관세	seasonal duties
고관세	high tariff
공정 무역	fair trade
관세감면	duty exemption
관세국경보호청(미국)	CBP(U.S. Customs and Border Protection)
관세동맹	Customs Union
관세상당치	TE(Tariff Equivalent)
관세 상한	tariff cap
관세 및 무역에 관한 일반협정	GATT(General Agreement on Tariffs and Trade)

관세양허	tariff concession
관세율 할당	Tariff Rate Quotas
관세 자유구역	Customs Free Zones
관세장벽	TB(Tariff Barriers)
관세품목	tariff line
관세 특혜수준	TPL(Tariff Preference Levels)
관세화에 대한 특별대우	special treatment
관세환급	drawback
교차 보복	cross retaliation
구성가격	constructed value
구제명령	injunctive relief
국경 내 장벽	behind the border barriers
국산부품 사용요건	local content requirement
국제무역위원회	ITC(International Trade Commission)
규제 정합성	regulatory convergence
무역기술장벽	TBT(Technical Barriers to Trade)
긴급수입제한조치	SG(Safeguard Measures)
내국민대우원칙	national treatment
누적조항	accumulation
다자간투자협정	MAI(Multilateral Agreement on Investment)
무관세 무쿼터	DFQF(Duty-free Quota-free)
무세화	zero for zero/tariff elimination
무역 관련 투자조치	TRIMs(Trade Related Investment Measures)
무임승차자	free-rider
무차별	non-discrimination
물품세	excise duty
미국 무역 대표	USTR(US Trade Representative)
미국 통상법 201조	Section 201
미국 통상법 301조	Section 301
병행수입	parallel imports
보복관세	retaliatory tariff
보세 창고 통관	entry for warehouse
복합관세	compound tariff

복합세	compound duty
분야별 관세 철폐	sectorial tariff elimination
비관세 장벽	NTB(Non-Tariff Barrier)
비관세조치	NTM(Non-Tariff Measure)
비교역적 관심	NTC(Non-Trade Concerns)
사실상의 차별	de facto discrimination
사전심사제도	Advance Rulings
사전판정	Advance Ruling
사후 세액 심사	post entry review
산정가격	computed value
세계관세기구	WCO(World Customs Organization)
세번(관세율표상 분류된 상품번호)	tariff heading
선택세	selective duty
수입 부과금	mark-up
수입 쿼터	import quotas
수출관리규정	EAR(Export Administration Regulations)
수출 보조	Export Subsidy
수출보험	Export Insurance
수출 자율규제	VER(Voluntary Export Restraints)
슈퍼 301조	Super 301
약식 통관	Informal Entry
양허표	schedule of concessions
역진 방지장치, 자유화 후퇴 방지	Ratchet
원산지 규정	Rules of Origin
이민관세단속청	ICE(Immigration and Customs Enforcement)
인도 증명서	Certificate of Delivery
일괄신고	Blanket Admission
일반특혜관세제도	GSP(Generalized System of Preferences)
일시적 보세 수입	TIB(Temporary Importation under Bond)
자동무역 유통시스템	ACE(Automated Commercial Environment)
자동수출신고시스템	AES(Automated Export System)
점진적 자유화	progressive liberalization
조정관세	Adjustment Tariff

원산지 증명서	C/O(Certificate of Origin)
전략감시 항목/집중관리대상	PTIs(Priority Trade Issues)
정식통관	formal entry
종가세	ad valorem tariff
종량세	unit tariff/specific tariff
평균 관세율	average tariff rate
표시의무	marking
특정성	specificity
품목별 세이프가드	Product-specific Safeguards
품목분류 사전심사(한국)	Prior Examination of Tariff Classification
품목분류 사전심사(미국)	Binding Classification Rulings under the Harmonized Tariff Schedule
품목분류 사전심사(캐나다)	Advance Rulings for Tariff Classification
특별 관세율	special Rate of Duty
특별한 시장 상황	particular market situation
최소시장접근	MMA(Minimum Market Access)
허가	permit
현행동결	standstill
협상 세부원칙	modalities
혼합세	mixed tariff

대중국 수출통제 및 제재 (Export Control and Sanctions on China)

Information 알아두면 좋을 정보

◆ 개요

- 2차 세계대전 때부터 미국은 수출통제 제도를 운용해옴(냉전 시기에도 소련과의 체제 경쟁을 염두에 두고 민간과 군수 용도로 모두 사용될 수 있는 '이중용도(dual-use)' 상품에 대한 수출통제 시행)
- 트럼프 정부 출범 후 미·중 전략 경쟁이 달아오른 2018년 제정된 ECRA는 대통령에게 수출통제 관련 전권을 위임했고 무기, 핵 관련 물자만이 아니라 신흥기술까지 포함

- 중국이 민간·군사 부문을 통틀어 첨단기술 분야에서 주도권을 추구하는 데 대한 우려 때문(미국 의회 조사국 CRS 보고)

◆ 특징

- '제재 명단'인 수출통제 대상자 목록(entity list)을 통해 중국이 핵심 신흥기술에 접근하는 것을 원천 봉쇄
  - 예 중국 IT 기업 화웨이 제재 사례
- 중국을 겨냥한 '국제적 수출통제 협력 시스템' 구축
- 호주, 덴마크, 노르웨이 등 권위주의 국가와 '수출관리 · 인권 이니셔티브' 발족
- 유럽연합과는 반도체 공급망, 첨단기술 분야의 대중국 수출통제를 조율하는 '무역기술위원회(TTC)' 가동

Terminology 대중국 수출통제 용어	
간주수출	deemed export
공급망 와해[붕괴]	supply disruption
국제적 불공정 거래를 바로잡다	correct international unfair trade
대중국 무역적자를 해소하려는 의도이다	intend to resolve its trade deficit with China
독자 통제리스트(중국)	independent control list
미국 우선주의	America First
미국과 패권경쟁을 벌이려는 중국	China's hegemony competition with the US
부당한 역외적용방법	unfair extraterritorial application methods
세액공제	tax deduction
세액공제 대상에서 제외	ineligible for government tax credits
수요 위축	contraction of demand
수출 시 허가증 관리제도	permit management system at the exportation
수출통제개혁법(미국)	ECRA(Export Control Reform Act)
수출통제관리의 철저화 및 벌칙	thorough export control management, and penalties
수출통제품목 확대	the expansion of export control items
우려 거래자리스트 운영	operation of Concerned Trader List
위법 또는 부당행위에 대한 벌칙	penalties for illegal or unfair acts
임시통제제도(중국)	temporary control system
제재 기업 명단 제도	Unreliable Entity List
중국제조 2025	made in China 2025' strategy

최저 법인세율 15% 적용	15% corporate minimum tax
최종용도 규제	final use certification system
최종 조립	final assembly process
출혈경쟁	cutthroat competition

무역구제(Trade Remedy)

Information 알아두면 좋을 정보

◆ 개요

- WTO/FTA 체제하에서 다른 나라의 불공정 무역관행에 대하여 자국 산업 보호를 위해 취할 수 있는 구제조치
- 특정 물품의 덤핑수입, 외국 정부로부터의 보조금이나 장려금의 수령, 특정 물품의 수입증가로 국내산업이 피해를 봤거나 피해를 볼 우려가 있는 경우 이해관계인의 신청 등에 의하여 ① 국내산업의 피해 사실 조사 ② 수입 관세에 추가 덤핑방지관세 또는 상계관세 부과 ③ 수입 수량 제한 등으로 보호

◆ 무역구제 종류

1. 반덤핑(Antidumping)

- 특정 상품을 수출하는 외국 기업이 해당 상품을 수입국의 시장 판매가 이하로 판매해 해당 상품을 생산하는 기업 및 산업에 실질적인 산업 피해를 초래한 경우, 수입국 정부(조사당국)가 이를 확인해 수출국에 '추가 관세'를 부과하는 절차
- 정부를 상대로 하는 조사가 아닌 외국의 특정 수출기업을 대상으로 하는 조사
- 덤핑 행위 확인 시, 수입국의 국내 가격과 수출국 기업의 수출가격의 차이만큼을 관세로 부과할 수 있음
- 상응하는 추가 관세를 부과해 왜곡된 국제 교역의 균형을 회복하려는 것이 반덤핑 조사 목적

2. 상계관세(Countervailing Duty)

- 수출국의 정부 보조금을 지원받은 상품이 수입되어 수입국 국내산업이 피해를 본 경우 수입국이 부과하는 관세
- 상품 가격 중 보조금이 차지하는 비율만큼 관세를 부과할 수 있음

3. 긴급수입제한(Safeguard)

- 예측할 수 없었던 상황으로 인해 상품 수입이 급격히 증가하여 수입국의 국내산업이 피해를 본 경우 수입국이 취하는 수입규제 조치
- 조치의 형태는 관세 부과, 수량 제한, 관세율 할당

◆ 반덤핑 및 상계관세 개편 규정

2021년 미 상무부가 20년 만에 반덤핑 및 상계관세 관련 규정 개편

1) 이해당사자가 조사대상 물품의 범위 결정(scope ruling)을 요청할 시, 표준화된 범위 결정 신청서(standardized application)를 제출해야 한다고 명시
2) 공식 범위 조사와 비공식 범위(formal scope inquiries and informal scope rulings) 간 구분이 삭제
3) 상무부 신청 후 30일 안에 범위 결정 신청사 수락 또는 거부 가능 → 거부되지 않은 신청 건 수락 간주
4) 우회 덤핑조사(circumvention inquiries), 적용 대상 검토(covered merchandise inquiries)에 더 넓은 유연성 부여
5) 원산지 국가, 범위규정 해석(scope language interpretation) 및 혼합 재료(mixed media products)가 포함된 제품의 기존 관행 성문화
6) 반덤핑 및 상계관세 조치에 대한 우회 조사
   - **기존 우회 조사:** 사례별로 법령의 해석으로 규율
   - **개정된 규정:** 잠재적 우회 여부를 확인하기 위해 새로운 독립형 절차(stand-alone procedures) 도입
   - 우회 조사를 자체적으로 착수, 우회 시도 가능성이 있는 특정 국가의 모든 생산자에게 우회 결정을 적용
   - 업계 지원(industry support), 신규 화주 검토(new shipper reviews), 범위 조사(scope inquiries), 우회 덤핑 조사(circumvention inquiries), 적용 대상 제품 조사(covered merchandise inquiries), 인증 및 특정 절차 관련 규정뿐 아니라 일반적인 여러 규제도 함께 개선

Terminology 무역구제(Trade Remedy) 용어	
경쟁환경의 공정법	Leveling the Playing Field Act
국제무역행정청(미국)	ITA(International Trade Administration)
관세의 정산	liquidation
관세청(미국)	CBP(Customs and Border Protection)
국제무역법원(미국)	CIT(Court of International Trade)
국제 무역위원회(미국)	ITC(International Trade Commission)
긍정(덤핑존재)	affirmative
긍정 판정	affirmative determination

기준 허가치 이하 덤핑율	de minimis rate
무역대표부(미국)	USTR(United States Trade Representative)
무역특혜연장법 * 반덤핑/상계관세 회피에 대한 조사	TPEA(Trade Preferences Extension Act of 2015)
무역 확장법	Trade Expansion Act of 1962
무이자 대출	interest-free loans
미소 덤핑마진	de minimis dumping margins
빠른 심사	expedited review
반덤핑	antidumping
반덤핑 관세	anti-dumping duties
반덤핑 명령	AD Order(Anti-Dumping Order)
지난 해 반덤핑을 비롯한 무역구제 조치가 새로 취해졌는데, 이는 2008년 글로벌 금융위기 이후 최고 수준이다	anti-dumping and other trade remedy measures were newly taken last year and this is the highest figure since the global financial crisis of 2008
반 우회 덤핑	anti-circumvention
각하명령	dismissal of complaints
상고	appeal
소취하	withdrawal
처리	decision
(역내) 부가가치기준	RVC(Regional Value Contents)
비원산지 재료의 가치	VNM(Value of Non-Originating Material)
사소한 오류 수정	Minor Error Correction
산업피해구제수준	injury margin
상계관세	countervailing duty
상무부(미국)	DOC(Department of Commerce)
상소기구	Appellate Body
세이프가드	safeguard
세이프가드 협정	Safeguard Agreement
수출에 대한 세액공제	tax-credits for exports
수출자에게 불리할 수도 있는 정보	AFA(Adverse Facts Available)
실사 사전 의견	Pre-Verification Comment
실질적 피해	material injury
연방순회항소법원(미국)	CAFC(Court of Appeals for the Federal Circuit)
원산지 검증	origin verification

원산지 재료	originating material
우회 수입 방지(우회 덤핑)	circumvention
의무답변자	mandatory Respondents
자발적 조사대상	voluntary respondents
재료의 가치	value of material
재심 대상 기간	POR(Period of Review)
조사대상기간	POI(Period of Investigation)
조율	alignment
지나치게 부담스러운	unduly burdensome
집행 및 준수 국	Enforcement & Compliance
최종단계	final phase
최초 질문서	initiation questionnaire
평균내용연수	AUL(Average Useful Life)
통관절차	customs procedure
특별한 시장상황	Particular Market Situation
합리적 의존	reasonable reliance
현금 보조금	cash grants

◆ 무역촉진 및 무역집행법(Trade Facilitation and Trade Enforcement Act of 2015)

- 강제노동으로 생산된 상품의 미국내 수입을 금지하고 처벌하는 집행 사례
- 강제노동으로 생산되었다고 의심되는 상품 선적분은 CBP에 의해 억류됨
- CBP가 해당 상품 생산에 강제노동이 이용되었다고 판단하는 경우 반입이 거부
- 상품의 일부 또는 전부가 해외에서 형벌적 제재에 따른 재소자 노동, 강제노동, 연한(年限) 계약 노동(indentured labor)을 통해 채굴, 생산, 제조된 수입상품의 미국 시장 유통 금지
- 미국 법전(U.S.C.: United States Code) 제19편 제1307조 및 제19편 제1595a조에 규정
- 금지 또는 제한된 상품을 유통 또는 반입하거나 이를 시도한 수입업자에 대해 민사상 제재를 부과

◆ 미중갈등 G2 competition, US-China trade war[conflict]

- 중국이 G2로 부상하며 국제정치 지형 변화
- 시진핑 주석 취임 후 '굴기' 선언하며 미국이 중국 견제
- 무역전쟁에서 기술패권전쟁으로 격상된 미 · 중
- 트럼프 전 대통령이 중국 제품에 고율 관세 부과 행정명령에 서명하면서 시작된 미 · 중 무역전쟁부터 문제가 생김

- 미국의 화웨이 제재 조치와 중국 희토류 수출제한 시사 등의 기술 문제로까지 확대되면서 문제는 더 커짐
- 미·중 통상분쟁은 경상수지 불균형을 넘어선 장기 전략의 충돌이자 패권경쟁

◆ 주요이슈

- 경상수지 불균형, 보조금, 지적재산권, 해외투자, 시장경제 지위
- 세계 경제 위축(성장세 둔화), 세계 교역량 위축(증가세 둔화), 불확실성 가중(기업투자와 생산 활동 위축)
- **수출주도형 개방경제(한국, 독일, 일본):** 미·중 통상갈등 장기화 시 수출 감소, 투자위축, 성장둔화

러시아 우크라이나 침공(Russian Invasion of Ukraine(Escalation of Russo-Ukrainian War) / 러우 전쟁(Russia Ukraine War)

Information 알아두면 좋을 정보

◆ 원인

- 우크라이나의 나토 편입 가능성에 대한 러시아의 근본적인 안보 불안감 때문. 1991년 소련이 해체되고 소속 공화국들 상당수 나토에 가입. 우크라이나는 나토의 동진을 막을 수 있는 푸틴의 마지막 보루였기 때문에 나토 가입을 저지해 옴
- 2019년 젤렌스키 대통령이 선출된 후 친 서방 움직임을 본격화함. 헌법에 "나토 가입을 추구한다"는 문구 들어감

◆ 결과

- **우크라이나:** 주요 곡물, 광물 공급 차질
  러시아: 천연가스, 석유 공급 차질
- 전쟁의 여파로 국제 천연가스 가격 1년 전보다 200% 가까이 폭등
- 러시아 침공으로 흑해가 봉쇄. 농산물 수출길이 막힘. 서방의 대러 제재 탓에 러시아의 곡물과 비료 수출도 차질 빚음
- 비극적인 인도주의적 위기이자 국경을 넘은 경제적 충격
- 유가 상승, 인플레이션, 환율 불안·물동량 축소, 물가상승, 경기침체(스태그플레이션)
- **중국:** '침공' 대신 '러시아-우크라이나 충돌(Conflict)' 또는 '특별군사 행동'이라는 단어를 사용하며 중립 입장 표명

- **미국**: 원유 생산국인 러시아를 대상으로 진행된 제재로 인해 국제유가 급등 부담이 커짐에 따라 바이든 행정부는 정부 비축량을 방출하는 한편 더 많은 공급처를 확보하기 위해 기존에 긴장 관계에 있는 국가와의 협력도 검토 중

◆ **경제제재**

- **결제시스템**: 러시아의 미르 결제시스템 사용 중단(튀르키예 이스방크 은행)
- **동결자산 압수**: 해외에 있는 300억 달러의 러시아 동결자산 압수(미국과 동맹국)

Terminology 러우 전쟁 용어	
3대 핵전력	Nuclear Triad
비 살상 물품	non-killing products
세계곡물창고	breadbasket
역내 영공 통과 금지	banning fly air space
장거리 전략 폭격기	long-range strategic[tactical] bomber
최취약계층에 가장 큰 타격을 입히다	hit the most vulnerable the hardest
천연자원(에너지)의 무기화	weaponization of natural resources
휴대용 적외선 유도지대공미사일	Man-Portable Air-Defense System(MANPADS)

반도체 칩4 동맹(Chip 4)
미국 반도체 지원법(the CHIPS and Science Act of 2022)

Information 알아두면 좋을 정보

◆ **개요**

- **칩4 동맹(Chip 4)**: 미국이 자국 주도 하에 한국(메모리 강국), 대만(파운드리 강국), 일본(주요기술국)과 반도체 협업 체제를 강화하기 위해 맺고자 하는 동맹으로 미국 반도체 경쟁력을 높이고자 하는 목적
- **미국 반도체 지원법**: 미국 내 반도체 자국 생산 위해 공장 건설과 연구개발(R&D) 지원 및 세액공제 등 반도체 연구개발, 제조, 인력양성 분야 지원
- 해외 기업이 미국 내 반도체 육성에 투자하는 경우 20%의 투자세 공제

◆ 법의 목적

- 경제 및 안보 측면에서 반도체 산업의 대외 의존도 축소를 위한 미국 반도체 산업경쟁력 제고 및 중국 반도체 산업 견제
- 미국 내 반도체 산업 관련 신규투자 장려를 위한 자금지원, 세제 혜택 등의 인센티브 제공 및 중국을 비롯한 감시대상 국가에 대한 반도체 투자 제한
- 미국이 반도체 산업 분야에서 중국에 대한 기술적 우위를 강화하기 위한 반도체 생태계 육성법안

◆ 장점

- 미국 내 반도체 시설 건립 시 보조금 지원(25%의 세액공제 제공)
- 미국 내 반도체 공장을 짓는 글로벌 기업에 한해 연구 및 노동력 개발, 국방 관련 반도체 칩 제조 등 반도체 산업에 직접적인 자금지원

◆ 단점

- 미국 내 반도체 생산시설 보조금 수급 시 해당 업체는 10년간 중국 등에 시설투자 불가(가드레일 조항)
- 반도체법 보조금을 받는 회사는 중국에서 최소 10년간 28nm(나노미터: 10억분의 1m) 이하 반도체를 만들 수 없음(한국 기업 삼성, SK하이닉스 포함)

◆ 각 국가 반응

1. EU

- **반도체법(EU Chip Act)**: 2030년까지 EU의 세계 시장 점유율을 10%에서 20%까지 두 배 증가를 목표로 만든 법
- 연구 · 생산 등 반도체 산업 전반의 공급망을 역내 구축하고자 이를 지원하는 법안

2. 한국

- 중국 시장을 놓치기 어렵고 중요 고객사 다수. 미 · 중 갈등 속에서도 서로 윈윈하는 솔루션을 찾기 위해 노력
- **K-칩스법(반도체 산업경쟁력 강화 법안)**
  1) 국가첨단전략산업 경쟁력 강화 · 보호특별조치법 개정안
  2) 조세특례제한법 개정안 등 패키지 법안으로 국회 계류 중
- 기술성, 시장성에서 우위 확보가 필요, 반도체 산업의 기반 조성, Foundry의 활성화 및 생태계 조성

3. 중국

- 글로벌 IT 생산의 40% 차지 및 핵심부품과 자재의 필수 공급원
- 정부 차원에서 총 55조 원 규모의 국가 반도체 펀드를 두 차례 조성. 2025년까지 10년 동안 173조 원을 투자

- 칩4 동맹이 반도체 공급망에 피해를 주고 분열시킨다고 경고('하나의 중국 one-China' 정책에 위배된다고 해석할 수 있음)

4. 일본

- 한일은 정부 차원에서 반대하는 입장
- 한일 긴장이 아직 해소되지 않았음. 한국이 칩4 동맹에 참여할 경우 동 계획의 범위가 제한될 수 있다고 언급

Terminology 반도체육성법(CHIPS and Science Act) 용어	
가드레일 조항이 있는 법안	guardrails provision
공정의 미세화	refining process
램프업(생산력 확대)	ramp up
반도체 굴기	the rise of China's semiconductor
바이 차이나	buy China
세액 공제 혜택	tax exemption
수율	yield

신성장 산업(21대 정부 6대 산업)

Information 알아두면 좋을 정보

개요

- 민간주도형 경제정책
- **규제개혁:** 로봇, 전기차 등 신산업 핵심규제 철폐
- **세제개편:** 법인세 최고세율 25%에서 22%로 인하, 투자와 일자리 창출에 세제 인센티브 부여

신성장 6대 산업

1. 에너지 분야: 차세대 원전, 수소산업, 전력 신산업, 재생에너지 관련 신기술

- 민간 주도 재생에너지 비중 확대, 수소경제, 디지털 전환이 접목된 영역 강조
- 수소 생산 → 유통 → 활용 전 주기 생태계 조기 완비를 통해 청정수소 공급망 구축 및 세계 1등 수소산업 육성
- 원전산업 생태계 강화

2. 바이오 분야: 신종 감염병 대응

- 바이오 · 디지털 헬스 글로벌 중심국가 도약, 규제 샌드박스 · 보건의료 빅데이터 활용
- 백신 · 치료제 강국 도약, 바이오 헬스 산업을 수출 주력산업으로 육성
- 디지털 헬스케어와 빅데이터 기반 첨단 · 정밀의료 확산을 통한 국민건강 향상

3. 탄소 중립 분야

- 탈원전 정책에서 친원전 정책으로, K-택소노미에 원전 포함
- 2030 온실가스 배출량 40% 감축목표(NDC: Nationally Determined Contributions)는 준수

4. 방산 및 우주항공 분야: 첨단 과학무기 연구 개발과 수출산업화 연계

1) 우주 경제 비전 선포

우주산업 클러스터 조성: 연구 · 인재개발(대전), 발사체 산업(전남), 위성산업(경남) 등
미래 우주 경제 로드맵 연내 마련, 우주항공청(Aerospace Agency) 설립 추진

2) 반도체 초강대국 달성 전략

- **기업투자 촉진**: 인프라 지원, 규제특례
- **전문 인력 양성**: 31년까지 15만 명 양성 목표
- **시스템반도체 육성**: 차세대 기술 R&D 지원

3) 범정부 차원의 방산수출 지원 성과

- 폴란드에 K2 전차, K9 자주포 등 최대 20조 원 규모의 무기 수출 계약 체결
- 호주 레드백(Redback), 노르웨이 K2 전차 수출도 추진 중

5. 인공지능 분야: 도심 항공교통(UAM)과 자율주행차 등 제조업의 서비스화

- UAM 활용 분야는 화물 운송(Last-mile delivery), 승객 운송(Air Metro, Air Taxi)으로 분류
- UAM은 비행체 개발뿐 아니라 연료전지(수소·전고체배터리 등), 자율주행, 운송 서비스, 신소재, 방위산업 등 산업 파급력이 매우 큰 산업으로 2025년 상용화를 목표로 제도, 시험 · 실증, 서비스 · 인프라 구축, 기술개발 등 중장기 K-UAM 로드맵과 기술 로드맵을 발표하고 범정부 차원의 지원을 다 하고 있는 것은 긍정적

6. 스마트 농업 분야: 첨단 농장 빅데이터 플랫폼 구축

Terminology 신성장 산업 용어	
메모리 반도체	memory (chip)
맞춤형 원격진료	personalized remote medicine
생체 정보 인증	biometrics
시스템반도체	logic chips

인플레이션 감축법 IRA(Inflation Reduction Act)

Information 알아두면 좋을 정보

◆ 개요

- 미국 내 물가 안정화, 의료비용 및 에너지비용 감축, 가계 지출 축소를 목적으로 한 법안
- 3조 5천억 달러 규모로 계획된 '국가재건법안(BBBA: Build Back Better Act)'의 축소판(총 7,400억 달러)
- **보건(Healthcare):** 처방 의약품의 가격 인하, 보건 비용 부담 완화, 제약산업 미국 영향력 확대
- **청정에너지(Clean Energy):** 에너지 비용 감소, 청정에너지 경제 구축, 환경오염의 감소, 에너지 안보 강화 및 미국 내 생산 지원
- **조세(Taxes):** 조세법의 공정화와 재정적자 감축
- 의료비와 에너지 비용 감소 및 세액공제 등 직접적 가계 지출 축소 도모
- 의약품 에너지 가격 인상 억제를 통한 물가 안정화, 청정에너지 산업 발전이 일자리 창출 및 가계 소득 안정화에 기여

◆ 의의

- 미국 의회 역사상 최대 규모의 기후변화 및 에너지 대책 입법
- 미국 역사상 최대 규모의 국세징수 조직 및 세정개혁 조치 포함
- 바이든 정부의 정책적 이상과 약속인 'BBB 계획'을 마무리한 입법
- 2022년 11월 중간선거에서 이기기 위한 중요한 정치적 포석

◆ 장점

- 미국 내 생산 공장을 보유한 한국 기업의 경우 태양광 패널, 풍력, 배터리 등 에너지 산업에 대한 생산 및 투자세액 공제 혜택을 받을 수 있음

◆ 단점

- 전기차 보조금 지급 정책이 될 수 있음
- 미국산 전기차에만 최대 7,500달러 보조금을 지급함
- 전기차 배터리용 핵심 광물 40% 이상이 미국 또는 미국의 FTA 체결국에서 생산되어야 함
- 배터리 부품 50% 이상이 북미에서 생산되어야 함
- 탑재 배터리의 광물 및 부품 비율 요건, 최종조립 요건까지 고려해 보면 한국 기업이 세액공제 대상이 되긴 어려움

◆ **비판**

- 전기차 세액공제(Clean Vehicle Tax Credit) 적격차량이 극히 제한적이어서 국내 소비자는 물론 해외의 반발이 계속될 것
- 북미 최종조립+40% 이상 부품이나 자재를 북미에서 조달
- 관심대상국(Country of Concern)에서 채굴, 가공, 재활용된 자원을 사용
- 배터리 장착 차량의 지원은 배제

Terminology 인플레이션 감축법(IRA) 용어	
건강보험개혁법	ACA(Affordable Care Act)
공동대응	joint responses
단계별 시행하다	begin in phases
더 나은 재건 법안	BBB(Build Back Better Act)
뒤통수를 맞다	be stabbed in the back
미국 구조 계획	ARP(American Rescue Plan)
미국 일자리 계획	AJP(American Jobs Plan)
미국에서 제조된 자동차는 정부 보조금 측면에서 해외에서 생산된 자동차와 차별될 것이다	Cars manufactured in the US will be discriminated from cars manufactured abroad in terms of government subsidies
미·중 탈동조화 현상	US-China decoupling[be decoupled from China]
법률에 대한 면제 혹은 적용 연기	exemptions or delaying the implementation of the law
손실 제한 확장	loss limitation extension
수입산 전기차를 제외하다	exclude all EV imports from other countries
세계무역기구에 제소하다	file a complaint at the World Trade Organization(WTO)
억만장자 세법	Billionaires Minimum Income Tax Act
역외보조금	FS(Foreign Subsidies)
(최소법인세) 연간 수익이 10억 달러가 넘는 기업에 15%의 선택적 최소법인세율을 부과하다	(corporate minimum tax) impose a selective 15% corporate minimum tax on companies with annual profits greater than US$ 1 billion
연방소득세	federal income tax
자동차 제조사들이 미국이나 미국과 FTA를 맺은 국가에서 제조한 배터리를 일정 비율 사용하다	automakers use batteries with a certain percentage of value sourced in the United States or countries with free trade agreements with the United States
인플레이션 감축법	IRA(Inflation Reduction Act)

인플레이션 감축법이 규정하다	The IRA basically sets out
전기차 구매 시 7,500달러에 달하는 세금공제[세제혜택]	$7,500 consumer tax credit per EV purchase
자국 이기주의	egotism/self-interest
(자사주 매입) 자사주 시장가격의 1%에 상응하는 소비세가 부과된다	(stock buyback) levy a 1% excise tax on the market value of corporate shares
중국에 대한 의존도를 낮추다	reduce reliance on China
차별적 정책	discriminatory measure
처방 의약품	prescribed drug[medicine]
초당적 법안	nonpartisan bill
최저 법인세율 15%	15% Corporate Minimum Tax
차량의 최종조립을 미국에서 하는 경우에만 IRA에 따른 7,500달러의 EV 세금 공제	the $7,500 EV tax credit under the IRA only if the final assembly of the vehicle is done in the United States
최후의 수단이 될 것이다	will be the last resort
최혜국 제품을 자국산 제품과 동등하게 취급	equal treatment of products from each other as domestic goods or those from countries with most-favored-nation trade status
WTO 규정을 위반하다	contravene World Trade Organization rules
WTO 규정뿐만 아니라 한미 FTA에도 위배될 수 있다	may violate the South Korea-US FTA as well as WTO regulations
협의	consultations
IRS(미 국세청) 세금 집행	IRS Tax Enforcement

02

비즈니스·산업 배경 및 용어

Business & Industry:
Background and Terminology

한국판 뉴딜사업(Korean New Deal)

Information 알아두면 좋을 정보

◆ 정의

- 코로나19로 최악의 경기침체와 일자리 충격 등의 위기를 극복하고 글로벌 경제 선도와 산업구조 전환을 위해서 '발표
- '디지털 뉴딜(Digital New Deal)', '그린뉴딜(Green New Deal)', '안전망 강화(Stronger Safety Net)' 3개 부문(각각 12개, 8개, 8개 과제)

◆ 비전(vision)

- 추격형 경제에서 선도형 경제로(From a fast follower to a first mover economy)
- 탄소의존 경제에서 저탄소 경제로(From a carbon-dependent to a low carbon economy)
- 불평등 사회에서 포용 사회로 도약(From an inequal[unequal] society to an inclusive society)

◆ 정책(policy)

1. 디지털 뉴딜(Digital New Deal)

경제 전반의 디지털 혁신 및 역동성 촉진·확산(Promote digital innovation and dynamics in the economy)

❶ 데이터 댐(Data Dam)

❷ 지능형 정부(AI government)

❸ 스마트 의료 인프라(Smart Healthcare)

2. 디지털·그린 융복합(Digital+Green New Deal))

❹ 그린 스마트 스쿨(Green and Smart Schools)

❺ 디지털 트윈(Digital Twin)

❻ 국민안전 SOC 디지털화(Digitalization of SOC)

❼ 스마트 그린 산단(Smart and Green Industrial Complexes)

3. 그린 뉴딜(Green New Deal)

경제 기반의 친환경·저탄소 전환 가속화(accelerate transition towards low-carbon and eco-friendly economy)

❽ 그린 리모델링(green remodeling)

❾ 그린 에너지(green energy)

❿ 친환경 미래 모빌리티(eco-friendly mobility of the future)

4. 안전망 강화(Stronger Safety Net)

사람중심 포용국가 기반 강화(Strengthen basics for a people-centered and inclusive country)

Terminology 한국판 뉴딜사업(Korean New Deal)	
가게들이 문 닫을 위기에 처해있는 상황에서	with the shop on the brink of closure
개인대출	personal loan
경기가 한숨 돌리다/경기가 고비를 넘기다	the economy has turned the corner
경기순환	business cycle
경기침체로 사업이 파탄나다	the recession has ravaged the business
기업공개	going public
기업공시	disclosure
기업설명활동	IR(Investor Relations)
기업간 상거래	B2B(Business to Business)
법인세를 감면하다	cut[reduce] corporate taxes
기업합병	merger
기회비용	opportunity cost
노동시장 유연화	flexible labor market
노숙자로 전락할 가능성이 높은 상태이다	be at the risk[in danger] of becoming homeless
매입 계약	buy a contract
매입 헤지	buy hedge
상인들이 돈을 지원받도록 하다	get money into the hands of merchants
상장기업	listed companies
상점 앞 진열대가 빈 상점 수가 꾸준히 는다는 것을 직감하다	notice an ever increasing number of vacant storefront

생산-고용-소득의 선순환을 구축하다	establish a virtuous circle between output, employment, and income
소상공인	small merchants
신용매입	buy on margin
총 보유현금	cash-on-hand totals
추가 자금지원을 해서 한시름 놓게 하다	use additional financing to give more breathing room
카드 이용금액	card transaction volume
카드 자산	card asset
투자수익률	ROI(Return on Investment)
퇴직 연금	retirement annuity[pension]

디지털 경제(Digital Economy)

Information 알아두면 좋을 정보

◆ 개요

- 재화와 서비스의 생산, 분배, 소비 등 주요 경제활동이 디지털화되고 인터넷을 기반으로 이뤄지는 경제활동
- 마찰 없는 경제, 공간개념 소멸, 예측의 불가능, 선점의 중요성 등이 특징
- 기업의 생산방식, 소비 제품과 행태, 유통구조, 산업구조, 정부의 역할 등에 이르기까지 광범위한 변화를 가져올 것

◆ 디지털 경제 영향

- 중단기적으로 물가에 하방 압력
- 전자상거래의 발달과 기술 발전 비용 절감
- 공유경제 확산, 기업 간 가격경쟁 격화, 소비자가격 하락
- 일자리의 양보다는 기술격차가 초래할 수 있는 노동임금 양극화 현상

◆ 디지털 경제의 부정적 결과

- 미숙련 근로자의 이탈

- 인터넷 접근성 차이에 따른 회사 간 불균형
- 인터넷을 사용한 독점적 업체들 등장
- 공급망 및 노동시장 혼란에 따른 새로운 문제 야기

◆ 디지털 무역의 정책 이슈

1. 보호무역주의 정책
   디지털 거래에 대해 장벽을 쌓거나 신뢰성 손상, 인터넷 훼손, 파손(fracturing) 야기

2. 관세
   최종 고객에게 비용 전가(국경 간의 무역 방해, 미국 수출업체의 시장 접근성을 제한)

3. 비관세 장벽
   종종 의도적으로든 비의도적이든 디지털 무역의 자유로운 흐름을 방해하는 법률 또는 규정

- 현지 공급자와 외국 공급자 간의 차별 금지
- **데이터 현지화(Localization):** 국가 간 데이터 흐름 및 정부조달계약의 조건으로 현지 콘텐츠 사용
- **지적재산권 침해:** 저렴한 비용으로 고품질의 콘텐츠를 쉽게 복제 및 배포
- **공정 사용(fair use):** 보도, 연구 및 교육 분야에 한해 권리 소유자의 허락 없이 제한적으로 사용 가능
- 국가 표준(National Standards) 및 과도한 적합성(conformity) 평가 요구 사항
- **사이버보안 관련 위험성:** 권한이 없는 사람이 도용, 손상, 또는 불법적인 행동을 목표로 ICT 시스템에 접근 가능

◆ 한미 FTA(KORUS FTA) 디지털 무역조항 포함

- 가장 강력한 디지털 무역조항 포함(국경 간 정보 흐름을 명시)
- 소비자 선택 및 시장 확보를 위한 인터넷 접속 및 사용에 관한 규정 포함
- 금융서비스 장(chapter) "기관의 통상적인 사업에서 요구되는 데이터 처리를 위해 국경 간 데이터 흐름을 허용하는 구체적이고 집행 가능한 약속" 포함됨
- **환태평양경제동반자협정(TPP) 디지털 무역 관련 조항:** ① 전자상거래 ② 금융서비스 ③ 통신 ④ 무역장벽 ⑤ IPR

◆ 디지털 플랫폼 정부 구현(윤석열 정부 국정과제)

- **디지털 플랫폼 정부(Digital Platform Government):** 모든 정부 부처를 하나로 연결해 신속하고 투명하며 효율적인 행정 서비스 제공(Provide prompt, transparent, efficient administrative services by connecting all government departments into one)
- **원사이트 토털 서비스(One-site Total Service):** 정부가 집사처럼 국민 복지혜택을 챙겨주는 '마이 AI포털'('My AI Portal', where the government takes care of public welfare benefits like a butler)

- **디지털 문제해결 센터(Digital Problem-Solving Center):** IT에 익숙지 않은 국민도 쉽게 할 수 있도록 '디지털 문제해결 센터' 설립(Established 'Digital Problem-Solving Center' so that even people unfamiliar with IT can do it easily)
- 방역, 복지, 의료, 세금 등에 빅데이터를 활용해 세계 최고 수준으로 행정 효율화 (Quarantine, welfare, medical care, tax... Using big data to improve administrative efficiency to the highest level in the world)

Terminology 디지털 경제(Digital Economy) 용어	
네트워크 경제	network economy
네트워크 효과	network effect
단면시장	one-sided market
디지털 경제	digital economy
디지털 경제 아젠다	Digital Economy Agenda
디지털 융합시대	Digital Convergence Era
디지털 전환	digital transformation
디지털 플랫폼 정부위원회	Presidential Committee of Digital Platform Government
사용자 중심 인공지능	User-Centered Artificial Intelligence
신경제	new economy
양면시장	two-sided market
인공지능(AI)에 대한 국제 동반관계	GPAI(Global Partnership AI)
인터넷 경제	the Internet economy
정보경제	information economy
정보통신기술	information and communications technology
전략적 제휴	strategic alliance
지식기반경제	knowledge-based economy
플랫폼 산업	platform industry
초고속정보통신망	information super highway
4차 산업혁명 위원회	Fourth Industrial Revolution Committee

디지털(온라인) 플랫폼
Digital Platform

◆ 개요

- 인터넷 네트워크에 연결된 상태(온라인)에서 상품·서비스의 공급자와 수요자 등을 서로 연결해주는 환경 마련
- **국가별 디지털 플랫폼 상황**
  1) **미국**: 2021년부터 여러 가지 법을 만들어 온라인 플랫폼을 규제. 자기 플랫폼에서 자기 서비스를 우대하는 것을 금지함
  2) **유럽연합**: '온라인 플랫폼 공정성·투명성 규칙' 디지털시장법과 디지털서비스법 마련. 플랫폼은 이용자의 정보를 쓸 때 경쟁 기업과 공유해야 하고, 불법 콘텐츠가 돌아다니는 걸 막아야 함
  3) **중국**: '반독점법' 제정. 법안에 '데이터나 알고리즘을 마구 써서 경쟁을 막지 않을 것', '플랫폼 규칙을 마음대로 정해서 힘을 휘두르지 않을 것' 등의 내용이 담김
  4) **일본**: '디지털 플랫폼 거래 투명성·공정성 개선법'을 만들어 큰 틀을 정하고, 작은 부분은 민간이 알아서 따르는 방식을 시행하고 있음

◆ 디지털 자산(Digital Asset) ◆

Information 알아두면 좋을 정보

◆ 개요

- 디지털 환경에서 주고받는 물리적 형태가 없는 자산, 전통적인 의미를 넘어 암호화폐, 암호화폐를 가리키는 용어
- 사진, 로고, 삽화, 애니메이션, 시청각 미디어, 프레젠테이션, 스프레드시트, 워드문서, 전자메일, 웹 사이트 및 기타 다수의 디지털 형식과 해당 메타데이터가 포함

◆ 디지털 자산관리 DAM(Digital Asset Management)

- 디지털 자산을 관리, 저장, 수집, 구성 및 검색하기 위해 소프트웨어 및 하드웨어 서비스를 통합한 구조
- 디지털 자산관리 시스템을 통해 사용자는 필요할 때 콘텐츠를 찾고 사용 가능

◆ 디지털 자산관리 서비스 종류

1) 디지털 자산 보관과 디지털 자산 생성: 투자 상품에 대한 정보나 서비스를 제공하고 자산을 보관
2) 신용거래: 파이낸싱 기법을 이용해 ETF(Exchange-Traded Funds) 등을 발행
3) 디지털 자산 설계 서비스: 숨어있는 자산을 찾아주는 서비스
4) 디지털 서비스와 거버넌스: 송금 서비스를 제공하는 것

◆ 암호화폐 cryptocurrency

- 암호 기술을 이용하여 만든 디지털 화폐는 네트워크로 연결된 인터넷 공간에서 암호화된 데이터 형태로 사용
- 지폐나 동전과 같은 실물이 없이 디지털 데이터 형태로 존재하기 때문에 가상화폐(virtual money)라고도 부름
- 결제 수단으로 사용되기보다는 자산의 안전한 보관을 위해 사용되는 경우가 많아서 '암호자산(crypto asset)'이라고 함
- 탈중앙화된 피투피(P2P) 방식의 블록체인 기술을 이용하여 가치를 저장·전송
- 2009년 세계 최초의 블록체인 기반 암호화폐인 비트코인이 창시된 이후 계속 새로운 암호화폐가 출현

◆ 암호화폐 종류

1. 비트코인 이전

- **이캐시(ecash):** 1990년 '디지캐시(digicash)'라는 회사에서 만든 최초의 상업적 암호화폐
- **해시캐시(hashcash):** 1997년 아담 백(Adam Back)이 익명성을 보장하고 이중지불을 방지하기 위해 만든 암호화폐
- **비머니(B-Money):** 1998년 웨이 다이(Wei Dai)가 고안한 익명성과 분산저장방식의 암호화폐
- **비트골드(bit gold):** 1998년 닉 재보(Nick Szabo)가 고안한 스마트 계약 기반의 암호화폐

2. 비트코인 계열

- **비트코인(bitcoin):** 블록체인 기술을 기반으로 만들어진 최초의 코인, 2009년 사토시 나카모토가 창시
- **비트코인캐시(bitcoin cash):** 2017년 중국의 우지한이 이끄는 비트메인 등 채굴업체들이 주도하여 만든 코인
- **비트코인골드(bitcoin gold):** 비트코인캐시에 대항하여 잭 리아오가 만든 코인. 2017년 기존의 비트코인을 하드포크하여 개발

  * 하드포크란 기존 블록체인과 호환되지 않는 새로운 블록체인에서 다른 종류의 가상화폐를 만드는 것
- **라이트코인(Litecoin):** 비트코인을 기반으로 만든 작고 가벼운 코인. 2011년 찰리 리가 C^{++} 언어로 개발
- **옴니레이어(마스터코인)(Omni Layer, Mastercoin):** 세계 최초로 ICO(Initral Coin offering 가상통화공개) 방식으로 암호화폐 개발 투자자금을 모집한 코인

* **비트코인의 차별성**

- 중앙집중식 금융시스템과 달리 사용자들의 자유 보장
- 높은 휴대성 지녔고 이조 불가능하며 높은 투명성과 중립성 지님

* **비트코인의 한계**

- 규제 미비로 범용성 낮고 국가마다 비트코인의 법적지위 다름
- 비밀번호(키) 분실 위험성이 있고 가격이 급격하게 변함

3. 이더리움 계열

- **이더리움(ethereum)**: 스마트 계약 기능을 구현한 플랫폼 코인. 2015년 비탈릭 부테린이 창시
- **이더리움 클래식(ethereum classic)**: 이더리움 해킹 사건으로 현재의 이더리움이 하드포크되고 남은 원조 이더리움
- **비트셰어(BitShares)**: 위임지분증명(DPoS: Delegated Proof of Stake) 방식의 합의 알고리즘을 사용하는 코인. '비트쉐어'라고도 함
- **카르다노(Cardano)/에이다(ADA)**: 이더리움을 넘어선 차세대 코인. 2018년 찰스 호스킨슨이 하스켈 언어 사용 개발
- **제로엑스(0x)**: 탈중앙화된 분산형 암호화폐 거래소인 덱스(DEX)를 만들 수 있는 프로토콜 기반의 코인
- **스테이터스네트워크토큰(SNT)**: 이더리움 기반의 모바일 메시지 플랫폼 서비스를 제공하기 위한 토큰
- **오에스티(OST)**: 이더리움 기반의 사이드체인 자체 브랜드의 토큰을 만들 수 있게 해주는 암호화폐로 '심플토큰'이라 함

4. 리플 계열

- **리플(ripple)**: 2013년 크리스 라슨과 제드 맥케일럽이 C++ 언어로 공동 개발한 국제 송금용 코인
- **스텔라루멘(XLM)**: 2014년 제드 맥케일럽이 기존 리플에서 하드포크한 '국제 송금용 암호화폐. '코인 스텔라'라고 함
- **나노코인(Nanocoin)**: 리플보다 속도가 빠른 제2의 리플 코인. '레이블록(RaiBlocks)'이라고 부르다가 '나노(Nano)'로 변경함

5. 익명성을 보장하는 다크코인

- **모네로(Monero)**: 2014년 모네로 코어 팀이 C++ 언어로 개발한 익명성을 보장하는 다크코인. 크립토나이트 방식으로 채굴
- **대시(Dash)**: 2014년 에반 더필드와 카일 헤이건이 C++ 언어로 공동 개발한 익명성을 보장하는 다크코인
- **지캐시(ZCash)**: 익명성을 보장하는 다크코인. 2016년 주코 윌콕스가 C++ 언어로 개발
- **코모도(Komodo)**: 익명성을 보장하는 다크코인인 지캐시(제트캐시)에서 하드포크되어 분리된 코인
- **버지(Verge)**: 2014년 저스틴 수네록 발로가 개발한 완전한 익명 거래를 위한 다크코인
- **바이트코인(Bytecoin)**: 2012년 개발된 모네로의 아버지로 불리는 다크코인

6. 플랫폼 코인

- **이오스(EOS):** 위임지분증명(DPoS) 방식을 사용하는 코인. 2017년 댄 라리머가 이더리움 기반으로 개발했고, 2018년 메인넷을 오픈. '이더리움 킬러'라고 불림
- **리스크(Lisk):** 자바스크립트(JavaScript) 언어로 만든 코인. 마이크로소프트의 애저(Azure) 클라우드 서비스에서 이용
- **아크(Ark):** 스마트 브릿지(smart bridge) 기능을 이용하여 서로 다른 암호화폐들을 연결하고 교환할 수 있음.
- **요코인(YOC):** 지분증명(PoS: Proof of Stake) 방식을 사용하는 코인. 2018년 인도의 수브라닐 바너지가 이더리움 기반으로 개발
- **웨이브즈(Waves):** 리스지분증명(Leased PoS) 합의 알고리즘을 사용하는 코인으로 '웨이브'라고도 함. 2016년 러시아의 알렉산더 사샤 이바노프가 창시
- **아이오타(IOTA):** 사물인터넷(IoT: Internet of Things) 시대의 M2M(Machine-to-Machine) 코인으로 '이오타'라고도 함. 블록체인이 아닌 탱글 알고리즘 기반으로 개발
- **이오스트(IOST):** 신뢰성증명(PoB: Proof of Believability) 합의 알고리즘 기반의 코인. '아이오에스티'라고도 함
- **넴(NEM), 젬(XEM), 뉴이코노미무브먼트:** 사용자별로 맞춤형 블록체인을 제작할 수 있는 스마트 자산 시스템을 위한 코인. 중요도증명(PoI: Proof of Importance) 합의 알고리즘
- **스트라티스(Stratis):** 블록체인 클라우드 서비스(BaaS) 플랫폼에서 사용되는 코인. 창시자는 크리스 트루(Chris Trew)
- **테조스(Tezos):** 온체인 거버넌스 기술을 바탕으로 스마트 계약과 디앱 개발용 플랫폼을 제공하는 암호화폐. 공동 창시자는 아서 브라이트만과 캐슬린 브라이트만 부부
- **하이퍼캐시(HC/Hcash):** 블록체인뿐 아니라 블록이 없는 비블록체인에 대해서도 사이드체인(sidechain)을 제공해 줌으로써 서로 다른 블록체인 간에 데이터를 자유롭게 전달할 수 있게 해주는 코인. '에이치쉐어(Hshare)' 또는 '에이치캐시(Hcash)'라고 부르다가 하이퍼캐시로 리브랜딩
- **네뷸러스(Nebulas):** 블록체인 네트워크에서 검색엔진 기능을 제공하기 위한 코인
- **디크레드(Decred):** 작업증명(PoW: Proof of Work)과 지분증명(PoS)을 혼합한 지분작업증명(PoSW: Proof of Stake and Work) 방식의 합의 알고리즘 코인
- **애터니티(Aeternity):** 오프체인(off-chain) 방식으로 스마트 계약을 실행함으로써 블록체인 네트워크의 부하를 줄여줌
- **에스디체인(SDchain):** 대만에서 개발한 사물인터넷(IoT) 플랫폼 코인
- **아이온(AION):** 서로 다른 블록체인 네트워크들을 연결해주는 코인. 인터체인의 일종
- **마켓피크(PEAK):** 핀테크 스타트업 기업과 자산을 토큰화해서 투자자와 연결 및 관리하는 플랫폼 코인
- **보스아고라(BOSAGORA/BOA):** BOSAGORA 플랫폼은 Trust Contracts와 의회 네트워크(Congress Network)라고 불리는 의사결정 시스템 위에서 작동하며, 스스로 진화하는 탈중앙형 암호화폐

7. 유틸리티 토큰

- **스팀(steem):** 블록체인 기반의 SNS 커뮤니티 서비스를 위한 코인. 위임지분증명(DPoS) 방식을 사용
- **오미세고(OmiseGo):** 가게를 잇는 쇼핑 포인트 코인. 플라즈마 기술을 적용하여 빠른 처리 속도를 구현
- **시아코인(Siacoin):** 분산형 클라우드 기반의 스토리지 코인
- **골렘(Golem):** 사용하지 않는 컴퓨터 자원을 다른 사람이 사용하도록 빌려줌으로써, 탈중앙 분산형 슈퍼컴퓨터(supercomputer)를 구현하기 위한 코인
- **디피니티(Dfinity):** 전 세계 컴퓨터를 블록체인 기반의 네트워크로 연결, 거대한 슈퍼컴퓨터를 운영하기 위한 암호화폐
- **파퓰러스(Populous):** 블록체인 기반의 송장 거래용 코인
- **파워렛저(PowerLedger):** 블록체인 기반의 에너지 산업을 위한 코인
- **이머코인(Emercoin):** 블록체인 기반의 대학 졸업장 발급 코인
- **디지바이트(DigiByte):** 게임 관련 코인으로 시작했으나 디도스(DDoS) 공격으로 중단된 코인
- **시빅(Civic):** 블록체인 기반의 개인 신원확인 시스템을 위한 코인
- **기프토(Gifto):** 블록체인 기반의 가상 선물 전달을 위한 암호화폐
- **어거(Augur):** 블록체인 기반의 예측 시장 베팅(betting) 플랫폼 코인
- **왁스(Wax):** 블록체인 기반 게임 아이템 거래용 코인
- **체인링크(Chainlink):** 블록체인의 스마트 계약을 블록체인 외부의 데이터, 결제, API 등에 연결하기 위한 블록체인 미들웨어 플랫폼이자 암호화폐. 창시자는 세르게이 나자로프(Sergey Nazarov)
- **트라도브(Tradove):** 기업들 간의 B2B 상거래 플랫폼을 위한 암호화폐. 창시자는 켄트 얀(Kent Yan) 트라도브 회장
- **에토스(Ethos):** 전문가와 초보자를 연결하여 지식을 공유할 수 있는 포럼을 운영하기 위한 코인
- **링크코인(Link Coin):** 한국 네이버㈜의 자회사인 일본 라인㈜이 싱가포르에서 설립한 비트박스(bitbox) 거래소에서 발행한 코인으로 라인의 블록체인 생태계에서 여러 디앱을 이용할 수 있도록 함
- **코박토큰(Cobak Token):** CBK는 코박 플랫폼에서 사용되는 ERC20 기반 유틸리티 토큰
- **디앱코인(Dapp Coin):** DAPP은 Dapp Mall 플랫폼에서 사용되는 YOC 기반 유틸리티 토큰
- **익스트림(XTRM):** XTRM은 XTRM 플랫폼에서 사용되는 YOC 기반 유틸리티 토큰
- **블랙웨일(BLKwhale):** ETF 파생상품 형식의 스테이킹 상품 및 NFT를 통한 채굴을 제공하는 유틸리티 토큰

8. 결제 코인

- **크립토닷컴(Crypto.com):** 저렴한 수수료로 결제를 할 수 있는 코인. 처음에 '모나코(Monaco)'라고 부르다가 '크립토닷컴'으로 이름 변경. 비자(VISA) 선불카드를 만들어 전 세계 비자카드 가맹점에서 암호화폐로 결제 가능
- **텐엑스(TenX):** 환전 수수료가 없는 결제용 코인. 텐엑스는 비자카드, 마스터카드 등 주요 신용카드 회사와 제휴, 텐엑스 카드(TenX card)를 통해 일반 가맹점에서도 결제 가능

- **펀디엑스(Pundi X)**: 각 상점에 설치된 포스 시스템(POS system)과 연동되어 작동하는 결제용 코인
- **퓨즈엑스(FuzeX)**: 여러 장의 신용카드와 멤버십 카드 등을 퓨즈카드(Fuze Card) 하나로 통합한 결제용 코인
- **다빈치코인(Davinci Coin)**: 다양한 회사와 제휴를 통해 결제 서비스를 제공하는 코인. 이더리움 기반 ERC-20 토큰
- **유비코인(UBcoin)**: 인터넷 쇼핑몰에서 상품을 사고팔 때 결제용으로 사용할 수 있는 코인
- **더블유 플러스(WPLUS)**: 블록체인 기반의 암호자산 지갑 솔루션. 더블유 테크에서 개발
- **요페이(YOPAY)**: 요코인(YOC) 기반으로 만들어진 결제 시스템

◆ 암호화폐 시장 붕괴(Crypto Crash)

- 테라 루나 사태
- 알고리즘 기반의 스테이블 코인인 루나와 테라(1테라 = 1달러)
- 금리 인상에 따라 시장이 위축되면서 암호화폐 가격이 일제히 하락하고 테라의 대량 매도가 발생하면서 테라의 가치가 하락함. 하락세가 이어지다 루나와 테라의 시세가 99.99%까지 폭락하면서 루나, 테라가 휴지조각이 됨
- **암호화폐 시장 붕괴가 금융시장에 미치는 영향**: IMF는 암호화폐가 전통적인 은행 업무와 분리되어 있어 암호화폐 시장 침체가 세계 금융 안정을 위협하지는 않을 것이라 함

Terminology 디지털 자산(Digital Asset)·암호화폐(Cryptocurrency) 용어	
가상화폐	cryptocurrency
디지털 자산	Digital Asset
디페깅	Depegging
NFT 대체불가토큰	NFT(non-fungible token)
비트코인	Bitcoin
중앙은행 디지털 화폐	CBDC(Central Bank Digital Currency)
피아트 통화/명목화폐	fiat currency * 정부에 의해 발행되고 규제되며 통제되는 법정통화
메인 넷	main net * 블록체인을 실제 출시하여 운영하는 네트워크
스테이블 코인	stable coin * 가격 변동성을 최소화하도록 설계된 암호화폐
탈중앙화 금융	DeFi(Decentralized Finance)
토큰화	tokenization
특권자	privileged user
초당거래처리량	TPS(Transaction Per Second)
확장성	scalability

수소산업(Hydrogen Industry)

Information 알아두면 좋을 정보

◆ 배경

- 2015년 12월 파리 협정(Paris Agreement)이 채택되면서 수소경제사회에 대한 필요성 증대
- 각국의 탄소중립정책에 힘입어 수소산업은 지속 성장
- 높은 에너지 밀도와 낮은 에너지 손실률을 갖는 수소는 신기후체제에 가장 적합한 차세대 에너지 저장원으로 기대
- 탄소중립이 달성된다는 전제 하에 수요량은 '30년 1억 4,000톤, '50년 6억 6,000톤 수준에 이르러 최종에너지 수요의 약 22%를 차지할 전망

◆ 수소경제(Hydrogen Economy)

- 에너지 자산 및 신재생에너지를 사용하여 수소를 생산하고, 에너지 수요와 공급 사슬(supply chain) 전체 영역에서 수소와 전기를 주요한 에너지 유통 수단(energy carrier)으로 사용하는 사회 경제체제를 의미함
- 사회의 기초를 이루는 에너지 시스템의 변환이 필요하므로 이를 구현하기 위해서는 사회 전반에 걸친 산업구조의 개편이 동반됨
- 탄소에 기반한 하부 경제구조(에너지 기반)가 수소 중심으로 전환된 미래 경제사회를 의미하며 ① 에너지 패러다임 전환, ② 에너지 안보, ③ 미래산업 육성을 위한 핵심 플랫폼이 되는 것임

◆ 수소경제의 중요성

1. 에너지 자립 및 에너지 안보 강화

- 수입에 의존하고 있는 화석 연료를 수소로 대체 시 국내 생산 가능
- 에너지원의 다각화로 에너지 공급 리스크 완화

2. 에너지 운반체(Carrier)로서의 역할

- 전력 등 타 에너지원과 비교하면 상대적으로 저장하기에 용이
- 저장 용이성은 유통 경제성뿐만 아니라 충전소 인프라 구축에도 이점

3. 전후방 산업에 파급효과가 큰 미래 성장동력

- 신규 미래산업 창출 가능
- 밸류 체인 전반에 걸쳐 다양한 산업과 연계 가능, 관련 산업의 시장 확대 촉진

◆ 수소 활용 산업

1. 모빌리티 Mobility

- 에너지 효율과 친환경 이동수단이라는 측면에서 수소연료전지차(수소차)는 최적의 대안 중 하나
- 에너지 저장매체로서 수소는 2차전지보다 저장용량이 훨씬 크고, 방전도 잘되지 않아 오랜 시간 저장이 가능
- 장거리 수송 부문에서 수소의 수요가 더 커질 것으로 예상

2. 전력 사업 Power Industry

- 다른 신재생에너지에 비해 설치장소의 제약이 적고, 에너지 효율이 높아서 전력공급 시스템으로 확산될 전망
- 재생에너지 자원의 질과 양이 각 국가들의 수소 생산원가 경쟁력의 원천
- 한국은 수소산업의 전 가치사슬에 걸쳐 관련 기술개발 인프라를 가지고 있으므로 경쟁력은 충분

3. 제철 산업 Steel Industry

- 국내 철강업체는 수소환원제철(석탄 대신 수소를 환원제로 쓰면 이산화탄소가 발생하지 않아 철강 생산에서 탈탄소를 이룰 수 있음)을 위한 연구개발을 2030년까지, 수소환원제철 상용기술 개발을 2040년까지 목표로 함

◆ 수소경제대응 동향

- 글로벌 탄소중립 목표 달성에 기여, 새로운 시장 창출, 에너지 안보 등에 기여하기에 각국 정부는 수소산업 육성 계획 발표
- 수소경제가 자리잡기 위해서는 수소의 생산, 유통, 활용 등 산업 생태계 전반에 걸친 균형 있는 성장 전략이 필요하기에 주요국들은 수소경제전반을 아우르는 밸류체인 관점에서 정책목표 수립, 실행 과제 적극 추진

1. 미국

- 2030년까지 수소 자급률 100% 달성 목표
- **'미국 수소경제로의 로드맵' 발표:** 2050년까지의 수소경제구축을 위한 정책 제안
- **수소경제로의 이행을 위해 'H2@Scale' 프로젝트 발표:** 2050년 탄소중립 목표를 이행하고 경제를 활성화하는 전략

2. 유럽연합(EU)

- **'EU 수소전략' 발표:** 그린 딜의 연장선에서 새로운 일자리 창출, 세계 수소 산업에서의 주도권 확보 목적
- 2050년까지 에너지 소비 중 청정 수소의 비중을 23%까지 확대, 연간 매출 6,300억 유로의 수소경제달성 목표

3. 일본

- 자립형 에너지 공급을 위하여 수소경제를 집중 육성
- 수소사회 실현을 위해 '수소 기본 전략' 발표, 3단계로 구분, 단계별 목표와 중점 과제를 별도로 설정
- 해외 생산 프로젝트를 주도하며 기술을 선도적으로 축적해 장기적으로 수소 공급자 지위를 선점할 전략

4. 중국

- 해외 기업 간 파트너십 체결과 수소도시 건설
- 에너지 자립도를 높이고 저탄소 에너지 활용 확산을 위해 수소산업 육성 정책을 펼치기 시작
- **수소경제 정책의 핵심:** 수소차 및 수소 충전소의 보급, 부품 국산화, 수소 생산 기반 구축, 정부 지원금 확충 등
- 2050년까지 5,000만 톤 목표, 최종에너지에서 차지하는 비중을 10% 수준으로 높일 계획

Terminology 수소산업(Hydrogen Industry) 용어	
고분자 전해질	PEM(Polymer Electrolyte Membrane)
고탄소수소	High-Carbon Hydrogen
국제재생에너지기구	IRENA(International Renewable Energy Agency)
공급원료	feedstock
그린수소	green hydrogen
기초 원자재	commodity
넷 제로	ZERO-NET
녹색수소	Green Hydrogen
무화석	fossil free
미국 수소경제 전략 및 계획	road map to a US Hydrogen Economy
수소 에너지	hydrogen energy
수소 연료전지	Hydrogen Fuel Cell
수소 연료 이니셔티브(미국)	Hydrogen Fuel Initiative
수소위원회(글로벌기업모임)	Hydrogen Council
수소전기차	FCEV(Fuel Cell Electric Vehicle)
수소환원	HyREX(Hydrogen Reduction)
수소환원제철	Hydrogen Reduction Iron and Steel Making
수직적 통합	Vertical Integration
신에너지 산업기술종합개발기구	New Energy and Industrial Technology Development Organization

액상 유기 화합물	LOHC(Liquid Organic Hydrogen Carrier)
열분해	Thermal Decomposition
에너지 정책법(미국)	Energy Policy Act
유럽 그린 딜	European Green Deal
유럽 기후 중립을 위한 수소 전략	A hydrogen strategy for a climate-neutral Europe
인프라 투자 및 일자리 법안(미국)	Infrastructure Investment and Jobs Act
저탄소수소	Low-Carbon Hydrogen
전기를 기체에너지 운반체인 수소, 메탄으로 전환	P2G/PtG(Power to Gas)
전기를 합성공정 적용 후 액화연료로 전환	PtL(Power-to-Liquid)
중앙 공급 방식	Off-site
중유	Heavy Fuel Oil
초당적 인프라 투자법(미국)	Bipartisan Infrastructure Law
탄소발자국	Carbon Footprint
탄소 포집 및 활용	CCU(Carbon Capture & Utilization)
탄소 포집, 활용 및 저장	CCUS(Carbon Capture, Utilization and Storage)
탈수소	Dehydrogenation
현장 공급 방식	On-site
회색수소	Grey Hydrogen

자동차 산업(Automobile Industry)

자율주행차
Autonomous Vehicle

Information 알아두면 좋을 정보

◆ 정의

- 운전자 또는 승객의 조작 없이 자동차 스스로 운행이 가능한 자동차(「자동차관리법」 제2조 제1호-3)
- 자율주행을 위해 자동차에 IT · 센서 등 첨단 기술을 융합하여 스스로 주변 환경을 인식, 위험

을 판단하고 주행 경로를 계획하여 운전자 또는 승객의 조작 없이 안전한 운행이 가능하도록 한 자동차

- 자율주행 기술은 자동화 단계의 구분에 따라 레벨 0부터 5까지 분류
- 레벨 3부터 진정한 자율주행 자동차로 간주함

◆ 자율주행자동차 등급(SAE LEVEL)

* SAE(Society of Automotive Engineers) 미국 자동차기술협회

1. 자율주행 0단계(No Automation)

- **시스템 스스로 아무것도 하지 못하는 차량** :실질적으로 자율주행 기능이 없음
- 사람이 스스로 모든 것을 해야 함

Level 0: the full-time performance by the human driver of all aspects of the dynamic driving task, even when enhanced by warning or intervention systems

2. 자율주행 1단계(Driver Assistance)

- 차량이 스스로 종방향 제어 또는 횡방향 제어를 할 수 있다는 것
- **스마트 크루즈 컨트롤:** 앞차와의 간격을 유지하며 주행할 수 있고, 차선을 벗어나지 않게 제어해주는 기능
- **인간이 전방주시 의무 있음:** 운전자의 보조수단만 있어서 사람이 항상 주위에 집중하고 운전을 해야 함

Level 1: the driving mode-specific execution by a driver assistance system of either steering or acceleration/deceleration using information about the driving environment and with the expectation that the human driver perform all remaining aspects of the dynamic driving task

3. 자율주행 2단계(Partial Automation)

- 오토 파일럿도 인간이 모든 주행 의무가 있는 것
- 인간이 전방주시 의무는 사라졌지만 언제든 제어권을 행사할 준비가 되어야 함

Level 2: the driving mode-specific execution by one or more driver assistance systems of both steering and acceleration/deceleration using information about the driving environment and with the expectation that the human driver performs all remaining aspects of the dynamic driving task

4. 자율주행 3단계(Conditional Automation)

- 특정 모드에서는 인간에게 주행 의무가 주어지지 않는 시간이 존재(사람이 다른 일 해도 됨)
- 차량이 스스로 주행을 하지 못할 상황이 되면, 사람에게 다시 제어권을 가져가라고 신호를 보내고 이때는 사람이 운전해야 함

Level 3: the driving mode-specific performance by an automated driving system of all aspects of the dynamic driving task with the expectation that the human driver will respond appropriately to a request to intervene

5. 자율주행 4단계(High Automation)

- '무인차'라고도 함. 사람의 역할 없음
- 가감속, 조향, 차로 변경 등 모든 주행 행위의 의무가 차량 시스템에 있음 (사람은 아무것도 하지 않아도 됨)
- 핸들, 브레이크/가속 페달, 변속 레버 등의 수동 조작 장치가 필요 없음
- 주행 중 문제가 생기더라도 그 문제를 해결할 의무도 시스템에 있음
- **운전자도 없고, 승객들만 탑승할 수 있는 차:** 오로지 정해진 루트로 운전하는 지리적 한계와 기상 조건이 안 좋거나 어두운 밤에는 주행하지 못하는 제약이 있음

  Level 4: the driving mode-specific performance by an automated driving system of all aspects of the dynamic driving task, even if a human driver does not respond appropriately to a request to intervene

6. 자율주행 5단계(Full Automation)

- 완전자율주행
- 눈, 비, 낮과 밤의 조건 등 4단계에 비해 제약 조건이 없음
- 중간에 공사 구간이 있으면 우회까지 할 수 있는 차량

  Level 5: the full-time performance by an automated driving system of all aspects of the dynamic driving task under all roadway and environmental conditions that can be managed by a human driver

Terminology 자율주행 차량(Autonomous Vehicle) 용어	
경사로 주행 제어	Hill Descent Control
경로 탐색	Path Planning
고속도로 주행 보조 장치	HDA(Highway Driving Assist)
고해상도 지도	HD(High Definition) map
교통 표지판 인지 시스템	Traffic Sign Recognition
급제동	Panic brake
무선 업데이트	OTA(Over-The-Air) update
보행자 보호 시스템	Pedestrian Protection System
사각지대 감지[인식]	BSD(Blind Spot Detection)
사각지대 경고 장치	Lane Change Assistance or Blind Spot Detection
야간 시야 시스템	Night Vision
어드밴스드 스마트 크루즈 컨트롤	ASCC(Advanced Smart Cruise Control)
운전자 졸음 방지 시스템	Driver Drowsiness Detection
자동긴급제동	AEB(Autonomous Emergency Braking)
자동 주차 시스템	Automatic Parking

자동차 전자제어장치	ECU(Electronic Control Unit)
잠김 방지 제동장치	Anti-lock Braking System
적응형 순항 제어 장치	ACC(Adaptive Cruise Control or Smart Cruise Control)
전기차 주행 경고음	Electric Vehicle Warning Sounds used in hybrids and plug-in electric vehicles
전방 주시	eyes on the road
전방추돌방지경고	FCW(Forward Collision Warning)
전방충돌방지 보조 장치	FCA(Forward Collision-Avoidance Assist)
지능형 속도 적응 시스템	Intelligent speed adaptation or intelligent speed advice
지능형 전조등 제어	Adaptive Front Light Control
차량 사물 간 통신	V2X(Vehicle to Everything)
차선 유지 보조 시스템	LKAS(Lane Keeping Assist System)
차량 자동 항법 장치	in-vehicle navigation system
차량 자세 제어 장치	Electronic Stability Program
차량 통신 시스템	Vehicular Communication Systems
차선 이탈 경보 시스템	LDWS(Lane Departure Warning System)
충돌 예방 시스템	Collision Avoidance System or Precrash Safety System
핸들에 손	hands on steering wheel
후측면 접근차량 경고시스템	CTA(Cross Traffic Alert)

전기차
EV(Electric Vehicle)

Information 알아두면 좋을 정보

◆ 개요

- 석유 연료와 엔진을 사용하지 않고, 배터리에 축적된 전기에너지로 모터를 회전시켜 구동하는 자동차
- 전기차 충전 방식은 전기가 있는 곳이면 어디서든 가능
- 집에서는 120볼트 콘센트로 전기차를 충전
- 쇼핑센터 주차장, 직장, 고속도로 휴게소, 공원 등 충전기가 설치된 곳에서 충전 가능
- 일부 지역에는 급속 충전기로 30분 만에 자동차에 전력공급 가능

◆ 전기차 종류

1. 배터리 전기 자동차 BEV(Battery Electric Vehicle)

- 내연기관이 없는 100% 전기 자동차
- 전기 모터를 이용하여 움직이며, 전기를 저장하기 위해 배터리를 사용
- 배기관 배기가스를 생성하지 않고, 충전 포트는 기존 가솔린 차량의 포트처럼 보임
- 전원 공급장치에 연결되어 그리드에서 전기를 충전

2. 대체 에너지 자동차 AFV(Alternative Fuel Vehicle)

- 전통적인 가솔린이나 디젤 연료를 사용하지 않고 대체 에너지원을 사용하여 작동하는 차량
- 주로 사용되는 대체 에너지원은 전기, 수소, 천연 가스, 생물 연료
- 환경 친화적이며, 기존 연료에 비해 더욱 저렴하거나 더욱 효율적

3. 레인지익스텐더 전기차 BEV w/RE(Battery Electric Vehicle with Range Extender)

- 전기 모터에 의해 구동되는 주행용 배터리와 함께 작은 내연기관을 탑재
- 배터리가 방전되어 전기 주행이 어려울 때 발전기로 작동하여 배터리를 충전하면서 주행을 지속
- 전기차가 충전 인프라가 부족한 지역에서 주행이 필요한 경우 유용

4. 수소연료전지 자동차 FCEV(Fuel Cell Electric Vehicle)

- 배기가스로서의 수소와 산소 반응에서 생성되는 전기로 작동하는 전지 사용
- 수소를 보관하기 위한 탱크가 있고, 이 탱크는 압축된 수소를 저장
- 수소는 연료전지로 이동 후, 거기에서 산소와 반응하여 전기를 생성(이 과정에서 생산되는 물은 자동차에서 방출)

5. 저속전기자동차 NEV(Neighborhood Eclectic Vehicle)

- 도시 내에서 짧은 거리를 이동하기 위해 사용. 전기 모터와 충전식 배터리를 이용하여 구동
- 최고 속도가 40km/h 이하이며, 주행 거리는 대개 80km 이하
- 도심 지역에서 쇼핑이나 이동 수단으로 이용되거나, 리조트 지역에서 이동 수단으로 사용
- 충전이 필요한 경우, NEV는 일반 가정용 콘센트를 사용하여 충전 가능

6. 전기자동차 혹은 전기차량 EV(Electric Vehicle)

- 내연기관이 없고, 배터리나 모터를 동력으로 하는 전기차
- 배터리로 충전된 전기를 사용하여 작동하며, 충전소에서 배터리를 충전
- 친환경적이며, 대개 발전소에서 전기 생산에 사용되는 연료보다 적은 에너지를 사용

7. 주행거리 확장차량 전기차 EREV(Extended-Range Electric Vehicle)

- 전기차와 내연기관 자동차의 장점을 결합한 차종
- 전기 모터와 발전기를 탑재하여 전기로 움직이며 배터리의 용량 부족 시에는 발전기를 통해 일정한 거리까지 주행 가능
- 전기차량의 주행 거리 한계를 극복하면서도, 전기차의 경제성과 환경친화성 유지

8. 플러그인 하이브리드 전기차 PHEV(Plug-in Hybrid Electric Vehicle)

- 전기 모터와 내연기관을 함께 사용하며 가스를 백업으로 사용
- 일반 EV 충전소에서 충전할 수 있음. 휘발유도 충전할 수 있음
- 배터리가 고갈되면 플러그인 하이브리드가 자동으로 가스 연소 엔진으로 전환하고 배기관에서 배출

9. 하이브리드 차량 HEV(Hybrid Electric Vehicle)

- 연료전지를 사용하여 전기를 생산하며, 배터리도 함께 사용
- 수소와 산소가 결합하면서 발생하는 전기로 모터 구동기 모터와 내연기관을 함께 사용
- 가스 소비를 줄이기 위해 전기 부품을 가지고 있지만 가스로만 주행
- 내연기관과 전기 모터가 있어서 전기 모터는 엔진과 회생 제동을 통해 충전된 배터리로 작동
- 전기 모터의 지원은 더 적은 연료를 사용하면서 동일한 차량 성능을 제공

◆ 충전기(Charging) 종류

1. 완속 충전기(Slow Charging)

- 표준화됨(호환 가능), 220V 교류전력 공급
- 차량 장착된 충전기(3kW)가 교류를 직류로 변환하여 충전. 배터리 용량에 따라 4-6시간 소요(6.6kW 충전기로 완속 충전 시 4시간 30분 소요됨)

2. 급속 충전기(Rapid Charging)

- 급속 충전기와 전기차가 제어 신호를 주고받으며 100-450V의 직류를 가변적으로 공급하여 배터리를 충전함
- 고압 고용량 충전으로 충전시간이 적게 소요됨(중형 전기차량 기준으로 100kW 충전기 사용 시 약 30분, 50kW 충전기 사용 시 약 40분이 소요됨)

3. 무선충전 주차만으로 자동충전이 가능

- 스마트폰의 무선충전방식처럼 자기공명에 의한 무선충전 역시 가능

◆ 장점

- **친환경성**: 내연기관을 사용하지 않기 때문에 일산화탄소, 이산화탄소, 탄화수소, 오존 등 대기오염과 지구온난화의 주범이 되고 인체에 유해한 배기가스를 배출하지 않음
- **비용 절감**: 전기로 충전하면 되기 때문에 비용이 훨씬 적게 듦. 야간 충전 시에는 심야 전력요금제가 반영되어서 더욱 저렴하게 충전 가능. 차량 구조 내 변속기가 없으므로 부품관리가 편리하며 유지보수비 면에서도 경제적임
- **무공해/무소음**: 엔진이 없기 때문에 소음이 적고 모터로만 달리기 때문에 진동 역시 적음

◆ **단점**

- **인프라 부족**: 충전시설 부족. 서울-부산 여행 시 가용한 충전소 한두 군데에 불과함
- **주행거리 및 속도**: 내연기관 자동차 대비 1회 충전(주유) 후 달릴 수 있는 주행거리 짧음
- **차체 비용**: 앞으로 떨어질 것으로 예상되나 현재는 3,500만 원-5,500만 원 선
- **배터리**: 비싸고 무거움. 충전시간 소요

◆ **상용화를 위한 과제**

- **배터리**: 기술개발, 교체 및 대여
- **인프라**: 공용, 가정용 충전소 보급 필요
- **표준화**: 충전소, 안전기준 등

Terminology 전기차(Electric Vehicle) 용어	
경차	LDV(Light Duty Vehicle)
고속 충전	fast charging
공공충전소	public charging stations
급속 충전	rapid charging
내연기관 자동차	ICE(Internal Combustion Engine) vehicle/gasoline cars/diesel cars
다인승 차량 전용차로	HOV(High Occupancy Vehicles) lane
무소음(소음이 없음)	silent
리튬이온	Lithium Ion Battery
배터리제어시스템	BMS(Battery Management System)
보조금-부과금 제도	Bonus-Malus System
사각지대 감지	blind spot detection
센서 융합	sensor fusion
연비	fuel economy/fuel efficiency
완속 충전	slow charging
외부 충전 가능	can be charged by plugging into an outlet
자기진단장치	OBD(On-Board Diagnostics)
자율주차	piloted parking
자동차에서 전력망으로 전기를 이동	V2G(Vehicle to Grid)
전기자동차	electric vehicles/electric-powered cars/a vehicle that runs (exclusively) on electricity
전기차와 가정이 전기를 주고받는 것	V2H(Vehicle to Home)

충돌방지	collision avoidance
제동	brake
주행거리	driving range
주행거리 연장형 전기차	E-REV(Extended Range Electric Vehicle)
차량 내 정보기기	IVIS(In-Vehicle Information System)
차량용 인포테인먼트	in-vehicle infotainment
차량탑재 통신기기	DCM(Data Communication Module)
차선 유지	lane centering
충전소	charging stations/charging points
플러그인 하이브리드 전기차	PHEV(Plug-in Hybrid Electric Vehicle)
하이브리드 차	hybrid car(combine both a gasoline engine with an electric motor)
하이브리드 전기차	HEV(Hybrid Electric Vehicle)
회생 제동	regenerative braking

주주총회(General Meeting)

Information 알아두면 좋을 정보

정의

- 주주 전원에 의하여 구성되고 회사의 상법/정관에 따라 중요한 사항을 의결하는 주식회사의 최고 의결기관
- 회사의 주식을 가지고 있는 주주들은 가진 주식 수만큼의 의결권을 행사 가능
- 일반적으로 주식회사의 경영진이 주주총회를 열게 되고 3% 이상의 동의를 얻으면 일반 주주들도 주주총회 소집 가능

주총의 종류

1. 정기주주총회(Annual General Meeting)
- 매년 결산기에 정기적으로 실시
- 매 결산기 일정한 시기에 소집, 재무제표의 승인이나 영업상황의 보고 등이 주요 의제

2. 임시주주총회(EGM: Extraordinary General Meeting)

- 상법에 따라 주식회사가 중요 사안(증자, 감자, 중간배당, M&A, 임원진 교체 등)에 대해 수시로 시행
- 주주총회 개최 시 이사회에서 개최일, 안건에 관한 결정을 담은 소집 통지서를 개최 2주 전에 주주들에게 발송해야 함

◆ 주총의 주요 개념

1. 1주 1의결권의 원칙(one-share-one-vote rule)

- 각 주주는 원칙적으로 1주에 대하여 1개의 의결권을 가짐
- 의결권 없는 주식 및 자기 주식(Treasury Stock, 기업이 자기 돈으로 자기 회사 주식을 사두는 것, 자사주라 함)의 경우를 제외하고 주주는 일반적으로는 자유로이 의결권을 행사 가능
- 총회의 결의에 관하여 특별한 이해관계가 있는 자는 의결권을 행사할 수 없음

2. 상임 대리인(standing proxy)

외국인을 위하여 주주권 행사, 명의개서(명의변경), 매매주문 및 이와 관련한 사항 등을 대리/대행

3. 위임장 대결(proxy fight)

주주총회의 의결권을 위임받은 자가 현 경영진 교체의 필연성을 설득하는 것
(기업 인수 합병을 추진하는 전략으로 적대적 M&A의 한 수단)

4. 의결권 대리 행사 권유(proxy solicitation)

회사의 경영진 또는 주주가 주주총회에서 다수의 의결권을 확보할 목적으로 다수의 주주에게 위임장 용지를 송부하며 의결권 행사의 위임을 권유

5. 의결권 대리 행사 제도(Proxy Voting Policy)

- 주주는 본인 자신이 직접 의결권을 행사하는 것이 원칙
- 본인이 직접 출석하지 않고 대리인으로 하여금 의결권을 행사하도록 하는 것
- 대리인이 대리권을 증명하는 서면(위임장 proxy statement)을 총회에 제출해 의결권 행사 가능

6. 주주총회의 결의(Shareholder Resolutions)

다수결의 원리에 의하여 형성된 주주총회의 의사표시

7. 기업공개(IPO: Initial Public Offering)

- 주식시장에 상장하는 것으로 불특정 다수의 투자자에게 공개적으로 주식을 파는 행위
- 기업공개로 원활한 자금조달과 재무구조 개선 가능. 기업공개 이전에는 비상장기업, 공개 후에는 '상장기업'이라 함

8. 재무제표

영업, 투자, 재무 활동을 회계 기준에 따라 작성한 보고서. 재무상태표, 손익계산서, 자본변동표, 현금흐름표 포함

◆ 주식 관련 주요 개념

1. 시가총액(Market Capital)
주가×상장 주식 수, 기업의 총 금액/가치를 의미

2. 액면가(par value)
주권표면에 표기된 가격, 상장 시 기업의 자본금을 기준으로 결정

3. 1주당 순이익(EPS: Earning Per Share)
1년 동안 기업이 주식 1주당 얼마나 많은 이익을 창출했는지를 나타내는 지표가

4. 주가수익비율(PER: Price-Earnings Ratio)
주가가 1주당 순이익에 비해 높은지 낮은지를 나타냄(낮으면 주가가 저평가)

5. 자기자본이익률(ROE Return On Equity)
자기자본으로 얼만큼의 순이익을 냈는가를 나타내는 것으로 높을수록 투자 시 이익을 내는 기업

6. 보합(No charge)
주가가 오르거나 내리지 않고 변동이 없는 상태

7. 공매도(short sale/shorting/short selling)
아직 소유하고 있지 않은 주식을 빌려서 판매하고, 그 후 주식 가격이 하락할 때 다시 주식을 구입하여 빌려준 주식을 돌려주는 거래 방법

◆ 주주총회 진행순서

1. 개회선언(opening)
2. 국민의례(national ceremony)
3. 출석 주주 및 주식수 보고(shareholders present in person/number of shares)
4. 의장 인사말(opening remarks)
5. 영업 감사보고(audit business report)
6. 감사보고(audit report)
7. 의안처리: 의안 심의 및 의결(deliberation of agenda and resolution)
8. 폐회 선언 및 주주총회 이후 의사록작성(minutes of proceedings)

Terminology 주주총회(General Meeting) 용어	
감가상각	depreciation
감사보고	Audit Report
감사인의 감사보고	Audit Report by Auditors
경영 성과	business performance

경영 실적	Financial Results
개인 투자자	retail investor
기업 공개	IPO(Initial Public Offering)
기업분할공개	carve out
기업신용등급	corporate rating
기업투자(설비투자, 광고, 임금투자)	corporate investment(equipment investment, advertising, wage investment)
납입자본이이률	return on paid-in capital
당기 순이익	net income
대차대조표	balance sheet
매출	sales
매출액 순 이익률	PM(Profit Margin)
매출원가	cost of goods
매출 증가	sales[revenue] growth
매출총이익	gross profit
목표 적용 배수	target multiple
무형자산	intangible assets
반기업정서	anti-corporate sentiment
배당금	dividend
배당성향	Dividend Payout Ratio
배당수익률	Dividend Yield Ratio
베타(시장대비 민감도)	sensitivity of Beta
법인세비용차감전순이익	income before income tax expenses
법정 적립금	legal reserves
보통결의	Ordinary Resolution
보통 주	common stock
보통 주 자본 비율	capital ratio of common stock
부실(무수익)채권	NPL(Non-Performing Loan)
부외 거래	off-balance transaction
부채비율	debt ratio
부채상환능력	Debt Repayment Capability
총부채상환비율	DTI(Debt To Income)
부채 총계	total liabilities
분식결산	window-dressing settlement

분할증권	stripped securities
비유동부채	non-current liabilities
비유동자산	non-current assets
비정규직	part-time worker/temporary position
상임 대리인	standing proxy
상장법인	publicly held corporation
상장 폐지	delisting
상장 차익	listing gains
성장성 (자산, 매출액, 이익 등 성장추이)	growth potential(growth trends such as assets, sales, and profits)
세전 이익	pre-tax income
세무회계	tax accounting
손비	expense
손익계산서	P/L(Profit and Loss) Statement/Income Statement
손익분기점	breakeven point
손익분기 수익률	break-even yield
수익성	earnings/profitability
순차입금	net debt
순자산 가치	net asset value
순 매출	net sales
수수료 이익	fee[commission] income
수익 기반	earnings foundation
순영업수익	net operating revenue
순이자수익	NIM(Net Interest Margin)
시가총액	market capitalization
신용대출	credit loan
신용손실충당금	provision for credit losses
신탁이익(신탁 수수료)	trust income/trustee fee/administration fee
양도소득	transfer income
연결재무제표	consolidated financial sheets
연체율	delinquency rates
영업 감사 보고	Audit Business report
영업보고서	sales report
영업비용	operating expenses

영업손익	operating profit
영업이익	operating income
영업일	business day
우선주	preferred stock
원가주의	cost valuation basis/cost method
유동자산	current assets
유동부채	current liabilities
유사 기업	peer group
유한회사	private company
액면분할	stock split
외부감사인	external auditor
위임투표	proxy voting
이사, 감사, 감사위원의 선임	Election of Directors
이익배당청구권	claim for dividend
이익잉여금	retained earnings
이익잉여금처분계산서	Surplus Appropriation Statement
이월	carryover
의사록	minutes of proceedings
의장 인사말	opening remarks
위험가중자산	RWA(Risk Weighted Asset)
자기자본	equity/capital
자기자본수익률	ROE(Return On Equity)
자기자본회전율	turnover of net worth
자본금	issued capital
자본손실	capital loss
자본이득	capital gain
자본이득분배	capital gains distribution
자본이득세	capital gains tax
자본자산	capital asset
자본준비금	capital reserve
자본지출	capital expenditure
자본투자	capital investment
자본 총액	capitalization

자사주, 자기주식	treasury shares
자산가치	asset value
자산결제	asset settlement
자산매각	asset sale
자산 처분	Asset Disposal
자산 총계	total assets
자본화 비용	capitalization cost
재무구조개선적립금	reserve for finance structure improvement
재무상태표	statement of financial position/statement of condition
재무제표	financial statement
재무제표의 승인	Approval of Financial Statements
전기 이월	carry back
정관변경	Amendment of Articles of Incorporation
정기총회	Annual General Meeting(AGM)
정족수	quorum
정족수를 충족하다	constitute a quorum
주가순자산비율	PBR(Price on Book-value Ratio)
주당 순이익	EPS(earning per share)
주식배당	stock dividend
주식수	number of shares
주주명부 폐쇄	closing shareholders' list
주주총회	General Meeting
주주총회의 결의	Shareholder Resolutions
증자요구	capital call
지급금 상한	payment cap
차기 이월	carry forward
출석 주주	shareholders present in person
출자	contribution
충당금	provision
투하자본이익율	ROIC(Return On Invested Capital)
특별결의	Special Resolution
판매관리비	SG&A(Selling, General and Administrative expenses)

폐회 선언	closing remarks
현금관리	cash management
현금배당	cash dividend
현금 및 현금성 자산	cash & cash equivalents
현금수익금	cash earning
현금자산 비율	cash asset ratio
현금투자수익률	cash-on-cash return
현금출납장	cash book
현금 흐름	cash flow
환매	repurchase
회사의 정관	Company Constitution/Article of Incorporation
횡재세	windfall profit tax

◆ 중대재해처벌법(SAPA: Serious Accidents Punishment Act) ◆

Information 알아두면 좋을 정보

◆ 정의

- 사업 또는 사업장, 공중이용시설 및 공중교통수단을 운영하거나 인체에 해로운 원료나 제조물을 취급하면서 안전·보건 조치 의무를 위반하여 인명피해를 발생하게 한 사업주, 경영책임자, 공무원 및 법인의 처벌 등을 규정함으로써 중대 재해를 예방하고 시민과 종사자의 생명과 신체를 보호함을 목적으로 한다.

  The purpose of this Act is to prevent serious accidents and protect the lives and physical safety of citizens and workers by prescribing the punishment, etc. of business owners, responsible managing officers, public officials, and corporations that have caused casualties in violation of their duties to take safety and health measures while operating businesses or places of business, public-use facilities, or public transportation vehicles or handling materials or products harmful to human bodies.
- **중대재해**(serious accidents): 산업재해 중 사망 등 재해 정도가 심한 것으로서 고용노동부령으로 정하는 재해 용어

Terminology 산업안전, 중대재해처벌법 용어	
건설기술 진흥법	the Construction Technology Promotion Act
경영책임자	responsible managing officers
고용노동부령	Ordinance of Ministry of Employment and Labor
공무원	public officials
공중교통수단	public transportation vehicles
공중이용시설	public-use facilities
과징금	penalty surcharge
관리책임자	person in charge of management
근로감독관	labor inspectors
근로자	worker
근로자의 건강진단	medical examinations of workers
근로자의 의무	duties of workers
근로자 대표	representative of workers
기계·기구, 그 밖의 설비에 의한 위험	hazards caused by machines, tools, or other forms of equipment
기술상의 지침	Technical Guidelines
노사협의체	the labor-management council
대통령령	Presidential Decree
도급사업 시의 안전·보건조치	Safety and Health Measures for Contracted Projects
무재해운동	accident-free campaigns
법인	corporations
보건관리자	Health Officers
사고 조사 및 예방대책 수립	accident investigation and the formulation of accident prevention plans
사업	businesses
사업장	workplace/places of business
사업주	business owners
산업안전보건법	Occupational Safety And Health Act
산업안전보건위원회	Occupational Health and Safety Committee
산업재해	industrial accidents
산업재해 발생건수	Frequency of Occurrence of Industrial Accidents
산업재해방지	prevention of industrial accidents

산업재해보상보험법	Industrial Accident Compensation Insurance Act
산업재해보상보험 및 예방심의위원회	Industrial Accident Compensation Insurance Deliberative Committee
설계변경의 요청	Request for Design Modification
수급인/하수급인	contractor/subcontractor
시민과 종사자	citizens and workers
신체적 피로	physical fatigue
안전보건관리규정	Health and Safety Management Regulations
안전관리전문기관	specialized safety management institution
안전보건관리책임자	Persons in Charge of Safety and Health Management
안전 · 보건 조치 의무	duties to take safety and health measures
안전 · 보건진단	safety and health inspection
안전 · 보건표지의 부착	Attachment of Safety and Health Signs
안전보건총괄책임자	Persons in General Charge of Health and Safety
안전의식의 고취	inspiring safety awareness
안전인증	Safety Certification
영업정지를 명하다	suspend business
영업정지처분을 갈음하여 1억원 이하의 과징금을 부과하다	impose a penalty surcharge of not more than 100 million won in lieu of the disposition to suspend business operations
유해 · 위험 예방조치	measures for preventing harm and hazards
유해작업 도급 금지	Prohibition of Contracts for Harmful Work
이에 상응하는 적절한 조치를 하여야 한다	shall take pertinent measures corresponding thereto
인명피해	casualties
인체에 해로운 원료나 제조물	materials or products harmful to human bodies
자율적인 안전 · 보건 경영체제 확립	establishment of a voluntary safety and health management system
작업안전수칙	work safety rules
작업중지	Suspension of Work
작업환경의 표준	Standards of Working Environment
작업환경측정	working environment measurement
재해 발생원인 등을 기록[보존]하다	record the cause of such an industrial accident

재해 예방 전문지도기관	Specialized Guidance Institution for Accident Prevention
재해율	the rate of accident
전기, 열, 그 밖의 에너지에 의한 위험	hazards caused by electricity, heat, or other forms of energy
정부의 책무	Duties of Government
정신적 스트레스	mental stress
중대재해	serious accidents
중대재해 발생현장	the place where a serious accident has occurred.
지도, 조언	guidance, advice
지정의 취소	Revocation of Designation
폭발성, 발화성 및 인화성 물질 등에 의한 위험	hazards caused by explosives, combustible or inflammable substances
쾌적한 작업환경	comfortable working environment
필요한 사항을 권고하거나 협조를 요청하다	recommend necessary matters to or request the cooperation
한국산업안전보건공단법	Korea Occupational Safety and Health Agency Act
해당 사업장 근로자의 안전과 보건을 유지·증진시키기 위하여 필요한 사항을 정할 수 있다	may determine necessary matters concerning safety and health in the workplace
공공기관의 장	head of a public institution
행정적·재정적 지원	administrative and financial support

◆ ESG: 환경(Environment), 사회(Social), 지배구조(Governance) ◆

Information 알아두면 좋을 정보

◆ 정의

- 기업의 비재무적 요소인 '환경(Environment), 사회(Social), 지배구조(Governance)'의 약자
- '기업이 고객 및 주주, 직원에게 얼마나 기여하는가?', '환경에 대한 책임을 다하는가?', '지배구조는 투명한가?'를 다각적으로 평가하는 것
- 단순히 재무적 이익만을 추구하는 것이 아니라 윤리적인 책임을 다하는 기업에게 투자할 수 있는 '사회적 책임투자'를 위한 지표가 됨

- 기업의 사회적 책임에 대한 담론이 형성되며, 투자자와 소비자들도 기업을 평가함에 있어 재무적 가치가 아닌 비재무적 가치를 중시함

◆ ESG 구성 요소

1. 환경(Environment)

환경 경영 목표, 원부자재(raw and subsidiary materials), 온실가스(GG), 에너지, 용수, 폐기물, 오염물질, 환경법/규제 위반, 환경 라벨링

2. 사회(Social)

목표 수립 및 공시(disclosure), 노동 환경 보장, 다양성 및 양성평등(gender equality), 산업안전, 인권, 동반성장(협력사 partner company, 하청업체 subcontractor, 원청 contractor), 지역사회 공헌(contribution), 정보보호, 사회법/규제 위반

3. 지배구조(Governance)

이사회 구성(composition), 이사회 활동, 주주권리(shareholders' rights), 윤리경영(ethical management), 감사기구(audit org.), 지배구조법/규제 위반

◆ 기관투자자 차원의 변화

- 투자 결정 시 ESG 성과를 중요시하여 기업들이 설정한 ESG 목표가 달성 가능한지를 확인
- 타인의 자산관리/운용하는 수탁자로서 책임을 다하기 위해 세부원칙과 기준을 이행하는 것을 '스튜어드십 코드'라 함
- **블랙록(BlackRock):** 미국의 자산운용사 블랙록은 '기후변화와 지속가능성을 20년 투자 포트폴리오 최우선 순위로 삼겠다'고 발표함
- **바클리즈(Barclays):** 영국의 금융서비스 기업 바클리즈는 화석연료업계 최대 대출업자임에도 '2050년까지 넷제로를 달성하겠다'고 발표함

◆ 소비자 차원의 변화

- 소비자들은 제품 가격이 다소 높더라도 사회적 책임을 적극적으로 수행하는 회사의 제품을 선호하고 구매함
- **스튜어드십 코드(Stewardship Code):** 기관투자자들이 고객과 수익자의 자산을 위탁받은 선량한 관리자로서, 수탁자가 어떻게 중장기적으로 고객이나 수익자의 이익을 최우선으로 책임 이행할 것인가에 대한 행동지침
- **네거티브 스크리닝(Negative Screening):** 환경·사회·지배구조(ESG) 기준을 토대로 부정 평가되는 산업·기업을 포트폴리오나 펀드 구성에서 배제하는 투자전략
- **포지티브 스크리닝(Positive Screening):** 동종업종 비교집단과 비교하면 상대적으로 우수한 환경·사회·지배구조(ESG) 성과를 보이는 기업 혹은 프로젝트를 선별해 투자하는 방식

◆ 이산화탄소 배출 단계, 스코프 1, 2, 3

Scope 1 direct emissions (직접적인 탄소 배출 영역)

- 사업자가 직접적으로 소유하고 통제하는 배출원에서 발생하는 직접적인(direct) 온실가스 배출

Scope 2 indirect emissions from electricity purchased and used
(전력 소비 및 사용으로 간접적인 탄소 배출)

- 간접적 배출(indirect-outsourced utilities)
- 사업자가 구입 및 사용한 전력, 열(온수, 스팀 등)의 생산 과정에서 발생하는 간접(indirect) 온실가스 배출(외부 전력 및 열 소비 outsourced utilities)

Scope 3 other indirect emissions(간접적이나 직접 통제가 불가능한 탄소배출 영역)

- 가치사슬 전반 배출(entire value chain emissions impact)
- 조직이 소유하고 관리하는 사업장(경계) 외 가치사슬에서 발생하는 간접적인 온실가스 배출(entire value chain emissions impact)

◆ ESG 평가기관(글로벌)

- ICGN(International Corporate Governance Network): 국제기업지배구조네트워크
- IFRS(International Financial Reporting Standards): 국제회계기준
- ISO(International Organization for Standardization): 국제표준화기구
- GRI(Global Reporting Initiative): 글로벌 보고 이니셔티브
- SASB(Sustainability Accounting Standards Board): 지속가능성 회계기준위원회
- SSB(Sustainability Standards Board): 지속가능성기준위원회

Terminology ESG 주요 용어	
ESG 정보 공시 의무화	mandate ESG information disclosure
ESG 평가기관 가이던스	ESG evaluation agency guidance
감사기구	audit organization/auditor
개발	development
기업의 사회적 책임	CSR(Corporate Social Responsibility)
공급망 실사	supply chain due diligence
규범적 관점	Normative Perspective
기후 행동	climate action
도구적 관점	Instrumental Perspective
목표 수립 및 공시	disclosure
범부처 합동 K-ESG 가이드라인	a government-wide K-ESG guideline

사회적 책임 투자	SRI(Socially Responsible Investment)
상생협력	win-win partnership
스튜어드십 코드	stewardship code
윤리경영	Ethical Management
원부자재	raw and subsidiary materials
원청	contractor
유통	distribution
외주화	outsourcing
자산운용사	asset manager
주주권리	shareholders' rights
준법경영	Compliance Management
품질경영	Quality Management
협력사	supplier/partner company
하청업체	subcontractor
신용평가사	credit rating agency
조달	procurement
책임투자	responsible investment
통합적 관점	Integrated Perspective
평가, 컨설팅, 자문	assessment, consultation, advise
폐기	discharge/waste/dump/discard

◆ 100% 재생에너지 사용을 약속 RE100(Renewable Energy 100%) ◆

Information 알아두면 좋을 정보

◆ 정의

- RE100은 Renewable Energy(재생에너지) 100% 또는 Renewable Electricity(재생에너지 전기) 100%의 약자
- 기업 활동에 필요한 전력의 100%를 태양광과 풍력 등 재생에너지를 이용해 생산된 전기로 사용하겠다는 자발적인 글로벌 캠페인

- RE100은 탄소 정보공개 프로젝트(CDP: Carbon Disclosure Project)와 파트너십을 맺은 다국적 비영리 기구인 '더 클라이밋 그룹(The Climate Group)' 주도로 2014년에 시작
- 기업이 필요한 전력을 2050년까지 전량 재생에너지 전력으로 구매 또는 자가생산으로 조달하겠다는 자발적 캠페인
- **국내 기업**: SK 계열사, 아모레퍼시픽, KB금융그룹, 고려아연, 수자원 공사 등 14개사가 RE100 참여

◆ 목적

- 우리가 직면하고 있는 가장 심각한 글로벌 위기인 기후변화를 막는 것
- 기업 활동에 필수적으로 필요한 전기를 온실가스를 배출하지 않는 재생에너지로 생산된 전기로 사용하겠다는 것

◆ 크루즈 산업(Cruise Industry) ◆

Information 알아두면 좋을 정보

◆ 정의

- 여가를 즐기기 위한 목적으로 선박을 이용하는 여행
- 운송 서비스를 제공하는 선박, 숙박 및 음식 서비스를 제공하는 호텔, 위락활동을 제공하는 리조트와 함께 관광의 개념을 공유
- 운송보다 순수관광 목적의 여행으로 국내외 항만을 정기 또는 부정기적으로 운항하는 선박에 다양한 등급의 숙박, 음식 및 식당시설, 다양한 위락활동 등에 필요한 시설을 갖추고, 수준 높은 관광 서비스를 제공하면서 기항지를 안전하게 순항하는 여행

◆ 크루즈 산업의 장점

1. **경제적 효과**: 크루즈 전후 관광, 기항지 관광, 기념품 · 면세품 · 다양한 상품 쇼핑 활동과 승무원의 쇼핑 활동, 크루즈 선사가 입항하며 식자재, 호텔 용품, 급유, 급수, 물품공급, 청소 등 선용품 및 크루즈 운항에 필요한 다양한 상품의 구매가 이뤄짐
2. **고용 효과**: 기항지 여행사, 관광 가이드 등 고용 유발, 기타 전문 비즈니스 및 다양한 서비스에 대한 고용 창출
3. **항만 활성화**: 항만 시설 사용, 도선 등 항만 서비스 공급으로 항만 수입 발생

Terminology 크루즈 산업 용어	
1박 체류	overnight
객실	cabin / stateroom
고급 크루즈	premium cruises
국경검색	border screening
기항도시	port of call cities
기항지	port of call / calling port / countries of call
(기항지) 선택관광/투어	Shorex(Shore Excursion)
단순 기항	transit
대중 크루즈	volume cruises
드래프트(흘수) * 흘수: 배의 가장 깊은 곳에서부터 수면에 이르는 수직 거리	draught
등록국	country of registry
방충제, 펜더	fender
모항	home port
무비자입국	visa-free entry
선단	fleet
선박 대형화	growth in cruise ship size
부두	quay
부둣가	waterfront
상륙허가증	landing permit
선박 대형화	growth in cruise ship size
(선박) 층/덱	deck
선상 매출	onboard revenue
선석	berth
세관 검색대	customs inspection
승선	embarkation
신항	new port
여객정원(승선정원)	passenger capacity
여정	itineraries
여행사	travel agency
연안 크루즈	coastal cruise
예비 선석	reserve berth

온라인여행사	OTA(Online Travel Agency)
용선	chartered ship/chartering
운항 중단 명령(항해 금지명령)	no-sail-order
익스페디션 크루즈	expedition cruise
인터포트(배가 처음 출발하는 모항)	interport
입국심사대	immigration checkpoint
입항하다	sail in
자매선	sister ship
전장	length
전폭	width
접안하다	come alongside the pier[quay/berth]
접안가능	berthing capacity
준설	dredge
지상 교통편 환승	ground transfer
지상 근무 요원	ground handler
총톤수	gross tonnage
크루즈선	cruise ships/cruise liners
크루즈 선사	cruise lines/carrier
크루즈선 기항	port call for cruise ships
탑승교	boarding bridge
탐험선	expedition ship
터미널	terminal
특수목적형 크루즈	specialty cruises
처녀항해	maiden voyage
출항	sail away
최초 정박	maiden call
하선	disembarkation
항공 교통편 환승	air transfer
항구 대리점, 항만대리인	port agent
항구 호출	port call
항차	voyage
해리	nautical mile
화물적재능력	cargo capacity
호화 크루즈	luxury cruises

화평법(화학물질등록평가법)
K-REACH(Act on Registration, Evaluation, etc. of Chemicals)

Information 알아두면 좋을 정보

◆ 도입배경

- 가습기 살균제 사고, 화학사고 재발 방지
- 화학물질부터 국민건강과 환경보호
- 물질 안전정보 확보, 사업장 안전관리 도모

◆ 목적

- 국민건강 및 환경을 보호
- 화학물질의 등록 · 신고 및 유해성 · 위해성에 관한 심사 · 평가
- 유해 화학물질 지정에 관한 사항을 규정
- 화학물질에 대한 정보를 생산 · 활용하도록 함

◆ 등록관련 핵심내용

1. 연간 1톤 이상 유통 기존물질 모두 등록
   obligation to register all existing substances on the market more than 1 ton per year

2. 등록된 물질은 우선순위를 정해 유해성 심사
   hazard review on the registered substances

3. 중소기업에서 제조 또는 수입하여 소량(연간 1-10톤) 유통하는 기존 화학물질 등록 시, 정부에서 유해성 자료 확보하여 등록하려는 자에게 제공 가능(단, 비용부담요구 가능)
   When registering existing substances in small volumes (1-10 tons) manufactured or imported by SMEs, the gov. may collect hazard data, then provide them to potential registrants (however, potential registrants may be asked to pay the cost

4. 정부에 신고 후 공동으로 독성자료 생산
   business operators make pre-registration, induce joint production of toxicity data

   고위험물질 함유제품 신고
   registration of chemical substances

   독성이 있거나 제한된 물질을 쓰는 제품만 신고(유해 물질) → 위해 우려 물질이 함유된 모든 제품에 위험 우려 사항을 통지

notify only products containing toxic or restricted substances (Hazardous substance) → notify all products containing substances of risk concerns

◆ 화평법(K-REACH) 개요

- (화학제품) 위해 우려 제품 지정 → 위해성 평가 → 관리기준 → 사후관리
- **보고 대상:** 신규 화학물질 또는 연간 1톤 이상 기존 화학물질, 소량 신규 화학물질 등록의 경우 연간 1톤 미만(20년 0.1톤) 등록 간소화
- **보고 방법:** 전년도 1/1일부터 12/31일까지 수입 · 판매한 현황을 매년 6/30일까지 한 장의 서식으로 보고
- **보고의무자 관련:** 화학물질의 제조 · 수입 · 판매하는 자(vs. 등록의무자는 화학물질의 제조 · 수입자) → 화학물질을 사업장에서 원료로 사용하는 자에게 판매하는 자에 한정 (사업장에서 소비하는 자에게 판매하는 자와 소비자에게 제품을 직접 판매하는 자는 제외됨)
- **제출 시험 자료 합리화(EU 동일):** 시험계획서 대체 인정 시험 수행 불가능, 인체 · 환경 노출 가능성 없을 시 시험 생략

◆ 주요 내용

- **유해성 심사:** 업체 제출 시험 자료, 특성 자료 등 검토
- 소비자 위해 우려 물질, 살생물제(Biocide) 등은 추가 시험 자료 제출 명령 가능
- **유해성 평가:** 국제기구 평가 물질, 전량 수출 물질 등 정부 자체 평가
- **위해성 평가:** 평가 대상물질 선정, 위해성 평가 보고서 작성

Terminology 화평법 용어	
가장 부담이 적은 방식	Least Burdensome
공기제균기	microbial air purifier
공중보건과 복지	public health and welfare
금지물질	prohibited substances
기업기밀정보/영업비밀	CBI(Confidential Business Information)
등록, 평가, 사용허가, 규제	Registration, Evaluation, Authorization, Restriction
명칭, 농도	name, concentration
무독성(무해)	non-toxic(no harm)
민감계층 보호	protection for vulnerable groups
방부제	preservative
방향제	air freshener
부당한 피해위협	unreasonable risks of injury

사전 신고, 제조 전 보고	PMN(Pre-Manufacture Notice)
살균제	disinfectant
살충제	insecticide
세정제	cleaner
식별번호	Identification Number
신고 및 유예기간	Notification & Grace period
발암성 물질	carcinogenic substance
비 위해요소	non-risk factors
비합리적(부당한) 위험성	unreasonable risks
사전배려원칙	prior consideration
살생물제(살충제, 살균제 등)	biocides
살생물 제품	biocidal products
살생물 처리제품	treated articles
생활화학 제품	consumer chemical products
생활화학제품 및 살생물제의 안전관리에 관한 법률	Consumer Chemical Products and Biocides Safety Control Act
신규 위험성 기반 안전기준	New Risk-Based Safety Standard
연방법이 주법보다 선점(선점이론)	Preemption state law
연방정부 살충제·살균제·살서제법	FIFRA(Federal Insecticide, Fungicide, and Rodenticide Act)
영업비밀	trade secrets
우선순위설정 절차	prioritization process
유사 살생물	biocidal product family
유해성, 또는 위해성이 있거나 그러한 우려가 있는 화학물질	chemical substances that pose or are likely to pose hazards or risks
유해화학물질	hazardous chemical substance
유해화학물질 정보	hazardous chemical information
유해화학물질 관리법	TCCA(Toxic Chemicals Control Act)
자가검사	self-inspection
적합확인	compliance-check
제한 물질	restricted substances
척추동물시험자료의 공유	test data-sharing on Vertebrate
탈취제	anti-odor agent
표백제	bleaching agent

합성세제	synthetic detergent
항균 제품	antibacterial product
허가 기준	authorization criteria
허가 물질	authorization substances
화관법(화학물질 관리법)	CSCL(Chemical Substance Control Law)
화평법	K-REACH(Act on Registration, Evaluation, etc. of Chemicals)
화학물질의 목록	Inventory
활성물질	active substances
후순위 물질	low priority

03

금융(디지털 금융) 배경 및 용어

Finance (Digital Finance):
Background and Terminology

금리 인상과 인플레이션

Information 알아두면 좋을 정보

금리 인상 배경

- 코로나 발발 이후 각국 중앙은행들은 경제회복을 위해 시중에 막대한 돈을 품
- 덕분에 경제회복을 이루기는 했으나 지나치게 경기가 과열됨
- 유동성이 높아진 상태에서 러시아-우크라이나 사태로 최악의 인플레이션이 발생
- 미 연준, 높은 물가 오름세를 잡고 장기적 물가 목표 수준인 2% 달성을 위해 금리 인상과 양적 긴축을 동시에 단행
- FOMC(Federal Open Market Committee 미국 연방공개시장위원회)에서 자이언트 스텝(기준금리 75bp 인상)과 점도표(향후 금리 전망) 상향 조정
  * 베이비 스텝(25bp), 빅 스텝(50bp), 자이언트 스텝(75bp), 울트라 스텝(100bp)
- 높은 물가와 연준의 긴축 강화에 따른 강달러 현상으로 글로벌 금리 인상이 이어지고 있음
- **포워드 가이던스(사전 예고 지침)**: 중앙은행이 향후 경제상황에 대한 평가를 토대로 미래의 통화정책 방향을 예고하는 새로운 통화정책 커뮤니케이션 수단
- **킹달러 현상**: 전 세계적인 달러 초강세 현상을 말함

주요국 경기 상황

- **미국**: 고물가 및 금리 상승 압력으로 경기 하방 리스크 확대
- **유로존**: 에너지 위기로 경기 둔화 가능성 확대
- **일본**: 내 외수 동반 부진으로 2023년까지 1%대 성장률 유지
- **중국**: 경기 부양에 따른 하반기 소폭 반등 전망

달러 강세가 세계 경제에 미치는 영향

- **신흥국**: 달러 강세로 신흥시장 통화 가치가 떨어져 상품과 서비스 수입 가격이 높아지게 됨. 이는 인플레이션을 악화시키는 요인

- **기업**: 애플, 구글, 알파벳 등 해외 수익에 크게 의존하는 미국 기업의 주가가 타격을 입게 됨
- **글로벌 경제**: 각국이 인플레이션을 억제하기 위해 긴축 통화정책을 펼치는 상황에서 달러 강세가 지속되면 자국 통화 가치 방어를 위해 중앙은행이 더 적극적으로 시장에 개입할 가능성이 있음. 환율 안정을 위해 가능한 세 가지 원론적 해법으로는 외환보유액 활용, 기준금리 인상, 원화 평가절하 용인이 있음

◆ 연준 금리인상(rate hike, raise[increase] interest rate)

1. 내용

- 미국 28년 만에 자이언트 스텝 감행(기준금리 0.75%p 인상)
- 미국 기준금리: 금융위기가 닥치기 직전인 2008년 초 수준으로 회복

2. 미국 연준 금리 인상이 한국에 끼치는 영향

- 국내 시장 금리를 광범위하게 상승시키면서 자금조달 여건에 부정적으로 작용
- 국내 소비자물가는 글로벌 금융위기 이후 가장 높은 상승률 기록
- 실물 경제 전반에 부정적인 영향, 금융 및 외환시장의 불안을 야기

3. 한국이 해야 할 대응책

- 물가안정에 방점을 두고 현재의 통화정책 기조를 유지해야 할 필요가 있음
- 정책 당국은 안정화 수단을 통해 동 충격을 완충해야 할 것
- 시장 금리 급등 시 국고채 단순매입이나 수급조절(국고채 발행 한시 축소 및 바이백) 등을 통해 시장 상황을 일부 개선할 필요 있음
- 국내 기준금리 인상 효과를 크게 희석시킬 수 있는 단기물보다는 중장기물 위주의 대응을 통해 부분적으로나마 통화정책과의 상충을 줄일 필요 있음

Terminology 금리(Interest Rate) 용어	
국립은행	national bank
국제준비금, 국제충당금	international reserves
금융시장의 긴축발작	a taper tantrum in the financial
고금리	high interest rate
고금리 정책	high interest rate policy
고정환율제도	fixed exchange rate system
국채 금리	government bond interest rate
금리 스와프	interest rate swap
금리 전망	interest rate outlook
금융 상황	financial condition
금융지원	financial assistance

금융통화위원회	Monetary Policy Committee[Board]
기대 단기금리	expected nominal short rate
기준가격	basis price
기준금리	base rate/key rate/benchmark interest rate
긴축정책	tightening monetary policy/tight monetary policy
긴축발작	taper tantrum
긴축재정정책	tight fiscal policy
단계적 · 점진적 양적 긴축	tapering/tapering policy
달러강세	strong dollar
달러가 유로화대비 평가절하	dollar lose out compared to the Euro
대 인플레이션	Great Inflation
물가안정	consumer price stabilization
미국 국채 수익률	U.S. treasury bond yield
미 재무성증권	U.S. treasury bonds and notes
미 국세청	IRS(Internal Revenue Service)
미국내 이자율법	BBP(branch book/dollar method)
미국 연방준비제도이사회	FRB(Federal Reserve Board)
미국 연방공개시장위원회	FOMC(Federal Open Market Committee)
미국 회계감사원	GAO(U.S. Government Accountability Office)
변동환율제도	floating exchange rate system
베이시스 포인트	bp(basis point)
복수통화 바스켓	multicurrency basket system
본원통화	reserve money
본위화폐	standard money
부채에 시달리는	debt-laden
분기별 순이자마진 전망	quarterly trajectory of NIM recovery
비이자이익 확대	non-interest income expansion
상방 이탈	de-anchoring
선물금리계약	FRA(Forward Rate Agreement)
선물환/스왑 거래	forward/swap transaction
세계적인 인플레이션 압력 완화	to mitigate worldwide inflationary pressure
실질균형금리	equilibrium real interest rate
안정화 대책을 시행하다	carry out stabilization measures

양적완화	quantitative easing
예대금리차	interest margin
예대율	loan-to-deposit ratio
엔화표시외채	yen-denominated foreign bond
유동자금	liquid asset
원금/이자 유예	principal/interest deferred
원화대출(성장)	loan in Won Growth
변동금리 연동 대출	floating interest rate linked loans
연준(미국 연방준비제도/미국 중앙 은행)	FED/FRS(Federal Reserve System)
유로어음교환소	Euroclear
원-달러 환율이 1,400원을 돌파하다	the won-dollar exchange rate breaches 1,400 won
원화 약세	weak won
원화 절상 압박	pressure towards appreciation of the won
원화 평가절하를 막다	arrest the depreciation of the won
외국인 투자자금 유출을 막다	stave off foreign divestment
이익잉여금	retained earnings
인플레이션을 잡다	tamp down on inflation/tame high inflation
자금을 두 가지 방향으로 재분배해야 한다	the funds should be redirected in two ways
자기주식, 자사주	treasury shares
자본계정	capital and financial account
자본 유출	capital outflow
자영업자	self-employed[small business] owner
자이언트 스텝을 (또 한번) 밟다	take (another) giant step
장기간에 걸친 저금리 기조	a low interest rate stance that was maintained for a prolonged period of time
장중 환율	intra-day foreign exchange rate
재정건전성	fiscal soundness[solvency]
재정여력	room for fiscal
재정정책	fiscal policy
재정지출확대	the fiscal spending increase
제로쿠폰채	zero coupon bond

준거금리	reference rate
중앙은행	central bank
지급준비율	cash reserve ratio
평가절상	appreciate/appreciation
평가절하	depreciate/depreciation
통화 가격대	currency band
통화가치하락	currency depreciation
통화 긴축 정책	tight monetary policy
통화간 금리 스왑	cross-currency interest swap
통화 스왑	currency swap
통화안정증권	Monetary Stabilization Bond
통화정책의 유효성을 제고하다	enhance the effectiveness of monetary policy
통화정책의 테두리에만 머무를 수 없습니다	cannot be confined to the boundaries of monetary policy alone
통화 확대 정책	expansionary monetary policy
평균 인플레이션 목표제	Average Inflation Targeting
하방리스크	downside risk
한 번에 큰 폭으로 절상 가능성은 배제	it ruled out any single large-scale revaluation of
하락/조정장세	pullback/price correction
환율	exchange rate
화폐(금융, 통화)정책과 재정정책	monetary and fiscal policies
환율대	band of exchange rate
환율최고한도	exchange rate ceiling
3회 연속 금리를 인상하다	hike interest rates for a third consecutive time[third time in a row]

금융위기(Financial Crisis)

한국의 금융위기
Korean Financial Crisis

Information 알아두면 좋을 정보

1997년 외환 위기 배경

- **아시아의 금융위기**: 1997년 7월 태국에서 시작된 외환 위기가 한국 경제로 옮겨붙어 환율이 크게 불안해지기 시작
- 환율이 종전의 두 배가 넘는 2,000원 수준까지 뛰어올랐고 외화 보유액이 거의 바닥나 국가 부도 직전의 위급한 상황
- 지난 20여년 동안 7%대 경제 성장률은 1998년에 이르러 -5.7%로 곤두박질치고 실업률도 7%, 대도시의 노숙자 등장
- 해외 투자자들 자금 회수, 한국 기업과 금융기관도 만기가 된 해외 차입금을 즉각 변제하라는 압력을 받게 됨
- 해외 차입 단기 채무 규모가 워낙 커서 한국의 거의 모든 중요 기업과 금융기관은 극도의 위기감에 빠짐

1997년 외환 위기 당시 원-달러 환율이 급등한 요인

- 외환보유고 부족 원인(외채를 갚아야 하는데 한국의 달러 보유량이 모자랐던 것)
- 회사가 대출 갚는 날 또는 어음 결제하는 날 돈이 없으면 부도처리가 되듯 국가도 외채를 갚아야 하는 날 돈이 없으면 국가 부도 흔히 디폴트(default)라는 것이 발생
- 급전이 필요하여 개인이나 회사가 사채를 쓰듯이, 한국도 긴급구제금융을 국제통화기금(IMF)에서 받음

1997년 외환 위기에 따른 환율 급등이 정부, 기업, 개인에게 미친 영향

- 긴급구제금융 지원을 받은 후, 달러를 사려고 높은 금리에 달러 표시 국채 발행. 고금리 채권 발행 이후 금리 치솟음
- 국제통화기금에서 돈을 빌리면, 금리정책, 통화정책, 정부 예산까지도 간섭받게 됨
- 자원이 없는 한국은 구매 물건값의 절반 이상이 원재료비. 원유, 화학원료, 식품원료, 고무, 플라스틱, 면직류 모두 수입되므로 환율이 오르면 가격이 같이 상승함
- 개인도 물가가 오르면 기름값, 전기세, 교통비, 난방비, 물류비, 식비 등의 부담이 올라감
- 기업의 부도, 심각한 취업난. IMF 세대인 당시 대학 졸업생들의 실업률은 재앙 수준
- 금리가 상승하면서 대출이자가 천정부지로 오름. 절약을 넘어서 내수 침체 지속, 소비격차 심화

◆ IMF(국제통화기금) 구제금융신청

- **IMF**: 제2차 세계대전 종전 이후 각국의 산업과 경제를 재건하기 위해 1944년 국제부흥개발은행/세계은행(IBRD)과 함께 설립된 국제통화기금. 본부는 미국 워싱턴. 100억 달러로 출발해 여러 차례 증자(increase of capital, 자본을 증가시키는 행위)
- 한국 정부는 모라토리움(채무지불유예) 선언을 할 사태에 이르자 1997년 12월 IMF에 구제금융을 신청
- IMF로부터 195억 달러, 세계은행(IBRD)과 아시아개발은행(ADB)으로부터 각각 70억 달러, 37억 달러를 지원받아 외환 위기 고비 넘김

◆ IMF 구제금융(Bailout Fund) 신청 이유

- 갑작스럽고 급격한 외화 부족
- 기업들은 금융기관에서 많은 돈을 빌려 무리하게 사업을 확장했고, 금융기관은 갚을 능력을 제대로 살피지 않고 대출해주면서 외채를 갚아야 하는데 달러가 부족하고, 만기는 다가오고, 갚지 못하면 국가 채무불이행 상태, 즉 국가 부도가 생기기 때문에 IMF에 지원을 요청함

◆ IMF 권고사항

550억 달러를 빌려 썼으며, 각 경제단체의 구조조정이라는 해결책을 제시받음

1. 정부의 노력

1) **일자리 제공**: 기업의 부도 및 정리해고 때문에 일자리를 잃은 사람들에게 일자리를 제공하기 위해 노력
2) **제도 개선**: 기업의 자율적인 경제활동을 가로막는 제도 철폐 및 개선
3) 기업과 금융기관이 빨리 경제위기를 벗어날 수 있도록 관리·감독 강화

2. 기업의 노력

1) **구조조정**: 이익이 나지 않는 사업정리, 인원 과감히 축소하는 정리해고, 불필요한 비용 삭감, 사업 내용 조정
2) **연구개발 노력**: 제품의 질을 높이기 위한 연구개발 노력을 아끼지 않음

3. 국민의 노력

1) **금 모으기 운동**: 외국에 진 빚을 갚기 위해 돌 반지는 물론, 장롱 안에 잠자고 있는 패물함의 금을 내다 파는 등 노력
2) **절약하는 생활**: 아나바다 운동과 같은 절약 운동과 씀씀이를 줄이는 등 아껴 쓰는 생활 실천
3) **국산품 애용**: 우리 기업을 살리기 위하여 외국 상품 대신 국산품을 애용
4) **회사 살리기에 동참**: 직장이 문을 닫을 위기에 처하자 근로자들은 임금 삭감, 월급 반납하며 회사를 살리기 위해 노력

4. 시민 단체의 노력

- **시민운동 주도:** 아나바다 운동(아껴 쓰고, 나눠 쓰고, 바꿔 쓰고, 다시 쓰는 운동)과 헌 옷가지를 모아 수출하여 외화벌이 운동

미국의 서브프라임 모기지 사태
Subprime Mortgage Crisis

Information 알아두면 좋을 정보

◆ 개요

- 시초는 대형종합금융사의 대마불사(too big to fail, 실패하기엔 너무 큰) 경영에서 시작
- **정부의 금융회사에 대한 구제금융:** 대형종합금융사들은 워낙 규모가 커서 무너지게 되면 수많은 투자자가 손해를 입을 뿐 아니라 국가 경제와 금융시장에 크나큰 파장을 일으킴. 따라서 파산 위기가 있으면 정부에서 금융사들의 도미노 현상을 막기 위해 구제금융을 제공함
- **금융회사의 무리한 투자:** 금융사들은 손실을 만회하기 위해 더 위험하고 더 큰 수익을 찾아 투자, 신용이 낮은 사람에게도 부동산담보 대출, 이 대출채권을 담보로 또 다시 파생상품을 만들고 이를 금융회사끼리 서로 사고팔게 됨
- 부동산가격의 급락, 이에 따라 파생상품의 손실도 천문학적으로 발생
- 메릴린치, 리먼브러더스, AIG 등 대형금융회사가 파산 위기, 대형금융회사에 파생상품을 산 전 세계 금융회사까지도 큰 손실을 보게 되어 세계금융위기로 확대
- 서브프라임 모기지(Sub-prime Mortgage, 비우량 주택담보대출) 사태가 터지면서 대공황 이후 가장 강도 높은 대침체 발생

◆ 서브프라임 사태가 발생한 3가지 원인

1. 미국 정치권의 희망사항

부시 행정부 시절 지지율이 점점 떨어지면서 다수의 하위계층에게 아메리칸 드림을 실현하게 해주는 수단으로 내 집 마련 생각, 신용불량자도 대출이 가능

2. 금융권의 신종 금융상품 개발

1990년대 이후 금융규제가 완화되고 신흥국의 자본 유입에 따른 저금리 추세가 지속되면서 금융기관이 저리로 단기자금을 조달하면서 높은 이익을 얻을 새로운 투자기회를 물색하던 중 등장한 상품이 주택담보대출을 담보로 한 주택저당증권(MBS: Mortgage Backed Securities)

3. 집값 상승 기대

부동산은 안전자산으로 취급. 2000년대 닷컴 버블 붕괴 이후 자산가격이 회복세를 보이고 계속 오르면서 집값이 하락하지 않을 것이라는 분위기가 형성, 주택담보대출도 차입자가 대출을 상환 못 하는 최악의 상황에도 주택 처분을 통해 금융기관이 대출금을 상환받을 수 있으리라고 생각하는 것이 일반적

4. 결론

- 미국 무주택 서민들은 집을 살 수 있다는 희망, 금융기관은 더 높은 수익을 올릴 수 있다는 이윤 추구, 정치권은 표를 얻어 재집권하겠다는 욕망에 주택담보대출이 급증함
- 미국 연준이 금리를 올리면서 대출을 갚을 여력이 없는 사람들은 높아진 이자를 감당할 수 없었고 주택가격도 더 오르지 않으면서 주택 처분을 통한 원금 상환도 불가능해짐
- 금융권은 가압류(foreclosure)와 경매를 통해 대출금 회수에 나섰지만, 집값이 오르지 않을 거란 인식이 지배적이라 주택을 경매에 헐값판매(fire-sale) 하면서 집값은 더욱 하락(underwater, 깡통주택)하여 주택을 처분해도 대출을 갚을 수 없는 상황에 처함
- 금융시장은 대출 부실 외에 주택 저당증권의 부실화에 따른 영향
- 주택저당증권은 주택담보대출이 담보이기 때문에 담보가 부실해지면서 자동적으로 부실화됨. 주택저당증권을 판매하고 유통하는 과정에서 여러 기관이 개입하고 보증하면서 누가 누구에게 빚을 지고 있는지를 알 수 없게 되어, 한 금융기관이 다른 금융기관이 발행한 주택저당증권을 사서 또 다른 금융기관에 팔고 이를 다른 금융상품으로 묶어서 투자자에게 판매하는 과정에서 누가 누구에게 정확히 얼마를 갚아야 하는지 누군가 망한다면 누가 손해를 볼 것인지 알 수 없는 '거래상대방 위험(counterparty risk, 거래상대방의 상환, 결제의무의 불이행으로 인한 위험)' 상황 초래
- 미국 금융기관만이 아니라 세계 각국의 연기금, 국부펀드 등이 이러한 상품에 투자했기 때문에 금융시장 불안이 전 세계로 확산

◆ 금융위기 결과

- 서브프라임 모기지 부실로 베어스턴스(Bear Sterns), 리먼브러더스(Lehman Brothers), 메릴린치(Merrill Lynch) 등 미국의 대형 투자은행 3개 사 파산, 세계 최대 보험회사인 AIG는 파산 직전
- **국제금융시장 및 세계 경제에 잠복하여 있던 구조적 문제점:** 저금리 정책 기조, 세계 경제 불균형(global imbalances), 금융기관 레버리지(총자산/총부채)의 경기 순응성, 고위험 고수익 파생상품 시장의 급속한 확대, 금융감독의 비효율성 및 대응능력 부족 등

유럽국가부채위기 / 유럽재정위기
European Debt Crisis / European Sovereign Debt Crisis

Information 알아두면 좋을 정보

◆ 배경

- 유럽경제위기는 독일 등 유럽 중심부 국가(core)와 그리스, 스페인, 아일랜드, 포르투갈 등 유럽 주변부 국가(periphery) 간의 '경상수지 격차 확대(current account imbalance)'에서 시작
- 2002년 유로화 도입 이후, 독일 경상수지 흑자 규모 증가, 유럽 주변부 국가들은 경상수지 적자가 계속 확대

- 유로존 주변부 국가들은 핵심부 국가에서 대외차입(external financing)을 통해 국제수지 균형을 맞춰나감
- 유로존 결성 이후 낮아진 채권금리를 이용하여 손쉽게 자본 유입을 했지만, 그 자체가 물가상승
- 그 결과 비교역 부문의 생산성 향상 없이 임금 크게 상승, 물가상승과 단위노동비용 상승, 실질 실효환율 상승
- 유럽 국가부채위기는 유럽 국가들의 연쇄적인 국가 부도 위기를 의미

◆ 유럽의 문제

- 2008년 미국발 금융위기 이후 은행에서 대출을 꺼리고, 시중의 자금 부족 재정 지출을 위한 국채 발행에서도 은행의 참여도가 낮아짐. 시장 유동성(liquidity) 부족
- 재정적자 비중이 높은 유럽 국가의 경우, 더욱 높은 금리를 주어야 자금 조달이 가능해짐
- GDP 대비 재정적자 비중이 계속 증가하게 되는 악순환의 고리 발생

◆ 유럽 국가들이 취한 조치 결과

- 경기침체를 막기 위해 재정 지출을 줄이려 했고, 재정적자 비중을 줄이기 위해서는 국민들의 복지 예산 등을 삭감 및 증세
- 유럽 국가들 서로의 국채가 얽혀있다 보니, 한 국가가 경제 위기에 처하면 다른 국가 보유 국채의 자산가치 하락, 그에 따라 전체 유럽 국가의 재정 건전성 악화 가능성 커짐

◆ 유럽의 구제금융

- 그리스에 대한 1,100억 유로의 구제금융이 결정
- 아일랜드, 포르투갈이 연이어 구제금융을 신청

Terminology 금융·재정 위기(Financial & Fiscal Crisis) 용어	
경기 순응성	procyclicality
경제의 부침	ups and downs
경제 안정화 정책	stabilization policy
국가신용등급	sovereign credit rating
국가위험	country risk
국내신용	domestic credit
국제결제은행 비율	BIS(Bank for International Settlements) ratio
국채(국가 어음)	Treasury Bonds
국채시장	government bond market

건전성	soundness
구제금융	Bailout Fund
금괴	gold bar
다년도 재정건전화전략	multiyear fiscal consolidation strategies
대마불사	too big to fail
대외채무	external liabilities
디폴트	default
방만한 경영	loose[lax/reckless/careless] management
부실여신	non-performing loan
사모주식	private equity
서브프라임 모기지 (비우량 주택담보대출)	Sub-prime Mortgage
손실공제	write-off
시장 리스크	market risk
시장 분석	market analysis
신용 경색	credit crunch
안전자산	riskless asset
약식대출채권	covenant light loan
역모기지론	reverse mortgage loan
역외금융	off-shore financing
연기금	pension fund
예금자	depositor
예대율	loan-to-deposit ratio
유령 회사	paper company
워크아웃	workout
외환 보유액	foreign exchange holding
외환 관리	foreign exchange control
은행 자본확충 펀드	bank recapitalization fund
이자율 위험	interest rate risk
자산담보부증권	ABS(Asset-Backed Securities)
재정 건실화	fiscal consolidation
재정정책	fiscal policy
전환사채	CB(Convertible Bond)

정리해고	layoff
주택담보대출	mortgage loan
주택저당증권	MBS(Mortgage Backed Securities)
중앙은행의 긴급사태대책	central bank contingency plans
증자	increase of capital
지급불능 위험	default risk
지불 능력	solvency
지불 불능	insolvency
지불 정지	suspension of payment/moratorium
채권 시장	bond market
채무불이행	default
최종대부자	lender of last resort
파산	bankruptcy
파산 남용 방지 및 소비자 보호법	Bankruptcy Abuse Prevention and Consumer Protection Act
파산 법원	Bankruptcy Court
헐값판매(재정이 좋지 않아 떨이 매각)	fire sale
확장정책	expansionary policy

금융·회계관련 국제기구 약어

CEBS(Committee of European Banking Supervisors)	유럽은행감독당국위원회
CEIOPS(Committee of European Insurance and Occupational Pensions Supervisors)	유럽보험 및 직업연금감독 당국 위원회
CESR(Committee of European Securities Regulators)	유럽증권규제당국위원회
ECB(European Central Bank)	유럽중앙은행
ECG(Evaluation Cooperation Group)	평가협력그룹
EIF(European Investment Fund)	유럽투자기금
FATF(Financial Action Task Force)	국제자금세탁방지기구
FIRST(Financial Sector Reform and Strengthening)	금융영역개혁 및 강화주도기구
FSB(Financial Stability Board)	금융안정위원회
IAIR(International Association of Insolvency Regulators)	국제파산규제당국협회
IAIS(International Association of Insurance Supervisors)	국제보험감독기관협회
ICSID(International Centre for Settlement of Investment Disputes)	국제투자분쟁해결센터

IDB(Inter-American Development Bank)	미주개발은행
IEO(Independent Evaluation Office)	독립평가사무소
IFAC(International Federation of Accountants)	국제회계사연맹
IFRS(International Financial Reporting Standards)	국제금융보고기준위원회
III(International Insolvency Institute)	국제파산기관
INSOL(International Association of Restructuring, Insolvency and Bankruptcy Professionals)	국제기업혁신, 지급불능 및 파산 전문가협회
IVSC(International Valuation Standards Council)	국제가치평가기준의회
MIGA(Multilateral Investment Guarantee Agency)	국제투자보증기구
PRI(Principles for Responsible Investment Initiative)	책임투자원칙주도기구
WFE(World Federation of Exchanges)	세계거래소연맹

Terminology 금융·재정 용어	
가격변수와 자본 유출입 동향을 면밀히 점검하다	closely monitor the trends of price variables and capital flows
거래상대방 위험	counterparty risk
구제금융	bailout fund/relief loan
금융시스템을 안정화시키다	stabilize the financial system
금융시장이 경색되었다	financial market froze
금융시장 불안을 최소화하다	minimize financial market vulnerability
금융위기의 근저에는 장기간 누적되어 온 글로벌 불균형 현상이 있었다	at the root of the financial crisis were the global imbalances, accumulated over a long time
금융 이해도를 제고하다	promote financial literacy
금융 접근성 확대[개선/강화]	increasing access to financial services
금융정책 측면에서는	on the financial policy front
기업어음	commercial paper
도드-프랭크 월스트리트 개혁 및 소비자보호법	Dodd-Frank Wall Street Reform and Consumer Protection Act
민간자본의 흐름을 원활하게 하다	facilitate the flow of private capital
바젤은행 감독위원회	Basel Committee on Banking Supervision
바젤 위원회	Basel Committee
부실 채무	bad debt
금융시장의 불안	the turbulence in financial markets/ the financial market turmoil

신용 우량성	credit quality
악재	bad news
양도가능저당 대출	portable mortgage
양적완화	quantitative easing
액면가	at par
액면가 이상[이하]	above[below] par
유가증권	marketable securities
유동성	liquidity
유동성 공급	liquidity provision
유럽국가부채위기	European Debt Crisis
유럽재정위기	European Sovereign Debt Crisis
외화 유동성 부족	lack of foreign currency liquidity
위험 가중 자기자본 비율	risk-based capital ratio
위험 자산	risky asset
인수 사채	assumed bond
자금 가용성	funds availability
자본이동의 반전	reversal of capital flow
자산 건전성	asset soundness
자산매각	asset sale
자산 배분	asset allocation
재무비율	financial ratio
재무성 증권	treasury bond
재무위험	financial risk
재정거래	arbitrage
재정정책의 경기대응적 역할	the counter-cyclical role of fiscal policy
재정 진작	fiscal stimulus
주식 위주의 분산된 포트폴리오	equity-oriented diversified portfolio
중기적 시계에서 물가상승률이 목표 수준에 접근하다	consumer price inflation approaches the target level over a medium-term horizon
증권화	securitization
지급 준비금	reserve requirements
채무탕감을 조정하다	debt relief is calibrated
추심 잔액	collected balance
충당금	provisions

취약해진 세계 금융시스템	the fragile global financial system
회수 기간	collection period

대체투자(Alternative investment)

Information 알아두면 좋을 정보

◆ 정의

- 주식이나 채권 같은 전통적인 투자상품이 아닌 다른 대상에 투자하는 방식
- 주식과 채권 시장의 변동성과 상대적으로 상관관계가 낮은 곳에 자산을 투자해 안정적인 수익률을 올리는 것
- 위험은 주식보다 낮고 채권보다는 높으며, 수익은 채권보다 높으나 주식보다 낮음
- 사모펀드, 헤지펀드, 부동산, 벤처기업, 원자재, 선박 달러, 금, 원유, 원자재뿐 아니라 주변의 모든 것이 대체투자의 대상

◆ 대체투자상품

- 부동산, 인프라스트럭처, 사모펀드 등에 투자
- 안정성이 다소 떨어져도 수익성이 높은 곳으로 눈을 돌리면서 대체투자가 활발
- 사회간접펀드, 벤처기업, 원자재, 사모펀드, 선박, 테마파크, 항공기 등 대체투자 범위 넓음

◆ 헤지펀드(Hedge Fund)

- 고위험, 고수익을 추구하는 적극적인 사모펀드 자금
- 100명 미만의 투자가들로부터 개별적으로 자금을 모아 파트너십을 결성한 후 투기지역이나 투자대상에 관계없이 국제증권 및 외환시장에 투자 단기이익을 극대화하는 것이 목적

◆ 헤지펀드의 운용전략

1) **롱숏 전략(Long-Short Equity)**: 매수(long)와 매도(short)를 동시에 하는 것
2) 인수·합병(M&A) 등이 벌어질 때 시세 차익을 노리는 **이벤트 드리븐 전략**
3) 선물시장을 주무르는 **선물 운용전략(Managed Futures)**
4) **전환사채(CB) 차익거래 전략**
5) **부실채권 투자전략**

6) 글로벌 매크로 지표를 활용한 전략
7) 신흥시장만 주로 투자하는 기법

Terminology 대체투자(Alternative investment) 용어	
가격민감도를 측정하다	measure price sensitivity
가격지정매수	buy stop
감마	Gamma
금융상품	financial instrument
개시 증거금	initial margin
거래 상대방	counterparty
기대 베이시스	expected basis
기초 선물계약	underlying futures contract
대체투자	replacement investment
대체투자상품	AI(Alternative Investments)
대체투자시장	AIM(Alternative Investment Market)
델타	Delta
레버리지	leverage
롱포지션(매수 포지션)	long position
리스크 관리	risk management
만기	maturity
매도(매도자)	sell(seller)
매도 제안	offer
매도 헤지	short hedge
매수(매수자)	buy(buyer)
뮤추얼펀드	mutual funds
배정	assignment
베타	Beta
상품	commodity
상품선물	commodity futures
선물	Futures
선물거래소	Futures Exchange
연기금	pension fund
옵션 행사	exercise of option

자산 군	asset classes
자산등급	asset grades
장외시장	OTC(Over-The-Counter market)
장외전자거래시장	ECN(Electronic Communication Network)
주문 완결	order completion
중개업자	Brokerage house
지분증권	equity security
지정가격	limit price
청산	clearing
채무상품	debt instrument
최대 가격변동폭	maximum price fluctuation
최저 계약이행보증예치금	minimum performance bond deposit
포워드 마진	forward margin
포트폴리오 베타	portfolio beta
포트폴리오 보험	portfolio insurance
프로젝트 파이낸스	project finance
행사가격	strike price
헤지 거래	hedge trading
헤지펀드	hedge fund
환포지션	exchange position
환 노출	exchange exposure/foreign exchange exposure
환매조건부 채권매매업무	RP(repurchase agreement)
환어음	bill of exchange

디지털 자산(Digital Asset)

Information 알아두면 좋을 정보

◆ 배경

- 디지털 형태로 저장된 저작물과 암호화폐 같은 형태의 자산, 게임 재화 등이 있음
- 한국정부 디지털자산 민·관 합동 태스크포스(TF) 출범(금융위원회, 기획재정부, 법무부, 과학기술정보통신부, 한국은행, 금융감독원 등 디지털 자산과 관련된 다양한 정부 부처·공공기관으로 구성)

◆ 디지털 화폐

1. 가상화폐

- 온라인 네트워크상에서 발행되어 온라인과 오프라인에서 사용할 수 있는 디지털 화폐 또는 컴퓨터 등에 정보 형태로 남아 실물 없이 사이버상으로만 거래되는 전자화폐의 일종
- 암호화폐인 비트코인을 가상화폐로 부르고 있으나 암호화폐는 개발자가 발행에 관여하지 않으며 인터넷 같은 가상공간만이 아니라 현실에서도 통용되므로 가상화폐와는 차이가 있음
- 인터넷 쿠폰, 모바일 쿠폰, 게임 머니 등이 있음.

2. 비트코인

- 정부와 중앙은행, 금융회사 등의 권력이 화폐를 관리하며 독점하고 개입하며 무한 발행으로 화폐의 가치가 떨어져 금융시장이 혼동되는 것을 막기 위해 개발

3. 중앙은행 디지털 화폐 CBDC(Central Bank Digital Currency)

- 비트코인 등 민간 가상화폐와 달리 중앙은행이 발행한 디지털 화폐
- 발행 주체는 중앙은행으로 전자적 형태를 갖되 법적 형태는 단일·분산원장방식 기술로 구현

◆ 탈중앙화 금융 DeFi(Decentralized Finance)

- 웹 3.0 시대의 금융서비스로, 중앙화된 조직이 관리하는 서비스가 아니라, 거래원장을 블록체인 위에서 거래자들이 공유하고 이를 기록하여 기존 금융서비스보다 높은 투명성, 보안성 및 접근성을 가짐
- 탈중앙화 금융은 중개 거래소 또는 은행과 같은 중앙 금융 중개자에 의존하지 않음
- 블록체인에서 스마트 계약을 활용하는 블록체인 기반의 금융 형태

◆ 대체불가 토큰 NFT(Non-Fungible Token)

- 블록체인 기술을 이용하여 만든 토큰으로, 토큰마다 고유한 값을 가지고 있어 다른 토큰과 상호 교환이 불가능한 토큰

- '정품 인증서'로서의 역할을 가짐
- NFT가 적용된 디지털 콘텐츠는 일반적으로 희소성을 가진 고유한 자산으로 인식되며, 토큰을 통해 해당 작품의 소유권과 거래 이력을 확인할 수 있음
- NFT 소유권을 추적하는 데 사용되는 디지털 서명을 제공하여 각 디지털 파일의 인증 보장
- NFT 소유권은 디지털 자산에 대한 저작권을 부여하지 않음(저작권과 분리된 소유권의 증명일 뿐)
- 온라인 게임, 메타버스 등 가상 환경과 디지털 아트, 미술품, 예술품 등 실물 거래시장에서 많이 활용되고 있음

블록체인
Block Chain

Information 알아두면 좋을 정보

◆ 개요

- 개인 간 거래가 발생하게 되면 누구나 열람할 수 있는 장부에 거래내역이 기록되고 여러 대의 컴퓨터에 이를 복제해 저장하는 분산형 데이터 저장 기술
- 하나하나의 거래가 투명하게 오픈되어 있고, 이걸 다른 거래내역과 퍼즐처럼 끼워 맞춰서 맞는 조건인지, 제대로 된 거래였는지 확인하는 시스템
- 10분에 한 번씩 만드는 거래내역을 block이라고 부르며, 블록이 모인 전체를 block chain이라고 부름

◆ 가상화폐 종류

1. 지불형(Payment) 코인

- 암호화폐 시가총액 1위
- 비트코인처럼 실생활에서 화폐처럼 지불수단으로 사용하기 위해 개발된 것

2. 플랫폼(Platform) 코인

- 암호화폐 시가총액 2위는 '이더리움'
- 플랫폼 코인이란 다양한 서비스를 제공하고 또 이 서비스들을 사용하기 위한 목적으로 고안된 암호화폐
- 이더리움의 블록체인 네트워크는 '스마트 콘트랙트' 기능을 활용해 대출이나 예금·보험 등 복잡한 금융 계약을 포함한 대부분의 계약에 활용될 가능성을 가진 것은 물론이고, '게임'이나 '사회관계망서비스(SNS)' 같은 애플리케이션(앱)을 만들어내고 운영할 수도 있음

3. 스테이블(Stable) 코인

- 시가총액 3위는 '테더(USDT)'
- 다른 암호화폐와는 달리 가치가 일정하게 유지되는 '스테이블 코인'
- 일정량 달러화를 담보로 발행한 화폐로 달러와 1대1로 정확히 일치하는 가치를 유지

4. 유틸리티(Utility) 토큰

- '토큰'은 독자적 플랫폼은 없고, 다른 플랫폼 코인 위에서 특정 용도로 사용하기 위해 개발된 암호화폐
- 자체적인 블록체인 네트워크가 아니라 다른 플랫폼 위에서 작동
- 현재까지는 이더리움 네트워크를 활용해 발행된 토큰이 가장 많고, 종류도 수천 종에 달함

5. 증권형(Security) 토큰

- 전통시장의 주식, 채권, 부동산, 미술품 등 다양한 자산의 가치를 토큰과 연계한 암호화폐
- 주식이나 채권과 연계된 증권형 토큰을 사면 실제 소유권이 생기는 것
- 부동산을 쪼개서 연계한 증권형 토큰을 사면 해당 건물에 대한 지분을 인정받게 되는 것

6. 프라이버시(Privacy) 코인

- '익명성'이 핵심이 되는 암호화폐를 일컫는 말
- 범죄 등에 이용될 여지가 크다는 점 때문에 '다크 코인'이라고 불리기도 함
- 대표적인 코인은 시가총액 27위인 모네로. 이외에 대시, 지캐시 등 다양한 프라이버시 코인이 존재
- 자금세탁을 포함한 각종 범죄와 관련이 있다는 의혹 때문에 국제자금세탁방지기구(FATF)와 여러 국가가 프라이버시 코인을 암호화폐 거래소 등에서 퇴출하려는 움직임을 보이기도 함

7. 대체불가 토큰(NFT: Non-Fungible Token)

- 위·변조가 어려운 블록체인 기술의 특성을 활용해 그림이나 영상, 게임, 음악, 예술 등 다양한 디지털 파일과 자산에 '꼬리표'를 붙이는 데 사용되는 암호화폐
- 기존에 디지털 예술품 등은 복사와 유통이 자유롭다 보니 가치를 인정받기가 쉽지 않았는데, NFT로 꼬리표를 붙이면 작품의 소유자와 거래 이력을 모두 알 수 있어 '진품'과 '복제품'을 구별할 수 있다는 게 NFT가 등장한 배경

8. 중앙은행 디지털 화폐(CBDC)

- 중앙은행이 발행하는 법정 디지털 화폐
- 화폐 경제의 변화에 대응하기 위해 주요국들이 연구에 나서고 있고, 논의 수준은 중국이 가장 앞서 있는 것으로 알려짐

Terminology 디지털 자산 및 블록체인 용어	
가상자산	virtual asset
가상화폐	virtual currency/cryptocurrency
가상화폐거래소를 모두 폐지하다	shut down all crypto exchanges
가상화폐거래금지	crackdown on cryptocurrency trading
가상통화 투기 과열	virtual currency market that has become overly speculative
가상화폐 투자 광풍(투기 과열)	digital currencies became subjects of rampant speculation

개인 키	Private Key
거래소	Exchange
검증자	validator
실명인증(고객확인제도)	KYC(Know Your Customer)
고아블록	orphan block
공개 키	Public Key
난수	random number
다중서명	multi-signature
대체불가 토큰	NFT(Non-Fungible Token)
"동전 없는 사회" 시범사업을 차질 없이 실시하다	push ahead without delay on the pilot program exploring the introduction of a "coinless society"
디도스(분산 서비스 거부 공격)	DDoS(Distributed Denial of Service)
디앱(탈중앙화된 애플리케이션)	DAPP(Decentralized Application)
디지털 격차	Digital Divide
디지털 서명	Digital Signature
디지털 자산	Digital Asset
디지털 통화의 기술체계	the technical framework for digital currencies
디지털 통화 발행	issuance of digital currencies
디지털화된 자산유동화증권	DABS(Digital Asset Backed Security)
마이데이터	My Data
마진거래	Leverage
반감기	Having
변경 불가능한 트랜잭션	irreversible transaction
병렬 처리	parallel processing
분산원장	DL(Distributed Ledger)
분산원장기술	DLT(Distributed Ledger Technology)
불변성	immutability
블록 보상	Block Reward
블록체인	Blockchain
비트코인	Bitcoin
비트쉐어	BitShares
루트 해시값	root hash
사용성	Usability

수평적 확장성	Horizontal Scalability
스마트계약	Smart Contract
시큐리티 토큰	Security Token
실물 자산	Real Asset
암호화폐	cryptocurrency
암호화폐 주소	Cryptocurrency Address
웹 3.0	World Wide Web 3.0
오프체인/온체인	off-chain/on-chain
유동성 풀	liquidity pool
유틸리티 토큰	Utility Token
응용 프로그램 인터페이스	API(Application Programming Interface)
이중지불	double spending
위임지분증명	DPoS(Delegated Proof of Stake)
인터블록체인 커뮤니케이션	IBC(Inter-Blockchain Communication)
자금세탁방지	AML(Anti-Money Laundering)
자동화된 시장 조성자	AMM(Automated Market Makers)
자산 토큰화	Tokenization
작업증명	PoW(Proof of Work)
제네시스 블록	genesis block
중앙은행 디지털 화폐	CBDC(Central Bank Digital Currency)
증권형 토큰 거래소	STE(Security Token Exchanges)
증권형 토큰 발행	STO(Security Token Offering)
지급 결제 분야에서의 디지털 혁신에 적극 대응하다	respond actively to the digital revolution in the payment and settlement field
지배구조	Governance
지분증명	PoS(Proof of Stake)
코인 처리 속도	TPS(Transaction Per Second)
탈중앙화 금융	DeFi(Decentralized Finance)
탈중앙화 거래소	DEX(Decentralized Exchange)
투명성	transparency
트랜잭션 수수료	Transaction Fee
퍼미션드 블록체인	permissioned blockchain
퍼블릭 블록체인	public blockchain

프라이빗 블록체인	private blockchain
포크(블록체인 네트워크 프로토콜에 대한 변경)	fork
핀테크의 활용기반을 확충하다	facilitate the wider use of FinTech
채굴	mining
하드포크	hard fork
하이브리드 블록체인	hybrid blockchain
합의 알고리즘	Consensus Algorithm
해시함수	hash/hashing
DYOR(Do Your Own Research)	정보에 대한 검증을 스스로 하라
FOMO(Fear of Missing Out)	급격한 가치의 상승이 있을 때 재화를 급하게 사는 행위
ICO(Initial Coin Offering)	암호화폐공개(코인발행 관련 자금을 투자자들에게 선판매해 조달하는 방식)
IFO(Initial Free Offering)	암호화폐 무료배포방식(하드포크 등을 통해 신규코인을 발행하는 방식)

◆ 주식(Equity) · 증권거래소(Stock Exchange) ◆

Information 알아두면 좋을 정보

◆ 주식, 증권거래소

1. 코스피 KOSPI(Korea Composite Stock Price Index)

- 한국에서 처음 설립된 증권시장으로, 일반적으로 '거래소'라 하면 코스피를 지칭
- '주가지수가 얼마다'라고 표현할 때 쓰이는 것이 코스피지수, 전체의 주가 움직임을 측정하는 지표로 이용
- 코스닥과 비교하면 상장요건이 엄격하며 삼성전자, SK텔레콤, 대우증권과 같이 규모가 큰 기업들이 많이 상장

2. 코스닥 KOSDAQ(Korea Securities Dealers Automated Quotation)

- 중소기업, 벤처기업을 위한 국내 장외등록 주식을 사고파는 증권시장
- 코스피와 비교하면 상장기준이 낮고 기업경력이 짧은 벤처기업, 유망 중소기업 등의 자금 조달과 신생기업의 주식상장 목적
- 제약, IT 등과 같이 성장 잠재성이 높은 기업이 중심. 코스피와 비교해 상대적으로 성장성 높고 주가 변동성 큰 시장

3. 한국거래소 KRX(Korea Exchange)

- 기존의 증권 거래소, 선물거래소, 코스닥 증권시장, 코스닥위원회 등 4개 기관 국내 자본시장 국제 경쟁력 강화를 위해 2005년 통합되어 현재의 통합 거래소 체제가 됨
- 지주회사 체제로 전환. 코스피, 코스닥, 파생시장 등 시장을 나눠 경쟁체계를 확립. 소비자 중심의 서비스 강화

Terminology 주식(Equity)·증권거래소(Stock Exchange) 용어	
강세(상승세)	bull/bullish
강세 시장	bullish market
개장/폐장 신호	bell
개장 신호	opening bell
개장 주문(시초가주문)	at the opening order
거래소 중개인	board broker
거래인	dealer
거래장	floor
공매도 압박	short squeeze/bear trap
관망세	wait-and-see attitude
기명식(등록식)	registered form
기분가격	basis price
기습공개매수	blitzkrieg tender offer
뉴욕선물거래소	New York Futures Exchange
뉴욕증권거래소	NYSE(New York Stock Exchange)
니케이 평균주가지수	Nikkei Stock Average Index
대량 거래	block trade
대량 매매	block trading
대형중개회사(대형 증권회사)	biggest brokerage house
매도 가격	offering price
매도 호가	asked price
매매율차	bid-asked spread
매수	buy
매수와 매도 호가	bid and asked
매수 호가	bidding
미실현 이익	unrealized profit
반등하다	bounce back

배당가능이익	profit available for dividend
배당성향	dividend payout ratio
배당소득세	dividend income tax
보합	maintenance
빅뱅(금융개혁)	Big Bang
비인기(비호감) 주식	out of favor stock
사이드카	side car
상장요건	listing requirement
상품 선물거래	commodity future trading
선물시장	futures market
손절매	loss cut/stop loss
실물시장	actuals market/physical market
수권 주식	authorized shares
수익률 주	yield stock
수익자	beneficiary
수익채권	revenue bond
수정주가평균	adjusted stock price average
수탁자 이사회	BOT(Board of Trustee)
성립가 주문	market order
시장가 주문	average from the market
시장이율 이하	below market rate
신주매각	blowout
암시장	black market
약세(하락세)	bear/bearish
약세시장	bear market
약세장 반등	bear market rally
우량주	blue chip stock/blue chip
우선주 펀드	preferred stock fund
유휴자금	idle funds
위험수지 설명서	balance of risks statement
일일정산	daily marking to market
일일 평균 잔액(일일평잔)	average daily balance
자동어음교환소	ACH(Automated Clearing House)

자동이체 서비스	ATS(Automatic Transfer Service)
자동주문입력제도	Order Entry System
장부	book
장부가	book value
장부상 손실	book loss
절대 수익	absolute returns
정산	netting
주가조작	manipulation
주당 순이익	EPS(Earning Per Share)
주당 장부가	book value per share
주문관리시스템	OMS(Order Management System)
주식매수 청구권	appraisal rights of dissenting shareholders
주식 수익률	equity return
중개인	broker
종장 주문	at the close order
증거금	margin
증권거래소	stock exchange
저점을 벗어나다	bottom out
지수 스왑	index swap
지수옵션	index number option
지지선	support line
지표 주식	barometer stock
차익거래	arbitrage trading
참가적 우선주	participating preferred stock
채권	bond/fixed income security
채권 매입자	bond buyer
채권선물거래	futures trading bonds
청산절차	liquidation process
최저 시가	lowest market price
최저점	lowest point
큰 거래	big deal
폐장 신호	closing bell
평고화	average up

평저화	average down
평균 발행 주식 총수	average shares outstanding
평균 수익률	ARR(Average Rate of Return)
투매	dumping
투자 심리선	psychological line
투자자문 전문회사	Boutique
투자 전문회사	IB(Investment Bank)
총 잔액	book balance
현물가격	spot price
회사채	corporate bonds
후순위사채	subordinated security

Terminology 회계(Accounting) 용어	
가산법	addition method
가산세	penalty taxes
가산율	mark-up
가성채무	alleged indebtedness
가속상각방법	accelerated cost recovery system(ACRS)
가액공제법	deduction method
간이세금계산서	simplified tax invoice
간접세	indirect tax
간접세세무서	district offices of indirect taxes
감사보고서	audit work papers
감자	stock redemption
감채기금제도	sinking fund system
개업비	start-up expenditures
개인세	personal tax
개인세액공제	personal credits
개인소득세	individual income tax
개인소유기업	sole proprietorship
개인지주회사세	personal holding company tax
거부율	cut-off rate
거주자	resident

결산조정	adjustment in setting accounts
결손금소급공제	loss carryback
결손금에 따른 세액효과	tax effects of operating losses
세무상 이월결손금	tax loss carry-forwards(TLCF)
결손금이월공제	loss carryforward
결손금전기이월 법인세 환수액	refund of income taxes due to loss carryback
결손금차기이월 미래세금이득	future tax benefits due to loss carryforward
결손시 환급제도	loss carry-back system
결정세액	total tax
경감세율	reduced rate
경상소득	ordinary income
경영자 중심주의	managerialism
경제성	economic feasibility
경제적 능률성	economic efficiency
고용세	employment tax
고용세액공제	job credit
고정사업장	permanent establishment
고정세율법	constant rate method
공개거래합자회사	publicly traded partnership(PTP)
공개회사	publicly held corporations
공동신고	joint filers
공사부담금	contribution in aid of construction
공제 비용	deducting costs
공제법	traction method
과대신고	overpricing
과세, 세무	taxation
과세계급상승	bracket creep
과세단위	tax unit
과세 대상 교환거래	taxable exchange
과세산입비율 방법	inclusion ratio method
과세소득	taxable gain
과세소득세액	tax liability
과세유보소득	accumulated taxable income

과세표준(과세소득)	taxable income
과세표준(과표)	tax base
과소납부	underpayment
과소신고	underpricing/understatement
과소신고 가산세	penalty tax on under-declaration
과소자본	thin capitalization
과오납세액	overpayment
관련(계) 회사그룹	affiliated group
관련 납세자	related taxpayer
교환관계(상충관계)	trade-off relationship
구입세	purchase tax
국세	national tax
국세청(한국)	NTS(National Tax Service)
국세청 절차규정	National Tax Service Procedure Regulation
국세청 통칙	National Tax Service Ruling(한국)/ Revenue Rulings(미국)
국제조세법	international tax law
국제조세 분야 조사 담당 요원	international examiner
권리의무확정주의	decisions of claim basis
귀속 가득액	imputed earnings
귀속소득	imputed income
귀속이자	imputed interest
귀속임대료	imputed rent
귀속주의	attribution principle
규제	regulations
규제비용	regulatory costs
근로소득공제	earned income deduction
근로소득세	wage tax
근로소득세액공제	earned income tax credit
급여액	payroll
기관투자자조사	institutional investor study
기납부 추정세액	estimated tax payments
기능비교법	functional method

기밀비	secret service expense
기본세	normal tax
기본세율	standard rate
기본연구개발비	basic research payments
기본적 독립기업 수익법	BALR(basic arm's length return method)
기세액공제 중 환원분	recapture of previously claimed tax credits
기술개발준비금	technological development reserves
기업결합	business combinations
기업실사	due diligence
기채능력	debt capacity
기타 소비세	miscellaneous exercise tax
긴급부과	jeopardy assessment
납부기한	due dates for payment of tax
납세능력(협력)비용	compliance cost
납세대리인	tax agent
납세신고(세무신고)	tax returns
납세의무자	taxpayer
납세의무자의 신고지위	taxpayer's filing status
납세이행비용	cost of compliance
납입자본금	paid-in capital
내국법인	domestic corporation
내국세	internal tax
내부거래	intercompany transactions
농지세	farmland tax
누진세	progressive tax
누진세율	progressive tax rate
누진적 과세구조	progressive tax structure
누진적 자산증가세	progressive accretion tax
누진제도	graduation system
단순성	simplicity
담보능력	collateral
담보부사채	secured bond
담합	collusion

당기분 자진신고 법인세	taxes estimated to be payable
당기순손실의 소급이월	net operating loss carrybacks
대부금과 전도금	loan and advances
대상법인	target corporation
대여 기간	duration
대응조정	correlative adjustment
대체(선택)최저한세	alternative minimum tax(AMT)
대체상각법	alternative depreciation system(ADS)
도세	provincial taxes
도시계획세	city planning tax
독립과세	separate taxation
독립기업가격, 정상거래가격	arm's length price(ALP)
독점이론	monopolistic advantage theory
동결효과	lock-in effect
동업기업(조합)	partnership
동종자산 교환거래	like-kind exchange
등록세	registered tax
매개기관	intermediaries
매도회사	acquired firm
매매계약	definitive agreement(D/A)
매수회사	acquiring firm
매출이익율	gross profit margin
면세(면제)	exemptions
면책규정, 면제규정, 안전조항	safe harbor
면허세	license tax
면허세신고서	franchise tax returns
명시적 자본비용	explicit costs
목적세	earmarked tax
무이자대여	interest-free loan
무효	revocation
물가연동공제액	indexation allowance
미발행	outstanding
미실현이득	accrued capital gains

발행비용	floatation cost
발행 주식 총수	outstanding shares issued
배당세액공제	tax credit for dividend
배당소득	dividend gain
배당 환원	discounted dividend payout
배우자공제	spouse deduction
배타적 과세권	exclusive right to tax
벌과금	civil negligence penalty
법인과세소득세액	corporate tax liability
법인면허세	corporation franchise taxes
법인세신고서	corporation income tax return
법인세영향인식	recognition of corporate tax effect
법인세의 중간보고계산	interim-period tax computation
법인소득세	corporate income tax
법인실재설	real entity theory
법인원천소득	corporate source income
법인의제설	fiction theory
법인자본에 대한 과세	formation tax/tax on the capital of companies
법정감면소득	statutory exemption
법정부과기한	statute of limitation
법정소득	statutory income
변형급여	fringe benefits
변형자본	hybrid financing
보조금지원	granting of subsidies
보증사채	guaranteed bond
보통세	ordinary tax
보험차익	insurance proceeds
복리이자요소	compound value interest factor
봉쇄소득	blocked income
부가가치세	VAT(Value Added Tax)
부가세	add-on tax
부가징수	surcharge
부과기간	assessment period

금융

부과세액	tax imposed
부당이득세	excess profit tax
부동산담보부사채	mortgage bond
부동산보유세	real estate tax
부동산상속세	succession duty
부동산소득	income from immovable property/real estate income
부동산에 대한 재산세	property tax on real estate
부분손익계산서	partial profit and loss statement
부양가족공제	dependency exemption
부양비	alimony
부족징수세액 결정통지서	statutory notice of deficiency
분류소득세	schedular income tax
분리과세	schedular taxation
분리과세 배당소득	income subject to separate taxation
불로소득	unearned income
비공제 이자비용	disallowed interest
비과세소득	non-taxable revenues[income]
비과세이자소득	tax-exempt interest income
비과세조직변경	tax-free reorganization
비관세장벽	non-tariff barrier
비교가능 제3자법	comparable uncontrolled price method(CUP)
비교가능기업	arm's length comparable
비교가능이익구간	comparable profit interval(CPI)
비례조정법	proportional adjustment method
비영리법인	non-profit corporation
비용부담계약	cost-funding method
사내이사	inside director
사무실조사	OA(Office Audit)
사법적 소송 수행비용	litigation costs
사실상 지배	de facto control
사업소득	business income/business profits/income from trades
사업양수인	business transferee

사업자등록증	Business Registration Certificate
사외이사	outside director
사용권	franchise
사전심사	preliminary review/preliminary examination
사회보장세	society security tax
사회후생	social welfare
산림소득	forest income
삼각합병	triangular mergers
상각내용년수범위	assets depreciation range(ADR)
상계	set-offs
상속세	death duty/inheritance tax
선급법인세	prepaid income taxes
선납법인세	advanced corporation tax(ACT)
세금계산서(세금영수증)	tax invoice
세금납부	payment of tax
세금절감이득	benefits due to a tax deduction
세무감사원	tax auditors
세무관리	tax planning
세무관리전략, 절세방안	tax planning strategies
세무보고서	tax work papers
세무서 호민관, 고충처리관	problem resolution officer(PRO)
세무정산표	worksheet for taxation
세무조사	tax audit
세무조정	tax reconciliation
세무통제	tax control
세부담 누진성	liability progression
세액감면	exemption from tax
세액결정	determination of tax liabilities
세액공제	credit/tax credits
세액분납	installed tax payment
세액표	tax table
세율	tax rates
세율표	tax rate schedule

세입분배제도	revenue sharing program
세입법	revenue code
세후 이자비용	after-tax cost of debt
세후기준	after-tax basis
소규모사업법인	small business corporation
소극과세	NIT(negative income tax)
소급	carryback
소득	income
소득계급구분	bracket
소득계산서	income statement
소득공제액	reliefs
소득배분방법	unitary method
소득세	income tax
소득세의 누진도	degree of progression
소득수준	income level
소득정산에 따른 이자	look-back interest
소득조정금액	amount of the proposed adjustment
소득효과	income effect
소멸시효	statute of limitation
소비세	consumption tax
소비자물가지수	consumer price index(CPI)
손금, 소득공제	deduction
손금부인 이자비용	disallowed interest expense
손금불산입비용	non-deductible
손금산입항목	deductions that are not expenses
손실공제한도	loss limitation
수입배당금불산입법	dividend-exclusion method
수입배당금세액공제법	dividend-received-credit method
수정 및 갱신	revision and renewal
수정비례세율	modified flat tax
수직적 평등	vertical equity
수탁자	trustee
수평적 평등	horizontal equity

순납부할세액	net tax liability
순액법	net-of-tax method
순영업손실	NOL(net operation loss)
순이익율	net profit margin
순자본손실	net capital losses
신고불성실 가산세	penalties on incorrect filing
신종기업어음	C/P(commercial paper)
신탁기금	rust fund
실업보상세	unemployment compensation tax
실지조사	FA(field audit)
실질과세소득	true taxable income
실질과세원칙	principle of real taxation
실현이득	realized capital gains
실효법인세율	effective corporation income tax rate
실효세율	effective rate
암묵적 자본임대비용	implicit rental cost of capital
암시적 자본비용	implicit costs
압류금지재산	property subject to attachment
약속어음	promissory notes
양도소득	assignment income
양도소득세	capital gains tax
양해각서	offer-in-compromise
어음인수도조건	documents against acceptance
여유자금가설	free cash flow
역외금융	over-draft(O/D)
역진세	regressive tax
연결과세소득	consolidated taxable income
연결법인세제	consolidated corporate income tax system
연결세무신고	consolidated tax return
연구개발공제	research credit
연대납세의무	joint and several obligations for tax payment
연방상속세	federal estate tax
연방세	federal tax

연방세법	federal tax law
연방소득세	federal income tax
연방소비세	federal exercise tax
연방예금보험회사	federal deposit insurance corporation
연방이자율	applicable federal rate(AFR)
연방증여세	federal gift tax
연불판매	sales on deferred payment
열거주의	schedule system
영구적 차이	permanent difference
영세율	zero rates
영업개시자금	allotted capital
예치금	deposit
완성시장	complete market
완전조정	full integration
외국(납부)세액공제	foreign tax credit
외국납부세액공제	credit for foreign taxes paid
외국법인	foreign corporation
외국세액소득공제방법	tax credit method
외국소득면제방법	tax exemption method
요구불 대여금	demand loan
원가가산법	CP(cost plus method)
원시할인발행규정	OID(original issue discount) provision
원천징수불이행 가산세	penalties on the failure of tax withholding
원천과세원칙	source principle
원천소득	income from source
원천징수	withholding at source
원천징수세액	tax withholding
원천징수의무자	withholding agent
위장	concealment
위탁매매인	commission agent
유가증권담보부사채	collateral bond
유보(누적)소득세	accumulated earnings tax
유보이익의 자본비용	cost of retained earnings

유산(상속)세	estate tax
유증	testamentary
유통세	circulation tax
유한회사	limited company
유효세율	effective tax rate
을종근로소득세	class B payroll taxes
응답소득	interview income
의결권위임장규칙	proxy rules
의료비공제	medical expense deduction
의제배당	constructive dividends/deemed dividend
의제실현	constructive realization
이득	gain
이연법	deferred method
이연법인세	deferred tax/deferred income taxes
이연지급제도	deferred compensation
이월	carryforward/take-over
이월결손금	deficit carried over/net operating loss carryforwards
이윤가산율	profit mark-up
이윤분할(배)법	profit split method
이윤세	profit tax
이의신청	administrative appeal
이익극대화	profit maximization
이익배분법	allocation of overall profit
이익분배기금	profit-sharing contributions
이자적용면제기간	interest-free periods
이전가격백서	white paper on transfer pricing
이중과세	dual[double] taxation
이중과세방지	unilateral relief method
이중과세시스템	system of double taxation
이중처벌 금지원칙	doctrine of double jeopardy
이행비용	carrying charge
이행수수료	commitment fees

인수법인	acquiring corporation
인수시도	takeover bids
인적공제	personal exemptions
인정이자율	safe haven rate
인지세	stamp tax
일괄이전지출	lump-sum transfer
일반소송과	general litigation
일선세무서	district office
일시불	one payment
일시상각	expensing[free] depreciation
일시적 차이의 세액효과	tax effects of timing difference
입법적 시행세칙	legislative regulation
입지우위로 인한 규모의 경제	location economics
자가고용세	self-employment tax
자금조달	raising funds
자기 부과제도	self-assessment system
자녀양육비세액공제	child and dependent care credit
자동차세	automatic tax
자료제출요구	information document request(IDR)
자본손실 소급공제	capital loss carryback
자본이득, 양도차익	capital gain
자본이전세	capital transfer tax
자산-부채법	asset-liability method
자산소득	income from assets
자산을 이전받는 법인	transferee corporation
자산을 이전하는 법인	transferor corporation
자산재평가세	assets revaluation tax
자선기부금공제	charitable contributions deductions
자연스런 사업년도	natural business year
자영업자	self-employed individuals
잔액소득누진성	residual income progression
잔존가액	salvage value
장기자본소득공제	long-term gain deduction

장애자공제	exemption for a handicapped person
재고관리	maintenance of inventory
재고유지비용	carrying cost
재산세	property tax
재정거래	arbitrage process
재정정책	fiscal policy
재판매가격법	resale price method
재평가적립금	revaluation reserve
저작권	copyrights
적용시기	effective date
전방결합	forward integration
전산식별기능법	discriminant function system(DIF)
전산전문 조사요원	computer audit specialists(CAS)
전입	transfer-in
전출	transfer-out
전화세	telephone tax
절세, 조세회피	tax avoidance
접대비	entertainment expenses
정상가격	normal value
정상거래가격기준	arm's length standard principle
정상적거래기준가격 수준에서의 수익률	arm's length rate of return
정책고용 세액공제	targeted job credit
제1심 국세심사위원회	first level tax commission
제2심 국세심사위원회	second level tax commission
제시가격	tender price
제한납세의무	limited tax liability
제한세율	limited tax rate
조기환급	early refund
조사공무원의 조사보고서	revenue agent's report(RAR)
조사범위	scope of examination
조사요원	revenue agents
조사재개	reopening of tax audit

조세	tax
(비과세 및) 조세감면	tax exemption and reduction
조세감면	tax relief
조세공평	tax equity
조세과	tax division
조세납부성실성	tax compliance
조세당국	tax authorities
조세법원	tax court
조세부담	burden of tax/tax incidence[burden]
조세비용	tax cost
조세소송과	tax litigation
조세우대항목	tax preferential item
조세의 중립성	tax neutrality
조세저항율	tax resistance scale
조세조약	tax treaty
조세조약과	tax treaty division
조세지출예산제도	tax expenditure budget
조세체계	tax savings
조세특례소득	tax preference return
조세협약	tax convention
조세협정	tax agreement
조세회피(세금을 피하다)	avoid[escape] taxes
조세회피(세금을 줄이다)	reduce taxes
조세회피지	tax haven
조정계산	computing adjustment
조정과세소득	adjusted taxable income
조정관세제도	adjustment tariff rate system
조정소득	modified taxable income
조정총소득	adjusted gross income(AGI)
조합과세법	partnership method
종량세	specific tax
종업원지주제도	employee stock ownership
종합과세	global taxation

종합소득	expanded income
종합소득세	global income tax
종합조사프로그램	coordinated examination program(CEP)
주(일차)조정	primary adjustment
주면허세	state franchise tax
주민세	inhabitants tax
주세	liquor tax
주소득세	state income tax
주식매수청구권	appraisal right
주식상여	stock bonus plan
준독점적	quasi-monopolistic
중간상	middleman
중간예납제	interim estimated tax
중립과세제	neutral taxation system
중복과세	recurrent taxation
중앙심사위원회	central tax commission
즉시납부제도	PAYE(pay as you earn)
증여세	gift tax
지급배당공제법	dividend-paid-deduction method
지급세액인식법	taxes payable method
지방개발부담금	assessment for local improvements
지방세	local tax
지방자치단체회계	municipal accounting
지방정부회계	local government accounting
지방청 법률고문관	regional counsel
지배주주	controlling shareholder
지분의 자유로운 이전	free transferability of interests
지상이득	paper gain
지점 송금세	branch remittance tax
지점세	branch tax
지출세	expenditure tax
직접세	direct tax
직접세 세무서	district offices of direct taxes

진성채무	bona fide indebtedness
징세비용	cost of collection
차기이월 초과제한소득	excess limitation carryforward
차등(복수)세율제도	split rate system
차별적 과세	differential taxation
착수 수수료	retainer fee
창업비	organizational expenditures
첫 사업년도	short tax periods
청구	billing
청구가격	invoice price
청구권의 포기	waivers of claims
청산	liquidation
초과(추가)상각	additional depreciation
초과소득제한	excess limitation
초과이자비용	excess interest expense
총괄주의	entire principle
총소득	GI(Gross Income)
총수입	gross receipts
총액지급	lump-sum payment
최상위 소득세(영국)	supertax
최저 과세소득(미국)	AMTI(Alternative Minimum Taxable Income)
최적조세	optimal tax
추가공제	extra allowance
추가과세	additional assessment
추가인적공제	additional personal relief
취득세	acquisition tax
취득원가의 물가연동제	indexation of historical cost basis
취소	cancelling
쾌락함수	hedonic equation
탈세	tax evasion
탈세지수	tax evasion index
통계국	bureau of census
통일조합법	uniform partnership act

투자세액공제	investment tax credits(ITC)
투자신탁	investment trusts
투자유인세제	tax incentive system
특별부가세	Special VAT(Value-Added Tax)
특별세	extraordinary taxes
특별소비세	special excise tax
특수전문조사요원	specialized agents
특정과세문제 합의	split-issue settlement
특정영업세(유통세)	specific business tax
특정항목별 조사대상 선정방법	unallowable items program(UIP)
특허계약	licensing agreement
특허권	patents
특혜기간	grace period
파산선고	bankruptcy
판매세	sales taxes
판매수수료율	commission rate
평균세율 누진성	average-rate progression
평등성	equity
폐쇄회사	closely held corporations
포괄적 과세표준	comprehensive tax base
포괄적 소득세	CIT(comprehensive income tax)
포화점	saturation point
표준공제	standard deduction
표준세율	standard tax rate
피지배 외국법인	controlled foreign corporations
피지배 외국인 지주회사	controlled foreign personal holding companies
한계세율	marginal tax rate
할인발행차금	original issue discount
항목별 실액 공제액	itemized deductions
해석적 시행세칙	interpretative regulation
해외직접투자	foreign direct investment(FDI)
행정 불복 시 수행비용, 징세비용	administrative costs
허위진술	misrepresentation

현지금융월수	months financed locally
현지출장조사	on-site examination program
혼인공제	marital deduction
혼합추정기법	mixed estimation
확실성 등기수익	certainty equivalent return
확장된 재판매가격법	extended resale price method
확증비용	bonding cost
환경특별기금세	superfund environmental tax
환급제도	carry-back provisions
환급청구	claims for refund
환산부담	translation exposure
환수청구권	claim for refund
환수효과	catching-up effect
환입	recapture
회계연도	fiscal year
회계이익	accounting income
회사분할	corporate divisions
회사축소	corporate contractions
회수기간	payback period
후방결합	backward integration
흡수합병	merger

04

정치·국제관계 배경 및 용어

Politics & International Relations:
Background and Terminology

국제관계

Information 알아두면 좋을 정보

◆ 단계별 우호 관계

1. 글로벌 포괄적 전략적 동맹 관계(Global Comprehensive Strategic Alliance)
- 우호 단계 중 최상위 단계로 대상국은 미국이 유일
- 전략적이라는 수식어가 붙으면 군사·안보적 협력관계의 필요성에 대한 고려가 반영, 협력할 수 있다는 뜻

2. 포괄적 전략적 동반자 관계(Comprehensive Strategic Partnership)
- 중요한 군사동맹 관계에 있는 국가로 대상국은 호주
- 2022년 12월 한국-호주 정상회담에서 포괄적 전략적 동반자 관계로 격상

3. 전략적 협력 동반자 관계(Strategic Cooperative Partnerhip)
- 정치, 안보, 외교, 경제, 문화 교류 등 다양한 분야에서 동맹 다음으로 공고한 협력과 파트너십
- 대상국은 중국, 베트남, 러시아, 콜롬비아 4개국

4. 포괄적 녹색 전략적 동반자 관계(Comprehensive Green Partnership)
- 대상국은 덴마크
- 2021년 P4G 서울 녹색미래 정상회의를 계기로 화상 정상회담(문재인 대통령-메테 프레데릭센 덴마크 총리)을 하고 관계 격상

5. 전략적 동반자 관계(Strategic Partnership)

양국 간 평화 모색, 역내 문제는 물론 국제 현안과 대외적 전략까지 함께 논의하며 협력하는 관계

1) **특별전략적 동반자 관계(Special Strategic Partnership)**: 인도, 인도네시아, 아랍에미리트, 우즈베키스탄
2) **전략적 동반자 관계(Strategic Partnership)**: 스페인, 오스트리아, 멕시코, 알제리, 루마니아, 카자흐스탄, EU, ASEAN, 터키, 태국, 폴란드, 캐나다, 체코, 이탈리아, 몽골, 헝가리

6. **포괄적 동반자 관계**(Comprehensive Partnership)

1) **포괄적 협력 동반자 관계:** 칠레, 코스타리카
2) **포괄적 미래지향적 상호호혜적 동반자 관계:** 쿠웨이트
3) **포괄적 미래지향적 동반자 관계:** 불가리아, 네덜란드
4) **포괄적 호혜적 동반자 관계:** 사우디아라비아
5) **포괄적 경제 동반자 관계:** 인도네시아
6) **포괄적 동반자 관계:** 브라질, 아르헨티나, 프랑스

7. **동반자 관계**(Partnership)

1) **21세기의 동반자 관계(A Partnership for the 21st Century):** 뉴질랜드
2) **미래 지향적 성숙한 동반자 관계(Future-oriented Matured Relations):** 일본

- 한일 관계는 실질적으로 전략적 동반자 관계에 가깝지만, 과거 식민지 지배 역사로 인한 국민감정 때문에 양국은 관계 설정에 있어 전략적이란 표현을 삼가

Terminology 국제관계 용어	
개방, 상호운용성, 안전성	open, interoperable, secure
거래적 동맹	transactional alliance
경성안보	hard security
경합 다자주의	competitive multilateralism
공동의 전략적 이해	common strategic interests
과거지향적 민족주의	retrospective nationalism
국가 안보	national security
국수주의/고립주의	nationalism/isolationism
국익을 개척하다	pursue national interests
글로벌 중추 국가	GPS(Global Pivotal State)
기술 민족주의 경쟁	techno nationalist competition
내재적인 힘	resident power
냉전	Cold War
다극체제	multipolar system
다자간 참여	multilateral engagement
다자적 제도	multilateral institutions
단극체제	unipolar system
라이벌 경쟁	rival competition
민족국가	nation-state
민족주의	nationalism
반응적 민족주의	reactive nationalism

변함없는 우호친선[깊은 유대관계]	enduring friendship[bonds]
상호호혜적 패권	reciprocal hegemony
소다자	minilateral
소규모 다자협의체	mini-multilateral consultative body
신자유주의	neoliberal
안정자	pacifier
양국간 호혜적인 동반자 관계	mutually beneficial partnership
양극체제	bipolar system
연계와 신뢰를 강화하다	strengthen connection and trust
연성 균형	soft balancing
유사 입장국	like-minded countries
원칙적 다자주의	principled multilateralism
외교관계	diplomatic ties
인간안보	human security
인본안보	humane security
보다 인도적으로 더욱 정제된 세계화	more humane and more regulated globalization
일극체제	unipolar system
일방주의	unilateralism
자국 중심주의	nation-centrism
자유주의 국제질서	LIO(Liberal International Order)
자유 민주주의	liberal democracy
전략 외교(매력 공세)	charm offensive
자유주의	liberalism
중상주의 무역관행	mercantilist trade practices
지나가는 태풍, 지속되는 여파	passing storm
지역 다자주의	regional multilateralism
지정학적 갈등[경쟁]심화	intensifying geopolitical rivalries
지정학적 지각변동	tectonic shift in geopolitics/seismic shift in geopolitics
집단적 소프트 파워	collective soft power
포용적 다자주의	inclusive multilateralism
하이텍 독재	high-tech autocracy
헤게모니적 질서 형태	hegemonic configuration of order

미국의 외교정책
The US Foreign Policy

Information 알아두면 좋을 정보

◆ 미국 정부의 외교정책 변화

1. 오바마 행정부(2009~2016년): '아시아로의 회귀(Pivot to Asia)'

- 현실주의에 기초하여 다자주의적 외교에 치중하면서도 국익에 따라 유연하게 대응하는 실용주의적 성격
- 군사 이외의 부문들 즉, 경제, 문화, 외교, 지식 · 정보 부문들에 대한 자원 배분을 균형되게 추구
- 동아시아 전략은 '균형력(Power of Balance)'과 '아시아태평양 재균형(rebalancing toward the Asia-Pacific)' 전략
- 미 · 일 동맹을 동아시아 전략의 기본 축으로 삼고, 한국 · 아세안 · 호주는 경제 · 안보 파트너십
- 인도는 정치 · 경제 파트너십으로 삼고, 중국은 책임 있는 모습을 보여주면 안보 부문에서 긴밀한 협상 가능
- 2015년 환태평양경제동반자협정(TPP : Trans-Pacific Partnership) 타결

2. 트럼프 행정부(2017~2021년)

- 미국 우선주의(America First), 고립주의, 보호무역주의 노선을 강력하게 실행
- 미 · 중 관계를 전략적 협력에서 경쟁 관계로 공식 전환
- 중국 첨단사업 기업들을 겨냥한 대중 기술봉쇄, 중국경제와 세계가치사슬(global value chain)의 분리(decoupling) 추진
- 대중 압박용 지정학 카드로 인도-태평양 전략을 제시
- 2017년 환태평양경제동반자협정(TPP) 탈퇴
- 북미 FTA/한미 FTA를 자국에 유리하게 개편
- 한국, 뉴질랜드, 베트남이 추가된 QUAD+를 제안
- 블루닷 네트워크(Blue Dot Network, 2019)+경제번영네트워크(EPN : Economic Prosperity Network, 2021)
- 중국의 일대일로 구상(China's OBOR(One Belt, One Road) Initiative)에 맞서 인태지역과 전 세계에서 지속 가능한 인프라 개발을 목표
- 경제번영네트워크(EPN : Economic Prosperity Network) 보호무역주의로 전환

3. 바이든 행정부(2021년~): 대(對) 중국 압박의 기조 이어감

- 미국의 국제 리더십과 외교역량, 미국 민주주의를 회복하겠다고 공언
- '모범적인 힘(power of example)'으로 세계를 이끌겠다고 밝힘
- 미국의 민주적 가치를 회복해 동맹 · 우방국들과 공유하며 가치와 규범에 기반한 미국의 리더십 복원 약속

- '중산층을 위한 외교'를 표방하며 경제통상 분야에서 트럼프의 미국 우선주의를 승계
- 2022년, 일본 주도의 CPTPP 복귀 대신 '인도-태평양경제프레임워크(IPEF)' 공식 출범
- 영국, 호주와 삼각안보동맹체 '오커스(AUKUS)'를 출범, 호주의 핵추진 잠수함 보유(대중국 군사전략으로 평가) 지원
- '공급망에 대한 행정명령(Executive Order on Supply Chain)'을 발표
- G7 국가들과 공동으로 3BW(Build Back Better World) 발표

* **인도-태평양 전략 5대 목표**(objectives)

① '자유롭고 개방된' 인도-태평양 추구(Advance a Free and Open Indo-Pacific)
② 지역 내외의 연계 강화(Build Connections Within and Beyond the Region)
③ 인도-태평양 지역의 번영 추구(Drive Regional Prosperity)
④ 인도-태평양 지역의 안보 강화(Bolster Indo-Pacific Security)
⑤ 21세기 국제적 위협에 대한 지역의 회복력 제고(Build Regional Resilience to 21st Century Transnational Threats)

Terminology 미국의 외교정책 용어	
경제적번영네트워크	EPN(Economic Prosperity Network)
고립주의	isolationism
균형력	power of balance
국가안보전략 잠정 지침	Interim National Security Strategy Guidance
국제주의	internationalism
국제질서 재건	renewed[rebirth of] Internationalism
규범〔규칙〕 기반 국제질서	rule-based international order
다국주의	multinationalism
다자제도	multilateral institution
다자주의 복원	reinventing[renewed] multilateralism
무기수출관리법	Arms Export Control Act
미국우선주의	America First
미국의 귀환(미국이 돌아왔다)	America is back
미래지향적 관계로 재구상	reimagine into future-oriented relations
민주주의 정상회의	Summit for Democracy
세력균형, 균형력	balance of power
역외균형	offshore balancing
수정주의 국가	revisionist power
실용주의적 국제주의	pragmatic internationalism
유권자	voters

아시아로의 회귀(미국)	pivot to Asia
야당	opposition party
인도-태평양 전략	Indo-Pacific Strategy
양원제	bicameral system
자국산업 쇠퇴	crowding out domestic industries
자유주의적 국제주의	Liberal Internationalism
전략적 안정	strategic stability
중간선거	off-year election/midterm election
집권당	ruling party
현실주의적	realistic
행정협정	executive agreement

러-한 관계
Russia-ROK Relations

Information 알아두면 좋을 정보

◆ 러시아, 우크라이나 전쟁 배경

- 2014년, 소련 해체 후 우크라이나의 영토였던 크림반도를 러시아가 다시 합병함
- **2014년 4월 돈바스 전쟁:** 친러 성향 돈바스 지역에서 친러 반군 및 러시아군과 우크라이나군 사이에 발발한 전쟁. 8년 이상 교착상태. 서부 우크라이나(친서방) vs. 동부 우크라이나(친러시아)
- 폴란드, 헝가리, 체코 등 유럽 동부 국가들이 북대서양조약기구(NATO)에 가입
- 러시아는 우크라이나의 나토 가입에 반대 의사 표명(우크라이나와 러시아는 200km가 넘는 국경선을 맞대고 있어 우크라이나가 나토에 가입할 경우 나토와 러시아가 곧바로 맞닿게 됨. 또한, 우크라이나가 EU에 가입할 경우 유럽 에너지 시장에서 러시아의 영향력은 상당히 낮아질 것으로 전망)

◆ 러시아의 우크라이나 침공의 퍼펙트스톰(Perfect Storm)

- 각종 물품, 곡식, 에너지 부족, 공급망 차질, 인플레이션 급등
- 연준(FED) 지속적인 금리인상 예고(다른 국가도 따를 수밖에 없음), 경제성장률 전망 하락
- 원자재 가격 상승과 수입국 경기 둔화로 수출의존도 높은 한국 경제 어려운 상황

◆ 러시아의 우크라이나 침공 관련 한국의 입장

- 유엔 헌장의 기본원칙을 명백히 위반한 러시아의 우크라이나 무력 침공을 강력히 규탄
- 국제사회의 책임 있는 일원으로서 사태의 평화로운 해결을 위해 경제 제재를 포함한 국제사회의 노력을 지지, 동참

Terminology 러-한 관계 용어	
가까움	proximity
명분 없는	without provocation[justification]/unprovoked/ unjustified
분리독립세력	Russian-backed separatist
수출 금지	export ban
에너지 무기화	weaponization
퍼펙트스톰 (안 좋은 일이 겹친 최악의 상황)	perfect storm
침공, 공습	air raid
폭격	shelling
침략자	aggressor

미-중 관계
US-China Relations

Information 알아두면 좋을 정보

◆ 미·중 갈등 배경

- 트럼프 행정부 때 미국과 중국의 무역전쟁으로 시작된 미·중 패권경쟁의 전선은 갈수록 확대되는 양상
- 중국의 불공정한 경제 관행 문제로 미국 정부가 500억 달러에 이르는 중국산 수입품에 대한 25% 관세부과 발표
- 미·중 분쟁은 무역적자 해소를 빌미로 시작, 이후 무역갈등과 기술 분쟁을 뛰어넘어 그 영역이 금융, 군사, 안보 등 무한대결의 성격으로 비화하고 있음
- 미·중 양국은 11차례의 고위급 실무 협상에서 합의안 도출 실패, 협상 결렬 후 미국 상무부는 화웨이 제재 발표
- 중국의 신장 위구르 자치구 인권 탄압 문제, 홍콩 민주화 세력을 탄압하는 '홍콩 보안법'
- 대만 해협을 둘러싼 양측 긴장과 양국의 단순 무역전쟁이 전략적 경쟁에서 패권경쟁으로 진화
- 미국이 반도체 분야 등에서 중국 포위 정책을 구사

◆ 미국

- 소련이 해제되고, '냉전(Cold War) 시대'가 끝나면서 미국은 글로벌 패권을 장악
- 중국을 '경쟁자(competitor)', '수정주의자(revisionist)', '도전자(challenger)'로 표현하기 시작
- 4자 안보대화 '쿼드(QUAD)'로 중국 견제하는 안보 협력체 출범: 미국, 일본, 인도, 호주 4개국
- 과학기술에 대한 투자 확대, 자국 중심의 글로벌 공급망 구축, 동맹국과 연대 강화
- 중국을 제외하는 새로운 국제질서를 만들기 위해 공급망을 재편한다는 계획

◆ 중국

- 베이징 올림픽, 세계의 공장, 최대 외환보유고 등을 자랑하며 미국과 어깨를 견주는 G2로 부상
- 폐쇄적인 경제체제를 중심으로 대미 수출 상당한 흑자, 글로벌 불균형 등으로 미국에 피해 가함
- 중국의 국력이 경제적 측면에서 미국 위협
- 미 · 중 분쟁을 제대로 관리하지 못하면 중국의 굴기(崛起, 우뚝 섬)와 '중국의 꿈'의 실현은 좌절될 수밖에 없다는 위기감
- 과학기술 혁신을 통한 생산능력 향상을 기반으로 내수 확대
- 2035년까지 중국은 미국을 뛰어넘는 최강 경제대국을 만들겠다고 함
- 미국에 대한 의존도를 줄이고 자국의 경제 기반을 닦고 사회통제력을 강화
- 대만 문제에 대해 어떤 외부 세력의 간섭도 용납할 수 없다는 입장

◆ 대만

- 중국의 위협에 대응할 수 있는, 새로운 세계의 공장으로 대만 급부상
- 세계 파운드리(Foundry, 반도체 위탁생산) 시장에서 TSMC의 점유율은 53%, 삼성전자는 18%로, 전 세계 파운드리 시장의 2/3가량을 차지

◆ 미·중 갈등 관련 한국 입장

- 한국은 이미 주한미군의 사드(THAAD) 배치 과정에서 미 · 중 강대국의 대립에 연루되어 중국의 보복 경험
- 중국에 치우친 전략 자원의 공급망 취약성을 해결하기 위한 노력 필요
- 미 · 중 전략 경쟁 및 '자원의 무기화' 현상의 심화에 따라 공급망 취약성을 분석하고 대중국 의존 줄여야 함
- 한국은 현재 요소 수입의 97%를 중국에 의존하고 있는 상황, 중국이 요소 수출을 제한하자 직격탄을 맞음
- 미 · 중 무역 분쟁이 단기간에 끝날 사안이 아닌 만큼 단순한 무역 · 통상 분쟁이 아니라 장기적 차원에서 '패권전쟁의 서막'이라는 인식 필요
- 미 · 중 분쟁을 무역통상, 첨단기술, 금융, 군사안보 등 전역에 걸친 장기적 패권전쟁으로 간주하고 신중하게 전략 모색해야 함

Terminology 미-중 관계 용어	
공세적 대외정책을 추진하다	step up aggressive foreign policy
남중국해	South China Sea
남중국해 영토분쟁 문제	territorial rights issue over the South China Sea
남중국해 해상권 주장	South China Sea maritime claims
내정간섭을 중단하다	stop intervening in its internal affairs

대만 해협	the Taiwan Strait
도광양회(빛을 감추고 힘을 기른다)	keep a low profile
미중 관계	Sino-US Relations
수정주의 국가	revisionist power
신냉전	new Cold War
아시아 인프라 투자은행	AIIB(Asian Infrastructure Investment Bank)
주도세력/새롭게 부상하는 세력	the dominant power/the rising power
중국몽(중화민족의 위대한 부흥)	Chinese Dream
중국의 부상	the Rise of China
패권경쟁	hegemonic competition
중국 견제	contain[keep] China in check

중국-대만-홍콩 관계
China-Taiwan-Hong Kong Relations

Information 알아두면 좋을 정보

◆ **양안관계**(兩岸關係, Cross-Strait Relations)

- 내전을 통해 중국 대륙을 통일한 중화인민공화국(중국)과 본토에서 쫓겨나 타이완섬으로 국부 천대한 중화민국(대만) 사이 관계
- 중국은 대만을 중국에서 이탈한 자국 영토, 즉 자국의 일부로 봄
- 대만이 1980년대에 중국 본토인의 방문과 투자에 대한 규제를 완화하면서 개선
- **중국 제안으로 일국양제 도입**: '하나의 국가, 두 개의 제도(One Country, Two Systems).' 대만이 중국의 지배하에 속하는 것에 동의하면 상당한 자치권을 허용
- **홍콩에서 국가보안법 시행**: 외국 세력과의 결탁, 국가 분열, 국가 정권 전복, 테러리즘 활동 등을 금지 · 처벌하고, 홍콩 내에 이를 집행하는 기관 수립
- 중화민국 정부를 외교적으로 공식 인정하는 국가는 약 15개국

◆ **홍콩**

- 1997년 7월 1일, 영국이 자국의 영토인 홍콩을 중화인민공화국에 이양
- 홍콩 이양 이후 홍콩 특별행정구 정부가 성립되고 행정 장관이 취임
- 중국 공산당의 홍콩 정치간섭 심화 및 언론통제
- **2019 홍콩시위**: 홍콩인이 중국 본토로 인도될 수 있는 송환법안으로 인해 촉발. 인권 유린 상황으로 이어질 수 있다며 비판

Terminology 중국-대만-홍콩 관계 용어	
군사기지화하다	militarize/establish military installations
국가보안법	National Security Law
국제상설중재재판소	PCA(Permanent Court of Arbitration)
남중국해 당사국 행동공동선언	DOC(Declaration on the Conduct of Parties in the South China Sea)
남중국해 행동규범	COC(Code on Conduct for the South China Sea)
대만관계법	Taiwan Relations Act
대만보증법	Taiwan Assurance Act
(대만과 미국 사이에 맺은) 미중상호방위조약	Sino-American Mutual Defense Treaty
동중국해(동지나해)	East China Sea
무력시위	show of force
민주화 운동가[시위]	pro-democracy activists[protest]
방공식별구역	ADIZ(Air Defense Identification Zone)
범죄인 인도협약	criminal extradition agreement
비대칭 전력	asymmetrical power
상공비행의 자유	freedom of overflight
우산시위	Umbrella Revolution[Movement] 2014 Hong Kong protest
일국양제	One Country, Two Systems
영토분쟁	territorial dispute
영유권	sovereignty
중국인민해방군	PLA(People's Liberation Army)
친중파	pro-China side
하나의 중국	one China
항행의 자유	freedom of navigation
항행의 자유 작전	FONOP(Freedom of Navigation Operation)
홍콩 행정장관	Chief Executive of Hong Kong
유엔해양법협약	UNCLOS(UN Convention on the Law of the Sea)

한미관계
US-ROK Relations

Information 알아두면 좋을 정보

◆ 한미관계 개요

- 1948년 대한민국은 미국과 유엔의 지원으로 민주주의 정부를 수립
- 미국은 대한민국의 우방국의 하나로, 중국 다음으로 대한민국을 승인
- 1950~1953년 6·25 전쟁 시 미국은 유엔군을 조직하여 대한민국 편에서 참전, 절대적인 역할
- 휴전 이후에도 주한 미군이 계속 주둔하며 군사적 지원 제공. 한미는 긴밀한 협조 관계 유지
- 1948~1971년 중기, 미국은 46억 달러의 원조를 한국에 제공. 미국에 대한 의존도도 대한민국의 발전에 비례
- 한미상호방위조약과 주한미군지위협정에 따라 휴전 이후에도 우호적 관계 유지
- 미국은 대한민국의 최대 교역국
- 2007년 한미자유무역협정(KORUS FTA) 체결
- 2009년 한미동맹을 기존의 군사동맹 차원에서 벗어나 글로벌 수준의 21세기형 포괄적 동맹으로 발전한다는 내용을 골자로 담은 '한미동맹 미래비전' 채택
- 2022년 한미관계는 '글로벌 포괄적 전략동맹'으로 격상
- 한미관계 슬로건 "We go together!"

◆ 1950년대 이승만 정부

- 미국은 한일 회담에 적극적 vs. 이승만은 저항적
- 미국은 호전성 없이 전쟁 중단 지지 vs. 이승만은 휴전협정 결사반대: 북한의 남침에 유엔 참전국들이 공동 대응하겠다는 '대제재선언(greater sanctions statement)'을 제안했으나, 이승만은 국제외교에서 선언은 믿을 수 없다며 반대
- **미국 에버레디 계획**: 한국 측이 미국 측의 의도와 달리 돌발 행동을 할 때를 대비해 만든 미국의 군사작전
- 한국 정부(이승만) 연금, 계엄령 선포 및 정권 교체 계획 세움

* **한미상호방위조약**
(Mutual Defense Treaty between the Republic of Korea and the United States of America)

- 1953년 10월 1일 상호방위를 목적으로 체결된 조약. 한미동맹 구축
- '한국이 외부로부터 무력공격의 위협을 받을 때만 미국은 원조한다'는 내용으로 한국의 북한 공격을 용인하지 않으며 나아가 이를 감지 견제하는 역할 함축
- 미국과 양자 상호방위협정 체결한 국가는 전 세계 영국, 일본, 필리핀, 한국뿐

◆ 1960~1980년 박정희 정부

- 이승만의 무력통일 노선을 포기. 경제, 산업화에 집중. '한강의 기적'이라 부르는 경제 성공 구가

정치·국제관계

- 쿠데타로 정권을 장악한 정부라 민중의 지지를 끌어내기 위해 경제 성장과 산업화에 집중
- 미국은 한국에 자국 시장을 개방하고 초기 산업화에 필요한 기술과 자본을 지원하는 등 수출주도경제가 안정적으로 정착될 수 있도록 도움을 제공

◆ 2003~2008년 노무현 정부

- **잊혀진 동맹**(Forgotten Alliance), **도망가는 동맹**(Runaway Ally): 부시 행정부의 북한에 대한 강력한 제재와 노무현 정부의 대화를 통한 해결이 충돌. 한미 군사동맹 끝났다는 시각 팽배
- 북한 장거리 로켓 발사 및 핵실험으로 미국은 예정되어 있던 회담 연기. 금강산 관광 중단 요청에 한국 정부 반발
- 미2사단과 주한미군사령부의 평택 이전, 이라크 파병, 한미 FTA 협정

◆ 2008~2013년 이명박 정부

- **천안함 피격**(ROKS Cheonan sinking): 오바마-이명박 사고 조사 및 협력방안 논의
- **연평도 포격전**(Bombardment of Yeonpyeong/Shelling of Yeonpyeong): 백악관에서 긴급회의 소집 후 흔들림 없는 지원 약속. 한미 공조 다시 한번 강조됨
- **사증 면제 프로그램**(VWP: Visa Wavier Program): 90일간 미국에 비자 없이 입국 가능
- '창조적 한미동맹(creative alliance between Korea and the United States)'을 외교 과제로 설정
- 위협에 대한 공동 인식, 공동 비전, 동북아 안보 현안에 대해 능동적 대응 강조

◆ 2013~2017년 박근혜 정부

- 중국 친화적인 한국 정부의 태도를 반대하지는 않았지만, 중국이 국제규범과 법을 준수하지 않을 때 목소리를 내라고 압박
- 2015년 베이징에서 개최하는 항일전쟁 승리 70주년 기념식에 대통령이 열병식에 참석하여 한미관계 냉랭해짐
- 북한의 4차 핵실험, 한미 안보정책의 일환으로 요격용 사드 배치 협의를 공식화한 것을 계기로 중국에 경제보복을 당하자 친중 편향적 외교 정책이 실패하였음을 인정
- 한중 우호에서 탈피하여 전통적인 굳건한 한미동맹을 기반으로 한 미국과의 동조를 선택하면서 다시 한목소리를 내며 공조하는 모습을 보임

◆ 2017~2022년 문재인 정부

- 한미관계가 남북관계와 복합적으로 작용
- 임기 전반부에는 평창동계올림픽 이후 잇따른 남북정상회담, 북미정상회담으로 남북, 북미 관계에 순풍
- 한미 양국 간에 공조가 잘 이루어졌다가 2차 북미정상회담이 성과 없이 끝나고, 북한이 다시 미사일 도발을 감행하자 미국은 대북 화해, 대북 유화책에 신중해지기 시작

◆ 2022년~ 윤석열 정부

1. 평화와 번영을 위한 핵심축

1) 미국의 한국에 대한 확장억제 공약을 확인, 고위급 확장억제전략협의체(EDSCG) 재가동 합의

2) 한반도의 완전한 비핵화라는 공동의 목표를 재확인

3) 북한 인권 상황에 대한 심각한 우려를 표명

2. 전략적 경제기술 파트너십

1) **경제·에너지 안보협력의 중요성 인식**: 양국 국가안보실 내 경제안보대화 출범을 지시

2) **글로벌 공급망의 회복력과 다양성을 강화**: 장관급 공급망·산업 대화 설치에 합의

3) 원자력 협력 및 우주 협력

3. 글로벌 포괄적 전략동맹: 한반도를 넘어서

1) 기후변화 대처, 전염병 퇴치, 개방적 인터넷 구축 협력

2) 규범에 기반한 국제질서를 위협하는 모든 행위 반대

3) 인도-태평양 경제프레임워크(IPEF) 협력

◆ 2022년 한미정상회담 합의내용

양국은 전통적인 안보 동맹에서 '글로벌 포괄적 전략동맹(Global Comprehensive Strategic Alliance)'으로 확장 발전시키기로 함

1. 대북정책

- **"핵은 핵으로 억제한다"**: 확장억제를 위해 핵, 재래식, 미사일 방어능력 등 가용한 모든 수단 동원
- **'한반도의 완전한 비핵화'라는 목표 재확인**: 북한의 비핵화 협상 복귀 촉구 및 남북협력과 인도적 대북 지원에 대한 지지 의사를 표명함

2. 글로벌 포괄적 전략동맹

- 양국 관계를 기존의 군사안보 동맹을 넘어 경제 및 기술 안보까지 결합한 포괄적 전략동맹으로 발전시키겠다는 상호 간 의지를 확인
- 코로나19 팬데믹에 따른 위협 등 글로벌 도전과제 해결을 위한 양국 간 협력 강화
- 개방성·투명성·포용성의 원칙에 기초하여 '인도-태평양 경제프레임워크(IPEF)'를 통해 긴밀히 협력

3. 전략적 경제·기술 파트너십(Strategic Economic and Technology Partnership)

- 한미 두 나라 간에 경제 및 기술 분야에서 협력하고 파트너십을 강화하기 위한 합의

1) **핵심·신흥기술 보호 및 진흥 협력**: 무역 및 투자, 지식재산권 보호, 과학기술 및 이공계 분야와 인공지능 및 양자기술 등 분야

2) **민관협력 강화**: 반도체, 친환경 전기차 배터리, 인공지능, 양자기술, 생명공학, 바이오 제조 및 자율로봇 분야

3) **공급망 분야 파트너십 강화:** 공급망 공동개발, 미국 중심의 공급망 재편, IPEF, 미래 신산업의, 미래 세계의 글로벌 산업 지형의 변화 초점
4) **핵심광물안보파트너십(MSP: Mineral Security Partnership):** 핵심광물 공급망의 안정과 다변화를 위한 국제 협력 파트너십

4. 장관급 공급망 산업대화(Ministerial Supply Chain, Industrial Dialogue)

- 반도체 및 배터리, 핵심광물 등 주요 품목의 공급망 이슈를 비롯, 디지털 경제, 헬스케어, 기술, 수출통제 등의 산업협력 경제 안보를 다루기 위해 정례적으로 운영할 계획

5. 한반도를 넘어서는 글로벌 포괄적 전략동맹(Global Comprehensive Strategic Alliance: Beyond the Korean Peninsula)

- 한미 간의 협력 관계를 한반도 이외의 지역에서도 확대하고, 더 광범위한 분야에서 협력 강화
- 무역, 투자, 군사 및 안보 분야에서의 협력 관계 강화, 인프라 개발, 에너지 및 환경 문제, 건강 등 새로운 분야에서의 협력을 진행할 것을 목표로 함
- 더 많은 자원과 기술을 공유하고, 협력 사업을 진행하며, 글로벌 사회에서 새로운 도전과 기회에 대응할 수 있는 강력한 파트너십을 형성할 것
- 예를 들어 사이버안보 협력, 에너지·기후 변화, 한미일 삼각 협력 증진 등

Terminology 한미관계 용어	
~ 사이에 가교 역할을 하다	serve as bridges between ~
강력한 의지를 재확인하다	reaffirm strong resolve
우리가 거친 물살을 헤쳐나갈 수 있도록 도와주는 나침반	the compass that will help us navigate these turbulent waters
공급망 및 산업 대화	Supply Chain and Commercial Dialogue
공동 희생	shared sacrifice
공약을 강조하다	reiterate the commitment
공약이 이미 구체적 행동으로 나타나고 있다	commitments are already being translated into concrete actions
공정한 주둔비를 부담하다	pay (one's) fair share
국가 안보실(한/미)	National Security Councils
국방상호조달협정	RDP(Reciprocal Defense Procurement)
굳건한 양국 동맹을 재천명하다	reaffirm the strength of our alliance
국제기구의 영향력 복원	restoring influence of international bodies
굳건한 파트너십	strong partnership
긴밀한 공조[협력]	close coordination[cooperation]
긴밀한 협력과 공조	close cooperation and collaboration
이러한 난제 해결의 핵심인	vital in solving this conundrum

다자외교를 활성화하다	activate multilateral diplomacy
다자주의	multilateralism
대북 억제력	Deterrence against DPRK
대북정책조율	coordination on North Korean policy
동맹 및 민주주의 국가 간 연대 강화	strengthening solidary between allies and democratic countries
동맹의 억지 태세	the Alliance deterrence posture
동맹의 굳건함을 재확인하다	reaffirm the strength of the alliance
동맹이라는 단단한 끈	alliance, a strong thread
동맹 조약	alliance treaty
동맹국의 책임 이행을 요구하다	ask for the fulfillment of committed responsibilities of allies
물샐 틈 없는 공조	watertight collaboration
민간우주대화	Civil Space Dialogue
미군기지	US military base[installation]
미국 리더십의 회복[부활]	renewing American Leadership
미국을 다시 위대하게 (트럼프 공약)	MAGA(Make America Great Again)
방위비 분담	burden sharing
불가결의 핵심축	indispensable linchpin
불량정권	rogue regime
산업협력대화	Commercial Dialogue
상호주의, 호혜성	Reciprocity
~에 대한 새로운 협력의 지평을 열다	open new frontiers of cooperation on ~
서로의 곁을 지켜왔다	have stood side-by-side
관계가 수십 년 중 가장 견고한 단계에 이르렀다	The relations reached their robust state in decades
아르테미스 협정	Artemis Accords * 2024년까지 달에 유인 우주인을 착륙시키고 2028년에는 달 남극 부근에 기지를 건설하는 것을 목표로 하는 협정
안보에 대한 지속적인 의지	enduring commitment to the security
야외 기동훈련	FTX(Field Training Exercise)
양국 간 공조체제	bilateral coordination
양자주의[쌍무주의]	bilateralism
~와 어깨를 나란히 하다	stand shoulder-to-shoulder with

엄중성과 시급성	gravity and urgency
연합 방위 태세	combined defense posture
포괄적이고 검증 가능하며 불가역적인 비핵화	CVID(Comprehensive, Verifiable, Irreversible Denuclearization)
우호 조약	amity treaty
일방주의	unilateralism
전략적 인내의 시대는 끝나다	the era of strategic patience is over
전력 태세	the force posture
전술핵무기	tactical nuclear weapon
전시작전통제권(전작권)	WT-OPCON(Wartimc Operational Control)
전쟁 억지력	deterrence
전통적인 안보 동맹을 '글로벌 포괄적 전략동맹'으로 발전시키기로 합의하다	agree to upgrade the traditional security alliance to a global comprehensive strategic alliance
주한미군 사령부	USFK(United States Forces Korea) Command
지휘소연습	CPX(Command Post Exercise)
그 잠재력을 최대한 이끌어내다	advance to its full potential
철통같은 동맹	ironclad alliance
철통같고 흔들림 없는 공약	ironclad and unwavering commitment
최대 압박과 관여	Maximum Pressure and Engagement
쿼드	QUAD * 미국·인도·일본·호주 등 4개국이 참여한 비공식 안보회의체
평화와 번영의 토대	foundation for peace and prosperity
평화와 안보의 핵심축	linchpin of peace and security
한국전 참전용사	Korean War veteran
한미 글로벌 백신 파트너십	KORUS Global Vaccine Partnership
한미동맹	US-ROK alliance
한미동맹의 깊은 연륜과 공고함	the depth and sturdiness of our alliance
한미상호방위조약	US-ROK Mutual Defense Treaty
한미연합사령부	US-ROK Combined Forces Command
(한미)합동군사훈련	joint military training
(한미)해상연합훈련	joint naval drills
한 치의 빈틈도 없는 긴밀한 협의와 조율	seamless cooperation and coordination
항구적인 한미동맹	longstanding Korea-US Alliance

항구적인 파트너십	enduring partnership
혈맹(한미)	the US-Korea alliance forged in blood
혈맹국	tie forged in blood/blood ties
확고부동한 결속	unbreakable bond
확고한 공약 이행 의지	firm and steadfast commitment
확고한 의지	unwavering will
흔들림 없는 약속	unwavering commitment
21세기형 포괄적 전략동맹	comprehensive strategic alliance suitable for 21st century

Terminology 그 밖의 알아둬야 할 한미관계 용어

Ally shoring	동맹 쇼어링
ARP(American Rescue Plan)	미국 구조 계획
BBB(Build Back Better) Act	더 나은 재건 법안
CHIPS4	칩4/반도체 4국 동맹(미국, 대한민국, 일본, 대만)
CHIPS and Science Act of 2022	미국 반도체 지원법
critical minerals	핵심광물
CHIPS and USA Telecom Act	반도체 및 통신법
CVID(Complete, Verifiable and Irreversible Denuclearization)	완전하고 검증 가능하며 불가역적인 비핵화
CPTPP(Comprehensive and Progressive Agreement for Trans-Pacific Partnership)	포괄적·점진적 환태평양경제동반자협정
economic security dialogue	경제안보 대화
EDSCG(Extended Deterrence Strategy and Consultation Group)	고위급 확장억제전략협의체
Facilitating American-Built Semiconductors(FABS) Act	미국-제조 반도체 촉진 법안(미국 내 반도체 제조 및 설계에 대한 세금 공제)
friend-shoring	프랜드 쇼어링 * 신뢰할 수 있는 동맹국간 안정된 공급망 구축
FFVD(Final, Fully Verified Denuclearization)	최종적이고 완전하게 검증된 비핵화
Foreign Country of Concern	요주의 국가
GHSA(Global Health Security Agenda)	글로벌보건안보구상

global comprehensive strategic alliance	글로벌 포괄적 전략동맹
GMCT(Global Minimum Corporate Tax)	글로벌 최저 법인세
GPS(Global Pivotal State)	글로벌 중추국가
IPEF(Indo-Pacific Economic Framework)	인도-태평양 경제 프레임워크
IRA(Inflation Reduction Act)	인플레이션 감축법
MSP (Mineral Security Partnership)	핵심광물 안보 파트너십 (핵심광물 공급망의 안정과 다변화를 위한 국제협력)
nearshoring	가까운 국가(nearshore)에서 이루어지는 아웃소싱
onshoring	생산 시설 자국화
permanent and solid peace regime	항구적이며 공고한 평화체제
RCEP(Regional Comprehensive Economic Partnership)	역내 포괄적 경제동반자협정
Solar Energy Manufacturing for America(SEMA) Act	미국에서 생산된 태양광 관련 제품에 세금을 돌려주는 정책
Strategic Economic and Technology Partnership	전략적 경제·기술 파트너십
Strategic Competitors	전략적 경쟁국
Summit on Global Supply Chain Resilience	글로벌 공급망 회복력 정상회의

한-아세안 관계
ASEAN-ROK Relations

Information 알아두면 좋을 정보

◆ 개요

- 1996년 아시안게임과 1988년 서울올림픽의 성공적인 개최로 1989년 한국 인정
- 문재인 정부 때 포괄적인 동반자 관계 거쳐서 최고단계인 '전략적 동반자 관계'로 업그레이드
- 아세안은 한국의 주요 교역·투자·건설 파트너
- 한국은 아세안의 교역국 중에서 중국, 미국, 유럽연합(EU), 일본을 뒤이은 다섯 번째의 위치
- 아세안도 한국에게 있어 중국에 버금가는 2대 교역 주체
- 2030년까지 아세안 전체가 총합 GDP를 기준으로 세계 4위의 경제권으로 부상할 것으로 예상

- 아세안 경제가 힘을 얻는 이유는
  ① 제조업에서 탈중국 지속
  ② RCEP와 CPTPP 등 다자간무역협정을 통한 지역통합
  ③ 중산층 증가와 구매력 상승 및 젊은층 인구비중 높음

◆ 신남방정책 배경

- 아세안과의 관계를 한반도 주변 4대 강국 수준으로 끌어올리겠다는 것
- 신남방정책은 단순한 경제 협력을 넘어 더불어 잘사는, 사람 중심의 평화공동체를 함께 만드는 것이 목표

Terminology 한-아세안 관계 용어	
3Ps(사람, 상생번영, 평화)	3Ps(People, Prosperity, Peace)
개발 파트너	development partner
대화상대국	Dialogue Partners
동남아우호협력조약	TAC(Treaty of Amity and Cooperation in Southeast Asia)
메콩강 유역개발계획(GMS 프로그램)	GMS(Greater Mekong Sub-region)
사람 중심의 평화와 번영의 공동체	People-centered Community of Peace and Prosperity
사람 중심의 평화와 번영의 한-메콩 동반자 관계를 구축하다	establish a Partnership for People, Prosperity and Peace between the Mekong countries and the ROK
소지역, 지역, 다자간 협력을 지지하는 전략적 동반자 관계	Strategic Partnership for sub-regional, regional and multilateral cooperation
신남방 비즈니스 연합회	Korea-South & Southeast Asia Business Coalition
신남방 비즈니스 협의회	New Southern Business Federation
신남방 상생 비즈니스포럼	Korea-ASEAN & INDIA Business Forum
신남방정책	New Southern Policy(NSP)
대통령 직속 신남방정책 특별위원회(신남방특위)	Presidential Committee on New Southern Policy
신남방주간	ASEAN & India Business Week
아세안의 단결	ASEAN Unity
아세안 문화원	The ASEAN Culture House
아세안 문화의 해	ASEAN Cultural Year
아세안 방식	ASEAN Way
아세안 스마트시티 네트워크	ASCN(ASEAN Smart Cities Network)

아세안 연계성 마스터플랜	MPAC(Master Plan on ASEAN Connectivity)
아세안 연계성 조정위원회	ACCC(ASEAN Connectivity Coordinating Committee)
아세안 중심성	ASEAN centrality
아세안지역안보포럼	ARF(ASEAN Regional Forum)
아세안 통합 이니셔티브	IAI(Initiatives for ASEAN Integration)
아시아 협력 대화	ACD(Asia Cooperation Dialogue)
완전대화상대국	full-dialogue partner
인도 태평양에 대한 아세안의 관점	AOIP(ASEAN Outlook on the Indo-Pacific)
직업기술교육훈련	TVET(Technical and Vocational Education and Training)
코로나19 아세안대응 기금	Covid-19 ASEAN Response Fund
한-메콩 미래협력방향	Future Direction of the Mekong-ROK
한-메콩 행동계획	Mekong-ROK Plan of Action
한-메콩 협력	Mekong-ROK Cooperation
한-아세안 특별정상회의	ASEAN-Republic of KOREA Commemorative Summit
한-아세안 스타트업 파트너십	ASEAN-ROK Startup Partnership
한-아세안 전략적 동반자 관계에 관한 공동선언의 이행을 위한 행동계획	ASEAN-ROK Plan of Action to Implement the Joint Declaration on Strategic Partnership
한-아세안 항공협정	ASEAN-ROK Air Services Agreement
아세안 2025: 함께 앞으로 나아가자	ASEAN 2025: Forging Ahead Together
항공자유화조약	Treaty on Open Skies

한-아프리카 관계
Africa-ROK Relations

Information 알아두면 좋을 정보

◆ 개요

- 2030년까지 아프리카에 대한 공적개발원조(ODA: Official Development Assistance) 확대, 아프리카의 지속가능한 발전에 주요한 파트너를 희망
- 아프리카의 재생가능에너지 재원 개발 노력 지속적 추구
- 한국-아프리카개발은행(AfDB) 에너지 투자 기본협정 체결
- 향후 5년간 6억 불 지원 예정. 아프리카와의 경제 협력 활성화 참여

- 향후 한-아프리카 FTA 체결 검토. 아프리카의 평화와 안정 구축을 위한 노력에 한국 동참
- 'AU(African Union) 평화 의료훈련센터' 설립 및 의료 교관 파견을 통해 아프리카 평화 활동 종사자의 의료 역량 강화를 지속 지원 예정
- PKO(Peace Keeping Operations 평화유지활동, 평화유지군) 파병 및 특히 기니만 내 해적퇴치 노력을 계속 지지할 예정
- '한-아프리카 특별정상회의' 개최 추진할 계획
- 포스트 코로나 시대(코로나 이후) 한-아프리카 협력 강화
- **한-아프리카 협력프레임워크(2022~2026) 선언**
  ① 코백스 퍼실리티(COVAX facility) 한국 기여 확대 ② 기후변화 대응 ③ 디지털 혁신
  ④ 청년 및 여성 역량 강화 ⑤ 에너지, 인프라 및 산업화 ⑥ 인적 자원 개발

◆ 아프리카개발은행

1. 아프리카개발은행그룹 AfDB(African Development Bank Group)

- 전 세계 다자간 개발은행(MDB: Multilateral Development Bank) 중 하나
- **본부**: 코트디부아르의 경제 수도인 아비장(35개의 현지사무소)
- 총 80개의 회원국(역내 54개국, 역외 26개국) 가입
- **구성**: 아프리카개발은행(AfDB), 아프리카개발기금(ADF: African Development Fund), 나이지리아 신탁기금(NTF: Nigeria Trust Fund)
- 투자 재원조달 및 기술 지원 제공을 통해 아프리카의 지속가능한 경제발전과 사회적 진보를 돕는 국제금융기구

2. 아프리카개발은행그룹 아시아대표사무소 ASRO(Asia External Representation Office)

- 2012년 10월 개설. 일본 도쿄에 위치
- 아시아와 태평양 지역 대상 업무와 역할 수행
- 아시아와 아프리카의 파트너십을 강화, 아프리카에 대한 비즈니스와 투자를 촉진
- **아·태지역 회원국**: 한국, 중국, 일본, 인도 총 4개국
- **활동**: 아시아의 개발 경험을 통해 얻은 교훈 공유, 개발 활용, 회원국 증대

3. 아프리카개발은행의 5대 중점 목표(The High 5s of AfDB)

① 전력 공급(Light up and Power Africa)
② 식량 보급(Feed Africa)
③ 산업화(Industrialize Africa)
④ 역내 통합(Integrate Africa)
⑤ 삶의 질 개선(Improve the Quality of Life for the People of Africa)

◆ 아젠다 2063(Agenda 2063)

- 아프리카연합(AU: African Union)에서 채택한 아프리카 대륙을 미래의 글로벌 강국으로 발전시키기 위한 2063년까지의 달성 목표

- '포용적 성장'을 위해 경제적 기회의 범위(사람, 국가, 지역) 확대
- **7가지 염원(7 Aspirations):** 번영(Prospertiy), 통합(Intergration), 굿거버넌스(Good Governance), 평화와 안전(Peace and Security), 문화 정체성(Cultural Identity), 인간중심(People-Driven), 국제 파트너십(Global Partnership)
- 아프리카에 생산성 높은 일자리가 빠르게 증가하도록 지원
- 취약계층에 대한 보호 강화
- 아프리카 '녹색성장(신재생에너지, 기후 스마트 농업, 지속 가능한 수자원 관리)' 우선적 투자

Terminology 한-아프리카 관계 용어	
공적개발원조	ODA(Official Development Assistance)
글로벌 개발센터	CGD(Center for Global Development)
동·서 해역의 해적 문제	piracy in the eastern and western coastal areas
빨리 가려면 혼자 가고, 멀리 가려면 함께 가라. (아프리카 속담)	If you want to go fast, go alone, if you want to go far, go together.
세계의 곡창지대	breadbasket of the world
사하라 이남 아프리카	Sub-Saharan Africa
신탁기금	trust fund
아프리카 개발기금	African Development Fund
아프리카개발은행 그룹 아시아대표사무소	AfDB(African Development Bank) Group Asia External Representation Office(ASRO)
아프리카개발은행의 5대 중점 목표	AfDB's High 5s
아프리카단결기구 (아프리카통일기구)	OAU(Organization of African Unity)
아프리카의 뿔 지역의 불안정	instability in the Horn of Africa * 아프리카의 뿔: 에디오피아, 소말리아 등 아프라카의 북동부 10개국
아프리카 연합	AU(African Union)
아프리카연합개발청	AUDA-NEPAD(African Union Development Agency) * NEPAD: New Partnership for Africa's Development
아프리카 평화 활동 종사자의 의료 역량 강화	Africa's medical capacity-building for peacekeepers
양허성 자금(아프리카개발은행의)	the Bank Group's concession
주한 아프리카 외교단	African Group of Ambassadors in Korea
AU 평화 의료훈련센터	AU Medical Training Center for Peace Operations
한-아프리카 농식품 기술협력 협의체	KAFACI(The Korea-Africa Food & Agriculture Cooperation Initiative)
한-아프리카 재단	Korea-Africa Foundation
해적퇴치 노력 지지	support counter-piracy operations

한-인도 관계
Indo-Korean Relations

Information 알아두면 좋을 정보

◆ 외교관계

- 1973년 대한민국과 외교 관계를 맺음(같은 해에 북한과도 수교)
- 2009년 한국-인도 포괄적경제동반자협정(CEPA: Comprehensive Economic Partnership Agreement) 체결
- 2015년 한국-인도 특별전략적 동반자 협정 체결
- 2018년 문재인 정부가 인도를 포함한 신남방정책 발표(양국 간의 관계를 4강 수준 격상 희망 의사 전달)
- 2018년 모디 총리 서울평화상 14회 수상자로 선정
- 2020년대에 들어 인도에서 한류가 선풍적 인기
- **인도종교**: 힌두교(Hinduism), 이슬람교(Islam), 기독교(Christianity), 불교(Buddhism), 시크교(Sikhism), 자이나교(Jainism)

* **한국 관련 설화**

2천 년 전 인도 고대국가 아유타국의 공주, 허황후가 기원후 1세기 한반도로 배를 타고 내려와 당시 가야를 건국한 김수로왕과 결혼, 가야의 왕비가 된 이후 평생 아유타국으로 돌아가지 않았다고 전해짐

◆ 인도 대외정책

- 신동방정책(Act East Policy)은 동아시아 국가들과 관계에 활력을 불어넣은 정책
- 쿼드(Quad)를 통해 인도·태평양 전략에 접근하여 쿼드 국가들과의 파트너십 체결에 적극적일 뿐 아니라 동아시아 국가들과도 파트너십을 넓히고 고취하기 위해 노력
- 2019년 역내포괄적경제동반자협정(RCEP: Regional Comprehensive Economic Partnership Agreement)에서 인도 탈퇴
- 아세안, 일본, 한국과 FTA 체결
- 인도의 신동방정책과 한국의 신남방정책은 서로 확장된 지역 범위 속에서 이웃 나라와 좀 더 적극적인 관계를 맺기를 원한다는 사실을 상징적으로 보여주는 정책

◆ 모디노믹스(Modinomics)

- '성장의 인도'를 추구하는 인도 나렌드라 모디 총리(PM Nahindra Modi)의 국정철학
- **신동방정책(Act East Policy)**: 동남아를 넘어 동아시아와 경제안보 협력 강화
- **클린 인디아(Clean India)**: 깨끗한 인도 만들기, 무결점 제품, 무공해 친환경 사업 육성
- **디지털 인디아(Digital India)**: 전자통신분야 육성 정책

- **메이크 인 인디아(Make in India):** 제조업 육성 정책. 해외 기업 제조공장을 인도에 유치해 제조업 활성화, 고용 창출, 소득증대, 소비시장 잠재력 향상(2022년 제조업 GDP 기여율 16% → 25%, 신규 일자리 1억 개 창출 목표)
- **스킬 인디아(Skill India):** 기술 교육을 통한 13억 인구 일자리 창출
- **스타트업 인디아(Startup India):** 창업 초기 기술 중심 벤처기업 육성

◆ 모디 총리가 지정한 경제구역

- Electronic Hardware Technology Parks(전자 하드웨어 테크놀로지 파크)
- EOU(Export Oriented Units 수출기업)
- EPZ(Export Processing Zone 수출 가공구)
- SEZ(Special Economic Zones 특별경제구역)
- Software Technology Parks(소프트웨어 테크놀로지 파크)

Terminology 한-인도 관계 용어	
한-인도 관계 발전의 새로운 시대	the new era of development in the India-Korea relationship
관세환급 제도	Duty Drawback Scheme
국유기관	SOE(State Owned Entities)
기본관세	BCD(Basic Customs Duty)
다자협의체	multilateral bodies
다층적 제휴	multi-alignment
맞춤형 인센티브제도	Customized Package Incentive Scheme
무관세수입 승인(허가)제도	DFIA(Duty-Free Import Authorization Scheme)
뱅골만 기술경제협력체	BIMSTEC(Bay of Bengal Initiative for Multi-Sectoral Technical & Economic Cooperation)
변혁적 영향	transformational impact
산업별 연구개발 촉진제도	Industrial R&D Promotion Program
상계관세	CVD(Countervailing Duty)
세금 인센티브	Tax Incentives
수출촉진용 자본재 제도	EPCG(Export Promotion Capital Goods) Scheme
스타트업 인디아 (창업 초기 기술 중심 벤처기업 육성)	Startup India
시너지와 상호보완성을 적극 파악하고 활용하다	actively identify and leverage the synergies and complementarities
양질의 인프라 개발	developing quality infrastructure

전수입대체	Net Zero Import
이익보조금 제도	Interest Subsidy
인도 국가개조기구/인도 국가변혁위원회	NITI(National Institution for Transforming India)
인도루피	INR
인도증권거래 위원회	SEBI(Securities and Exchange Board of India)
인도프로젝트 개발펀드	IPDF(India Project Development Fund)
인도 아대륙	Indian Subcontinent
인베스트 인디아	Invest India
인지세 감면제도	Stamp Duty Exemption
인태 경제 비전	Indo-Pacific Strategy
자산 보조금제도	Capital Subsidy
자유롭게 개방된 인도 태평양 전략	Free and Open Indo-Pacific Strategy
재화[상품] 수출제도	MEIS(Merchandise Exports from India Scheme)
전략적 동반자관계	strategic partnership
전략적 동반자관계가 장기 지속	long-standing strategic partnership
조직적 협조 (강화)	organizational coordination (reinforce)
주요 권고사항의 진전 수준을 숙고하다	deliberate upon the progress on major recommendation
중앙정부 판매세	CST(Central Sales Tax)
진주목걸이 전략(중국해상 수송로 위치 국가들과 협력 강화, 항구운영권 이용)	String of Pearls
최저한세	MAT(Minimum Alternate Tax)
코리아플러스(산업부-코트라-인베스트인디아 직원 근무)	Korea Plus
통합부가세(상품서비스에 부가됨)	GST(Goods and Service Tax)
특별 전략적 동반자 관계	Special Strategic Partnership
포괄적 경제동반자 협정	CEPA(Comprehensive Economic Partnership Agreement)
포괄적 지역구도	inclusive regional architecture
하나의 세금, 하나의 시장	One Tax, One Nation
한-인도 관계 격상	take[lift] India-Korea relations to the next level
환인도양 연합	IORA(Indian Ocean Rim Association)

한-일 관계
Korean-Japan Relations

Information 알아두면 좋을 정보

◆ 개요

1998년 김대중 오부치 선언

- 일본 오부치 게이조 총리대신이 양국 불행한 역사 극복 및 미래지향적 관계 발전시키기 위해 '21세기 새로운 한일 파트너십 공동선언(A New Japan-Republic of Korea Partnership towards the Twenty-first Century)'을 발표

2003~2008 노무현

- 백색국가 리스트(수출심사 우대국)에 한국을 포함시킴(2019년 white list 한국 제외됨)

2013~2017 박근혜

- 동북아 안보경제 파트너로 일본 선택
- 위안부 합의

◆ 한-일간의 갈등

- 일본은 조선을 식민지로 만들고 전쟁에 조선인들 동원
- 일본은 강제징용, 강제징병, 위안부에 대해 한국이 자원해서 간 것이라고 주장
- **1965 treaty(한일청구권협정)**: 일본은 강제노역 피해자 청구권 문제가 한일청구권협정으로 이미 해결됐다고 주장
- 후쿠시마 제1원전 오염수 방출, 후쿠시마산 식품 규제에 양국입장 차이 발생
- 2019년 일본이 한국에 반도체 등에 사용되는 소재의 수출제한 발표. 한국을 백색국가에서 제외함
- 2022년 유엔총회에서 한일 정상 소통(2년 9개월만)
- 강제징용 문제 해결 포함한 개선발전 방안 논의(한덕수 국무총리, 기시다 일본 총리 면담)

◆ 한일 무역갈등

- 전자제품 관련 부품 공급 부족과 가격 급등 초래
- 한국 생산 메모리칩 의존하는 IT 기업들의 컴퓨터 서버 관리 부담이 돼 인터넷 경제에도 심각한 영향

Terminology 한-일 관계 용어

감광제(포토레지스트)	PR(photoresist)
강제 점령	forcible occupation
강제징병	compulsory military service
강제징용	forced labor
강제징용된 한국인들	Koreans who were forced to work
강제징집된 한국인들	Koreans who were conscripted as soldiers
공식 사과	formal apology
관계가 경색되다	relations are strained
글로벌 반도체 공급망 혼란[붕괴/와해]	disrupt the global supply of semiconductors
대법원의 일제 강제징용 배상 판결	Supreme Court ruling ordering Japanese companies to compensate Koreans who were forced to work for them
대한민국 임시정부 수립	establishment of Korea's Provisional Government
독도	(한국) Dokdo (일본) Takeshima (중립국) Liancourt Rocks
독도경비대	Dokdo Security Police
백색국가	white list * 우방국에 대한 수출 절차를 간소화하는 우대 혜택
불소(플루오린)	F(Fluorine)
불화수소	HF(hydrogen fluoride)
배상금을 지불하다	pay compensation
손해배상 청구소송	damage suit
실효지배	effective display
영유권	sovereignty
영토분쟁	territorial dispute
소셜미디어를 통해 주요 일본제품을 보이콧하라는 요구를 확대하다	amplify calls over social media to boycott major Japanese brands
우경화	Conservative swing[shift]
위안부/전시 성노예	comfort woman/wartime sex slaves
일본의 점령[식민지화]	Japan's occupation[colonization]
일제 강제징용 피해자	victims of Japan's wartime forced labor
한국인 노동자들에게 미지급 임금을 지불해야 한다	must pay unpaid wages to the Korean laborers

한국의 일본제품 불매 운동	Korean boycotts of Japanese products
한국을 백색국가 목록에서 제외하다	exclude South Korea from its "white list"
한미일 삼각동맹	Trilateral Alliance
한미일 안보공동체	South Korea-U.S.-Japan Security Alliance
한일 청구권협정(1965)	Korea-Japan Accord / the 1965 Treaty
한일합방	annexation
해안경비대	coast guards

한-중관계
China-ROK Relations

Information 알아두면 좋을 정보

◆ 주요 내용

2008년 전략적 협력 동반자
2016년 한미 주한미군 THAAD(고도미사일방어체계) 배치 결정 이후 관계 뒤틀림
2022년 5월 공급망 200개 중 6-70개는 중국과 협력자고 함
2022년 8월 한-중수교 30주년

Terminology 한-중 관계 용어	
고고도미사일방어체계	THAAD(Terminal High Altitude Area Defense)
국수주의	nationalism
소수민족	ethnic minority
신장 위구르 자치구	Xinjiang Uygur Autonomous Region
이중잣대	double standard
일대일로	One Belt, One Road
전국 인민 대표대회(전인대)	NPC(National People's Congress)
줄타기외교로 균형을 잡다	find one's balance on the diplomatic tightrope
첨단기술강국	cutting-edge tech powerhouse
하나의 중국	One China policy
한한령	sanctions or a ban on Hallyu

05

국내 정치 제도 및 용어

Domestic Politics:
The System and Terminology

◆ 국내 정치, 주요 기관 및 제도

주요 기관	
경제중대본(중앙대책본부)	Central Economic Response Headquarters
공수처(고위공직자범죄수사처)	CIO(Corruption Investigation Office for High-ranking Officials)
대검찰청	SPO(Supreme Prosecutors Office)
검찰	Prosecution Service
검찰권	Prosecution Service's Authority
검찰총장	Prosecutor General
경찰청	KNPA(Korean National Police Agency)
경찰청장	KNPA Commissioner General
국가수사본부	National Investigation Headquarters
국무회의	Cabinet meeting
비상경제회의	Emergency Economic Council
서울동부구치소	Seoul Dongbu Detention Center
서울지방경찰청	Seoul Metropolitan Police Agency
중앙재난안전대책본부	Central Disaster and Safety Countermeasures Headquarters
출입국사무소(본부)	Korea Immigration Service

정당 Political Parties in Korea	
국민의 힘	PP(People Power Party)
기본소득당	Basic Income Party
더불어 민주당	DP(Democratic Party of Korea)
시대전환	Transition Korea
정의당	Justice Party

국내 정치

주요 법 및 제도	
공수처법	CIO(Corruption Investigation Office) for High-ranking Officials Law
공정경제 3법	**the Fair Economy-related Legislation**
(1) 상법	Commercial Act
(2) 공정거래법	Monopoly Regulation & Fair Trade Act
(3) 금융 복합 기업집단 감독법	Act on Supervision of Financial Groups
국민취업지원제도	National Employment Support Program
권력기관 개혁 법률	**Reform Laws for Law-enforcement Agencies**
(1) 경찰법	Police Act
(2) 국정원법	National Intelligence Service Act
노동 관련 3법	**3 Bills Related to Labor**
(1) 노동조합법 및 노동관계조정법	Trade Union & Labor Relations Adjustment Act
(2) 노동쟁의조정법	Labor Disputes Settlment Act
(3) 근로기준법	Labor Standards Act
뉴딜 10대 영역의 핵심입법	key legislation related to ten representative areas of the New Deals
대북전단금지법	anti-leaflet law
산안법(산업안전보건법)	Industrial Safety and Health Act
소상공인 보호법	Act on the Protection of and Support for Micro Enterprises
아동복지법	Child Welfare Act
유통산업발전법	Distribution Industry Development Act
임대주택 등록제도	Rental Housing Registration
임대차 3법	3 Revisions to the Housing Lease Protection Act
입양특례법 4조 원칙	Special Adoption Act
전국민 고용보험제도	Universal Employment Insurance
중대법(중대재해기업처벌법)	Severe Accidents Corporate Punishment Act
청탁금지법	Anti-Corruption and Bribery Prohibition Act
코로나 3법	**COVID-19 Related Act**
(1) 검역법	Quarantine Act
(2) 의료법	Medical Service Act
(3) 감염병 예방법	Infectious Disease Control and Prevention Act
특가법 (특정강력범죄의 처벌에 관한 특례법)	Act on Special Cases Concerning the Punishment of Specific Violent Crimes

3대 에너지 신산업	3 New Energy Industries
(1) 재생에너지	Renewable
(2) 수소	Hydrogen
(3) 에너지 IT	Energy IT
3대 신산업	**3 New Industries**
(1) 시스템반도체	System Semiconductors
(2) 미래차	Future Cars
(3) 바이오헬스	Biohealth
4대 사회보험	**4 Major Social Insurance**
(1) 건강보험	Health Insurance
(2) 국민연금	National Pension
(3) 고용보험	Employment Insurance
(4) 산재보험	Work-Related Injury Insurance
4대 사회안전망	**Social Safety Net in 4 Major Categories**
(1) 생계	Livelihoods
(2) 의료	Medical Care
(3) 주거	Housing
(4) 교육	Education

주요 계획	
국가균형발전계획	Balanced National Development Plan
지역균형뉴딜	**Regionally Balanced New Deal**
(1) 규제자유특구	Special Regulation-Free Zone
(2) 지역밀착형 생활SOC	Neighborhood Infrastructure In Provincial Areas
(3) 혁신도시	Innovative Cities
국민생명 지키기 3대 프로젝트	**3 Projects To Protect Lives**
(1) 교통사고	Traffic Accidents
(2) 산재사망	Industrial Accident-Related
(3) 자살예방	Suicides Prevention
한국판 뉴딜 종합계획	**Korean New Deal Master Plan**
(1) 그린뉴딜	Green New Deal
(2) 디지털뉴딜	Digital New Deal
(3) 지역균형뉴딜	Regionally Balanced New Deals

2050 탄소중립 비전	2050 Carbon Neutrality Vision
2050 탄소중립 정책	2050 Carbon Neutrality Policy

정부 추진 협력체	
생명 · 안전 공동체	Community of Life and Safety
평화 · 안보 · 생명공동체	Community of Peace, Security and Life
동북아 방역 · 보건 협력체	Northeast Asia Cooperation Initiative for Infectious Disease Control and Public Health

정부 지원금	
고용유지지원금	Subsidies to Maintain Employment
구직촉진수당	Monthly Allowance to Facilitate Employment
근로 장려금 (확대)	Earned Income Tax Credit (increase)
기초생활수급대상	basic living security benefits recipient
기초연금 (인상)	basic pension (raise)
뉴딜 펀드	New Deal Fund
보훈 보상금	Compensation for Patriots
상병수당	Injury and Sickness Benefits
소득안정지원금	Income Stabilization Subsidies
소상공인 "새희망자금"	"New Hope Funds" for Microbusiness Owners
전국민 재난지원금	Emergency Relief Payments Distributed to All Citizens
혁신모험자금	Innovative Venture Funds

기타 국내 제도	
건강보험 보장성 (강화)	national health insurance coverage (expansion)
공문서 위조	Public Documents Counterfeit
고용보험	employment insurance
고용안전망 & 사회안전망	employment and social safety nets
공공 임대 아파트	public rental apartments
공적임대주택	public rental housing units
국민 고용안전망	employment safety net for the entire public

과세표준	tax base
공시가격	declared value
공시지가	declared value of home
국고지원	national subsidies
국정농단	influence peddling scandal involving state affairs
규제자유특구	special regulation-free zones
권력형 부패비리 사건	power-induced corruption and irregularities
권력형 비리를 조사하다	investigate administration's influence peddling
기소권	prosecution rights
긴급복지 (확대)	emergency welfare (expand)
농산물 꾸러미 운동	purchase pre-packaged farm products
다주택자	multiple homeowners
데이터 댐 * 데이터의 수집, 가공, 활용	data dams
돌봄 부담을 완화하다	relieve burdens from caregiving
모두의 안전이 나의 안전	when everyone is safe, we are safe
무소불위 권력을 행사하다	wield unfettered power
민생경제	people's livelihoods and the economy
민생금융안정패키지	a package program to stabilize people's livelihoods and finances
빠른 경제 회복, 강한 경제 반등	quick economic recovery, strong economic rebound
방역 당국자	disease control agencies
방역 3대 원칙	3 principles of epidemic prevention & control
개방성, 투명성, 민주성	openness, transparency, democracy
법 제도적인 개혁	legal and institutional reforms
백신 실기론	loss of timing for vaccine
백신 주권	vaccine sovereignty
(부동산) 공시가격	government-assessed value
부동산 및 주식에 이른바 빚투 (빚을 내 투자)	get loans to invest in real estate and stocks
부동산 정책 실패	failed real estate policy
부양의무자 기준	the family support obligation rules/ the dependents of someone obligated to support
분양가 상한제	price ceiling system

분양가와 용적률	Parcel prices and floor area ratio
북핵의 사정권 안에	within the range of the North's nuclear attack
사면(가석방)	pardon/parole * eligible for a special pardon 특별 사면 자격이 있는
사전청약	advance housing subscription
산단의 스마트화	smartization of industrial complexes
산업재해	industrial accidents
실거주	primary residence
상생과 평화	mutual benefit and peace * '평화'가 곧 '상생' Peace equals mutual benefit.
상생 협력	mutually beneficial cooperation
상생형 지역 일자리	mutually beneficial local job programs
상호 간 안전보장	mutual security guarantees
생계급여(생계비)	living allowance
생계급여 부양의무자 기준	family support obligation criteria for living allowances
선도형 경제로 대전환	great transformation to a pace-setter[pace-setting economy]
(한국) 선박(케미호/유조선)을 억류하다	seize of Korean flagged tanker
소재·부품·장비 강국	materials, parts and equipment powerhouse
수사권	investigation rights
수산 공익직불제	subsidy system for fisheries to promote the public good
실수요자 보호	genuine would-be homeowners
실업수당	unemployment allowance
양도차익	gains on transfer
양도세	transfer tax
열병식을 개최하다	stage a military parade
연구자 중심의 국가 R&D 혁신 방안	researcher-centered national R&D innovation policy
연립형 주택	town house
요양 보험	long-term care insurance for the elderly * 건강보험 health insurance coverage
용적률 기준	floor area ratio criteria
우선순위 대상자	the prioritized

이익 공유제	sharing profit
임대주택 등록제도	rental housing registration
임대사업자	registered rental business
임상단계별 맞춤형 지원	customized support for each stage of clinical trials
임차인	tenant
임차료	rent
자금출처조사	probes into the source of money
잠수함발사탄도미사일	SLBM(Submarine-Launched Ballistic Missile)
핵추진 전략잠수함	SSBN(Submersible Ship, Ballistic missile, Nuclear powered)
재건축 초과이익 환수	restitution of development gain[benefit]
재난 지원금	emergency relief payment
재산세	property tax
재정 · 금융 등 정책수단	policy measures as fiscal spending & financing
저금리 융자 지원	low-interest loans
전세시장	deposit-based[money-based] leasing
최악의 전월세난	the worst crisis of deposit-based lease and rental
전쟁 불용	zero tolerance for war
조세 감면	tax breaks
(~에 대한) 조건부 사용승인	conditional authorization for the use of
조정지역	regulated area
종부세	comprehensive real-estate tax
주식 양도세	capital gains tax on stocks
중과세	heavy tax
주택담보대출비율	LTV(Loan to Value ratio)
주권 면제론(을 적용하다)	(apply) sovereign immunity
징용 판결(강제징용 희생자들에 대한 보상을 명령한 판결)	ruling that ordered to compensate for the victims of forced labor
전세 계약 갱신권 및 전세금인상 억제	capped rent increases while giving tenants the right to extend leases
중소상공인과 취약계층 맞춤형 지원	tailored support for small- and microbusiness owners & the vulnerable
증여세	gift tax
지역균형 뉴딜	Regionally Balanced New Deal

지역밀착형 생활SOC	neighborhood infrastructure in provincial areas * SOC: Social Overhead Capital 사회간접자본(사회기반시설)
지역사랑 상품권(온누리)	gift certificates redeemable in designated local areas & traditional markets
(~에 대해) 직무정지된	suspended for
진단검사, 역학조사, 격리 및 치료	diagnostic testing, epidemiological investigations, quarantining and treatment
징계	disciplinary action/punishment action
첨단 전력을 보강하다	reinforce our state-of-the-art combat strength
총부채 상환비율	debt-to-income ratio
출금(출국 금지)	prohibiting from[Ban on] traveling to
취득세	acquisition tax
특별사정기구	special investigative organization
특수고용직	contract-based Self-employed
피부양자	dependents
(~로 인한) 피해업종[피해소득 계층]	business lines[income groups] hurt by
착한 선 결제 운동	paying upfront campaign
착한 임대인 운동	Good Landlord Campaign
함께 잘 사는 나라	country where everyone prospers together
혁신적 포용 국가	innovative and inclusive country
회복, 포용, 도약	recovery, inclusiveness, resurgence
'회복의 해', '포용의 해', '도약의 해'	a year for recovery, a year for inclusiveness, a year for resurgence

국내 경제 관련 표현

가계소득이 늘면 빚을 갚아야 하는 부담을 덜 수 있다
household income grows, the burden to pay back debt can be lessened

GDP 대비 가계부채 비율은 101.1%이다
household debt-to-GDP ratio is 101.1 percent

가장 빠른 경제 반등을 이루다
achieve the fastest economic rebound

경제가 거둔 가장 큰 수확은 '대한민국'이라는 이름의 가치를 높인 것이다.
(가장 주목할 만한 경제적 수확은 대한민국 브랜드 가치의 제고였다.)
The most remarkable economic yield harvested has been the enhancement of the Republic of Korea's brand value.

우리 경제의 맥박이 더욱 힘차게 뛰다
the pulse of our economy beats more vigorously

우리 경제가 빠르게 회복하고 반등할 것이라는 평가는 시장뿐만 아니라 국내외 투자자들에 의해 공유된다
assessment that our economy will recover and rebound quickly is shared by both domestic and foreign investors as well as markets

경제적 측면에서도 빠르고 강한 회복이 달성될 것이다
A fast, resilient recovery will be achieved on the economic front

고용 충격을 완화하다
mitigate the employment shock

고용 회복세가 더디다[지연되고 있다]
job recovery is still lagging

고용 회복은 경기 회복보다 늦기 마련이다.
Job recovery is bound to come later than economic recovery.

국가 부채 사상 최대치인 ~원까지 치솟는다
National debt climbs to a record ~ won

기술창업이 더 늘어나는 것을 목도하다
see more tech-driven startups

내수 위축으로 경제 활력이 떨어졌다
shrinking demand lowered economic vitality

달러화 약세로 외화 보유액이 증가하고 있다
foreign exchange reserve increase is attributed to the weak dollar

대공황 이후 최악의 침체이다
experience the worst recession since the Great Depression

마이너스 성장은 불가피하다
negative growth is inevitable/could not avoid negative growth

민생경제의 확실한 반등을 이루다
achieve a solid rebound for people's livelihoods and the economy

벤처 붐은 경제 역동성을 여실히 보여준다
the venture boom clearly proves the dynamism of economy

부동산 및 주식에 이른바 '빚투(빚을 내 투자)'
get loans to invest in real estate and stocks

상생형 지역 일자리는 전국으로 확산되어 새로운 성장동력을 키우고 있다
Mutually beneficial local job programs have spread nationwide, fostering new growth engines

세계 경제의 극심한 침체
the severe downturn in the global economy

GDP 순위가 세계 12위에서 10위권 내로 올라설 전망이다
GDP ranking is projected to jump from 12th in the world to among the top ten.

국제신용평가사들은 한결같이 한국의 신용등급을 안정적으로 전망하며 한국 경제에 대한 높은 신뢰도를 보였다.
International credit rating agencies uniformly forecast Korea's sovereign ratings as stable, showing a high degree of trust in the Korean economy.

안전한 투자처로 세계의 인정을 받다
be globally recognized as a safe investment destination

유동성 가뭄으로 가계부채 부실이 수면 위로 떠오를 것이다
insolvent household debt will surface due to a liquidity crunch

외국인 직접투자도 역대 최대 실적을 기록했다
attracted the country's largest foreign direct investment ever

외환보유액이 연속으로[사상] 최고치를 기록했다.
Korea's foreign exchange reserves hit a record, all-time high.

재정 지출과 자금 조달 등 정책 수단을 총동원해야 한다.
Policy measures such as fiscal spending & financing should be fully mobilized.

재정 지출을 통해 소득 분배를 개선해야 한다.
Income distribution should be improved through fiscal spending.

청년층에서 자산증식을 위해 투자로 눈을 돌리고 있다.
Young people are turning to investing in order to grow wealth.

주가는 사상 최고치 기록을 경신하고 있다
stock prices are breaking record highs

연일 사상 최고치를 경신하는 주가
stock prices breaking record highs every day

주가상승은 우리 경제의 미래에 대한 희망을 보여주는 객관적 지표이다
upturns in stock prices is an objective indicator that gives hope for the future of our economy

코스피 지수 2,000선 돌파 14년 만에 주가 3,000 시대를 열다
stock index KOSPI exceeded the 3,000-point mark for the first time in 14 years after breaking the 2,000-point mark

취약계층부터 빚을 감당 못 하고 벼랑 끝으로 내몰릴 수 있다
The vulnerable class would not be able to handle the debt and will be pushed off the cliff

코로나 이전 수준을 회복할 수 있다
be enable to return to its pre-COVID-19 state

경제는 이미 플러스 성장으로 전환되었다
economic growth has already returned to positive territory

1인당 국민소득이 G7 회원국을 넘어설 것으로 예상된다
Per capita income is anticipated to surpass that of a G7 member state

GDP 규모 세계 10위권 안으로 진입할 것으로 전망된다
be projected to join the world's top ten in terms of GDP

OECD 국가 중 경제성장률 1위를 기록했다
rank first among the OECD members in terms of economic growth

격차를 좁히는 방식의 위기 극복
overcoming the crisis in a manner that narrows disparities

고용안전망과 사회안전망을 더욱 튼튼히 확충하다
further expand and solidify employment and social safety nets

공매도 금지 연장으로 주식시장을 활성화하다
stimulate stock market by extending the ban on the short-selling of shares

~에 대한 증권거래세를 조기에 인하하다
reduce the securities transaction tax early on ~

주식 양도세 부과 기준을 유지하다
maintain the criteria for levying the capital gains tax on stocks

공정경제 3법과 노동 관련 3법은 경제민주주의를 이뤄낼 것이다
3 bills related to a fair economy and the 3 bills related to labor will help achieve economic democracy

다중대표소송제
multiple derivative action

(상법 개정안 중) 모회사의 주주들이 1%가 넘는 주식 소유 시 자회사에 소송제기하는 것을 허용하는 것이 목적이다.
The aim is to allow shareholders of a parent company to file a lawsuit against an affiliate when they hold more than 1% of the shares issued at the parent company.

불공정 기업 거래로 인한 피해자는 공정거래위원회에 알리지 않고 법원에 직접 소송제기가 가능하다.
Those affected by unfair business transactions can directly file a lawsuit with the court without reporting it to the FTC (Fair Trade Commission).

국가균형발전을 위한 대규모 · 초광역 프로젝트를 신속 추진하다
accelerate large-scale, pan-regional projects for balanced national development

노인, 장애인 등 고용 취약계층에 정부가 직접 일자리를 제공할 것이다.
For the elderly, those with disabilities and other vulnerable people, the Government will offer jobs directly.

코로나19 시국에서 발생하는 돌봄 격차의 완화, 필수노동자 보호, 산업재해 예방, 성범죄 근절, 학대 아동 보호(아동 학대 방지)
alleviate disparities in caregiving in this age of COVID-19, protect essential workers, prevent industrial accidents, eradicate sex crimes, safeguard children from abuse

중소기업, 소상공인, 어려움에 처한 자영업자를 위해 대출, 보증 등 금융지원을 강화하다.
strengthen lending, loan guarantees, other financial assistance for those SMEs, microbusiness owners, the self-employed in need.

디지털경제 전환, 기후위기 대응, 지역균형발전 등 뉴딜 10대 영역의 핵심입법을 조속히 추진하다
swiftly push key legislation related to 10 representative areas of the New Deals, including the transition to a digital economy, climate change responses and balanced national development

우리의 미래 수입원 발굴에 박차를 가하다
give impetus to identifying our future income sources

미래 성장동력에 과감히 투자하다
make bold investments in future growth engines

빠르고 강한 경제 회복, 선도형 경제로의 대전환
fast, strong economic recovery, grand transformation toward a pace-setting economy

(생계급여를 받지 못했던) 어르신과 한부모 가정, 저소득 가구 모두 생계급여를 받을 것이다
the elderly, single-parent families and low-income households will receive living allowances

생활 SOC투자를 늘려 지역주민의 삶의 질을 더욱 향상시킨다
increase investments in neighborhood infrastructure, thereby further improving the quality of local residents' lives

인센티브는 소비 촉진을 위해 강화되어야 한다
incentives should be strengthened to promote spending

신산업과 벤처창업 등에 혁신모험 자금을 집중 공급하다
intensively supply new industries, business ventures with innovative venture funds

연구개발 투자 100조 원 시대가 도래했다.
The era of 100 trillion won R&D investments has been ushered in.

예산은 일자리 유지와 창출에 우선순위를 두었다
budget has prioritized the maintenance and creation of jobs

문화예술인, 특수고용직까지 고용보험 혜택을 받을 수 있게 되다
culture and arts professionals, contract-based self-employed become eligible for employment insurance benefits

100만 개 이상의 일자리를 직접 제공할 계획이다
be planning on offering more than 1 million emergency jobs directly

일자리 창출 예산이 집중 투입될 것이다
funds earmarked for creating jobs will be intensively injected

긴급 재정지원, 금융지원 대폭 확대
significantly expanded emergency fiscal and financial support

적극적인 일자리 창출 노력과 저소득층 지원
proactive job-creation efforts and support for low-income families

정책지원을 위해 72조 9천억 원을 투입하다
inject 72.9 trillion won to back up policies

종합 반도체 강국으로 도약하는 꿈을 실현하다
accomplish dream of becoming a comprehensive semiconductor powerhouse

청년, 노인, 장애인 등 취약계층을 위해 일자리 104만 개를 만들 예정이다.
Jobs will be created to directly hire members of vulnerable populations such as the young, senior citizens, and people with disabilities.

청년층과 저소득 구직자들이 취업지원서비스, 생계비를 지원받는 취업지원 제도
The employment support program enabling young people, low-income job seekers to receive relevant assistance, living allowances.

코로나 3차 확산의 피해업종 및 소득계층의 지원을 위해 소상공인, 자영업자, 취약근로자, 특수고용직, 프리랜서, 돌봄 종사자 등에게 3차 재난 지원금을 지급하다
support the business lines and income groups hurt by the 3rd wave of COVID-19, the 3rd round of emergency relief payments be distributed to microbusiness owners, self-employed people, vulnerable workers, the contract-based self-employed, freelancers, caregivers

풍부한 유동자금이 생산적 투자로 전환될 수 있다.
Abundant liquidity can be converted into productive investments.

코로나의 부활로 인한 피해업종과 피해소득계층에 지원을 신속히 전달하다
swiftly deliver support to the business lines, income groups hurt by the resurgence of COVID-19

110조 원 규모의 공공민간 투자 프로젝트를 속도감 있게 추진할 것이다
public-private-sector investment projects worth 110 trillion won will be implemented expeditiously

혁신제품 초기 판로 확보를 위한 공공구매를 확대하다
expand public procurement to help innovative products secure an initial consumer base

확장적 예산을 신속하게 집행할 것이다
the enlarged budget will be swiftly disbursed

CPTTP 가입을 긍정적으로 검토하다
give positive consideration to joining the CPTTP

FTA 협상을 가속화하여 신남방 및 신북방 국가들과 교류, 협력을 확대한다
expand exchanges, cooperation with our New Southern & New Northern Policy partner nations by expediting FTA negotiations

국내 정치·사회 관련 표현

공무원 증원
increasing the number of civil servants

정부의 원활한 운영을 위해 내각을 개편하는 방안에 대한 모종의 합의에 도달하다
reach some kind of agreement on how to revamp the cabinet for smoothly run the government

근거 약한 경제낙관론 groundless optimism about economy

대선 presidential election

미래세대에 물려줄 막대한 세금 계산서를 희생하여 공무원 증원하기
enlarging officialdom at the cost of an enormous tax bill bequeathed to the next generation

다층적인 정책 실패(복합위기)의 늪에서 벗어나다
escape from a multi-layered swamp of policy failures

끝없는 부동산 대란에 대한 송구한 마음
regret over never-ending real estate fiascos

서울시장 보궐 선거 the Seoul mayoral by-election

영세 자영업자의 피해를 최소화하다
minimize damage to mom-and-pop store owners

(민생과 관련해) 자화자찬했다
kept patting himself on the back (related to livelihoods)

도그마와 포퓰리즘에 집착하기보다는 강력한 국방과 화합에 우선순위를 이동해야 한다
must shift priorities to a strong national defense and harmony rather than sticking with dogma and populism

거대 경찰조직 behemoth[mammoth] police organization

견제와 균형을 위한 효율적인 메커니즘을 확립해야 한다
must establish effective mechanisms for checks and balances

경찰조직은 국가경찰, 국가수사본부, 자치경찰로 이뤄진 '한 지붕 세 가족'이다.
The police organization is divided into 3 entities — national police, national investigation headquarters, local autonomous police — under the same roof.

검경 수사권 조정
redistribution of investigative authority between prosecution & police

검찰의 1차 수사 종결권
the right to conclude investigations on its own from the prosecution

검찰의 정치적 중립성과 독립성, 법치주의가 중대하게 훼손되다
The prosecution's political neutrality and independence and rule of law are gravely damaged

공정하지 못한 불법적인 결론 unfair, illegal conclusion

윤리적 법적 위법행위 ethical and legal misconduct

판사에 대한 불법 사찰 지시 ordering illegal surveillance of a judge

검찰조직은 검사만 2,300명을 증원한다
Prosecution Service employs 2,300 prosecutors alone

국민을 위해 봉사하는 기관으로 거듭나다
reborn as institutions that serve the people

국정원, 검찰, 경찰 등 권력 기관들의 권한이 분산될 것이다
power of the National Intelligence Service, the Prosecution Service, the police, other law enforcement agencies will be decentralized

국가의 모든 권력은 국민으로부터 나온다는 헌법 정신에 입각하여,
Based on the constitutional spirit that all state authority shall emanate from the people,

공수처는 권력기관 개혁의 핵심으로 간주되다
CIO can be seen as the crux of the reforms for law enforcement

검찰에 대한 민주적 통제 수단
democratic control over the Prosecution Service

법집행기관들은 견제와 균형의 원칙에 따라 작동, 국민을 섬기는 조직으로 다시 태어날 것이다
law enforcement agencies will work on the principle of checks and balances and that be reborn as organizations that serve the people

고위공직자범죄수사처(공수처)
the Corruption Investigation Office for High-ranking Officials (CIO)

경찰법과 국정원법
the police and the National Intelligence Agency law

당시 이런 기관이 만들어졌더라면 국정농단 사태는 일어나지 않았을 것이다
had such an agency been established at that time, influence-peddling scandal involving state affairs might not have occurred

공수처가 철저한 정치적 중립 속에서 제 역할을 하도록 보장하다
ensure that the CIO can play its proper role while thoroughly upholding political neutrality

공수처장 지명과 청문회 등의 절차를 마치면 정식으로 공수처가 출범할 것이다.
CIO will officially launch when the procedures for nominating its head and holding a hearing are concluded.

국민을 위해 봉사하는 기관이 되다
become an organization that serves the public

어떤 법집행기관도 국민 위에 군림할 수 없도록 하다
ensure no law enforcement agency could reign over the people

부패, 부정행위에 대한 검찰의 책임을 엄정하게 물을 수 있는 제도적 장치
an institutional mechanism that can strictly hold the Prosecution Service accountable for any corruption, wrongdoing

이들 기관을 견제하는 장치를 만들어 그들 중 누구도 무소불위 (자유로운) 권력을 휘두를 수 없게 하다
create a mechanism to keep these agencies in check so that none of them could wield unfettered power

무소불위의 권한을 갖고 스스로의 잘못에 대해 책임지지 않는다.
It has not taken responsibility for its own wrongdoing despite its unfettered authority.

성역, 특권, 선택적으로 적용된 정의가 있다
there have been sanctuaries, privileges, optionally applied justice

행정부의 영향력 행사를 조사하기 위한 또 다른 기구를 만들다
create yet another body to investigate any administration's influence peddling

오랜 숙원이었던 제도 개혁의 성문화가 마침내 완성되었다
codification of these institutional reforms, the long-awaited goal has finally been completed

정치적 독립성과 중립성이 철저히 보장되는 특별사정기구의 필요성이 강력히 대두되었다
a strong need emerged for a special investigative organization which would be thoroughly guaranteed political independence & neutrality

진통 끝에 입법한 권력기관 개혁법이 공포될 것이다
reform laws laboriously legislated for law-enforcement agencies will be promulgated

특수관계자의 권력형 부패 비리 사건으로 얼룩졌다
be tarnished by power-induced corruption and irregularities involving others with special interests.

헌법정신에 입각한 견제와 균형의 민주주의
democracy by checks & balances based on the spirit of constitution

엉터리 해명을 내놓다
come up with ludicrous excuses

적법한 절차에 따라 기소되다
follow appropriate procedures before transferring the case to a court

절차적 정의에 대한 명백한 위반
apparent violation of the procedural justice

용의자의 출국 금지
ban on a suspect's exit from the country

정책 보좌관 policy advisor

은폐하려는 명백한 시도
apparent attempt to cover it up

불법행위를 숨기다
conceal illegal act

출금(출국금지) prohibiting from[ban on] traveling to

출입국 본부 Korea Immigration Service

국내 부동산, 주택공급 관련 용어 및 표현

공공임대주택 200만 호 시대를 열다
open the era of 2 M public rental housing units

11·19 대책 (11월 19일 정부에 의해 도입된 부동산 대책)
real estate measures introduced by the government on Nov. 19

도시지역은 공공개발업자들에 의해 4,700가구의 주택공급을 위해 개조될 것이다
Urban areas will be renovated by public developers to supply 4,700 homes

공공개발을 고집하다
push ahead with public development

공공임대주택 확대는 취약계층의 주거안정과 생계지원을 위해 꼭 필요하다
expansion of public rental housing is essential for the residential stability & livelihood of the vulnerable populations

12개 도시지역 중 공공개발 후보지 8곳이 선정됐다
out of the 12 urban areas, 8 candidates for public development were chosen

공급확대에 역점을 두고, 즉시 효과를 보는 다양한 주택공급 방안을 신속히 마련하다
focus on expanding supply, quickly work out various housing supply plans that can take effect immediately

공시가격 상승이 종부세 상승의 주요 원인이다
increase in the government's assessed values of the real estate is the major reason behind the jump in comprehensive real estate tax

공공임대주택 19만 호도 추가 공급하다
supply an additional 190,000 public rental housing units

공공임대주택, 다른 노후 건축물들을 친환경시설로 교체하다
replace public rental complexes, other dilapidated buildings with eco-friendly facilities

다주택 소유자의 경우 소유 주택 합산 가격에 따라 세금이 적용된다
tax applies to multiple properties owners with a combined assessed value

주택을 매매하려는 다주택자들
multi-home owners to put their homes on sale

주택 매매 및 주요 전세 시장을 안정화한다
stabilize the markets for home purchases & key deposit-based leasing

민간 부문 개발자들을 기다리는 대단지는 규제로 묶어놓다
leave large ones which wait for private sector developers in the shackles of regulation

부동산 시장 점검 관계 장관회의에서
at a meeting on the real estate market with related ministers

부동산 시장 안정, 실수요자 보호, 투기 억제에 대해 정부의 의지는 확고하다.
The government is firmly committed to stabilizing the real estate market, protecting genuine would-be homeowners, curbing speculation.

부동산 정책 실패 failed real estate policy

부동산 및 주식에 이른바 '빚투(빚을 내 투자)'
get loans to invest in real estate and stocks

분양가 규제에 대한 입장이 달라지지 않았다
be not shown any change in its restrictions on parcel prices

분양가와 용적률은 두 가지 주요 키워드이다
Parcel prices and floor area ratio are the two main keywords

수도권 주택공급 - 주택 사전청약이 시작되는 3기 신도시 사업
supply of housing units in the metropolitan area–the 3rd new-planned city project where advance housing subscriptions start

공공개발에 소규모 단지를 포함한 주택공급을 늘리다
increase house supplies involving small complexes in public development

신혼부부 대상 주택공급 확대
expansion of housing for newlyweds

양도세 부담을 덜어주다〔경감하다〕
lessen the burden of transfer tax

용적률의 50%까지 공공임대를 짓는 조건
condition that public leasing houses take up 50% of floor area ratio

이자 유예 기간을 연장할 의사가 없다
be not willing to extend the interest grace period

공공임대주택에 대한 중산층의 낮은 선호도
low preference for public rental housing by the middle class

주택 임대차 3법이 조기에 안착하도록 돕는다
help 3 revisions to the Housing Lease Protection Act quickly take root

임차료 부담을 덜기 위한 저금리 융자가 지원될 것이다〔저금리 대출이 제공될 것이다〕
low-interest loans will be provided to relieve rent burdens

임차인 보호를 강화하다
strengthen protections for tenants

장기적 투자가치를 중시하는 수요자들의 욕구
customers' needs to long-term investment values

지방자치단체가 부과하는 재산세
property taxes levied by local governments

정부정책 기조 유지
maintaining government policies

종합부동산세(종부세)
comprehensive real estate tax

종부세는 고가의 주거용 부동산과 토지를 겨냥한 국세이다.
The comprehensive real estate tax is a national tax targeting expensive residential real estate and land.

종부세 부가대상은 공시지가가 9억원을 초과하는 재산에 부과된다
the comprehensive real estate tax is levied on property whose government-assessed value exceeds 900 million won

주택공급을 확대하다 expand the housing supply

주택공급 확대를 차질없이 추진, 신혼부부와 청년의 주거 복지에 만전을 기하다
push ahead with the planned housing supply expansion, promote the residential welfare of both newlyweds and young adults

그의 지지율 하락의 큰 원인은 부동산 문제
real estate issue, the main driver of his falling approval ratings

직주근접(직장과의 근접성) proximity to work

집값 폭등 house prices skyrocketing

질 좋은 중형 공공임대아파트를 공급함으로써 실패 없이 주요 전세(주택임대) 시장을 안정화한다
stabilize the key money-based housing rental market without fail by supplying quality, midsize public rental apartments

투기 수요를 차단하다[줄이다] curtail speculative demand

착한 임대인 인센티브
Incentives for those participate in Good Landlord Campaign

최악의 전월세난
the worst crisis of deposit-based lease and rental

국내 환경 제도 관련 표현 용어

산업, 경제, 사회 모든 영역에서 '탄소중립'을 강력히 추진하다
make a strong push for carbon neutrality in all areas of industry, the economy and society

소외되는 계층이나 지역이 없는 공정한 전환을 도모하다
pursue a just transition that no class or region is marginalized

재생에너지, 수소, 에너지 IT 등 3대 신에너지 산업을 육성한다
foster 3 new energy industries such as renewable energy, hydrogen and energy IT

재생에너지 중심으로 에너지 주공급원이 전환될 것이다
principal energy sources will be shifted to renewable energy

원자재, 상품, 폐기물 등의 재사용·재활용을 확대하여 에너지 소비를 최소화하는 순환경제를 활성화하다〔촉진하다〕
expand the reuse, recycling of raw materials, products, wastes to promote a circular economy that helps minimize energy consumption

저탄소 산업생태계 조성을 위해 노력하고 있다
strive to create a low-carbon industry ecosystem

지역 주도의 녹색산업을 육성함으로써 지역별 맞춤형 (전략)
tailored to different areas, by fostering locally-led green industries

'2050년 탄소중립'을 목표로 선언하다
declare "2050 Carbon Neutrality" as their goal

탈탄소 대표산업인 태양광, 전기차, 수소차 분야에 적극 투자
actively investing in areas as solar power generation, electric cars, hydrogen-powered vehicles–leading decarbonization industries

기후변화협약(파리 협정)이 이행되는 원년
the 1st year when the Paris Agreement has to be implemented

노후 석탄발전소 10기를 조기 폐지하다
shut down ten units of aged coal power plants earlier than scheduled

'2050 탄소중립' 추진계획은 올해 에너지, 산업 및 사회 전 분야에서 구체화될 수 있다.
2050 carbon neutrality implementation plan can take shape this year in energy, industry and all other parts of society.

새로운 석탄발전소 건설을 전면 중단하다
completely suspend construction of new coal power plants

수소 경제와 저탄소 산업생태계 육성을 더욱 가속화한다
further accelerate the fostering of the hydrogen economy, low-carbon industry ecosystem

노후 경유차의 공해를 저감하고 친환경차를 보급한다
reduce pollution from old diesel cars, supply eco-friendly vehicles

석탄발전소 비중을〔의존을〕 과감하게 줄이다
boldly reduce reliance on coal for power generation

재생에너지의 활용 확대를 위해 노력하다
strive to expand utilization of renewable energy

한국판 뉴딜의 중점은 지역균형 뉴딜에 맞춰져 있다
focus of the Korean New Deal is placed on the Regionally Balanced New Deal

'한국판 뉴딜'이 '지역균형 뉴딜'을 통해 우리 삶 속에 스며들다
Korean New Deal permeates our lives through the Regionally Balanced New Deal

06

남북관계 배경 및 용어

Inter-Korean Relations:
Background and Terminology

남북관계

Information 알아두면 좋을 정보

◆ 대북 정책 및 남북 통일론

1. 김대중 정부

1) 남북한 간의 긴장 관계를 완화하고 북한을 개혁 · 개방으로 유도
2) '94 제네바 합의(Geneva Conference)와 유사하게 '07 2·13일 합의
3) 6·15 정상회담, 이산가족 상봉, 금강산 관광 개시했으나 2003년 북한 NPT 탈퇴

2. 노무현 정부

1) 김대중 정부와 비슷한 햇볕정책 시행
2) 제4차, 6차 회담에서 9·19 공동성명 체결
3) 평화번영정책

3. 이명박 정부

1) 전략적 인내, 소극적 북한 정책, 한미동맹 강화해 외교력 증진
2) **신뢰 프로세스 구축**: 비핵화, 개방, 3000(북한이 비핵화·개방에 나서면 대북 투자 확대 등을 통해 북한의 1인당 국민소득을 10년 내 3천 달러 수준으로 끌어올리겠다는 구상)
3) 천안함(The Cheonan Incident) 및 연평도 폭격 사건(the 2010 North Korean Shelling of Yeonpyeong Island)

4. 박근혜 정부

1) 한반도 신뢰 프로세스(Korean Peninsula Trust-building Process)
2) 튼튼한 안보를 바탕으로 남북 간 신뢰 관계 발전

5. 문재인 정부

1) **베를린 구상**: 한반도 정책의 기본 골격
2) 핵과 전쟁 위협 없는 평화로운 한반도 만들기
3) 북한 체제의 안전을 보장하는 한반도 완전 비핵화 추구(Complete Denuclearization)

4) 한반도 평화협정 체결을 통한 항구적인 평화체제 구축(Permanent Peace)
5) 남북한이 함께 번영하는 한반도 신경제지도 구상(New Economic Map of the Korean Peninsula)
6) 정치, 군사적 상황과 남북 교류협력 사업 분리

* **10년 6개월 만에 열린 남북 정상회담 후, 미북 정상회담 개최**
  ① 종전선언 추진에 합의했을 뿐 최종 아님 (북한은 적대시 정책 철회 조건으로 제시)
  ② 판문점 선언
    - Panmunjom Declaration for Peace, Prosperity, and Unification
    - 항구적이며 공고한 평화체제 구축을 위해 적극 협력해 나갈 것
    - 철도, 도로 및 삼림 협력, 남북관계 개선, 전쟁위험 해소, 비핵화를 포함한 남북관계 개선

6. 윤석열 정부

1) 강경책은 아님. 대화의 문은 열어두되, 원칙을 바탕으로 일관성 있는 비핵화 협상, 남북관계 정상화 및 공동 번영
2) 윤정부의 통일·대북 정책 비전은 자유민주주의 기본질서를 바탕으로 평화통일을 추진해 비핵화된 평화롭고 번영하는 한반도(denuclearized, peaceful, and prosperous Korean Peninsula)를 이루는 것
3) 대한민국은 자유, 평화, 번영에 기여하는 글로벌 중추 국가(Global Pivotal State)
4) **비핵화를 위한 담대한 구상(audacious plan for North Korea denuclearization):** 완전한 비핵화를 통한 북한 주민의 삶의 질 개선 및 경제 성장

◆ 윤석열 정부 대북정책 '담대한 구상(Audacious Initiative)'

'담대한 구상'은 북한이 핵개발을 중단하고 실질적인 비핵화로 전환하면 북한의 경제와 민생을 획기적으로 전환하게 된다는 것

"Audacious initiative" envisions significant improvement in North Korea's economy and its people's livelihoods if North Korea halts its nuclear development and pursues practical denuclearization.

- **6대 구상 제시**

① 대규모 식량 공급
② 발전·송배전 인프라 지원
③ 국제교역을 위한 항만·공항 현대화
④ 농업 생산성 향상을 위한 기술 지원
⑤ 병원·의료 시설 현대화 지원
⑥ 국제투자·금융지원

Terminology 대북 구상 및 정책 용어	
고려민주연방공화국	Democratic Federal Republic of Koryo
계단성 동보조치(단계적, 동시적 조치) (중국제안)	progressive and synchronous measures
남북연방제	a north-south Federation
낮은 단계 연방제	A Loose Form of Federation
단계적 포괄적 접근	a Step-by-Step and Comprehensive Approach
담대한 구상(윤석열)	Audacious Initiative
민족공동체통일방안(김영삼) (한민족공동체 건설을 위한 3단계 통일 방안)	Three Phase Unification Plan for One National Community
민족화합민주통일방안(전두환)	National Harmony and Democratic Unification Plan
비핵·개방 3000(이명박)	Vision 3000
상생공영의 대북정책(이명박)	Mutual Benefits and Common Prosperity
평화번영정책(노무현)	Peace and Prosperity Policy
한민족공동체통일방안(노태우)	One National Community Unification Plan
한반도 신뢰프로세스(박근혜)	Trust-Building Process on the Korean Peninsula
햇볕정책(김대중)	Sunshine Policy(Reconciliation and Cooperation Policy for North Korea)

Terminology 비핵화 관련 용어	
단계적 프로세스	gradual approach
쌍궤병행(중국)	simultaneous progress
쌍중단(중국)	double freeze
선제적 평화전략	pre-emptive peace strategy
일괄타결	package deal/big deal
최대한의 압박과 관여(미국)	maximum pressure and engagement

Terminology 남북 관련 용어	
강경책	hardline policy/tough stance
강경파	hardliner/hawk
강대강(선대선)	power with power and goodwill with goodwill
강압외교	coercive diplomacy

강온전략 (구사)	implement tough and moderate strategy
개성공단	Kaseong industrial complex
경제 봉쇄 정책	containment policy/economic blockade
경제·핵 조건부 병진노선	Conditional Byungjin Line of the Economy and Nuclear Weapons
고난의 행군 (90년대 중반부터 10년간의 대기근)	Arduous March
공동경비구역	JSA(Joint Security Area)
공격적인 언사	aggressive rhetoric
공조	connectivity
광적인 무모함	fanatic[lunatic] recklessness
교착상태	deadlock / impasse / gridlock / stalemate / standoff
군사적 긴장을 고조시키다	escalate military tensions
극심한 군사적 긴장을 완화하다	alleviate the acute military tension
금강산 관광	tours of Mt. Geumgang
괴뢰정권	puppet government
남북교류협력추진협의회	inter-Korean Exchange and Cooperation Promotion Council
남북군사공동위원회	South-North Joint Military Commission
남북기본합의서	South-North Basic Agreement
남북 사이의 화해와 불가침 및 교류·협력에 관한 합의서	Agreement on Reconciliation, Non-aggression and Exchange and Cooperation between South and North
남북연락사무소(를 설치운영하다)	(establish) South-North Liaison Offices
남북핵통제공동위원회	the South-North Joint Nuclear Control Commission
남북협력기금	inter-Korean Cooperation Fund
남북협력의 법제화	legislation of the inter-Korean Cooperation
냉전의 산물	relics of the cold war
노동당 대회	Workers' Party Congress
늙다리 미치광이(김정은 발언)	dotard / old-fashioned madman
단거리 탄도미사일	SRBM(Short-Range Ballistic Missile)
담대한 구상	audacious initiative
당 대회	Party Congress
대량살상무기 확산	proliferation of WMDs(Weapons of Mass Destruction)
대북 원유 수출 및 공급 중단	halting the export and supply of crude oil to North Korea

대북전단금지법	anti-leaflet law
대북지원 사업	aid project for North Korea
대적투쟁	struggle against the enemy
도발적이고 불안정을 야기하는 행위들	provocative and destabilizing actions
동결대 동결	freeze-for-freeze
모든 핵무기와 현존하는 모든 핵프로그램	all nuclear weapons and all existing nuclear programs
모든 핵무기의 포기	abandon all nuclear weapons
무기 금수조치	arms embargo
무역봉쇄	trade embargo
민생을 통합하다	unify public livelihood
배급제	central distribution system
벼랑 끝 전술	brinkmanship
번영	Prosperity
북방 한계선	NLL(Northern Limit Line)
북한 노동당	Workers' Party
북한이 '불가역적 핵보유국'을 선포하다	declare itself an irreversible nuclear weapons state
북한의 계속되는 핵능력 고도화	North Korea's continuing nuclear capability upgrading
북한의 전략적 셈법	North Korea's strategic calculations
북한을 완전히 파괴하겠다 (트럼프 발언)	completely destroy North Korea
북한 비핵화를 위한 담대한 구상	audacious plan for North Korea's denuclearization
북핵불용	never tolerate, not accept North Korea as a nuclear state
분단국가	divided nation
불가침구역	areas for non-aggression
불량국	rogue state
보복조치를 하다/보복조치	take retaliatory measures/reprisal
비무장지대	DMZ(Demilitarized Zone)
비무장지대 국제평화지대화	DMZ International Peace Zone
비핵화(실질적 진전을 달성하다)	denuclearization(achieve tangible progress toward)
비핵화 의지	a willingness to denuclearize

비핵화 약속을 이행하다	fulfill its commitment to denuclearize
사용 후 연료봉	spent fuel
사용 후 연료봉을 안전하게 보관, 처리하다	store safely, dispose spent fuel
사회주의 경제건설에 총력을 집중하다	concentrate all efforts on the socialist economic construction
상응조치	corresponding measures
쌍중단(한미 군사훈련 및 북한 핵미사일 실험)	double freeze(US-ROK military exercise & DPRK nuclear and missile tests)
미국의 선 비핵화 요구	US demand for denuclearization first
북한의 상응조치	North Korea's demand for "Correspondence"
선제타격	preemptive strike
선제핵공격	preemptive nuclear strikes
수비[방어] 능력	defensive capability
성공적인 수소폭탄실험(을 하다)	(conduct) successful test of a hydrogen bomb
수십 년 간의 적대적인 관계 청산	overcoming decades of tensions and hostiles
식량 지원	food assistance
신뢰구축 조치를 마련하다	develop confidence-building measures
실시간 전장 감시 및 정찰 능력	real-time battlefield surveillance and reconnaissance capabilities
실질적인 핵무기 보유국	a de facto nuclear power
안보	Security
압도적인 힘의 우위를 확보	secure overwhelming superiority of power
억지력	deterrence
연평도 폭격 사건	the 2010 North Korean Shelling of Yeonpyeong Island
온건파	moderate/dove
완전하고, 검증 가능하며, 불가역적인 핵폐기[비핵화]	CVID(Complete, Verifiable and Irreversible Dismantlement[Denuclearization])
우라늄 농축 방식에 의한 핵 개발	uranium enrichment program
우라늄농축시설	uranium enrichment facility
유화책	conciliatory/appeasement policy[measure]
외과수술식 타격	surgical strike
외교전선을 강화하다	strengthen "diplomatic frontline"
이산가족 상봉	reunion of the separated families

인민경제계획완수	Completion of the People's Economic Plan
제재회피노력	attempts to evade the sanctions
적대적 관계	hostile relations
적대시 정책	confrontational policies
(~ 사이에) 적대적 관계를 청산하다	put an end to hostile relations (between ~)
적대행위를 전면중지하다	completely cease all hostile acts against each other
적절한 시기	appropriate time
전략적 셈법	strategic calculus
전략적 인내 정책	policy of strategic patience
전면전	all-out war
전사자들의 유해를 발굴하다	excavate the Korean war remains
전쟁의 참화를 딛고 비약적 발전을 한 대한민국	the miraculous rise of the ROK from the ashes of war
정면돌파전	frontal breakthrough
제재를 완화하다	ease[lift/relieve] sanctions
중유	heavy oil
참전용사가 피와 땀과 눈물을 바쳐 자유와 민주주의를 수호했다.	The veterans' blood, sweat, and tears helped safeguard freedom and democracy.
천안함 사건	the Cheonan sinking
총공세 조치	total offensive measures
총체적인 접근법	holistic approach
최대한의 압박과 관여	maximum pressure and engagement
최종적이고, 완전 검증 가능한 비핵화	FFVD(Final, Fully Verified Denuclearization)
탄도미사일	Ballistic Missiles
탄도미사일 사정거리	the reach of ballistic missiles
탄두에 장착 가능한 소형 핵탄두	a nuclear warhead small enough to fit on a warhead
통일 대업	great work of unification
평화로운 한반도의 마중물	pump priming of the peaceful Korean Peninsula
평화와 번영정책	Policy for Peace and Prosperity
폐기	dismantlement
폐허〔잿더미〕로 변하다	reduced to rubble

한반도 비핵화	Denuclearization of the Korean Peninsula
한반도의 비핵화에 관한 공동선언	joint declaration on the denuclearization of the Korean Peninsula
한반도 분단의 고착화	Division of the Peninsula hardened
한반도비핵화공동선언	Joint Denuclearization Declaration
한반도평화교섭본부	Foreign Ministry's Special Representative for Korean Peninsula Peace and Security Affairs
한반도에서의 항구적인 평화 정착	permanent peace settlement on the Korean Peninsula
항구적 평화	perpetual[permanent] peace
핵군축조치	nuclear disarmament measure
핵동결	nuclear freeze
핵무기를 시험하다	test nuclear weapons
핵무기와 핵 위협이 없는 평화로운 한반도가 비핵화의 최종상태	end sate we are shooting for is "peaceful Korean Peninsula free of nuclear weapons & nuclear threats"
핵무기 없는 세상을 위해 노력하다	push for a "nuclear-free world"
핵 무기화의 최종단계	the final stage of nuclear weaponization
핵미사일 발사 실험을 중지하다	end[suspend/stop/shut down/scrap/freeze] nuclear and missile tests
핵반확산정책	nuclear counter-proliferation policy
핵보유국	NWS(Nuclear-Weapon States)
핵분열	nuclear fission
핵비축물자(를 폐기하다)	(tear down) the nuclear stockpile
핵비확산정책	nuclear non-proliferation policy
핵시설 불능화	the disablement of facilities
핵시험 중지(를 투명성 있게 담보하다)	(guarantee transparency in) suspending nuclear tests
핵시험장(을 폐기하다)	(shut down) a nuclear test site
핵실험 장소(를 철폐하다)	(scrap) the nuclear experiment site
핵실험의 완성 단계에 도달하다	master the nuclear program
핵 억지력	nuclear deterrent
핵에너지를 평화적 목적에만 이용하다	use nuclear energy solely for peaceful purposes

핵연료 재처리시설	nuclear reprocessing facility
핵탄두 소형화	warhead miniaturization
핵개발을 포기하다	abandon nuclear development
핵 폐기/폐기하다	dismantlement/dismantle
핵확산금지조약	NPT(Treaty on the non-Proliferation of Nuclear Weapons)
햇볕정책	Sunshine Policy
협정 불이행/협정위반	non-compliance of an agreement/violation of an agreement
화염과 분노(트럼프 발언)	fire and fury
화해와 불가침 및 교류·협력에 관한 합의서(남북 기본 합의서)	"Basic Agreement" on Reconciliation, Non-aggression and Exchange and Cooperation
확고한 북핵 불용의 원칙	the unwavering principle of denying North Korea nuclear weapons
확장 억제전략협의체	EDSCG(Extended Deterrence Strategy & Consultation Group)
흑연감속원자로 (해체)	(dismantlement of) graphite-moderated reactors
C4I(지휘, 통제, 통신, 컴퓨터, 정보 기술)	C4I(command, control, communications, computer, intelligence) system

◆ 남북 간 경제교류 활성화를 위한 3대 분리 원칙 확립

1) 정치와 경제 분리(separation of politics & economy)
2) 민관의 분리(separation of government & civil society)
3) 상거래와 인도적 지원분리(separation of business & humanitarian assistance)

◆ 북핵과 관련된 3NO 비핵 원칙(Three Non-Nuclear Principles)

1) 북한이 핵무기를 더이상 제조하지 않고
2) 핵무기의 성능을 강화하지 않으며
3) 외부에 판매하지 못하도록 하는 데 초점을 맞춘 정책

Terminology 핵 동결 관련 용어	
완전하고 검증 가능하며 불가역적인 핵폐기	CVID(Complete, Verifiable and Irreversible Dismantlement)
최종적이고 완전하게 검증된 비핵화	FFVD(Final, Fully Verified Denuclearization)
불능화(핵심부품 제거)	Disablement

폐기/해체	Dismantlement
동결(가동 중단)	Freeze
폐쇄/봉인(핵시설 접근, 수리 금지)	Shut-down

남북 관련 주요 기관

강제수용소	conccntration camp/extermination camp
개성공단	GIC(Gaeseong Industrial Complex)
개인 숭배	cult of personality
계급의식	class consciousness
계급투쟁	class struggle
경수로	light water nuclear reactor
경의선	Gyeongeui-Line
경제안보	economic security
동해선	Donghae-Line
군비감축	arms reduction
군비통제	arms control
군사정전위원회	Military Armistice Commission
남북교류협력추진협의회	inter-Korean Exchange and Cooperation Promotion Council
남북출입사무소	inter-Korean Transit Office
사용 후 연료봉	spent fuel (rod)
새 연료봉	fresh fuel (rod)
송환	repatriation
심리전	psychological warfare
안보위협	security threats
안보협력	security cooperation
안보환경	security environment
양날의 외교	double-edged diplomacy
엄중 경비	maximum security
완충지대	buffer zone
외교적 고립	diplomatic isolation
외교적 교류	diplomatic exchanges
자유의 집	Freedom House

통일각	Thongil House
판문각	Panmun Pavilion
판문점	Panmunj(e)om
판문점 연락채널	communications channel at Panmunj(e)om
평화의 집	Peace House
UN사령부	United Nations Command

북한 주요 기관	
검열위원회	Control Commission
경공업부	Light Industry Department
경제부	Economic Affairs Department
과학교육부	Science & Education Department
고등교육성	Ministry of Higher Education
국가안전보위성	Ministry of State Security
국무위원회	State Affairs Commission
군사부	Military Department
군수공업부	Machine-Building Industry Department
노동성	Ministry of Labor
농업성	Ministry of Agriculture
당대회	Party Congress
당대표자회	Conference of Party Representatives
당중앙위원회	Party Central Committee
당중앙검사위원회	Party Central Auditing Commission
당중앙군사위원회	Party Central Military Commission
대외경제성	Ministry of External Economic Relations
문화성	Ministry of Culture
보건성	Ministry of Public Health
상업성	Ministry of Commerce
선전선동부	Propaganda & Agitation Department
외무성	Foreign Ministry
원유공업성	Ministry of Oil Industry
원자력공업성	Ministry of Atomic Energy Industry
육해운성	Ministry of Land and Maritime Transport

인민무력성	Ministry of People's Armed Forces
인민보안성	Ministry of People's Security
인민위원회	People's Committee
인민학교	People's School
인민혁명군	People's Revolutionary Party
전력공업성	Ministry of Electric Power Industry
전원회의	Plenary Meeting
전자공업성	Ministry of Electronics Industry
정치국	Political Bureau
정무국	Executive Policy Bureau
조국평화통일위원회	Committee for the Peaceful Reunification of the Country
조선노동당	Workers' Party of Korea
조직지도부	Organization & Guidance Department
중앙방송국	Central Broadcasting Station
중앙재판소	Central Court(Supreme Court)
재정경리부	Finance Accounting Department
채취공업성	Ministry of Mining Industry
철도성	Ministry of Railways
체신성	Ministry of Posts and Telecommunications
체육성	Ministry of Physical Culture and Sports
총무부	General Affairs Department
최고인민회의	Supreme People's Assembly
최고인민회의 상임위원회	Presidium of the Supreme People's Assembly
통일전선부	United Front Department
화학공업성	Ministry of Chemical Industry

북한 주요 사상	
국가경제개발(발전)5개년전략	Five-year Strategy for National Economic Development
민족대단결	great national unity
민족자주와 민족자결	principle of independence and self-determination
비핵화는 선대의 유훈	denuclearization is the behest of the predecessors

사회주의 경제건설	socialist economic construction
선 핵폐기, 후 보상	scrapping nuclear weapons first and giving compensation later
자급자족	self-sufficiency
자력갱생정신	self-reliance
자력부강/자력번영	self-sustaining growth
자위적 국방력 강화	self-defense capabilities
자주성	independence
조국통일 3대 원칙	three principles of national reunification
자주, 평화통일, 민족대단결	independence, peaceful reunification, national unity
조국통일 5대방침	five-point policy for national reunification
주체사상	North Korea's Juche Ideology, Self-reliance
핵경제병진노선	parallel development policy of simultaneously seeking nuclear and economic development
핵무력건설병진로선	line of simultaneous development of economic construction and building of nuclear force

북한 주요 직책	
국무위원장(김정은)	Chairman of the State Affairs Commission
국무위원회 위원장	Chairman of the DPRK State Affairs Commission
국장	Department Director
노동당 중앙위원회 제1부부장	1st Vice Department Director of the Central Committee of the WPK
노동당 중앙위원회 부위원장	Vice-chairman of the Party Central Committee
부국장	Vice Department Director
부상	Vice Minister
제1부부장	first Vice Department Director
부부장	Vice Department Director
부서기장	Vice-Secretary
부장	Department Director
영원한 주석	Eternal President
영원한 총비서	Eternal General Secretary of the Party
위대한 수령	Great Leader

위원장	Chairman
조국평화통일위원회 위원장	Chairman of the 'Committee for the Peaceful Reunification of the Country'
조국평화통일위원회 부장	Director of the 'Committee for the Peaceful Reunification of the Country'
조선노동당 위원장	Chairman of the Workers' Party of Korea
조선인민군 최고사령관	Supreme Commander of the Korean People's Army
최고인민회의 대의원	Deputies to the Supreme People's Assembly
최고인민회의 상임위원회 위원장	President of the Presidium of the Supreme People's Assembly
친애하는 지도자	Dear Leader
탁월한 수령	Outstanding Leader

남북 성명서/합의문 및 국제사회와 북한의 합의서	
4자 회담	Four Party Talks
6자 회담	Six Party Talks
6.12 북미공동성명	June 12 US-DPRK Joint Statement
6.15 공동선언/ 6.15 남북공동선언	June 15 Joint Declaration/ June 15 South-North Joint Declaration
7.4 남북공동성명	July 4 South-North Joint Communique
9.19 공동성명 (제4차 6자회담)	Sep. 19 Joint Statement (of the 4th Round of the Six-Party Talks)
10.3 합의문	Oct. 3rd Action Plan Agreement
10.4 남북공동선언	October 4th South-North Joint Declaration
국제 테러리즘에 관한 북미 공동성명	Joint US-DPRK Statement on International Terrorism
남북관계 발전과 평화번영을 위한 선언	Declaration on the Advancement of South-North Korean Relations, Peace and Prosperity(October 4 Declaration)
남북기본합의서	South-North Basic Agreement
남북 사이의 화해와 불가침 및 교류·협력에 관한 합의서	Agreement on Reconciliation, Non-aggression Exchanges and Cooperation between South and North Korea
제네바 기본합의(북미기본합의)	Agreed Framework between the USA and DPRK
판문점 선언	Panmunjum Declaration

평양 공동선언	Pyongyang Joint Declaration
하노이 북미정상회담(2019. 2)	Hanoi US-DPRK Talks in February 2019/ Hanoi US-DPRK Summit
한반도 비핵화 공동선언	Joint Declaration on the Denuclearization of the Korean Peninsula

07

국방·안보 배경 및 용어

National Defense & Security:
Background and Terminology

국방·안보

Information 알아두면 좋을 정보

한국의 국방환경

국방비전 2050(Defense Vision 2050)

- 2050년을 목표로 '미래국방혁신구상'을 통해 비전을 구현하기 위한 핵심과업을 선정
- 미래를 위한 전략과 수행방안 마련
- 북한을 넘어서 주변국 및 비전통위협에도 적극적으로 대비할 것임을 공식화
- 전략·교리와 군사기술의 융합을 추구, 유관부처 및 기관과의 협력을 통해 국가 차원에서 국방 패러다임의 전환 추진

1. 대외적

- 미·중 강대국 간 직접적 충돌을 피할 수는 있을지라도 국력에 있어 상대방 우위에 서기 위한 복합적인 경쟁과 견제가 매우 심화될 것으로 전망
- 북미 대화 재개 및 잠정 합의가 지연되는 가운데 북한군의 정예화는 지속 추진될 것
- 북한 신형무기의 시험 발사는 계속됨

2. 내부적

- 전반적 예산 여건이 우호적이지 못하면서 국방력 및 제도 개선에 대한 요구는 증대
- 병역제도 및 병영문화 개선에 대한 사회적 요구가 커지면서 병영 전반에 걸친 혁신 모색 필요

3. 쟁점 해결을 위한 방법

- ① 국방전략 ② 군사력 건설 ③ 연구개발 ④ 방산구조 ⑤ 인력구조 ⑥ 국방운영의 연계 고려
- 전략환경, 방법과 수단, 가용재원의 변화에 따라 시기별 전략을 단계화할 것임
- 국방조직을 간소화하고 효율화하기 위한 개편 필요. 위협과 위험에 대한 적절한 평가, 작전 수행개념, 작전 임무와 요구능력의 분석, 전투 실험 검증 등을 통해 미래 전략을 실행해 나가야 할 것

- **한국형 3축 체계**: 킬 체인(Kill Chain), 한국형 미사일방어체계(KAMD: Korea Air and Missile Defense), 대량응징보복체계(KMPR: Korea Massive Punishment and Retaliation)
- **국방혁신 4.0**: AI 과학기술 강군육성, 북핵·미사일 위협 대응 능력의 획기적 보강, 한·미 군사동맹 강화 및 국방과학기술 협력 확대

Terminology 국방 용어	
감시 및 정찰본부	Surveillance and Reconnaissance Center
감시태세/경계태세	Watch Condition
감시, 획득, 추적 및 격추	Surveillance, Acquisition, Tracking and Kill
경보병	light infantry
국가 안보	national security
국가 안보보장회의	NSC(National Security Council)
군비 증강	arms buildup
군사 대치 상황	military standoff/military confrontation
군사동맹	military alliance
군사분계선	MDL(Military Demarcation Line)
군사력 건설	build military capability
군사정전위원회	Military Armistice Commission
군사정전협정	Military Armistice Agreement
글로벌 공급망 회복력 정상회의	Summit on Global Supply Chain Resilience
글로벌 중추국가	global pivotal state
대량응징보복체계	KMPR(Korea Massive Punishment and Retaliation)
대비태세	readiness posture
무기 체계	armament system
미사일 방어망	missile defense radars
미사일 방어체계	KAMD(Korea Air and Missile Defense)
미사일 시험의 사정거리와 탄두 중량	proceed to launch missiles with a greater payload and range
방공식별권	ADIZ(Air Defense Identification Zone)
병력증강	force augmentation
보안법	National Security Law
북방한계선	NLL(Northern Limit Line)
상호 불가침 조약	mutual non-aggression treaty
선군정치	military first
수비(방어) 능력	defensive capability

순환배치	rotational deployment
심각한 경제난을 해결(극복)하다	fix the severe economic problems
실시간 전장 감시 및 정찰 능력	real-time battlefield surveillance and reconnaissance capabilities
실탄사격훈련	live-fire artillery drills
압박에 기반한 적대적 전략	pressure-based strategy
연합작전능력	joint operation capabilities
작전준비태세(를 유지하다)	(maintain) operation readiness posture
장거리 정밀 공격	long-range precision strikes
장병의 기본권을 보장하다	guarantee fundamental rights of soldiers
전략 자산을 정례적으로 배치하다	regularly deploy strategic asset
전력	combat strength
전면전	all-out war
전술 핵	tactical nuclear weapons
지휘, 통제, 통신, 컴퓨터, 정보 기술	C4I(command, control, communications, computer & intelligence) system
최초작전운용능력 검증	(JOC) verify initial operation management capability
침략(무력침략)	aggression(armed aggression)
한미상호방위조약	ROK-U.S. Mutual Defense Treaty
한미 확장억제전략협의체	EDSCG(Extended Deterrence Strategy and Consultation Group)
핵동결 또는 감축	limits on the nuclear program
핵우산	nuclear umbrella
핵포기	give up nuclear weapons

군대 계급 Rank and Files	
대장	General(공군, 육군) Admiral(해군)
중장	Lt Gen(Lieutenant General)(공군, 육군) Vice Admiral(해군)
소장	Maj Gen(Major General)(공군, 육군) Rear Admiral(해군)
준장	Brig Gen(Brigadier General)(공군, 육군) Rear Admiral(해군)
대령	Colonel(공군, 육군) Captain(해군)
중령	LTC(Lieutenant Colonel)(공군, 육군) Commander(해군)
소령	Major(공군, 육군) Lieutenant Commander(해군)

대위	Captain(공군, 육군) Lieutenant(해군)
중위	1st LT(First Lieutenant)(공군, 육군) Lieutenant Jr Grade(해군)
소위	2nd LT(Second Lieutenant)(공군, 육군) Ensign(해군)
준위	Warrant Officer
원사	Chief Master Sergeant(공군) Command Sergeant Major(육군) Master Chief Petty Officer(해군)
상사	Senior Master Sergeant(공군) First Sergeant(육군) Senior Chief Petty Officer(해군)
중사	Master Sergeant(공군) Sergeant 1st Class(육군) Chief Petty Officer(해군)
하사	Technical Sergeant(공군) Staff Sergeant(육군) Petty Officer 1st Class(해군)
병장	Staff Sergeant(공군) Sergeant(육군) Petty officer 2nd Class(해군)
상병	Senior Airman(공군) Corporal(육군) Petty Officer 3rd Class(해군)
일등병	Airman 1st class(공군) Private 1st Class(육군) Seaman(해군)
이등병	Airman(공군) Private(육군) Seaman Apprentice(해군)

군수물자, 무기	
경비정(순시선)	Patrol Craft Tender
공격기	Attack Aircraft
공격용 헬기	attack helicopter
공중급유기	airborne tanker
공지 전투	Air Land Battle
구축함	destroyer
군수 통신망	Air Force Logistics Communications Network
군용기와 군함	warships & unmanned aerial vehicles
극초음속 미사일	HGV(Hypersonic Glide Vehicle)
다연장포	multiple rocket launch
다탄두미사일	multiple warheads
무인 지상차량	Autonomous Land Vehicle
무인 차량	Unmanned Vehicle
무인 항공기	UAV(unmanned aerial vehicles)
박격포	mortar
방공미사일	Air Defense Missile
방공 요격	Air Defense Intercept
방독면	gas mask

방사능 무기	radioactive weapon
방사포	artillery
병기	Weapon
생화학 무기	biochemical weapons
경순양함	Light Cruiser
수륙양용수송기	ambivalent carrier
순항 미사일	cruise missiles
요격미사일	interceptors
잠수함발사탄도 미사일	SLBM(Submarine Launched Ballistic Missile)
전차부대	tank unit
전투기	jet fighter
전투작전처	Combat Operation Division
탄도미사일	ballistic missiles
탄두 중량	payload(cruise missiles carry)
탐지 레이더	Weapons Locating Radar
초계함	patrol ship/guard ship/patrol frigate
호위함	frigate

국제 테러조직

Information 알아두면 좋을 정보

◆ 개요

- **테러조직의 의미**: 자국 안보와 위협에 따라 특정 단체를 테러조직으로 규정
- 약 70개의 무장조직이 '외국 테러조직(FTO)'으로 명명
- 대부분 극단적인 이슬람 무장집단, 공산주의 추종 단체, 민족·분리주의 그룹 등

◆ 국제 테러조직

1. 알카에다(al-Qaeda)

- 사우디아라비아 출신인 오사마 빈 라덴이 창시한 극단적 살라프파 무슬림에 의한 국제 무장 세력망

- 이슬람 원리주의 계통에 속해 반미국, 반유대를 표방, 국제사회 최대 현안인 아프가니스탄 전쟁의 단초 제공
- 2001년 9월 11일, 오사마 빈 라덴이 이끄는 알카에다가 미국에 대한 테러 공격
- 이 대응으로 미국은 동맹국과 함께 아프가니스탄에 대한 군사작전을 시작
- **기원:** 구소련이 아프가니스탄 침공 당시, 오사마 빈 라덴은 '무자헤딘(이슬람 성전에서 싸우는 전사)'으로 소련에 저항하면서 세력을 결집한 후 1988년 '알카에다' 창설
- '본부, 근거지'라는 뜻이 있는 알카에다는 초기 이슬람교로 돌아갈 것을 표방하면서 반미-반 이스라엘 투쟁
- 9.11 테러 사건 후 오사마 빈 라덴이 도주하면서 알카에다 세력은 급속히 약화
- 주변국에 연계집단이 우후죽순처럼 생겨남
- 빈 라덴은 지난 2011년 파키스탄에서 미군 특수부대 작전으로 사망. 현재 아이만 알자와히리가 이끌고 있음

2. 이슬람 수니파 무장조직 IS(Islamic State)

- 2014년 초반만 해도 알카에다 연계조직 2011년 오사마 빈 라덴이 죽고, 2014년 '이슬람국가(IS: Islamic State)' 수립 선언
- 칼리프 국가 건설이라는 목적을 달성하기 위해 소위 '지하드(성전)'라는 단어를 악용
- 이슬람교의 정신을 극단적으로 왜곡하고, 풍부한 자금과 잔혹성으로 무장, 반문명적 · 반인륜적 테러행위 자행
- 다수의 민간인 학살, 인신매매, 인질 참수 등 잔혹성으로 시선을 모으고, 사람들의 공포심을 유발하며 세계평화를 위협
- '이슬람국가'라는 명칭이 나라 이름으로 혼동될 수 있다는 이유로 'ISIS' 또는 'ISIL(이라크-레반트의 이슬람국가)'로 호칭
- IS는 특히 중동 지역을 벗어나, 프랑스 파리와 니스, 벨기에 브뤼셀 등 서방 주요 도시들을 겨냥해 테러 공격을 감행
- 사우디아라비아, 아랍에미리트(UAE), 요르단 등 대부분의 수니파(Sunni) 국가들은 무자비한 IS와는 선을 긋고 있음
- 2019년 IS의 수장 아부 바크라 알바그다디는 미군의 특수 군사작전으로 사망

3. 알카에다 연계조직

- 이라크, 파키스탄, 아프가니스탄 등 중동 일대는 물론이고 북아프리카, 동남아시아 등지에도 알카에다 추종 세력 있음
- 알카에다 아라비아반도지부(AQAP), 알카에다 북아프리카지부(AQIM), 알카에다 이라크지부(AQI), 알카에다 시리아지부인 알누스라 전선, 소말리아나 케냐 등지에서 활동하고 있는 알샤바브 등이 있음

4. IS 연계조직

- IS가 득세하면서 알카에다에서 나와 IS에 합류하는 이슬람 무장단체들이 크게 증가
- 현재 IS 연계조직은 아프가니스탄에서 활동하는 'IS-K'를 비롯해 이라크, 시리아, 이집트 시나이 반도, 리비아, 인도, 방글라데시, 필리핀, 서아프리카, 사하라 지역, 모잠비크, 콩고민주공화국 등지에서 활동

- 어린 소녀들을 집단 납치하고 돈을 요구하는 나이지리아의 악명높은 무장조직 '보코하람(Boko Haram)', 필리핀에서 납치와 테러를 자행하는 '아부사야프', '지하디스트(성전주의자)' 등이 있음

◆ 5대 생물테러 가능 병원체

생물테러에 이용될 만큼 치사율이 높은 탄저균, 천연두, 페스트, 보툴리늄, 에볼라 병원체를 지칭

1. 탄저균(Anthrax)

- 의도적으로 공기 중에 배출시킬 수 있고, 폐로 흡입되면 심각한 호흡기 질병을 유발하는 균
- 사람의 경우 피부의 상처 부위나 구강을 통해서도 감염
- 복통, 구토, 설사를 유발해 동물에게 감염될 경우 심한 패혈증을 일으켜 2~3일 내 사망

2. 천연두(Smallpox)

- 고열, 발진을 유발하는 바이러스 질환으로 치사율이 가장 높음
- 감염자가 타인에게 쉽게 전염시킬 수 있어 생물테러에 이용될 가능성이 가장 큰 것으로 평가

3. 페스트(Pest)

- 공기 중에 폐로 흡입됨으로써 심각한 폐렴을 유발하는 균
- 감염된 사람의 기침을 통해 공기 중으로 배출되어 근거리에 있는 사람에게 쉽게 전파가 가능

4. 보툴리늄(Botulinus)

- 근육을 마비시키는 강력한 독소를 분비
- 토양과 해수 등에서 발견되고 비위생적인 음식이나 잘못 저장된 음식물의 섭취로도 중독 가능
- 고의적으로 독소가 공기 중에 살포되었을 경우 피부나 폐로 흡수
- 음식물을 섭취했을 경우와 동일한 증상 유발

5. 에볼라(Ebola)

- 아프리카 콩고민주공화국의 에볼라 강에서 발견되어 붙여진 명칭
- 감염되면 유행성 출혈열 증세를 보이며 혈관을 통해 모든 장기로 이동, 심한 출혈과 함께 사망
- 일주일 내 90%의 치사율

Terminology 테러 관련 용어	
국내 테러	domestic terrorism
국제 테러	international terrorism
뇌관	detonator
대량살상무기	WMD(Weapon of Mass Destruction)
대(對) 테러	Counter-terrorism

대테러센터(한국)	National Counter Terrorism Center
대테러 비협조국(미국)	non-cooperative countries with US anti-terrorism efforts
돈세탁국	money-laundering nation
백색테러	white-terrorism
사이버 테러와 공격	cyber terror and attacks
생물무기	biological weapon
우산조직	umbrella organization
이슬람 근본주의	Islamic Fundamentalism
이슬람 분리주의	Islamic Separatism
인권침해국	Human Rights Violator
종합테러방지법	anti-terrorism and Effective Death Penalty Act of 1996
테러지원국(미국지정)	State-sponsor of terrorism
폭발물	Explosion
폭발물 처리반	EOD(Explosive Ordnance Disposal)
초국적 테러	transnational terrorism
화생방 테러	chemical, biological, and nuclear Terrorism
화학무기	chemical weapon

세계질서(World Order)와 안보(Security)

Information 알아두면 좋을 정보

◆ 개요

코로나 이후 세계질서 변화

- 코로나 발발 이후 국가 간 대면 교류 감소, 디지털 대전환이 일어나면서 탈세계화와 지역화의 조짐이 보임
- 코로나로 침체된 자국 경제를 회복하고, 더 치열해진 기술 경쟁에서 우위를 선점하기 위해 보호무역주의 가속화

◆ 세계안보 정책·이념

1. **다극체제**(multipolar): 세계가 중심이 되는 세력 없이 여러 세력으로 분산되어 서로 대립하거나 화합하는 것
2. **소다자주의**(minilateralism): 전 세계가 아닌 한정된 특정 지역 내에서 다자간 소통을 우선적으로 해야 한다는 이론
3. **자국우선주의**: 무역, 세금, 이민, 외교, 국방 등 전 분야에서 자국의 이익을 최우선에 두는 이념
4. **데탕트**(detente): 긴장 완화. 냉전 양극체제가 다극체제로 전환되면서 긴장이 완화되는 상태 또는 이를 지향하는 정책

Terminology 세계질서·안보 용어	
군사동맹	military alliance
규범 기반 국제질서	international rules-based order
다극화	multipolar
단극	unipolar
동서진영	Eastern and Western blocs
실용주의적 국제주의	Pragmatic Internationalism
안보 질서	security order
양극	bipolar
양극체제	bipolar system
중립국	neutral state
탈냉전시대	post-cold war era

◆ 북대서양조약기구(NATO)

- 나토는 2차 세계대전이 끝나고 당시 소련의 팽창을 막기 위해 미국과 유럽 등 서방이 만든 집단 안보 동맹체
- 미국, 캐나다와 유럽 10개국 등 12개국이 참가해 냉전 체제하에서 구소련을 중심으로 한 동구권의 위협에 대항하기 위해 발족한 집단 방위기구
- 현재 30개국이 가입, 본부는 벨기에 브뤼셀에 위치
- **회원국**: 벨기에, 캐나다, 덴마크, 프랑스, 아이슬란드, 이탈리아, 룩셈부르크, 네덜란드, 노르웨이, 포르투갈, 영국, 미국, 그리스, 튀르키예, 독일, 스페인, 체코, 헝가리, 폴란드, 불가리아, 에스토니아, 라트비아, 리투아니아, 루마니아, 슬로바키아, 슬로베니아, 알바니아, 크로아티아, 몬테네그로, 북마케도니아
- **북대서양조약 5조**(Article 5): 전체 회원국 가운데 어느 한 국가에서 무장 공격이 발생하면 이는 모든 회원국에 대한 공격으로 간주하고 다른 모든 회원국이 필요하다면 군사력을 사용하여 공격받은 회원국을 도와준다.

Terminology 북대서양조약기구(NATO) 용어	
군사동맹	military alliance
병력증강	force augmentation
군비 증강	arms buildup
생화학 무기	biochemical weapons
소극적 평화	negative peace
적극적 평화	positive peace
나토-러시아 간 훈련 격차	NATO-Russia exercise gap
영향공작	influence operations
통합 억지력	Integrated Deterrence

◆ 상하이 협력 기구(SCO: Shanghai Cooperation Organization)

- 2001년 출범한 정치 · 경제 · 안보 협의체
- 중국과 러시아, 카자흐스탄, 키르기스스탄, 타지키스탄, 우즈베키스탄, 인도, 파키스탄 등 8개국이 정회원으로 벨라루스 또한 정회원 가입을 적극적으로 시도
- 미국의 제재와 견제 · 압박에 맞서는 전략적 협력 강화 의지

◆ 믹타(MIKTA: Mexico Indonesia Korea Turkey Australia)

- **한국의 적극적인 외교적 노력으로 형성:** 한국 외교장관이 중견국 외교에 대한 인도네시아 및 호주 외교장관과의 공감대를 형성하고, 동년 8월에 멕시코 외교장관, 그리고 9월에는 터키 외교장관과의 의견교환을 통해 9월 25일 유엔총회를 계기로 '믹타'라는 협력체를 출범
- 국제사회의 공공이익 증대에 기여하려는 5개국 간 협의체
- 자유민주주의와 인권 및 개방경제체제 등과 같은 가치를 공유
- 각 지역에서 중심적인 위상을 갖고 있으면서 유엔, G20, 세계무역기구(WTO) 등 국제기구 또는 국제협의체의 회원국으로 주요한 임무를 수행하고 있음
- 멕시코, 인도네시아, 한국, 튀르키예, 호주 등 중견국 5개국으로 구성된 소다자 협의체

◆ 4자 안보대화 쿼드(QUAD: Quadrilateral Security Dialogue)

- 정치 군사 안보 동맹으로 미국, 인도, 일본, 호주 4개국이 참여하는 비공식 안보회의체
- 2007년 미국, 일본, 인도, 호주 4개국이 처음 개최
- 교환 및 회원국 간 군사훈련으로 유지된 전략 대화가 국제기구로 발전한 것
- 9년간 중단, 2017년 부활했고, 2020년 미국이 쿼드를 나토처럼 다자 안보 동맹으로 공식기구화하겠다고 밝힘

08

환경 배경 및 용어

The Environment:
Background and Terminology

기후변화(Climate Change)

Information 알아두면 좋을 정보

◆ 정의

- 인간의 활동에 의한 온실 효과 등 인위적인 요인과 화산폭발, 성층권 에어로졸의 증가 등 자연적인 요인에 의한 효과를 포함하는 전체 자연의 평균 기후 변동
- 장기간에 걸친 기후의 변동으로 주원인은 지구 대기에 존재하는 온실가스의 인위적 배출 및 농도 상승
- 산업혁명 이후 이산화탄소, 탄소, 온실가스 배출이 급증하면서 지구 온도가 조금씩 상승

◆ 기후변화 결과

- **극단적인 이상기후 현상:** 가뭄, 홍수, 폭풍, 태풍, 기록적인 폭우, 최장기간의 장마, 소나기, 해수면 상승, 무더위(extremely hot weather), 폭염, 열대야, 열사병, 한파, 우박, 폭설, 산사태, 산불, 황사, 해일, 천둥, 번개, 벼락 등이 빈번하게, 더 자주, 더 강하게 발생
- 남북극의 빙하가 녹아 빙하에 갇혀 있던 미세플라스틱이 해양으로 흘러 들어가 해양 생태계에 타격
- 해수면이 상승해 섬나라(도서국) 국민은 어쩔 수 없이 이재민이 되거나 삶의 터전을 잃고 있음

Terminology 기후변화, 기후위기 용어	
강한 폭우	heavy storm
개발제한구역	greenbelt
개입할 수 있는 시간	intervention's time
개체군	population
검댕	soot
경관 요소	landscape elements

고기후학(식물화석 등을 이용해 지질시대의 기후상태와 변천을 연구)	paleoclimatology
공진화(곤충과 식물의 공동 진화)	co-evolution
국가 기후변화 적응대책	national climate change adaptation plan
국가보호종	nationally protected species
국가생물다양성전략 및 이행계획	NBSAP(National Biodiversity Strategy and Action Plan)
국가 생물자원 인벤토리	inventory of national biological resources
국가 지속가능발전 기본계획	national sustainable development master plan
군락	community
극한기후 지수	extreme climate index
극한기후 현상	extreme climate event/extreme weather event
기름유출	oil spill
기후변화	climate change
기후변화 완화	mitigation of climate change
기후변화 적응	adaptation to climate change
기후변화 취약성	climate change vulnerability
기후 비상 상황	climate emergency
기후 시스템의 티핑포인트	tipping point in the climate system
기후위기로 인한 도전과 담대한 전환	the climate challenge and the great transformation
기후정의(약자들을 위해 제도마련)	climate justice
기후 파괴[붕괴]	climate disruption
기후 회복력	climate resilience
남조류	blue-green algae
농약 공해	pesticide pollution
대기오염원	air pollution source
대대적인 기아	mass starvation
대멸종	mass extinction
대응 시간	reaction time
라니냐	La Nina
멸종위기 야생생물	endangered species
무더위	extremely hot weather
문명에 실존적인 위협	an existential threat to civilization
물 부족 국가	water-stressed countries

물 소순환	small water cycle
미생물	microorganism
미세먼지	particulate matter
미세플라스틱	microplastic
배기가스	exhaust gas
범람원	floodplains
복구(손실 이전 상태로 회복)	recovery
복원(원래대로 회복)	restoration/restoring
불쾌지수	discomfort index
빗물을 모으다	retain rainwater
빗물 유출	rainwater runoff
빙상	ice sheet
빙실 효과(대기오염으로 지구냉각)	icebox effect
빙하 손실	ice loss
빙하후퇴	glacier retreat
사막화	desertification
산불피해	damaged forests
삼림 벌채	deforestation
산림 생태계	forest ecosystem
산림 재해	forest disaster
산불피해 산림지역을 복원하다	restore fire-damaged forests
산림 황폐화	forest degradation
산불 방어능력	fire prevention
산성비	acid rain
산업폐기물	industrial waste
삶은 영원한 두 어둠 사이의 잠시 갈라진 틈으로 새어 나오는 빛이다.	Life is a brief crack of light between two eternities of darkness.
상수원	water supply source
생물권	biosphere
생물농약	biopesticide
생물다양성	biological diversity
소음공해	noise pollution
습지보호지역	wetland protected area

수권	hydrosphere
순환(영양분과 물)	recycle(nutrients, water)
습지	wetlands
식생	vegetation
아한대 숲	boreal forest
야생생물 보호구역	wildlife reserve
야생절멸	EW(Extinct in the Wild)
엘니뇨	El Nino
열대야	tropical night
열섬현상	heat island
연안습지	coastal wetlands
영구동토지대	permafrost
오니(슬러지)	sludge
오염물	pollutants
오존층 파괴	ozone layer depletion
오존층파괴물질	ozone-depleting substances
온실가스	GHG(Greenhouse Gas)
온실가스 배출 줄이기	reducing emissions
온실 효과	greenhouse effect
유역	basin/watershed/catchment
위험 재해 감소	risk reduction
인공습지	constructed wetlands
인구과잉	overpopulation
일산화질소	NO(Nitrogen Monoxide)
일산화탄소	CO(Carbon Monoxide)
외부효과	externality
자생생물	indigenous species
자연공원	nature parks
자연보전권역	nature conservation zone
자연환경보전지역	nature preserve
자정작용	self-purification
잔류성유기오염물질	POPs(Persistent Organic Pollutants)
제방	bank/embankment

재조림	reforestation
저 빙권 개체	cryosphere entities
조림	afforestation
지구 수용능력	earth's capacity
지구온난화	global warming
증발산량	evapotranspiration
진화생물학자	evolutionary biologist
집수 구역	catchment basin
초미세먼지	ultra-fine dust
최후의 심판일	doomsday
침출수	leachate
총부유먼지	TSP(Total Suspended Particles)
침식방지	erosion protection
태풍	storm
토사 유출	soil runoff
토양	soil
토양 침식	soil erosion
토양오염	soil pollution
토양의 독성	toxification of earth
토양의 산성화	soil acidification
토지이용	land use
토지이용변화 및 임업	land-use change and forestry
파괴	destruction
폭염	heat wave
폭우/호우	torrential rains/deluge
피해보상	compensation for loss[damage]
피해 지역(면적)	damaged area
하구	estuary
하수	raw sewage
한대림	boreal forest * 스웨덴, 핀란드, 시베리아, 캐나다 등 연평균기온 6°C 이하 한대에 생성되는 산림
한파	cold wave
해빙	ice melting

해수 담수화	seawater desalination
해양 산성화	ocean acidification
해양심층수	deep ocean water
해양쓰레기	ocean waste
해양오염	ocean pollution
해양투기	ocean dumping
행동생태학자	behavioral ecologist
환경감시	environmental monitoring
환경세	environmental tax
환경재난	environmental disasters
황사현상	yellow sand phenomenon
IUCN 적색목록	IUCN red list

기후변화 대응책

탄소가격제
Carbon Pricing

Information 알아두면 좋을 정보

◆ 의미

- 할당량 이상으로 탄소를 배출하면 비용을 내게 해 환경오염을 줄이는 방식
- 온실가스 배출을 비용으로 인식하도록 하여 온실가스 감축을 유도하는 가장 효과적이고 효율적인 정책 수단
- 탄소가격제를 도입하면, 생산과정에서 온실가스를 배출하여 이윤을 창출하는 기업들이 온실가스 배출로 인해 사회가 부담하는 비용 지불
- 전 세계 46개국이 탄소가격제를 운영
- 탄소가격제로 구제받는 온실가스 배출량은 12기가톤(전 세계 온실가스 배출량의 22%)
- 한국도 2015년부터 배출권거래제를 운영하여 온실가스 다배출 업체들의 온실가스 배출 규제

◆ 탄소가격제 종류

1. **탄소세**(Carbon Tax)
   - 온실가스 배출량 단위당 부과하는 세금
   - 개별 기업이 내야 할 세금을 예측할 수 있으므로 세금 대비 이익이 더 클 경우 탄소배출에 대한 강제성을 부여할 수 없다는 단점

2. **배출권거래제**(ETS: Emission Trading Scheme)
   - 정부가 국가의 총배출량을 정하고, 이를 온실가스 배출자에게 배출권으로 할당하여, 각자 배출권이 남거나 부족한 경우 서로 거래할 수 있도록 하는 제도
   - 정부가 가격을 설정하는 탄소세와 달리 시장 수요의 공급과 가격에 따라 결정
   - 기업이 잘 활용하면 배출량을 감소하고 추가 이익까지 창출할 수 있는 제도

탄소중립 선언
Net Zero

◆ 의미

- **탄소중립:** 대기 중 이산화탄소 농도 증가를 막기 위해 인간 활동에 의한 배출량은 최대한 감소시키고, 흡수량은 증대하여 '순 배출량이 0(Zero)'이 된 상태
- 인간의 활동으로 배출하는 온실가스는 최대한 줄이고, 배출되는 온실가스는 산림 흡수나 CCUS(탄소 포집 · 활용 · 저장 기술)로 제거해 실질적인 배출량을 '0' 수준으로 낮추는 것
- 프랑스, 독일, 영국, 일본을 비롯한 전 세계 25개국이 탄소중립을 달성하여 지구 온도상승을 막겠다고 선언
- 한국은 세계 16번째로 기후위기 비상 상황 선포, 2020년 10월 '2050 탄소중립목표' 선언

그린뉴딜
Green New Deal

◆ 의미

- '그린(green)'과 '뉴딜(New Deal: 미국 루스벨트 대통령이 1930년대 대공황을 극복하기 위하여 추진한 경제정책)'의 합성어
- 온실가스 감축과 더불어 친환경 산업구조로 변화하며 양질의 일자리를 창출하는 정책
- 기후변화, 환경오염, 불평등 심화로 고통받는 취약계층의 상황을 개선하여 경제적 · 환경적 형평성을 추구하는 것

◆ RE100

- Renewable Energy(재생에너지) 100%의 약자

- '기업이 사용하는 전력량의 100%를 2050년까지 재생에너지로 충당하겠다'는 목표의 국제 캠페인
- 2014년 런던의 다국적 비영리기구 '더 클라이밋 그룹'에서 발족
- **재생에너지:** 석유화석연료를 대체하는 태양열, 태양광, 바이오, 풍력, 수력, 지열 등에서 발생하는 에너지

유엔기후변화협약
UNFCCC(UN Framework Convention on Climate Change)

◆ 의미

- 1992년 리우데자네이루에서 개최된 유엔환경개발회의(UNCED)에서 채택된 국제환경조약
- 기후변화의 원인이 되는 온실가스 배출을 억제하는 것을 목적으로 한 국제협약
- 선진국과 개도국이 '공동의 그러나 차별화된 책임(Common But Differentiated Responsibilities)'에 따라 각자의 능력에 맞게 온실가스를 감축할 것을 약속
- 온실가스 농도 안정화가 목적, 기후변화에 대한 과학적 확실성이 부족하다고 해서 지구온난화 방지조치를 연기할 수 없음을 강조

◆ 기본원칙

- 기후변화의 예측·방지를 위한 예방적 조치의 시행, 모든 국가의 지속 가능한 성장의 보장
- 1992년 6월 리우 환경회의에서 공식 채택, 한국 1993년 12월 세계 47번째로 가입
- 차별화 원칙에 따라 협약 당사국 중 부속서 Ⅰ, 부속서 Ⅱ, 비부속서 국가로 구분하여 각기 다른 의무 부담 규정

Annex 1(협약 부속서 1)
- OECD, 동유럽(시장경제전환국가) 및 유럽경제공동체(EEC) 국가들
- 42개국에 대해 2000년까지 온실가스 배출 규모를 1990년 수준으로 안정화할 것을 권고
- 국가들에 제1차 공약 기간(2008~2012년) 동안 온실가스 배출량 1990년 수준 대비 평균 5.2% 감축

Non-Annex 1(비(非) 부속서1)
- 감축 의무를 부담하지 않는 개도국
- 온실가스 감축과 기후변화 적응에 관한 보고, 계획 수립, 이행과 같은 일반적인 의무를 부여

Annex 2(협약 부속서 2)
- 24개 선진국에 대해 개도국의 기후변화 적응과 온실가스 감축을 위해 재정과 기술 지원 의무 규정

◆ 유엔기후변화협약 당사국총회(COP: Conference of the Parties)

1. 유엔환경개발회의(UNCED): 리우 선언(Rio Declaration)(1992)

- 1992년 브라질의 리우데자네이루에서 개최된 최초의 기후 국제협약
- UNCED : United Nations Conference on Environment and Development의 약자
- 세계 120여 개국의 정상이 참석했기 때문에 지구정상회의(Earth Summit)라 일컬음
- 세계 정상들은 지구환경 질서의 기본원칙이 될 '리우 선언'과 실천 의제인 '의제 21' 채택
- 리우 선언, 의제 21(Agenda 21), 기후변화협약, 생물다양성보존협약, 산림원칙 등 채택
- 유엔기후변화협약(UNFCCC) 발족
- **의제 21:** 지구환경보전과 지속 가능한 성장을 위한 행동계획을 담은 지침서로 지속 가능한 성장을 위한 사회·경제적 과제, 자원의 보존과 관리, 주요 단체들의 역할 강화, 집행을 위한 수단 등 크게 5부문 총 40장으로 이루어짐

2. 제3차 유엔기후변화협약(UNFCCC) 당사국총회: COP3 일본 교토(1997)

- 선진국들의 수량적인 온실가스 감축 의무를 규정한 교토의정서(Kyoto Protocol) 채택
- 기후변화의 주범 6가지 온실가스(이산화탄소, 메탄, 이산화질소, 수소불화탄소, 과불화탄소, 육불화황) 정의
- 신축성 메커니즘(Flexibility Mechanism)인 청정개발체제(CDM : Clean Development Mechanism), 배출권 거래제(ETS : Emission Trading Scheme), 공동이행제도(JI : Joint Implementation) 도입
- 온실가스 비용을 효과적으로 감축, 개도국의 지속 가능한 발전을 지원할 수 있는 계기 마련

3. 제6차 유엔기후변화협약(UNFCCC) 당사국총회: COP6 네덜란드 헤이그(2000)

- 교토의정서 발효를 위한 노력이 Umbrella 그룹(EU를 제외한 9개국)과 EU 간의 견해차로 무산
- 교토 메커니즘, 흡수원 등에서 EU 및 개도국의 양보로 협상 극적 타결
- 미국은 당사국회의(COP/MOP)에 옵저버 지위로 참석

4. 제7차 유엔기후변화협약(UNFCCC) 당사국총회: COP7 모로코 마라케시(2001)

- 마라케시 합의를 통해 신축성 체제를 포함하여 교토의정서 내 다수 규제 설정

5. 제13차 유엔기후변화협약(UNFCCC) 당사국총회: COP13 인도네시아 발리(2007)

- 2012년 이후 기후변화 체제에 대한 2009년까지의 논의 일정을 담은 '발리 로드맵' 채택
- 교토의정서에 불참한 선진국과 개도국까지 참여하는 Post-2012 체제를 2009년 제15차 당사국총회(COP15, 코펜하겐)에서 출범하기로 합의
- 선진국과 개도국 사이의 간극 좁히는 데 실패
- 감축목표 및 개도국에 대한 재정지원 등이 핵심쟁점

6. 제15차 유엔기후변화협약(UNFCCC) 당사국총회: COP15 덴마크 코펜하겐(2009)

- 2012년 이후 기후변화 체제에 대한 구속력 있는 합의 도출 실패
- 정치적 선언 성격의 코펜하겐 합의 도출

7. 제16차 유엔기후변화협약(UNFCCC) 당사국총회: COP16 멕시코 칸쿤(2010)

- 2010년 제16차 당사국총회에서 '멕시코 칸쿤 합의(Cancun Agreement)' 도출
- 제15차 코펜하겐 당사국총회 주요 합의 내용을 칸쿤 합의를 통해 공식문서화
- 과도기적 조치로 국제사회는 2020년까지 선진국 및 개도국의 자발적인 온실가스 감축 약속 이행에 합의
- 선진국들이 2020년까지 매년 1,000억 달러를 모금해 후진국들의 기후변화 대응을 지원할 '녹색기후기금'을 조성하는 데 합의

8. 제17차 유엔기후변화협약(UNFCCC) 당사국총회: COP17 남아공 더반(2011)

- 2012년 말 만료되는 교토의정서의 시한을 연장하고, 2020년에 온실가스를 배출하는 모든 국가들이 참여하는 새 기후변화체제 '더반플랫폼(Durban Platform)' 협상 출범 합의
- 2015년까지 구속력 있는 합의 도출하기로 약속

9. 제18차 유엔기후변화협약(UNFCC) 당사국총회: COP18 카타르 도하(2012)

- **도하 개정안(Doha Amendment)**: 교토의정서 공약 기간을 2013년부터 2020년까지 설정하는 2차 공약 기간 설정
- 기존의 교토의정서 불참국 미국 외 일본, 러시아, 캐나다, 뉴질랜드 등 제2차 공약 기간 불참 선언
- 참여국 전체의 배출량이 전 세계 배출량의 15%에 불과

10. 제19차 유엔기후변화협약(UNFCCC) 당사국총회: COP19 폴란드 바르샤바(2013)

- 2020년 이후 신기후체제를 형성하기 위한 향후 2015년까지의 협상 로드맵 마련
- 지구 기온상승을 산업화 이전 대비 2°C 이내로 억제하는 데 필요한 2020년 이후의 '국가별 자발적 온실가스 감축 방안(INDCs: Intended Nationally Determined Contributions)'을 자체적으로 결정

11. 제20차 유엔기후변화협약(UNFCCC) 당사국총회: COP20 페루 리마(2014)

- **리마선언(Lima Call for Climate Action)**: 국가별 기여 방안(INDCs: Intended Nationally Determined Contributions)에 대한 제출 절차 및 일정 규정, 기여공약에 반드시 포함되어야 할 정보 채택
- 2015년 합의문(2015 Agreement)의 주요요소(element)가 제시

파리기후변화협약
Paris Agreement/Paris Climate Change Accord

◆ 개요

- 2015년 프랑스 파리에서 개최된 '제21차 유엔기후변화협약 당사국총회(COP21)'에서 세계 195개국의 지도자가 지구온난화를 막기 위해 체결한 국제사회 협약
- 2020년 만료되는 교토의정서를 대체, 2021년 1월부터 적용될 기후변화 대응을 담은 기후변화 협약

환경

- **기후변화 대응 목표**: 감축(mitigation: 온실가스 저감)+적응(adaptation: 홍수, 가뭄 등 기후변화로 인한 부정적 영향 최소화)
- 합의한 목표 달성을 위해 온실가스를 얼마나 감축할 것인지 정한 '국가 온실가스 감축 목표(NDC: Nationally Determined Contribution)'를 제출
- 목표 달성을 위한 수단으로 재원(finance), 기술이전(technology transfer), 역량배양(capacity-building) 필요. 검증을 위한 절차적 투명성(transparency)도 강조
- 기후행동 및 지원에 대한 투명성 체제를 강화하면서도 각국의 능력을 감안하여 유연성을 인정
- 2015년 주요경제국 포럼(MEF: Major Economies Forum), 기후변화 카르타헤나 대화, 피터스버그 기후 대회, 유엔총회 계기 주요국 정상들의 기후변화 오찬 등 기후변화 관련 회의뿐 아니라 G20 정상회의, APEC 정상회의 등 각종 다자회의 등을 계기로 신기후체제 도출을 위한 정치적 모멘텀 강화

◆ **내용**

- **기온**: 산업화 이전 대비 지구 평균기온 상승을 '2°C보다 상당히 낮은 수준으로 유지'키로 하고, '1.5°C 이하로 제한하기 위한 노력을 추구'하기로 합의
- **자금**: 2020년부터 선진국들 매해 최소 1,000억 달러 규모로 개발도상국의 기후변화 대처사업 지원 약속(재원 조성 관련, 선진국이 선도적 역할을 수행)
- **감축 목표**: 이른 시일 내 온실가스 배출 감축, 2050년까지 지구촌 온실가스 배출량 '순수 0'
- **책임분담**: 선진국들은 온실가스 감축에 앞장서며, 개발도상국들 역시 모든 국가가 자국의 상황을 반영하여 참여하는 보편적인 체제 마련, 온실가스 감축 노력, 감축 기준까지 점진적인 이행을 권장
- **검토**: 전 지구적 이행점검(global stocktaking). 2023년부터 5년 단위 파리협정의 이행 및 장기목표 달성 가능성의 평가 실시 규정
- **피해**: 기후변화에 의한 피해에 취약한 나라를 돕기 위해 노력
  - 예 해수면 상승으로 인해 큰 피해를 볼 가능성이 큰 섬나라들이 그 대상

◆ **파리협정과 교토의정서 간 차이**

- 각 국가가 온실가스 감축 규모를 '스스로' 정한다는 것
- 당사국인 '모든 국가'가 의무적으로 감축을 해야 함(5년마다 상향된 목표 제출할 것)

글래스고 기후합의
Glasgow Climate Pact

◆ **배경**

- 제26차 유엔기후변화협약(UNFCCC) 당사국총회(COP26)에서 채택
- 온실가스 감축과 탈탄소 투자에 관한 선언 발표, 전 지구적인 기후변화 대응 노력 강조

◆ 글래스고 기후합의 내용

- 개도국의 기후변화 적응(adaptation)에 대한 지원 강화
- 온난화 억제 목표 달성을 위한 감축(mitigation) 목표의 추가 상향
- 석탄 및 화석연료 의존도 축소
- 메탄과 같은 비 이산화탄소 온실가스 감축
- 석탄발전의 단계적 감축과 신규 석탄발전 투자 중단
- 선진국은 2025년까지 기후변화 적응기금을 2배로 확대 등 기후 재원 확대 기조 반영
- 지속 가능한 산림 및 토지 이용, 무공해차로의 전환 등에 관한 각국 정상들의 선언과 논의가 활발히 전개됨

국제기후클럽
International Climate Club

◆ 개요

- 올라프 숄츠 독일 총리가 G7(미국 · 영국 · 프랑스 · 독일 · 이탈리아 · 캐나다 · 일본) 국가들을 중심으로 기후변화 대응을 선도하는 기구 출범(세계경제포럼(WEF)에서 발표)
- 주요 아이디어가 A(Ambition 야망), B(Bold 과감), C(Cooperative 협력적)로 요약
- 탄소국경조정세(CBAM)와 수소 외교(Hydrogen Diplomacy)를 합의하는 자리
- 온실가스 배출 총허용량의 약 57%가량 유상할당(경매를 통한 배출권 매매) 지급 (2028~2029년까지 유상할당)

◆ 3가지 부분(Pillar) 구성

1. 모범 관행 공유, 기후변화 완화 정책의 실효성과 경제적 영향에 대한 평가 방식과 관련해 공통의 이해 도출
2. 탈탄소화를 통한 '산업 변환(transforming)'의 도모로서, 특히 탄소배출집약 산업에 집중, 친환경 산업제품에 대한 시장확대 방안 다룸
3. 파트너십과 협력을 통해 글로벌 기후변화 대응 목표를 상향함으로써 기후변화 대응 행동을 장려 및 촉진, 기후 협력의 사회·경제적 이점을 실현하며, 정의로운 에너지 전환을 촉진

생물다양성협약
CBD(Convention on Biological Diversity)

◆ 개요

- 유엔환경계획(UNEP)이 1993년에 발효
- ① 생물다양성을 보존하고(종내 다양성, 종간 다양성 및 생태계의 다양성) ② 지속 가능한 방식으로

생물다양성의 요소를 사용하며 ③ 인류를 위하여 사용되거나 가치 있는 유전자원, 생물체 또는 생태계의 생물적 구성요소의 이용으로부터 발생되는 이익을 공정하고 형평에 맞게 공유하는 목적으로 제정

◆ **쿤밍 선언**(Kunming Declaration)

- 제15차 유엔 생물다양성협약 당사국총회(UNCBD)에서 발표
- '포스트-2020 글로벌 생물다양성 프레임워크(GBF)'의 이행을 촉구하는 17개의 약속을 담고 있음
- 향후 10년 동안 생물다양성과 생태계의 보존, 보호, 복원 및 지속 가능한 관리를 위한 글로벌 로드맵

◆ **내용**

- 당사국의 국가 생물다양성 전략 갱신
- 보호지역 관리 개선
- 생물 다양성 관련 법체계 정비
- 자연기반 해법 적용 확대(nature-based approach)
- 생태계 복원
- 개발도상국에 대한 재정적 · 기술적 역량 강화 지원

Terminology 생물다양성협약 관련 용어	
네이처 포지티브 접근법	nature-positive approach
보호구역	sanctuary
생물 다양성 위기	biodiversity crises
생태계 다양성	ecosystem diversity
어획압박	fishing pressure
원주민 보호지역	indigenous reserves
자연기반해법	NbS(Nature-based Solution)
자연성지	sacred natural site
폐쇄림(지표 대부분을 삼림이 덮음)	closed forest
포스트-2020 글로벌 생물다양성 프레임워크	Post-2020 Global Biodiversity Framework

세계자연보전연맹
IUCN(Int'l Union for Conservation of Nature and Natural Resources)

◆ 개요

- 전 세계 자원 및 자연보호를 위하여 UN의 지원을 받아 1948년에 설립된 국제기구
- 세계 최대 규모의 환경 단체로 국가, 정부기관 및 NGO의 연합체 형태로 발전
- 생태계가 우리 인간에게 미치는 긍정적 및 부정적 영향을 전문적으로 다루는 국제기구
- 자원과 자연의 관리 및 동식물 멸종 방지를 위한 국제간의 협력 증진을 도모
- 야생동물과 야생식물의 서식지나 자생지 또는 연구대상이 되는 자연을 보호하기 위해 자연 보호 전략 마련해 배포
- OECD 국가 30개국의 대다수인 24개국이 IUCN 국가회원으로 가입
- 국가회원 자격이 아닌 정부기관 회원 109개국 대부분은 개발도상국 또는 저개발국가
- 2004년 생물다양성협약 제 7차 회의에서 세계자연보전연맹(IUCN) 자연환경 보호지역 카테고리(I~VI) 채택 (I에서 V로 올라갈수록 인간의 간섭과 이용이 높음)

◆ 전략과제

▲생물다양성(Biodiversity) **▲비즈니스, 금융 및 경제**(Business, finance and economics)
▲기후변화(Climate Change) **▲담수 및 물 보안**(Freshwater and water security)
▲자연기반 솔루션(Nature-based Solutions) **▲거버넌스 법률 및 권리**(Governance-law and rights)
▲바다와 해안(Ocean and coasts) **▲보호지역 및 토지 이용**(Protected areas and land use)

◆ 네이처 포지티브(Nature positive)

- IUCN이 추구하는 목표. 자연 파괴(negative)를 멈추는 데 그치지 않고 자연 생태계를 '회복(positive)'시키는 것
- 탄소중립을 넘어서서 생물 종의 보호 및 훼손된 생물 다양성의 복원을 추진하는 행동
- 자연 손실을 멈추고 되돌리기 위해 지구와 사회의 회복력 강화
- 농업, 임업 및 인프라 부문과 같은 특정 경제 부문들을 전환하는 데 잘 맞춰짐

기후, 환경 관련 국제기구	
Antarctic Treaty	남극조약
AOSIS(Alliance of Small Island States)	군소 도서국가 연합
Asia-Pacific Partnership on Clean Development and Climate	아·태 기후변화 파트너십 (청정개발과 기후에 관한 아·태 파트너십)
CBD(Convention on Biological Diversity)	생물다양성협약
CBD-CHM(Convention on Biodiversity-Clearing House Mechanism)	생물다양성 정보공유체계

CCAC(Climate and Clean Air Coalition)	기후 및 청정대기 연합
CITES(Convention on International Trade in Endangered Species of Wild Fauna and Flora)	멸종위기에 처한 야생동식물종의 국제거래에 관한 협약
Club of Rome	로마클럽
Convention on Long-range Transboundary Air Pollution	대기오염물질의 장거리 이동에 관한 협약
Copenhagen Accord	코펜하겐 합의
East Asian Biosphere Reserve Network	동북아 생물권보전지역 네트워크
EACP(East Asia Climate Partnership)	동아시아기후파트너십
EGA(Environmental Goods Agreement)	환경상품협정
GBIF(Global Biodiversity Information Facility)	세계생물다양성정보기구
GCF(Green Climate Fund)	녹색기후기금
Geneva Convention on Climate Change	제네바 기후협약
GEF(Global Environment Facility)	지구환경기금
GEO(Group on Earth Observations)	지구관측그룹
ICLEI(International Council for Local Environmental Initiatives)	이클레이(지속 가능한 발전을 위한 세계지방정부협의회)
IGBP(International Geosphere-Biosphere Program)	국제지권생물권계획
IPCC(Intergovernmental Panel on Climate Change)	기후변화에 관한 정부 간 협의체
IPBES(Intergovernmental Science-Policy Platform on Biodiversity and Ecosystem Services)	생물다양성과학기구
IUCN(International Union for Conservation of Nature and Natural Resources)	세계자연보전연맹
IUCN Integrated Management System for International Protected Area	IUCN 국제 보호지역 통합관리체계
Minamata Convention on Mercury	미나마타 협약(수은협약)
NANoREG(Korea-EU Joint Research on Nano Safety)	한-EU 나노안전 국제협력사업
National Action Plan for Agenda 21	의제21 국가실천계획
NEASPEC(North-East Asian Subregional Programme for Environmental Cooperation)	동북아환경협력계획
WOAH(World Organization for Animal Health) * 구명칭 OIE(Office International des Épizooties)	세계동물보건기구
Paris Agreement	파리협정(신기후체제)
Ramsar Convention	람사르협약
TEMM(Tripartite Environment Ministers Meeting)	한·중·일 3국 환경장관회의
TFAP(Tropical Forest Action Plan)	열대림행동계획
UNEP(United Nations Environment Program)	유엔환경계획

UNCCD(United Nations Convention to Combat Desertification)	사막화방지협약
UNCED(UN Conference on Environment and Development)	유엔환경개발회의
UNCHE(UN Conference on the Human Environment)	유엔인간환경회의
UNCSD(United Nations Conference on Sustainable Development)	유엔지속가능발전회의
UNFCCC(UN Framework Convention on Climate Change)	유엔기후변화협약
UNFCCC COP(UNFCC Conference of the Parties)	기후변화협약 당사국총회
Vienna Convention for the Protection of the Ozone Layer	오존층 보호를 위한 비엔나협약
Voluntary Agreement on Plastic Waste Recovery and Recycling	플라스틱 폐기물 회수·재활용 자발적 협약
WBCSD(World Business Council for Sustainable Development)	지속가능개발을 위한 세계비즈니스 협의회
WCED(World Commission on Environment and Development)	환경과 개발에 관한 세계위원회
WMO(World Meteorological Organization)	세계기상기구
WSSD(World Summit on Sustainable Development)	지속가능발전 세계정상회의
WWF(World Wide Fund for Nature)	세계자연기금

Terminology 기후 체제, 환경보호, 제도 관련 용어

감축	mitigation
감축 행동	mitigation actions
개별 국가차원에서 적절한 온실가스 감축 행동	NAMAs(Nationally Appropriate Mitigation Actions)
공약	commitment
국가결정기여	NDC(Nationally Determined Contribution)
규제비용총량제	cost-in, cost-out
그린워싱(친환경위장제품)	green washing
기후변화 당사국총회	COP(Conference of the Parties)
기후변화 대응계획	climate action plan
기후변화 대응을 통한 팬데믹 위험 감소	reducing pandemic risk with climate adaptation
기후학	climatology
노출허용량	MOE(Margin of Exposure)
녹색경제	green economy

녹색구매제도	green purchase system
녹색금융	green finance
녹색인증	green certification
녹색일자리	green job
단순매립	open dumping
되돌릴 수 없는 재앙	irreversible catastrophe
매우 미국적인 국제주의	distinctly American internationalism
무임승차자	free riders
물수요관리	water demand management
배출권 거래제	ETS(Emission Trading Scheme)
배출허용기준	emission standard
부문별 배출목표	sectoral emission targets
부속서 I II 국가	Annex I II Countries
사회생태주의	social ecologism
사회적 비용	social price
상향식	bottom-up
생태관광	ecotourism
생태·경관보전지역	ecology-landscape protected area
생태기반적응	ecosystem-based adaptation
생태마을	eco-village
생태발자국	ecological footprint
생태복원	ecological restoration
생태·자연도	ecology-nature map
생태탐방로	ecological trail
생활폐기물	domestic waste
순환공생권	CES(Circulating and Ecological Sphere)
쓰레기 분리수거	Separate Waste Collection
약속	pledge
약속과 평가	pledge & review
유럽연합(EU) 녹색분류체계	Green Taxonomy/EU Taxonomy
업사이클링	upcycling
온실가스 감축목표 기준배출량	baseline of GHG emission reduction objectives
유럽연합 배출권 거래제	EU-ETS(EU-Emission Trading Scheme)
이산화탄소 포집과 처리기술	CCS(Carbon (dioxide) Capture and Sequestration)

이산화탄소 포집과 활용 기술	CCU(Carbon (dioxide) Capture and Utilization)
이산화황	sulfur dioxide
이익중심	interest-driven
이차오염	secondary pollution
자발적 국가감축 기여방안	INDCs(Intended Nationally Determined Contributions)
재사용	reuse
재활용	recycling
지속가능발전목표	SDGs(Sustainable Development Goals)
정책 및 조치	Policies & Measure
주요경제국 포럼	MEF(Major Economies Forum)
주요 배출국 이니셔티브	Major Emitter Initiative
지하수	groundwater
진전원칙	principle of progression
질산염	nitrate
질소산화물	NOx(Nitrogen Oxides)
청정개발체제	CDM(Clean Development Mechanism)
청정에너지	clean energy
청정전력계획	clean power plan
최저개발국	the least developed countries
측정 · 보고 · 검증	MRV(Measuring, Reporting, Verification)
친환경 설계	eco-friendly design
친환경 소비	eco-friendly consumption
친환경 건축자재	environment-friendly building materials
탄소기금	carbon fund
탄소누출	carbon leakage
탄소발자국	carbon footprint
탄소배출권	CERs(Certified Emission Reductions)
탄소세	carbon tax
탄소시장	carbon market
탄소에 가격을 매기다	put a price on carbon
탄소흡수원	carbon sink
탄화수소	hydrocarbon
폐기물처리	waste treatment
하향식	top-down

행동	actions
환경기술	environmental technology
환경기준	environmental standards

배출권 거래제도
ETS(Emission Trading Scheme)

◆ 개요

- 오염물질 배출원인 기업, 산업 또는 국가가 오염물질을 배출하기 위해서는 배출량만큼 배출권/허가권(certificate/permit)을 보유해야 하며, 오염배출원 간에 이 배출권을 팔거나 살 수 있도록 한 제도
- 시장 메커니즘을 활용, 온실가스 감축목표를 비용 효율적으로 달성하기 위한 제도
- 배출자는 탄소가격(Carbon Price)에 따라 온실가스 감축 투자 또는 배출권 구매 등을 선택적으로 활용 가능하여 직접규제보다 유연성을 부여

◆ 거래 유형

감축목표(Cap) 유무에 따라 총량제한 배출권 거래(Cap & Trade)와 감축실적거래(Baseline & Credit) 방식으로 분류

1. 총량제한 배출권 거래(Cap & Trade)
- 배출총량(Cap) 설정 후 참여 대상에게 배출 허용량(allowance)을 할당하고 이를 상호거래(쌍방향 거래)

2. 감축실적거래(Baseline & Credit)
- 특정 사업 수행으로 인한 기준배출량(Baseline) 대비 감축량에 상응하는 감축실적(Credit)을 공인된 기관으로부터 발행받고, 이를 판매하는 방식(단방향거래)

에너지 저장 장치
ESS(Energy Storage System)

◆ 개요

- 저장이 어렵고 사용한 뒤에는 사라져버리는 에너지를 효율적으로 사용할 수 있도록 저장하고 관리하는 시스템
- 발전소, 송배전시설, 가정, 공장, 기업 등에서 활용 가능
- 최근 신재생에너지와 연계 시스템으로 효율을 높여 전기료를 절감하고 정전피해를 최소화하는 백업 전력으로 사용 가능

- 태양광, 풍력, 수력 등과 같이 불규칙적으로 생산되는 신재생 에너지를 저장, 관리하여 효율을 높임

탄소 포집, 활용, 저장기술
CCUS(Carbon Capture, Utilization and Storage)

◆ 개요

- 대기 중에 있는 이산화탄소뿐만 아니라 산업 공정에서 발생하는 이산화탄소를 포집해 활용하거나 저장하는 기술
- CCUS 활용으로 블루수소를 생산할 수 있음
- CO_2를 생물학적으로 고정하여 미세조류 바이오매스를 생산 → 바이오 연료, 바이오 소재 등으로 제품화할 수 있음

RE100
Renewable Energy 100

◆ 개요

- 2050년까지 필요한 전력의 100%를 태양광, 풍력, 수력 등 재생에너지로만 충당하겠다는 기업들의 자발적인 약속
- 2014년 영국의 비영리단체 기후그룹인 '더 클라이밋 그룹(The Climate Group)'과 '탄소공개프로젝트(Carbon Disclosure Project)'가 처음 제시한 캠페인
- 연간 100GWh 이상의 전력을 사용하는 기업을 대상으로 함

Terminology RE100 용어	
거래	trade
공동이행제도	Joint Implementation
국제기후클럽(탄소중립국제기구)	International Climate Club
글로벌 이행점검	global stock take
기준선 및 크레딧	baseline & credit * 탄소배출 감축에 대한 국제적인 기준으로 기준선 및 크레딧은 탄소배출 감축 프로젝트에서의 탄소배출 감축량 측정과 이를 규제하는 국가 또는 기업의 규제 수단으로 활용됨
기준선	baseline * 국가 또는 기업이 탄소배출 감축을 시작하기 전의 탄소배출량을 뜻함
크레딧	credit * 탄소배출 감축 프로젝트에서 발생한 감축량을 뜻함

다자간 평가	MA(Multilateral Assessment)
바이오에너지 탄소 포집 저장	bioenergy carbon capture and storage
배출 감소 단위	ERU(Emission Reduction Unit)
배출권 거래제	ETS(Emission Trading Scheme)
배출 권한	emissions allowance/emissions permit
배출 부과금 제도	emission charge
배출 흡수 (기술)	negative emission (technology)
상향식	bottom-up
온실가스 흡수량	RMUs(Removal Units)
유럽연합 배출권 거래제도	EU ETS(European Union Emissions Trading Scheme)
이산화탄소 포집 저장기술	CCS(Carbon Capture and Storage)
이산화탄소 포집, 이용, 저장 기술	carbon dioxide capture, use, and storage technologies
자발적 이행	voluntary commitments
초기행동	early action
진전원칙	principle of progression
탄소국경조정제도(유럽연합)	CBAM(Carbon Border Adjustment Mechanism)
CBAM 신고서	CBAM declarations
CBAM 인증서	CBAM certificate
탄소배출상한거래제도 (마이너스배출포함)	cap and trade
탄소세	carbon tax
탄소에 가격을 매기다	put a price on carbon
탄소중립	carbon neutral
탄소중립으로의 정의로운 전환	Just Transition for[towards] Carbon Neutrality
탈탄소 생활 방법	decarbonized living measures
청정개발체제	CDM(Clean Development Mechanism)
하향식	top-down

EU 택소노미
Green Taxonomy / EU Taxonomy

◆ 개요

1. EU 택소노미(녹색분류체계)(Green Taxonomy/EU Taxonomy)

- 어떤 에너지원이 친환경, 녹색사업인지 아닌지 알려주는 기준

- 택소노미에 포함된 에너지 업종에 대해서는 각종 금융 및 세제 지원을 제공해 투자 육성
- 2020년 6월 세계 최초로 EU판 그린 택소노미 가이드 발표
- 2022년 7월 원자력발전과 천연가스 포함

2. 한국형 녹색분류체계(K-Taxonomy)

- 2021년 5월 초안 공개
- 2021년 12월 원전 제외, 재생에너지와 액화천연가스(LNG) 포함
- 2022년 9월 원전을 포함한 개정안 발표

지속가능발전목표 SDGs(Sustainable Development Goals)

◆ 개요

- 2015년, 160여개국 정상들을 포함해 193개 UN 회원국 대표들이 만장일치로 지속가능발전목표(SDGs: Sustainable Development Goals)를 승인
- 2016~2030년까지 15년간 유엔과 국제사회가 달성해야 할 목표

◆ 17대 목표

▲사회보장 ▲먹거리 ▲건강서비스 ▲교육 ▲여성 ▲하천 ▲대기 및 에너지 ▲일자리 ▲사회기반시설 ▲불평등 ▲공동체 ▲녹색경제 ▲기후변화 ▲해양 환경 ▲생태계 ▲참여 거버넌스 ▲파트너십 강화

1. No Poverty: 지구상 모든 형태의 빈곤 종식
2. Zero Hunger: 기아의 종식, 식량 안보 확보, 영양 상태 개선 및 지속 가능 농업 추진
3. Good Health and Well-being: 건강한 삶의 보장과 전 세대를 위한 복리 증진
4. Quality Education: 모두를 위한 폭넓고 수준 있는 교육 보장과 평생 학습 기회 제공
5. Gender Equality: 양성평등과 여권 신장 실현
6. Clean Water and Sanitation: 모두를 위한 깨끗한 물과 위생시설 접근성 보장
7. Affordable and Clean Energy: 모두를 위한 적정가격의 신뢰할 수 있고 지속 가능하며 현대적인 에너지에의 접근 보장
8. Decent Work and Economic Growth: 모두를 위한 포용적이고 지속 가능한 성장과 고용 및 양질의 일자리 제공
9. Industry, Innovation, and Infrastructure: 복원력이 높은 사회기반시설 구축과 포용적이고 지속 가능한 산업화 증진 및 혁신 장려
10. Reduced Inequality: 국가 내, 국가 간 불평등 해소
11. Sustainable Cities and Communities: 포용적이고 안전하며 회복력 있는 지속 가능 도시 조성
12. Responsible Consumption and Production: 지속 가능한 소비와 생산
13. Climate Action: 기후변화 대응
14. Life below Water: 대양, 바다, 해양자원의 보호와 지속 가능한 이용
15. Life on Land: 지속 가능한 삼림 관리, 사막화와 토지 파괴방지 및 복원, 생물다양성 감소방지

16. Peace, Justice and Strong Institutions: 정의롭고, 평화로우며 포용적인 사회를 조성
17. Partnerships for the Goals: 지속 가능한 발전을 위한 이행수단과 글로벌 파트너십 강화

한국의 기후변화 대응

Information 알아두면 좋을 정보

◆ 정의

- 기후변화가 부담이 아닌 새로운 경제성장 동력 창출의 기회라는 인식하에 기후변화 문제에 적극적으로 대응
- '2020년 온실가스 배출전망(BAU: Business As Usual) 대비 30% 감축'이라는 자발적 목표 제시
- 2011년 저탄소 녹색성장 기본법을 제정하여 목표 이행을 위한 법적 기반을 마련
- 2012년 온실가스·에너지 목표관리제 실시, 2014년 온실가스 감축 로드맵 수립, 2015년 배출권 거래제 시행
- 2015년 국가 기후변화 적응대책 마련 등 노력을 경주
- 기후변화 협상에서 산업 여건을 최대한 반영하면서도, 인류 공동의 과제인 신기후체제 출범에 기여
- **선진국과 개도국 간 가교로 건설적인 기여 노력**: 선진국의 역사적 책임과 주요 개도국의 배출 증대 추세를 균형 있게 고려, 선진국의 리더십 발휘와 개도국의 능력에 상응하는 행동 및 기여를 촉구
- 2016년 11월 3일 파리협정 국내 비준 절차를 완료하고, 12월 3일부터 국내에서 발효
- INDC(국가별 기여방안): 각국이 자국의 상황을 감안하여 마련
- '2030년 온실가스 배출전망(BAU) 대비 37% 감축'이라는 의욕적인 목표를 포함한 INDC를 제출
- 선진국과 개도국 간의 신뢰 구축을 위해 기후 재원을 필수적인 요소로 인식, GCF(녹색기후기금)에 1억불 기여 공약 발표
- 에너지 신산업을 육성하고 새로운 기술과 비즈니스 모델을 개도국과 적극 공유
- 국제 탄소시장 구축 논의에 참여함으로써 신기후체제에 적극 동참할 것

그린뉴딜(한국판 뉴딜 사업)
Green New deal

◆ 개요

- 그린뉴딜은 기후위기와 사회·경제적 불평등을 동시에 해결하기 위한 정책

- 탄소 중심의 산업구조를 전환해 기후위기에 대응하고 친환경 녹색 일자리를 창출
- 타격을 입는 산업 분야와 일자리를 잃게 되는 노동자들을 위한 '정의로운 전환'도 강조

◆ 한국판 그린뉴딜 정책 3분야

1. 그린 빌딩 그린 인프라: 도시 및 공간 생활 인프라 녹색전환
- 공공건물 대상 재생에너지 설비 설치, 단열재 보강, 친환경 자재 시공 그린 모델링
- 자연 생태 서비스 누리도록 도시 훼손지 25개소 및 국립공원 생태복원 사업

2. 그린 에너지: 저탄소 분산형 에너지 확산
- 그린수소 등 청정에너지 기술개발. 에너지 저장 시스템(ESS) 설비 안전성 평가센터 설치
- 효과적인 탄소저감을 위한 탄소 다배출 업종별 특화 감축기술 개발, 녹색금융 확대 등 녹색 산업 지원 확대

3. 녹색산업 혁신 생태계
- **스마트 그린 산단 사업 추진:** 2025년까지 10개 산업단지에 대해 ICT(정보통신기술) 기반 데이터 수집 및 에너지 흐름 시각화, 전력망 통합 관제 센터 운영
- 스마트 에너지 플랫폼 구축, 연료 전지, ESS 활용 등을 통해 에너지 자립형 산단 조성

◆ 그린뉴딜 투자 분야(17개)

▲신제조공정 ▲로봇 ▲차세대동력장치 ▲바이오 소재 ▲신재생에너지 ▲친환경발전 ▲에너지 저장 ▲에너지 효율 향상 ▲스마트팜 ▲환경개선 ▲환경보호 ▲친환경소비재 ▲차세대치료 ▲실감형 콘텐츠 ▲차세대반도체 ▲능동형 조명 ▲객체탐지

◆ 한국 순환경제 이행계획

- 소각 및 매립 최소화를 위한 방안
- 생활/건설폐기물은 바로 매립하지 않고, 소각 잔재물 분리 및 선별 후 불연성 잔재물만 매립
- 생활폐기물의 경우 수도권은 2026년, 비수도권은 2030년, 건설폐기물은 2030년부터 직매립 금지

◆ 한국의 탄소거래제

- **탄소배출권:** 지구온난화 유발 및 이를 가중하는 온실가스를 배출할 수 있는 권리. 배출권을 할당받은 기업들은 의무적으로 할당 범위 내에서 온실가스를 사용해야 하며, 남거나 부족한 배출권은 시장에서 거래 가능
- 한국은 2015년부터 탄소배출권 거래제를 시행하고 있고, 한국거래소가 배출권 시장을 개설해 운영 중
- 탄소배출권 제도로 인해 다양한 신기술 개발로 이어짐

Terminology 한국 환경제도 관련 용어	
공판장	public market
그린 산단 전환	transition of industrial complexes to green industrial complexes
탄소중립 사회를 위한 기초지방정부 10대 실천과제	10 major strategies of local governments for carbon neutral society
기후위기 대응 프로그램	climate crisis response program
기후행동을 촉진하다	promote climate action
녹색(그린)산업단지	green industrial complex
녹색건축 인증	green building certification
대기 배출기준	atmospheric emission standard
대기오염물질 총량관리제도	total air pollution load management system
대기질 예경보제	air pollution forecasting and alert system
대기환경 기준	air quality standards
대기환경보전법	Clean Air Conservation Act
대통령 명령	executive order
도심 녹색화로 온실가스를 절감하다	reduce GHG by greening the city center
먼지총량제	total dust load management
목표와 시간표	target and timetable
배출부과금 제도	emission charge
배출집약도 방식	emission intensity
사업장폐기물 감량화 제도	reduction of industrial wastes
생산자책임재활용제도	EPR(Extended Producer Responsibility)
수돗물 안심확인제	tap water safety confirmation system
급수공급망 정비 기본계획	water supply system maintenance master plan
수익자부담원칙	beneficiary pay principle
수질개선부담금	water quality improvement charge
수질환경기준	water quality standards
스마트 그린 혁신도시	smart green innovation city
신재생에너지 의무할당제	RPS(Renewable Portfolio Standard)
에너지의 정의로운 전환	just transition of energy
에너지 자립도시	energy independent city
에너지 자립마을	energy independent village

에너지 전환	energy transition
에너지 제로 건물	nZEB(nearly Zero-Energy Building)
온실가스 인지예산제도 도입을 위한 국가 재정법	National Finance Act on the Introduction of GHG Budget System
제로 에너지 신청사를 건립하다	build new district office as Zero Energy Building
재생에너지 융복합 사업	renewable energy convergence project
재활용 의무율	recycling responsibility rate
저탄소 녹색성장	low carbon green growth
주민 주도 에너지 자립	citizen-led energy independence
주민 주도형 그린뉴딜	citizen-led Green New Deal
주민 참여형 서비스	resident engaging service
지역 분권형 전력시스템	decentralized power system
탄소발자국 인증/저탄소제품 인증	Carbon Footprint Certification/Low-carbon Product Certification
탄소발자국 라벨링제도	Carbon Footprint Labeling
탄소배출권거래소	CERs Exchange
탄소 인지 예산제	carbon budget system
탄소중립-그린뉴딜	Carbon Neutrality-Green New Deal
탈탄소 생활 방법	decarbonized living measures
토양환경평가제도	Soil Environment Assessment System
폐기물처분부담금제도	Waste Disposal Charge System
포장재 없는 제품을 판매하는 친환경 가게	eco-friendly stores that sell products without packaging
한국형 녹색분류체계	K-Taxonomy
환경라벨링 제도	Eco-labelling
한국판 뉴딜	Korean New Deal

09

재생 에너지 배경 및 용어

Renewable Energy:
Background and Terminology

◆ 재생에너지(Renewable Energy) ◆

Information 알아두면 좋을 정보

◆ 개요

- 자연적으로 발생하며, 태양, 바람, 물, 식물과 같은 공급원에서 무한하게 제공받을 수 있음

장점
- 자연에 충분히 존재하는 에너지원을 활용하기 때문에 무제한
- 무공해이고, 친환경적 에너지로 건강과 환경에 유리
- 에너지원에 대한 해외 수입 의존도를 낮출 수 있음
- 신재생에너지 산업은 새로운 일자리 창출 및 경제 성장에 기여
- 장기적으로 에너지비용 절약 가능

단점
- 날씨의 영향을 많이 받아 간헐적이라는 특성(intermittent nature)
- 개발 초기에 큰 비용 소요
- 예측 불가능한 기후로 인해 재생에너지 기술 적용에 지장이 생길 가능성

◆ 종류

1. 신에너지
- 기존의 화석연료(석유, 석탄, 천연가스)나 원자력이 아닌 새로운 에너지
- 화석연료를 변환시켜 이용하거나 수소·산소 등의 화학 반응을 통하여 전기 또는 열을 이용하는 에너지
- **3개 분야:** 연료전지, 석탄액화·가스화, 수소에너지

2. 재생에너지
- 고갈되지 않고 지속적으로 얻을 수 있는 에너지
- 햇빛, 물, 지열, 강수, 생물 유기체의 재생 가능한 에너지를 변환시켜 이용하는 에너지
- **8개 분야:** 태양열, 태양광발전, 바이오매스, 풍력, 소수력, 지열, 해양에너지, 폐기물 에너지

신에너지
New Energy

◆ 1. 연료전지

- 수소, 메탄, 메탄올 등 연료를 산화시켜서 생기는 화학에너지를 직접 전기에너지로 변환하여 활용

◆ 2. 석탄의 액화·가스화

- 석탄을 비롯한 저급원료를 고온, 고압 하에서 불완전연소 및 가스화 반응을 시켜 일산화탄소와 수소가 주성분인 가스를 제조하여 정제한 뒤 가스터빈 및 증기터빈을 구동하여 전기를 생산하는 신발전 기술

◆ 3. 수소에너지

- 수소를 기체 상태에서 연소 시 발생하는 폭발력을 이용하여 기계적인 운동에너지로 변환하여 활용
- 수소를 다시 분해하여 에너지원으로 활용하는 기술

재생에너지
Renewable Energy

◆ 1. 바이오매스(Biomass)

개요

- 태양광을 이용하여 광합성되는 유기물 및 유기물을 소비하여 생성되는 모든 생물 유기체의 에너지
- 생태학적으로는 특정 시간에 특정 지역에 존재하는 식물, 동물, 미생물 등 모든 생물체의 질량을 의미
- 연소나 화학적, 생화학적 전환을 통해 에너지를 얻을 수 있는 식물 유래 산물을 의미
- 전환과정을 통해 바이오가스, 바이오 디젤, 에탄올, 메탄올 등의 연료나 다양한 화학물질 생산에 활용
- 한국은 재생 가능한 에너지(renewable energy)의 점유율을 2030년까지 전체 에너지의 11%까지 증가시키는 것을 목표로 하였고 그 중 바이오매스가 차지하는 비율은 3.4% 정도

장점

- 총탄소량이 적은 저탄소 에너지이기 때문에 이산화탄소 배출량 감소, 온실가스 감소 등 환경오염 저감 가능
- 전환할 수 있는 에너지의 형태가 바이오가스, 바이오 디젤, 바이오 에탄올 등 매우 다양함

단점

- 자원이 흩어져 있어 원료를 모아오는 수거 비용 및 처리 비용이 과다 발생할 가능성
- 원료가 다양해서 그 원료에 적합한 기술을 개발해야 하며, 대규모 설비투자가 필요하여 초기 비용 부담

◆ 2. 수력(Hydropower)

개요

- 물의 운동에너지를 수차로 회전운동 에너지로 변환하고 다시 발전기로 전기에너지로 변환하는 발전 방식
- 하천의 상류에서 수로로 물을 유도하여 충분한 낙차(落差)가 되었을 때 낙하시키는 수로식과 댐의 바로 밑에 발전소를 두는 댐식이 있음
- 물의 위치에너지와 운동에너지의 전환 현상을 이용

장점

- 원자력 발전에 비해 전력 수요에 즉각적으로 대응 가능
- 어떤 상황에서도 안정되게 전기를 발전할 수 있음
- 남북관계 개선을 위한 방법으로 수력발전도 중요할 것으로 보임

◆ 3. 수소 에너지(Hydrogen Energy)

개요

- 수소를 기체 상태에서 연소 시 발생하는 폭발력을 이용하여 기계적 운동에너지로 변환하여 활용
- 수소를 다시 분해하여 에너지원으로 활용하는 기술
- 수소는 자연상태에서는 독립적으로 존재하지 않고, 대부분 여러 가지 원소와 결합한 화합물 형태로 존재
- 수소를 에너지원으로 쓰려면 다른 화합물에서 수소를 분리하는 과정이 선행되어야 함

생산 방법

- 물을 전기로 분해하는 방법(Electrolysis)
- 천연가스와 같은 화합물을 개질(Reform)
- 석유화학공정에서 부차적으로 발생(byproduct)하는 수소 활용

수소 생산과정에 따른 분류

1) **부생수소:** 석유화학 공정이나 철강 등을 만드는 과정에서 부수적으로 발생
2) **개질수소:** 천연가스를 고온 및 고압에서 분해해 생성. 대량생산이 가능하나, 많은 양의 이산화탄소가 부산물로 생산됨
3) **수전해수소:** 물을 전기 분해해 수소를 생산하는 대표적인 방법

수소의 종류

1) 그레이 수소(Grey Hydrogen)

- 천연가스의 주요성분인 메탄을 고온·고압 수증기와 반응시켜 추출한 수소
- 부생수소와 개질수소가 이에 속함
- 석유화학, 제철 공정에서 부수적으로 발생하기 때문에 생산량에 한계가 있음

2) 그린수소(Green Hydrogen)

- 태양광, 풍력 등 재생에너지에서 생산된 전기로 물을 분해해서 생산한 수소
- 생산과정에서 수소와 산소만 발생하고 이산화탄소가 배출되지 않아 궁극의 청정에너지로 주목받음
- 재생에너지의 불안정한 수급을 수소로 변환해서 저장할 수 있다는 유리한 장점
- 국내에서는 수전해 생산설비 및 재생에너지 부족 등 그린수소를 생산하기에 경제적, 기술적인 한계 존재
- 해외에서 생산되는 그린수소를 국내로 수입해오는 방법이 대안이 될 수 있음

3) 브라운 수소(Brown Hydrogen)

- 석탄을 고온·고압에서 가스화해 추출한 수소

4) 블루수소(Blue Hydrogen)

- 그레이 수소의 한계를 보완한 것
- 천연가스에서 수소를 얻지만, 수소 생산과정에서 발생하는 이산화탄소를 포집·저장(CCS: Carbon Capture and Storage)하는 설비를 이용해서 탄소배출을 줄인 수소
- 포집된 이산화탄소는 영구히 저장하거나 시멘트, 반도체 가스, 타이어 소재로 이용
- 수소산업 확대를 위한 가장 현실적인 대안으로 평가받고 있음

5) 청록수소(Turquoise Hydrogen)

- 천연가스를 고온 반응기에 주입해 수소와 고체 탄소로 분해하는 열분해 기술로 수소 생산
- 생산과정에서 이산화탄소가 발생하지 않음
- 부산물로 나오는 고체 탄소는 타이어와 기계용 고무부품 등의 소재 등 다양한 제품 소재로 활용

◆ 4. 원자력(Nuclear Power)

개요

- 방사성원소의 원자핵 붕괴(방사성 붕괴 포함) 또는 원자핵의 질량 변화로 방출되는 에너지를 동력자원으로 활용
- 핵분열과 핵융합 과정을 통한 에너지 생산

종류

발전분야: 원자력 에너지를 전기를 생산하는 데 이용

비발전분야: 방사선 이용으로 방사성물질에서 방출되는 방사선을 산업적 · 의학적으로 이용

장점

- 원자력발전소 발전단가에서 연료비가 차지하는 것은 10% 전후
- 연료 소요량 또한 화석연료에 비할 바가 아닐 정도로 적음
- 비상시를 대비한 연료 비축도 훨씬 쉽고 비용도 적게 듦
- CO_2 배출은 우라늄 채광 · 정광 · 전환 · 연료제조 등의 공정에서 발생되는 배출량으로 발전 중에는 배출이 제로
- 석탄발전과 달리 미세먼지 방출도 제로
- 어느 발전에너지원보다 친환경적이며 기후변화에 대응할 수 있는 최선의 에너지원

단점

- **방사선 이슈:** 핵분열로 생성되는 핵분열 파편들은 아주 높은 방사능을 가지고 있음. 원자력발전소에서 핵연료가 용융되고 방어 및 차폐수단이 상실될 경우 엄청난 양의 방사성 물질과 강력한 방사선이 환경으로 방출, 방사선 피폭 문제 발생 가능
- **방사성폐기물 관리 문제:** 인체 및 환경에 심각한 위해를 끼칠 수 있는 방사선 방출 가능

원자력 에너지의 과제

1) 사용후핵연료(SNF: Spent Nuclear Fuel) 관리

- 고준위 방사성폐기물로 구분되는 SNF의 방사능이 자연의 천연우라늄 수준으로 감소하는 데 약 10만 년 이상 걸릴 정도로 높은 방사선을 방출
- 사용후핵연료를 안전하게 처리 · 저장 · 처분하기 위한 관리기술 개발, 처분부지 확보

2) 중 · 저준위 방사성폐기물

- 원자력 에너지 이용 과정에서 많은 양이 발생
- 중 · 저준위 방사성폐기물 처분장 필요

3) 소형모듈원전 개발

- 출력 300MW(기존 원전 1/3 수준) 소형 원자로
- 기존 원자로 대비 뛰어난 안전성, 경제성, 효율성

Terminology 원자력 용어	
가압 경수로	PWR(Pressurized Water Reactor)
건식형 원자로건물	dry containment
검증, 유효성 확인	validation
고압가열기	High-Pressure Heater
고온냉각수계통	High-Temperature (Cooling) Water System

고장	trouble
고장진단	troubleshooting
고준위방사성폐기물	HLW(High-Level Radioactive Waste)
구조적 취약대	zone of structural weakness
급전망, 그리드	grid
기기제어계통	CCS(Component Control System)
가압 중수로	PHWR(Pressurized Heavy Water Reactor)
공기조화	HVAC(Heating, Ventilating and Air Conditioning)
공기조화계통	HVAC System
공정	process
균열	crack
급속개폐	quick opening closure
기계적 손상	mechanical damage
기계적 파손	mechanical fracturing
기저부하	base load
내진범주	seismic category
냉각수계통	cooling water system
노심(코어, 철심, 연료심)	core
노심수명	core age
농축물	concentrate
농축연료	enriched fuel
농축 우라늄	enriched uranium
누설, 누수, 누출	leakage
누설유량, 누설율(누출율)	leakage flow rate
도관(전선관)	conduit
단일고장	single failure
동위원소	isotope
면허	license
면허소지운전원	licensed operator
밀봉	seal
반감기	half-life
방사성폐기물 고화체	solidified radioactive waste
발전기차단기	GCB(Generator Circuit Breaker)

발전소	plant
발화원, 점화원	ignition source
방사성동위원소	radioactive isotope
방사선량	dose
방사성폐기물	radioactive waste
방사선 피폭	radiation exposure
배전망	distribution network
배치(도)	layout
배치도면	layout drawing
부식	corrosion
비안전등급	NNS(Non-Nuclear Safety)
사고후 시료채취계통	Post-Accident Sampling System
사업관리역, 사업책임자	project manager
사업공정계획	project schedule
사용후연료	spent fuel
선량분석	dose analysis
검사 시험 분석 수용기준	ITAAC(Inspections, Tests, Analyses, and Acceptance Criteria) * 원자력 발전소 건설 인허가 과정에서 필요하며 건설 및 운영 통합 면허 발급을 위한 것
설치, 장착	mounting
세척	flushing
소수력발전	small hydropower
소형모듈원전	SMR(Small Modular Reactor)
송배전 자동화	Transmission/Distribution Automation
수소에너지	hydrogen energy
수소연료전지	hydrogen fuel cell
순환수	CW(Circulating Water)
습식저장	wet storage
시료채취	sampling
시운전/초기시운전/최초운전	initial startup operation
시정조치	corrective action
신형경수로 1400	APR1400(Advanced Power Reactor 1400) * 국내 기술로 개발한 전기출력 1,400MW급의 신형 가압경수로형 원전

안전성평가보고서	SER(Safety Evaluation Report)
안전조치	safety action
연쇄반응	chain reaction
액화천연가스	LNG(Liquified Natural Gas)
예비발전기	standby generating unit
예비안전성분석보고서	PSAR(Preliminary Safety Analysis Report)
원심분리기	centrifuge
원자력공인검사기관	nuclear-authorized inspection agency
원자력공인검사감독원	nuclear-authorized inspection supervisor
원자력공인검사원	nuclear-authorized inspector
원자력안전기준	nuclear safety criteria
원자로건물격리계통 성능시험	CIS Functional Test
원자로 내부용기/동체	inner vessel/barrel
원자로용기 외벽냉각	ERVC(External Reactor Vessel Cooling)
원전사업자사건 보고서	LER(Licensee Event Report)
오기능, 오동작, 고장	malfunction
오장전	misload
유체	fluid
인위적조건(상태)	man-made condition
인위적재해	man-made hazard
재래식발전소	conventional power plant
재해, 위험, 재해도	hazard
저준위방사성폐기물	Low-Level Radioactive Waste
전력공급	power supply
전력계통	power system
절연, 단열, 보온	insulation
절차사양서	procedure specification
정상시 닫힘상태	normal-closed
정규화, 규격화	normalization
정상운전	normal operation
정화계통	cleanup system
중대사고, 임계사고	critical accident
중원소	heavy element

중수감속 가스냉각로	HWGCR(Heavy Water Gas Cooled Reactor)
중수로	HWR(Heavy Water Reactor)
지진발생후의 안정도	post-earthquake stability
천연가스	natural gas
출력밀도	power density
틈새	crevice
품질보증	QA(Quality Assurance)
품질수행, 품질성능	quality performance
폐기물처분	waste disposal
폐기물처분계통	waste disposal system
피폭	exposure
피폭선량	exposure dose
하부지지구조	bottom support casting
한국형차세대원자로	KNGR(Korean Next Generation Reactor)
한국표준형원전	KSNP(Korean Standard Nuclear Power Plant)
핵연료	fuel
핵연료 관리	fuel management
핵연료봉	fuel rod
핵연료 수명	fuel lifetime
핵연료 용융	fuel meltdown
핵연료 연소	fuel burn-out
핵연료 연소도 분포	fuel burnup distribution
핵연료재처리공장	fuel reprocessing plant
핵연료저장조냉각 및 정화계통	fuel pool cooling & cleanup system
핵연료주기	nuclear fuel cycle
핵연료취급	fuel handling
핵융합	nuclear fusion
핵폐기물	nuclear waste
환경방사선	environmental radiation
환경 방사능	environmental radioactivity
혐오시설	unpleasant facilities
형식시험	type test
후쿠시마 원전사고	Fukushima Daiichi Nuclear Disaster
흑연	graphite

◆ 5. 지열(Geothermal)

개요

- 지표면으로부터 지하로 수 킬로미터 깊이에 존재하는 뜨거운 물과 돌을 포함하고 있는 땅의 에너지를 사용하는 기술
- 여름철에는 실내의 높은 온도를 지중으로, 겨울철에는 지중으로부터 열을 흡수하여 난방 수행 가능

지열 발전 종류

1) 건증기(dry steam) 지열발전

- 가장 오래된 지열 발전 방식
- 지역적인 제약 조건으로 널리 보급된 방식은 아님(한국에 이 방식을 도입하기에는 부적절)
- 완전 포화 상태 또는 약간의 과열 상태의 증기를 하나 또는 여러 개의 보어홀에서 추출한 후 배관을 통해 발전 설비의 터빈으로 직접 보내어 전기를 생산

2) 습증기/플래시증기(wet or flash steam) 지열발전

- 가장 널리 보급된 방식
- 지열발전소의 보어홀에서 추출한 습증기를 기상(氣狀)과 액상(液狀)으로 분리한 후 기상인 증기만 이용

3) 바이너리(binary) 사이클 지열발전

- 자연적인 열원을 인공 함양한 지열수를 통해 발전
- 지열발전소의 터빈을 구동하기 위한 지열수는 사용 후 특정한 환원정을 통하여 저류층으로 재주입 가능함. 이를 활용하여 지열발전소 가동에 따른 환경충격을 크게 감소하는 방안으로 널리 채택되고 있음
- 지열에너지의 재생 또는 유지에 기여

◆ 6. 태양열(Solar Thermal Energy)

개요

- 태양으로부터 방사되어 지구상에 도달하는 열을 이용하는 에너지
- 태양열 이용 시스템을 이용하여 태양 광선의 파동 성질과 광열학적 성질을 이용
- 태양열 흡수 · 저장 · 열 변환을 통하여 건물의 냉난방 및 급탕에 활용하는 기술

장점

- 온실가스 배출이 없는 무공해에너지
- 기존의 화석연료에 비해 생산 가능한 지역적 편중이 적음

단점

- 초기 설치비용이 많이 소요
- 비용 대비 에너지 효율 떨어짐

◆ 7. 태양광(PV: PhotoVoltaic)

개요

- 태양광을 전기로 전환하는 광전효과(photoelectric effect)를 통해 전기생산
- 판넬을 활용한 태양광발전시스템을 이용하여 태양광을 직접 전기에너지로 변환시키는 기술

장점

- 발전 시 오염이 없고 온실가스도 배출되지 않음
- 태양광 산업이 성장하면서 태양광 패널의 효율성이 높아지고, 양면형으로 된 태양광 모듈 사용으로 비용 줄어듦
- 초기 설치비용 외 추가로 유지보수가 크게 필요 없음

단점

- 모듈 수명이 다한 25-30년 후에 모듈 폐기 문제가 발생할 수 있음
- 현재 태양광 폐 모듈에 대한 재활용 방안 진행 중(폐패널을 방치하지 못하도록 법적으로 제도화하고 있음)

◆ 8. 폐기물에너지(Waste to Energy)

개요

- 에너지 함량이 높은 폐기물들을 여러 기술에 의해 연료로 만들거나 소각하여 에너지로 이용
- 가연성 폐기물 중 에너지의 함량이 높은 폐기물을 열분해에 의한 오일화 기술, 성형고체연료의 제조기술, 가스화에 의한 가연성 가스 제조기술 및 소각에 의한 열회수기술 등의 가공처리 방법을 통해 연료를 생산

폐기물에너지를 생산해내는 방식

- **소각로**: 산업폐기물 소각처리
- **보일러**: 냉각 시 보일러에서 스팀 발생(18 ton/hr)
- **스팀공급 배관**: 스팀공급(열원 온도 100-120℃)
- **증발농축시설**: 스팀을 사용하여 폐수를 증발 농축

◆ 9. 풍력(Wind Power)

개요

- 풍력발전 시스템을 이용하여 바람의 힘을 회전력으로 전환시켜 발생하는 유도전기를 전력 계통이나 수요자에게 공급하는 기술
- 한국에서 집중하고 있는 분야는 '해상풍력(offshore wind power)'
- 바다에 풍력 터빈을 설치함으로써 더 많은 발전량을 얻음
- 각국의 정책적 지원과 재정적 인센티브 부여 등을 통해 성장 가능성이 커짐
- 전 세계 풍력발전 누적 설치용량은 2010년 180GW에서 2019년 622GW로 증가해 연평균 14.7% 성장(해상풍력은 3GW에서 28GW로 연평균 증가율 28.1%)

- 과거에는 대부분 육상풍력이었으나 최근 들어 해상풍력의 비중이 점점 증가하는 상황

해상풍력의 장점

- 해안에서 멀어질수록 풍속이 높고 바람이 균일해진다는 점에서 외해에 대규모 단지 조성 가능
- 수명이 긴 편
- 육상보다 해상이 바람 품질도 좋아 에너지 효율 높음

해상풍력의 단점

- 해상풍력의 설치비용은 해안가 근처의 얕은 바다에서 해안에서 멀리 떨어진 깊은 바다로 나아갈수록 기초 구조물, 전력망 연계, 해상풍력 전용 터빈 개발 등의 비용이 더 많이 소요됨

◆ 10. 해양에너지

개요

- 해수면의 상승과 하강운동을 이용한 조력발전과 해안으로 입사하는 파랑에너지를 회전력으로 변환하는 파력발전
- 해저층과 해수 표면층의 온도차를 이용, 열에너지를 기계적 에너지로 변환 발전하는 온도 차 발전

Terminology 재생에너지 용어	
가축분뇨	animal manure
간헐적 특성	intermittent nature
광전효과	photoelectric effect
공공재	public goods
그레이수소	grey hydrogen
그린수소	green hydrogen
대체에너지	alternative energy
대형폐기물	bulky waste
매립가스	LFG(Landfill Gas)
바이오가스(생물기체)	biogas
발전단가	power cost
발전차액지원제도	FIT(Feed in Tariff)
복합화력발전소	Combined Cycle Power Plant
부산물	byproduct
분산형에너지 시스템	distributed generation systems
부유식 해상풍력발전단지	floating offshore wind farm

블루수소	blue hydrogen
생물자원	biological resources
세계 최대 자산운용사인 블랙록	world's largest asset manager, Blackrock
(석탄)화력발전소를 단계적으로 폐지하다	phase out of coalfired power plant
설비투자비용	CAPEX
설치비용	installation expense
수력	Hydropower
수력발전	hydroelectric power generation
수소에너지	hydrogen energy
수소 연료전지	hydrogen fuel cell
수자원	water resource
순환경제	circular economy
순환자원	recycled resources
스마트 그리드	smart grid
신재생에너지	renewable energy
신재생에너지 의무할당제도	RPS(Renewable (Energy) Portfolio Standard)
양면형 태양광 모듈	both sides photovoltaic module
원자력	nuclear energy
에너지 관리를 위한 자발적 협약	voluntary agreement for energy management
에너지믹스	energy mix
에너지성능지표	EPI(Energy Performance Index)
에너지신산업	new energy industry
에너지 자립도	energy independence
에너지 자립섬	energy-independent island
에너지저장장치(전력저장장치)	ESS(Energy Storage System)
에너지 전환	energy transition
에너지 집약도	energy-intensity
에너지 효율등급표시제	energy efficiency grade labeling system
에코폴리스(생태도시)	eco-polis
연료전지	fuel cell
연료전지차	fuel cell vehicle
열병합	Cogeneration
열병합발전	CHP(Combined Heat and Power)

원자력발전	nuclear power generation
운동에너지	kinetic energy
운영비용	OPEX
유기성 폐기물	organic waste
유지보수	maintenance
육상풍력발전단지	onshore wind farm
위치에너지	potential energy
임계 수준	critical level
자원순환 사회	resource-circulating society
자원순환 시설	resource-circulating facilities
자원의 절약과 재활용 촉진에 관한 법률	Act on the Promotion of Saving and Recycling of Resources
재생가능에너지	renewable energy
재생전기	renewable electricity
저탄소차 협력금 제도	Bonus-Malus
적정기술	appropriate technology
정의로운 전환	just transition
제로에너지 빌딩	zero energy building
조력발전(조석간만의 차이를 활용)	tidal power generation
조류 발전(바닷물의 흐름 이용)	tidal stream power generation
증기 터빈	steam turbine
지속가능발전	sustainable development
지역에너지	local energy
지열 에너지	geothermal energy
지열발전	geothermal power generation
지열에너지	geothermal energy
청정기술	clean technology
친환경에너지 전환	green energy transition
탄소 배출비용을 절감하다	reduce the cost of carbon emissions
탈탄소화	decarbonization
탈탄소화의 진행을 저해하는 요인들	factors inhibiting decarbonization
태양광	PV(PhotoVoltaic)
태양광 발전	solar photovoltaic power generation

태양열 발전	solar power generation
태양열 에너지	solar thermal energy
태양전지	solar battery
파력발전 (연안이나 심해의 파랑을 이용)	wave power
폐기물 에너지	waste-derived energy
폐기물 자원화	waste recycling
폐모듈	discarded module
풍력	wind power
풍력발전	wind power generation
풍력발전단지	wind farm/wind power complex
풍력 발전소(터빈)	wind turbine
풍력자원	wind resources
퇴비화	composting
하이브리드 발전	hybrid generation system
해상풍력	offshore wind power
해양 에너지	ocean energy
해양 플랜트	ocean plant
화석연료	fossil fuel
화석연료 사용 최소화	minimizing the use of fossil fuels

10

신재생 에너지 주요 개념 및 용어

New and Renewable Energy Sources:
The Concept and Terminology

◆ ㄱ

- **개질기(Reformer):** 화석연료인 천연가스, 메탄올, 석탄, 석유 등을 수소 연료로 변환시키는 장치
- **공공기관 신·재생에너지 이용 의무화(Mandatory use of renewable energy in public institutions):** 공공기관이 신축하는 연면적 3천 제곱미터 이상의 건축물에 대해서 총건축공사비의 5% 이상을 신·재생에너지설비에 의무적으로 사용하게 하는 제도(신에너지 및 재생에너지 개발·이용·보급 촉진법 제12조)
- **관세경감(tariff reduction):** 신·재생에너지 생산용 및 이용기자재(동 기자재 제조용 기계 및 기구를 포함)로서, 산업자원부장관 또는 산업자원부장관이 지정하는 기관의 장이 규격 및 용도를 확인한 것에 한하여, 4개 분야(태양열, 태양광, 풍력, 연료전지) 26개 품목의 물품에 대해 해당 관세액의 100분의 65를 경감하는 제도

◆ ㄴ

- **나노재료(Nanomaterials):** 3차원적으로 볼 때 적어도 한 변의 길이가 100나노미터 이하 크기의 물질. 두께가 5나노미터인 판상 형태의 점토판이나 나노미터 크기의 세공(fine-pore)을 가진 물질도 포함
- **너셀(Nacelle):** 풍력발전기에서 발전기가 받는 공기의 흐름(바람)을 조정하기 위한 일종의 덮개로 타워의 상부에 위치함
- **녹색가격제도(Green Pricing):** 소비자가 신·재생에너지를 사용함으로써 인상되는 추가적인 에너지비용을 자발적으로 부담하는 제도

◆ ㄷ

- **단위전지(Unit Cell):** 연료전지 단위전지(Cell)는 기본적으로 전해질이 함유된 전해질 판, 연료극(anode), 공기극(cathode), 이들을 분리하는 분리판 등으로 구성. 이 단위전지(Cell)에서 전력을 인출하는 경우 통상 0.6~0.8V의 낮은 전압이 생성

◆ ㅁ

- **매립지가스(LFG: Land Fill Gas)**: 쓰레기 매립지에 매립된 폐기물 중 유기물질이 혐기성 분해 과정에 의해 분해되어 발생하는 가스를 말하며 그 성분은 주로 메탄(CH_4: 40~60%)과 이산화탄소(CO_2: 30~50%)로 구성

◆ ㅂ

- **바이오가스(Biogas)**: 혐기적 소화작용으로 바이오매스에서 생성되는 메탄과 이산화탄소의 혼합 형태인 기체. 이러한 혼합기체로부터 분리된 메탄을 '바이오메탄가스'라고 함. 그 외 바이오가스의 형태는 퇴비가스, 습지가스, 폐기물 등으로부터 자연적으로 생성되는 것과 제조된 가스도 있음

- **바이오디젤(Biodiesel)**: 자연에 존재하는 각종 기름(fat, lipid) 성분을 물리적 화학적 처리 과정(에스테르공정)을 거쳐 석유계 액체연료로 변환시킨 것

- **바이오매스(Biomass)**: 바이오매스란 원래 '생물량'이라는 생태학적 용어였으나 현재는 에너지화할 수 있는 생물체량이란 의미로 사용되고 있음. 녹색식물은 태양에너지를 받아 물과 탄산가스를 이용하여 전분, 당 또는 섬유소를 합성하고 이를 식물에 저장함

- **바이오에너지(Biomass Energy)**: 동, 식물 또는 파생 자원(바이오매스)을 직접 또는 생·화학적, 물리적 변환과정을 통해 액체, 기체, 고체연료나 전기 · 열에너지 형태로 이용하는 것. 연료용 알코올, 메탄가스, 매립지가스(LFG), 바이오디젤 등을 생산하여 에너지원으로 활용하는 기술로서 차량용, 난방용 연료 및 발전 분야 등에 이용이 가능함

- **바이오에탄올(Bioethanol)**: 에탄올은 화학적 합성도 가능하지만 생물공정으로도 생산되는데, 이러한 생물공정에 의해 생산되는 에탄올을 말함. 술을 제조하는 공정에서와 마찬가지로 당을 생성하는 작물로부터 추출된 당을 효모나 박테리아를 이용한 발효를 통하여 생산. 옥수수와 같은 전분을 원료로 할 때는 산이나 아밀라제로 불리는 효소로 먼저 전분을 포도당으로 전환하여 발효

- **부생가스(Byproduct Gas)**: 석탄에 열을 가했을 때 부산물로 생성되는 가스로 주로 제철공장, 석유화학공장 등의 공정 등에서 많이 생성

- **분산형 전원(Dispersed Generation System)**: 원자력이나 대용량 화력 등과 같은 집중적이고 대용량이 아닌 소용량의 전력저장시스템이나 발전시스템을 일컫는 말로 수력, 태양광, 바이오, 풍력 등의 신·재생에너지 전원, 소용량의 열병합발전시스템, 전기 등을 이용한 전력 저장시스템을 예로 들 수 있음. 기존의 전력회사의 대규모 집중형 전원과는 달리 소규모로서 소비지 근방에 분산배치가 가능

- **블레이드(Blade)**: 바람의 에너지를 회전운동에너지로 변환시켜주는 장치로 풍력발전기의 날개 부분

- **산업폐기물(Industrial Waste):** 산업활동에 수반하여 발생하는 폐기물. '사업장폐기물'이라고도 함. 유해성의 유무에 따라 유해폐기물과 일반폐기물로 구분. 폐기물의 90% 이상은 일반폐기물이지만 유해폐기물은 그 유해로 인하여 취급과 처리·처분에 있어 특별한 법적 규제를 받고 있음
- **생활폐기물(Domestic Waste/Municipal Waste):** 인간의 모든 생활에서 사용되었으나 그 필요성을 잃어 사용치 않고 버리게 된 산업폐기물 이외의 물질
- **석탄액화기술(Coal to Liquid technology):** 고체상태인 석탄을 휘발유 및 디젤유 등의 액체연료로 전환하기 위하여 고온(430~460℃) 및 고압(약 100~280기압)의 반응조건 하에서 수소를 첨가해 생성물의 수소/탄소-비를 1.5~2.0 정도로 증가시킴으로써 에너지 밀도가 높고 수송 및 보관이 용이한 청정 인조원유를 제조하는 기술. 석탄을 직접 녹여 액화시키는 직접액화기술과 가스화한 후 액화시키는 간접액화기술로 분류됨
- **성형탄(Briquette):** 바이오매스를 집적화하여 압착시켜 만든 고체연료
- **소수력발전(Small Hydro Power Generation):** 설비용량 10,000KW 이하의 수력발전. 여타 신·재생에너지원에 비해 에너지 밀도가 높고 경제성이 우수한 에너지원이며, 소수력발전시스템은 수차, 발전기 및 전력변환장치 등으로 구성
- **수력발전(Hydroelectric Power Generation):** 물의 위치에너지와 운동에너지를 이용해서 전기를 얻는 발전 방식
- **수소(Hydrogen):** 원소기호는 H로서 가장 가볍고 우주에서 가장 풍부한 원소. 일반적으로 분자상태로 존재하며, 물이나 유기물의 형태로 존재. 1차 에너지의 변환 형태로 보기 때문에 '에너지담체' 또는 '에너지매체'라고도 함
- **수소경제(Hydrogen Economy):** 현재의 석유 중심의 화석경제체제가 무공해, 무한 에너지원인 수소중심경제체제로 전환된 사회. 미국의 펜실베이니아대학교 워튼스쿨 교수인 리프킨(Jeremy Rifkin)의 저서 『수소경제 The Hydrogen Economy』(2002)를 통해 가장 먼저 알려짐
- **수소 스테이션(Hydrogen Station):** 수소·연료전지 차량에 연료인 수소를 충전할 수 있게 수소를 제조·주입하는 수소충전소. 차량에 수소를 충전할 수 있게 소형의 수소 제조·저장·분배 장치로 구성
- **수소에너지(Hydrogen Energy):** 석유·석탄의 대체 에너지원으로서의 수소. 이 에너지는 원료에 자원적인 제약이 없고, 태워도 생성물은 물뿐이므로 깨끗하며 자연의 순환을 교란하지 않고, 파이프 수송이 가능하므로 경제적이고 효율적인 수송이 가능하며, 에너지 저장의 수단이 된다는 특색을 가지고 있음. 열원으로서의 이용 이외에 자동차연료, 항공기연료 등으로 이용 분야가 넓음
- **수소저장합금(Alloy for Hydrogen Storage/Hydrogen Storage Alloy):** 수소와 반응하여 수소를 수소 화합물의 형태로 대량으로 흡수하는 합금. 온도나 압력을 바꾸면 수소의 흡수와 방출을 가역적으로 되풀이할 수 있음. 수소의 저장과 수송용으로 이용할 수 있을 뿐 아니라 수소가 방출할 때의 가스압과 반응할 때의 열을 에너지원으로 이용함

- **스택(Stack):** 원하는 전기출력을 얻기 위해 단위전지(unit cell)를 수십 장, 수백 장 직렬로 쌓아 올린 본체
- **스터링엔진(Sterling Engine):** 연료를 실린더 밖에서 연소시키는 '외연기관'의 일종으로 미리 실린더 내에 주입된 동작가스가 재생기라 불리는 축열체와의 사이에서 열을 주고받으며 가열, 냉각을 반복하고 동작가스의 팽창, 축소에 의해 동력을 발생. 고효율성, 저공해성, 연료 다양성의 특징이 있음
- **신·재생에너지(New Renewable Energy):** 신·재생에너지는 『신에너지 및 재생에너지 개발·이용·보급 촉진법 제2조』에 의해 기존의 화석연료를 변환시켜(신에너지) 이용하거나 햇빛·물·시열·강수·생물유기체 등을 포함하는 재생 가능한 에너지를 변환시켜 이용하는 에너지(재생에너지)로서, 태양, 바이오, 풍력, 수력, 연료전지, 석탄액화·가스화 및 중질잔사유 가스화, 해양, 폐기물, 지열, 수소 등 11개 분야를 말함
- **신·재생에너지 공급비중(New Renewable Energy Supply Ratio):** 태양광 발전과 풍력 발전이 주로 사용되는 신재생에너지 발전량이 지속적으로 증가하고 있으나, 전체 전력 수급에서 아직까지는 비중이 크게 높지 않음. 신재생에너지 의무공급비율을 2023년 13.0%에서 2030년까지 법정상한인 25%까지 단계적으로 상향 계획이었지만, 2022년 말 정부는 에너지 환경 변화에 따른 재생에너지 정책 개선 방안을 발표하면서 2023 신재생에너지 보급 목표를 21.6%로 하향 조정. 제10차 전력수급기본계획(The 10th Basic Plan for Electricity Supply and Demand)은 2030년 전원별 발전비중을 ▲원전 32.4% ▲석탄 19.7% ▲LNG 22.5% ▲신재생에너지 21.6% ▲수소·암모니아 2.1%로 설정
- **신·재생에너지 발전전력 기준가격 지원제도(발전차액 지원제도, FIT: Feed in Tariff):** 신·재생에너지 설비의 투자 경제성 확보를 위해, 신·재생에너지발전에 의하여 공급한 전기의 전력거래가격이 산업자원부 장관이 정하여 고시한 기준가격보다 낮은 경우, 기준가격과 전력거래가격과의 차액(발전차액)을 지원해주는 제도
- **신·재생에너지 인증제도(New Renewable Energy Certification System):** 신·재생에너지 설비의 품질을 보장하고 소비자의 신·재생에너지에 대한 신뢰성을 제고하기 위하여 신·재생에너지설비에 대해 인증을 하는 것. 인증심사기준에 따른 일반심사(공장확인)와 설비심사(성능검사) 기준이상의 능력여부를 심사
- **신·재생에너지 전문기업(Renewable Energy (Specialized) Company):** 신·재생에너지 시설에 대한 전문적 지식과 시공능력을 갖추고 이를 전문적으로 취급 시공하는 기업으로서, 신에너지 및 재생에너지 개발·이용·보급 촉진법 제22조의 기준을 갖추어 등록한 자

◆ ㅈ

- **전해질(Electrolyte):** 물 등의 극성용매에서 이온화되어 전기전도를 하는 물질. 용액 속에서 양이온과 음이온으로 무질서하게 해리(解離)되며 이와 같은 용액 속에 전극을 넣고 전압을 가하면, 양이온은 음극으로, 음이온은 양극으로 끌려서 이동하여, 결과적으로는 용액을 통해서 전류가 생김. 이온으로 해리하는 전리도가 높은 것일수록 전기전도성이 좋은데 이것을 '강한전해질'이라

하고, 그 반대의 것을 '약한 전해질'이라고 함

- **조력발전(Tidal Power Generation)**: 조석을 동력원으로 해수면의 상승 하강 운동을 이용하여 전기를 생산하는 발전 기술
- **조류발전기술(Tidal Current Power Technology)**: 자연적인 조류(조수의 흐름)를 이용해 발전하는 기술
- **중질잔사유(Vacuum Residue)**: 원유를 정제하고 남은 최종 잔재물로서, 감압증류 과정에서 나오는 감압잔사유 및 아스팔트와 열분해 공정에서 나오는 코크, 타르, 피치 등을 말함
- **지열에너지(Geothermal Energy)**: 지표면의 얕은 곳에서부터 수 킬로미터 깊이에 존재하는 뜨거운 물과 돌을 포함하여 땅이 가지고 있는 에너지. 태양열의 약 47%가 지표면을 통해 지하에 저장되며, 이렇게 태양열을 흡수한 땅속 온도는 지형에 따라 다르지만, 지표면 가까운 땅속 온도는 대략 10℃~20℃ 정도로 연중 큰 변화가 없으나 수 킬로미터 지하의 지열 온도는 40℃~150℃ 이상을 유지함. 우리나라의 경우 일본, 이탈리아 등과 같은 화산지대가 거의 존재하지 않아 심층지열 이용이 매우 어려워서 현재는 지하 100~150m 깊이의 지열을 이용하는 시스템의 개발 보급이 점차 활성화되고 있음

◆ ㅊ

- **채광(Lighting)**: 거울, 볼록렌즈 등을 이용하여 햇빛을 한곳으로 모아 낮에 건물 내부, 지하실 등 평소 햇빛을 받지 못하거나 햇빛이 직접 도달하지 않는 임의의 장소에 햇빛을 공급하는 것

◆ ㅌ

- **탄소나노튜브(Carbon Nanotube)**: 하나의 탄소원자가 3개의 다른 탄소원자와 결합된 육각형 벌집 모양의 튜브
- **태양광 모듈(Photovoltaic Modules)**: 태양전지를 직병렬 연결하여 장기간 자연환경 및 외부충격에 견딜 수 있는 구조로 만들어진 형태. 전면에는 투과율이 좋은 강화유리, 뒷면에는 Tedlar를 사용하고, 태양전지와 앞뒷면의 유리, 테들러는 EVA를 사용하여 접합시키는데 이를 Lamination 공정이라 함
- **태양광 발전(Solar PV(PhotoVoltaics) Power Generation)**: 태양광을 흡수하여 기전력을 발생시키는 광전효과(photovoltaic effect)를 이용하여 태양광 에너지를 직접 전기에너지로 변환시키는 발전 방식
- **태양열 온수급탕(Solar Water Heating)**: 물을 가열 또는 예열하기 위해 태양열을 집열하여 사용하는 시스템으로 주로 가정용으로 널리 보급되어 있으며 이를 가정용 온수급탕시스템(DHWS)이라고도 함
- **태양열 발전소(Solar Thermal Power Station)**: 태양열을 열매체에 전달하여 수집된 열에너지를 전기에너지로 바꾸도록 설계된 발전시설

- **태양열 탑 발전소(Solar Tower Power Station)**: 태양열을 집열하기 위한 탑을 세우고 다수의 거울로 태양광을 탑에 반사시켜 집열된 고온의 열에너지를 전기에너지로 바꾸는 태양열 발전소의 일종
- **태양열 에너지(Solar Thermal Energy)**: 태양으로부터 방사되는 복사에너지를 흡수, 저장 및 열변환 등을 통해 얻어지는 무공해, 무한정의 청정 에너지원으로, 태양열이용시스템은 집열부, 축열부 및 이용부로 구성
- **태양열 집열기(Solar Collector)**: 태양으로부터 오는 에너지를 흡수하여 열에너지로 전환하여 열전달매체에 전달될 수 있도록 고안된 장치
- **태양전지(Solar Cell)**: 광전효과(photovoltaic effect)를 응용함으로써 태양에너지를 직접 전기에너지로 변환할 수 있는 소자
- **특성화 대학(Specialized College[University])**: 신·재생에너지 분야 교과과정, 교재개발, 교원확보 등의 교육인프라를 구축하여 석박사급 인력양성을 지원하기 위한 이공계특성화대학원

◆ ㅍ

- **파력발전(Wave Power Generation/Wave-force Generation)**: 입사하는 파랑에너지를 터빈 같은 원동기의 구동력으로 변환하여 발전하는 기술
- **폐기물 에너지(WTE: Waste to Energy/Waste Energy)**: 사업장, 가정에서 발생되는 가연성 폐기물 중 에너지 함량이 높은 폐기물을 열분해, 고형화, 연소 등의 가공처리를 통해 고체연료, 액체연료, 가스연료, 폐열 등으로 생산하여 생산 활동에 재이용할 수 있는 재생에너지
- **풍력발전(Wind Power Generation)**: 바람의 힘을 회전력으로 전환시켜 발생되는 전력을 전력계통이나 수요자에 직접 전력을 공급하는 기술로서, 풍력발전 시스템은 풍차, 동력 전달장치, 발전기, 축전지 및 전력변환장치로 구성
- **풍황(Wind Condition)**: '풍력자원현황'의 줄임말로, 풍황을 나타낼 때는 연평균풍속, 풍력에너지 밀도, 주풍향, 풍속분포 등을 표시함. 풍력발전기를 설치하는 데 적절한 지역 선택과 특정 장소에 적합한 발전기 용량 선정 시 중요한 자료로 쓰임
- **프란시스수차(Francis Type Hydro[Hydraulic] Turbine)**: 수력발전소용 수차의 하나로서, 미국 수력기술자 J. B. 프란시스가 고안한 수력발전소용의 반동형 수차. 물이 소용돌이형의 도관을 지나 안내날개로 들어간 다음 임펠러로 가서, 날개에 반동 작용을 주어 임펠러를 돌리고, 임펠러를 나온 물은 중심부에 모여 흡출관을 거쳐 방수로로 나옴. 안내날개는 임펠러의 바깥쪽에 있지만, 그 날개의 축을 중심으로 한 조속기구(調速機構)에 의해 일정한 각도로 회전할 수 있게 되어 있음. 중간낙차(25~300m)이고 수량(水量)이 많을 때 사용
- **프로젝트형 사업(Project-based Business)**: 중장기적 정책목표 달성을 위해 기술개발-상품화-보급단계의 모든 내용을 포함하여 정부 주도로 진행되는 사업. 신·재생에너지 분야에서는 선진국과의 기술격차가 적고 시장잠재력이 큰 수소·연료전지, 풍력, 태양광 등 3대 분야를 지칭

◆ ㅎ

- **해양에너지(Ocean Energy):** 조석, 조류, 파랑, 해수 수온 밀도차 등 여러 가지 형태로 해양에 부존하는 에너지원
- **핵심기술개발센터(Critical Technology Development Center):** 핵심기술에 관한 산학연 공동연구를 위해 연구 기자재, 시험평가장비, 시험생산설비를 구축한 연구센터(Test Bed Center)
- **히트 펌프(Heat Pump):** 열은 높은 곳에서 낮은 곳으로 이동하는 성질이 있는데, 히트펌프는 반대로 낮은 온도에서 높은 온도로 열을 끌어올림. 지열과 같은 저온의 열원으로부터 열을 흡수하여 고온의 열원에 열을 주는 장치로서, 열을 빼앗긴 저온측은 여름철 냉방에, 열을 얻은 고온측은 겨울철 난방에 이용할 수 있는 설비임

◆ B

- **BOP(Balance of Plant):** 동력원 주변에 동력시스템 패키지를 구성하는 보조장치(수소·연료전지의 의미)

◆ C

- **CERT(Committee on Energy Research & Technology):** IEA(국제에너지기구) 산하 에너지연구기술위원회로서, 화석연료실무위원회(FFWP), 신·재생에너지실무위원회(REWP), 최종이용(에너지절약)실무위원회(EUWP), 핵융합기술조정위원회(FPCC) 등 4개 그룹을 산하에 두고 있음
- **CP(Capacity Payment):** 일반발전기 용량정산금. 가용 가능한 발전설비에 대하여 실제 발전 여부와 관계없이 미리 정해진 수준의 요금(신규투자를 유인하기 위한 금액)
- **CPC(Compound Parabolic Collector)형 집열기:** PTC형 집열 형태를 가진 모듈을 여러 개 합쳐놓은 형태의 집열기로 300℃ 이하의 중온용 집열 시스템에 사용

◆ D

- **Dish형 집열기(Dish Type Collector):** 집광 형태의 기하학적 구조가 접시형인 집열기로 효율이 높아 300℃ 이상의 고온용 집열 시스템에 사용
- **DME(Dimethyl Ether):** 디메틸에테르. 가장 간단한 지방족 에테르류. 메틸에테르라고도 하며 분자식은 C_2H_6O. 일반적으로 메탄올이 탈수반응을 거쳐 생성되지만, 석탄에서 얻어지는 합성가스와 천연가스로부터 DME 생산이 가능. 최근 수송에너지로서 주목을 받고 있는데, 특히 수송연료의 관점에서 DME 활용은 기존의 가솔린과 디젤 연료와 비교하면 질소산화물과 미탄화수소의 배출가스가 현저히 낮게 배출되어 새로운 ULEV(Ultra Low Emission Vehicle)의 환경 규제치를 만족할 수 있어서 청정에너지 중의 하나로 거론되고 있음

◆ E

- **ETDE(Energy Technical Data Exchange):** 미국, 일본 등 회원국 20개국이 자국 내에서 생산된 에너지 관련 기술정보를 수집, 분석하여 운영기관인 미국의 DOE/OSTI에 보내면, OSTI는 이를 취합하여 DB화하고 회원국에 배포하여 공동 활용하기 위하여 1987년에 설립된 IEA의 국제협력사업

◆ G

- **Green Village:** 그린 빌리지. 신·재생에너지로 필요한 에너지를 자급자족하는 약 50호 규모의 환경친화적인 시범 마을

◆ I

- **IEA(International Energy Agency):** 국제에너지기구. 국제에너지계획(IEP: International Energy Program)을 수행하기 위하여, 1974년 9월에 경제협력개발기구(OECD: Organization for Economic Cooperation and Development) 내 설치된 자율적 기관으로서, OECD 회원국을 중심으로 26개국이 참여하여 에너지 문제 협력에 관한 포괄적인 프로그램을 수행
- **IGCC(Integrated Gasification Combined Cycle):** 가스화복합발전. 석탄, 중질잔사유 등의 저급원료를 고온, 고압 하에서 가스화시켜 일산화탄소(CO)와 수소(H_2)가 주성분인 가스를 제조하여 정제한 후 가스터빈 및 증기터빈을 구동하는 발전기술
- **IPHE(International Partnership for the Hydrogen Economy):** 수소경제국제파트너십. 2003년 11월, 미국 주도로 수소경제로의 조기이행을 위한 효과적 실행방안을 수립하고자 구성. 한국, 미국, 독일, 일본, 영국 등 15개국이 참여하고 있으며 운영위원회와 실행연락위원회 운영. 수소·연료전지 분야의 공동연구개발, 표준화, 안전규정 마련 및 정보교류를 추진 중

◆ M

- **MEA(Membrane Electrode Assembly):** 막전극접합체. 연료전지시스템 중 핵심부품으로 전해질, 전극, 촉매, 분리막 등이 일체화되어 있는 복합체

◆ N

- **NREL(National Renewable Energy Laboratory):** 국립 재생에너지 연구소(미국). 신재생에너지와 효율적 에너지 연구개발을 하는 정부 산하기관 연구소이며 주요 연구는 바이오에너지, 풍력, 태양광의 연구개발 및 테스트

◆ P

- **PCS(Power Conditioning System):** 전력변환장치. 전기의 성격을 바꿔주는 전력변환 장치
- **power park:** 파워파크. 태양광과 풍력 등 신·재생에너지와 연료전지가 결합한 청정에너지 단지
- **PTC(Parabolic Trough Solar Collector):** 포물선형 트로프 태양열 집열기. 집광 형태의 기하학적 구조가 평판형을 포물선 모양으로 구부려 놓은 형태인 집열기로 300℃ 이하의 중온용 집열 시스템에 사용
- **PURPA법:** Public Utility Regulatory Policy Act(공익사업규제정책법)의 첫 글자를 딴 것으로 미국에서 에너지를 유효하게 이용하기 위해 에너지 효율을 개선하기 위한 효율 기준을 정하거나 개선책을 추진하기 위한 법률

◆ R

- **RDF(Refused Derived Fuel):** 폐기물 고형연료. 종이, 나무, 플라스틱 등의 가연성 폐기물을 파쇄, 분리, 건조, 성형 등의 공정을 거쳐 제조한 고체연료
- **REEEP(Renewable Energy and Energy Efficiency Partnership):** 재생에너지 및 에너지이용효율관련 국제파트너십. 2003년 10월, 지속발전세계정상회의(WSSD)의 후속 조치로 영국에서 조직되었으며 미국, 독일, 일본, 중국, 한국 등 22개국이 참여 중. 재생에너지 및 에너지 효율에 관한 지식의 공유와 우수사례 및 경험 전파를 목적으로 재생에너지 및 에너지 효율 시장 확대를 위한 정책과 규정, 재원조달 등을 다루고 있음. 남아프리카, 동 · 중부유럽, 북미, 남미, 동아시아 등 지역별로 운영되고 있으며 우리나라는 2005년 3월 공식 참여하여 동아시아 지역에서 활동 중
- **RPA(Renewable Portfolio Agreement):** 신 · 재생에너지 개발공급 협약. 대형에너지공급사를 대상으로 중장기 신 · 재생에너지 개발 공급계획을 수립하여 정부와 협의 후, 자발적으로 협약 체결 · 시행
- **RPF(Refused Plastic Fuel):** 폐플라스틱 고형연료제품. 가연성 폐기물(지정폐기물 및 감염성폐기물은 제외)을 선별 · 파쇄 · 건조 · 성형을 거쳐 일정량 이하의 수분을 함유한 고체상태의 연료로 제조한 것으로서 중량 기준으로 폐플라스틱의 함량이 60% 이상 함유된 것을 말함
- **RPG(Residential Power Generator):** 가정용 연료전지시스템
- **RPS(Renewable Portfolio Standards):** 신 · 재생에너지 의무할당제. 발전사업자의 총발전량, 판매사업자의 총판매량의 일정 비율을 신 · 재생에너지원으로 공급 또는 판매하도록 의무화하는 제도(미국, 영국, 일본, 호주, 덴마크 등이 최근 도입 운영)
- **RT(Ton of Refrigeration):** 냉동톤. 단위시간에 냉각하는 냉각열량(kcal/hr)을 나타내며 냉동능력을 나타내는 단위 1RT는 0℃ 물 1톤(1,000kg)을 24시간 동안에 0℃의 얼음으로 만들 때 냉각해야 할 열량

◆ S

- **SMP(System Marginal Price):** 계통한계가격. 시간대별로 필요한 전력수요를 맞추기 위해 가동한 발전원 중 비용이 가장 비싼 발전원의 운전비용이 계통한계가격이 됨

◆ W

- **Wind Farm:** 풍력발전단지. 풍력발전과 관련된 설비 등이 집단을 이루고 있는 일정 구역

11

IT 주요 개념 및 용어

Information Technology:
Major Concepts and Terminology

IT

데이터(Data)

Information 알아두면 좋을 정보

데이터 경제
Data Economy, Data-driven Economy

◆ 의미

- 데이터(data)와 경제(economy)가 합성된 용어로 데이터가 주도하는 경제를 지칭
- 데이터 활용이 다른 산업 발전의 촉매 역할을 하고 새로운 제품과 서비스 창출 경제
- 네트워크 효과가 강해 진입장벽 발생
- 집중화, 독점화되기 쉬워 데이터 독점을 통한 반경쟁적 행위, 독과점 문제, 불공정 거래, 사생활 침해 등의 위험

데이터 공유
Data Sharing

◆ 의미

- 데이터 공유 기술과 개인정보보호 기술의 발달로 데이터 공유가 새로운 비즈니스 모델로 탄생
- 데이터 공유를 활발히 하기 위해 다양한 유형의 데이터 공유 파트너십 등장
  예 국내의 마이데이터 사업, 임상 데이터 공유 플랫폼(코로나 백신 개발 가속화)
- 다양한 외부 데이터를 사내 데이터와 함께 공유하고 관리할 수 있는 '데이터 패브릭(Data Fabric)' 플랫폼이 주목받고 있음

데이터 패브릭
Data Fabric

◆ 의미

- 데이터가 어디에 있든 활용할 수 있게 하자는 목적으로 구성된 데이터 플랫폼
- 데이터의 물리적 위치에 상관없이 기업 구성원 누구나 원하는 데이터를 쉽게 검색·공유·분석·활용할 수 있음
- **통합 데이터 관리 프레임워크:** 데이터 통합, 데이터 시각화, 데이터 관리 기술이 조합되어 비즈니스 프로세스 지원

◆ 장점

- 기업 내 산재되어 있는 데이터 사일로를 통합, 데이터 관리 업무를 최대 70%까지 감소
- 어떤 IT 환경에서도 손쉽게 데이터를 활용할 수 있어서 기업의 전체적인 디지털화 가속화
- 데이터 분석 및 시각화 기술을 통해 데이터 기반 인사이트를 제공하여 기업의 경쟁력 확보에 도움
- 데이터 레이크, 데이터웨어하우스는 중앙집중식 데이터 환경이지만, 데이터 패브릭은 분산 방식으로 데이터를 수집하기 때문에 도메인 데이터를 본래 위치에 그대로 유지한 채로 데이터의 검색·분석 등이 가능

데이터 메쉬
Data Mesh

◆ 의미

- 데이터 패브릭보다 한 단계 진화된 분산 데이터 아키텍처
- 데이터 분석 시스템을 분산 서비스 형태로 개발·관리
- 머신러닝 기술을 활용해서 메타데이터를 분석, 데이터 탐색과 추천 과정을 자동화
- 여러 위치에 있는 데이터를 가상화해서 어디서든 접근할 수 있게 하고, 머신러닝으로 메타데이터를 분석해서 사람들에겐 데이터를 더 찾기 쉽게 하고, 컴퓨터에는 어떤 데이터를 어느 시점에서 가져와야 하는지 알려줌

Terminology 데이터(Data) 용어	
가치네트워크	value network
경쟁법	competition law
고수준으로 추상화된	high-level & abstracted
끊김 없는 가시성	seamless visibility

더 나은 운영을 위해 적용되어야 하는 '관찰 가능성'	Applied observation for better operations
데이터 경제	Data Economy
데이터 기반 경제	Data-driven Economy
데이터 마이닝	data mining
데이터 사일로	data silo * 한 조직 내의 데이터지만 조직 내 다른 부서에서는 접근할 수 없는 분리된 데이터
데이터 세분화(분쇄도)	data granularity
데이터의 소유권	data ownership
데이터 자본	data capital * 재화 및 서비스 생산에 필요한 기록된 정보
디지털 면역 시스템을 구축하다	create digital immune systems
반검열 청원	anti-censorship petition
배트맨	BAT(Baidu, Alibaba, Tencent)
법적 책임	liability
변동성	variability
복잡성	complexity
비개인 데이터	non-personal data
비경합적	non-rivalrous
비대체적	non-fungible
상호 운용성	interoperability
양자 컴퓨터	quantum computing
온라인 저작권 침해 금지법안	Stop Online Piracy Act
원데이터	raw digital information
인터넷 자유선언	Declaration of Internet Freedom
자사우대	self-preferencing
전사적 아키텍처	ITA/EA(IT or Enterprise Architecture)
처리량	throughput
초고속 정보통신망	information superhighway
편향된 데이터	biased data
GAFA	Google, Apple, Facebook, Amazon (구글, 애플, 페이스북, 아마존)
AANG	Apple, Amazon, Netflix, Google (애플, 아마존, 넷플릭스, 구글)

◆ 데이터 3법

1) **개인정보보호법**: Personal Information Protection Act
2) **정보통신망법(정보통신망 이용촉진 및 정보보호 등에 관한 법률)**: Act on Promotion of Information and Communications Network Utilization and Information Protection
3) **신용정보법(신용정보의 이용 및 보호에 관한 법률)**: Credit Information Use and Protection Act

디지털 헬스케어
Digital Healthcare

◆ 의미

- 의료 영역에 정보통신기술(ICT)을 융합하여 개인 건강과 질병에 맞춰 필요한 의료 서비스나 건강관리 서비스를 제공하는 것
- 의료 기관에 직접 방문할 필요 없이 웨어러블 디바이스를 통해 운동, 식습관 등 건강 정보를 기록하고, 의료 기관에 저장된 검진·처방·유전자 정보를 받아 손쉽게 질병 예방 관리 가능

◆ 디지털 헬스케어 서비스 범위

1. 모바일 헬스케어(Mobile Healthcare)
- 애플리케이션이나 웨어러블 기기로 일상 속에서 건강을 관리하도록 돕는 서비스
- 만성질환 관리 앱, 임부 건강관리 앱, 복약관리 앱, 건강관리 안내 앱
- 시계, 벨트, 안경과 같이 신체 일부에 착용해 심박 수, 혈당, 운동, 수면시간 등을 측정하는 웨어러블 기기

2. 원격의료(Telemedicine)
- 음성·화상 시스템 등을 이용해 실시간으로 건강검진과 질병 진료를 받는 비대면 의료
- 정보통신기술(ICT)을 이용한 원거리 의료행위를 지원 보조하여 의료 취약 지역의 거주민, 움직이기 불편한 고령층 등과 같이 병원에 방문하기 힘든 환자들에게 특히 유용한 서비스
- 의사가 비대면으로 환자 상태를 살피거나 의료 기관 간 환자 정보를 신속하게 공유할 수 있다는 장점

3. 보건의료 분석학(Health Analytics)
- 빅데이터 분석을 위한 소프트웨어 솔루션과 분석 기술력
- 개인의 정밀의료자료를 수집 분석한 결과를 토대로 중증 질환과 난치성 질환 발병 원인을 밝혀내고, 개인에게 알맞은 의료 서비스를 제공

4. 디지털 보건의료시스템(Digitized Health Systems)
- 개인건강기록(PHR)이 디지털 데이터로 바뀌어서 의료 기관과 환자가 체계화된 시스템 안에서 교류할 수 있도록 함

Terminology 디지털 헬스케어(Digital Healthcare) 용어

개인건강기록	PHR(Personal Health Records)
규제합리화	better regulation / rationalization of regulations
디지털 보건의료시스템	digitized health systems
디지털 전환	digital transformation
디지털 치료제	digital therapeutic
(개인)맞춤의료	personalized medicine
모바일 헬스	mHealth(Mobile Health)
보건의료	health / healthcare
보편적 의료보장	UHC(Universal Health Coverage)
복약 순응도	compliance
비대면화	contactless
예측가능성	predictability
원격의료	telehealthcare
적시성	timeliness
전자건강기록	EHR(Electronic Health Records)
전자약	electroceuticals
전자의무기록	EMR(Electronic Medical Records)
전자 처방	electronic prescription
정밀의료	precision medicine
탈규제	de-regulation

Terminology 디지털 헬스케어(Digital Healthcare) 관련 약어

ACA(Affordable Care Act)	(미) 부담적정보험법
CDRH(Center for Devices and Radiological Health)	(미) 의료기기평가부
HITECH(Health Information Technology for Economic and Clinical Health) Act	(미) 경제 및 임상보건을 위한 건강정보기술에 관한 법률
HIPAA(Health Insurance Portability and Accountability Act)	(미) 건강보험의 이동성 및 책임의 법
PPACA(Patient Protection and Affordable Care Act)	(미) 환자보호 및 부담적정보험법
21st Century Cures Act	21세기 치료법

망 중립성
Network Neutrality

◆ 의미

- 데이터 트래픽의 유형, 내용, 플랫폼, 전송 방식, 사용자에 따라 차별하지 않고 동등하게 데이터를 제공해야 한다는 인터넷 생태계 운영 규범
- 통신망 제공사업자는 모든 콘텐츠를 동등하고 차별 없이 다뤄야 한다는 원칙

◆ 망사용료

- 콘텐츠 제공 기업(CP)이 인터넷 서비스 제공 기업(ISP)에 인터넷망 사용 대가로 지급해야 하는 요금
- 트래픽 발생 시 인터넷 서비스 기업은 이를 완화하기 위해 인터넷망을 추가로 설치하는 등 네트워크를 증설해야 함

◆ 장점

1. **표현의 자유와 언론의 자유**: 인터넷 서비스 공급업체에서 자의적으로 콘텐츠를 차단하거나 웹페이지의 속도를 느리게 할 수 없음
2. **저렴한 콘텐츠 사용료**: 인터넷 서비스 공급업체에서 소비자에게 영상 스트리밍, 온라인 게임 서비스 이용에 대한 추가 요금을 부과하거나 콘텐츠 이용료를 증가하는 것을 자제시키는 효과
3. **공평한 인터넷 사용**: 망 중립성 원칙은 누구나 인터넷에 있는 모든 것을 즐길 수 있도록 함

◆ 단점

1. **새로운 인프라 개발의 부재**: 망 중립성 원칙 하에는 수많은 데이터가 아무런 비용 없이 처리되기 때문에 서비스 제공업체에서 인프라 혁신에 투자하기 어려움
2. **네트워크 혁신 저해**: 인터넷 서비스가 많아지면서 대역폭에 대한 수요도 증가. 상당한 트래픽이 발생하는 업체들은 인터넷 서비스 공급업체가 구축해 놓은 망에 무임승차하고 있기에 네트워크 혁신에 방해되고 인터넷 서비스 공급업체가 더 많은 비용을 떠안음

◆ 문제

- 한국 콘텐츠 기업은 인터넷 서비스 제공 기업에 망 사용료를 지불하지만, 해외 기업들은 망 사용료를 거의 내지 않고 있음
- 해외 기업들이 망 이용료를 내지 않은 채 무임승차하고 있다는 지적
- 한국에서도 망 사용료 법제화 논의가 이루어지고 있음

Terminology 망 중립성(Network Neutrality) 용어	
가입자	subscriber
관리형 서비스	managed service
광대역 차별	broadband discrimination
기간통신사업자	common carrier
글로벌 법인세 최저한세율	global minimum corporate tax rate
대역폭	bandwidth
데이터 전송량	data volume/data traffic
망 다양성	network diversity
망 사용료	network usage fees
망 중립성	network neutrality
미국 연방거래위원회	FTC(Federal Trade Commission)
보급률	penetration
불합리한 간섭 금지	no unreasonable interference
불합리한(이유 없는) 차별 금지	no unreasonable discrimination
빅테크 기업의 독점	big-tech's abusive behaviors
오픈 인터넷 정책	Open Internet Order
운영하다	run/manage
인앱구매	in-app purchase
인앱결제 강제정책	forced in-app payment policy
인터넷 사용량	Internet usage
인터넷 서비스 사업자	ISP(Internet Service Provider)
전기통신법	telecommunications business act
접속료	Internet connection fee
조세회피	tax avoidance[evasion]
트래픽 조절 금지/(전송속도) 지연 행위 금지	no throttling
중복과세	double taxation
차단 금지	no blocking
킬러 서비스	killer service
콘텐츠 사업자 간의 경쟁	competition among content providers
콘텐츠 제공자	CP(Content Provider)
콘텐츠 전송 네트워크	CDN(Content Distribution Network)

투명성 강화	enhanced transparency
트래픽	traffic
앱 개발자[사업자]에게 특정한 결제방식을 강제하다	force a specific billing method on an app developer
초고속 인터넷	broadband Internet
최선형 인터넷망	best effort Internet
합법적 콘텐츠에 대한 접근성	access the lawful Internet content

메타버스
Metaverse

◆ 의미

- 1992년에 처음 등장. 가상, 초월을 의미하는 '메타(meta)'와 우주를 의미하는 '유니버스(universe)'를 합성한 신조어
- ICT 기술이 '현실같이 구현한 가상세계'로 가상이 현실이 되는 시대, 현실을 초월한 신세계
- 가상세계이기에 어떤 방식으로든 구현될 수 있음
- 가상세계 공간에서 자신을 투영하는 나만의 '아바타'를 생성하여 가상의 세계에서 현실에서 할 수 있는 다양한 활동을 할 수 있음
- 가상의 공간에서 여가와 문화생활을 즐기고, 사람들과 소통하고, 회의나 미팅 등의 업무도 할 수 있음
- 메타버스는 활용 목적에 따라 ① 사회관계 형성(SNS) ② 디지털 자산 거래(Market), ③ 원격 협업 지원(Assistant) 3가지로 분류
- '실감형', '지속성', '탈중앙화'가 특징

◆ 메타버스 4가지 유형

1. 증강현실 AR(Augmented Reality)

- 실세계에 3차원 가상물체를 겹쳐 보여주는 기술
- 현실 세계 기반 영상에 가상의 이미지나 정보를 실시간으로 합성해 사용자에게 거부감은 줄이고 몰입감은 높임
- 현실 공간에 2D 또는 3D로 표현되는 가상의 물체를 겹쳐 보이게 하면서 상호작용하는 환경

  예 포켓몬고(Pokémon GO)

2. 라이프로깅(Life logging)

- 사물과 사람에 대한 일상적 경험과 정보를 기록, 저장, 배포하는 유형의 기술
- 과거와 현재의 상태 정보를 확인하고, 다른 사람 · 시스템과 공유 가능

- 개인의 활동 데이터가 장기간 축적된 빅데이터는 향후 새로운 서비스를 제공하는 데 활용 가능한 자원
  - 예 네이버의 '제페토(ZEPETO)': 3D 아바타를 통해 다른 사용자들과 소통하거나 다양한 가상현실을 경험할 수 있는 서비스

3. 거울세계(Mirror Worlds)

- 현실 세계를 가능한 한 사실적으로, 있는 그대로 반영하되 '정보적으로 확장된' 가상세계
- 가상세계를 열람함으로써 현실 세계에 대한 정보를 얻게 되는 기술
  - 예 구글 어스(Google Earth): 현실 세계와 일대일로 대응되는 거울세계 상에 현실 세계의 건물과 상호에 대한 정보나 사용자들이 남긴 사진 등이 아이콘의 형태로 표시되며, 이를 클릭하면 상세한 정보를 조회할 수 있음

4. 가상현실 VR(Virtual Reality)

- 디지털 기술을 통해 현실의 경제 · 사회 · 정치적 세계를 확장해 현실과 유사하거나 대안적으로 구축한 세계
- 사용자들은 아바타(Avatar)를 통해 가상세계를 탐험하고 다른 이들과 소통
- 사용자들은 가상세계 속 공간을 스스로 창조하고 타인이 만든 공간을 방문하기도 함

◆ 비즈니스에 주는 영향

1) 소비자 경험이 풍부해짐
2) 메타버스에서만 이용 가능한 가상 제품을 개발하고 판매 가능
3) 고객에 대한 새로운 정보를 수집 가능
4) 제품 및 서비스를 현실 세계와 가상세계에서 함께 판매 가능
5) 메타버스 결제 및 금융 지원
6) 메타버스 활동을 지원할 수 있는 하드웨어와 애플리케이션을 개발하고 판매

Terminology 메타버스(Metaverse) 용어	
3차원 가상세계	three-dimensional virtual world
가상세계	virtual worlds
가상재화	virtual goods
가상현실	VR(Virtual Reality) * 가상세계에서 실제 체험하는 기술
거울세계	mirror world
개인공간	home space
기술은 지속 가능성에 역할을 할 것이다	technology will have a role in sustainability
기술이 융합되다	be integrated with technology

디지털 네이티브	Digital Native
디지털 반영	Digital Reflections
디지털 콘텐츠를 현실에 채우다	mix digital content with the real world
디지털 트윈	digital twin * 현실 세계의 기계, 사물을 가상세계에 똑같이 구현
라이프로깅(일상기록)	life logging
모든 장소	anywhere
몰입감	immersive
몰입형 경험	immersive experience
물체가 떠 보이게 하다	make an object look floating
물리적 세계와 디지털 세계의 경계가 모호해지다	boundaries between physical and digital worlds are blurring
메타버스는 다른 기술과 융합될 것이다	metaverse will combine different technologies
분산형 자율 조직	DAO(Decentralized Autonomous Organization)
비대면	non-face to face/contactless
사이버공간	cyberspace
손쉬운 경험 전환	low friction
손에 햅틱 장치를 끼다	wear haptic devices at hand
순간이동	teleporting
시민성	civility
실재감	presence
아바타	avatar
웹 3.0	web 3.0
웹과 가상현실이 융합되다	web and virtual reality are integrated
움직임에 따라	according to your motion
이미지를 렌더링하다	render an image
인공현실	artificial reality
(자기) 영역을 구축하다	establish your own territory
자아를 실현하다	do self-realization/realize oneself
자연스러운 조작 환경	natural interface
정체성	identity
증강현실	AR(Augmented Reality)
컴퓨터가 만든 환경	computer-based environment

프라이버시와 안전	privacy & safety
현실과 가상세계를 넘나드는	traverse
확장현실	XR(eXtended Reality) * VR(가상현실)과 AR(증강현실)을 활용해 현실을 만듦
혼합현실	MR(Mixed Reality)
흐름이 끊기지 않고	seamlessly/smoothly/without interruption

빅데이터
Big Data

◆ 의미

- 디지털 시대에서 폭증하는 '방대한 양의 데이터(Big Data)'를 생성·수집·관리·분석해서 유용한 정보로 사용하는 기술
- 기존 데이터베이스 관리 도구의 능력을 넘어서 데이터에서 가치를 추출하고 결과를 분석하는 기술
- 대규모의 데이터를 저장·관리·분석할 수 있는 하드웨어 및 소프트웨어 기술, 데이터를 유통·활용하는 모든 프로세스를 포함
- 수십 테라바이트의 정형 또는 비정형 데이터 집합이 포함된 데이터로 가치 추출, 결과분석
- 다변화된 현대 사회를 더욱더 정확히 예측하고 효율적으로 작동하게 도와주고 개인화된 현대 사회 구성원마다 맞춤형 정보를 제공, 관리, 분석해 과거에 불가능했던 기술 실현 가능

◆ 빅데이터의 특징

1. 초기 빅데이터 3V: Volume(규모), Variety(다양성), Velocity(속도)가 특징
  1) Volume(규모): 데이터의 크기. 저장되는 물리적인 데이터의 양
  2) Variety(다양성): 다양한 데이터를 수용하는 특성
  3) Velocity(속도): 데이터가 얼마나 빠르게 처리·분석되는지에 대한 특성

2. 빅데이터 5V: 빅데이터를 통한 가치 창출이 중요해지자 Veracity(진실성)와 Value(가치)가 추가
  4) Veracity(진실성): 데이터의 신뢰성과 타당성
  5) Value(가치): 비즈니스나 연구에서 유용한 가치

3. 빅데이터의 7V: 최근에는 Validity(정확성), Volatility(휘발성)가 추가
  6) Validity(정확성): 데이터의 정확성
  7) Volatility(휘발성): 데이터가 얼마나 오래 저장되고 사용될 것인가, 장기적인 관점에서 유용한 가치를 창출할 수 있는 데이터

◆ 빅데이터 유형

1. 정형 데이터(Structured Data)

- 재무 데이터, 시스템 로그, 인구통계 상세정보 등
- 숫자와 짧은 단어로 구성. 조직화와 검색이 가장 간편 예 엑셀
- 통계적 활용이 쉬운 전통적인 데이터. 비교적 쉽게 의미 파악
- 스프레드시트나 관계형 데이터베이스에 저장
- 데이터베이스 설계자와 관리자가 검색 및 분석 알고리즘을 간단히 정의할 수 있음
- 정형데이터는 규모가 매우 크더라도 빅데이터라고 할 수 없음
- 그 자체로는 관리가 간단하기 때문에 빅데이터 정의 요건을 충족하지 못함

2. 비정형 데이터(Unstructured Data)

- 빅데이터의 90%가 비정형 데이터
- 소셜 미디어 게시글, 오디오 파일, 이미지, 주관식 고객 의견
- 데이터 레이크, 데이터웨어하우스, NoSQL 데이터베이스에 저장
- 데이터는 표준적인 행-열 관계형 데이터베이스로 포착하기가 쉽지 않음
- 잠재적 가치는 높지만, 가치 대비 고비용. 시간도 많이 소요되어 결과를 얻기도 전에 무용지물이 되는 경우도 많았음

3. 반정형 데이터(Semi-Structured Data)

- 정형 데이터와 비정형 데이터의 하이브리드
  예 전자메일: 본문에는 비정형 데이터가 포함되며 발신자, 수신자, 제목, 날짜 등 구조화된 속성도 포함
- 지리 태그, 타임스탬프, 시맨틱 태그를 사용하는 장치도 비정형 콘텐츠와 함께 정형 데이터를 제공할 수 있음
  예 식별되지 않은 스마트폰 이미지라도 여전히 셀카 사진이라는 사실과 촬영된 시간, 장소를 알 수 있음
- AI 기술로 구동되는 최신 데이터베이스는 이 유형의 데이터를 즉시 식별하며 실시간으로 알고리즘을 생성해 관련된 다양한 데이터 세트를 효과적으로 관리, 분석 가능

Terminology 빅데이터(Big Data) 용어	
가변성	variability
감성 분석	sentiment analysis
군집화	clustering
대용량 병렬 처리	MPP(Massively Parallel Processing)
데이터 가치	value
데이터는 끊임없이 사용된다.	Data never sleeps.
데이터 복잡성	complexity
데이터 생성 속도	velocity
데이터의 양	volume

데이터처리 응용 소프트웨어	data-processing application software
데이터 통합	data integration
데이터 형태의 다양성	variety
리얼리티 마이닝	reality mining
반정형 데이터	semi-structured data
분류	classification
분산 파일시스템	distributed file system
비선형 시스템 식별	nonlinear system identification
비정형 데이터	unstructured data
비즈니스 및 일상생활의 모든 영역이 빅데이터 급증에 기여한다	all areas of business and everyday life contribute to the burgeoning pile of big data
빅데이터 프로세싱	big data processing
소셜 네트워크 분석	social network analysis
시각화	visualization
웹 마이닝	web mining
인터넷을 사용하는 사람들의 수가 기하급수적으로 증가	the number of people who use the Internet rising exponentially
전파 속도	velocity
정보 폭발의 부산물	byproduct of the information explosion
정형 데이터	structured data
정확성, 유효성	validity
텍스트 마이닝	text mining
퀸틸리언 바이트	quintillion bytes

사물인터넷
IoT: Internet of Things

◆ 의미

- 정보통신기술 기반으로 모든 사물을 연결해 사람과 사물, 사물과 사물 간에 정보를 교류하고 상호 소통하는 지능형 인프라 및 서비스 기술
- 인터넷으로 연결된 사물들이 데이터를 주고받아 스스로 분석하고 학습한 정보를 사용자에게 제공하거나 사용자가 이를 원격으로 제어할 수 있도록 하는 것
- 원격에서 조작하는 기기와 그 기기에 설정된 인터넷 시스템까지 포함하는 포괄적인 범위
- 가전제품, 모바일 장비, 웨어러블 디바이스 등 다양한 임베디드 시스템이 자신을 구별할 유일한 IP를 가지고 인터넷으로 연결이 되어야 하며, 외부 환경으로부터 데이터를 취득하기 위해 센서를 내장할 수 있음

◆ IOT 네트워크의 예

1. 스마트 홈(주택자동화 시스템)

- 스마트 스위치, 센서, 기기를 사용하여 집 안의 조명, 온도와 습도, 보안 시스템, 가전제품 등을 멀리 떨어진 위치에서도 모니터링하고 제어
- 집에서 나오기 전에 전등이나 오븐을 끄는 것을 잊어버렸더라도 휴대폰에서 IoT 지원 기기를 통해 원격으로 끌 수 있음

2. 스마트 그리드

- AI 및 고급 분석 기술과 결합되어 IoT 솔루션을 사용하여 기술을 통합함으로써 소비자가 자신이 사용하는 에너지와 태양광 패널 및 기타 수단을 통해 생산하는 에너지를 더 정확히 이해하고 에너지 소비를 통제할 수 있음
- 그리드 전반의 IoT 센서는 잠재적인 리스크를 조기에 감지해서 필요에 따라 전력이 재분배될 수 있게 하여 정전 및 그 밖의 문제를 예방하거나 최소화함
- 기계적 문제를 감지한 다음 수리가 필요한 경우 기술자에게 알림을 보냄
- 에너지 소비자가 인사이트를 바탕으로 지능적으로 에너지를 소비할 수 있게 함

3. 스마트 시티

- 센서, 계량기 및 기타 IoT 기기를 사용해서 데이터를 모니터링 및 수집하여 도시문제를 선제적으로 해결

4. 차량 연결성

- IoT 기술을 사용하는 고급 운전자 지원 시스템(ADAS)은 충돌을 방지하고, 경로를 계획하고, 좁은 공간에 주차할 수 있게 하는 등 다양한 방식으로 운전자를 도와줌
- 자동차 IoT가 발전함에 따라 신호등, 보행자, 뉴스 및 날씨 소스, 스트리밍 엔터테인먼트 제공업체와 같은 외부 기기와 더 광범위하게 연결될 것임

5. 리테일 산업의 IoT

- 움직임으로 활성화되는 스마트 카메라, 스마트 선반, 비콘, RFID 기술은 쇼핑객이 모바일 앱을 통해 상품을 쉽게 찾을 수 있게 해줌
- 손쉽게 재고 정보를 공유할 수 있게 하며, 심지어 고객이 오프라인 매장 내에서 진열된 상품을 둘러볼 때 상황에 맞는 프로모션 정보를 전송
- IoT 솔루션은 배송 및 출하 차량을 추적하여 고객이 쇼핑 계획을 더 편리하게 맞춤 설정할 수 있게 함으로써 고객 경험을 개선하는 데 도움

6. 원격의료

- IoT 기반의 소비자 의료 기기는 의사가 환자를 원격으로 추적 관찰하는 데 도움

7. 교통 관리

- 센서, 카메라 및 기타 기기로 구성된 네트워크를 통해 IoT 기술을 사용하여 교통혼잡을 줄이고 실행 가능한 경로 재조정 옵션을 제공
- 실시간 데이터 피드를 바탕으로 신호등 시간을 조정하여 동적인 조건에서 차량 흐름을 원활케 함

- 도로 센서로 사고를 감지하고 자동으로 이슈 보고 가능

8. 건설·시설물 관리

- 구조물 안전관리 서비스, 공공시설물 제어 서비스, 빌딩 관리 서비스, 출입 통제 서비스, 시설물 감시 서비스, 도로·교량 상태 모니터링 서비스 등을 제공

9. 산업안전 및 환경 재난·재해

- **산업안전:** 유해화학물 관리, 재해 모니터링, 위험물 감지 및 경보 서비스 제공
- **환경 재난재해:** 수질 관리, 기상정보 수집 및 제공, 음식물쓰레기 관리, 스마트 환경정보 제공, 재난재해 감시 서비스 제공

Terminology 사물인터넷 IoT(Internet of Things) 용어	
근거리 통신망	LAN(Local Area Network)
데이터 분석 시스템	data analytics system
도시권 통신망	MAN(Metropolitan Area Network)
만물인터넷	Internet of everything
사물인터넷 기기	IoT devices
사물인터넷으로 연결된	IoT-enabled
사물지능통신	M2M(Machine to Machine) * 이동통신 기술을 이용하여 멀리 있는 기계장치를 다른 기계장치와 연결
스마트 공장	connected smart factory
스마트 홈	smart home
원거리 통신망	WAN(Wide Area Network)
장치 및 센서	device and sensor
저전력 광역 통신망	LPWAN(Low Power Wide Area Network)
접속 장치	AP(Access Point)
정보통신기술	ICT(Information & Communication Technology)
유비쿼터스 센서 네트워크	USN(Ubiquitous Sensor Network) * 근거리 무선 통신 기능을 포함, 소형의 센서 장치들이 결합하여 특정 장소의 상태 및 환경 변화 정보를 수집, 관리

사이버보안
Cyber Security

◆ 개인정보

- **개인정보:** 살아 있는 개인에 관한 정보로서 성명, 주민등록번호 및 영상 등을 통하여 개인을 알아볼 수 있는 정보

- 해당 정보만으로는 특정 개인을 알아볼 수 없더라도 다른 정보와 쉽게 결합하여 알아볼 수 있는 것을 포함

◆ **사이버 AI**(Cyber AI)

- 네트워크 연결 장치 증가, 5G 영향 등으로 광범위하고 복잡한 사이버 공격 증가 추세. 이에 대응하기 위해 기업들은 AI/ML 기반의 지능화된 보안 역량을 갖추는 중
- 최근에는 유저의 행동패턴이나 네트워크 트래픽을 분석하여 선제 대응하거나 대응 방안을 추천하기도 함
- 자동화 보안 정책 구성, 규정 준수 모니터링, 위협 및 취약성 감지 · 대응에 자동화
- AI/ML 기반 SOC(Security Operations Center) 자동화 플랫폼은 특정 데이터 액세스 차단 같은 자율적 예방조치 가능

◆ **사이버보안 메쉬**(Cybersecurity Mesh)

- 분산된 보안 서비스를 통합적으로 관리할 수 있는 보안 아키텍쳐를 마련하는 것
- Data Fabric과 같이 공통 프레임워크를 구축하고, 각종 보안 툴을 조합할 수 있게 구성하는 것이 핵심
- 각종 보안 툴, 통합 대시보드, 애널리틱스, 전체 메시를 아우르는 보안 정책, 전사적 아이덴티티 관리 체계 등을 어떤 유저 접점이나 서비스에도 적용할 수 있도록 하나의 아키텍처로 조합 가능하게 구성해야 함

Terminology 사이버보안(Cyber Security) 용어	
가명화	pseudonymization
개인정보보호	privacy protection
개인정보보호법	Personal Information Protection Act
공격 및 피싱 시도, 정보 도난, 보안 침해, 자산 파괴	attack or phishing attempt, data theft, security breach, destruction of asset
거부 중심	opt-out
기밀	confidential
다단계인증	MFA(Multi-Factor Authentication)
데이터를 침해, 유출, 개인 정보 공개, 공격	breach, leak, disclose, attack
동의중심	opt-in
디도스	DDoS
랜섬웨어	ransomware * 컴퓨터 시스템을 감염시켜 접근을 제한

명의 도용	identity theft
미인증 사용자	unauthorized user
방화벽	firewall
보안성	security
보안 침해	security breach
사이버 공격	cyber attack
사이버 보안	cyber security
식별 가능 여부	data identification
신뢰성	reliability
악성 코드	malicious code
암호화	encryption
원격 액세스	remote access
웜(악성 소프트웨어 프로그램)	worm
에러 내구성	fault tolerance
익명정보/실명정보	anonymous information / real-name information
익명화	anonymization
적대적 사용자	hostile user
전송요구권	right to data portability
전자서명	digital signature
정보 보호	information security
프라이버시 강화 컴퓨팅	privacy-enhancing computation

◆ 유럽연합의 정보보호 관련 기관

- GDPR(General Data Protection Regulation): 유럽연합의 개인정보보호법
- EU DPA(Data Protection Authorities): 유럽연합 데이터보호당국
- EDPB(European Data Protection Board): 유럽 데이터보호위원회

◆ 미국과 유럽연합 간의 데이터 전송 및 보호 관련 협정

EU-U.S. DPF(European Union-U.S. Data Privacy Framework):
EU-미국 데이터 개인정보보호 프레임워크

- '대서양 개인정보보호 프레임워크'를 법적으로 문서화하는 과정을 거쳐 2022년 10월에 바이든 대통령이 행정명령을 발표할 때 썼던 공식 명칭
- EU와 미국 간의 개인정보 이전 허용, 이를 수용하는 기업들의 데이터 보호 요구사항을 충족하는 것

Trans-Atlantic Data Privacy Framework: 대서양 개인정보보호 프레임워크

- EU와 미국 간 개인정보보호 협약으로 개인정보보호와 관련된 강력한 규정들을 제시, 규정 준수를 강제하기 위한 검증 절차도 포함하며 2022년 10월 7일 서명
- '프라이버시 쉴드'가 무효화되면서 2022년 3월에 새로 합의된 데이터 전송 메커니즘

Privacy Shield: 프라이버시 쉴드

- '세이프 하버'가 무효가 되자 유럽연합과 미국이 2016년에 새로 체결한 데이터 전송 협약
- EU와 미국 간의 중요한 개인정보 이전 규제 중 하나였음
- 2020년 7월 유럽 법원은 EU-US Privacy Shield의 유효성을 무효화하는 판결을 내리면서, Privacy Shield가 현재는 유효하지 않은 개인정보보호 프레임워크 중 하나가 됨

Safe Harbor: 세이프 하버 협정

- 유럽연합과 미국이 2000년에 체결한 개인신상정보 전송에 관한 협정
- 2015년 유럽 법원의 판결로 인해 무효화된 이후 EU와 미국은 대체 수단을 모색하고, 2016년 EU-US Privacy Shield 프레임워크를 발표하게 됐으나, 이 역시 2020년 유럽 법원의 판결로 인해 무효화됨

스마트시티
Smart City

◆ 의미

- 도시화를 통해 발생하는 교통문제, 에너지 부족, 환경오염 등의 문제를 IoT, 빅데이터 분석, 통신기술 활용을 통해 해결하는 것
- 기본 인프라 외에 데이터를 기반으로 도시문제를 해결함. 도시 내 분야 간 데이터 공유 플랫폼을 구축해 정보의 생산 및 활용을 극대화
- 전반적인 삶의 질 향상으로 '거주 적합성(Livability)'이 뛰어난 도시를 만드는 데 기여하는 것

◆ 주요 기술

1. **IoT 데이터 센서**: 소리, 온도 등을 WIFI, LPWAN, 5G 등의 통신망을 통해 전송해주는 데이터 센서 디바이스
2. **유무선 통신 기술**: RFID, WIFI, 블루투스 등
3. **빅데이터 분석 기술**: IoT 센서를 통해 수집된 데이터가 실시간 유입되어 방대한 양의 데이터 셋이 형성

◆ 주요 목표

1. **서비스 효율성**: 공공 리소스 사용 최적화, 고품질의 시민 서비스 제공
2. **지속 가능성**: 환경적 영향에 대한 고려를 기반으로 도시의 성장과 개발 추진

3. **이동성(모빌리티)**
4. **안전 및 보안**
5. **경제 성장**: 기업, 투자자, 시민, 방문객 유치
6. **도시 평판**: 도시 이미지와 평판의 지속적인 향상
7. 전반적인 삶의 질을 향상하는 것, 거주 적합성이 뛰어난 도시를 만드는 데 기여하는 것

◆ 스마트시티 사례

1. 싱가포르

- 디지털 서비스 제공을 위한 시민인증 시스템인 싱패스에 싱가포르 인구 70% 이상 등록
- 디지털 주민등록증, 연금조회, 공공주택 신청, 인터넷 뱅킹 등 디지털 서비스 이용 가능

2. 덴마크 코펜하겐

- 센서를 설치해 주차 정보, 쓰레기 처리, 공기 오염도, 소음 등 각종 정보 분석 가능
- 코펜하겐 데이터 거래소, 스마트 파킹 시스템, 그린웨이브 조명, 쓰레기 처리 작업 효율화, 스마트 대기 측정프로그램 에어뷰(Air View), 코펜하겐 솔루션 랩 스트리트 앱

3. 영국 런던

- 시민, 기업, 연구소 등 누구나 데이터에 접근 가능한 데이터 공유 포털(도시 인프라 정보 확인 가능)
- **스마트 런던 투게더**: 도시관리 효율 증대, 기술혁신 산업육성, 삶의 질 개선

Terminology 스마트시티(Smart City) 용어	
거주 적합성	livability
교통망	traffic network
도심 두뇌솔루션	city brain solution
사람 중심적	people centricity
사이버 물리시스템	CPS(Cyber Physical System)
스마트시티 시범도시(세종)	national pilot smart city
스마트시티 규제 샌드박스	smart city regulatory sandbox
실증사업	demonstration project
어디서나 와이파이를 통한 시스템 확장	scale anywhere with Wi-Fi
지능형 교통 시스템	ITS(Intelligent Transportation Systems)
지역독립성	local independence
텔레워킹	teleworking
텔레커뮤니케이션	telecommunication

통합적 경험	total experience
초연결	hyper-connectivity
초지능	superintelligence
회복탄력성	resilient delivery
5세대 이동통신	5th generation mobile communication

스마트팜
Smart Farm

◆ **의미**

- 비닐하우스 · 유리온실 · 축사 등에 IoT, 빅데이터 · 인공지능, 로봇 등 4차 산업혁명기술을 접목하여 작물과 가축의 생육환경을 원격 · 자동으로 최적의 상태로 유지관리할 수 있는 농장
- 원격제어 단계의 1세대, 데이터 기반 정밀 생육관리 단계의 2세대, 인공지능 · 무인자동화 단계인 3세대로 구분됨
- 클라우드로 운영되는 농장운영(cloud-enabled crop management)

Terminology 스마트팜(Smart Farm) 용어	
관수	irrigation
농업의 자동화가 실현되다	automation of agriculture is realized
도심형 농업	urban agriculture
미래농업을 위한 기본 시스템이자 표준	the basic system and the standard for future agriculture
병충해 관리	pest management
사료 및 물 공급 시기와 양 등을 원격(자동)으로 제어	remotely[automatically] controls the time and the amount of feed and water supply
수확량 예측에 관한 연구를 수행하다	research on the predicting yield is conducted
스마트 과수원	smart orchard
스마트 온실	smart greenhouse
스마트 유리온실	smart glass greenhouse
스마트 축사	smart livestock farm
원격(자동)으로 제어	remotely[automatically] controlling
온도 및 습도, 기상상황 등을 모니터링하다	monitor the temperature, humidity, weather conditions
영상장비로 온실 내부도 모니터링 가능하다	greenhouse can also be monitored through video equipment

웹 카메라 등의 영상장비	video equipment like web cameras
작물이 최적상태로 생육하기 위한 모든 조건들을 축적하고 활용하다	accumulate and utilize all the conditions required to grow crops in the optimal environment
작물의 최적 생육 환경	crop's optimal growth environment
최적 생장 환경을 유지하다	maintain the optimal growth environment
정밀 농업 솔루션	precision Agriculture Solution
차광 커튼 개폐	opening and closing of light-proof curtains
축사 환경을 모니터링하다	monitor the farm environment
테스트베드	test bed
통합제어 장비	integrated controller equipment
토양, 영양분	soil, nutrients
토양, 영양소, 온도 및 습도, CO_2 농도 등을 측정, 분석하다	measure and analyze the soil, nutrients, temperature and humidity, CO_2 concentration
환경측정 센서	environment measurement sensors
환기, 난방, 일사량 조정	ventilation, heating, solar radiation adjustment
LED 동작	LED operation

디지털 뉴딜 (문재인 정부 디지털 정책)
Digital New Deal

◆ 의미

- 코로나19로 인한 경제위기를 극복하기 위한 D(Data).N(Network).A(A.I) 기반의 대한민국 회복 전략
- 디지털 역량이 국가 경쟁력의 핵심요소로 부각됨에 따라 ICT를 전 산업 분야에 융합함으로써 경제위기를 극복하고 새로운 일자리를 창출하는 국가 디지털 대전환 프로젝트

1. D.N.A 생태계 강화

- 신제품 서비스 창출 및 우리 경제 생산성 제고를 위한 전 산업 데이터, 5G, AI 활용 가속화
- 국민 생활과 밀접한 분야 데이터 구축 · 개방 · 활용
- 1, 2, 3차 전 산업으로 5G, AI 융합 확산
- 5G, AI 기반 지능형 정부

2. 교육 인프라 디지털화

- 전국 초중고대학직업훈련기관 온-오프라인 융합학습 환경조성을 위해 디지털 인프라 기반 구축 및 교육콘텐츠 확충
- 초중고에 디지털 기반 교육 인프라 조성
- 전국 대학, 직업 훈련기관 온라인 교육 강화

3. 비대면 산업 육성

- 안전하고 편리한 국민 생활을 위한 SOC 핵심 인프라 디지털화
- 도시, 산단, 물류 등 스마트화
- 스마트 의료 및 돌봄 인프라 구축, 중소기업 원격근무 확산, 소상공인 온라인 비즈니스 지원

4. SOC 디지털화

- 의료, 근무, 직업훈련 등 국민 생활과 밀접한 분야의 비대면 인프라 구축을 통해 비대면 산업 성장 토대 마련
- 스마트 의료 및 돌봄 인프라 구축
- 도시 · 산단의 공간 디지털 혁신, 스마트 물류체계 구축

◆ 디지털 전환 정책

1. 디지털 전환

- 투자 시 세제지원 확대, 미래형 스마트공장 구축지원 등 중소 · 중견기업이 필요로 하는 디지털 전환 추진

2. 디지털 인프라 구축

- 5G 전국망 고도화, 6G 세계 표준 선도, 마이데이터 생태계 기반 조성, 클라우드 산업 활성화에 초점

3. '디지털 포용법' 제정

- 디지털 포용에 대한 기본 계획 3년마다 수립 시행, 디지털 포용위원회 설치
- 저소득층 디지털 바우처 등 디지털 소외계층이 필요로 하는 디지털 전환 추진
- 정책을 효율적으로 연계, 디지털 취약계층의 실태를 조사하여 지원하는 등 정보 격차를 해소

4. AI를 이용한 교육격차 해소, 디지털 노마드센터, 스마트 리빙랩 등 나의 삶을 개선하는 디지털 전환 추진

Terminology 디지털 정책(Digital Policy) 용어	
경합성	contestability
공정성	fairness
규제 순응 비용	compliance cost
D.N.A(데이터 · 네트워크 · 인공지능) 생태계	DNA(Data, Network, AI) ecosystem
데이터 댐	data dam
데이터 바우처	data voucher
디지털 뉴딜	digital new deal
디지털 전환	DX/DT(Digital Transformation)

디지털 정부 서비스	GDS(Government Digital Service)
마이데이터	my data
비대면화	untact/contactless
스마트 직업훈련 플랫폼	STEP(Smart Training Education Platform)
온라인 학습관리시스템	LMS(Learning Management System)
초고속, 초연결성	hyper-connectivity
한국형 뉴딜	The Korean New Deal/The Korean version New Deal
R&D 전략	R&D Strategies

◆ 디지털 관련 해외 법

Antitrust Laws: 미국 반독점법

CDA(Communications Decency Act): 미국 통신품위법
- 음란물 통제를 위해 제정
- 과잉규제로 표현의 자유 침해 논란

DMA(Digital Markets Act): EU의 디지털 시장법
- 2023 발효, 특정 기업이 자사의 플랫폼만 쓰게 강제하는 것을 규제하고자 함
- 게이트키퍼 지정 플랫폼 서비스 가입/등록 요구 불가능
- 자산 신원확인 서비스 강요 및 전 제환 행위 금지 위반 시 과징금

DSA(Digital Service Act): EU의 디지털 서비스법
- 2024년 발효, 오프라인에서 불법인 것은 온라인에서도 금지
- 게이트키퍼 강력규제, 불법 콘텐츠 적극 삭제 관리

인공지능
AI: Artificial Intelligence

◆ 의미

- 인공지능을 위한 합성 데이터(synthetic data for AI)를 의미
- 인간의 학습능력과 추론능력, 지각능력, 자연언어의 이해능력 등을 컴퓨터 프로그램으로 실현한 기술
- **인공지능을 학습시키기 위해 인공적으로 만들어진 데이터:** AI 학습을 위해 AI로 학습 데이터를 만드는 것
- 인공지능을 다양한 산업에 적용하는 데 필요한 학습 데이터 부족. 합성 데이터를 사용해서 AI 학습 가능

◆ 인공지능 생성 모델(Generative AI)

- 주어진 학습 데이터를 학습하여 학습 데이터의 분포를 따르는 유사한 데이터를 생성하는 모델
- 레거시 데이터들에서 벗어나 새로운 IP, 코드, 신약 생성 등이 가능해짐
- **장점**: 제품 · 서비스 개발 시간이 단축될 수 있고, 사용자를 위한 맞춤화 가능

  예 페이스북에서 개발한 Real-eye-opener: 사진 찍는 순간 눈을 감아버린 사진에 가짜 눈을 생성하여 눈을 뜨고 있는 사진으로 만들어주는 기술

◆ 인공지능 기술은 세 단계

1단계 머신러닝(Machine Learning): 기계가 경험을 통해 배우는 지능형 시스템의 알고리즘을 수행하는 단계

2단계 머신 인텔리전스(Machine Intelligence): 기계가 경험을 통해 배우는 고급형 알고리즘 세트로서 딥러닝에 해당. 현재 AI 기술 수준

3단계 머신 의식(Machine Consciousness): 외부 데이터 필요 없이 경험을 통한 자체 학습이 가능한 단계

◆ 인공지능의 활용

알파고

- 이세돌 9단과의 대결에서 4승 1패를 거두며 주목을 받기 시작함
- 구글 딥마인드(구글의 인공지능개발 자회사)가 개발한 인공지능 컴퓨터 바둑 프로그램
- 정책망과 가치망이라는 두 가지 신경망을 통해 결정을 내리며 머신러닝을 통해 스스로 학습하는 기능이 있음

인공지능 스피커

- **정보 제공**: 사람이 한 말을 분석하고 원하는 정보를 검색하여 뉴스, 스포츠, 날씨 등 필요한 정보 제공
- **홈 오토메이션**: 음성 명령으로 전등, 냉난방, 가전제품 등의 원격제어 가능, 타이머 설정 가능 및 일정, 메모 등록 가능
- **긴급 상황 대처**: 특정 문장으로 스피커의 보안업체나 제조업체에 긴급 문자를 보내 112나 119에 신고가 될 수 있도록 하는 기능

인공지능 식료품점 '아마존 고(Amazon Go)'

- 온라인 쇼핑몰의 절대 강자 아마존 미국 시애틀에 계산대가 없는 신기한 식료품 가게 아마존 고 오픈
- 기존의 스마트 태그 방식이 아닌 머신러닝과 컴퓨터 비전, 인공지능과 자율주행 등의 첨단 기술을 적용
- 이용하는 고객들은 사용자의 결제정보가 등록된 '아마존 고' 앱을 통해서 쇼핑을 시작
- 고객은 입구에서 앱을 켜고 체크인해 원하는 상품을 골라 집어 들거나 자신의 가방에 담거나 마음에 들지 않으면 상품을 다시 진열대에 올려놓기만 하면 됨

- 고객이 진열대에서 상품을 집어 드는 순간에 앱 내의 상품 구매목록, 즉 가상의 장바구니에 물건이 담기게 되고, 매장을 떠나는 순간에 자동으로 결제가 이루어짐

Terminology 인공지능(AI: Artificial Intelligence) 용어	
강화학습(보상을 최대화해 학습)	reinforcement learning
구글 딥마인드 테크놀로지	DeepMind Technologies
기계학습	machine learning
기술을 사용하다	deploy a technique
딥러닝	deep learning
머신러닝	machine learning
모두를 위한 인공지능을 실현(보급)하다	bring AI to everyone/make benefits of AI available to everyone
범용 인공지능을 개발하다	develop AI that can be applied everywhere
비지도학습 (답을 알려주지 않고 학습)	unsupervised learning
사람의 지도 없이	without human guidance
사례에 맞게 잘 움직이게 하다	make it behave well on those
사용자의 감성 분석	users' sensitivity response analysis
스스로 배우다	self-taught
신경망	neural network
연산(계산)하다(알고리즘)	perform a computation
알파고	AlphaGo
음성 인식	voice recognition
(인공지능 기술 기반) 자율 마스	A-MaaS(Autonomous Mobility as a Service)
인공지능을 위한 신뢰, 리스크 및 보안 관리	TRISM(Trust, Risk and Security Management for AI)
인공지능 엔지니어링	AI Engineering
인간을 넘어서다	exceed human ability
인공지능의 장기인 계산능력을 유감없이 보여주다	demonstrate AI's idiosyncratic computing ability
자연어 처리	natural language processing
적응형 AI	adaptive AI
전문화	specialization
정답 있는 데이터	labeled data
정확도를 달성하다	achieve accuracy

조직 변화에 대응하는 적응형 AI	adaptive AI to respond to organizational change
중요도에 값을 매기다[할당하다]	assign values to significance
지능로봇	intelligent robots
지능을 높이다	be smart
지도학습(문제, 정답 알려주고 학습)	supervised learning
질의응답 시스템, 챗봇	question answering system, chatbot
착오율	error rate
텍스트 분류 작업	text classification

클라우드
Cloud

◆ 의미

- 인터넷 기반의 컴퓨팅을 의미
- 인터넷상의 가상화된 서버에 프로그램을 두고 필요할 때마다 컴퓨터나 스마트폰 등에 불러와 사용하는 서비스
- 인터넷이 연결된 어느 곳에서든 컴퓨터 자원(CPU, 메모리, 디스크) 사용을 보장받을 수 있음

◆ 장점

- 전력, 위치, 확장성을 고민하지 않아도 됨
- 데이터 센터 어딘가에 이미 준비된 서버를 사용하며, 서버 세팅 등을 신경 쓰지 않아도 됨

◆ 클라우드 종류(서비스 제공형태에 따라 분류)

1. 퍼블릭 클라우드(Public Cloud: 공공 클라우드, 개방형 클라우드)
- 특정 기업이나 사용자를 위한 서비스가 아닌 인터넷에 접속 가능한 모든 사용자를 위한 클라우드 서비스 모델
- 클라우드 서비스 제공자(CSP)가 하드웨어, 소프트웨어를 관리
- 각 서비스에서 사용자별로 권한 관리가 되거나 격리되어, 서비스 사용자 간에는 전혀 간섭이 없다는 장점이 있음

2. 프라이빗 클라우드(Private Cloud: 사설 클라우드, 폐쇄 클라우드)
- 제한된 네트워크상에서 특정 기업이나 특정 사용자만을 대상으로 함
- 클라우드로 서비스의 자원과 데이터는 기업 내부에 저장
- 기업이 자원의 제어권을 갖고 있어서 보안성이 매우 뛰어나며 개별 고객의 상황에 맞게 클라우드 기능을 커스터마이징할 수 있다는 장점이 있음

3. 하이브리드 클라우드(Hybrid Cloud)

- 퍼블릭 클라우드와 프라이빗 클라우드를 병행해 사용하는 방식
- 클라우드(가상서버)와 온프레미스(물리서버)를 결합한 형태를 말하기도 함
- 퍼블릭 클라우드의 유연성, 경제성, 신속성과 물리 서버의 보안성, 안정성 등을 함께 취할 수 있는 장점 있음

IT

◆ 버티컬 클라우드(Cloud goes vertical)

- 산업별로 필요한 클라우드 솔루션을 패키지로 묶어 제공하는 방식
- 클라우드 기반 역량을 빠르게 다각화할 수 있어 새로운 비즈니스 모델 개발이 용이, 업무 효율성 향상 가능

◆ 클라우드 네이티브 플랫폼(Cloud-Native Platforms)

- 클라우드 컴퓨팅 모델의 장점을 최대한 활용할 수 있는 애플리케이션을 개발하고 구축하며 실행하는 방법론
- 설계할 때부터 클라우드 환경에 맞게 애플리케이션의 아키텍처를 설계해 클라우드 환경에 대한 종속을 없애겠다는 것
- ① 마이크로 서비스 아키텍처 ② 컨테이너, 쿠버네티스와 같은 기술·도구 ③ DevOps ④ 애자일 방법론이 필요
- **지속적인 SW 딜리버리를 자동화하고 개발:** 배포 속도 증진 가능

Terminology 클라우드(Cloud) 용어	
가상화	virtualization
가상 호스팅	VM Hosting
개발자와 인프라 사이의 마찰을 감소시키다	reduce friction between development teams and complex infrastructure
고가용성	HA(High Availability)
데이터 레이크	data lake * 정형, 비정형 데이터를 규모 상관없이 중앙저장소 저장
데이터 패브릭	data fabric * 비즈니스 사용자, 플랫폼 전반에 걸쳐 데이터소스의 유연하고 탄력적 통합 제공
런타임	runtime
미들웨어	middleware
방화벽	firewall
분산형 클라우드	distributed cloud

산업용 클라우드 플랫폼을 수직 확장하다	scale industry cloud platforms vertically
서비스 제공자에 의해 관리된	managed by vendor
서비스로서의 소프트웨어	SaaS(Software-as-a-Service)
서비스로서의 인프라	IaaS(Infrastructure-as-a-Service)
서비스로서의 플랫폼	PaaS(Platform-as-a-Service)
어디서나 운영	anywhere operation
업무 연속성	business continuity
운영기술	OT(Operational Technology)
운영체제	OS(Operational System)
자급자족 플랫폼	self-sufficient platform
재해복구	DR(Disaster Recovery)
지배적 플랫폼	dominance platform
클라우드 서비스 제공업체	CSP(Cloud Service Provider)

핀테크
Fintech

◆ 의미

- Finance(금융)와 Technology(기술)의 합성어
- 금융서비스를 모바일 인터넷 환경으로 옮기는 것으로 금융과 IT가 융합된 것
- 금융업에서도 스타트업이 생겨서 새로운 IT 기술을 활용해 기존 금융기법과 차별화된 금융서비스를 제공
- **핀테크 기업의 예:** 페이팔, 카카오페이, 삼성페이, 토스 등 간편결제서비스는 물론, 카카오뱅크, K뱅크 등 모바일 은행, 와디즈, 굿펀딩

◆ 핀테크 서비스 종류

1. 간편결제 시스템(Simple Payment)

- 계좌정보나 신용카드를 스마트폰에 등록 후 바이오 인증(지문인식, 홍채인식, 얼굴인식)으로 결제 또는 송금

2. 금융 플랫폼

- P2P대출(개인대출), 크라우드 펀딩(사업자가 익명의 불특정 다수로부터 후원받거나 자금을 모으는 것)

3. 금융데이터 분석

- IT를 통해서 수집되어 저장되는 수많은 데이터를 분석하고 혁신의 기회를 발견, 방대한 데이터 마이닝(Data Mining)과 딥러닝 인공지능 기술 결합

Terminology 핀테크(Fintech) 용어	
대부업	loan business
대출을 담당하는 중개업자	loan broker/loan intermediary
디지털 격차	digital divide
디지털전용상품	digital-only offering
로보어드바이저	robo-advisor
리번들링	rebundling * 전통적인 금융서비스가 비금융서비스와 결합되어 제공
민첩한 스타트업	lighter-on-their-feet startups
바이오 인증	biological approvals
(보안시스템이) 뚫리다	be breached
보안조치	security safeguard
언번들링	unbundling * 종합 판매되던 금융상품을 쪼개서 단일 상품으로 제공
온라인 마켓플레이스 대출	online marketplace lending
온투법 (온라인투자연계금융업 및 이용자 보호에 관한 법률)	the Act on the Online Investment-linked Financial Business and Protection of its Users
은행 서비스를 이용하지 못하는 사람들	the unbanked
자기자본을 최소 5억 원 이상 유지	minimum capital of 500 million won is required
~에 접속하다	have access to
절차를 간소화하다(절차간소화)	streamline
지급결제	payment and settlement
최고의 인터넷 보급률	highest Internet penetration/most wired

12

의학 용어

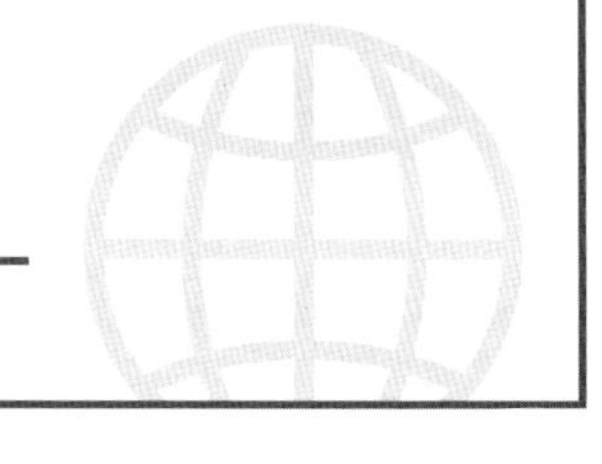

Medicine:
Terminology

병원 진료과 Medical Specialty	
가정의학과	**FM(Family Medicine)**
내과	**IM(Internal Medicine)**
감염내과	ID(Infectious Diseases): 감염병을 다루는 진료
소화기내과	GE(Gastroenterology): 식도, 위, 소장, 대장을 비롯해 간, 담도 및 췌장 등의 소화기질환 환자 진료
순환기내과	Cardiology: 심근경색, 협심증, 고혈압, 고지혈증, 부정맥 등 다양한 심장 및 혈관 계통을 진료하는 과
신장내과	Nephrology: 신장/비뇨기계의 여러 질환 진료
내분비내과	Endocrinology: 호르몬 이상, 대사 이상을 비롯해 내분비기관에서 발생하는 종양 등을 진료
류마티스 내과	RH(Rheumatology): 관절염과 루푸스, 혈관염 등과 같은 자가면역질환 진료
혈액종양내과	Oncology and Hematology: 빈혈 질환과 골수 부전 및 골수에서 발생하는 각종 혈액암을 포함한 신생종물, 임파선 종대, 비장 종대 진료
호흡기내과	Respiratory & Pulmonology: 기관지와 폐 등 호흡기질환 진료
마취통증의학과	Anesthesiology (and Pain Medicine): 수술 전·중·후 환자 마취, 통증관리
방사선종양학과	RO(Radiation Oncology): 양성, 악성종양 환자에게 방사선 치료
병리과	Pathology: 환자의 조직 및 조직액의 형태학적 변화를 관찰, 분석 진단
비뇨기과	Urology: 남녀 비뇨계통, 남성의 생식계통에 대한 진료
산부인과	OB/GY(Obstetrics and Gynecology): 여성의 생식기 질병, 임신 및 출산
소아과	Pediatrics
신경과	Neurology: 뇌와 중추 및 말초신경계에 발생하는 다양한 질병 진료
안과	Ophthalmology
영상의학과	Radiology: 초음파, CT, MRI 등을 이용하여 병을 진단, 치료
외과	**GS(General Surgery)**
위장관외과	Gastroenterological Surgery: 위장관 수술, 치료

간담체외과	Hepatobiliary-Pancreas Surgery: 간, 담도, 췌장 및 비장 질환 수술 치료
대장항문외과	Colorectal Surgery: 대장암, 대장·항문 양성 질환(치핵, 치루 등) 및 탈장
성형외과	PS(Plastic and Reconstructive Surgery) / Plastic Surgery
신경외과	NS(Neurosurgery): 신경계 질병 중 외과적 수술
유방내분비외과	Breast and Endocrine Surgery: 유방질환, 내분비기관질병 진료 수술 치료
이식혈관외과	Transplantation and Vascular Surgery: 신장이식, 췌장이식 등의 장기이식, 하지정맥류, 말초동맥질환, 대동맥류, 혈액투석관 수술 및 관리 등 혈관질환을 다루는 외과
흉부외과	CS(Cardiothoracic Surgery): 심장, 폐 등 가슴 안 기관 수술
정신과	Psychiatry: 생각, 행동 및 감정 상태 등 전반적인 정신현상, 정신질환 상담, 진료
정형외과	OS(Orthopedic Surgery)
영상진단의학과	DH(Diagnostic Radiology): X선, 초음파, CT, MRI 등을 이용해 병을 진단, 치료
응급의학과	EM(Emergency Medicine): 급성 질환이나 손상의 치료 등 즉각적인 치료
이비인후과	ENT(Otorhinolaryngology-Head and Neck Surgery)
재활의학과	Physical Medicine & Rehabilitation
종양내과	Oncology: 각종 종양의 내과적 치료를 담당
진단검사의학과	LM(Lab Medicine): 질병의 진단과 병인규명 및 치료효과 판정을 위하여 혈액이나 소변 등 환자에서 채취된 각종 검체를 이용하여 다양한 검사를 시행하여 그 결과를 판독보고
치과	Dentistry
피부과	Dermatology
핵의학과	Nuclear Medicine: 방사선을 이용해 인체의 해부학적, 생리학적 상태 진단, 치료

병원 각 부서, 검사 및 시설 명칭	
감염관리실	Infection Control Office
관상동맥질환 집중치료실	Coronary Care Unit: 관상동맥 질환을 갖고 있거나 의심되는 환자 집중치료실
귀성형센터	Otoplasty Center
내과계 중환자실	Medical Intensive Care Unit
내시경실	Endoscopy Unit

대학병원	University Hospital
보험심사팀	Insurance & Reimbursement Review Team
분만실	Delivery Room
수술실	Operating Room
시설팀	Facility Management Team
신생아실	Neonatal Unit
신생아중환자실	Neonatal Intensive Care Unit
심선도실	Electrocardiogram Room
심혈관센터	Cardiovascular Center
암 센터	Cancer Center
약국	Pharmacy
원무팀	Patient Affairs Team
외과계 중환자실	Surgical Intensive Care Unit
외래파트	Outpatient Affairs Section
응급의료센터	Emergency Medical Center
입퇴원파트	Admission & Discharge Section
재무팀	Financial Affairs and Accounting Team
종합병원	General Hospital
종합진단센터	Health Promotion Center
주사실	Injection Room
진료비관리파트	Medical Expenses Section
중환자실	Intensive Care Unit
중앙공급실	Central Supply Room: 환자 치료에 필요한 물품 준비, 멸균, 보관, 공급 담당
총무팀	General Affairs Team
호흡기센터	Respiratory Organs Center
회복실	Post-Anesthesia Care Unit/Recovery Room
폐기능검사실	Pulmonary Function Test Room

보건의료 전문가 및 전문의 Specialist	
가정주치의	Family Physician
간호사	Nurse
간호조무사	Nurse Aid

감염관리사	Infection Control Practitioner
검안의	Optometrist
내과전문의	Internist
내분비학 전문의	Endocrinologist
노인학 전문의	Geriatrician
마취과 전문의	Anesthesiologist
물리치료사	Physical Therapist
류마티스 전문의	Rheumatologist
방사선과 전문의	Radiologist
방사선사	Radiological Technologist
병리학 전문의	Pathologist
부인과 전문의	Gynecologist
비뇨기과 전문의	Urologist
산과 전문의	Obstetrician
산업안전관리자	Safety Supervisor
소아과 전문의	Pediatrician
소독기사	Sterilization Technician
수간호사	Head Nurse
신경과 전문의	Neurologist
신경외과 전문의	Neurosurgeon
심리학자	Psychologist
심장 전문의	Cardiologist
심장외과 전문의	Cardiovascular Surgeon
안과 전문의	Ophthalmologist
약사	Pharmacist
언어치료사	Speech Therapist/Speech Pathologist
영양사	Dietitian
외과 전문의	General Surgeon
위장내과 전문의	Gastroenterologist
이비인후과 전문의	Otolaryngologist
의료기사	Medical Technologist
의무기록사	Medical Information Manager
임상병리사	Clinical Laboratory Technologist

작업치료사	Occupational Therapist
정형외과 전문의	Orthopedist/Orthopedic Surgeon
정신과 전문의	Psychiatrist
종양학 전문의	Oncologist
종양외과 전문의	Surgical Oncologist
청력사	Audiologist
치기공사	Dental Technologist
치위생사	Dental Hygienist
피부과 전문의	Dermatologist
혈액 전문의	Hematologist
호흡기 내과의사	Pulmonologist
흉부외과 전문의	Thoracic Surgeon

질병(Disease)

1. 눈, 코, 귀, 호흡기	
각막결막염	Keratoconjunctivitis: 눈의 검은 부분 각막, 흰 부분 결막에 모두 발생한 염증
결막염	Conjunctivitis: 결막에 생긴 염증, 주로 바이러스, 세균, 알레르기가 원인
결핵	Tuberculosis: 결핵균에 의해 발생하는 감염병, 폐에서 발생
기관지염	Bronchitis
녹내장	Glaucoma: 시신경 위축증의 형태로 망막신경 총 세포 포함 시신경질환
만성 폐쇄성 폐질환	COPD(Chronic Obstructive Pulmonary Disease)
망막박리	Retina Detachment: 망막이 안구 내벽으로부터 떨어져 뜨게 되는 질환
바이러스 감염	Viral Infection
백내장	Cataract: 안구의 수정체가 혼탁해져서 시력장애를 일으키는 질환
부비강염	Sinusitis: 부비동이라는 공간에 세균, 바이러스가 침투하여 발생하는 염증성 질환
비염	Rhinitis: 콧물, 재채기, 코막힘 증상을 동반하는 코점막의 염증성 질환
알레르기	Allergy
유행성 감기	Influenza

인두염	Phyaryngitis: 목구멍 뒤쪽에 있는 인두에 바이러스, 세균 등이 침투해 생긴 염증
치은염	Gingivitis: 잇몸에 생긴 염증
중이염	Otitis Media: 고막 안의 공간인 중이가 감염되어 염증 발생
천식	Asthma
치근막염	Periodontitis: 이의 주위 조직인 치근막에 일어나는 염증
폐렴	Pneumonia
폐 색전증	Pulmonary Embolism: 심장에서 폐로 들어가는 폐동맥이 혈전 등에 의해 혈관이 막히는 질병
폐 혈전색전증	Pulmonary thromboembolism: 폐색전증 중에 특별히 혈전 때문에 막힌 것을 부르는 용어
편도선염	Tonsillitis: 염증 때문에 편도가 아픈 병, 전신 저항력 감소로 편도 내 세균 감염
후두염	Laryngitis: 바이러스나 세균 등의 감염으로 후두와 그 주변 조직에 염증이 생기는 질환

2. 순환기 혈관	
관상동맥질환	Coronary Artery disease: 동맥경화, 혈전, 동맥의 연축 등 관상동맥으로 인한 질환
고혈압	Hypertension
다발성 골수종	Multiple Myeloma: 백혈구의 일종인 형질세포가 비정상적으로 분화·증식해 발생하는 혈액암
백혈병	Leukemia
부정맥	Arrhythmia: 심장박동이 불규칙. 빠른 빈맥과 느린 서맥
빈혈	Anemia: 몸에 충분한 산소를 공급할 만큼 헤모글로빈이 충분하지 못해 발생
심근경색	Myocardial Infarction: 관상동맥이 갑작스럽게 완전히 막혀 심장 근육이 죽어가는 질환
심근염	Myocarditis: 장바이러스, 특히 콕삭키B 바이러스에 의해 생기는 심근의 염증
심막염/심낭염	Pericarditis: 심장을 싸고 있는 막인 심낭에 염증이 발생한 상태
심장마비	Heart Attack
심장정지	Cardiac Arrest: 심장의 기능이 갑작스럽게 중단되어 산소가 뇌와 장기에 전달되지 않는 상태
임파종	Lymphoma: 몸의 면역체계를 구성하는 림프조직에서 발생하는 악성종양
저혈압	Hypotension
협심증	Angina Pectoris: 심장에 혈액을 공급하는 혈관인 관상동맥이 좁아지는 질환으로 생기는 가슴 통증

출혈장애	Bleeding Disorders
혈우병	Hemophilia: 혈액응고 인자가 결핍되는 선천성 출혈성 질환

3. 소화기	
간경화	Liver Cirrhosis: 간의 조직 세포에 문제가 생겨 간이 굳고 오므라드는 섬유화
간염	Hepatitis
과민성 대장증후군	Irritable Bowel Syndrome: 스트레스받거나 긴장 상황에서 알 수 없는 이유로 장의 운동이 비정상적이 되고 복통, 복부 팽만감과 같은 불쾌한 소화기 증상
게실염	Diverticulitis: 대장 벽의 게실 안에 대변이 머물면서 여러 염증 유발
급성(바이러스성) 위장염, 스토막 플루	Stomach Flu
담낭염	Cholecystitis: 담낭관이 담석 및 종양이나 협착 때문에 폐쇄되어 담낭에 염증이 생기는 질환
담석증	Cholelithiasis: 담낭에 결석(돌)이 생기는 질환
대장염	Colitis
맹장염, 충수염	Appendicitis: 충수(막창자꼬리) 부위에 염증
복부 탈장	Abdominal Hernia: 장이 다른 조직을 통해 돌출되거나 제자리에서 이탈
식중독	Food Poison
역류성 식도염	GERD(Gastroesophageal Reflux Disease): 위액을 비롯한 소화 효소들이 식도로 역류하여 염증성 손상을 일으키는 질환
위궤양	Stomach Ulcer: 위점막이 헐어서 궤양이 점막뿐만 아니라 근육층까지 침범
위염	Gastritis
치질	Hemorrhoids: 항문 주위의 정맥이 혹처럼 확장되는 질환
췌장염	Pancreatitis: 췌관의 폐쇄로 인해 췌장액이 조직에 스며 염증을 유발

4. 남성과 여성	
유방암	Breast Cancer
자궁암	Uterine Cancer
자궁내막 증식증	Endometriosis: 자궁 조직이 비정상적으로 증식하여 자궁내막이 두꺼워짐
전립선암	Prostate Cancer: 전립선에 생긴 세포가 사멸하지 않고 증식해서 종양이 됨
질염	Vaginitis

5. 소아

다운증후군	Down's Syndrome: 정신지체, 신체기형, 성장장애 등을 유발하는 유전 질환
소아마비	Poliomyelitis / Polio
수두	Chicken Pox: 바리셀라-조스터란 바이러스에 의해 발진이 생기는 병
DPT(디프테리아, 백일해, 파상풍)	DPT(Diphtheria, Pertussis, Tetanus)
MMR(홍역, 볼거리, 풍진)	MMR(Measles, Mumps, Rubella)

6. 비뇨기

신장경화증/고혈압성 신장 질환	Nephrosclerosis / Hypertensive Nephrosclerosis
과민성 방광	Overactive Bladder: 절박뇨, 주간 빈뇨와 야간뇨를 흔하게 동반하는 질환
급성 신부전증	Acute Renal Failure: 신장 기능이 수 시간에서 수일에 걸쳐 급격하게 저하
방광 손상	Bladder Injury
방광암	Bladder Cancer
방광염	Cystitis: 신장에서 만들어진 소변이 보관되는 장기인 방광에 감염이 발생
사구체신염	Glomerulonephritis: 신장의 필터 역할을 하는 사구체에 염증 발생으로 신장 손상
신장 결석증	Nephrolithiasis / Kidney[Renal] Stone: 신장에 결석이 생기는 증상
요석증	Urolithiasis: 소변이 생성되어 수송, 저장, 배설되는 길인 요로에 결석이 생기는 증상
요실금	Urinary Incontinence: 자신도 모르게 소변이 흐르는 증상

7. 피부

곰팡이 감염	Fungal Infection
건선, 건성 피부염	Psoriasis
농가진	Impetigo: 표재성 피부 감염증, 주로 박테리아 감염
대상포진	Herpes Zoster: 피부에 발진이나 물집과 함께 통증 동반, 바이러스성 질환
무좀	Tinea Pedis
부스럼	Boils
습진	Eczema

여드름	Acne
옴(옴진드기)	Scabies: 피부 기생충에 의해 발생하는 피부감염 질환
피부암	Skin Cancer
피부염	Dermatitis
헤르페스(단순포진)	Herpes(simplex)
화상	Burn

8. 정신/감정	
건강 염려증	Hypochondriasis: 자신이 심각한 질병에 걸렸다는 공포에 사로잡힘
신경성 폭식증(과식증)	Bulimia Nervosa: 반복적인 폭식 행동 후 구토 행동으로 체증 증가를 막는 증세
신경성 식욕부진증(거식증)	Anorexia Nervosa
신경증	Neurosis
알콜 중독자	Alcoholic
우울증	Depression
조울증, 양극성 장애	Manic-depressive Psychosis: 감정장애
조증	Mania: 기분이 비정상적으로 고양되어 충동적이고 폭력적인 행동 보임
조현병(정신분열증)	Schizophrenia: 망상, 환청, 혼란스러운 사고, 언어 등 현실인지 및 검증력 이상

9. 신경	
긴장성 편두통	Migraine Tension
뇌막염	Meningitis: 뇌와 척수를 싸고 있는 세 개의 막(수막)에 생기는 염증
뇌종양	Brain Tumor
다발성 경화증	Multiple Sclerosis: 뇌, 척수, 시신경, 중추신경계에 발생하는 만성질환
신경쇠약증	Neurasthenia: 신체·정신의 과로, 특히 불쾌 정서를 수반할 때 보이는 증후군
신경염	Neuritis
신경성 질환	Neuropathy
알츠하이머병(치매의 일종)	Alzheimer's Disease: 뇌신경세포의 퇴행성 손상으로 인해 기억력, 사고력 및 행동상의 문제를 가져오는 병
치매	Dementia
편두통	Migraine
파킨슨병	Parkinson's Disease: 신경 파괴로 근육 무력증과 과다경직 등의 신경 퇴행 질환

10. 뼈와 관절	
건염	Tendinitis: 힘줄의 염증으로 생기는 장애
건증	Tendinosis: 만성적인 과다 사용으로 힘줄 자체 콜라겐의 퇴행성 변화로 발생
관절염	Arthritis
골관절염	Osteoarthritis: 관절 내 조직, 연골 주변 조직의 손상을 유발하는 만성질환
골다공증	Osteoporosis: 뼈의 양 감소, 뼈가 얇아지고 약해져 잘 부러지는 질환
손목터널증후군, 수근관 증후군	Carpal Tunnel Syndrome: 손으로 들어가는 신경(정중신경)이 손가락을 움직이는 힘줄을 둘러싸고 있는 수근관(손목터널)에 눌려 통증
류마티스성 관절염	Rheumatoid Arthritis: 자가면역 질환, 많은 조직과 장기 특히 관절에 만성적 염증
어깨 점액낭염	Shoulder Bursitis: 힘줄, 뼈, 피부 사이의 마찰을 줄여주는 점액낭에 생긴 염증
활액낭염	Bursitis: 다른 근육과 뼈 사이를 부드럽게 하는 활액막에 생긴 염증
통풍	Gout: 관절에 통증과 부종을 일으키는 일종의 관절염

11. 내분비	
갑상선 기능 저하증	Hypothyroidism: 몸에 필요한 갑상선호르몬이 부족하여 온몸의 기능이 저하되는 질환
갑상선 기능 항진증	Hyperthyroidism: 갑상선호르몬이 신체 필요량보다 많이 분비, 몸의 에너지가 빨리 소모되고 많은 기능이 항진되는 질병
뇌하수체 기능 저하증	Hypopituitarism: 두뇌의 뇌하수체에서 분비하는 호르몬의 기능이 저하된 상태
당뇨병	Diabetes Mellitus
고칼슘혈증	Hypercalcemia: 혈중 칼슘 농도가 높아지는 대사 합병증
저칼슘혈증	Hypocalcemia

12. 각종 검사	
골반 검사	Pelvic Exam
기관지 내시경	Bronchoscopy
뇌파 기록검사	Electroencephalography
단순 X선 촬영 검사	Plain X-ray
대장 내시경 검사	Colonoscopy
방광경 검사	Cystoscopy
소변 검사	Urine Tests

신장-요도-방광 방사선 검사	Kidney-Ureter-Bladder X-ray
심전도 검사	Electrocardiogram
요추 천자	Lumbar Puncture: 요추 하강에 척수바늘을 삽입해 뇌척수액을 뽑는 것
운동 스트레스 검사	Exercise Stress Test
유방 X선 검사	Mammogram
위내시경 검사	Esophagogastroduodenoscopy
자기공명 영상촬영	MRI(Magnetic Resonance Imaging)
전신 뼈 스캔	Whole Body Bone Scan
경정맥 신우조영술	Intravenous Pyelogram
조직검사	Biopsy
직장 내시경(직장경) 검사	Sigmoidoscopy
초음파 검사	Ultrasonography
초음파 심장 촬영술	Echocardiography
컴퓨터 단층 촬영검사	CT(Computed Tomography)
틸트(기립경사) 테이블 검사	Tilt Table Test
팹 스미어	Pap Smear: 자궁암 진단에 사용되는 세포진 검사
폐 기능 검사	Pulmonary Function Test
핵 의학 검사	Nuclear Medicine Scans
핵자기공명	NMR(Nuclear Magnetic Resonance)
홀터 모니터링	Holter Monitoring: 전극 부착, 24시간 동안 심전도 확인검사
혈액 검사	Blood Tests
흉부 X선 촬영	Chest Radiography

Terminology 의학, 병원 관련 용어	
가용병상이 없는 경우 환자 관리	managing patients when bed space is not available
감염관리	Control of Infection
감염성 폐기물	Infectious Waste
고위험환자	High Risk Patients
구두지시	Verbal Order
관찰병상	Observation Bed
근접 오류	Near Miss

낙상위험	Fall-Risk
마취 및 진정	Anesthesia and Sedation
말기환자	Patients at End Stage
병동	(General) Wards
병원 시설안전 관리	Hospital Facility Safety Management
신장 투석	Dialysis
심폐소생술	CPR(Cardio Pulmonary Resuscitation)
면역저하 환자	Immune-suppressed Patients
무의식 환자 진료	Care of Comatose Patients
사건/사고 보고	Incident/Occurrence Report
약제팀	Pharmacy Team
약품이상반응	Adverse Drug Reaction
영양관리	Nutrition Management
영양팀	Food & Nutrition Team
외래 환자	Outpatients
응급실 환자	Emergency Patients
응급의료센터 환자의 중증도 분류 원칙	Triage in ER
의료장비	Medical Equipment
의무기록 보관	Retention of Medical Records
입원	Admission
장기 기증, 이식	Organ Donation, Transplantation
적신호 사건	Sentinel Event
적정진료관리팀	Quality Improvement Team
전염성 질환	Communicable Disease
진료과	Clinical Departments
진료 제공	Care Delivery
조제오류	Dispensing Errors
처방오류	Prescribing Errors
치료	Treatment * 치료 과정 care process
통증 관리	Pain Management
투약오류	Medication Error
퇴원	Discharge

항암치료(항암화학요법)	Chemotherapy
혈액 및 혈액물품의 취급 및 사용·관리	Handling, Use and Administration of Blood and Blood Products
환자	Patient
환자 안전	Patient Safety
환자 전원	Patient Transfer
환자 동의서	Informed Consent

13

임상시험 배경 및 용어

Clinical Trials:
Background and Terminology

임상시험(Clinical Trial)

Information 알아두면 좋을 정보

개요

- 신약을 개발하면서 시판 전 약물의 안전성과 치료 효능성을 검토하고 증명하는 과정으로 신약 사용허가를 위한 필수 과정
- 체내 분포, 대사와 배설, 약리효과와 임상적 효과, 부작용 등을 알아보는 시험 또는 연구

임상시험 종류

1. 목적으로 분류

1) 임상 약리시험
2) 치료적 탐색 임상시험
3) 치료적 확정 임상시험
4) 치료적 사용 임상시험

2. 임상시험 단계로 분류

1) 전 임상시험(Pre-Clinical Trial)

- 임상시험에 진입하기 위한 필수 단계로 세포 단위실험, 소동물, 영장류 실험 등을 통해 약물의 유효성, 독성 등 평가

2) 제1상 임상시험

- 전 임상시험 결과를 토대로 시험 대상자에게 신약을 투여해 약물이 생체 밖으로 배설되기까지 흡수·분포·대사하는 움직임 등을 검토하고, 약물에 독성·부작용은 없는지, 안전하게 사용할 수 있는 최대 투여량(내약 용량)은 얼마인지 등을 확인하는 단계
- 임상 1상은 건강한 사람 20~80명 또는 20명 이하의 소수 인원을 대상으로 진행
- 약물 부작용 여부를 밝히고 안전한 용량 범위를 결정하고 안전성을 평가하기 위해 시행

임상시험

3) 제2상 임상시험

- 신약의 유효성과 안전성을 확인하고, 약리효과와 적정용량, 용법 등을 결정하기 위한 단계
- 100~200명 내외의 환자를 대상으로 하며, 항균제와 같이 다양한 적응증을 갖는 약물의 경우는 더 많은 환자를 대상으로 진행
- 약물의 안전성, 내약성, 약동학, 약력학 특성을 확인하고, 유효성을 탐색하기 위해 시행

4) 제3상 임상시험

- 사용 허가를 받기 위한 마지막 과정
- 신약을 투여한 시험처치군과 기존 표준약물을 사용한 비교대조군을 설정하고 약물의 용량과 효과, 효능, 안전성을 비교 평가
- 임상 2상에서 신약의 유효성을 어느 정도 확립하여 비교적 안전하므로 1,000~5,000명 정도 되는 대다수 인원의 환자를 대상으로 진행
- 신약이 사용 허가를 받도록 신약과 시판 중인 표준 의약품을 비교 평가해 부작용 관찰, 약물의 유효성과 안전성을 확증

5) 제4상 임상시험

- **시판후조사(post-marketing surveillance)**: 특수 약리작용, 신약의 효능과 안전성 확보를 위해 정보를 모으는 단계
- 시판 전 확인하지 못한 특수환자군에 관한 임상연구 등의 추가정보를 얻기 위해 시판 후 시행
- 신약 사용 후 부작용이 발생했는지, 발생했다면 얼마나 발생했는지 등 시판 후 새로운 적응증 탐색을 위한 연구
- 특수 약리작용 검색연구와 신약이 이환율, 사망률 등에 미치는 효과를 검토하는 대규모 추적연구 수행

◆ 임상시험 용어 개념 정리

연구 진행 방식	
개방형표지/오픈라벨 (open-label)	피험자와 시험자 모두 시험약과 대조약 중 어떤 약을 사용했는지 알고 진행하는 방식
교차설계 (cross-over design)	각 환자군이 대조군 역할도 동시에 하는 연구설계. 한 그룹은 연구 전반기에 신약을 투여한 후 후반기에 대조약을, 다른 그룹은 먼저 대조약을 투여한 다음 나중에 신약을 투여. 중간에 휴약(wash out) 기간 가짐
대조군 (control group)	시험약의 유효성과 안전성을 판단하기 위한 비교 대상을 칭함. 시험약(신약 또는 신의료기)이 아닌 기존 표준치료를 받는 경우가 대부분(시험설계에 따라 대조군 설정 방식 다름)
리얼월드 데이터 (real-world data)	실제 진료현장에서 이뤄진 처방데이터. 다양한 자료원을 통해 수집되는 환자, 건강상태, 보건의료 전달체계와 관련된 각종 자료

동등성평가시험 (equivalence trial)	시험약의 유효성과 안전성이 대조약과 동등한 수준임을 입증하는 시험. 제네릭(복제약) 허가 임상에 주로 활용. 제네릭의 혈중 최고약물농도(Cmax), 혈중농도-시간곡선하면적(AUCt), 최고혈중농도 도달시간(Tmax) 등이 오리지널약의 80~125% 범위에 놓여 있어야 적격 판정
비열등성평가시험 (non-inferiority trial)	시험약의 유효성과 안전성이 대조약보다 나쁘지 않다는 것을 입증하는 시험
메타분석 (meta analysis)	여러 건의 임상연구 데이터를 통합해 통계적으로 분석한 연구
오프라벨 처방 (off-label use)	허가된 적응증 외 의료진이 재량껏 처방하는 것을 지칭
위약 (placebo)	가짜 약. 시험약의 유효성분을 제외한 성분으로 기존 표준치료에 쓰이는 약제이되 제형은 가급적 신약과 유사하게 설정. 위약효과(placebo effect)는 의사가 환자에게 가짜 약을 투여하면서 진짜 약이라고 하면 환자가 좋아질 것이라고 믿어 병이 낫는 현상
이중맹검 (double blind)	결과의 중립성을 확보하는 방법. 피험자인 환자와 연구자인 의료진 모두가 임상이 끝날 때까지 시험약과 대조약 중 어떤 약을 투여했는지 모르는 시험방법
이중위약 (double dummy)	시험약과 대조약의 제형 차이로 맹검이 불가능할 경우 이들 약에 대해 각각의 위약을 사용함. 예컨대 A그룹엔 주사 제형의 시험약과 경구 제형의 위약, B그룹엔 주사 제형의 위약과 경구 제형의 시험약을 함께 투여함
전향연구 (prospective study)	연구 시작 시점부터 모집한 환자의 상태 변화를 미래지향적으로 직접 관찰
추적관찰 (follow up)	일정 기간 시험약의 유효성과 안전성을 확인하기 위해 피험자의 상태를 지속적으로 관찰한다는 뜻
직접비교 (head-to-head)	한 임상 안에서 두 약의 유효성과 안전성을 직접 비교하는 것
코호트연구 (cohort study)	특정 요인에 노출된 집단과 노출되지 않은 집단을 추적하고 연구대상 질병의 발생률을 비교하여 요인과 질병 발생 관계를 조사하는 연구방법 * 코호트: 로마군단의 1단위(300~600명)로 역학연구에서는 계획조사의 대상이 되는 집단을 가리킴
파일럿연구 (pilot study)	본격적인 연구를 들어가기 전에 소규모로 시험해보는 것
횡단연구 (cross-sectional study)	특정 기간을 설정해서 한 번만 실시. 장기간에 걸쳐 조사를 여러 번 반복하는 종단연구(longitudinal study)보다 비용이 적음
후향연구 (retrospective study)	환자의 과거 의무기록을 모아 분석하는 등 그동안의 행적을 거슬러 올라감

유효성(efficacy)·안전성(safety) 평가

1차 평가변수 (1st endpoint)	1차 유효성 평가 항목. 연구결과의 성공과 실패를 판가름
1차 치료 (first line therapy)	진단받았을 때 가장 먼저 고려되는 치료

객관적 반응률 (ORR : Objective Response Rate)	임상 시작 전에 미리 정해둔 유효성 평가 기준에 근거해 그만큼 치료반응이 나타난 환자 비율
교차내성 (cross tolerance)	어떤 약에 내성을 획득한 사람이 다른 약에서도 치료반응이 떨어지는 현상
내약성 (drug tolerance)	환자가 약을 복용할 때 부작용이나 불편함을 견뎌낼 수 있는 정도
무진행 생존기간 (PFS : Progression-Free Survival)	환자를 그룹에 배정한 후부터 사전에 정의해둔 기준대로 질병이 진행하기까지 걸린 기간. 항암제 임상에선 종양 진행까지 걸리는 시간(TTP: Time to Tumor Progression)으로 표현함
면역원성 (immunogenicity)	바이오의약품(생물학적 제제) 투여 후 시간이 지나면서 약물에 대한 항체(ADA: Anti-Drug Antibody)가 생겨 치료 효과가 떨어지는 반응
바이오마커 (biomaker)	생체표지자. 환자의 치료 예후를 예측하거나 표적 치료제 개발에 활용
복약순응도 (compliance)	환자가 약의 용법·용량을 잘 지키는 정도
상대위험 (RR : Relative Risk)	시험약의 사건 발생위험이 대조약보다 몇 배 높거나 낮은지 계산한 것
시각통증척도 (VAS : Visual Analogue Scale)	약 20cm 선의 한쪽 끝에 통증 없음(0점), 반대편 끝에 최대의 고통(10점)을 두고 환자가 느끼는 통증 정도를 수치화
전체생존기간 (OS : Overall Survival)	임상에 참여한 환자를 시험약 또는 대조약 그룹에 배정한 후부터 사망하기까지 걸린 시간
절대위험 (AR : Absolute Risk)	시험약 투여군과 대조약 투여군의 각 사건 발생률 차이(%p)
중앙값 (median)	통계집단의 변량을 크기 순서로 늘어놓았을 때 중앙에 위치한 값. 예컨대 A약 투여군 총 10명의 'OS 중앙값이 5년이다'는 말은 이 환자군에서 5번째로 생존기간이 긴 사람의 생존기간이 5년임을 뜻함
질보정수명 (QALY : Quality Adjusted Life Years)	하나의 질병도 없이 건강하게 사는 1년. QALY가 높을수록 삶의 질이 높고, 1QALY를 추구하는 데 드는 비용이 낮을수록 의료행위의 비용 대비 효과가 큰 것을 의미
평균값 (average)	평균값은 변량의 총합을 변량의 개수로 나눠 구한 값으로 중앙값과 다름. 예컨대 A약 투여군 총 10명의 '평균 OS가 5년'이다는 것은 10명의 생존기간을 합해 환자 수인 10으로 나눈 값이 5년
표준치료 (standard therapy)	의료 전문가가 최적의 치료법으로 공인한 치료
ITT분석 (Intent-to-Treat analysis)	임상에 참여한 전체 환자를 대상으로 결과를 처리
p값 (p-value)	통계적 유의성. 대개 0.05 이하이면 연구결과의 신뢰도가 보증된다는 의미

Terminology 임상시험(Clinical Trial) 용어	
경구투여	oral administration
객관적 반응율	ORR(Objective Response Rate)
관련 규정	applicable regulatory requirement
임상시험 관리약사	clinical Trial Pharmacist
관해	response remission
고식적 전신 요법	palliative intent systemic therapy
공동시험자	co-investigators
교차설계	cross-over design
근거문서	Source Document
근거자료	Source Data
눈가림	blinding/masking
다기관임상시험	Multicenter Trial
대조약	comparator
독립 윤리위원회	IEC(Independent Ethics Committee)
면역관련 이상반응	irAE(immune-related Adverse Events)
면역원성	immunogenicity
무작위배정	Randomization
무진행 생존기간	PFS(Progressive-Free Survival)
무질병 생존기간	DFS(Disease-Free Survival)
반응률	RR(Response Rate)
발생률	incidence rate
보조요법	adjuvant therapy
부분반응	PR(Partial Reaction)
불변(안정) 병변	SD(Stable Disease)
비밀보장	confidentiality
비열등성 시험	non-inferiority test
비임상연구	Nonclinical Trial
삶의 질	QOL(Quality of Life)
생물학적 동등성시험	bioequivalence
승인	approval
시험대상자 동의	informed consent
시험대상자 식별코드	Subject ID(Subject Identification Code)

시험약의 첫 투여	first dose of study drug
시험자	investigator
시험 책임자	PI(Principal Investigator)
신속심사	expedite review
신약개발과정	drug development process
실태조사	inspection
약동학/약력학	PK(pharmacokinetics)/PD(pharmaco-dynamics)
약물 대 항체 비율	DAR(Drug-to-Antibody Ratio)
약물이상반응	Adverse Drug Reaction
약제로 인한 간 손상	Drug-induced Liver Injury
연구자 임상시험	Sponsor-Investigator Trials
연구자 임상 파일	Investigator Study File
예상하지 못한 약물이상반응	Unexpected Adverse Drug Reaction
완전반응	CR(Complete Reaction)
용량 주기	cycle(dose cycle)
용량 제한 독성	DLT(Dose-Limiting Toxicity)
용량 증량	dose escalation
유병률	Prevalence
유용성(효능)	efficacy
위약대조군 시험	placebo controlled trial
이상반응	AE(Adverse Event)
이중맹검 무작위배정 대조군 비교 연구	DB RCT(Double Blind Randomized Controlled Trial)
이중위약	double dummy
이환율	morbidity rate
임상시험	Clinical Trial/Clinical Study
임상시험결과보고서	CSR(Clinical Study Report)
임상시험 계약서	contract
임상시험계획서	protocol
임상시험 계획 승인신청	Investigational New Drug Application
임상시험 관련자료의 직접열람	Direct Access
임상시험관리기준	GCP(Good Clinical Practice)
임상시험 기본 문서	ED(Essential Document)

임상시험모니터요원	monitor
임상시험변경계획서	Protocol Amendment
임상시험에 사용되는 의약품	Investigational Product
임상시험 수탁기관	CRO(Contract Research Organization)
임상시험의 신뢰성보증	Quality Assurance
임상시험실시기관	Site/Institution
임상시험실시 지원기관	SMO(Site Management Organization)
임상시험심사위원회	IRB(Institutional Review Board)
임상시험의뢰자	sponsor
임상시험자료의 품질관리	Quality Control
임상시험전문요원[모니터요원]	CRA(Clinical Research Associate)
임상시험조정자	coordinating Investigator
임상연구코디네이터	CRC(Clinical Research Coordinator)
자료 입력	data entry
적합성기준(피험자모집)	eligibility criteria
적합하지 않은 시험 대상자	ineligible subjects
전체생존기간	OS(Overall Survival)
전신 진행	systemic progression
절대 호중구 수	ANC(Absolute Neutrophil Count)
점검	audit
점검기록	audit trail
정맥주사	IV(Intravenous) injection
종료(임상시험완료)	completion
중간임상시험결과보고서	Interim Clinical Trial[Study] Report
중대한 이상반응/약물이상반응	Serious AE/ADR
증례기록서	CRF(Case Report Form)
진행 변병	PD(Progressive Disease)
진행소요기간	TTP(Time To Progression)
최대 내약용량	MTD(Maximum Tolerated Dose)
추적기간	FU(Follow Up) period
취약한 환경에 있는 시험대상자	Vulnerable Subject
치료 모집단(특정 치료나 약물 등을 받은 대상 집단)	treated population
특별 관심대상 이상반응	AEs of special interest

판정 위원회	Adjudication Committee
표준 용량	standard regimen
표준작업지침서	SOP(Standard Operating Procedure)
폐기능 검사	PFT(Pulmonary Function Test)
피하 주사	subcutaneous injection
피험자	subject/trial subject
피험자동의	Informed Consent
피험자식별코드	Subject Identification Code
항체 약물 중합체	ADC(Antibody-Drug Conjugate)

부록

Appendix

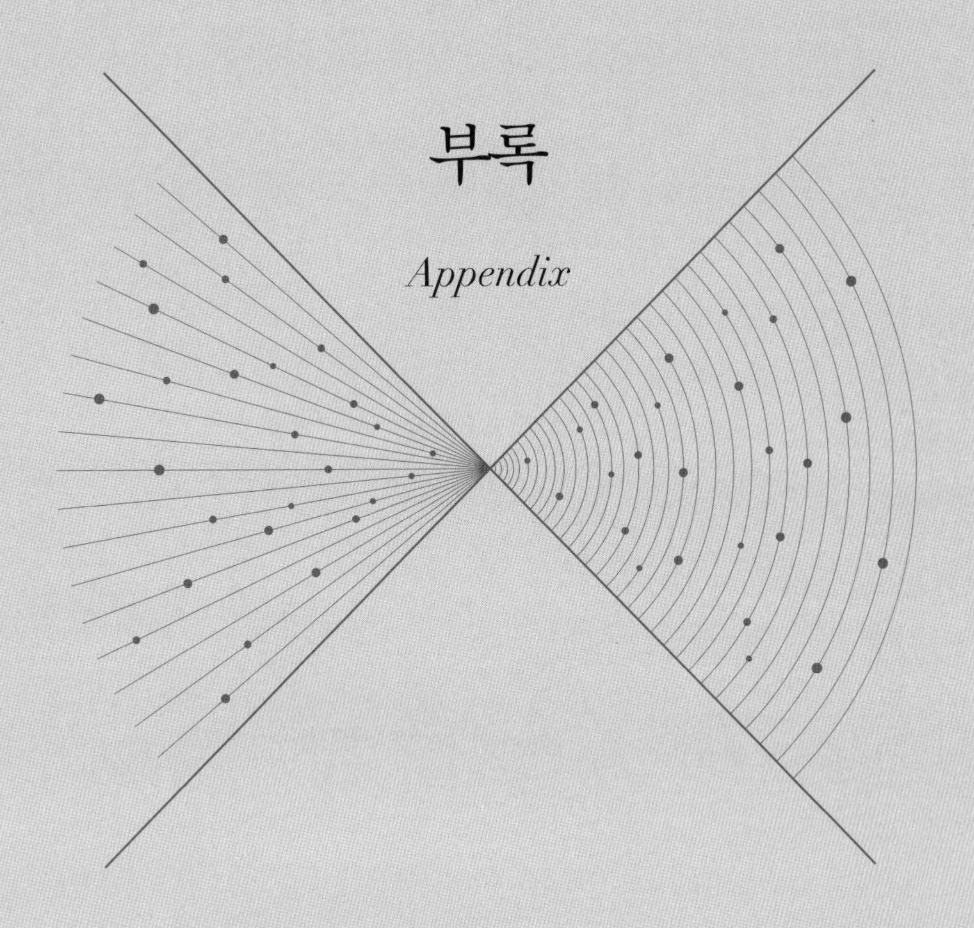

01 ◆ 국제기구 한영용어
02 ◆ 군사, 국방 약어
03 ◆ 한국 법령 영어 명칭
04 ◆ 20대 정부 기관 영어 명칭

* 길벗 홈페이지(www.gilbut.co.kr)에서 도서명 『통역의 바이블』을 검색하면 자료실에서 더 많은 학습자료를 만날 수 있습니다.

01

국제기구 한영용어

International Organizations:
Korean-English Terminology

◆ ADB (Asian Development Bank) 아시아개발은행

아시아와 태평양 인근 개발도상국의 경제발전과 협력 촉진을 목적으로 설립된 기구

본　　부: 필리핀

창립연도: 1966년 다자간 개발은행으로 출범

회 원 국: 총 68개국. 한국은 창립 당시 원회원

목　　적: 1) 아시아와 태평양 지역의 경제성장, 협력, 투자를 촉진한다.

2) 공공 및 민간자본 투자를 촉진하고 개발 사업 자금을 지원한다.

3) 개발 정책과 기술지원을 해준다.

◆ AI (Amnesty International) 국제 사면 위원회/국제 앰네스티

존엄성을 해치는 위협으로부터 모든 사람의 인권 보장을 위해 활동하는 국제 비정부기구인 인권 단체

본　　부: 영국 런던

창립연도: 1961년 국제 비정부기구 출범

회 원 국: 160개국

목　　적: 1) 인권을 보장하고 인권 학대를 종식 및 예방한다.

2) 사법 정의를 보장하고, 공정한 재판을 받고, 사형 등의 폐지를 주장한다.

3) 권력에 의해 억압받거나 정치 반대자들에게 인권을 침해할 경우 조사한다.

예 한국에서 국제사면위원회 한국지부의 활동은 일본군 위안부 보고서, 국내 인권침해 사안 사례 등을 객관적으로 조사하고 국제사회에 알리는 일

◆ AIIB (Asian Infrastructure Investment Bank) 아시아 인프라 투자 은행

중국 정부가 설립을 계획한 아시아 태평양 지역의 기반시설 구축 지원을 목적으로 한 다자개발 은행

본　　부: 중국 북경

창립연도: 2015년 6월 제안, 12월 정식 발효되어 출범

회 원 국: 103개국(105개 경제체)

목　　적: 1) 아시아 국가들의 인프라 투자자원을 확충하여 지원해주는 다자개발은행 역할을 한다.

2) 세계은행이나 아시아 개발은행을 보완하여 운영되고 아시아 인프라 개발에 공헌한다.

◆ APEC (Asia-Pacific Economic Cooperation) 아시아태평양경제협력체

아시아 및 태평양 연안 국가들의 원활한 정책대화 협의를 통해 아태지역의 경제성장과 번영을 목표로 하는 세계최대의 지역 협력체

본 부: 싱가포르

창립연도: 1989년 12개국 각료회의로 출범, 1993년 정상회의로 격상

회 원: 현재 21개국 참여, 가입국을 "경제주체" 범위로 확대(한국은 1989년 가입)

목 적: 1) 아태지역의 경제성장과 번영을 달성한다.
2) 장기적으로 아태 공동체를 달성하여 무역 및 투자 자유화를 이룩하는 것이다.
3) 3대 핵심요소: 무역투자, 혁신·디지털 경제, 포용적·지속가능한 성장 달성

◆ ASEM (Asia Europe Meeting) 아시아유럽정상회의

아시아 유럽 간 정치, 안보, 경제, 사회, 문화, 환경 등 각 분야에서 지역 회원국들의 협력을 도모하는 정상회의

본 부: 비공식적 협력체로 사무국 부재

창립연도: 1996년 ASEAN 7개국과 한·중·일과 유럽연합 15개국이 모여 첫 회의 개최

회 원: ASEM 51개 회원국 + EU 집행위원회, ASEAN 사무국

목 적: 1) 정치적으로는 글로벌 사안에 대해 아시아와 유럽 양 지역 간 신뢰를 증진하고 협력을 확대한다.
2) 경제적으로는 아시아와 유럽 간 무역, 투자를 촉진한다.
3) 사회문화 분야로는 아시아 유럽 지역 군민 간 인적 교류 확대를 통해 이해를 증진하고 유대관계와 협력을 구축한다.

◆ ASEAN (Association of South-East Asian Nations) 동남아시아국가연합

국제 정세 변화에 공동대응하기 위해 설립된 동남아시아 국가들의 정치, 경제, 사회문화 공동체

본 부: 인도네시아 자카르타

창립연도: 1967년 창설

회 원 국: 동남아시아 10개국(말레이시아, 필리핀, 싱가포르, 인도네시아, 태국, 브루나이, 베트남, 라오스, 미얀마, 캄보디아)

목 적: 1) 단일 시장을 수립하여 상품, 서비스, 투자, 숙달된 노동력의 자유로운 흐름과 자본의 흐름을 보장하고 공동 생산기지를 구축한다.
2) 경쟁력 있고 공평하게 경제발전을 구가하여 세계 경제에 통합된다.

◆ AU (African Union) 아프리카연합

아프리카 대륙의 사회, 경제 통합을 촉진하기 위한 역내 기구

본 부: 에티오피아의 아디스아바바

창립연도: 2002년 아프리카단결기구(Organization for African Unity, OAU)와 아프리카경제공동체(Africa Economic Community, AEC)가 통합되면서 공식 출범

회 원 국: 55개국

목 적: 1) 아프리카의 통합을 촉진하고, 공동이익을 추구한다.
2) 역내 평화안보를 위해 협력한다.
3) 빈곤을 퇴치하고 경제개발을 촉진하며 민주주의와 법치를 추구한다.
4) 아프리카 대륙의 평화와 안보 안정을 중히 여긴다.
5) 국제사회에서 아프리카 공동입장을 피력한다.

◆ BCBS (Basel Committee on Banking Supervision) 바젤 은행감독위원회

은행감독과 관련한 국제표준 제정, 각국 협력 및 정보교환 등의 기능을 수행하는 국제결제은행 산하 위원회

본 부: 스위스 바젤의 BIS 본부에 위치

창립연도: 1974년 12월 국제결제은행(BIS) 산하 위원회로 창설

회 원 국: 20개국으로 구성, 한국은 2009년 가입

목 적: 1) 자기자본비율 등 은행 감독 관련 국제표준을 제정하기 위해 논의하고, 감독업무의 질적 수준 향상 및 가이드라인을 개발한다.
2) 각 국가의 감독제도의 잠재적 애로 요인에 대한 조기경보체제를 개선한다.
3) 각국 감독 당국 간 협력 증진 및 정보교환을 촉진한다.

◆ BIS (Bank for International Settlements) 국제결제은행

각국의 중앙은행들 사이의 조정을 맡는 국제기관

본 부: 스위스 바젤

창립연도: 1930년 제1차 세계대전이 종료된 후에 독일에 대한 전쟁배상금 문제를 다루기 위해 설립

회 원: 전 세계 60개 중앙은행, 2009년 한국의 한국은행과 금융감독원이 회원으로 가입

목 적: 1) 세계 금융 현안에 대해 논의를 하는 협의체 기능을 수행한다.
2) 국제금융계 정책 분석과 토론의 장을 제공한다.
3) 경제와 통화연구의 중심지 역할을 하고 중앙은행 간의 통화결제나 예금을 받아들이는 것 등을 업무로 하고 있다.

◆ CTBTO (Comprehensive Nuclear-Test-Ban Treaty Organization) 포괄적핵실험금지조약 기구

핵실험을 전면 금지하는 포괄적핵실험금지조약(CTBT)을 채택하며 출범한 핵실험 감시기구

본 부: 오스트리아 빈

창립연도: 1996년 포괄적핵실험금지 조약(CTBT)에 서명한 국가들에 의해 설립

목 적: 1) 대기권, 외기권, 수중, 지하 등 모든 곳에서 모든 종류의 핵실험을 모니터링한다.
2) 핵실험에 대해 검증을 하며 글로벌 통신 인프라(GCI) 및 국제 데이터 센터를 통해 핵실험을 탐지한다.
3) 핵실험 여부를 확인(지진파, 수중 음파, 초저음파, 방사능핵종 기술 이용)하여 모니터링한다.

◆ DAC (Development Assistance Committee) 개발원조위원회

경제협력개발기구(OECD)의 산하 기구로 개발도상국에 대한 공적 개발 원조 및 효과적 추진을 논의하는 기구

창립연도: 1961년도에 OEEC(유럽경제협력기구)가 OECD(경제협력개발기구)로 개편됨에 따라 DAG(개발원조그룹)는 DAC(개발원조위원회)로 개편되어 공식 출범

회 원 국: 22개 OECD 회원국과 EC로 구성. 한국은 2010년 가입

목 적: 1) 개발도상국에 대한 공적개발원조(ODA) 공여 정책에 대한 상호 협의 및 조정을 한다.
2) ODA의 효율성과 효과성을 제고하기 위한 정책지침 개발 및 권고한다.
3) 회원국들의 ODA 정책 및 사업 현황 검토 및 권고한다.

◆ EAS (East Asia Summit) 동아시아정상회의

동아시아의 18개 국가가 참가해 매년 개최되는 정상회의 회의체

창립연도: 2005년 12월 첫 회의 개최 후 2006년에 동아시아정상회의 비전 선언문 채택

회 원 국: ASEAN + 3개국(한·중·일), 기타 국가들(인도, 호주, 뉴질랜드, 러시아, 미국)

목 적: 1) 지역 및 국제적 정치, 경제 문제에 의견을 교환한다.
2) 궁극적으로 동아시아 공동체를 구성하고자 하는 목표가 있다.

◆ EDCF (Economic Development Cooperation Fund) 대외경제협력기금

한국 정부의 공적개발원조로 개도국의 경제개발을 지원하기 위해 한국수출입은행 내 마련된 정책기금

설립연도: 1987년 6월 1일 설립

목 적: 1) 개발도상국의 산업발전 및 경제안정을 지원함으로써 상호 공동번영의 세계 경제 질서 수립에 기여한다.
2) 자본재의 수출을 촉진하고 국내 기업들의 해외투자를 장려한다.
3) 개발도상국과의 경제교류를 촉진함으로써 경협을 증진하고 외교적 유대를 강화한다.

◆ EFTA (Europe Free Trade Association) 유럽자유무역연합

EEC(유럽경제공동체)에 가입되어 있지 않던 국가들이 자유무역을 통한 경제협력을 이루고자 설립한 국제기구(EEC는 훗날 EU(유럽연합)가 된다)

본 부: 스위스 제네바

창립연도: 1960년 5월

회 원 국: 4개국(아이슬란드, 노르웨이, 스위스, 리히텐슈타인). 영국의 주도로 총 7개국으로 시작했으나 영국이 먼저 탈퇴하고 여러 국가들이 이탈하여 현재 4개국만 남음

목 적: 1) 유럽의 자유무역 지역이며 EU의 역내 시장과 똑같이 상품, 서비스, 사람, 자본의 자유로운 이동을 보장한다.

2) EU의 공통 통상 정책을 포함하지 않으며 관세 동맹이 아니다. 회원국 사이의 무역 장벽을 없애고 밀접한 경제 협조를 목적으로 한다.

◆ EU(European Union) 유럽연합

유럽에 있는 27개의 회원국 간의 정치 및 경제 통합체

본　　부: 벨기에 브뤼셀

창립연도: 1993년 마스트리히트 조약 발효 시 출범. 1951년 유럽 석탄 철강 공동체, 1957년 유럽경제 공동체가 기원

회 원 국: 유럽 27개국

목　　적: 1) 유럽 내에서 사람, 상품, 자본, 서비스가 자유롭게 이동하도록 한다.

2) 회원국 전체 표준화된 법을 적용해서 유럽 단일 시장을 만들고, 지역개발을 위해 공동정책을 채택한다.

3) 출입국 관리를 폐지하고 단일 통화인 유로화를 통화로 사용한다.

◆ FAO (Food and Agriculture Organization) 식량농업기구

세계 식량 안보 및 농촌 개발에 중추적 역할을 수행하는 국제연합(UN) 소속 국제기구

사 무 국: 이탈리아 로마

창립연도: 1943년 UN 상설 전문기구로 등장

목　　적: 1) 전 세계 모든 국민의 영양 상태와 생활 수준을 향상하는 것이다.

2) 농산물 (식량) 생산과 분배 능률을 증진한다.

3) 인류의 영양 상태, 식량 및 농업(임업, 수산업 포함)에 관한 정보를 수집하고 분석하며, 과학적 기술적 사회적 경제적 연구를 한다.

4) 각국 정부가 요청 시 기술 원조를 제공하고 농산물 상품협정에 대한 국제 정책을 채택한다.

◆ FEALAC (Forum for East Asia-Latin America Cooperation) 동아시아 라틴아메리카 협력포럼

동아시아와 중남미 지역 정부 간의 이해 증진, 대화와 협력 제고를 위한 다자 협의체

창립연도: 1999년 공식 출범

회 원 국: 36개 국가 (동아시아 15개국, 라틴아메리카 20개국)

목　　적: 1) 상호이해와 정치대화, 우호협력증진 및 새로운 파트너십을 구축한다.

2) 경제, 과학·기술, 문화 등 제반 분야에서의 협력을 활성화한다.

3) 국제 사안에 대한 공동입장 확대를 통해 양 지역의 공동이익을 추구한다.

◆ Five Eyes 파이브 아이즈

미국, 영국, 캐나다, 호주, 뉴질랜드 5개국이 참여하고 있는 기밀 정보 동맹체

창립연도: 1941년 대서양 헌장과 1943년 영미협정으로 출범한 기밀 정보 동맹체이다.

회 원 국: 영어권 5개국 (미국, 영국, 캐나다, 호주, 뉴질랜드)

목 적: 1) 5개 동맹국이 전 세계를 감시하기 위해 서로 협력한다.
2) 미국의 최우선 감시국인 중국, 이란, 북한, 러시아의 정보를 다른 동맹국과 공유한다.
3) 유럽연합, 북대서양조약기구(NATO) 국가와도 협력하며 광범위한 첩보 활동을 한다.

◆ FRB (Federal Reserve Board) 연방준비제도이사회 (FRS 연방준비제도)

12개 연방준비은행 관리총괄기관. 1935년 은행법에 따라 연방준비제도이사회로 개칭

본 부: 미국 워싱턴

창립연도: 1918년 제정된 연방준비법에 따라 창설

목 적: 1) 재할인율(중앙은행-시중은행 간 여신 금리) 등 금리를 결정한다.
2) 재무부 채권 매입과 발행 (공개시장 활동), 지급준비율 결정 등의 권한을 갖는다.
3) 경제상황 의견을 종합 작성하는, 이른바 '베이지 북(Beige Book)'을 1년에 8차례 발행한다.

◆ FSB (Financial Stability Board) 금융안정위원회

국제 금융시장의 안정 기능을 강화하기 위해 설립된 국제기구

본 부: 스위스 바젤

창립연도: 2009년 설립

목 적: 1) 세계 금융시스템을 모니터링하고 추천을 한다.
2) 정부, 금융 부처 및 국제표준 지정 단체 간의 협력을 조정한다.
3) 필요시 강한 규제, 감독과 그 외 금융 부문 정책을 개발한다.
4) 일관된 정책이행을 권장하고 금융 자본시장의 공평성을 지역 내, 지역 간 촉진한다.

◆ G20 (Group of 20)

2008년 G7(미국, 영국, 프랑스, 독일, 이탈리아, 캐나다, 일본)과 신흥개도국, 유럽연합 총 20개 국가가 출범한 지역 기구

본 부: 별도의 사무국이 없으며, 의장국이 임기(1년) 동안 사무국 역할을 한다.

창립연도: 2008년

회 원: G7, 러시아, 한국, 중국, 인도, 인도네시아, 호주, 브라질, 멕시코, 아르헨티나, 남아공, 사우디, 터키, EU 의장국 IMF, IBRD, 유럽중앙은행, 국제통화금융위원회(IMFC) 등

목 적: 1) 세계경제체제에 있어 중요한 국가 간에 경제 및 금융정책 현안에 관한 대화를 확대한다.
2) 안정적이며 지속 가능한 세계경제 성장을 위한 협력을 증대한다.

◆ GEF (Global Environmental Facility) 지구환경기금 (지구환경금융)

지구환경보전을 목적으로, 국제부흥개발은행이 개발도상국의 환경보전대책을 지원하고자 창설한 국제기금

창립연도: 1990년 설립된 기금이다.

회　　원: 국제연합개발계획(UNDP), 국제연합환경계획(UNEP), 세계은행 등이 공동으로 관장, 한국은 1994년 가입

목　　적: 1) 지구환경 보호를 위해 개도국의 지구 환경과 관련한 투자사업 및 기술지원사업에 대해 무상지원을 제공하거나 장기간 낮은 이자로 양허성 자금지원을 한다.
2) 국제 환경협약의 재정체계 역할을 수행한다.
3) UNCED에서 합의한 의제21 이행에 필요한 재정기구 역할을 수행한다.

◆ IAEA (International Atomic Energy Agency) 국제원자력기구

원자력의 평화적 이용을 위한 연구와 국제적인 공동관리를 위하여 설립된 국제연합(UN) 산하 국제기구

본　　부: 오스트리아 빈

설립연도: 1957년

회 원 국: 173개국. 한국은 1956년 창설 회원국으로 가입

목　　적: 1) 원자력의 세계 평화, 보건 및 번영에 대한 기여 촉진과 확대를 모색한다.
2) 원자력의 평화적 이용을 촉진하여 세계의 평화, 보건과 번영에 공헌한다.
3) 원자력 기술협력을 하고 지원을 제공한다.
4) 핵물질에 대한 사찰과 검증을 하고, 원자력 안전에 대한 국제규범으로서의 안전기준을 개발한다.

◆ IBRD (International Bank for Reconstruction and Development) 국제부흥개발은행

전 세계의 빈곤 퇴치와 개발도상국의 경제발전을 목표로 설립된 국제연합 산하의 국제 금융기관

본　　부: 미국 워싱턴

창립연도: 1945년 설립

회 원 국: 총 189개국

목　　적: 1) 개도국의 경제개발 지원을 위해 개발자금 융자, 개발계획 수립 등 자문역할을 한다.
2) 빈곤 상태의 국가들을 구제하기 위해 융자도 해주고 기술개발 계획 수립과 집행에 관한 자문을 해준다.

◆ ICAO (International Civil Aviation Organization) 국제민간항공기구

세계 민간항공의 건전한 발전을 도모하는 국제연합(UN)의 전문기구

본 부: 캐나다 몬트리올

창립연도: 1947년 설립

회 원 국: 총 193개국, 한국은 1952년 가입

목 적: 1) 국제민간항공 항공기술, 운송 시설 등의 합리적인 발전을 보장하고 증진한다.

2) 국제항공 운항이 좀 더 질서 있게 성장할 수 있도록 체계화된 계획을 미련하고 촉진한다.

◆ ICC (International Criminal Court) 국제형사법원 (국제형사재판소)

집단살해죄, 전쟁 및 침략범죄 등 중대한 국제인도법 위반 범죄를 저지른 개인을 처벌할 수 있는 최초의 상설 국제재판소

본 부: 네덜란드 헤이그

창립연도: 2002년 설립

목 적: 1) 국제 범죄자에 대한 재판을 맡는다.

2) 중대한 범죄를 저지른 개인을 소추하며 처벌한다.

3) 국제적 중대 범죄가 반복되는 것을 방지하기 위해 노력한다.

◆ ICJ (International Court of Justice) 국제사법재판소

국제 분쟁의 법적 해결을 위해 설치된 국제연합(UN) 자체 사법기관

본 부: 네덜란드 헤이그 평화궁

창립연도: 1945년 설립

목 적: 1) 분쟁이 발생 시 국제법에 따라 재판한다.

2) UN 총회나 안보리에서 조약 해석과 관련된 법적 문제에 대한 유권해석을 부탁할 경우 해석을 내려준다.

3) 국제의무를 위반한 경우 배상의 범위를 결정한다.

◆ IEA (International Energy Agency) 국제에너지 기구

세계 석유시장의 안정을 도모하고 석유공급위기에 공동 대응하고자 설립된 에너지 관련 협력기구

본 부: 프랑스 파리

창립연도: 제1차 석유파동(1973) 직후인 1974년 발족

회 원 국: 29개국. 한국은 2002년 가입

목 적: 1) 석유 공급파동에 대한 대응체계를 유지하고 개선한다.

2) 국제협력을 통한 에너지정책 합리화를 촉진하고 국제 석유시장에 대한 정보시스템을 운영한다.

3) 에너지이용효율 개선 및 대체에너지원을 개발하고 지원을 통한 에너지 수급구조를 개선한다.

4) 환경과 에너지 정책의 조화를 지원한다.

◆ IFC (International Finance Corporation) 국제금융공사

개발도상국과 저개발국가의 민간기업에 대한 투자를 목적으로 설립한 국제금융기구

창립연도: 1956년

회 원 국: 185개국. 한국은 1964년 가입

목　　적: 1) 개도국의 경제개발 지원을 위해 개도국 민간기업에 대해 투자를 하거나 융자를 통해 지원한다.

2) 민간기업들이 충분한 민간자본을 얻기 힘들 때 자본을 제공하는 역할을 비롯해 파트너에게 적합한 개발 솔루션을 제공한다.

3) 프로젝트에 필요한 제3자 금융을(신디케이트론, 출자 등) 파트너 금융기관의 참여를 통해 조달한다.

◆ ILO (International Labor Organization) 국제노동기구

노동자의 노동조건 개선 및 지위 향상을 위해 설립된 UN(국제연합)의 전문기구

본　　부: 스위스 제네바

창립연도: 1919년 창립

회 원 국: 187개국. 한국은 1991년 가입

목　　적: 1) 인간의 존엄성을 유지한 채 자유롭고 평등하고 안전하게 근로할 수 있도록 보장한다.

2) 남녀 고용 균등과 동일노동 동일임금의 준수와 강제 노동 및 아동 노동의 퇴치, 이주 노동자 및 가사 노동자의 권리를 증진한다.

3) 노동 관련 당면 과제 해결을 위해서 노동기본권, 고용, 사회보장, 사회협력과 같은 분과를 운영하고 있다.

◆ IMF (International Monetary Fund) 국제통화기금

환율과 국제 수지를 감시함으로써 국제 금융체계를 감독하는 국제금융기구

본　　부: 미국 워싱턴 DC

창립연도: 1944년 창립

회 원 국: 190개국. 한국은 1955년 가입

목　　적: 1) 환율과 국제 결제 체제의 안정성을 확보한다.

2) 세계적인 경제위기에 효과적으로 대응하기 위해 회원국을 감독한다.

3) 금융위기에 처한 회원국에 금융 지원을 할 경우 경제개혁 프로그램을 마련하고, 해당국이 이 프로그램을 효과적으로 이행한다는 조건 아래 금융 지원을 해준다.

4) 국제통화협력을 육성하고 재정 상황을 안정화하며 국제무역을 촉진한다.

◆ IMO (International Maritime Organization) 국제해사기구

해운과 조선에 관한 국제적인 문제를 다루기 위해 설립된 국제기구

본 부: 영국 런던

창립연도: 1948년 설립

회 원 국: 168개국

목 적: 1) 해상에서 안전, 보안과 선박으로부터의 해양오염 방지를 책임진다.

2) 해운과 조선에 관한 국제적인 문제들을 다룬다.

3) 국제교역에 종사하는 해운업에 영향을 미치는 모든 형태의 기술적인 문제에 관하여 정부 간 상호협력 촉진한다.

◆ IOC (International Olympic Committee) 국제올림픽위원회

전 세계 최대의 스포츠 축제인 올림픽을 관리하는 국제 스포츠 행정기구

본 부: 스위스 로잔

창립연도: 1894년 설립

회 원 국: 206개국. 한국은 1947년 가입

목 적: 1) 스포츠 대회를 조직하여 스포츠를 발전시키고 장려한다.

2) 스포츠가 인류적 봉사로 자리 잡고 평화를 촉진하는 데 이바지하기 위해 공공조직 혹은 사조직과 협력한다.

3) 모든 차별에 맞서고 남녀평등의 원칙을 구현하고자 스포츠상에서 여성의 증진을 장려한다.

◆ ISO (International Organization for Standardization) 국제표준화기구

전 세계적으로 두루 쓰는 표준을 만들고 보급하는 국제기구

본 부: 스위스 제네바

창립연도: 1947년 출범

회 원 국: 164개국, 한국은 1963년 가입. 비정부기구이나 많은 국가의 표준, 산업기술 관련 연구기관이 참여

목 적: 1) 나라마다 다른 산업, 통상 표준의 문제점을 해결하고자 노력한다.

2) 재화와 서비스 교류 시 국제적으로 통용되는 표준을 개발하고 보급한다.

◆ MIKTA (Mexico, Indonesia, Korea, Turkey, Australia) 믹타

국제사회의 공공이익 증대에 기여하려는 중견국 협의체

창립연도: 2013년 UN 총회 외교장관 회담으로 출범

회 원 국: 멕시코, 인도네시아, 한국, 튀르키예, 호주 등 5개 국가

목 적: 1) 중견국에 미치는 영향을 검토하고 외교 분야에서 연합을 형성하고자 한다.

2) 개별 쟁점은 물론 글로벌 안보와 지원에 대해 논의를 하고 협력을 도모한다.

◆ NATO (North Atlantic Treaty Organization) 북대서양조약기구

냉전시대 집단안전보장조약인 북대서양 조약에 의해 탄생한 북미와 유럽 등 서방 국가들의 군사 동맹

본　　부: 벨기에 브뤼셀

창립연도: 1949년 출범

회 원 국: 30개국

목　　적: 1) 회원국의 안보와 북대서양 지역의 민주주의를 증대한다.

2) 회원국 간의 상호신뢰와 정치 군사적 협력관계를 구축해서 분쟁을 예방하고자 한다.

3) 회원국이 어떤 비가입국의 공격을 받을 시 상호 방어하는 것을 인정한다.

◆ OECD (Organization for Economic Cooperation and Development) 경제협력개발기구

세계 경제의 공동 발전 및 성장과 인류의 복지 증진을 도모하는 정부 간 정책연구 협력기구

본　　부: 프랑스 파리

창립연도: 1948년 출범

회 원 국: 38개국. 한국은 1996년 가입

목　　적: 1) 시장경제와 다원적 민주주의, 인권존중을 기본 가치로 경제성장과 인류의 복지 증진을 도모한다.

2) 개발도상국 원조, 무역의 확대를 촉진한다.

3) 경제 정책을 조정하고 무역 문제, 산업 정책, 환경 문제, 개발도상국의 원조 문제를 논의한다.

◆ OPEC (Organization of the Petroleum Exporting Countries) 석유수출국기구

국제석유자본에 대한 발언권을 강화하기 위해 결성한 범국가 단체

본　　부: 오스트리아 빈

창립연도: 1960년 출범

회 원 국: 13개국

목　　적: 1) 적정한 가격과 공급을 유지하기 위해 시장을 분석하며 증산, 또는 감산을 결정한다.

2) 생산 할당제를 통해 석유공급량과 유가를 조정한다.

◆ P4G (Partnering for Green Growth and the Global Goals 2030) 녹색성장 및 글로벌 목표 2030을 위한 연대

기후변화 대응과 개도국의 지속발전을 위한 녹색성장 및 글로벌 목표 2030을 위한 국제협의체

사 무 국: 덴마크 코펜하겐

창립연도: 2018년 덴마크에서 1차 회의가 개최되면서 출범

회 원 국: 12개국(아시아, 미주, 유럽, 아프리카 대륙별 중견국 참여)

목　　적: 1) 기후변화에 적절하게 대응하면서 식량, 도시, 에너지, 물, 순환경제에 대한 해결책을 만들어 개도국이 지속가능한 발전을 하도록 돕는다.
2) 민관협력사업을 통한 기후변화 대응과 지속가능발전목표의 달성을 추구한다.
3) P4G 파트너십 촉진 펀드를 조성해서 5개 분야에서 매년 20여 개의 사업을 발굴하고 지원한다.

◆ UN (United Nations) 국제연합

전쟁 방지와 평화 유지, 세계 번영을 추구하며 전 세계 거의 모든 국가를 아우르는 국제기구

본　　부: 미국 뉴욕

창립연도: 2차 세계대전이 끝난 후 1945년

회 원 국: 193개국. 한국은 1991년 가입

목　　적: 1) 국제 평화와 안전을 유지한다.
2) 민족들의 평등권 및 자결 원칙에 기초하여 국가 간의 우호관계를 발전시킨다.
3) 경제적, 사회적, 문화적 또는 인도적 성격의 국제문제를 해결한다.
4) 모든 사람의 인권 및 기본적 자유에 대한 존중을 촉진하기 위한 국제적 협력을 달성한다.

◆ UNICEF (United Nations Children's Fund) 유니세프

전쟁피해 아동의 구호와 저개발국 아동의 복지 향상을 위해 설치된 UN 상설기구

본　　부: 미국 뉴욕

창립연도: 1946년 설립(현재 이름으로 변경된 것은 1953년)

회 원 국: 34개국(국가위원회) / 155개국(현지사무소)

목　　적: 1) 어린이 생존과 보호, 성장, 사회 참여 분야에 이르기까지 아동 권리보호를 한다.
2) 제3세계 어린이들의 생활과 교육, 보건위생 상태의 개선을 목표로 삼는다.
3) 다양한 원조활동과 기술지도, 자금원조를 통해 어린이의 기본권리 신장을 한다.
4) 긴급 구호, 영양, 예방 접종, 식수 문제 및 환경 개선, 기초 교육 등과 관련된 활동을 한다.

◆ UNCTAD (UN Conference on Trade and Development) 유엔무역개발회의

선진국과 개발도상국의 경제 격차를 줄이기 위해 설립된 국제연합(UN)의 상설 기관

본　　부: 스위스 제네바

창립연도: 1964년

회 원 국: 195개. 한국은 1964년 가입

목　　적: 1) 무역, 투자, 금융 및 개발 등의 분야에서 정책을 분석하고 연구한다.
2) 회원국 간에 합의(컨센서스)를 형성한다.
3) 개발도상국 대상 기술협력 등을 지원한다.

◆ UNDP (United Nations Development Program) 유엔개발계획

선진국과 개발도상국의 경제 격차를 줄이기 위해 설립된 국제연합(UN) 산하기구

본 부: 미국 뉴욕

창립연도: 1965년 설립

목 적: 1) 개도국과 최빈국에 기술자문을 해주고 교육 훈련을 제공해준다.
2) 빈곤 종식과 불평등 감소를 돕고 있다.
3) 국가들이 지속가능발전목표를 달성할 수 있도록 정책 개발, 리더십, 파트너십, 제도적 능력의 발전과 회복력 구축을 지원한다.

◆ UNESCO (UN Educational Scientific Cultural Organization) 국제연합교육과학문화기구

교육·과학·문화의 보급 및 교류를 통하여 국가 간 협력증진을 목적으로 설립된 국제연합(UN) 전문기구

본 부: 프랑스 파리

창립연도: 1946년

회 원 국: 193개국. 한국은 1950년 가입

목 적: 1) 교육, 과학, 문화를 통하여 제국민간의 협력을 촉진한다.
2) 국가 간 협력을 촉진함으로써 평화와 안전에 기여한다.

◆ UNEP (UN Environment Program) 유엔환경계획

환경 분야의 국제적 협력 촉진을 위해 국제연합(UN) 총회 산하에 설치된 환경관련 종합조정기관

본 부: 아프리카 나이로비

창립연도: 1972년

회 원 국: 193개국

목 적: 1) 환경상태를 평가하고 환경문제를 조정하고 환경보호를 위한 지원조치를 취한다.
2) 지구 환경을 감시하고 국제사회가 환경의 변화에 따라 국제적 합의를 도출한다.

◆ WHO (World Health Organization) 세계보건기구

보건·위생 분야의 국제적인 협력을 위하여 설립한 국제연합(UN) 전문기구

본 부: 스위스 제네바

창립연도: 1948년 발족

회 원 국: 194개국. 한국은 1949년 가입

목 적: 1) 감염병 대응의 국제적 총괄 조정기구이다.
2) 당뇨, 고혈압 등 만성질환 관리, 모자보건과 장기요양, 의약품과 식품 등의 안전성과 유효성에 관한 기준을 설정한다.
3) 기후변화와 보건 등 전 세계 인류의 건강증진을 위하여 일한다.

◆ WFP (World Food Program) 세계식량계획

국제연합(UN) 산하 세계 최대 규모의 인도적 식량 원조 기구

본　　부: 이탈리아 로마

창립연도: 1963년

회 원 국: 한국은 1966년 가입

목　　적: 1) 인류의 생명을 구하고, 위기에 처한 생계를 보호한다.

2) 긴급 식량 원조를 통해서 각국에서 위기에 처한 사람들의 식량 안보와 영양섭취를 지원한다.

3) 식량과 영양섭취를 스스로 할 수 있도록 돕고, 영양부족을 줄인다.

4) 세대로 이어지는 기아의 사이클을 제거하며 경제 사회개발을 증진시킨다.

◆ WIPO (World Intellectual Property Organization) 세계지적재산권기구/세계지식재산기구

지적 재산의 보호활동을 위해 설립된 국제연합(UN) 전문기구

본　　부: 스위스 제네바

창립연도: 1970년 설립

회 원 국: 193개국. 한국은 1979년 가입

목　　적: 1) 지식재산과 관련된 정책과 제도 등을 논의한다.

2) 산업재산권 관련 파리협약, 특허협력조약, 상표법 조약, 저작권 관련 베른협약 등 총 26개 조약을 관장한다.

3) 국제 지식재산 출원 서비스를 위해 특허협력조약에 의한 특허 국제출원, 마드리드 협정에 의한 상표법 국제출원, 헤이그 협정에 의한 디자인 국제출원 등을 처리한다.

◆ World Bank 세계은행

세계의 빈곤 퇴치 및 개발도상국의 경제발전을 목표로 설립된 유엔 산하의 다자개발은행

본　　부: 미국 워싱턴 DC

창립연도: 1945년 설립, 2차 세계대전 후 전쟁피해 복구와 개발을 목적으로 설립

회 원 국: 189개국

목　　적: 1) 회원국들에 돈을 출자받거나 채권을 발행해서 저금리로 개발도상국에 자금을 빌려주고 더 높은 금리를 받는다. 여기서 생긴 이자소득은 재투자한다.

2) 협조 융자, 공적 차관, 수출 신용과 상업 차관 등 다양한 융자 방식으로 지원한다.

3) 세계 경제성장을 위해서 개별 국가들에 필요한 정책 자문 등의 역할을 수행한다.

◆ WTO (World Trade Organization) 세계무역기구

무역 자유화를 통한 전 세계의 경제발전을 목적으로 하는 국제기구. 회원국들 간의 무역 관계를 정의하는 많은 협정들을 관리 감독하기 위해 설립

본　부: 스위스 제네바

창립연도: 1995년, 2차 세계대전 후 GATT(관세 및 무역에 관한 일반 협정)를 대체하기 위해 설립

회 원 국: 164개국. 한국은 1995년 WTO 출범과 함께 합류

목　적: 1) 국제무역을 증진하고 국가 간 무역 분쟁과 마찰을 조정한다.
2) 국가 간 무역 장벽을 최대한 낮추고, 자유롭고 개방적인 무역을 지향한다.
3) 무역 협상의 기반을 제공해 자유로운 무역 환경을 제공한다.
4) 회원국 간의 분쟁 조정 역할도 합한다.
5) 법적 구속력을 가지고 있는 국제기구로 수많은 협정을 관리 감독한다.

02

군사, 국방 약어

Military & National Defense Abbreviations

제식 구령(Order to Military Formation)	
경례	Present Arms
바로 (경례 후)	Order Arms
바로	Ready Front
차렷	(At) Attention
열중쉬어	Parade Rest
쉬어	At Ease
제자리 걸어가	Mark Time March
뛰어가	Doubletime... March
줄줄이 우로 가	Column Right... March
줄줄이 좌로 가	Column Left... March
받들어 총	Present... Arms
세워 총	Order... Arms
우로 봐	Eyes... Right(er)
앞으로 가	Forward... March
우향 앞으로 가	Right Flank... March
좌향 앞으로 가	Left Flank... March
뒤로 돌아가	To the Rear... March
제자리에 서	Platoon(Ready)... Halt
번호 붙여 가	Count off... Off
빠른 걸음으로 가	Double-time... March
좌향좌	Left(er)... Face
우향우	Right(er)... Face
뒤로 돌아	About... Face
해산	Dismissed/Fallout

◆ A

AA: Air to Air	공대공
AA: Assembly Area	집결지
AAA: Anti-Aircraft Artillery	대공포병
AAGS: Army Air Ground System	육군공지체계
AAM: Air to Air Missile	공대공 미사일
ABC: Atomic, Biological, Chemical	화생방
ABCCC: Airborne Battlefield Command and Control Center	전장 공중지휘 통제본부
ACC: Air Component Command	공군 구성군 사령부
ACC: Airspace Control Center	공역통제본부
AD: Active Duty	현역
ADA: Air Defense Artillery	방공포병
ADAM: Area Denial Artillery Munition	대인용지뢰탄
ADIZ: Air Defense Identification Zone	방공식별구역
ADOA: Air Defence Operation Zone	방공작전구역
AFV: Armored Fighting Vehicle	장갑전투차량
AGM: Air to Ground Missile	공대지 미사일
AH: Attack Helicopter	공격용 헬기
AIM: Air Intercept Missile	공중 요격 미사일
ALB: Air Land Battle	공지전투
ALCC: Air Lift Control Center	공수통제본부
AMC: Airborne Mission Commander	공중작전 임무 지휘관
AO: Area of Operation	작전지역
AOA: Amphibious Objective Area	상륙목표지역
AOB: Air Order of Battle	공군전투서열
AOC: Airbase Operation Center	항공 작전본부
AOP: Aerial Observation Post	공중감시소/대공관측소
AP: Ammunition Point	탄약분배소
AP: Anti Personnel	대인
AP: Armor Piercing	철갑탄
AP: Auto Pilot	자동 조종 장치
ARTCC: Air Route Traffic Control Center	항로교통 관제본부

ASOC: Air Support Operation Center	항공지원 작전본부
ASP: Ammunition Supply Point	탄약보급소
ATACMS: Army TACtical Missile System	육군 전술유도탄 체계
ATBM: Anti Tactical Ballistic Missile	대전술탄도미사일
ATCC: Air Traffic Control Center	항공교통 관제본부
AUM: Air to Underwater Missile	공대수중 유도탄
AW: Automatic Weapons	자동화기
AWACS: Airborne Warning And Control System	공중경보 및 통제체제

◆ **B**

BAI: Battlefield Air Interdiction	전장항공차단
BCTP: Battle Command Training Program	전투지휘 훈련계획
BDA: Bomb Damage Assessment	폭격피해판정
BDU: Bomb Dummy Unit	모의탄
BECS: Battlefield Electric CEOI System	전장 통신전자운영체계
BHL: Battle Handover Line	전투이양선
BL: Basic Load (Ammunition)	기본휴대량
BM: Ballistic Missile	탄도미사일
BOD: Biochemical Oxygen Demand	생화학적 산소요구량
BOS: Battlefield Operating System	전장관리체계
BP: Battle Position	전투진지
BSC: Battle Simulation Center	전투모의센타
BTCS: Battalion Tactical Computer System	대대전술 사격지휘체계

◆ **C**

C/S: Chief of Staff	참모장
C4I: Command, Control, Communication, Computer and Intelligence	지휘, 통제, 통신, 컴퓨터, 정보 (전장관리체계 및 지휘통제체계)
CA: Civil Affairs	민사
CA: Coordination Altitude	협조고도
CAD: Computer Aided Design	컴퓨터를 이용한 설계
CAL: Caliber	구경

CALO: Combined Air Lift Office	연합공수 사무소
CAM: Computer Aided Manufacturing	컴퓨터를 이용한 제조
CAP: Combat Air Patrol	전투공중초계
CAS: Close Air Support	근접항공지원
CASIC: Combined All Sources Intelligence Center	연합정보 종합상황실
CATF: Combined Amphibious Task Force	연합상륙기동부대
CBR: Chemical, Biological, Radiological	화생방
CBU: Cluster Bomb Unit	확산탄
CCC: Command and Control Center	지휘통제본부
CCIR: Commander's Critical Information Requirement	지휘관 중요첩보요구
CCP: Communications Check Point	통신확인점
CCT: Combat Control Team	전투통제반
CEOI: Communication Electronics Operating Instructions	통신전자운용지시
CEWI: Combat Electronics Warfare Intelligence	전투전자전정보
CF: Command Facility	지휘시설
CFA: Covering Force Area	엄호부대 경계지대
CFC: ROK/US Combined Forces Command	한미연합사령부
CFL: Coordinated Fire Line	사격협조선
CG: Commanding General	사령관
CGS: Chief of the General Staff	참모총장
CH: Cargo Helicopter	수송헬기
CIA: Central Intelligence Agency	미 중앙정보부
CID: Criminal Investigation Department	범죄수사단
CIO: Chief Information Officer	최고정보책임자
CLF: Combined Landing Force	연합상륙군
CLGP: Cannon-Launched Guided Projectile	레이저 유도포탄
CMFC: Combined Marine Forces Command	연합 해병사령부
COMSEC: Communication Security	통신보안
COP: Combat Outpost	전투전초
COP: Command Observation Post	지휘관측소
CP: Check Point	확인점

CP: Command Post	지휘소
CP: Contact Point	접촉점
CP: Control Point/Post	통제점/소
CPMX: Command Post Maneuver Exercise	지휘조 기동연습
CPX: Command Post Exercise	지휘조 연습
CRAC: Combined Rear Area Coordinator	연합후방지역 조정관
CRC: Control and Reporting Center	중앙관제소
CRP: Control and Reporting Post	지방관제소
CRTOC: Combined Rear Tactical Operations Center	연합후방 전술작전본부
CS: Combat Support	전투지원
CSCT: Combat Support Coordination Team	전투지휘협조반
CSG: Corps Support Group	군단지원단
CSOC: Combat Service Operations Center	전투근무 작전본부
CSR: Controlled Supply Rate	통제보급률
CSS: Combat Service Support	전투근무지원
CSSOC: Combat Service Support Operation Center	전투근무지원 작전본부
CT: Computer Tomography	컴퓨터 단층촬영
CTB: Combined Targeting Board	연합표적위원회
CV: Cruiser Voler	항공모함을 식별할 때 붙이는 식별어

◆ D

DAG: Division Artillery Group	사포군
DASC: Direct Air Support Center	직접항공지원본부
DBA: Deep Battle Area	종심전투지역
DBSL: Deep Battle Synchronization Line	종심 전투통합선
DCA: Defensive Counter Air	방어제공
DCG: Depute CG	부사령관
DD: Destroyer	구축함
DEFCON: Defense Readiness Condition	방어준비태세
DMZ: DeMilitarized Zone	비무장 지대
DN: Drawing Number	도면번호

DO: Duty Officer	당직장교
DP: Dual Purpose	이중목적
DS: Direct Support	직접지원
DZ: Drop Zone	투하지역

◆ E

EA: Electronic Attack (ECM)	전자공격
EC: Electronic Combat	전자전
ECM: Electronic Counter Measures	전자 방해 기술
ECCM: Electronic Counter-Countermeasures	ECM 방어대책
ECAS: Emergency Close Air Support	비상 근접항공지원
EEFI: Elemetary Element of Friendly Information	우군첩보 기본요소
EENT: End of Evening Nautical Twilight	해상박명말
EFA: The European Fighter Aircraft	차세대 유럽형전투기
EMERGCON: Emergency Condition	긴급/비상상황
ENG: Engineer Joint/UNC	연합/유엔사 공병참모
EOB: Enemy Order of Battle	적 전투서열
EOD: Explosive Ordnance Disposal	폭발물 처리반
EP: Electronic Protection (ECCM)	전자보호
EPW: Enemy Prisoner of War	적 포로
ES: Electronic Warfare Support (ESM: Electronic Support Measure)	전자전 지원
ETA: Estimate Time of Arrival	도착예정시간
EUSA: Eighth United States Army	미 8군
EW: Electronic Warfare	전자전

◆ F

FA: Field Artillery	야전포병
FAC: Forward Air Controller	전방 항공통제관
FAIO: Field Artillery Intelligence Officer	야전포병 정보장교
FARP: Forward Arming and Refuling Post	전방무장 및 연료 재보급소
FASCAM: Family of Scatterable Mines	살포식 지뢰

FAST: Forward Area Support Team	전방지역 지원팀
FB: Forward Boundary	전방전투지경선
FBI: Federal Bureau of Investigation	미 연방수사국
FCC: Flight Coordination Center	비행협조소
FD EX: Focus Dragon Exercise	맹룡 연습
FDC: Fire Direction Center	화력지휘소
FDO: Fire Direction Officer	화력지휘장교
FE/FDO: Force Enhancement/Flexible Deterrent Option	전투력 증강/신속억제방안
FEBA: Forward Edge of Battle Area	전투지역전단
FFA: Free Fire Area	화력자유지역
FFIR: Friendly Forces Information Requirement	우군첩보요구
FIDO: Fighter Duty Officer	전투비행 당직장교
FIST: Fire Support Team	화력지원팀
FL: Focus Lens	포커스렌즈 연습
FLOT: Forward Line of Own Troop	전선
FM: Field Manual	야전교범
FM: Frequency Modulation	주파수 변조
FMS: Foreign Military Sales	대외 군사판매
FO: Forward Observer	관측장교
FOP: Forward Orbit Point	전방대기지점
FOUO: For Official Use Only	대외비
FPF: Final Protective Fire	최후방어사격
FRAGO: Fragmentary Order	단편명령
FRMS: Formation Resources Management System	편성부대 자원 관리시스템
FROG: Free Rocket Over Ground	프로그 미사일-지대지
FS cell: Fire Support cell	통합화력지원실
FSCC: Fire Support Coordination Center	화력지원 협조소
FSCL: Fire Support Coordination Line	화력지원 협조선
FSO: Fire Support Officer	화력지원장교
FTR: Fighter	전투기
FTX: Field Training Exercise	야외 훈련 연습

◆ G

GBU: Guided Bomb Unit	항공유도 폭탄류
GCA: Ground Controlled Approach	지상관제접근
GCC: Ground Component Command	지상구성군 사령관
GEMSS: Ground Emplaced Mine Scattering System	지상살포식 지뢰체계
GFAC: Groud Forward Air Controller	지상 전방항공통제관
GIS: Geographic Infomation System	지형정보체계
GLO: Ground Liaison Officer	지상군 연락장교
GM: Guided Missile	유도탄
GNP: Gross National Product	국민총생산
GOB: Ground Order of Battle	지상군 전투서열
GOP: General Outpost	일반전초
GP: General Purpose	일반목적용
GP: Guard Post	감시초소
GPS: Global Position System	인공위성 항법장치
GS: General Support	일반지원
GSR: General Support and Reinforcing	일반지원 및 화력증원
GV: Grid Variation	도북편각, 자편각, GM각

◆ H

H: Howitzer	곡사포
HAHO: High Altitude High Open	고공 낙하산 개방
HALO: High Altitude Low Open	고공강하
HARM: High Speed Anti-Radiation Missile	고속 방사선 추적 유도탄
HAWK: Homing All the Way Killer	호크 (지대공 미사일 이름)
HE: High Explosive	고폭탄
HEAP: High Explosive Armour Piercing	대전차 고폭철갑탄
HEAT: High Explosive Anti Tank	대전차 고폭탄
HEDP: High Explosive Dual Purpose	이중목적 고폭탄
HEI: High Explosive Incendiary	고폭 소이탄
HEI-T: High Explosive Incendiary-Tracer	고폭 소이예광탄
HF: High Frequency	고주파

HPT: High Payoff Target	핵심표적
HQ: Headquarters	본부사령부
HRP: Highway Regulation Point	육로조정소
HSLLADS: High Speed Low Level Air Delivery System	고속저공 공중투발체계
HUD: Head Up Display	계기판
HVDP: Heavy Drop	중장비투하, 대량투하
HVT: High Value Target	고가치 표적

◆ I

IAEA: International Atomic Energy Agency	국제원자력 기구
ICAS: Immediate Close Air Support	긴급근접 항공지원
ICBM: InterContinental Ballistic Missile	대륙간 탄도미사일
ICM: Improved Capabilities Missile	개량미사일
ICM: Improved Conventional Munition	개량탄
ID: Infantry Division	보병사단
IEW: Intelligence and Electronics Warfare	정보 및 전자전
IFF: Identification Friend or Foe	적·아식별
IGS: Inertial Guidence System	관성유도장치
IIR: Imaging Infra-Red	적외선 영상
ILL: Illuminating	조명탄
IMF: International Monetary Fund	국제통화기금
INS: Inertial Navigation System	관성항법장치
INT: INTerdiction	항공후방차단
IO: Input and Output	입출력
IOC: International Olympic Committee	국제올림픽위원회
IOE: Irregular Outer Edge	불규칙 지뢰지대
IP: Initial Point	최초진입지점
IP: Internet Protocol	인테넷 접속장치
IPB: Intelligence Preparation of the Battle Field	전장정보분석
IPIR: Initial Photographic Interpretation Report	최초사진판독
IR: Infrared	적외선

IRBM: Intermediate Range Ballistic Missile	중거리 탄도미사일
IROAN: Inspect Repair Only As Necessary	아이론 정비
ISO: International Standard Organization	국제표준화기구
ITO: Integrated Tasking Order	통합임무명령서

◆ J

JAAT: Joint Air Attack Team	합동공중공격반
JAM: Jamming	전파방해
JCS: Joint Chiefs of Staff	합동참모본부
JRAC: Joint Rear Area Coordinator	합동 후방지역조정관
JSA: Joint Security Area	공동경비구역
JSEAD: Joint Suppression of Enemy Air Defense	합동 적방공제압
JSTARS: Joint Surveillance and Target Attack Radar System	합동감시 표적공격 레이더 체제
JTF: Joint Task Force	합동기동부대
JUSMAG-K: Joint United States Military Affairs Group to Korea	한미합동군사업무단

◆ K

KACC: Korean Airspace Control Center	한국 공역통제본부
KADIZ: Korea Air Defence Identification Zone	한국방공식별구역
KAIST: Korea Advanced Institute for Science and Technology	한국과학기술원
KALCC: Korea Air Lift Control Center	한국 공수통제본부
KAME: Korean Air Mobility Element	한국 공중기동반
KAMO: Korea Airlift Management Office	한국 공수관리소
KATUSA: Korean Augmentation To United States Army	미육군 배속 한국군
KCOIC: Korean Combat Operations Intelligence Center	한국 전투작전정보본부
KCRCC: Korean Combined Rescue Coordination Center	한국 연합구조협조본부

KEDO: Korean Energy Development Organization	한반도 에너지개발기구
KFP: Korea Fighter Program	한국군 차세대 전투기사업
KIST: Korea Institute of Science and Technology	한국과학기술연구원
KMAC: Korea Army Mapping Center	한국육군지도창
KNR: Korea National Railroad	한국철도청
KS: Korea (Industrial) Standards	한국산업표준

◆ L

LA: Live Ammunition	실탄
LAN: Local Area Network	근거리통신망
LANTIFN: Low Altitude Navigation Targeting Infrared for Night	항공기용 저고도 야간 적외선 항법 추적 장치
LAPES: Low Altitude Parachute Extraction System	저공낙하산 추출장치
LATN: Low Altitude Tactical Navigation	저고도 전술비행
LAU: Launcher Unit	발사대
LAW: Light Antitank Weapon	경 대전차화기
LB: Local Battery	자석식
LC: Line of Contact	접촉선
LCM: Landing Craft Medium	상륙정
LCU: Landing Craft Utility	보급상륙정
LD: Line of Departure	출발선/공격개시선
LF: Landing Force	상륙부대
LGB: Laser Guided Bomb	레이저 유도폭탄
LGM: Laser Guided Missile	레이저 유도미사일
LMG: Light Machine Gun	경기관총
LNG: Liquefied Natural Gas	액화천연가스
LO: Liaison Officer	연락장교
LOC: Lines of Communication	병참선
LP: Listening Point	청음초
LP: Loading Point	적재지점
LPG: Liquefied Petroleum Gas	액화석유가스

LPG: Liquefied Propane Gas	액화프로판가스
LRBM: Long Range Ballistic Missile	장거리 탄도미사일
LST: Landing Ship Tanks	전차상륙함
LZ: Landing Zone	착륙지역

◆ **M**

M-day: Mobilization-day	동원개시일
M/F: Maintenance Float	정비대충장비
MARV: Maneuverable Reentry Vehicle	다탄두기동성재돌입탄도탄/기동 탄두 재진입체
MASP: Mobil Ammunition Supply Point	가동탄약보급소
MBA: Main Battle Area	주전투지역
MBT: Main Battle Tank	전투용 주전차
MC: Medical Command	의무사령부
MCA: Movement Control Agency	이동관리대
MCM: Military Committee Meeting	군사위원회 회의
MCRC: Master Control and Reporting Center	중앙방공통제소
MDL: Military Demarcation Line	군사분계선
METT+TC: Mission, Enemy, Terrain, Troops and Time available, Civil affairs	전술적 고려요소 (임무, 적, 지형 및 기상, 가용부대, 가용시간, 민간 요소)
MI: Military Intelligence	군사정보
MICR: Magnetic Ink Character Reader	자기잉크 문자판독기
MLRS: Mutiple Launch Rocket System	다련장 로켓 체계
MOPP: Mission Oriented Protection Posture	임무형 보호태세
MOS: Military Occupational Specialty	군사주특기
MOT: Mortar	박격포
MP: Military Police	헌병
MRBM: Mid Range Ballistic Missile	중거리 탄도미사일
MRE: Meals Ready to Eat	전투식량
MRL: Multiple Rocket Launcher	다련장 로켓 발사대
MRR: Minimum Risk Route	최소위험경로
MSD: Minimum Safe Distance	최소안전거리
M&A: Merger and Acquisition	기업합병

◆ N

NAD: Not on Active Duty	예비역
NAI: Named Area of Interest	중요감시지역
NASA: National Aeronautics and Space Administration	미 항공우주국
NATO: North Atlantic Treaty Organization	북대서양 조약기구
NBC: Nuclear, Biological, Chemical	화생방
NCC: Naval Component Command	해군구성군 사령부
NCO: Noncommissioned Officer	하사관
NFA: No Fire Area	화력금지구역
NFL: No Fly Line	비행금지선
NOD: Night Observation Device	야관관측장비
NOS: Network Operating System	통신망 운영체계
NP: Nepalm Incendiary	네이팜 소이탄
NPT: Nuclear Non-Proliferation Treaty	핵 확산금지 조약
NVG: Night Vision Goggle	야시장비
NVS: Night Vision Sight	야간관측기

◆ O

OA: Office Automation	사무자동화
OAC: Officer's Advanced Course	고등군사반
OB: Order of Battle	전투서열
OBC: Officers' Basic Course	초등군사반
OCA: Offensive Counter Air	공세제공
OCR: Optical Character Reader	광학 문자 판독기
OECD: Organization for Economic Cooperation and Development	경제협력개발기구
OMG: Operational Maneuver Group	작전기동단
OMR: Optical Mark Reader	광학 표시 판독기
OP: Observation Post	관측소
OP: Orbit Point	선회대기지점
OPCON: Operational Controls	작전통제
OPLAN: Operation Plan	작전계획

OPMS: Officer Personnel Management System	장교 인사관리체계
OPORD: Operation Order	작전명령
OPSEC: Operation Security	작전보안
OT: Observer Target	관목선
OVM: On Vehicle Material	차량부수기재

◆ **P**

PC: Personnel Command	인사사령부
PGM: Precision Guided Munition	정밀유도폭탄
PIR: Priority Intelligence Requirements	우선정보요구
PKO: Peace Keeping Operations	유엔 평화유지활동
PL: Phase Line	통제선
PLADS: Parachute Low Altitude Delivery System	저고도 낙하산 투발체계
PLL: Prescribed Load List	규정 휴대량 목록
PM: Pulse Modulation	펄스 변조
PR: Public Relation	공공관계/홍보
PRC: Portable Radio Communication	휴대용 무선 통화장비
Pre-ITO: Prepositioned Integrated Tasking Order	기계획통합임무명령서
PRI: Preliminary Rifle Instruction	사격술예비훈련
PT: Physical Training	체력단련
PZ: Pickup Zone	인수지대, 이륙지대

◆ **R**

RAAM: Remote Anti Armor Mine	원격조정 대전차지뢰
RADAR: Radio Detection And Ranging	레이더
RAOC: Rear Area Operations Center	후방지역작전본부
RAP: Rocket Assisted Projectile	로켓보조탄두
RAPCON: Radar Approach Control	레이더 접근 관제
RCT: Regimental Combat Team	연대전투단
RDO: Reconnaissance Duty Officer	정찰담당장교

RECCE: Reconnaissance	정찰
RF: Reinforcing	화력증원
RFA: Restrictive Fire Area	화력제한지역
RFL: Restrictive Fire Line	사격제한선
RISTA: Reconnaissance, Intelligence, Surveillance and Target Acquisition	정찰, 정보, 감시 및 대상인수
RJ: Road Junction	교차점
ROA/ROZ: Restricted Operations Area/Zone	작전세한구역/시대
ROE: Rules Of Engagement	교전규칙
ROP: Rear Orbit Point	후방 선회대기지점
ROTC: Reserve Officer's Training Corps	학군단
RP: Release Point	분진점
RP: Rendezvous Point	집결지점
RPV: Remotely Piloted Vehicle	원격조정 무인 정찰기
RSOI: Reception, Staging, Onward movement and Integration	수용, 대기, 전방이동 및 통합
RSR: Required Supply Rate	소요 보급률
RTB: Return To Base	기지귀환

◆ **S**

SACC: Supporting Arms Coordination Center	지원화기 협조본부
SAH: Semi-Active Homing	반능동 유도장치
SALT: Strategic Arms Limitation Talk	전략무기제한 협정
SAM: Surface to Air Missile	지대공미사일
SCM: Security Cooperative Meeting	한미 안보협조회의
SDI: Strategic Defense Initiative	전략방위구상
SEAD: Suppression of Enemy Air Defense	적방공제압
SF: Special Forces[Ranger/Commando]	특수부대
SITREP: Situation Report	상황보고
SLBM: Sea Launched Ballistic Missile	해상발사 탄도미사일
SLBM: Submarine Launched Ballistic Missile	잠수함발사 탄도미사일
SLCM: Sea Launched Cruise Missile	해상발사 순항미사일
SLOC: Sea Lines Of Communications	해상병참선

SN: Serial Number	일련번호
SOCKOR: Special Operations Command Korea	주한 미 특전사령부
SODO: Senior Operations Duty Officer	선임작전 당직장교
SOI: Signal Operation Instructions	통신규정
SOP: Standing Operation Procedure	부대예규
SP: Start Point	출발점
SQ: Squadron	비행대대
SRAGM: Short Range Air to Ground Missile	단거리 공대지 미사일
SRAM: Short Range Attack Missile	단거리 공격용 미사일
SRBM: Short Range Ballistic Missile	단거리 탄도미사일
SRH: Semiactive Radar Homing	반능동 레이더 추적(유도)
SSBM: Strategic Submarine Ballistic Missile	전략잠수함 탄도미사일
SSM: Surface to Surface Missile	지대지 미사일
STAFF: Smart Target Activated Fire and Forget	장갑반응(무유도) 스마트탄
STOL: Short Take-Off and Landing	단거리 이착륙

◆ T

TA: Table of Allowance	할당표
TA: Table of Authorization	인가표
TAACOM: Theater Army Area Command	전구 육군 지역사령부
TACAN: Tactical Air Navigation	전술항법장비
TACC: Theater Air Control Center	전구 항공통제본부
TACP: Tactical Air Control Party	전술항공통제반
TACS: Theater Air Control System	전구 항공통제체제
TAI: Target Area of Interest	관심표적지역
TAL: Tactical Action Line	전술조치선
TAL: Theater Air Lift	전구공수
TALO: Tactical Airlift Liaison Officer	전술공수 연락장교
TAR: Tactical Air Reconnaissance	전술항공정찰
TASE: Tactical Air Support Element	전술항공지원반
TCP: Traffic Control Point	교통통제소

TD: Table of Distribution	분배표
TE: Table of Equipment	장비인가표
TF: Task Force	특수임무부대
TG: Tear Gas	최루탄
TGT: Target	표적
TM: Technical Manual	기술교범
TMD: Theater Missile Defense	전구 미사일방어
TMO: Traffic Management Office(r)	교통관리소(장교)
TO: Table of Organization	편성표
TOD: Thermal Observation Device	열상관측장비
TOD: Time Of Departure	출발시간
TOT: Time On Target(Artillery)/Time Over Target(Air Support)	동시탄착사격(포병)/표적공격시간(항공지원)
TOW: Tube-launched, Optically-tracked, Wire-guided Missile	토우 대전차 유도미사일
TP: Target Practice	표적연습용
TPFDD: Time-Phased Force Deployment Data	시차별 부대전개제원/증원전력
TS: Team Spirit	팀스피리트 훈련

◆ U

UAV: Unmanned Aerial Vehicle	무인항공기
UFL: Ulchi-Focus Lense	을지포커스렌즈 연습
UH: Utility Helicopter	다목적용 헬기
UHF: Ultra High Frequency	극 초단파
UNC: United Nations Command	유엔군 사령부
UNICEF: United Nations Children's Fund	유엔 아동기금
UNO: United Nations Organization	국제연합기구
USAFK: United States Air Forces, Korea	주한 미공군
USFK: United States Forces, Korea	주한 미군
USMFK: US Marine Forces, Korea	주한 미해병대
USNFK: US Naval Forces, Korea	주한 미해군
UTM: Universal Transverse Mercator	(지리좌표체계) 국제 횡메르카토르도법

◆ V

VCR: Video Cassette Recorder	비디오 녹화기
VHF: Very High Frequency	초단파
VIP: Very Important Person	귀빈
V/STOL: Vertical and/or Short Take-Off and Landing	수직 및 단거리 이착륙
VT: Variable Time fuse	가변시한신관
VTOL: Vertical Take-Off and Landing	수직이착륙
VUL: Vulcan	발칸포

◆ W

WEI: Weapon Effectiveness Index	무기효과지수
WG: Wing	비행단
WGS: Worldwide Geological System	범 세계 지도체계
WHNS: Wartime Host Nation Support	(한미정부 간) 전시지원협정
WHO: World Health Organization	세계보건기구
WOC: Wing Operations Center	비행단 작전본부
WP: White Phosphorous	백린탄
WRSA: War Reserved Stock for Allies	동맹군을 위한 전시 예비 비축물자
WS: Weapons System	무기체계
WTO: Warsaw Treaty Organization	바르샤바 조약기구

◆ X

X: Experimental	실험용
XINT: Air[Airborne] Alert Interdiction	공중대기 후방차단
XO: Executive Officer	보좌관, 부지휘관

03

한국 법령 영어 명칭

English Names of Korean Laws

가등기담보 등에 관한 법률	Provisional Registration Security Act
가사소송법	Family Litigation Act
가습기살균제 피해구제를 위한 특별법	Special Act on Remedy for Damage Caused by Humidifier Disinfectants
가정폭력방지 및 피해자보호 등에 관한 법률	Act on the Prevention of Domestic Violence and Protection of Victims
가축 및 축산물 이력관리에 관한 법률	Livestock and Livestock Products Traceability Act
가축전염병 예방법	Act on the Prevention of Contagious Animal Diseases
감사원법	Board of Audit and Inspection Act
감염병의 예방 및 관리에 관한 법률	Infectious Disease Control and Prevention Act
개별소비세법	Individual Consumption Tax Act
개인정보 보호법	Personal Information Protection Act
건강가정기본법	Framework Act on Healthy Families
건강검진기본법	Framework Act on Health Examination
건강기능식품에 관한 법률	Health Functional Foods Act
건설근로자의 고용개선 등에 관한 법률	Act on the Employment Improvement of Construction Workers
건설기계관리법	Construction Machinery Management Act
건설산업기본법	Framework Act on the Construction Industry
건설폐기물의 재활용촉진에 관한 법률	Construction Waste Recycling Promotion Act
건축법	Building Act
건축사법	Certified Architects Act
검역법	Quarantine Act
검찰청법	Prosecutors' Office Act
게임산업진흥에 관한 법률	Game Industry Promotion Act

결핵예방법	Tuberculosis Prevention Act
경관법	Landscape Act
경륜·경정법	Bicycle and Motorboat Racing Act
경범죄 처벌법	Punishment of Minor Offenses Act
경비업법	Security Services Industry Act
경제사회노동위원회법	Economic and Social Development Commission Act
경찰법	Police Act
계엄법	Martial Law Act
고등교육법	Higher Education Act
고려인동포 합법적 체류자격 취득 및 정착 지원을 위한 특별법	Special Act on Support for the Acquisition of Legitimate Residency Status and Settlement of Koreans in the Old Soviet Union
고령친화산업 진흥법	Senior-friendly Industry Promotion Act
고용보험 및 산업재해보상보험의 보험료징수 등에 관한 법률	Act on the Collection of Insurance Premiums for Employment Insurance and Industrial Accident Compensation Insurance
고용보험법	Employment Insurance Act
고용정책 기본법	Framework Act on Employment Policy
고위공직자범죄수사처 설치 및 운영에 관한 법률	Act on the Establishment and Operation of the Corruption Investigation Office for High-ranking Officials
공공감사에 관한 법률	Act on Public Sector Audits
공공디자인의 진흥에 관한 법률	Public Design Promotion Act
공공보건의료에 관한 법률	Public Health and Medical Services Act
공공외교법	Public Diplomacy Act
공공자금관리기금법	Public Capital Management Fund Act
공간정보산업 진흥법	Spatial Data Industry Promotion Act
공공주택 특별법	Special Act on Public Housing
공공차관의 도입 및 관리에 관한 법률	Introduction and Management of Public Loans Act
공기업의 경영구조개선 및 민영화에 관한 법률	Act on the Improvement of Managerial Structure and Privatization of Public Enterprises
공인회계사법	Certified Public Accountant Act
공장저당법	Factory Mortgage Act
고용보험법	Employment Insurance Act

공공기관의 정보공개에 관한 법률	Act on Disclosure of Information by Public Agencies
공무원연금법	Public Officials Pension Act
공동주택관리법	Multi-family Housing Management Act
공무원 행동강령	Code of Conduct for Public Officials
공업발전법	Industrial Development Act
공예문화산업 진흥법	Craft Industry Promotion Act
공연법	Public Performance Act
공익사업을 위한 토지 등의 취득 및 보상에 관한 법률	Act on Acquisition of and Compensation for Land for Public Works Projects
공익신고자 보호법	Public Interest Whistleblower Protection Act
공인노무사법	Certified Public Labor Attorney Act
공적자금상환기금법	Public Capital Redemption Fund Act
공중위생관리법	Public Health Control Act
공직자윤리법	Public Service Ethics Act
과세자료의 제출 및 관리에 관한 법률	Act on the Submission and Management of Taxation Data
과학기술기본법	Framework Act on Science and Technology
관광기본법	Framework Act on Tourism
관광진흥법	Tourism Promotion Act
관세법	Customs Duties Act
광업법	Mining Industry Act
교육기본법	Framework Act on Education
교육세법	Education Tax Act
교통사고처리 특례법	Act on Special Cases Concerning the Settlement of Traffic Accidents
교통안전법	Traffic Safety Act
교통·에너지·환경세법	Traffic, Energy and Environment Tax Act
국가공무원법	State Public Officials Act
국가과학기술 경쟁력 강화를 위한 이공계지원 특별법	Special Act on Support of Scientists and Engineers for Strengthening National Science and Technology Competitiveness
국가를 당사자로 하는 계약에 관한 법률	Act on Contracts to Which the State is a Party
국가배상법	State Compensation Act

국가보안법	National Security Act
국가인권위원회법	National Human Rights Commission of Korea Act
국가표준기본법	Framework Act on National Standards
국경일에 관한 법률	Act on National Holidays
국내재산 도피 방지법	Act on the Prevention of Flight of Domestic Property
국민건강보험법	National Health Insurance Act
국민건강증진법	National Health Promotion Act
국민 안전교육 진흥 기본법	Framework Act on the Promotion of Safety Education for Citizens
국민연금법	National Pension Act
국방 · 군사시설 사업에 관한 법률	Act on National Defense and Military Installations Projects
국방과학기술혁신 촉진법	Defense Science and Technology Innovation Promotion Act
국세기본법	Framework Act on National Taxes
국세징수법	National Tax Collection Act
국유재산법	State Property Act
국적법	Nationality Act
국정감사 및 조사에 관한 법률	Act on the Inspection and Investigation of State Administration
국제과학비즈니스벨트 조성 및 지원에 관한 특별법	Special Act on Establishment of and Support for International Science and Business Belt
국제문화교류 진흥법	International Cultural Exchange Promotion Act
국제질병퇴치기금법	Global Disease Eradication Fund Act
국채법	State Bond Act
국토교통과학기술 육성법	Act on the Promotion of Science and Technology for Land, Infrastructure and Transportation
국회법	National Assembly Act
국민연금법	National Pension Act
군수품관리법	Act on the Management of Military Supplies
군용전기통신법	Military Telecommunications Act
근로기준법	Labor Standards Act
근로복지기본법	Framework Act on Labor Welfare

금융산업구조개선에관한법률	Act on Structural Improvement of the Financial Industry
금융소비자 보호에 관한 법률	Act on the Protection of Financial Consumers
금융실명거래 및 비밀보장에 관한 법률	Act on Real Name Financial Transactions and Guarantee of Secrecy
금융지주회사법	Financial Holding Companies Act
기간제 및 단시간근로자 보호 등에 관한 법률	Act on the Protection of Fixed-term and Part-time Employees
기상법	Weather Act
기업구조조정투자회사법	Corporate Restructuring Investment Companies Act
기업집단 결합재무제표준칙	Accounting Procedure for Combined Financial Statements of Business Groups
기업 활력 제고를 위한 특별법	Special Act on the Corporate Revitalization
기업회계기준	Financial Accounting Standards
기술개발촉진법	Technology Development Promotion Act
기초연구진흥 및 기술개발지원에 관한 법률	Basic Research Promotion and Technology Development Support Act
긴급복지지원법	Emergency Aid and Support Act
나노기술개발 촉진법	Act on the Promotion of Nanotechnology
난민법	Refugee Act
남녀고용평등과 일 · 가정 양립 지원에 관한 법률	Equal Employment Opportunity and Work-family Balance Assistance Act
남북 이산가족 생사확인 및 교류 촉진에 관한 법률	Act on Inter-Korean Confirmation of the Life or Death of Separated Families and Promotion of Exchange
노동조합 및 노동관계조정법	Trade Union and Labor Relations Adjustment Act
노사관계 발전 지원에 관한 법률	Act on Support for the Improvement in Labor-management Relations
녹색건축물 조성 지원법	Green Buildings Construction Support Act
녹색기후기금의 운영지원에 관한 법률	Green Climate Fund Operation Support Act
농산물품질관리법	Agricultural Products Quality Control Act
농어촌정비법	Agricultural and Fishing Villages Improvement Act
농어촌특별세법	Act on Special Rural Development Tax

농업기계화 촉진법	Agricultural Mechanization Promotion Act
농촌진흥법	Agricultural Community Development Promotion Act
다문화가족지원법	Multicultural Families Support Act
다중이용업소의 안전관리에 관한 특별법	Special Act on the Safety Control of Publicly Used Establishments
대기환경보전법	Clean Air Conservation Act
대외무역법	Foreign Trade Act
대중문화예술산업발전법	Popular Culture and Arts Industry Development Act
대·중소기업 상생협력 촉진에 관한 법률	Act on the Promotion of Mutually Beneficial Cooperation between Large Enterprises and Small and Medium Enterprises
대한민국헌법	Constitution of the Republic of Korea
데이터기반행정 활성화에 관한 법률	Act on the Promotion of Data-based Administration
도로교통법	Road Traffic Act
도시개발법	Urban Development Act
도시 및 주거환경정비법	Act on the Improvement of Urban Areas and Residential Environments
독점규제 및 공정거래에 관한 법률	Monopoly Regulation and Fair Trade Act
동·서·남해안 및 내륙권 발전 특별법	Special Act on the Development of the East, West, and South Coast Area and Inland Areas
드론 활용의 촉진 및 기반조성에 관한 법률	Act on Promotion of Utilization of Drones and Creation of Infrastructure Therefor
디자인보호법	Design Protection Act
마약류 관리에 관한 법률	Narcotics Control Act
만화진흥에 관한 법률	Promotion of Cartoons Act
모자보건법	Mother and Child Health Act
무역보험법	Trade Insurance Act
문화예술진흥법	Culture and Arts Promotion Act
물환경보전법	Water Environment Conservation Act
민법	Civil Act
민사소송법	Civil Procedure Act
발명진흥법	Invention Promotion Act
방송법	Broadcasting Act

방송통신발전 기본법	Framework Act on Broadcasting Communications Development
방위사업법	Defense Acquisition Program Act
법인세법	Corporate Tax Act
벤처기업육성에 관한 특별조치법	Act on Special Measures for the Promotion of Venture Businesses
벤처투자 촉진에 관한 법률	Venture Investment Promotion Act
보건의료기본법	Framework Act on Health and Medical Services
보조금 관리에 관한 법률	Subsidy Management Act
보험감독규정	Regulation on Insurance Supervision
보험업법	Insurance Business Act
복권 및 복권기금법	Lottery Tickets and Lottery Fund Act
부가가치세법	Value-Added Tax Act
부동산등기법	Registration of Real Estate Act
부정경쟁방지 및 영업비밀보호에 관한 법률	Unfair Competition Prevention and Trade Secret Protection Act
부정수표단속법	Illegal Check Control Act
부정청탁 및 금품 등 수수의 금지에 관한 법률	Improper Solicitation and Graft Act
북한이탈주민의 보호 및 정착지원에 관한 법률	North Korean Defectors Protection and Settlement Support Act
북한인권법	North Korean Human Rights Act
불공정무역행위 조사 및 산업피해 구제에 관한 법률	Act on the Investigation of Unfair International Trade Practices and Remedy against Injury to Industry
사행행위 등 규제 및 처벌 특례법	Act on Special Cases Concerning Regulation and Punishment of Speculative Acts
사회보장기본법	Framework Act on Social Security
사회적 참사의 진상규명 및 안전사회 건설 등을 위한 특별법	Special Act on Investigating the Truth Social Disasters and Building a Safe Society
산림보호법	Forest Protection Act
산업기술단지 지원에 관한 특례법	Act on Special Cases Concerning Support for Techno Parks
산업기술혁신 촉진법	Industrial Technology Innovation Promotion Act
산업디자인진흥법	Industrial Design Promotion Act

산업안전보건법	Industrial Safety and Health Act
산업융합 촉진법	Industrial Convergence Promotion Act
산업재해보상보험법	Industrial Accident Compensation Insurance Act
산업표준화법	Industrial Standardization Act
상가건물 임대차보호법	Commercial Building Lease Protection Act
상법	Commercial Act
상속세 및 증여세법	Inheritance Tax and Gift Tax Act
상표법	Trademark Act
새만금사업 추진 및 지원에 관한 특별법	Special Act on Promotion and Support for Saemangeum Project
생명공학육성법	Biotechnology Support Act
서민의 금융생활 지원에 관한 법률	Microfinance Support Act
석유 및 석유대체연료 사업법	Petroleum and Alternative Fuel Business Act
선물거래법	Futures Trading Ac
선박법	Ship Act
성매매방지 및 피해자보호 등에 관한 법률	Act on the Prevention of Commercial Sex Acts and Protection of Victims
소규모 공공시설 안전관리 등에 관한 법률	Act on Safety Control of Small Public Facilities
소득세법	Income Tax Act
소방기본법	Framework Act on Firefighting Services
소비자기본법	Framework Act on Consumers
소상공인기본법	Framework Act on Micro Enterprises
소프트웨어 진흥법	Software Promotion Act
수도권정비계획법	Seoul Metropolitan Area Readjustment Planning Act
수산업법	Fisheries Act
수산자원관리법	Fishery Resources Management Act
수입식품안전관리 특별법	Special Act on Imported Food Safety Control
수표법	Check Act
스마트도시 조성 및 산업진흥 등에 관한 법률	Act on the Promotion of Smart City Development and Industry
스포츠산업 진흥법	Sports Industry Promotion Act
습지보전법	Wetlands Conservation Act

승강기 안전관리법	Elevator Safety Management Act
식물방역법	Plant Protection Act
식품 등의 표시·광고에 관한 법률	Act on Labeling and Advertising of Foods
식품·의약품 등의 안전기술 진흥법	Act on the Promotion of Technology for Ensuring the Safety of Food and Drugs
식품·의약품 분야 시험·검사 등에 관한 법률	Act on Testing and Inspection in the Food and Drug Industry
식품안전기본법	Framework Act on Food Safety
식품위생법	Food Sanitation Act
신기술사업금융지원에 관한 법률	Act on Financial Assistance to New Technology Business
신용보증기금법	Credit Guarantee Fund Act
신용정보업무운용규정	Regulation on Credit Information Business Management
신용정보의 이용 및 보호에 관한 법률	Act on Utilization and Protection of Credit Information
신용협동조합법	Credit Unions Act
신탁업법	Trust Business Act
실용신안법	Utility Model Act
아동복지법	Child Welfare Act
아시아문화중심도시 조성에 관한 특별법	Special Act on the Development of Asian Cultural Hub City
애니메이션산업 진흥에 관한 법률	Act on the Promotion of Animation Industry
약관의 규제에 관한 법률	Regulation of Standardized Contracts Act
약사법	Pharmaceutical Affairs Act
양성평등기본법	Framework Act on Gender Equality
어업자원보호법	Fishery Resources Protection Act
어음법	Bills of Exchange and Promissory Notes Act
언론중재 및 피해구제 등에 관한 법률	Act on Press Arbitration and Remedies for Damage Caused by Press Reports
여신전문금융업법	Credit-Specialized Financial Business Act
연결재무제표준칙	Accounting Procedure for Consolidated Financial Statements
예금자보호법	Depositor Protection Act
예산회계법	Budget and Accounts Act

온라인투자연계금융업 및 이용자 보호에 관한 법률	Act on Online Investment-linked Financial Business and Protection of Users
외국법자문사법	Foreign Legal Consultant Act
외국인근로자의 고용 등에 관한 법률	Act on the Employment of Foreign Workers
외국인의 서명날인에 관한 법률	Foreigners' Signature and Seal Act
외국인투자에 관한 규정	Rules on Foreign Investment
외국인투자촉진법	Foreign Investment Promotion Act
외국환거래법	Foreign Exchange Transactions Act
외국환업무감독규정	Regulation on Supervision of Foreign Exchange Business
우주개발 진흥법	Space Development Promotion Act
원자력안전법	Nuclear Safety Act
원자력 진흥법	Nuclear Energy Promotion Act
유통산업발전법	Distribution Industry Development Act
은행감독규정	Regulation on Supervision of Banking Institutions
은행법	Banking Act
의료급여법	Medical Care Assistance Act
의료기기법	Medical Devices Act
의료법	Medical Service Act
의료보험법	Medical Insurance Act
의장법	Design Act
인적자원개발 기본법	Framework Act on the Development of Human Resources
인터넷 멀티미디어 방송사업법	Internet Multimedia Broadcast Services Act
인터넷전문은행 설립 및 운영에 관한 특례법	Act on Special Cases Concerning Establishment and Operation of Internet-only Banks
자동차관리법	Motor Vehicle Management Act
자동차저당법	Automobile Mortgage Act
자본시장과 금융투자업에 관한 법률	Financial Investment Services and Capital Markets Act
자산유동화에 관한 법률	Act on Asset Securitization
자산재평가법	Assets Revaluation Act
자원순환기본법	Framework Act on Resources Circulation

자율주행자동차 상용화 촉진 및 지원에 관한 법률	Act on the Promotion of and Support for Commercialization of Autonomous Vehicles
잔류성오염물질 관리법	Persistent Organic Pollutants Control Act
장애인고용촉진 및 직업재활법	Act on the Employment Promotion and Vocational Rehabilitation of Persons with Disabilities
장애인복지법	Act on Welfare of Persons with Disabilities
재난 및 안전관리 기본법	Framework Act on the Management of Disasters and Safety
재외국민등록법	Registration Of Overseas Korean Nationals Act
재외동포의 출입국과 법적 지위에 관한 법률	Act on the Immigration and Legal Status of Overseas Koreans
재해구호법	Disaster Relief Act
저작권법	Copyright Act
저탄소 녹색성장 기본법	Framework Act on Low Carbon, Green Growth
전기통신기본법	Framework Act on Telecommunications
전자금융거래법	Electronic Financial Transactions Act
전자무역 촉진에 관한 법률	Electronic Trade Facilitation Act
전자상거래 등에서의 소비자보호에 관한 법률	Act on the Consumer Protection in Electronic Commerce
전자정부법	Electronic Government Act
전파법	Radio Waves Act
정보보호산업의 진흥에 관한 법률	Act on the Promotion of Information Security Industry
정부조직법	Government Organization Act
정보통신기반 보호법	Act on the Protection of Information and Communications Infrastructure
정보통신산업 진흥법	Information and Communications Technology Industry Promotion Act
정부투자기관관리기본법	Framework Act on the Management of Government-Invested Institutions
정치자금법	Political Funds Act
제조물 책임법	Product Liability Act
조세감면규제법	Regulation of Tax Reduction and Exemption Act
종자산업법	Seed Industry Act

주거기본법	Framework Act on Residence
주민등록법	Resident Registration Act
주식회사의 외부감사에 관한 법률	Act on External Audit of Stock Companies
주택건설촉진법	Housing Construction Promotion Act
주택임대차보호법	Housing Lease Protection Act
중대재해 처벌 등에 관한 법률	Serious Accidents Punishment Act
중소기업기본법	Framework Act on Small & Medium Enterprises
중소기업협동조합법	Small and Medium Enterprise Cooperatives Act
중소기업창업지원법	Act on Support for Small and Medium Enterprises Establishment
중재법	Arbitration Act
증권거래법	Securities and Exchange Act
지능정보화 기본법	Framework Act on Intelligent Informatization
지능형 로봇 개발 및 보급 촉진법	Intelligent Robots Development and Distribution Promotion Act
지능형 해상교통정보서비스의 제공 및 이용 활성화에 관한 법률	Act on Promotion of the Provision and Use of Intelligent Maritime Transport Information Services
지능형전력망의 구축 및 이용촉진에 관한 법률	Smart Grid Construction and Utilization Promotion Act
지뢰 등 특정 재래식무기 사용 및 이전의 규제에 관한 법률	Act on the Regulation of the Use and Transfer of Certain Conventional Weapons Including Mines
지방세법	Local Tax Act
지방자치법	Local Autonomy Act
지속가능발전법	Sustainable Development Act
지식재산 기본법	Framework Act on Intellectual Property
지역 개발 및 지원에 관한 법률	Regional Development Assistance Act
지역문화진흥법	Regional Culture Promotion Act
직업안정법	Employment Security Act
진실·화해를 위한 과거사정리 기본법	Framework Act on Settling the Past for Truth and Reconciliation
집회 및 시위에 관한 법률	Assembly and Demonstration Act
채무자 회생 및 파산에 관한 법률	Debtor Rehabilitation and Bankruptcy Act
채용절차의 공정화에 관한 법률	Fair Hiring Procedure Act

천연물신약 연구개발 촉진법	Promotion of the Research and Development of Wonder Drugs by Using Natural Substances Act
철도안전법	Railroad Safety Act
첨단의료복합단지 지정 및 지원에 관한 특별법	Special Act on the Designation and Support of High-tech Medical Complexes
첨단재생의료 및 첨단바이오의약품 안전 및 지원에 관한 법률	Act on the Safety of and Support for Advanced Regenerative Medicine and Advanced Biological Products
청년고용촉진 특별법	Special Act on the Promotion of Youth Employment
청소년 보호법	Youth Protection Act
청원법	Petition Act
체외진단의료기기법	Act on In Vitro Diagnostic Medical Devices
최저임금법	Minimum Wage Act
축산물 위생관리법	Livestock Products Sanitary Control Act
출입국관리법	Immigration Act
치매관리법	Dementia Management Act
콘텐츠산업 진흥법	Content Industry Promotion Act
크루즈산업의 육성 및 지원에 관한 법률	Cruise Industry Development And Support Act
클라우드컴퓨팅 발전 및 이용자 보호에 관한 법률	Act on the Development of Cloud Computing and Protection of Its Users
탄소소재 융복합기술 개발 및 기반 조성 지원에 관한 법률	Carbon Materials Convergence Technology Development and Promotion Support Act
토양환경보전법	Soil Environment Conservation Act
통상조약의 체결절차 및 이행에 관한 법률	Act on the Conclusion Procedure and Implementation of Commercial Treaties
특정경제범죄 가중처벌 등에 관한 법률	Act on the Aggravated Punishment of Specific Economic Crimes
특정범죄가중처벌 등에 관한 법률	Act on the Aggravated Punishment, etc. of Specific Crimes
특허법	Patent Act
파견근로자보호 등에 관한 법률	Act on the Protection of Temporary Agency Workers
파산법	Bankruptcy Act
폐기물관리법	Wastes Control Act

폭력행위 등 처벌에 관한 법률	Punishment of Violence Act
표시·광고의 공정화에 관한 법률	Act on Fair Labeling and Advertising
필수업무 지정 및 종사자 보호·지원에 관한 법률	Act on Designation of Essential Work and Protection and Support for Essential Workers
하도급거래 공정화에 관한 법률	Fair Transactions in Subcontracting Act
하수도법	Sewerage Act
학교 밖 청소년 지원에 관한 법률	Act on the Support for Out-of-school Youth
한부모가족지원법	Single-parent Family Support Act
한·아프리카재단법	Korea-Africa Foundation Act
항공·철도 사고조사에 관한 법률	Aviation and Railway Accident Investigation Act
할부거래에 관한 법률	Installment Transactions Act
항공보안법	Aviation Security Act
항공안전법	Aviation Safety Act
항만법	Harbor Act
해사안전법	Maritime Safety Act
해수욕장의 이용 및 관리에 관한 법률	Act on the Use and Management of Bathing Beaches
해양경비법	Coast Guard Affairs Act
해양환경관리법	Marine Environment Management Act
해외건설 촉진법	Overseas Construction Promotion Act
해외이주법	Emigration Act
해외자원개발 사업법	Overseas Resources Development Business Act
해외진출기업의 국내복귀 지원에 관한 법률	Act on Assistance to Korean Off-shore Enterprises in Repatriation
해운법	Marine Transportation Act
핵융합에너지 개발진흥법	Fusion Energy Development Promotion Act
행정소송법	Administrative Litigation Act
헌법	Constitution of the Republic of Korea
혈액관리법	Blood Management Act
협동연구개발촉진법	Cooperative Research and Development Promotion Act
형법	Criminal Act
형사소송법	Criminal Procedure Act

호스피스·완화의료 및 임종과정에 있는 환자의 연명의료결정에 관한 법	Act on Hospice and Palliative Care and Decisions on Life-sustaining Treatment for Patients at the End of Life
호적법	Family Register Act
혼인신고특례법	Act on Special Cases Concerning Marriage Registration
화의법	Composition Act
화장품법	Cosmetics Act
화학물질관리법	Chemical Substances Control Act
화학물질의 등록 및 평가 등에 관한 법률	Act on Registration and Evaluation of Chemical Substances
화학물질의 분류 및 표시 등에 관한 규정	Regulations on Classification and Labelling of Chemicals
환경개선비용 부담법	Environmental Improvement Cost Liability Act
환경기술 및 환경산업 지원법	Environmental Technology and Industry Support Act
환경영향평가법	Environmental Impact Assessment Act
환자안전법	Patient Safety Act
휴면예금 이체에 관한 특별법	Special Act on the Transfer of Dormant Accounts
후견등기에 관한 법률	Guardianship Registration Act
희귀질환관리법	Rare Disease Management Act
회계감사기준	Auditing Standards
회사정리법	Company Reorganization Act

04

20대 정부 기관 영어 명칭

English Names of Ministries and Agencies in the Yoon Suk Yeol Government

* 본 책에 정리된 정부 기관명은 2023년 3월 21일 기준 정리된 내용으로 이후 정부 조직개편에 따라 변동될 수 있습니다.

국가안보실	Office of National Security
국가정보원	National Intelligence Service
감사원	The Board of Audit and Inspection of Korea
대한민국 대통령실	Office of the President

19부	
고용노동부	Ministry of Employment and Labor
교육부	Ministry of Education
국방부	Ministry of National Defense
국토교통부	Ministry of Land, Infrastructure and Transport
과학기술정보통신부	Ministry of Science and ICT
기획재정부	Ministry of Economy and Finance
농림축산식품부	Ministry of Agriculture, Food and Rural Affairs
문화체육관광부	Ministry of Culture, Sports and Tourism
법무부	Ministry of Justice
보건복지부	Ministry of Health and Welfare
산업통상자원부	Ministry of Trade, Industry and Energy
여성가족부	Ministry of Gender Equality and Family
외교부	Ministry of Foreign Affairs
중소벤처기업부	Ministry of SMEs and Startups
통일부	Ministry of Unification
환경부	Ministry of Environment
해양수산부	Ministry of Oceans and Fisheries
행정안전부	Ministry of the Interior and Safety
국가보훈부	Ministry of Patriots and Veterans Affairs

19청	
검찰청	Prosecution Service
경찰청	Korean National Police Agency
국세청	National Tax Service
관세청	Korea Customs Service
기상청	Korea Meteorological Administration
농촌진흥청	Rural Development Administration
문화재청	Cultural Heritage Administration
방위사업청	Defense Acquisition Program Administration
병무청	Military Manpower Administration
산림청	Korea Forest Service
새만금개발청	Saemangeum Development and Investment Agency
소방청	National Fire Agency
조달청	Public Procurement Service
질병관리청	Korea Disease Control and Prevention Agency
통계청	Statistics Korea
특허청	Korean Intellectual Property Office
해양경찰청	Korea Coast Guard
행정중심복합도시건설청	National Agency for Administrative City Construction
재외동포청	Overseas Koreans Agency

3처	
법제처	Ministry of Government Legislation
식품의약품안전처	Ministry of Food and Drug Safety
인사혁신처	Ministry of Personnel Management

4실	
국가안보실	Office of National Security
국무조정실	Office for Government Policy Coordination
국무총리비서실	Prime Minister's Secretariat
대통령실/대통령비서실	Office of the President

6위원회	
개인정보보호위원회	Personal Information Protection Commission
국민권익위원회	Anti-Corruption & Civil Rights Commission
공정거래위원회	Fair Trade Commission
금융위원회	Financial Services Commission
방송통신위원회	Korea Communications Commission
원자력안전위원회	Nuclear Safety and Security Commission

고용노동부 Ministry of Employment and Labor	
장관	Minister of Employment and Labor
차관	Vice Minister
정책보좌관	Policy Advisor
대변인	**Spokesperson**
홍보기획팀	Public Relation Division
디지털소통팀	Digital Media Communication Team
감사관	**Inspector General**
감사담당관	Audit and Inspection Division
고객지원팀	Customer Support Team
기획조정실	**Planning and Coordination Office**
정책기획관	**Policy Planning Bureau**
기획재정담당관	Planning and Finance Division
혁신행정담당관	Innovation Administration Division
규제개혁법무담당관	Regulatory Reform and Legal Affairs Division
양성평등정책담당관	Gender Equality Policy Division
비상안전담당관	Emergency and Security Division
정보화기획팀	Information Planning Team
국제협력관	**International Cooperation Bureau**
국제협력담당관	International Cooperation Division
외국인력담당관	Foreign Workforce Division
개발협력지원팀	Development Cooperation Division
고용정책실	**Employment Policy Office**
노동시장정책관	**Labor Market Policy Bureau**
고용정책총괄과	Employment Policy Coordination Division

지역산업고용정책과	Regional and Industrial Employment Policy Division
기업일자리지원과	Enterprise Job Opportunity Support Division
고용서비스정책관	**Employment Services Policy Bureau**
고용서비스정책과	Employment Services Policy Division
고용보험기획과	Employment Insurance Planning Division
고용지원실업급여과	Employment Support and Unemployment Benefits Division
자산운용팀	Asset Management Team
국민취업지원기획팀	Employment Support Planning Team
고용지원정책관	**Employment Support Policy Bureau**
고용서비스기반과	Employment Services Infrastructure Division
고용문화개선정책과	Employment Culture Improvement Policy Division
미래고용분석과	Future Employment Analysis Division
노동시장 조사과	Labor Market Inspection Division
노동정책실	**Labor Policy Office**
노사협력정책관	**Labor-Management Cooperation Policy Bureau**
노사협력정책과	Labor-Management Cooperation Policy Division
노사관계법제과	Labor-Relations Legal Affairs Division
노사관계지원과	Labor-Relations Support Division
근로기준정책관	**Labor Standards Policy Bureau**
근로기준정책과	Labor Standards Policy Division
근로감독기획과	Labor Inspection Planning Division
퇴직연금복지과	Retirement Pension and Welfare Division
고용차별개선과	Equal Opportunities and Treatment Division
공공노사정책관	**Public Sector Labor Relations Policy Bureau**
공무원노사관계과	Government Employment Labor Relations Division
공공기관노사관계과	Public Organization's Labor Relations Division
산업안전보건본부	**Occupational Safety and Health Office**
산업안전보건정책관	**Occupational Safety and Health Policy Bureau**
산업안전보건정책과	Industrial Accident Prevention Policy Division
산재보상정책과	Industrial Accident Compensation Policy Division
산업안전기준과	Occupational Safety Standard Division
산업보건기준과	Occupational Health Standard Division
직업건강증진팀	Occupational Health Promotion Team

산재예방감독정책관	**Industrial Accident Prevention and Inspection Policy Bureau**
안전보건감독기획과	Safety and Health Inspection Planning Division
산재예방지원과	Industrial Accident Prevention Support Division
건설산재예방정책과	Construction Site Accident Prevention Policy Division
중대산업재해감독과	Major Industrial Accident Inspection Division
화학사고예방과	Chemical Accident Prevention Division
통합고용정책국	**Inclusive Employment Policy Bureau**
고령사회인력정책과	Division for Human Resources Policy in Aged Society
장애인고용과	Division for Employment of the Disabled
여성고용정책과	Women's Employment Policy Division
사회적기업과	Social Enterprise Division
청년고용정책관	**Youth Employment Policy Bureau**
청년고용기획과	Youth Employment Division
청년취업지원과	Youth Employment Support Division
공정채용기반과	Fair Recruitment Infrastructure Division
직업능력정책국	**Skills Development Policy Bureau**
직업능력정책과	Skills Development Policy Division
직업능력평가과	Skills Development Assessment Division
인적자원개발과	Human Resource Development Division
기업훈련지원과	Enterprise Skills Development Support Division
임금근로시간 정책단	**Wages and Working Hours Policy Bureau**
임금근로시간과	Wages and Working Hours Division
노동현안추진단	**Task Force on Labor Current Affairs**
공무직기획단	**Public Officials Planning Group**
기획총괄과	General Planning Division
지원기반과	Support Infrastructure Division
운영지원과	**General Service Division**

교육부 Ministry of Education	
부총리 겸 교육부장관	Deputy Prime Minister and Minister of Education
차관	Vice Minister of Education
차관보	Deputy Minister
정책보좌관	Policy Advisor to the Minister

대변인	**Spokesperson**
홍보담당관	Public Relations Division
디지털소통팀	Digital Communications Team
감사관	**Inspector General**
감사총괄담당관	Audit and Inspection Division
반부패청렴담당관	Anti-Corruption and Integrity Division
사학감사담당관	Planning and Audit for Private Schools Division
사회정책협력관	**Social Policy Cooperation Bureau**
사회정책총괄담당관	Social Policy Division
사회정책분석팀	Social Policy Analysis Team
사회정책의제담당관	Social Policy Agenda Division
디지털교육기획관	**Digital Transformation of Education Bureau**
디지털교육전환담당관	Digital Transformation of Education Division
디지털인프라담당관	Digital Infrastructure Division
(교육정보시스템운영팀)	Education Information System Operation Team
(정보보호팀)	Information Security Team
교육데이터담당관	Education Data Division
운영지원과	**General Services Division**
기획조정실	**Planning and Coordination Office**
정책기획관	**Policy Planning Bureau**
기획담당관	Planning Division
예산담당관	Budget Division
혁신행정담당관	Organization and Management Innovation Division
규제개혁법무담당관	Regulation Reform and Legal Affairs Division
양성평등정책담당관	Gender Equality Policy Division
글로벌교육기획관	**Global Education Planning Bureau**
글로벌교육정책담당관	Global Education Policy Division
교육국제화담당관	Educational Globalization Division
재외교육지원담당관	Overseas Korean Education Division
비상안전담당관	**Emergency and Safety Division**
인재정책실	**Office of Human Capital Policy**
인재정책기획관	**Human Capital Policy Planning Bureau**
인재양성정책과	Human Capital Development Policy Division
인재양성지원과	Human Capital Development Support Division

학술연구정책과	Academic Research Policy Division
인재선발제도과	Students Admission Policy Division
지역인재정책관	**Regional Human Capital Policy Bureau**
지역인재정책과	Regional Human Capital Policy Division
지역혁신대학지원과	Regional Innovation Support Division
산학협력취창업지원과	University-Industry Cooperation and Employment/ Entrepreneurship Support Division
청년장학지원과	Youth Scholarship Support Division
평생직업교육정책관	**Lifelong and Vocational Education Policy Bureau**
평생직업교육기획과	Lifelong and Vocational Education Planning Division
(장애학생평생교육팀)	(Lifelong Education for Students with Disabilities Team)
평생학습지원과	Lifelong Learning Support Division
중등직업교육정책과	Secondary Vocational Education Policy Division
고등직업교육정책과	Higher and Vocational Education Policy Division
(전문대학법인지원팀)	(Junior College Foundation Support Team)
책임교육정책실	**Office of Responsible Public Education Policy**
책임교육정책관	**Responsible Public Education Policy Bureau**
학교교수학습혁신과	School Teaching and Learning Innovation Division
(융합교육지원팀)	(STEAM Education Support Team)
(교육과정지원팀)	(National Curriculum Support Team)
교육컨텐츠정책과	Educational Content Policy Division
(동북아교육대책팀)	(Northeast Asian Education Policy Team)
기초학력진로교육과	Basic Academic Skills and Career Education Division
책임교육지원관	**Responsible Public Education Support Division**
교원정책과	Teacher Policy Division
교원양성연수과	Teacher Training Division
인성체육예술교육과	Character, Physical, and Arts Education Division
학교생활문화과	School Life and Culture Division
학생건강정책과	Student Health Policy Division
교육복지돌봄지원관	**Educational Welfare and Care Support Bureau**
교육복지정책과	Educational Welfare Policy Division
유아교육정책과	Early Childhood Education Policy Division
방과후돌봄정책과	After-school Care Program Policy Division
특수교육정책과	Special Education Policy Division

대학규제혁신국	**Higher Education Regulation Innovation Bureau**
대학규제혁신총괄과	Higher Education Regulation Innovation Division
대학재정과	Higher Education Finance Division
대학운영지원과	Higher Educational Institution Operation Support Division
(국립대학병원지원팀)	(National University Hospital Support Team)
대학경영지원과	Higher Educational Institution Management Support Division
(사분위지원팀)	Dispute Resolution Team for Private Educational Institutions
교육자치협력안전국	**Education Autonomy and Safety Bureau**
교육자치협력과	Education Autonomy and Cooperation Division
지방교육재정과	Local Educational Finance Division
교육안전정책과	Educational Safety Policy Division
교육시설과	Educational Facilities Division
(교육시설안전팀)	(Educational Facilities Safety Team)
(임시조직)영유아교육·보육통합 추진단	**Taskforce on Consolidation of Early Childhood Education and Care**
기획지원관	Director-General for Planning and Support
전략기획과	Strategy Planning Division
기준조정과	Standard Adjustment Division
교원·교육과정지원과	Teacher/Curriculum Support Division
대외협력과	External Cooperation Division

국방부 Ministry of National Defense	
장관	Minister of National Defense
정책보좌관	Policy Advisor to Minister
차관	Vice Minister of National Defense
군사보좌관	**Office of the Minister**
정책관리담당관	Policy Management Division
의전담당관	Protocol Division
대변인	**Office of Spokesperson**
공보담당관	Public Affairs Division
정책홍보담당관	Public Relations Division

디지털소통팀	Digital Media Communication Team
국방개혁실	**Office of Defense Reform**
군구조개혁추진관	**Military Structure Reform Bureau**
군구조개혁담당관	Military Structure Reform Division
미래국방기획담당관	Future Defense Planning Division
국방운영개혁추진관	**Defense Management Reform Bureau**
국방운영개혁담당관	Defense Management Reform Division
국방혁신기술담당관	Innovative Defense Technology Division
법무관리관	**General Counsel Bureau**
법무담당관	Legal Affairs Division
규제개혁법제담당관	Legislation and Regulatory Reform Division
감사관	**Inspection Bureau**
직무감찰담당관	Duty Inspection Division
회계감사담당관	Financial Inspection Division
군수감사담당관	Logistics Inspection Division
국방민원상담센터	Defense Civil Service Call Center
군인권개선추진단	**Military Human Rights Improvement Bureau**
군인권총괄담당관	Military Human Rights Division
성폭력예방대응담당관	Sexual Violence Prevention Response Division
병영문화혁신담당관	Military Service Culture Innovation Division
양성평등정책팀	Gender Equality Policy Team
운영지원과	**General Services Division**
기획조정실	**Office of Planning and Coordination**
기획관리관	**Planning and Management Bureau**
기획총괄담당관	Planning and Coordination Division
조직총괄담당관	Organization Planning Division
조직관리담당관	Organization Management Division
혁신행정담당관	Administrative Innovation Division
계획예산관	**Programming and Budgeting Bureau**
계획예산총괄담당관	Programming and Budgeting Division
전력유지예산담당관	Personnel Operation Budgeting Division
인력운영예산담당관	Force Maintenance Budgeting Division
재정회계담당관	Fiscal Accounting Division
지능정보화정책관	**Intelligent Information Policy Bureau**

지능정보화기획담당관	Intelligent Information Planning Division
데이터정책담당관	Data Policy Division
정보통신기반정책담당관	Information and Communications Infrastructure Policy Division
소프트웨어융합팀	Software Convergence Team
국방AI센터추진팀	Defense AI Center Promotion Team
국방정책실	**Office of National Defense Policy**
정책기획관	**Policy Planning Bureau**
정책기획과	Policy Planning Division
국방전략과	National Defense Strategy Division
북한정책과	North Korea Policy Division
군비통제비확산정책과	Arms Control and Non-Proliferation Policy Division
교육훈련정책과	Education and Training Policy Division
정신전력문화정책과	Spiritual Force and Cultural Affairs Policy Division
국제정책관	**International Policy Bureau**
국제정책과	International Policy Division
미국정책과	US Policy Division
동북아정책과	Northeast Asia Policy Division
국제평화협력과	International Peace Cooperation Division
다자안보정책과	Multilateral Security Policy Division
방위정책관	**Defense Policy Bureau**
방위정책과	Defense Policy Division
북핵대응정책과	Nuclear Policy Division
미사일우주정책과	Missile and Space Policy Division
사이버전자기정책과	Cyber and Electromagnetic Spectrum Policy Division
인사복지실	**Office of Personnel and Welfare**
인사기획관	**Personnel Planning Bureau**
인사기획관리과	Personnel Planning and Management Division
군무원정책과	Military Civilian Employee Policy Division
인력정책과	Manpower Policy Division
병영정책과	Military Service Policy Division
군종정책과	Chaplain Policy Division
인적자원개발과	Human Resource Development Division
동원기획관	**Mobilization Planning Bureau**

동원기획과	Mobilization Planning Division
자원동원과	Resource Mobilization Division
예비전력과	Reserve Forces Division
보건복지관	**Health and Welfare Bureau**
복지정책과	Welfare Policy Division
국방일자리정책과	Defense Employment Policy Division
보건정책과	Health Policy Division
군인연금과	Military Pension Management Division
군인재해보상과	Gender Equality Policy Division
감염병대응팀	Infectious Disease Response Team
전력자원관리실	**Office of Military Force and Resources Management**
군수관리관	**Logistics Management Bureau**
군수기획과	Logistics Planning Division
장비관리과	Weapon and Equipment Management Division
물자관리과	Material Management Division
탄약수송관리과	Ammunition and Transportation Management Division
재난안전관리과	Disaster and Safety Management and Support Division
군수지능화팀	Logistics Intelligent Team
군사시설기획관	**Military Installations Planning Bureau**
시설기획과	Installation Planning Division
시설제도기술과	Installation System and Technology Division
건설관리과	Construction Management Division
부대건설과	Military Construction Projects Division
국유재산환경과	Government Properties and Environment Division
군주거정책과	Military Housing Policy Division
환경소음팀	Military Noise Compensation Team
전력정책관	**Military Force Policy Bureau**
전력정책과	Military Force Policy Division
기반전력계획평가과	Military Force Programming and Evaluation Division
공통전력계획평가과	General Military Force Programming and Evaluation Division
방위산업수출기획과	Defense Industry Export Planning Division
군공항이전사업단	**Military Airbase Relocation Bureau**

이전총괄과	Relocation Coordination Division
이전사업과	Military Airbase Relocation Bureau
이전계획과	Relocation Planning Division

국토교통부 Ministry of Land, Infrastructure and Transport	
장관	Minister
제1차관	Vice Minister for Land and Infrastructure
제2차관	Vice Minister for Transport
대변인	**Spokesperson**
홍보담당관	Director for Public Relations
디지털소통팀	Digital Media Communication Team
감사관	**Inspector General**
감사담당관	Director for Audit and Inspection
운영지원과	**General Affairs Division**
기획조정실	**Planning and Coordination Office**
기획담당관	Director for Planning
혁신행정담당관	Director for Organization and Management Innovation
규제개혁법무담당관	Director for Regulatory Reform and Legal Affairs
청년정책담당관	Director for Youth Policy
정책기획관	**Director General for Policy Planning**
재정담당관	Director for Finance
미래전략담당관	Director for Future Strategy
국제협력통상담당관	Director for International Cooperation and Trade
정보화통계담당관	Director for Information Management and Statistics
정보보호담당관	Director for Information Security
국토교육과학기술정책팀	LIT Science and Technology Policy Team
비상안전기획관	**Director General for Emergency Planning and Safety**
국토도시실	**Territorial and Urban Development Office**
국토정책관	**Director General for Territorial Policy**
국토정책과	Territorial Policy Division
수도권정책과	Capital Region Policy Division
지역정책과	Regional Policy Division
산업입지정책과	Industrial Location Policy Division

복합도시정책과	Multifunctional City Policy Division
도시정책관	**Director General for Urban Policy**
도시정책과	Urban Policy Division
도시경제과	Urban Economy Division
도시활력지원과	Urban Vitality Division
녹색도시과	Green Area Planning Division
스마트도시팀	Smart City Team
건축정책관	**Director General for Architecture Planning**
건축정책과	Architecture Planning Division
녹색건축과	Green Architecture Division
건축문화경관과	Architectural Culture and Landscape Division
건축안전과	Architecture Safety Division
국토정보정책관	**Director General for Spatial Information Policy**
국토정보정책과	National Spatial Information Policy Division
공간정보제도과	Spatial Information System Division
공간정보진흥과	Spatial Information Promotion Division
국가공간정보센터	National Spatial Data Infrastructure Center
주택토지실	**Housing and Land Office**
주택정책관	**Director General for Housing Policy**
주택정책과	Housing Policy Division
주택기금과	Housing Fund Division
주택건설공급과	Housing Construction and Supply Division
주택정비과	Housing Redevelopment Division
주택임차인보호과	Housing Tenant Protection Division
주택공급기획팀	Housing Supply Planning Team
주거복지정책관	**Director General for Housing Welfare Policy**
주거복지정책과	Housing Welfare Policy Division
주거복지지원과	Housing Welfare Support Division
공공주택정책과	Public Housing Policy Division
민간임대정책과	Private Housing Rental Policy Division
토지정책관	**Director General for Land Policy**
토지정책과	Land Policy Division
부동산투자제도과	Real Estate Investment Policy
부동산평가과	Real Estate Valuation Division

부동산개발산업과	Real Estate Development Industry Division
부동산소비자보호기획단	Real Estate Consumer Protection Planning Office
건설정책국	**Construction Policy Bureau**
건설정책과	Construction Policy Division
건설산업과	Construction Industry Division
해외건설정책과	Overseas Construction Policy Division
해외건설지원과	Overseas Construction Supporting Division
공정건설추진팀	Fair Construction Industry Team
기술안전정책관	**Director General for Technology and Safety Policy**
기술정책과	Technology Policy Division
기술혁신과	Technology Innovation Division
건설안전과	Construction Safety Division
시설안전과	Facility Safety Division
교통물류실	**Transport and Logistics Office**
종합교통정책관	**Director General for Comprehensive Transport Policy**
교통정책총괄과	Transport Policy Coordination Division
교통안전정책과	Transport Safety Policy Division
교통서비스정책과	Transport Service Policy Division
생활교통복지과	Community Transport and Welfare Services Division
물류정책관	**Director General for Logistic Policy**
물류정책과	Logistic Policy Division
첨단물류과	Advanced Logistics Division
물류산업과	Logistics Industry Division
생활물류정책팀	Last-Mile Logistics Policy Team
항공정책실	**Civil Aviation Office**
항공정책관	**Director General for Aviation Policy**
항공정책과	Aviation Policy Division
첨단항공과	Advanced Aviation Division
국제항공과	International Air Transport Division
항공산업과	Aviation Industry Division
국제민간항공기구전략기획팀	ICAO and Global Partnerships Team
항공안전정책관	**Director General for Aviation Safety Policy**
항공안전정책과	Aviation Safety Policy and Licensing Division

항공운항과	Flight Standards Division
항공기술과	Airworthiness Division
항공교통과	Air Traffic Division
항행위성정책과	Air Navigation Satellite Policy Division
공항정책관	**Director General for Airport and Air Navigation Policy**
공항정책과	Airport Policy Division
공항운영과	Airport Operation Division
항공보안정책과	Aviation Security Policy Division
공항건설팀	Airport Construction Team
모빌리티자동차국	**Mobility and Motor Vehicles Bureau**
모빌리티총괄과	Mobility Policy Coordination Division
자동차정책과	Motor Vehicles Policy Division
자율주행정책과	Automated Driving Policy Division
도심항공교통정책과	Urban Air Mobility Policy Division
자동차운영보험과	Motor Vehicles Management and Insurance Division
도로국	**Road Bureau**
도로정책과	Road Policy Division
도로건설과	National Highway Planning and Construction Division
도로투자지원과	Privately Financed Highway Division
도로관리과	Road Management Division
도로시설안전과	Road Facilities Safety Division
디지털도로팀	Smart Road Team
철도국	**Railway Bureau**
철도정책과	Railway Policy Division
철도운영과	Railway Operation Division
철도건설과	Railway Construction Division
철도투자개발과	Railway Investment and Development Division
광역급행철도추진단	Metropolitan Express Railway Office
수도권광역급행철도과	Capital Region Express Railway Division
철도안전정책관	**Director General for Railway Safety Policy**
철도안전정책과	Railway Safety Policy Division
철도운행안전과	Railway Traffic Safety Division
철도시설안전과	Railway Facilities Safety Division

과학기술정보통신부	**Ministry of Science and ICT**
장관	Minister of Science and ICT
제1차관	1st Vice Minister
제2차관	2nd Vice Minister
장관정책보좌관	Policy Advisor to the Minister
양자기술개발지원반	**Quantum Technology Bureau**
양자기술개발지원과	Quantum Technology Division
대변인	**Spokesperson**
홍보담당관	Public Relations Division
디지털소통팀	Digital Media Communication Team
감사관	**Inspector General**
감사담당관	Audit and Inspection Division
디지털플랫폼정부지원반	**Digital Platform Government Support Task Force**
디지털플랫폼정부지원과	Digital Platform Government Support Division
기획조정실	**Office of Planning and Coordination**
정책기획관	**Policy Planning Bureau**
기획재정담당관	Planning and Finance Division
혁신행정담당관	Organization and Management Innovation Division
규제개혁법무담당관	Regulatory Reform and Legal Affairs Division
정보화담당관	Information Management Division
정보보호담당관	Information Security Division
국제협력관	**International Cooperation Bureau**
국제협력총괄담당관	International Cooperation Coordination Division
미주아시아협력담당관	Americas & Asia Cooperation Division
구주아프리카협력담당관	Europe & Africa Cooperation Division
다자협력담당관	Multilateral Cooperation Division
비상안전기획관	**Emergency Planning and Safety Bureau**
운영지원과	**General Affairs Division**
연구개발정책실	**Office of R&D Policy**
기초원천연구정책관	**R&D Policy Bureau**
연구개발정책과	R&D Policy Division
기초연구진흥과	Basic Research Promotion Division
원천기술과	Strategic Technology Policy Division
생명기술과	Bioscience Technology Division

첨단바이오기술과	Advanced Biotechnology Division
융합기술과	Convergence Technology Division
거대공공연구정책관	**Space, Nuclear and Big Science Policy Bureau**
거대공공연구정책과	Space and Big Science Policy Division
우주기술과	Space Technology Division
원자력연구개발과	Nuclear R&D Division
거대공공연구협력과	Space, Nuclear and Big Science Cooperation Division
과학기술일자리혁신관	**S&T Commercialization and Job Creation Policy Bureau**
연구성과일자리정책과	Technology Transfer & Entrepreneurship Policy Division
연구산업진흥과	R&D Industry Promotion Division
자연과학기술진흥과	Regional S&T Policy Division
연구기관지원팀	Research Institute Support Team
미래인재정책국	**Science, ICT & Future HR Policy Bureau**
미래인재정책과	Science, ICT & Future HR Policy Division
미래인재양성과	Science, ICT & Future HR Development Division
과학기술문화과	Science and Technology Culture Division
과학기술안전기반팀	Science and Technology Safety Support Division
정보통신정책실	**Office of ICT Policy**
정보통신정책관	**ICT Policy Bureau**
정보통신정책총괄과	ICT Policy Coordination Division
디지털사회기획과	Digital Society Planning Division
디지털신산업제도과	Digital Industry Policy Division
디지털포용정책팀	Digital Inclusion Policy Team
인공지능기반정책관	**Artificial Intelligence Policy Bureau**
인공지능기반정책과	Artificial Intelligence Policy Division
데이터진흥과	Data Promotion Division
인터넷진흥과	Internet and Digital Technology Promotion Division
디지털인재양성팀	Digital HR Development Division
소프트웨어정책관	**Software Policy Bureau**
소프트웨어정책과	Software Policy Division
소프트웨어산업과	Software Industry Division
디지털콘텐츠과	Digital Content Division
정보통신산업정책관	**ICT Industry Policy Bureau**

정보통신산업정책과	ICT Industry Policy Division
정보통신방송기술정책과	ICT and Broadcasting Technology Policy Division
정보통신산업기반과	ICT Industry Infrastructure Division
네트워크정책실	**Office of Network Policy**
정보보호네트워크정책관	**Cyber Security and Network Policy Bureau**
네트워크정책과	Network Policy Division
네트워크안전기획과	Network Security Planning Division
정보보호기획과	Cyber Security Planning Division
정보보호산업과	Cyber Security Industry Division
사이버침해대응과	Cyber Security & Threat Management Division
통신정책관	**Telecommunications Policy Bureau**
통신정책기획과	Telecommunications Policy Planning Division
통신경쟁정책과	Telecommunications Competition Policy Division
통신이용제도과	Telecommunications Service Policy Division
통신자원정책과	Telecommunications Infrastructure Policy Division
방송진흥정책관	**Broadcasting Promotion Policy Bureau**
방송진흥기획과	Broadcasting Promotion Planning Division
뉴미디어정책과	New Media Policy Division
디지털방송정책과	Digital Broadcasting Policy Division
전파정책국	**Radio Policy Bureau**
전파정책기획과	Radio Policy Planning Division
전파방송관리과	Radio and Broadcasting Management Division
주파수정책과	Spectrum Policy Division
전파기반과	Radio Infrastructure Division
과학기술혁신본부	**Vice Minister for Science, Technology and Innovation**
과학기술혁신조정관	**Office of Science, Technology and Innovation Coordination**
과학기술정책국	**Science and Technology Policy Bureau**
과학기술정책과	Science and Technology Policy Division
과학기술전략과	Science & Technology Strategy Division
과학기술정책조정과	Science & Technology Policy Coordination Division
성장동력기획과	Growth Engine Planning Division
연구개발투자심의국	**R&D Investment Coordination Bureau**

연구예산총괄과	R&D Budget Coordination Division
연구개발투자기획과	R&D Investment Planning Division
공공에너지조정과	Public and Energy R&D Budget Coordination Division
기계정보통신조정과	Advanced Manufacturing and ICT R&D Budget Coordination Division
생명기초조정과	Biotechnology R&D Budget Coordination Division
성과평가정책국	**Performance Evaluation Policy Bureau**
성과평가정책과	Performance Evaluation Policy Division
연구평가혁신과	R&D Assessment and Evaluation Division
연구제도혁신과	Research System Division
연구윤리권익보호과	R&D Ethics and Researchers' Rights Protection Division
과학기술정보분석과	Science & Technology Information and Analysis Division
연구개발타당성심사팀	R&D Feasibility Study Team
소속기관	**Affiliated Organizations**
우정사업본부	Korea Post
국립중앙과학관	National Science Museum
국립과천과학관	Gwacheon National Science Museum
국립전파연구원	National Radio Research Agency
중앙전파관리소	Central Radio Management Service
별도기구	**Separate Organizations**
국제과학비즈니스벨트 조성추진단	International Science-Business Belt (ISBB) Promotion Office
지식재산전략기획단	Office of Intellectual Property Strategy and Planning
국가과학기술자문회의 지원단	Presidential Advisory Council on S&T
우주항공설립추진단	Preparatory Office for the Korea Space and Aeronautics Administration

기획재정부 Ministry of Economy and Finance

부총리 겸 장관	Deputy Prime Minister and Minister of Economy and Finance
제1차관	1st Vice Minister
제2차관	2nd Vice Minister
장관정책보좌관	Policy Advisor to the Minister
차관보	Deputy Minister

국제경제관리관	Deputy Minister for International Affairs
인사과	Human Resources Division
운영지원과	General Affairs Division
재정관리관	Deputy Minister for Fiscal Affairs
대변인	**Spokesperson**
홍보담당관	Director for Public Relations
감사관	**Inspector General**
감사담당관	Director for Audit and Inspection
세제실	**Tax and Customs Office**
조세총괄정책관	**Director General for Tax Policy Coordination**
조세정책과	Tax Policy Division
조세특례제도과	Tax Relief Division
조세분석과	Tax Analysis Division
소득법인세정책관	**Director General for Individual and Corporate Income Tax**
소득세제과	Income Tax Division
법인세제과	Corporate Tax Division
금융세제과	Finance Tax Division
재산소비세정책관	**Director General for Property and Consumption Tax**
재산세제과	Property Tax Division
부가가치세제과	Value Added Tax Division
환경에너지세제과	Environment and Energy Tax Division
국제조세정책관	**Director General for International Tax**
국제조세제도과	International Tax Division
신국제조세규범과	New International Tax Standard Division
관세정책관	**Director General for Customs and Tariff**
관세제도과	Customs Policy Division
산업관세과	Industrial Tariff Division
관세협력과	Customs Cooperation Division
자유무역협정관세이행과	FTA Customs Implementation Division
경제정책국	**Economic Policy Bureau**
민생경제정책관	**Deputy Director General for Livelihood Economy**
종합정책과	Economic Policy Division
경제분석과	Economic Analysis Division

자금시장과	Financial Market Division
물가정책과	Price Policy Division
정책기획과	Policy Planning Division
거시정책과	Macroeconomic Policy Mix Division
정책조정국	**Policy Coordination Bureau**
정책조정기획관	**Deputy Director General for Innovative Growth**
정책조정총괄과	General Policy Coordination Division
산업경제과	Industrial Policy Division
신성장정책과	Growth Policy Division
서비스경제과	Service Industry Policy Division
지역경제정책과	Regional Economic Policy Division
기업환경과	Business Environment Division
경제구조개혁국	**Economic Structural Reform Bureau**
경제구조개혁총괄과	Economic Structural Reform Policy Division
연금보건경제과	Pension and Health Policy Division
청년정책과	Youth Policy Division
복지경제과	Social Welfare Policy Division
인력정책과	Human Resources Policy Division
노동시장경제과	Employment and Labor Market Policy Division
미래전략국	**Future Vision and Strategy Bureau**
미래전략과	Future Vision and Strategy Division
인구경제과	Population Policy Division
지속가능경제과	Sustainable Economy Division
기후대응전략과	Climate Fund and Strategy Division
국제금융국	**International Finance Bureau**
국제금융심의관	**Deputy Director General for International Finance Bureau**
국제금융과	International Finance Division
외화자금과	Foreign Exchange Market Division
외환제도과	Foreign Exchange System Division
금융협력과	International Financial Cooperation Division
다자금융과	G20 Financial Cooperation Division
대외경제국	**International Economic Affairs Bureau**
대외경제총괄과	International Economic Policy Division

국제경제과	International Economic Cooperation Division
통상정책과	Trade Policy Division
통상조정과	Trade Policy Coordination Division
경제협력기획과	International Economic Cooperation Strategy Division
남북경제과	Inter-Korean Economic Relations Division
개발금융국	**Development Finance Bureau**
개발금융총괄과	Development Finance Division
국제기구과	International Financial Institutions Division
개발전략과	Development Cooperation Division
개발사업과	Development Project Division
녹색기후기획과	Green Climate Policy Division
기획조정실	**Planning & Coordination Office**
정책기획관	**Director General for Policy Planning**
기획재정담당관	Director for Planning and Finance
혁신정책담당관	Director for Organization and Management Innovation
규제개혁법무담당관	Director for Regulatory Reform and Legal Affairs
정보화담당관	Director for ICT Management
비상안전기획관	**Director General for Emergency Planning and Safety**
비상안전기획팀	Emergency Planning and Safety Division
예산실	**Budget Office**
예산총괄심의관	**Director General for Budget Coordination**
예산총괄과	Budget Coordination Division
예산정책과	Budget Policy Division
예산기준과	Budget Standards Division
기금운용계획과	Public Fund Management Division
예산관리과	Budget Management Division
사회예산심의관	**Director General for Social Affairs Budget**
고용예산과	Employment Environment Budget Division
교육예산과	Education Budget Division
문화예산과	Cultural Affairs Budget Division
기후환경예산과	Climate and Environment Budget Division
총사업비관리과	Project Budget Management Division
경제예산심의관	**Deputy Director General for Economic Affairs Budget**
산업중소벤처예산과	Industry SMEs and Startups Budget Division

연구개발예산과	Research and Development Budget Division
국토교통예산과	Land, Infrastructure and Transport Budget Division
정보통신예산과	Information & Communications Technology Budget Division
농림해양예산과	Agriculture, Forestry and Maritime Budget Division
복지안전예산심의관	**Director General for Welfare and Safety Budgets**
복지예산과	Welfare Budget Division
연금보건예산과	Pension and Healthcare Budget Division
지역예산과	Regional Development Budget Division
안전예산과	Safety Budget Division
행정국방예산심의관	**Director General for Administrative and National Defense Budget**
법사예산과	Judicial Affairs Budget Division
행정예산과	Administrative Affairs Budget Division
국방예산과	National Defense Budget Division
방위산업예산과	Defense Acquisition Budget Division
재정정책국	**Fiscal Policy Bureau**
재정건전성심의관	**Deputy Director General for Fiscal Sustainability**
재정정책총괄과	Fiscal Policy Division
재정제도과	Fiscal System Division
재정건전성과	Fiscal Consolidation Division
재정정책협력과	Fiscal Policy Cooperation Division
재정분석과	Fiscal Analysis Division
재정정보과	Fiscal Information System Division
국고국	**Treasury Bureau**
국유재산심의관	**Deputy Director General for Government Properties**
국고과	Treasury Division
국유재산정책과	Government Properties Policy Division
계약정책과	Public Contract and Procurement Policy Division
국채과	Government Bond Policy Division
국유재산조정과	Government Properties Coordination Division
출자관리과	Public Enterprise Management Division
공공조달정책과	Public Procurement Policy Division
재정관리국	**Fiscal Management Bureau**

재정성과심의관	**Deputy Director General for Fiscal Performance Management**
재정관리총괄과	Fiscal Management and Coordination Division
재정성과평가과	Fiscal Performance Evaluation Division
타당성심사과	Feasibility Study Division
민간투자정책과	Public-Private Partnership Policy Division
회계결산과	Government Accounting Policy and Financial Report Division
재정성과관리과	Fiscal Performance Management Division
공공정책국	**Public Institutions Policy Bureau**
공공혁신심의관	**Deputy Director General for Public Institutions Innovation**
공공정책총괄과	Public Institutions Policy Coordination Division
공공제도기획과	Public Institutions System Planning Division
재무경영과	Public Institutions Finance Management Division
평가분석과	Public Institutions Assessment and Analysis Division
인재경영과	Public Institutions Human Resources Division
윤리경영과	Public Institutions Ethics and Audit Division
공공혁신과	Public Institutions Reform Division
경영관리과	Public Institutions Management Division
복권위원회사무처	**Korea Lottery Commission**
복권총괄과	General Administration Division
발행관리과	Lottery Management Division
기금사업과	Fund Management Division

농림축산식품부 Ministry of Agriculture, Food and Rural Affairs	
장관	Minister
차관	Vice Minister
차관보	Deputy Minister
대변인	Spokesperson
홍보담당관	Public Relations Division
디지털소통팀	Digital Media Communication Team
정책보좌관	Policy Advisor to the Minister
가루쌀산업육성반	Rice Flour Industry Promotion Team

차세대농정시스템구축반	Next-Generation AgriX Development
감사관	Inspector General
감사담당관	Audit and Inspection Officer
운영지원과	General Services Division
기획조정실	**Planning and Coordination Office**
정책기획관	**Policy Planning Bureau**
기획재정담당관	Planning and Budget Officer
혁신행정담당관	Organization & Management Innovation Officer
규제개혁법무담당관	Regulatory Reform & Legal Affairs Officer
정보통계정책담당관	Information & Statistical Policy Officer
국제협력국	**International Cooperation Bureau**
국제협력총괄과	General Division of International Cooperation
농업통상과	Agricultural Commerce Division
검역정책과	Quarantine Policy Division
자유무역협정팀	Free Trade Agreement Team
비상안전기획관	**Emergency & Security Planning Bureau**
농촌정책국	**Rural Policy Bureau**
농촌정책과	Rural Policy Division
농촌계획과	Rural Planning Division
농촌사회서비스과	Rural Social Services Division
농촌경제과	Rural Economy Division
농촌여성정책팀	Rural Women Policy Team
동물복지환경정책관	**Animal Welfare and Environment Policy Bureau**
동물복지정책과	Animal Welfare Policy Division
농촌탄소중립정책과	Rural Carbon Neutrality Policy Division
반려산업동물의료팀	Companion Animal Industry & Animal Healthcare Team
농업혁신정책실	**Agricultural Innovation Policy Office**
농식품혁신정책관	**Agri-Food Innovation Policy Bureau**
스마트농업정책과	Smart Agriculture Policy Division
첨단기자재종자과	Advanced Machinery, Equipment & Seed Division
과학기술정책과	Science & Technology Policy Division
친환경농업과	Environment-Friendly Agriculture Division
빅데이터전략팀	Big Data Strategic Team
농업정책관	**Agricultural Policy Bureau**

농업경영정책과	Agricultural Management Policy Division
농지과	Farmland Policy Division
공익직불정책과	Direct Payment Policy Division
농업금융정책과	Agricultural Financial Policy Division
재해보험정책과	Agricultural Disaster Insurance Policy Division
청년농육성정책팀	Young Farmer Fostering Policy Team
식품산업정책관	**Food Industry Policy Bureau**
푸드테크정책과	Food Tech Policy Division
식품외식산업과	Food and Food Service Industry Division
수출진흥과	Export Promotion Division
그린바이오산업팀	Green Bio Industry Team
국가식품클러스터추진팀	National Food Cluster Team
방역정책국	**Animal Health Control Bureau**
방역정책과	Animal Health Policy Division
구제역방역과	FMD & Large Animal Health Control Division
조류인플루엔자방역과	AI & Small Animal Health Control Division
식량정책실	**Food Grain Policy Office**
식량정책관	**Food Grain Policy Bureau**
식량정책과	Food Grain Policy Division
식량산업과	Food Grain Industry Division
농업기반과	Rural Infrastructure Division
농업시설안전과	Agricultural Infrastructure Safety Division
축산정책관	**Livestock Policy Bureau**
축산정책과	Livestock Policy Division
축산경영과	Livestock Management Division
축산환경자원과	Livestock Environmental Resources Division
축산유통팀	Livestock Distribution Team
유통소비정책관	**Marketing & Consumer Policy Bureau**
유통정책과	Marketing Policy Division
식생활소비정책과	Dietary Life & Consumer Policy Division
원예산업과	Horticulture Industry Division
원예경영과	Horticulture Business Division
농축산위생품질팀	Agro-Livestock Sanitary and Quality Team
농림축산검역본부	Animal and Plant Quarantine

한국농수산대학교	Korea National College of Agriculture and Fisheries
국립농산물품질관리원	National Agricultural Products Quality Management Service
국립종자원	Korea Seed & Variety Service
농식품공무원교육원	Food and Agriculture Officials Training Institute

문화체육관광부 Ministry of Culture, Sports and Tourism	
장관	Minister
장관정책보좌관	Policy Advisor to the Minister
제1차관	The 1st Vice Minister
제2차관	The 2nd Vice Minister
차관보	Deputy Minister
대변인	**Spokesperson**
홍보담당관	Public Relations Division
디지털소통팀	Digital Media Communication Team
감사관	**Inspector General**
감사담당관	Audit and Inspection Division
운영지원과	**General Administration Division**
기획조정실	**Planning and Coordination Office**
정책기획관	**Policy Planning Bureau**
기획혁신담당관	Organization and Management Innovation Division
재정담당관	Finance Division
규제개혁법무담당관	Regulation Reform and Legal Affairs Division
정보화담당관	ICT Management Division
양성평등정책담당관	Gender Equality Policy Division
데이터정책팀	Data-Based Policy Team
비상안전기획관	**Emergency and Security Management Bureau**
문화예술정책실	**Culture and Arts Policy Office**
문화정책관	**Culture Policy Bureau**
문화정책과	Cultural Policy Division
국어정책과	Korean Language Policy Division
전통문화과	Traditional Culture Division
국제문화과	International Cultural Affairs Division

예술정책관	**Arts Policy Bureau**
예술정책과	Arts Policy Division
공연전통예술과	Performing and Traditional Arts Division
시각예술디자인과	Visual Arts and Design Division
문화예술교육과	Culture and Arts Education Division
예술인지원팀	Artist Support Team
지역문화정책관	**Regional Culture Policy Bureau**
지역문화정책과	Regional Culture Policy Division
문화기반과	Cultural Infrastructure Division
도서관정책기획단	Library Policy Division
아시아문화중심도시추진단	**Hub City of Asian Culture Division**
종무실	**Religious Affairs Office**
종무1담당관	The 1st Religious Affairs Division
종무2담당관	The 2nd Religious Affairs Division
콘텐츠정책국	**Content Policy Bureau**
문화산업정책과	Cultural Industry Policy Division
영상콘텐츠산업과	Film and Video Content Industry Division
게임콘텐츠산업과	Game Content Industry Division
대중문화산업과	Popular Culture Industry Division
한류지원협력과	Hallyu Content Cooperation Division
저작권국	**Copyright Bureau**
저작권정책과	Copyright Policy Division
저작권산업과	Copyright Industry Division
저작권보호과	Copyright Protection Division
문화통상협력과	Cultural Trade and Cooperation Division
미디어정책국	**Media Policy Bureau**
미디어정책과	Media Policy Division
방송영상광고과	Broadcast and Advertisement Policy Division
출판인쇄독서진흥과	Publication, Printing and Reading Promotion Division
옛전남도청복원추진단	**Former Jeonnam Provincial Hall Restoration Bureau**
복원협력과	Restoration Cooperation Division
복원시설과	Restoration Facility Division
국민소통실	**Public Communications Office**

소통정책관	**Public Communication Policy Bureau**
소통정책과	Public Communication Policy Division
소통협력과	Public Communication Coordination Division
소통지원과	Public Communication Support Division
소통지원관	**Public Communication Support Bureau**
콘텐츠기획과	Public Communication Content Management Division
여론과	Public Opinion Division
분석과	PR Analysis Division
디지털소통관	**Digital Media Communication Bureau**
디지털소통정책과	Digital Media Communication Policy Division
디지털소통기획과	Digital Media Communication Management Division
정책포털과	Policy News Portal Division
디지털소통제작과	Digital Media Communication Production Division
체육국	**Sports Bureau**
체육정책과	Sports Policy Division
체육진흥과	Sports Promotion Division
스포츠산업과	Sports Industry Division
체육인재양성과	Sports Human Resources Development Division
체육협력관	**Sports Cooperation Bureau**
국제체육과	International Sports Division
장애인체육과	Sports for the Disabled Division
스포츠유산팀	Sports Legacy Division
관광정책국	**Tourism Policy Bureau**
관광정책과	Tourism Policy Division
국내관광진흥과	Domestic Tourism Promotion Division
국제관광과	International Tourism Division
관광기반과	Tourism Service Enhancement Division
관광산업정책관	**Tourism Industry Policy Bureau**
관광산업정책과	Tourism Industry Policy Division
융합관광산업과	Convergence Tourism Industry Division
관광개발과	Tourism Development Division

법무부 Ministry of Justice	
법무부장관	Minister of Justice
장관정책보좌관	Policy Advisor to the Minister
인사정보관리단장	Office of Personnel Information Management
차관	Vice Minister
대변인	Spokesperson
감찰관	Inspector General
운영지원과	**General Services Division**
기획조정실	**Planning & Coordination Bureau**
기획검사	**Office of Planning Prosecutors**
정책기획관	**Office of Policy Development**
비상안전기획관	**Office of Emergency Safety Planning**
기획재정담당관	Office of Planning and Budget
혁신행정담당관	Creative Administration Division
시설담당관	Office of Facility Management
정보화데이터담당관	Office of Information Management
형사사법공통시스템운영단	Office of Criminal Justice Information System
법무실	**Legal Affairs Office**
법무심의관	**Office of Legal Counsel**
송무심의관	**Office of Litigation Review**
법무과	Legal Affairs Division
국제법무과	International Legal Affairs Division
국제분쟁대응과	International Dispute Settlement Division
국가소송과	Litigation Division
통일법무과	Unification Legal Affairs Division
상사법무과	Commercial Legal Affairs Division
법조인력과	Legal Profession Division
검찰국	**Criminal Affairs Bureau**
검찰과	Prosecution Service Division
형사기획과	Criminal Affairs Division
공공형사과	Public Security Affairs Division
국제형사과	International Criminal Affairs Division
형사법제과	Criminal Legislation Division
범죄예방정책국	**Crime Prevention Policy Bureau**

범죄예방기획과	Crime Prevention Planning Division
보호정책과 (구.법질서선진화과)	Protection Policy Division
치료처우과 (구.보호법제과)	Protection Legislation Division
소년보호과(구.소년과)	Juvenile Division
보호관찰과	Probation and Parole Division
전자감독과	Electronic Supervision Division
범죄예방데이터과	Crime Prevention Data Division
소년범죄예방팀	Juvenile Crime Prevention Team
인권국	**Human Rights Bureau**
인권정책과	Human Rights Policy Division
인권구조과	Human Rights Support Division
인권조사과	Human Rights Investigation Division
여성아동인권과	Human Rights of Women and Children Division
교정본부	**Korea Correctional Service**
교정정책단	**Correctional Policy Bureau**
교정기획과	General Affairs & Planning Division
직업훈련과	Vocational Training Division
사회복귀과	Social Rehabilitation Division
복지과	Welfare Division
보안정책단	**Security Policy Bureau**
보안과	Security Policy
분류심사과	Classification & Examination Division
의료과	Health Care Division
심리치료과	Psychological Treatment Division
출입국외국인정책본부	**Korea Immigration Service**
출입국정책단	**Director General of Immigration Policy**
출입국기획과	Immigration Planning Division
출입국심사과	Border Control Division
체류관리과	Residence & Visa Division
이민조사과	Investigation and Enforcement Division
이민정보과	IT Strategy and Management Division
국적통합정책단	**Director General of Nationality & Integration Policy**
외국인정책과	Immigration Policy Division

국적과	Nationality Division
이민통합과	Immigrant Integration Division
난민정책과	Refugee Division
난민심의과	Refugee Review Division
외국인정보빅데이터과	Foreigner Information Big Data Division

보건복지부 Ministry of Health and Welfare	
장관	Minister of Health and Welfare
장관정책보좌관	Policy Advisor to the Minister
제1차관	The 1st Vice Minister
제2차관	The 2nd Vice Minister
대변인	**Spokesperson**
홍보기획담당관	Division of Public Relations Planning
감사관	**Inspector General**
감사담당관	Division of Audit and Inspection
복지급여조사담당관	Division of Welfare Benefits Inspection
운영지원과	**General Services Division**
인사과	**Human Resource Development Division**
기획조정실	**Office for Planning and Coordination**
보건복지상담센터	Health and Welfare Call Center
정책기획관	**Bureau of Policy Planning**
기획조정담당관	Division of Planning and Coordination
재정운용담당관	Division of Financial Operation
혁신행정담당관	Division of Organization and Management Innovation
규제개혁법무담당관	Division of Regulatory Reform and Legislation
양성평등정책담당관	Division of Gender Equality Policy
정보통계담당관	Statistics Division
국제협력관	**Bureau of International Cooperation**
국제협력담당관	Division of International Cooperation
통상개발담당관	Division of Trade and Development Affairs
비상안전기획관	**Director General for Emergency Security Bureau**
정보보호팀	Information Security Team
사회복지정책실	**Office for Social Welfare Policy**

복지정책관	**Bureau of Welfare Policy**
복지정책과	Division of Welfare Policy
기초생활보장과	Division of Basic Livelihood Security
자립지원과	Division of Self-Sufficiency Policy
기초의료보장과	Division of Medical Care Assistance
복지행정지원관	**Bureau of Welfare Administration Support**
지역복지과	Division of Community Welfare
급여기준과	Division of Benefit Standards
복지정보기획과	Division of Welfare Information Planning
복지정보운영과	Division of Welfare Information Management
사회서비스정책관	**Bureau of Social Services Policy**
사회서비스정책과	Division of Social Services Policy
사회서비스사업과	Division of Social Services Projects
사회서비스자원과	Division of Social Services Resources
사회서비스일자리과	Division of Social Services Jobs
인구정책실	**Office for Population Policy**
인구아동정책관	**Bureau of Population and Child Policy**
인구정책총괄과	Division of Population Policy Coordination
출산정책과	Division of Childbirth Policy
아동복지정책과	Division of Child Welfare Policy
아동권리과	Division of Child Rights
아동학대대응과	Division of Child Abuse Response
노인정책관	**Bureau for Senior Policy**
노인정책과	Division of Senior Policy
노인지원과	Division of Senior Support
요양보험제도과	Division of Long-term Care Insurance Policy
요양보험운영과	Division of Long-term Care Insurance Management
노인건강과	Division of Senior Health
보육정책관	**Bureau of Childcare Policy**
보육정책과	Division of Childcare Policy
보육사업기획과	Division of Childcare Program Planning
보육기반과	Division of Childcare Infrastructure
장애인정책국	**Bureau of Policy for Persons with Disabilities**
장애인정책과	Division of Policy for Persons with Disabilities

장애인권익지원과	Division of Right Promotion for Persons with Disabilities
장애인자립기반과	Division of Self-Sufficiency for Persons with Disabilities
장애인서비스과	Division of Services for Persons with Disabilities
장애인건강과	Division of Health of Persons with Disabilities
연금정책국	**Bureau for Pension Policy**
국민연금정책과	Division of National Pension Policy
국민연금재정과	Division of National Pension Finance
기초연금과	Division of Basic Pension
사회보장위원회사무국	**Secretariat of the Social Welfare Policy Committee**
사회보장총괄과	Division of Social Welfare Policy Analysis
사회보장조정과	Division of Social Welfare Policy Coordination
사회보장평가과	Division of Social Welfare Policy Assessment
보건의료정책실	**Office for Healthcare Policy**
보건의료정책관	**Bureau of Healthcare Policy**
보건의료정책과	Division of Healthcare Policy
의료인력정책과	Division of Healthcare Personnel Policy
의료자원정책과	Healthcare Resource Policy Division
간호정책과	Division of Nursing Policy
의료기관정책과	Healthcare Institution Policy Division
약무정책과	Division of Pharmaceutical Policy
공공보건정책관	**Bureau of Public Health Policy**
질병정책과	Division of Disease Policy
공공의료과	Division of Public Healthcare
응급의료과	Division of Emergency Healthcare
재난의료과	Division of Disaster Healthcare
생명윤리정책과	Division of Bioethics Policy
혈액장기정책과	Division of Blood and Organs Policy
한의약정책관	**Bureau of Traditional Korean Medicine**
한의약정책과	Division of Traditional Korean Medicine Policy
한의약산업과	Division of Traditional Korean Medicine Industry
건강보험정책국	**Bureau of Health Insurance Policy**
보험정책과	Division of Health Insurance Policy
보험급여과	Division of Health Insurance Benefits
보험약제과	Division of Pharmaceutical Benefits

보험평가과	Division of Health Insurance Assessment
건강정책국	**Bureau for Health Policy**
건강정책과	Division of Health Policy
건강증진과	Division of Health Promotion
구강정책과	Division of Oral Health Policy
정신건강정책관	**Bureau of Mental Health Policy**
정신건강정책과	Division of Mental Health Policy
정신건강관리과	Division of Mental Health Management
자살예방정책과	Division of Suicide Prevention Policy
보건산업정책국	**Bureau for Health Industry**
보건산업정책과	Division of Health Industry Policy
보건의료기술개발과	Division of Healthcare Technology Development
보건산업진흥과	Division of Health Industry Promotion
보건산업해외진출과	Division of Healthcare Industry Overseas Expansion
첨단의료지원관	**Bureau of Advanced Health Technology Policy**
의료정보정책과	Division of Healthcare Information Policy
보건의료기술개발과	Division of Healthcare Technology Development
재생의료정책과	Division of Regenerative Medicine Policy

산업통상자원부 Ministry of Trade, Industry and Energy	
장관	Minister of Trade, Industry and Energy
제1차관	1st Vice Minister
제2차관	2nd Vice Minister
통상교섭본부장	Trade Minister
장관정책보좌관	Policy Advisor to the Minister
대변인	Spokesperson
홍보담당관	Public Relations Division
감사관	Director General for Audit and Inspection
감사담당관	Audit and Inspection Division
운영지원과	General Services and Personnel Division
통상차관보	Deputy Minister of Trade
기획조정실	**Office of Planning and Coordination**
정책기획관	**Director General for Policy Coordination**

기획재정담당관	Planning and Budget Division
혁신행정담당관	Public Management Division
규제개혁법무담당관	Regulatory Reform and Legal Affairs Division
정보관리담당관	Information Management Division
정보보호담당관	Information Security Division
비상안전기획관	**Director General for Emergency and Security Planning**
산업재난담당관	Industrial Disaster and Safety Management Division
산업정책실	**Office of Industrial Policy**
산업정책관	**Director General for Industrial Policy**
산업정책과	Industrial Policy Division
산업일자리혁신과	Industrial Innovation and Jobs Division
산업환경과	Industrial Environment Division
산업공급망정책관	**Director General for Industrial Supply Chain Policy**
산업공급망정책과	Industrial Supply Chain Policy Division
소재부품장비개발과	Material, Parts and Equipment Development Division
철강세라믹과	Metals and Ceramics Division
화학산업팀	Chemical Industry Team
제조산업정책관	**Director General for Manufacturing Industry**
기계로봇항공과	Machinery, Robotics and Aerospace Division
자동차과	Automobile Division
조선해양플랜트과	Shipbuilding and Offshore Plant Industry Division
엔지니어링디자인과	Engineering and Design Division
미래자동차산업과	Future Automobile Industry Division
산업기반실	**Office of Industrial Infrastructure**
산업기술융합정책관	**Director General for Industrial Technology Convergence Policy**
산업기술정책과	Industrial Technology Policy Division
산업기술개발과	Industrial Technology Development Division
산업기술시장혁신과	Market and Innovation for Industrial Technology Division
규제샌드박스팀	Regulatory Sandbox Team
지역경제정책관	**Director General for Regional Economic Policy**
지역경제총괄과	Regional Economic Policy Division
지역경제진흥과	Regional Economy Promotion Division

입지총괄과	Industrial Complex Division
중견기업정책관	**Director General for Middle Market Enterprise Policy**
중견기업정책과	Middle Market Enterprise Policy Division
중견기업지원과	Middle Market Enterprise Promotion Division
유통물류과	Distribution and Logistics Division
에너지정책실	**Office of Energy Industry**
에너지정책관	**Director General for Energy Policy**
에너지정책과	Energy Policy Division
에너지효율과	Energy Efficiency Division
에너지기술과	Energy Technology Division
전력정책관	**Director General for Electricity Policy**
전력산업정책과	Electricity Industry Policy Division
전력시장과	Electricity Market Division
신산업분산에너지과	Innovative Energy Industry & Distribution Energy Division
전력계통혁신과	Power Grid System Innovation Division
재생에너지정책관	**Director General for Renewable Energy Policy**
재생에너지정책과	Renewable Energy Policy Division
재생에너지산업과	Renewable Energy Division
재생에너지보급과	Renewable Energy Deployment Division
수소경제정책관	**Director General for Hydrogen Economy Policy Bureau**
수소경제정책과	Hydrogen Economy Policy Division
수소산업과	Hydrogen Industry Division
에너지안전과	Energy Safety Division
자원산업정책국	**Bureau of Resources Industry Policy**
자원안보정책과	Resources Security Policy Division
석유산업과	Petroleum Division
가스산업과	Gas Division
석탄광물산업과	Coal and Mineral Resources Division
원전산업정책국	**Bureau of Nuclear Power Policy**
원전산업정책과	Nuclear Power Policy Division
원정환경과	Nuclear Power Environment Division
원전지역협력과	Nuclear Power Plant Regional Cooperation Division

통상정책국	**Bureau of Trade Policy**
통상정책총괄과	Trade Policy Division
미주통상과	Americas Division
중남미대양주통상과	Latin America Oceania Division
구주통상과	Europe Division
신통상전략지원관	**Deputy Minister for Trade**
신통상전략과	Director General for International Trade Affairs
디지털경제통상과	Digital Trade Policy Division
기후에너지통상과	Climate and Energy Trade Division
통상협력국	**Bureau of Trade Cooperation**
통상협력총괄과	Trade Cooperation Division
동북아통상과	Northeast Asia Trade Division
아주통상과	Asia Trade Division
중동아프리카통상과	Middle East and Africa Trade Division
통상교섭실	**Office of FTA Negotiations**
자유무역협정정책관	**Director General for FTA Policy**
자유무역협정정책기획과	FTA Policy Planning Division
자유무역협정이행과	FTA Implementation Division
통상협정활용과	FTA Utilization Division
인도태평양통상기획팀	Indo-Pacific Trade Planning Team
자유무역협정교섭관	**Director General for FTA Negotiations**
자유무역협정협상총괄과	FTA Negotiation Coordination Division
자유무역협정상품과	FTA Goods Division
자유무역협정서비스투자과	FTA Services and Investment Division
자유무역협정무역규범과	FTA Trade Rules Division
다자통상법무관	**Director General for Multilateral Trade Legal Affairs**
통상법무기획과	Trade Legal Affairs Planning Division
세계무역기구과	WTO Division
다자통상협력과	Multilateral Trade Cooperation Division
통상분쟁대응과	Trade Dispute Settlement Division
무역투자실	**Office of International Trade and Investment**
무역정책관	**Director General for International Trade Policy**
무역정책과	International Trade Policy Division

무역진흥과	International Trade Promotion Division
수출입과	Export and Import Division
투자정책관	**Director General for Cross-Border Investment Policy**
투자정책과	Foreign Investment Policy Division
투자유치과	Foreign Investment Promotion Division
해외투자과	Overseas Investment Division
무역안보정책관	**Director General for Trade Controls Policy**
무역안보정책과	Trade Controls Policy Division
무역안보심사과	Export Controls Licensing Division
기술안보과	Technology Transfers Controls Division

여성가족부 Ministry of Gender Equality and Family	
장관	Minister of Gender Equality and Family
대변인	Spokesperson
홍보담당관	Public Relations Division
디지털소통팀	Digital Media Communication Team
장관정책보좌관	Policy Advisor to the Minister
차관	Vice Minister
운영지원과	General Affairs Division
기획조정실	**Planning and Coordination Office**
정책기획관	**Policy Planning Bureau**
기획재정담당관	Planning and Finance Division
혁신행정담당관	Organization and Management innovation Division
법무감사담당관	Legal Affairs and Inspection Division
국제협력담당관	International Cooperation Division
정보통계담당관	ICT Management and Statistics Division
여성정책국	**Women's Policy Bureau**
여성정책과	Women's Policy Division
성별영향평가과	Gender Impact Assessment Division
여성인력개발과	Women's Resources Development Division
경력단절여성지원과	Career-Interrupted Women's Economic Promotion Division
청소년가족정책실	**Youth and Family Policy Office**

청소년정책관	**Youth Policy Bureau**
청소년정책과	Youth Policy Division
청소년활동진흥과	Division of Youth Activities Promotion
청소년활동안전과	Youth Activities Safety Division
청소년자립지원과	Youth Self-Support Assistance Division
위기청소년 통합지원 정보시스템 구축 TF	**Task Force for Establishment of Integrated Support Information System for Youth in Crisis**
학교밖청소년지원과	Out-of-School Youth Support Division
청소년보호환경과	Division of Youth Protection Environment
2023 세계잼버리 지원단	**2023 World Jamboree Support Group**
가족정책관	**Family Policy Bureau**
가족정책과	Family Policy Division
가족지원과	Family Support Division
가족문화과	Family Culture Division
아이돌봄서비스 관리체계 개선 TF	**TF for Improving Child Care Service Management System**
다문화가족과	Multicultural Family Division
권익증진국	**Woman's and Youth Rights Promotion Bureau**
권익정책과	Women's and Youth Rights Policy Division
권익지원과	Women's and Youth Rights Support Division
권익침해방지과	Women's and Youth Rights Infringement Prevention Division
권익보호과	Women's and Youth Rights Protection Division
권익기반과	Women's and Youth Rights Foundation Division
인신매매 방지대책추진 TF	**Human Trafficking Prevention Measures Promotion TF**
아동청소년성보호과	Children and Youth Protection From Sexual Crimes Division

외교부 Ministry of Foreign Affairs	
장관	**Minister of Foreign Affairs**
대변인	Spokesperson and Deputy Minister for Public Relations
부대변인	Deputy Spokesperson
언론담당관	Director for Press Relations
정책홍보담당관	Director for Public Relations

공공외교대사	Ambassador and Deputy Minister for Public Diplomacy
감사관	Inspector-General
감사담당관	Director for Audit
감찰담당관	Director for Inspection
제1차관	**Vice Minister of Foreign Affairs 1**
차관보	Deputy Minister for Political Affairs
외교전략기획관	**Director-General for Strategy**
정책기획담당관	Director for Policy Planning
전략조정담당관	Director for Strategic Analysis and Coordination
기획조정실장	**Office of Planning and Coordination**
조정기획관	**Director-General for Planning and Management**
기획재정담당관	Director for Planning and Finance
운영지원담당관	Director for Administration
혁신행정담당관	Director for Planning and Organization
재외공관담당관	Director for Overseas Missions
인사기획관	**Director General for Human Resources**
정보관리기획관	**Director-General for Information Management**
정보화담당관	Director for Information Planning and Management
외교통신담당관	Director for Diplomatic Telecommunications
외교정보보안담당관실	Director for Information Security
비상안전담당관	**Director for Emergency and Security Management**
의전장	**Deputy Minister for Protocol Affairs**
의전기획관	**Director General for Protocol Affairs**
의전총괄담당관	Director for Protocol 1
의전행사담당관	Director for Protocol 2
외교사절담당관	Director for Diplomatic Missions
아시아태평양국	**Asian and Pacific Affairs Bureau**
심의관	Deputy Director-General
아태1과	Asia and Pacific Division 1
아태2과	Asia and Pacific Division 2
아태지역협력과	Asian and Pacific Regional Cooperation Division
동북아시아국	**Northeast Asian Affairs Bureau**
심의관	Deputy Director-General
동북아1과	Northeast Asia Division 1

동북아2과	Northeast Asia Division 2
동북아협력과	Northeast Asian Cooperation Division
아세안국	**ASEAN and Southeast Asian Affairs Bureau**
심의관	Deputy Director-General
동남아1과	Southeast Asia Division 1
동남아2과	Southeast Asia Division 2
아세안협력과	ASEAN Cooperation Division
북미국	**North American Affairs Bureau**
심의관	Deputy Director-General
북미1과	North America Division 1
북미2과	North America Division 2
한미안보협력1과	ROK-US Security Cooperation Division 1
한미안보협력2과	ROK-US Security Cooperation Division 2
중남미국	**Latin American and Caribbean Affairs Bureau**
심의관	Deputy Director-General
남미과	South America Division
중미카리브과	Central America and Caribbean Division
중남미협력과	Latin American and Caribbean Cooperation Division
유럽국	**European Affairs Bureau**
심의관	Deputy Director-General
서유럽과	Western Europe Division
중유럽과	Central Europe Division
유라시아1과	Eurasia Division 1
유라시아2과	Eurasia Division 2
아프리카중동국	**African and Middle Eastern Affairs Bureau**
심의관	Deputy Director-General
중동1과	Middle East Division 1
중동2과	Middle East Division 2
아프리카1과	Africa Division 1
아프리카2과	Africa Division 2
제2차관	**Vice Minister of Foreign Affairs 2**
다자외교조정관	Deputy Minister for Multilateral and Global Affairs
경제외교조정관	Deputy Minister for Economic Affairs
기후변화대사	Ambassador and Deputy Minister for Climate Change

국제안보대사	Ambassador for International Security Affairs
재외동포영사실	**Office of Overseas Koreans and Consular Affairs**
재외동포영사기획관	Director-General for Overseas Koreans and Consular Affairs
재외동포과	Overseas Koreans Division
영사서비스과	Consular Services Division
여권과	Passport Division
해외안전관리기획관	Director-General for Overseas Korean Nationals Protection
재외국민보호과	Overseas Korean Nationals Protection Division 1
재외국민안전과	Overseas Korean Nationals Protection Division 2
해외안전지킴센터	Crisis Management Division
원자력·비확산 외교 기획관	Director-General for Nonproliferation and Nuclear Affairs
원자력외교담당관	Director for Nuclear Affairs
군축비확산담당관	Director for Disarmament & Nonproliferation
수출통제·제재담당관	Director for Export Control and Sanctions
국제기구국	International Organization Bureau
협력관	Deputy Director-General
유엔과	United Nations Division
인권사회과	Human Rights and Social Affairs Division
국제안보과	International Security Division
개발협력국	Development Cooperation Bureau
개발전략과	Development Strategy Division
개발의제정책과	Development Agenda and Policy Division
개발협력과	Development Cooperation Division
다자협력·인도지원과	Multilateral Development Cooperation and Humanitarian Assistance Division
국제법률국	International Legal Affairs Bureau
심의관	Deputy Director-General
조약과	Treaties Division
국제법규과	International Legal Affairs
영토해양과	Territory and Oceans Division
공공문화외교국	Public Diplomacy and Cultural Affairs Bureau
공공외교총괄과	Public Diplomacy Division

유네스코과	UNESCO Division
문화교류협력과	Cultural Cooperation Division
정책공공외교과	Policy Communication Division
디지털공공외교과	Digital Public Diplomacy Division
국제경제국	**International Economic Affairs Bureau**
다자경제기구과	Multilateral Economic Organizations Division
경제협정규범과	Economic Legal Affairs Division
지역경제기구과	Regional Economic Organizations Division
양자경제외교국	**Bilateral Economic Affairs Bureau**
심의관	Deputy Director-General
동아시아경제외교과	East Asian Economic Affairs Division
유럽경제외교과	European Economic Affairs Division
북미경제외교과	North American Economic Affairs Division
기후변화환경외교국	**Climate Change, Energy, Environment and Scientific Affairs Bureau**
에너지과학외교과	Energy and Scientific Affairs Division
기후변화외교과	Climate Diplomacy Division
녹색환경외교과	Green Diplomacy Division
국제기술규범과	International Technology Rules and Cooperation Division
한반도평화교섭본부	**Office of Korean Peninsula Peace and Security Affairs**
북핵외교기획단	**North Korean Nuclear Affairs Bureau**
북핵협상과	North Korean Nuclear Affairs Negotiations Division
북핵정책과	North Korean Nuclear Affairs Policy Division
평화외교기획단	**Korean Peninsula Peace Regime Bureau**
평화체제과	Korean Peninsula Peace Regime Division
대북정책협력과	Inter-Korean Policy Division
민족공동체 해외협력팀	Ethnic Community Overseas Cooperation Team

중소벤처기업부 Ministry of SMEs and Startups	
장관	Minister of SMEs and Startups
장관정책보좌관	Policy Advisor to the Minister
대변인	Spokesperson
홍보담당관	Director for Public Relations

디지털소통팀	Digital Communication Team
차관	Vice Minister
옴부즈만지원단	Bureau of SME Ombudsman
감사관	Director General for Audit and Inspection
감사담당관	Director for Audit and Inspection
운영지원과	General Affairs Division
기획조정실	**Office of Planning and Coordination**
정책기획관	**Director General for Policy Planning**
기획혁신담당관	Planning and Innovation Division
재정행정담당관	Finance and Management Division
규제개혁법무담당관	Regulatory Reform and Legal Affairs Division
정보화담당관	ICT Management Division
비상계획담당관	Emergency Planning Division
중소기업정책실	**Office of SME Policy**
중소기업정책관	**Director General for SME Policy**
정책총괄과	Policy Coordination Division
기업환경정책과	Enterprise Environment Policy Division
정책분석평가과	Policy Analysis and Evaluation Division
국제통상협력과	International Trade Cooperation Division
글로벌성장정책관	**Director General for Global Growth Policy**
글로벌성장정책과	Global Growth Policy Division
기업금융과	Financial Division
인력정책과	Workforce Policy Division
판로정책과	Market Policy Division
지역기업정책관	**Director General for Regional Business Policy**
지역혁신정책과	Regional Business Innovation Policy Division
제도혁신과	Policy Innovation Division
기업구조개선과	Enterprise Structure Improvement Division
입지환경개선과	Location Environment Improvement Division
창업벤처혁신실	**Office of Startup and Venture Innovation**
창업정책관	**Director General for Startup Policy**
창업정책과	Startup Policy Division
기술창업과	Technical Startup Division
청년정책과	Youth Policy Division

창업생태계과	Startup Ecosystem Division
사이버경제추진단	Cyber Economy Promotion Division
미래산업전략팀	Future Industrial Strategy Team
벤처정책관	**Director General for Venture Policy**
벤처정책과	Venture Policy Division
벤처투자과	Venture Investment Division
투자관리감독과	Investment Administration and Supervision Division
기술혁신정책관	**Director General for Technology Innovation Policy**
기술혁신정책과	Technology Innovation Policy Division
기술개발과	Technology Development Division
기술보호과	Technology Protection Division
디지털혁신과	Digital Innovation Division
특구혁신기획단	**Bureau of Special Economic Zones Innovation Planning**
특구정책과	Special Economic Zones Policy Division
특구운영과	Special Economic Zones Management Division
특구지원과	Special Economic Zones Support Division
소상공인정책실	**Office of Micro-Enterprise Policy**
소상공인정책관	**Director General for Micro-Enterprise Policy**
소상공인정책과	Micro-Enterprise Policy Division
디지털소상공인과	Digital Micro-Enterprise Division
소상공인성장촉진과	Micro-Enterprise Growth Promotion Division
지역상권과	Regional Business District Division
전통시장과	Traditional Market Division
소비촉진기획총괄반	Consumption Acceleration Planning and Coordination Team
상생협력정책관	**Director General for Win-Win Cooperation Policy**
상생협력정책과	Win-Win Cooperation Policy Division
사업영역조정과	Business Area Adjustment Division
불공정거래개선과	Unfair Trade Improvement Division
소상공인코로나19 회복지원단	**Covid-19 Recovery Support Division**
소상공인 손실보상과	Micro-Enterprise Loss Recovery Division
소상공인재도약과	Micro-Enterprise Restart Division

통일부 Ministry of Unification	
장관	Minister of Unification
차관	Vice Minister of Unification
통일미래전략기획단	Task Force on Unification Future Strategy
기획운영팀	Planning and Operations Team
대변인	Spokesperson
공보담당관	Director for Media Relations
홍보담당관	Director for Public Relations
정책보좌관	Policy Advisor to the Minister
감사담당관	Director for Audit and Inspection
운영지원과	General Affairs Division
기획조정실	**Planning and Coordination Office**
정책기획관	**Deputy Minister for Planning and Coordination**
기획재정담당관	Director for Planning and Finance
혁신행정담당관	Director for Organization and Management Innovation
정보화담당관	Director for ICT Management
비상안전담당관	Director for Emergency and Security
통일법제지원관	Unification Legal Affairs Team
통일정책실	**Unification Policy Office**
통일정책협력관	**Deputy Minister for Unification Policy**
정책총괄과	General Policy Division
정책기획과	Policy Planning Division
평화정책과	Peace Policy Division
국제협력과	International Cooperation Division
정책협력과	Policy Cooperation Division
참여소통과	Participation and Communication Division
교류협력실	**Inter-Korean Exchange and Cooperation Bureau**
교류협력정책관	**Deputy Minister for Inter-Korean Exchange and Cooperation**
교류총괄과	General Exchange Division
남북경협과	Economic Cooperation Division
사회문화교류과	Social and Cultural Exchange Division
남북접경협력과	Inter-Korean Border Cooperation Division
개발지원협력과	Development Cooperation Division

교류지원과	Exchange Support Division
정세분석국	**Intelligence and Analysis Bureau**
정세분석총괄과	General Analysis Division
정치군사분석과	Political and Military Analysis Division
경제사회분석과	Economic and Social Analysis Division
빅데이터팀	Big Data Team
인도협력국	**Humanitarian Cooperation Bureau**
인도협력기획과	Humanitarian Cooperation Planning Division
북한인권과	North Korean Human Rights Division
이산가족과	Separated Families Division
정착지원과	Settlement Support Division
국립6.25전쟁납북자 기념관	National Memorial for Abductees during the Korean War
북한이탈주민안전지원팀	North Korean Refugees Safety Support Team
남북협력지구발전기획단	**Inter-Korean Cooperation District Policy Planning Directorate**
기획총괄과	General Planning Division
기업관리팀	Corporate Affairs Team
남북협력지구기획과	Inter-Korean Cooperation District Planning Division
남북협력지구관리과	Inter-Korean Cooperation District Management Division
소속기관	**Affiliated Organization**
남북회담본부	Office of Inter-Korean Dialogue
국립통일교육원	National Institute for Unification Education
북한이탈주민정착지원 사무소	Settlement Support Center for North Korean Refugees (Hanawon)
남북출입사무소	Inter-Korean Transit Office
개성공단 남북공동위원회사무처	Secretariat of South-North Joint Committee for Gaesong Industrial Complex
북한인권기록센터	North Korean Human Rights Records Center
한반도통일미래센터	Center for Unified Korean Future
남북공동연락사무소	Secretariat of Inter-Korean Joint Office

환경부 Ministry of Environment	
장관	Minister of Environment
차관	Vice Minister

대변인	Spokesperson
정책홍보팀	Public Relations Team
디지털소통팀	Digital Media Communication Team
감사관	Inspector General
감사담당관	Audit and Inspection Division
환경조사담당관	Environmental Investigation Division
운영지원과	General Service Division
기획조정실	**Planning and Coordination Office**
정책기획관	**Policy Planning Bureau**
기획재정담당관	Planning and Budget Division
혁신행정담당관	Organization and Management Innovation Division
규제개혁법무담당관	Legal Affairs and Regulations Reform Division
정보화담당관	ICT Management Division
비상안전담당관	Emergency and Safety Division
기후탄소정책실	**Climate Change and Carbon Neutral Policy Office**
기후변화정책관	**Climate Change and International Cooperation Bureau**
기후전략과	Climate Change Strategy Division
기후경제과	Climate Change Mitigation Division
기후적응과	Climate Adaptation Division
국제협력과	International Cooperation Division
기후변화국제협력팀	Climate Change International Cooperation Team
녹색전환정책관	**Green Transition Policy Bureau**
녹색전환정책과	Green Transition Policy Division
녹색산업혁신과	Green Industry Innovation Division
녹색기술개발과	Green Technology Development Division
통합허가제도과	Integrated Permit System Division
환경교육팀	Environmental Education Team
대기환경정책관	**Air Quality Policy Bureau**
대기환경정책과	Air Quality Policy Division
대기미래전략과	Air Quality Future Strategy Division
대기관리과	Air Quality Management Division
교통환경과	Transportation Environment Division
물관리정책실	**Water Management Policy Office**
물통합정책관	**Integrated Water Policy Bureau**

물정책총괄과	Water Policy Coordination Division
물이용기획과	Water Use Planning Division
토양지하수과	Soil and Groundwater Division
물환경정책관	**Water Environment Policy Bureau**
물환경정책과	Water Environment Policy Division
수질수생태과	Water Quality & Aquatic Ecosystem Division
생활하수과	Sewerage Division
수자원정책관	**Water Resources Policy Bureau**
수자원정책과	Water Resources Policy Division
하천계획과	River Planning Division
수자원관리과	Water Resources Management Division
물산업협력과	Water Industry and International Cooperation Division
자연보전국	**Nature Conservation Bureau**
자연생태정책과	Nature and Ecology Policy Division
생물다양성과	Biodiversity Division
자연공원과	Nature Park Division
국토환경정책과	Environment Assessment Policy Division
환경영향평가과	Environmental Impact Assessment Division
자원순환국	**Resources Circulation Bureau**
자원순환정책과	Resources Circulation Policy Division
폐자원관리과	Waste Resources Management Division
생활폐기물과	Municipal Waste Management Division
자원재활용과	Resources Recycling Division
폐자원에너지과	Waste-to-Energy Division
환경보건국	**Environmental Health Bureau**
환경보건정책과	Environmental Health Policy Division
환경피해구제과	Environmental Damage Relief Division
생활환경과	Indoor Air and Noise Management Division
화학물질정책과	Chemicals Policy Division
화학제품관리과	Chemical Products and Biocides Division
화학안전과	Chemical Safety Division
물관리위원회지원단 (임시부서)	**Presidential Advisory Council on Water Management**
기획운영팀	Planning and Operations Team

심의지원소통팀	Review Support and Communications Team
한강유역지원팀	Han River Basin Team
금강유역지원팀	Geum River Basin Team
낙동강유역지원팀	Nakdong River Basin Team
영산강섬진강유역지원팀	Yeongsan and Seomjin Rivers Basin Team

해양수산부 Ministry of Oceans and Fisheries	
장관	Minister of Oceans and Fisheries
차관	Vice Minister
대변인	**Spokesperson**
홍보담당관	Public Relations Division
디지털소통팀	Digital Media Communication Team
감사관	**Inspector General**
감사담당관	Audit and Inspection Division
어촌어항재생사업기획단	**Fishing Community and Port Regeneration Bureau**
어촌어항재생과	Fishing Community and Port Regeneration Division
운영지원과	**General Affairs Division**
기획조정실	**Planning and Coordination Office**
정책기획관	**Policy Planning Bureau**
기획재정담당관	Planning and Finance Division
혁신행정담당관	Organization and Management Innovation Division
규제개혁법무담당관	Regulatory Reform and Legal Affairs Division
정보화담당관	ICT Management Division
장기전략데이터기획팀	Strategy and Data Planning Team
비상안전담당관	**Emergency Planning and Safety Division**
해양정책실	**Marine Policy Office**
해양정책관	**Marine Policy Bureau**
해양정책과	Marine Policy Division
해양수산과학기술정책과	Marine and Fisheries Science & Technology Policy Division
해양개발과	Marine Development Division
해양레저관광과	Marine Leisure Division
해양수산생명자원과	Marine and Fisheries Bioresources Division

해양환경정책관	**Marine Environment Policy Bureau**
해양환경정책과	Marine Environment Policy Division
해양공간정책과	Marine Spatial Policy Division
해양보전과	Marine Conservation Division
해양생태과	Marine Ecology Division
국제협력정책관	**International Cooperation Policy Bureau**
국제협력총괄과	International Cooperation Division
해양영토과	Marine Territory Division
통상무역협력과	International Commerce & Trade Division
수산정책실	**Fisheries Policy Office**
수산정책관	**Fisheries Policy Bureau**
수산정책과	Fisheries Policy Division
유통정책과	Distribution Policy Division
수출가공진흥과	Export and Processing Promotion Division
소득복지과	Income and Welfare Division
원양산업과	Distant-Water Fisheries Division
수산직불제팀	Direct Payment Team to Fisheries Policy
어업자원정책관	**Fishery Resources Policy Bureau**
어업정책과	Fishery Policy Division
수산자원정책과	Fishery Resources Policy Division
지도교섭과	Guidance and Negotiation Division
어선안전정책과	Fishing Vessel Safety Policy Team
어선기자재관리과	Fishing Vessel Equipment Management Division
어촌양식정책관	**Fisheries Infrastructure and Aquaculture Policy Bureau**
어촌양식정책과	Fisheries Infrastructure and Aquaculture Policy Division
양식산업과	Aquaculture Industry Division
어촌어항과	Fishing Community and Port Development Division
수산물안전관리과	Marine Products Safety Management Division
해운물류국	**Shipping and Logistics Bureau**
해운정책과	Shipping Policy Division
연안해운과	Coastal Shipping Division
선원정책과	Seafarers Policy Division
항만물류기획과	Port Logistics Planning Division

항만운영과	Port Management Division
스마트해운물류팀	Smart Shipping & Logistics Team
해사안전국	**Maritime Affairs and Safety Policy Bureau**
해사안전정책과	Maritime Safety Police Division
해사산업기술과	Maritime Industry and Technology Division
해사안전관리과	Maritime Safety Management Division
항로표지과	Aids to Navigation Division
첨단해양교통관리팀	Advanced Maritime Transportation Service Team
항만국	**Ports and Harbors Bureau**
항만정책과	Port Policy Division
항만개발과	Port Development Division
항만투자협력과	Port Investment Cooperation Division
항만연안재생과	Port & Coast Regeneration Division
항만기술안전과	Port Technology and Safety Division
부산항북항통합개발 추진단	Busan North Port Integrated Development Division
세월호후속대책추진단	**Ferry Sewol Incident Post-management Bureau**
기획총괄과	Planning and Management Division
선체관리지원과	Ferry Management Support Division
가족지원과	Family Support Division
배보상지원과	Compensation Management Division

행정안전부 Ministry of the Interior and Safety	
장관	Minister of Interior and Safety
차관	Vice Minister
장관정책보좌관	Policy Advisor to the Minister
대변인	**Spokesperson**
홍보담당관	Director for Public Relations
안전소통담당관	Director for Safety Communication
디지털소통팀	Digital Media Communication Team
의정관	**Protocol and State Council Bureau**
의정담당관	Protocol and State Council Division
상훈담당관	Citation and Awards Division

인사기획관	**Human Resources Planning Bureau**
감사관	**Inspector General**
감사담당관	Director for Audit
복무감찰담당관	Director for Discipline Inspection
기획조정실	**Deputy Minister for Planning & Coordination**
정책기획관	**Director General for Policy Planning**
기획재정담당관	Director for Planning & Finance
정책평가담당관	Director for Policy Evaluation
혁신행정담당관	Director for Organization and Management Innovation
법무담당관	Director for Legal Affairs
데이터정보화담당관	Director for Data and Information Management
국제행정협력관	**Director General for International Administrative Cooperation**
행정한류담당관	International Cooperation Division
국제협력담당관	Director for Good Governance
비상안전기획관	**Director General for Security & Safety Planning**
운영지원과	**General Affairs Division**
정부혁신조직실	**Government Innovation & Organization Management Office**
정부혁신기획관	**Government Innovation Planning Bureau**
혁신기획과	Innovation Planning Division
행정제도과	Administrative System Division
국민참여과	Public Participation Division
민원제도과	Civil Affairs System Division
조직정책관	**Organization Policy Bureau**
조직기획과	Organization Planning Division
조직진단과	Organization Assessment Division
경제조직과	Economic Organization Division
사회조직과	Social Organization Division
조직제도혁신추진단	Organization System Innovation Task Force
공공데이터정책관	**Public Data Bureau**
공공데이터정책과	Public Data Policy Division
정보공개정책과	Information Disclosure Policy Division
공공데이터관리과	Public Data Management Division

통합데이터분석센터	Integrated Data Analysis Center
디지털정부국	**Digital Government Bureau**
디지털정부기획과	Digital Government Planning Division
디지털서비스정책과	Digital Service Policy Division
지역디지털서비스과	Regional Digital Service Division
국제디지털협력과	Digital Government Cooperation Division
공공지능정책관	**Director General for Public AI**
공공지능정책과	Public AI Policy Division
디지털자원정책과	Digital Resource Policy Division
디지털안정정책과	Digital Safe Policy Division
스마트행정기반과	Smart Workplace Division
경찰국	**Police Bureau**
총괄지원과	General Affairs Support Division
인사지원과	Human Resources Support Division
자치경찰지원과	Local Autonomous Police Support Division
지방자치균형발전실	**Local Administration & Balanced Development Office**
지방행정정책관	**Local Administration Bureau**
자치행정과	Local Administration Division
민간협력과	Civil Society Cooperation Division
사회통합지원과	Social Integration Support Division
공무원단체과	Civil Servant Association Policy Division
자치분권정책관	**Local Decentralization Bureau**
자치분권제도과	Local Autonomy and Decentralization Policy Division
자치분권지원과	Local Autonomy and Decentralization Support Division
지방인사제도과	Local Personnel Policy Division
선거의회자치법규과	Election, Local Council and Local Legislation Division
균형발전지원관	**Balanced Development Support Bureau**
균형발전제도과	Balanced Development System Division
균형발전사업과	Balanced Regional Development Division
지역공동체과	Local Community Division
새마을발전협력과	Saemaul Development Cooperation Division
지역기반정책관	**Region-Based Policy Bureau**
지역활성화정책과	Local Revitalization Policy Division

주민과	Resident Service Division
주소정책과	Address Policy Division
생활공간정책과	Community Space Policy Division
지방재정경제실	**Local Fiscal and Economic Policy Office**
지방재정정책관	Local Finance Policy Bureau
재정정책과	Local Finance Policy Division
재정협력과	Local Finance Cooperation Division
교부세과	Local Subsidy Division
회계제도과	Local Accounting System Division
지방세정책관	Local Taxation Policy Bureau
지방세정책과	Local Tax Policy Division
부동산세제과	Local Property Tax Division
지방소득소비세제과	Local Income-Consumption Tax Division
지방세특례제도과	Local Tax Relief Division
지역경제지원관	Regional Economy Support Bureau
지역경제과	Regional Economy Division
지방규제혁신과	Local Regulation Reform Division
지역금융지원과	Regional Finance Support Division
공기업정책과	Public Enterprise Policy Division
공기업관리과	Public Enterprise Management Division
차세대지방재정세입 정보화추진단	Next Generation Local Tax Revenue Information Service Bureau
기획인프라과	Planning and Infrastructure Division
재정정보화사업과	Local Finance Information Service Division
세외수입보조금정보과	Non-tax Receipts & Subsidy Information Division
지방세정보화사업과	Local Tax Information Service Division
재난안전관리본부	**National Disaster and Safety Management**
중앙재난안전상황실	**National Disaster and Safety Status Control Center**
상황총괄담당관	Incident Management Division
상황담당관	Incident Control Center
서울상황센터	Seoul Incident Center
안전감찰담당관	Safety Inspection Division
안전정책실	**Public Safety Policy Office**
안전관리정책관	Safety Management Policy Bureau

안전기획과	Safety Planning Division
안전사업조정과	Safety Service Coordination Division
재난정보통신과	Disaster Alert Communications Division
재난안전데이터과	Disaster Safety Data Division
재난안전통신망과	Disaster Alert Communications Network Division
안전시스템개편지원	Safety System Reform Support
생활안전정책관	**Life Safety Policy Bureau**
안전개선과	Safety Improvements Division
안전문화교육과	Safety Education Division
승강기안전과	Elevator Safety Division
예방안전정책관	**Disaster Prevention and Safety Policy Bureau**
예방안전과	Disaster Prevention and Safety Division
안전제도과	Safety Policy Division
재난안전산업과	Disaster Safety Industry Division
재난관리실	**Disaster Management Office**
재난관리정책관	**Disaster Management Policy Bureau**
재난관리정책과	Disaster Management Policy Division
재난경감과	Disaster Mitigation Division
재난영향분석과	Disaster Impact Analysis Division
지진방재정책과	Earthquake Disaster Policy Division
지진방재관리과	Earthquake Disaster Management Division
재난대응정책관	**Director General for Disaster Response Policy**
재난대응정책과	Disaster Response Policy Division
재난대응훈련과	Disaster Response Training Division
자연재난대응과	Natural Disaster Response Division
기후재난대응과	Climate Disaster Response Division
재난복구정책관	**Director General for Disaster Recovery Policy**
복구지원과	Recovery Support Division
재난구호과	Disaster Relief Division
재난보험과	Disaster Insurance Division
재난자원관리과	Disaster Resource Management Division
재난협력실	**Disaster Management Cooperation Office**
재난협력정책관	**Disaster Management Cooperation Policy Bureau**
재난협력정책과	Disaster Management Cooperation Policy Division

재난안전점검과	Disaster and Safety Inspection Division
재난안전조사과	Disaster and Safety Investigation Division
재난안전연구개발과	Disaster and Safety R&D Division
사회재난대응정책관	**Societal Disaster Response Policy Bureau**
사회재난대응정책과	Societal Disaster Response Policy Division
산업교통재난대응과	Industrial and Transport Disaster Response Division
감염병재난대응과	Public Health Disaster Response Division
가축질병재난대응과	Livestock Disease Disaster Response Division
환경재난대응과	Environmental Disaster Response Division
수습지원과	Disaster Management Support Division
비상대비정책국	**Emergency Preparedness Policy Bureau**
비상대비기획과	Emergency Preparedness Planning Division
비상대비자원과	Emergency Preparedness Resources Division
비상대비훈련과	Emergency Preparedness Exercise Division
민방위심의관	**Office of the Civil Defense Bureau**
민방위과	Civil Defense Division
위기관리지원과	Crisis Management and Support Division
중앙민방위경보통제센터	National Civil Defense Alert Control Center
소속기관	**Affiliated Organizations**
지방자치인재개발원	Local Government Officials Development Institute
국가기록원	National Archives of Korea
정부청사관리본부	Government Buildings Management Office
이북5도	Five Northern Korean Provinces
주민등록번호변경위원회	Resident Registration Number Change Commission
국가민방위재난안전교육원	National Civil Defense and Disaster Management Training Institute
국립과학수사연구원	National Forensic Service
국가정보자원관리원	National Information Resources Service
국립재난안전연구원	National Disaster Management Research Institute